C·H·Beck

PAPERBACK

Unsere Welt ist wieder politischer geworden. Eine Krise folgt auf die nächste, die Weltordnung hat sich in eine Weltunordnung verwandelt. Wo lässt sich Orientierung finden? Herfried Münkler und Grit Straßenberger führen den Leser in das Archiv politischen Denkens, wo die Ideen der großen Philosophen aufbewahrt werden – Platon und Aristoteles, Augustinus und Thomas von Aquin, Machiavelli und Thomas Hobbes, John Locke und Jean-Jacques Rousseau, Montesquieu und Kant, Hegel und Marx, Max Weber und Carl Schmitt. Bei ihnen lässt sich Material finden für das Labor, in dem jeder für sich am Verständnis der Gegenwart werkeln muss. So führt dieses Buch ein in die politische Ideengeschichte und die politische Theorie, und zeigt dabei, was dieses Fach leisten kann, um Sichtachsen in unsere verworrene Zeit zu schlagen.

Herfried Münkler ist Professor für Theorie der Politik an der Humboldt-Universität zu Berlin. 2009 erhielt er den Preis der Leipziger Buchmesse für sein Werk über die Mythen der Deutschen. Bei C.H.Beck ist von ihm erschienen: *Lexikon der Renaissance* (zus. mit Marina Münkler, 2005).

Grit Straßenberger ist Professorin für Politische Theorie an der Rheinischen Friedrich-Wilhelms-Universität Bonn.

Herfried Münkler/Grit Straßenberger

# POLITISCHE THEORIE UND IDEENGESCHICHTE

*Eine Einführung*

Unter Mitarbeit von Vincent Rzepka
und Felix Wassermann

C.H.Beck

Mit 8 Abbildungen
© akg-images

Originalausgabe


Satz, Druck u. Bindung: Druckerei C.H.Beck, Nördlingen
Umschlagabbildung: Leviathan von Thomas Hobbes,
Titelseite der Ausgabe von 1651, Detail © akg-images
Umschlagentwurf: Kunst oder Reklame, München
Printed in Germany
ISBN 978 3 406 59985 9

*www.chbeck.de*

## INHALT

**Kapitel 10: Rebellion und Revolution 315**



**Kapitel 11: Staatenkrieg und Bürgerkrieg 343**



**Kapitel 12: Imperium und Staatensystem 369**



**Kapitel 13: Religion und Politik 389**

# VORWORT

Diese Einführung in die Politische Theorie und Ideengeschichte geht neue Wege: Sie folgt nicht dem herkömmlichen Prinzip einer Darstellung des politischen Denkens in chronologisch geordneter Abfolge der wichtigsten Theoretiker und ihrer Werke, sondern ist an zentralen Leitbegriffen und zugehörigen Problemfeldern orientiert. Am Anfang eines jeden der dreizehn Kapitel steht eine knappe Vorbemerkung, die aus der Perspektive politisch aktueller Fragestellungen und ihrer analytischen Beschreibung heraus verfasst ist. In ihr werden die Herausforderungen skizziert, denen gegenüber die politiktheoretischen Begriffe Reaktionen darstellen bzw. dargestellt haben, an denen sie gescheitert sind oder, zumindest zeitweilig, von Erfolg getragen wurden. Politisches Denken wird hier nicht als Abfolge von Theorien und deren Dogmatisierungen vorgeführt, sondern als Bestandteil politischer Konflikte und Auseinandersetzungen, in denen eine bestimmte Antwort selten die einzige war und fast nie ungeteilte Zustimmung gefunden hat.

Auf eine solche Zustimmung waren die politischen Ideen und Theorien jedoch aus. Sie setzen eine spezifische Problemwahrnehmung voraus oder versuchen diese mit argumentativen und/oder suggestiven Mitteln plausibel zu machen, um auf diese Weise die Akzeptanz ihrer Antworten als Problemlösung oder doch vielversprechende Problembearbeitung vorzubereiten. Politische Theorien sind, die einen mehr, die anderen weniger, immer auch Interventionen in politische und gesellschaftliche Auseinandersetzungen, aber es sind dies Interventionen einer besonderen Art: Sie stellen weder eine abschließende Entscheidung dar noch können sie selbst auf die Instrumente des Zwangs zurückgreifen (auch wenn sie derlei verschiedentlich anraten), sondern sind allein auf die Plausibilität ihrer Beschreibungen und die Überzeugungskraft ihrer Argumente angewiesen.

Wir haben uns entschlossen, nicht einzelne Leitbegriffe zu bearbeiten, sondern sie paarweise zu gruppieren, wobei dies in gegensätzlicher, ebenso aber auch in komplementärer Form erfolgen kann. Im einen Fall markieren die Leitbegriffe die Eckpunkte eines Problemfeldes, im anderen stellen sie eher unterschiedliche Wahrnehmungen oder Ausleuchtungen dieses Problemfeldes dar. Über die paarweise Gruppierung der Leitbegriffe lassen sich die Problemfelder klarer konturieren und zugleich die Brückenschläge zu jüngeren politiktheoretischen Entwürfen aufzeigen. Eine solche Verbindung von politischer Theorie und Ideengeschichte gelingt in der hier gewählten Darstellung erheblich besser als dies bei einer autorenbezogenen und chronologisch aufgebauten Einführung möglich ist. Zudem entspricht dieses Vorgehen unserer Grundvorstellung, wonach die politische Ideengeschichte das Archiv und das Labor sei, deren sich die aktuelle Politische Theorie bedient, um Antworten für heutige Herausforderungen zu entwickeln.

Hinter dem Entschluss, statt Theoretikern und ihrer Werke Leitbegriffe und Problemfelder darzustellen, steht aber auch eine methodische Grundentscheidung im Umgang mit der Geschichte des politischen Denkens: Politische Ideen und Theorien werden hier als mehr oder weniger ausgearbeitete Antworten auf die sozio-politischen Herausforderungen ihrer Zeit verstanden. D.h. sie erwachsen nicht nur aus bestimmten sozialen und politischen, ökonomischen und ökologischen Konstellationen, sondern reagieren mit ihren Deutungsangeboten auf die sich im Verlauf der Geschichte wandelnden Herausforderungen und wirken auf diese selbst ein. Und da eine Idee oder Theorie selten die einzige Antwort auf ein Problemfeld ist, sondern mit anderen konkurriert oder kooperiert, sind Theorien immer auch Antworten auf andere Theorien und damit zugleich Reaktionen auf die durch diese Theorien veränderten Konstellationen. Diese Etappen in einem diachronen Diskurs darzustellen und an einigen Querschnitten in der Geschichte des politischen Denkens auszuleuchten, dient die hier gewählte Darstellungsform in Leitbegriffen. Ob dies gelungen ist, muss der Leser beurteilen.

Berlin und Bonn, August 2015

# EINLEITUNG: WAS IST UND WOZU STUDIERT MAN POLITISCHE THEORIE UND IDEENGESCHICHTE?

## Die Stellung der Politischen Theorie und Ideengeschichte im Fach Politikwissenschaft

Die Politikwissenschaft ist eine junge akademische Disziplin mit einer langen Tradition. Als Begründer der politischen Wissenschaft gilt der griechische Philosoph Aristoteles. In Abgrenzung zu Platon plädierte er dafür, das Politische als eine eigene Sphäre zu begreifen, in der nicht das Wissen, sondern das Handeln zentral ist. «Praktische Philosophie über die menschlichen Angelegenheiten» hat Aristoteles seinen neuen, genuin politischen Zugang zu diesem besonderen Handlungsbereich genannt und dabei thematisch und schriftenmäßig zwischen Politik und Ethik unterschieden: Während die *Nikomachische Ethik* die handlungstheoretischen und tugendethischen Grundlagen der guten politischen Ordnung enthält, werden in der *Politik* institutionelle Ordnungen, Verfassungsformen und gesellschaftliche Realisierungsbedingungen des guten Lebens (*eu zēn*) behandelt.

In Aristoteles' Entwurf der praktischen Philosophie wird bereits eine zentrale Eigenart der Politikwissenschaft angedeutet: Sie ist eine Wissenschaft, die im Unterschied etwa zu den methodisch sehr viel ausgefeilteren Naturwissenschaften in der Wahl ihrer Gegenstände und Probleme nicht autonom ist. Was jeweils zum Thema der Politikwissenschaft wird, bestimmen nicht allein die Politikwissenschaftler; die Forschungsagenda wird vielmehr von großen politischen Fragen und Problemen der jeweiligen Gegenwart beeinflusst bzw. von einflussreichen politischen Akteuren mitbestimmt. Die Politik ist in der Politikwissenschaft also immer präsent, und zwar nicht nur im Hinblick auf die seit Platon und Aristoteles heftig diskutierte und bis heute unentschiedene Frage, worin das Wesen des Politischen besteht, sondern eben auch in dem unmittelbaren Sinne, dass Politikwissenschaft dem jeweiligen historisch-politischen Kontext verhaftet ist, auf konkrete politische Herausforderungen reagiert und zudem unter dem Druck steht, ihre Praxistauglichkeit immer wieder aufs Neue beweisen zu müssen.

Das Politische der Politikwissenschaft und die darin begründete Heteronomie dieser – jedenfalls im deutschen akademischen Kontext – jungen akademischen Disziplin hat spezifische Konflikte produziert, und zwar innerhalb der Politikwissenschaft selbst, sodann in ihrem Verhältnis zur Politik und schließlich im Kreis der etablierten universitären Disziplinen, von denen Themengebiete für sich selbst reklamiert wurden.[1] So sah sich die Politikwissenschaft in Deutschland, wo sie nach 1945 im Rahmen des sogenannten «reeducation»-Programms als «Demokratiewissenschaft» etabliert wurde, dem seinerzeit massiv vorgetragenen Vorbehalt der «klassischen» Fakultäten ausgesetzt, keine eigenständige wissenschaftliche Disziplin zu sein, sondern ihre Themenstellungen gewissermaßen parasitär der Rechtswissenschaft, der Geschichte, der Soziologie und partiell auch der Volkswirtschaftslehre sowie der Philosophie zu entlehnen. Die politisch initiierte Reetablierung der Politikwissenschaft als akademisches Fach und der Einspruch der kanonisierten universitären Disziplinen haben trotz der akademischen Anerkennung Anfang der sechziger Jahre das Selbstverständnis der Politikwissenschaftler und ihre innerdisziplinäre Diskussionskultur bis heute geprägt.

Seit ihrer Anerkennung als eigenständige akademische Disziplin – und unter den gegenwärtigen Bedingungen einer verschärften Konkurrenz um notorisch knappe Forschungsmittel und um das knappe Gut der öffentlichen Aufmerksamkeit noch einmal in verschärfter Weise – haben die politikwissenschaftlichen Teildisziplinen einen für die Stellung des Fachs innerhalb des akademischen Feldes, aber auch hinsichtlich ihrer öffentlichen Wahrnehmung eher kontraproduktiven Streit um ihren wissenschaftlichen Status und ihre Praxisrelevanz geführt. Dabei haben sich jeweils die Teildisziplinen durchgesetzt, die den Nachweis erbringen konnten, empirisch anschlussfähig und/oder auf der Höhe der praktischen Politikberatung zu sein. Die Politische Theorie und Ideengeschichte schneidet in diesem Kampf um öffentliche Anerkennung, Geld und Positionen derzeit nicht so gut ab. Bildete sie in der Bundesrepublik Deutschland seit mehreren

Jahrzehnten einen der vier fest etablierten Teilbereiche der Politikwissenschaft, so wird ihr dieser Status seit geraumer Zeit von den drei anderen klassischen Lehr- und Forschungsbereichen – der Innenpolitik, der Vergleichenden Politikwissenschaft und der Internationalen Politik – sowie von der neu etablierten Governance-Forschung streitig gemacht.[2] Eine Begründung für die gegenwärtig zu beobachtende Umwidmung von Professuren für Politische Theorie und Ideengeschichte in sogenannte Bindestrich-Professuren lautet, dass zu jeder Wissenschaft Theorie gehörte, dass also die anderen politikwissenschaftlichen Teilbereiche das immer schon mitmachten, was die Politische Theorie und Ideengeschichte für sich als Alleinstellungsmerkmal beanspruchen würde. – Was ist dran an diesem Vorwurf?

Unbestritten kommt Wissenschaft nicht ohne Theorie aus. Das gilt für die Politikwissenschaft ebenso wie für die anderen Gesellschafts- und Sozialwissenschaften und natürlich auch für die Naturwissenschaften. Jede Wissenschaft, sei sie noch so empirisch oder politikberatend ausgerichtet, geht von bestimmten theoretischen Modellen und methodologisch begründeten Vorentscheidungen aus. Dass Wissenschaft auf theoretischen Voraussetzungen aufruht, ist also ein Allgemeinplatz, der als Argument gegen die Politische Theorie und Ideengeschichte nicht taugt. Auffällig an den Einsprüchen ist indes, dass das Alleinstellungsmerkmal «Theorie» in Frage gestellt wird, nicht aber die ideengeschichtliche Herangehensweise. Diese nämlich können die anderen politikwissenschaftlichen Teildisziplinen keineswegs für sich in Anspruch nehmen. Durch das «Anhängsel» Ideengeschichte gewinnt die Politische Theorie nicht nur einen in seiner Weite und Tiefe höchst spezifischen, von anderen politikwissenschaftlichen Teildisziplinen unterschiedenen Gegenstandsbereich, sondern dadurch praktiziert sie auch eine methodisch hoch differenzierte Selbstreflexion, die so bei keiner anderen Teildisziplin des Fachs zu beobachten ist. Nun ist aber eben diese in der Politischen Theorie und Ideengeschichte praktizierte Methodenvielfalt, ja der innerhalb dieser Teildisziplin selbst vehement geführte Streit um das methodische Profil des Fachs, zugleich ein Problem – und zwar kein wissenschaftliches, sondern ein wissenschaftspolitisches. «Innerparteilicher» Streit ist zwar wünschenswert, insofern durch das begründete Austragen von Differenzen und den Wettbewerb der Argumente wissenschaftliche Innovationen entstehen, aber in der Interessenvertretung nach außen, also im Kampf um Einfluss, Geld und Macht, lassen sich (wissenschafts-)politische Ansprüche umso besser vertreten und durchsetzen, je geschlossener sich eine Disziplin bzw. deren Teilbereiche in der Außenwirkung darstellen. Die Politikwissenschaft und insbesondere die politikwissenschaftliche Teildisziplin Politische Theorie und Ideengeschichte kennt diese Mechanismen, denn die Frage nach der Macht bildet einen ihrer Kernbereiche; zugleich aber besteht sie nicht ohne Grund darauf, dass die Wissenschaft einer anderen Logik folgen sollte als die Politik: Nicht Macht, sondern die Geltung von Argumenten sollte die wissenschaftliche Praxis leiten und jenen Erkenntnisfortschritt befördern, der über den wissenschaftlichen Bereich hinausreicht. Wie auch immer es um das aufklärerische Projekt einer selbstreflexiven, zur Kritik ihrer Normen, Institutionen und Praxen befähigten Gesellschaft bestellt sein mag, zu der die Politikwissenschaft beitragen will, die große Stärke der Politischen Theorie und Ideengeschichte, die methodischen Voraussetzungen ihrer Reflexion des Politischen selbst zum Gegenstand fachinterner bzw. teildisziplinärer Diskussion zu machen, erweist sich zugleich als ihre Achillesferse – es sei denn, es gelingt ihr, den Wettbewerb der Methoden, wie das Politische erfasst und begrifflich konzeptionalisiert werden kann, als Chance zu begreifen, ein eigenständiges Profil und eine teildisziplinäre Identität auszubilden, die für die Sichtbarkeit der Politikwissenschaft insgesamt förderlich ist und zudem die innerdisziplinäre Relevanz steigern kann. Nur dann könnte das weitergehende Argument entkräftet werden, die beiden additiv zusammengefügten Teilbereiche der Politischen Theorie und Ideengeschichte ließen sich sachlich aus der Politikwissenschaft ausklinken und ihren jeweiligen etablierten Disziplinen zuordnen: die «Politische Theorie» der (politischen) Philosophie und die «Ideengeschichte» der Geschichtswissenschaft.

## Einübung in politikwissenschaftliches Problemdenken

Unter den Bedingungen notorischer Ungewissheit kann Politikwissenschaft die Politik nicht nur darauf vorbereiten, dass Gefahren anstehen – was in dieser allgemeinen Form ohnehin jeder kompetente Politiker weiß –, ihr Beitrag besteht vielmehr darin, bei der Antizipation und Analyse sowie der Bewältigung dieser Gefahren, also der Überführung in kalkulierbare Risiken, behilflich zu sein.[3] Damit die Politische Wissenschaft diese Leistungen für Politik erbringen kann, muss sie über unmittelbare Ursache-Wirkung-Relationen und kleinteilige Policy-Analysen hinaus die langen Wirkungszeiträume politischen Handelns und gesellschaftlicher Leitideen in den Blick nehmen. Politische Theorie und Ideengeschichte stellt eine solche Perspektive bereit. Die Ideengeschichte fungiert dabei als das «Archiv», in dem die Geschichte des politischen Denkens aufgespeichert und bewahrt wird, während die Theorie dieses Archiv in ein «Laboratorium» überführt, also die klassischen politischen Ideen und Theorien mit neuen Ingredienzen anreichert oder in einer bislang noch nicht getesteten Weise miteinander verbindet.[4] Der Gewinn für die Politik liegt darin, dass die Brauchbarkeit politischer Ideen vor ihrer realen Umsetzung intellektuell getestet werden kann; das Risiko für die Politische Theorie und Ideengeschichte liegt in dem Verspielen jener Distanz zum tagespolitischen Geschäft, die ihr reflexiv-kritisches Potenzial ausmacht. Denn je stärker eine politische Theorie durch die Probleme und Herausforderungen ihrer Zeit geprägt ist, desto geringer ist ihre Halbwertzeit. Die politische Ideengeschichte pflegt zur Ausbalancierung dieser Risiken Texte mit hoher Halbwertzeit. Sie ist mithin keineswegs nur eine Schatzkammer, die man auf der Suche nach einem originellen Appetizer gelegentlich aufsucht, sondern ein Arsenal der Politikanalyse. Zweieinhalb Jahrtausende der Geschichte des politischen Denkens sind hier nach systematischen und chronologischen Aspekten archiviert. In diesem Sinne handelt es sich sehr wohl um einen Schatz, dessen Mehrwert sich jedoch erst in seiner kompetenten Nutzung erweist bzw. sich im Vollzug erst realisiert. Die Ideengeschichte lässt sich als ein «Ort» beschreiben, an dem sichtbar wird, wie politische Denker die Probleme ihrer Zeit wahrgenommen und bearbeitet haben und wie sich daraus die spezifische Problembearbeitungskompetenz der jeweiligen Theorie ergeben hat. Die politiktheoretische Analyse gewinnt mit der politischen Ideengeschichte also nicht nur Bodenhaftung, sondern auch jene intellektuelle Sensibilität und Flexibilität, die für die Perzeption wie Bearbeitung neuer Probleme und Herausforderungen erforderlich ist.

Politische Ideengeschichte ist, wo sie nicht als pure Dogmengeschichte betrieben wird, ein unersetzlicher Exerzierplatz für die Einübung in ein politikwissenschaftliches Problemdenken, das Theorien als Antworten auf Herausforderungen begreift und die Entwicklung eines Gedankens in diesem Wechselspiel rekonstruiert. Aristoteles, Machiavelli, Hobbes, Marx – sie sind nicht als Produzenten fertiger Antworten interessant, sondern als politische Autoren, deren Denken mit der Bestandsaufnahme und Problemanalyse beginnt, um anschließend Antworten und Lösungsstrategien zu entwerfen. Nicht die fertigen Antworten, sondern das Weglassen und Hervorheben von Aspekten bei ihrer Entwicklung, die daraus erwachsende intellektuelle Attraktivität, aber auch die politischen Kosten dieser Komplexitätsreduzierung machen den analytischen und normativen Mehrwert der politischen Ideengeschichte aus.

Um diesen Mehrwert zu realisieren, darf die politische Ideengeschichte nicht in die Falle der Historizität gehen, indem sie Texte und Autoren säuberlich in die Folie ihrer eigenen Zeit verpackt und darin ruhen lässt. Sie muss diese vielmehr zu den Herausforderungen der eigenen Gegenwart in Bezug setzen, und das ist methodisch am ehesten durch theoretische Modellbildung möglich. Deswegen ist das «und» zwischen Theorie und Ideengeschichte entscheidend. Die Politische Theorie und Ideengeschichte gewinnt ihre intellektuelle Kraft und wissenschaftliche Attraktivität aus dem Vergleich, aus der Beobachtung von Ähnlichkeit und Differenz, Identität und Alterität. Aber im Unterschied zur professionellen Komparatistik muss sie sich dabei immer wieder auf hochriskante Vergleiche einlassen, und zwar solche diachroner wie synchroner Art. Hat der synchrone Vergleich, also die Analyse unterschiedlicher Zivilisationen hinsichtlich der vorherrschenden politischen Ordnungsmodelle und ihrer sozioökonomischen Grundlagen sowie der sie tragenden Ideen und Wertvorstellungen, eher die Erarbeitung operativer Szenarien, Strategien und Lösungen zum Ziel, so nimmt die diachrone Herkunfts- und Wirkungsanalyse die Genese von Ordnungsvorstellungen, ihre Konkurrenz und ihren Wandel in den Blick und dient vorrangig der epistemologischen Selbstaufklärung und dem Erkenntnisfortschritt. Dabei ist es oftmals gerade die sehr schwer zu bewerkstelligende Verbindung von synchroner und diachroner Analyse, in der sich das Potenzial von Politischer Theorie und Ideengeschichte einschließlich ihrer normativen Anteile entfaltet. Die politische Ideengeschichte dient dabei als jener «ferne Spiegel» (Barbara Tuchman), mit dem wir die eigene Gegenwart aus der Distanz studieren. Daraus ergeben sich überraschende und innovative Perspektiven. Um diese zu gewinnen, müssen die Theoriebestände freilich immer wieder neu gelesen und durchgearbeitet werden.

So verstanden verbindet der Lehr- und Forschungsbereich Politische Theorie und Ideengeschichte drei grundlegende politikwissenschaftliche Perspektiven: Die *historisch-analytische Perspektive* verfolgt Herkunft und Wandel politischer Kernbegriffe und zentraler politischer Ideen, wie Menschen- und Bürgerrechte, Souveränität, Demokratie, soziale Gerechtigkeit, Diktatur und Revolution, und fragt nach deren Attraktivität und mobilisierenden Kraft für politische Bewegungen. Die Politische Theorie und Ideengeschichte ist, gerade weil sie praktische Wirkungsfragen zu berücksichtigen hat, immer mehr als reine Theoriegeschichte.[5] Sie erhebt zweitens einen *zeitdiagnostischen Anspruch*, d. h. sie analysiert gegenwärtige Krisen- und Konfliktsituationen in unterschiedlichen Politikbereichen – innere und äußere Sicherheit, Sozial- und Arbeitsmarktpolitik, bürgerschaftliches Engagement und Dritter Sektor oder die Transformation des Nationalstaates im Zuge von Europäisierung und Globalisierung sowie angesichts neuer Herausforderungen durch den internationalen Terrorismus – hinsichtlich ihrer Ursachen, Erscheinungsformen und möglichen Konsequenzen. Voraussetzung hierfür ist gleichwohl, dass Politische Theorie und Ideengeschichte systematisch ineinander greifen und zudem einen engen Kontakt zu den Diskursen um die gesellschaftspolitische Funktion von Theorie suchen. Schließlich behandelt Politische Theorie und Ideengeschichte *prognostische bzw. therapeutische Fragen*. Sie belässt es also nicht bei der Zeitdiagnose, sondern entwickelt und testet davon ausgehend Strategien und

Szenarien des Umgangs mit Krisen und Konflikten, liefert alternative Konzeptualisierungen politischer Probleme, diskutiert kontroverse Lösungsvorschläge und eröffnet auf diese Weise neue Denkwege.

Die hier favorisierte Trias von historisch-analytischer Perspektive, Zeitdiagnose sowie Reaktions- und Reformvorschlägen erfordert freilich eine riskante Verknüpfung von kreativer Archivpflege und innovativem Laboratorium. Die von der Politischen Theorie und Ideengeschichte praktizierte Verbindung von theoretischer Innovation, gesellschaftlicher Selbstauslegung und politischer Ordnung stellt eine große methodologische Herausforderung dar, denn begrifflich-konzeptionelle Entwürfe können nicht allein mit Blick auf ihren systematischen Gehalt analysiert werden, wie dies die vornehmlich auf eine Kanonisierung von Klassikern abhebende politische Philosophie betreibt; vielmehr müssen politische Ideen, Begriffe und Konzepte historisch kontextualisiert werden. Erst wenn die politischen Herausforderungen sichtbar gemacht werden, auf die politische Denker mit ihren Konzepten reagieren, und die gesellschaftlichen Wirkungen von theoretischen Innovationen rekonstruiert werden, lassen sich die Vermittlung von politischer Theorie und Praxis analysieren und Handlungsvorschläge generieren, die für politische Entscheidungseliten wie für die politische Öffentlichkeit anschlussfähig sind.

## Der Challenge-and-Response-Ansatz der politischen Ideengeschichte

Theorien als Antworten auf politische und gesellschaftliche Herausforderungen zu begreifen, also die Texte der politischen Ideengeschichte und die in ihnen entwickelten Argumente im Wechselspiel zwischen Bestandsaufnahme, Problemdiagnose und dem Entwurf von Lösungsstrategien zu analysieren, um einen neuen Blick auf die Gegenwart zu gewinnen, ist das zentrale Anliegen des Challenge-and-Response-Ansatzes der politischen Ideengeschichte. In seiner Präferenz für ein historisch-kontextualistisches Verfahren der Analyse politischer Ideen, Institutionenarrangements und politischen

Handelns besitzt er eine große Nähe zu dem prominent von Quentin Skinner und John Pocock vertretenen Ansatz der Cambridge School.[6]

Die Cambridge School gehört zu den sogenannten «adressatenzentrierten Ansätzen».[7] Entscheidend ist hier weniger, wer den Text geschrieben hat, welche Erfahrungen des Autors zentral waren und/oder in welchem Verhältnis die konkrete Schrift zum Gesamtwerk des Autors steht, sondern dass der Text «für jemanden geschrieben» wurde, sich also an einen bestimmten Adressatenkreis wendet, eine Botschaft vermittelt und damit im zeitgenössischen Kontext auf politische Wirkung abstellt. Um die politische Bedeutung eines Textes zu erfassen, müssen seine Kernaussagen in dem diskursiven und ideologischen Kontext analysiert werden, in dem er entstanden ist. Dementsprechend bildet nicht die in der klassischen Ideengeschichte eines Friedrich Meinecke favorisierte Diachronie der großen Denker, sondern die synchrone Textproduktion den Kontext der Analyse. Während Meineckes selektive Herangehensweise, sein offensives Eingeständnis, Ideengeschichte als eine Art Gipfelgespräch der großen Geister zu betreiben, als Beispiel dafür gelten kann, wie das ideengeschichtliche Archiv auf der Suche nach Lösungen für Probleme und Herausforderungen der je eigenen Zeit durchforstet wird,[8] steht Skinner für die semantische Erschließung des diskursiven Umfeldes der Theoriearbeit einzelner Autoren.[9]

Trotz der zuweilen sehr weit ausdifferenzierten historischen Diskurspanoramen ist der ideenpolitische Ansatz der Cambridge School in spezifischer Weise begrenzt: In seiner Fokussierung auf den «ideologischen» Umgang mit Begriffen[10] gerät zum einen die «Wissensordnung» aus dem Blick und damit auch das kritische Potenzial einer «Archäologie» politischer Ideengeschichte, wie sie Michel Foucault mit seiner gegen die traditionelle Ideengeschichte gerichteten genealogischen Methode der Diskurstheorie entwickelt hat.[11] Zentral ist hier der Status des Wissens als verdichtetes und autorisiertes Strukturmerkmal einer Gesellschaft, das auf die Herausbildung gesellschaftlicher Selbstdeutungen einen maßgeblichen Einfluss ausübt. Im Gegensatz zu Skinners Methode, politische und politiktheoretische Schriften als «Dokument» zu lesen, über das sich ein Autor absichtsvoll in die gesellschaftlichen Kontroversen seiner Zeit einmischt, versteht die von Foucault geprägte Diskurstheorie Texte als «Monument». Das Subjekt als intentionaler Autor und Urheber seiner Handlungen wird verabschiedet, und an seine Stelle tritt der (wissenschaftliche) Diskurs über die Standards der jeweiligen Zivilisation. Dieser wird zum eigentlichen Medium, in dem sich Macht konstituiert, und bildet damit den vornehmlichen Gegenstand der Untersuchung.[12]

Eine weitere (Selbst-)Begrenzung des ideenpolitischen Ansatzes der Cambridge School besteht in der weitgehenden Ausblendung der Frage, ob aus der historisch-politischen Analyse theoretisch-systematische Erkenntnisse gewonnen werden können, die eine kritische Evaluierung politischer Handlungsvorschläge ermöglichen. Eben dafür interessiert sich der Challenge-and-Response-Ansatz. In seiner stärker systematisch ausgerichteten Modellbildung stellt er darauf ab, die konzeptionellen Leistungen politiktheoretischer Entwürfe und ihre politischen Umsetzungschancen zu beurteilen – und zwar sowohl innerhalb ihres historischen Entstehungs- und Wirkungsrahmens als auch mit Blick auf die gesellschaftspolitischen Herausforderungen der Gegenwart.[13]

Die Annahme, dass die politische Ideengeschichte Potenziale für eine kritische Reflexion gegenwärtiger gesellschaftlicher Praxis enthält, ja dass im Rekurs auf die politische Geschichte und ihre begriffliche Tradierung in den Werken ausgewählter politischer Denker handlungsorientierende Vorbilder gewonnen werden können, hat der Challenge-and-Response-Ansatz mit hermeneutisch-interpretativen Theorien gemeinsam. Unter dieses weite Etikett fallen nicht nur die traditionellen Ansätze von Friedrich Meinecke, Leo Strauss und Arthur O. Lovejoy, die auf die zeit- und ortsunabhängige Geltung von Ideen abstellen, sondern dazu gehören auch performative Theorien des Politischen, die Politische Theorie als Intervention in gesellschaftliche Deutungskämpfe betreiben. Ausgangspunkt performativer Ansätze ist die Annahme, dass das Politische wesentlich sprachlich verfasst ist. Das betrifft sowohl das im engeren Sinne politische Handeln, also das in öffentlicher Rede und Gegenrede begründete Beraten und Entscheiden, als auch die begrifflich-konzeptionelle wie narrative Tradierung politischen Handelns, auf die sich Akteure interpretativ beziehen, wenn sie für ihre Vorschläge und Projekte um öffentliche Anerkennung und Unterstützung werben. Wie man etwa bei Hannah Arendt und Michael Walzer und radikaler – zumindest was die polemische Zuspitzung und postmoderne Kampfterminologie betrifft – bei Chantal Mouffe beobachten kann, messen performative Ansätze der theoretischen Reflexion selbst einen ideell-konstitutiven Beitrag für politische Praxis bei. Diesem hermeneutisch-performativen Verständnis politischer Praxis[14] zufolge ist es keineswegs bedeutungslos, wie und in welcher Absicht vergangenes und gegenwärtiges Tun ideengeschichtlich tradiert und begrifflich konzeptionalisiert wird. Über die Kritik dominanter Wahrnehmungskategorien des Politischen und die Um- und Neudeutung politischer Begriffe, wie Freiheit, Macht, Autorität, aber auch über alternative Lesarten hegemonialer Leitkonzepte[15] soll der kategoriale und narrative Bezugsrahmen, innerhalb dessen politische Akteure ihre Gestaltungsmöglichkeiten einschätzen, Handlungsoptionen abwägen und politische Projekte ent- oder verwerfen, rekonfiguriert und darüber politische Innovation befördert werden.

In methodischer Hinsicht bleibt der hermeneutisch-performative Ansatz jedoch defizitär. Zugunsten einer auf politische Intervention angelegten und polemisch gegen den tradierten Kanon der politischen Theorie gerichteten Neuerzählung des Politischen werden methodische Fragen weitgehend ausblendet. Das zeigt sich nicht zuletzt daran, dass die ideengeschichtlichen Referenzen eher nach den Vorgaben politischer Plausibilität arrangiert als begriffsgeschichtlich systematisch entwickelt werden. Der Challenge-and-Response-Ansatz macht demgegenüber die Transferleistung von politischer Ideengeschichte in eine Politische Theorie mit zeitdiagnostischem Anspruch und therapeutischem Programm explizit. Zudem ist er an einer wissenssoziologisch informierten Begriffsgeschichte interessiert. Im Unterschied zur Begriffsgeschichte, wie sie ihr prominentester Vertreter Reinhart Koselleck in dem von ihm gemeinsam mit Otto Brunner und Werner Conze herausgegebenen Werk *Geschichtliche Grundbegriffe. Historisches Lexikon zur politisch-sozialen Sprache in Deutschland* betrieben hat,[16] nimmt der Challenge-and-Response-Ansatz weitere ideengeschichtliche Kontexte in den Blick. Während sich die *Geschichtlichen Grundbegriffe* auf eine bestimmte Epoche zwischen Früher Neuzeit und Moderne konzentrieren, die

Koselleck «Sattelzeit» nennt und von der er annimmt, dass politische Leitbegriffe hier einen tiefgreifenden Wandel erfahren hätten oder neue Begriffe geprägt worden seien, die für das moderne politische Denken entscheidend geworden sind, ist der Challenge-and-Response-Ansatz nicht nur historisch ausgreifender, sondern thematisiert die kulturhistorischen, sozioökonomischen und institutionellen Rahmenbedingungen, innerhalb derer politische Akteure wie politische Denker agiert haben. Von besonderem Interesse ist mithin auch das Wirken von Intellektuellen in ihrem mal mehr, mal weniger reflektierten Anliegen, auf die politischen Verhältnisse bzw. die politischen Entscheidungseliten Einfluss zu nehmen.[17] Die Selbstdeutungen von Intellektuellen, ihr Verständnis von politischer Theorie und Gesellschaftskritik und die Rolle, die sie sich als wirkmächtige Deuter politischer Wirklichkeit zusprechen, nehmen in dieser Einführung daher eine prominente Stellung ein.

## Zur Konzeption dieser Einführung

In der vorliegenden Einführung in die Politische Theorie und Ideengeschichte werden zentrale Grundprobleme der Politikwissenschaft entlang der wichtigsten Denker der politischen Philosophie und politischen Theorie vermittelt. Der Zugriff auf das Archiv politischen Denkens erfolgt dabei über politische Kernbegriffe und zentrale politische Ideen, wie Staat, Herrschaft, Souveränität, Verfassung, Revolution, Krieg, Gerechtigkeit und Freiheit, deren Herkunft und Wandel ebenso dargestellt werden wie ihr ideenpolitischer Einsatz. Die kontroversen Konzeptionalisierungen zentraler Leitbegriffe werden sowohl in ihrem historischen Entstehungskontext erörtert als auch im Hinblick auf das zeitdiagnostische und prognostisch-therapeutische Potenzial politiktheoretischer Problembearbeitung diskutiert. Ergänzt wird dieser begriffs- und problemorientierte Zugang durch die Darstellung komplementär-konkurrierender Diskursformationen, wobei hier exemplarisch auf die ideenpolitischen Strömungen Republikanismus und Liberalismus und deren jeweilige Leitbegriffe Tugend und Interesse eingegangen wird. Im Kapitel *Der Vertrag und die Erzählung* liegt der Schwerpunkt auf methodisch divergierenden Begründungen staatlicher Herrschaft und politischer Legitimität. Auch in dieser Gegenüberstellung kontraktualistischer und narrativ-hermeneutischer Ansätze kommt dem politisch-interventiven Selbstverständnis politischer Denker und der methodischen Reflexion der Theorie-Praxis-Vermittlung eine besondere Aufmerksamkeit zu.

Die insgesamt dreizehn Kapitel folgen einem ähnlichen Zuschnitt: Nach einem knappen, die Aktualität des Gegenstandsbereiches betonenden *Auftakt* wird zunächst der jeweils verhandelte Themenbereich in seinen vielgestaltigen Konzeptionalisierungen vorgestellt, um dann ausführlicher, mit Blick auf ausgewählte politische Denker und zentrale Kontroversen, die verschiedenen begriffstheoretischen Zugriffe auf die Politik und das Politische darzustellen. Jedes Kapitel endet neben den üblichen Quellenangaben und Anmerkungen mit einer Empfehlung weiterführender Literatur.

Angesichts von über 2500 Jahren politischen Denkens verbietet sich der Anspruch auf Vollständigkeit. Viele Autoren sind nicht berücksichtigt. Auch konnten nicht alle ideengeschichtlichen Diskussionen und politiktheoretischen Konzeptionen dargestellt werden. Auslassungen sind schmerzlich, aber in einem Einführungsbuch mit beschränktem Umfang kaum zu vermeiden. Dennoch beansprucht dieses Lehrbuch, wichtige Schneisen durch das weite Feld politischer Ideengeschichte und politiktheoretischer Modellbildung von der Antike bis zur Gegenwart zu schlagen und darüber Denkwege zu eröffnen, wie die Politik und das Politische begriffen werden können. Die Erwartung ist, hierdurch neue – und wohlmöglich teils auch ganz alte – Erkenntnisse über die (In)Stabilität demokratischer Ordnungen zu (re)generieren.

1 Dazu und zum Folgenden Herfried Münkler, «Politikwissenschaft. Zu Geschichte und Gegenstand, Schulen und Methoden des Fachs», in: Iring Fetscher/Herfried Münkler (Hgg.), *Politikwissenschaft. Begriffe – Analysen – Theorien. Ein Grundkurs*, Reinbek b. Hamburg 1985, S. 10–24.

2 Zum Status von Politischer Theorie und Ideengeschichte im Fach Politikwissenschaft vgl. Hubertus Buchstein/Dirk Jörke, «Die Umstrittenheit der Politischen Theorie. Stationen im Verhältnis von Politischer Theorie und Politikwissenschaft in der Bundesrepublik», in: Hubertus Buch-

stein/Gerhard Göhler (Hgg.), *Politische Theorie und Politikwissenschaft*, Wiesbaden 2007, S. 15–44.

3 Dazu und zum Folgenden Grit Straßenberger/Herfried Münkler, «Was das Fach zusammenhält. Die Bedeutung der Politischen Theorie und Ideengeschichte für die Politikwissenschaft», in: Buchstein/Göhler (Hgg.), *Politische Theorie und Politikwissenschaft*, S. 45–79.

4 Herfried Münkler, «Politische Ideengeschichte»; in: ders. (Hg.), *Politikwissenschaft. Ein Grundkurs*, Reinbek b. Hamburg 2003, S. 103 ff.

5 Harald Bluhm, «Politische Ideengeschichte im 20. Jahrhundert. Einleitung», in: Harald Bluhm/Jürgen Gebhardt (Hgg.), *Politische Ideengeschichte im 20. Jahrhundert. Konzepte und Kritik*, Baden-Baden 2006, S. 9–26, S. 12.

6 Herfried Münkler/Vincent Rzepka, «Die Hegung der Öffentlichkeit. Der Challenge-and-Response-Ansatz und die Genese des Liberalismus aus der Krise des Republikanismus», in: Helmut Reinalter (Hg.), *Neue Perspektiven der Ideengeschichte*, Innsbruck 2015 [i. E.] – Einen zusammenfassenden Überblick zum Ansatz der Cambridge School bietet Hartmut Rosa, «Ideengeschichte und Gesellschaftstheorie. Der Beitrag der Cambridge-School zur Metatheorie», in: *Politische Vierteljahresschrift*, Jg. 35, H. 2, 1994, S. 197–223. Vgl. auch Raimund Ottow, «Die ‹Cambridge-School› und die Interaktion politischer Diskurse in England vor der Zeit Elisabeth' I. bis zur Revolution», in: Lutz Raphael/Heinz-Elmar Tenorth (Hgg.), *Ideen als gesellschaftliche Gestaltungskraft im Europa der Neuzeit. Beiträge für eine erneuerte Geistesgeschichte*, München 2006, S. 31–69.

7 Ralph Weber und Martin Beckstein unterscheiden in ihrer Einführung in die Politische Ideengeschichte «adressatenzentrierte Ansätze» von «textzentrierten, «autorenzentrierten» und «leserzentrierten» Ansätzen und grenzen davon noch einmal solche Interpretationsansätze ab, die sich in der Fokussierung auf Begriffe und deren Wandlungen auf ein «Kollektiv von Texten» stützen, wie etwa der begriffsgeschichtliche Ansatz von Reinhart Koselleck; Ralph Weber/Martin Beckstein, *Politische Ideengeschichte. Interpretationsansätze in der Praxis*, Göttingen 2014, S. 19 ff.

8 Vgl. beispielhaft Friedrich Meinecke, *Die Idee der Staatsräson in der neueren Geschichte*, München 1957 sowie ders., *Weltbürgertum und Nationalstaat*, München 1969 (2. Auflage).

9 Marcus Llanque, «Alte und neue Wege der politischen Ideengeschichte», in: *Neue Politische Literatur* 49. Jg., Heft 1, 2004, S. 34–51.

10 Reinhard Mehring, «Begriffssoziologie, Begriffsgeschichte, Begriffspolitik. Zur Form der Ideengeschichtsschreibung nach Carl Schmitt und Reinhart Koselleck», in: Bluhm/Gebhardt (Hgg.), *Politische Ideengeschichte im 20. Jahrhundert*, S. 31–50.

11 Matthias Bohlender hat im Rekurs auf Foucault eine Archäologie der Idee von Kritik entwickelt. Mit Blick auf Kant, Marx und Nietzsche legt er die geschichtliche Durchsetzung und Ausweitung eines Kritikgedankens frei, der ein reflexives Verständnis zu ideenpolitischen Operationen ermöglicht; Matthias Bohlender, «Was ist Kritik? Versuch einer Archäologie», in: Harald Bluhm/Karsten Fischer/Marcus Llanque (Hgg.), *Ideenpolitik. Geschichtliche Konstellationen und gegenwärtige Konflikte*, Berlin 2011, S. 3–18.

12 Llanque, «Alte und neue Wege der politischen Ideengeschichte», S. 45 f.
13 Münkler/Rzepka, «Die Hegung der Öffentlichkeit. Der Challenge-and-Response-Ansatz und die Genese des Liberalismus aus der Krise des Republikanismus».
14 Zu Arendts hermeneutisch-performativem Verständnis politischer Praxis vgl. Grit Straßenberger, «Politik zwischen Freiheitsgewinn und Enttäuschungserfahrung. Zu den Kompensationsleistungen von politischer Theorie bei Hannah Arendt», in: Wolfgang Heuer/Irmela von der Lühe (Hgg.), *Dichterisch denken. Hannah Arendt und die Künste*, Göttingen 2007, S. 227–242; sowie dies., *Hannah Arendt zur Einführung*, Hamburg 2015.
15 So bezeichnet sich die als Radikaldemokratin oder «Linksschmittianerin» titulierte Chantal Mouffe selbst als Liberale, wobei sie – ihrem hegemonietheoretischen Ansatz folgend – für ein alternatives Verständnis von Liberalismus eintritt. Kern dieses anderen Liberalismus, den Mouffe gegen das derzeit hegemoniale Verständnis eines universalistischen, rationalistischen und individualistischen Liberalismus in Stellung bringt, ist die Idee eines in Konflikten ausgetragenen Pluralismus; vgl. dazu Vincent Rzepka/Grit Straßenberger, «Für einen konfliktiven Liberalismus. Chantal Mouffes Verteidigung der liberalen Demokratie», in: *Zeitschrift für Politische Theorie*, 5. Jg., H. 2, 2014, S. 217–233.
16 Otto Brunner/Werner Conze/Reinhart Koselleck (Hgg.), *Geschichtliche Grundbegriffe. Lexikon zur politisch-sozialen Sprache in Deutschland*, 8 Bde., Stuttgart 1972 ff.
17 Zur Unterscheidung verschiedener Intellektuellentypen vgl. Reinhard Mehring, «Machiavelli oder Odysseus? Über alte und neue Intellektuelle», in: Bluhm/Fischer/Llanque (Hgg.), *Ideenpolitik*, S. 545–561; zur Typologie von Politikberatern und zu den paradoxalen Argumentationsstrategien in der theoretischen Reflexion der intendierten politischen Einflussnahme vgl. Felix Wassermann, «Die Paradoxie des Rats. Niccolò Machiavelli und Thomas Morus über und als politische Berater», in: ebd., S. 563–586.

## Kapitel I

## DIE POLITIK UND DAS POLITISCHE

Die Europäische Union, zumeist als «Brüssel» abgekürzt, treibt Politik, aber es fehlt ihr das Politische – so kann man das mehr oder minder diffuse Unbehagen vieler Bürger Europas an der EU auf den Punkt bringen. Von Brüssel aus wird Europa verwaltet, in vielen Fällen zur Zufriedenheit der Menschen, in anderen weniger, aber die Kritik richtet sich in den Fällen der Unzufriedenheit nicht auf Defizite oder Fehler der Administration, sondern auf das Fehlen von Alternativen, auf den Mangel an Kontroversen und auf die lautlose Einmütigkeit, mit der das Administrieren Europas erfolgt. Dem lässt sich auch durch Wahlen zum Europaparlament nicht abhelfen, wenn die Unterschiede zwischen den antretenden Parteien aus Sicht der Bürger kaum zu erkennen sind. Das politische Problem der EU ist, dass ihr das Politische abgeht und sich infolgedessen die Politik in einem mehr oder weniger effizienten Administrieren erschöpft.

Das «Politische» ist in der politischen Ideengeschichte jedoch keineswegs einheitlich entworfen worden. Worin es zu suchen und wie es zu gestalten ist, ist umstritten. Die Entscheidung darüber, was das Politische ist bzw. sein soll, wie es gegenüber dem Privaten, dem Verrechtlichten, dem Wirtschaftlichen usw. abgegrenzt wird, legt den Bereich fest, innerhalb dessen Politik gemacht werden kann, was also als Entscheidungsalternative zur Disposition der Bürger steht und anschließend im Sinne von kollektiv bindenden Entscheidungen zu befolgen bzw. hinzunehmen ist. Neben der topologischen Bestimmung des Politischen als ein besonderer, vom privaten wie gesellschaftlichen Bereich unterschiedener Raum des Handelns und Entscheidens ist das Politische mit normativen Erwartungen verbunden worden, etwa als Ort politischer Freiheit, an dem das, was alle angeht, auch von allen öffentlich besprochen und entschieden werden soll. Die öffentliche Diskussion gemeinsamer Angelegenheiten kann als konfliktiv oder konsensuell vorgestellt werden, was auf die modale Kennzeichnung des Politischen verweist. Davon ist die temporale Dimension des Politischen zu unterscheiden, bei der es um das Verhältnis von Politik und Zeit geht: Besitzt politisches Handeln eine die Kontinuität von Vergangenheit, Gegenwart und Zukunft aufsprengende Qualität oder ist es in historische Gesetzmäßigkeiten eingeschrieben, die fortschrittslogisch oder verfallstheoretisch vorgestellt werden können? Schließlich geht es bei der Frage nach dem Politischen immer auch um das Verhältnis von Handlungsmacht und institutioneller Bindung, also um die Ermöglichung und Begrenzung politischen Handelns.

## Das Denken des Politischen: Ein Überblick

Im Grundsatz lassen sich im deutschen Diskurs zwei Vorstellungen von Politik unterscheiden: Da ist zunächst die Begriffsverwendung von Politik im Sinne eines Administrierens zentraler Bereiche des Gemeinwesens, der Bearbeitung von Aufgaben, die weder vom Markt noch von der Zivilgesellschaft erledigt werden können oder erledigt werden sollen, weil zu befürchten ist, dass dann besondere Interessenkonfigurationen aus der Gesellschaft die Oberhand bekommen. Die Politik wird hier tätig, weil die fraglichen Aufgaben weder von Wirtschaftsunternehmen noch von zivilgesellschaftlichen Akteuren zur allgemeinen Zufriedenheit und Akzeptanz erfüllt werden können. Dabei dient eine von Fall zu Fall näher zu bestimmende Vorstellung des Gemeinwohls als Zielmarke der politischen Aufgabenstellung. Politik wird in diesem Verständnis also als Komplementärbegriff zu Wirtschaft und Zivilgesellschaft gebraucht. Sie erledigt Aufgaben, die das Gemeinwesen als Ganzes betreffen, sorgt dafür, dass die erforderlichen Ressourcen verfügbar sind, und eröffnet eine (begrenzte) Diskussion über die Richtigkeit der verfolgten Ziele und die Effektivität bzw. Angemessenheit der dabei präferierten Mittel. Die Komplementarität von Politik, Wirtschaft und Zivilgesellschaft schließt im Übrigen Kooperation und Aufgabenteilung nicht aus, worauf im aktuellen, wesentlich von der Governance-Theorie angestoßenen Diskurs die Formate von *private-public-partnership* verweisen.

Daneben gibt es aber auch einen Politikbegriff, der auf die agonale Auseinandersetzung zwischen (mindestens) zwei politischen Willen abhebt. Politik wird hier als Kampf um die Macht im Sinne eines privilegierten Zugangs zu den Ressourcen der Machtausübung (Ämtern und Positionen) und der Verfügung über die gesellschaftlich vorherrschenden Deutungen (Hegemonie der Symbole und Narrative) verstanden. Dieser Politikbegriff hebt auf konfliktive Entscheidungen ab, in denen es um die grundsätzliche Ausgestaltung bzw. Entwicklungsrichtung eines Gemeinwesens geht. Zu diesem Politikbegriff gehört auch der Kampf um die Formen und Begrenzungen des Zugangs zu Macht und Einfluss, der zumeist durch Verfassungsgesetze geregelt ist, sowie die Festlegung von Regeln, nach denen der Markt funktioniert, sowie der Aufgaben und Problemfelder, die in den Zuständigkeitsbereich der Zivilgesellschaft fallen. Hier geht es nicht um Komplementarität, sondern um Über-und Unterordnung, Rangfolge und Gewicht. Das ist der Bereich des Politischen.

In der angloamerikanischen Politikwissenschaft dominieren anstelle dieser beiden komplementären Vorstellungen von Politik, als *politics* und *the political* wiedergegeben, üblicherweise drei Begriffe, die inzwischen Eingang in die deutsche politikwissenschaftliche Literatur gefunden haben. Mitunter werden sie freilich recht schematisch angewandt und verwandeln sich dadurch aus analytischen Begriffen in Schubkästen zur Herstellung einer mitunter zwanghaften Differenzierung, die der Komplexität des Politischen nicht genügen. So werden mit *policy/policies* Politikfelder bezeichnet, in denen die Strategien der Gemeinwohlverwirklichung bzw. Interessendurchsetzung erprobt und angewandt werden. Mit Blick auf die *Inhalte* der Politik, etwa Hochschulpolitik, Umweltpolitik, Sozialpolitik, Verkehrspolitik usw., wird auf die Administration des Gemeinwesens abgestellt. Der deutsche Begriff für *policy* würde eigentlich *Policey* lauten, und in der Policeywissenschaft des 17. und 18. Jahrhunderts waren damit die Praktiken des obrigkeitlichen Wohlfahrtsstaates gemeint. In dieser Literatur war von der ‹guten policey› die Rede, womit gesagt werden sollte, dass die Absichten des Landesherrn, die Strategien seiner Verwaltung und die Prosperität des Landes zusammenstimmten.[1] Unter den modernen Begriffen kommt *good governance* dem der *guten policey* am nächsten – wobei in der *guten policey* freilich auch Lebensbereiche der landesherrlichen Regulation unterworfen wurden, die seit der Trennung von Staat und Gesellschaft der politischen Ordnung entzogen wurden. Sowohl der Liberalismus als auch der Republikanismus des späten 18. und frühen 19. Jahrhunderts haben die Idee der ‹guten policey› und die ihr inhärenten Wohlfahrtsvorstellungen kritisiert, weil darin die Menschen als ‹unmündige› Kinder und nicht als ‹mündige› Bürger behandelt wurden. Politische Partizipation respektive verantwortliche Selbstregierung, so die Schnittstelle republikanischer und liberaler Vorstellungen, sollten an die Stelle obrigkeitlicher Beglückung treten.

Der Begriff *politics* akzentuiert demgegenüber den Kampf um Macht und Einfluss, um die Verfügung über den Verwaltungsapparat und die Erringung der Deutungshegemonie in politischen Fragen, also den politischen *Prozess*. Hier geht es um die Konflikte wie Kompromisse zwischen den großen politischen Akteuren, weswegen mit diesem Begriff, in Abgrenzung zu der auf das Innere bezogenen *policy*, häufig auch die *äußere* Politik der Staaten bzw. deren Agieren gegenüber anderen Mächten bezeichnet wird. Im Innern der Staaten wird dieser Machtkampf jedoch nicht nur als Ringen um Ämter und Positionen ausgetragen, sondern auch als Auseinandersetzung um die politisch-kulturelle Hegemonie, also um die Frage, welche Weltsicht und welche Problemperzeption dominant ist.

Mit *polity* schließlich werden die Verfassungsordnung und das politische Regelsystem, also die *Form* des Politischen, bezeichnet, innerhalb deren die Machtkämpfe und politischen Konflikte nach den durch die *polity* vorgegebenen Regeln und Verfahren ausgetragen werden. In der *polity* ist zugleich festgelegt, welche Politikfelder (*policies*) zu bearbeiten sind und nach welchen Grundsätzen dies zu geschehen hat. *Polity* ist somit die Rahmung für den Kampf um Macht und Einfluss (*politics*). Sie legt zugleich fest, was Politik können soll und können darf.

Im Deutschen und im Französischen hat sich eine andere begriffliche und konzeptionelle Unterscheidung herausgebildet, an der sich die Politische Theorie bis heute abarbeitet: Der deutschen Unterscheidung zwischen *Politik* und *dem Politischen* entspricht im Französischen das Begriffspaar *la politique/le politique*. Dieser Unterscheidung zufolge steht *Politik* für den routinierten Betrieb der Bewirtschaftung von Politikfeldern wie der institutionell gehegten

Kämpfe um Macht und Einfluss, während *das Politische* die Konstituierungskonstellationen dieses Betriebs bezeichnet, in denen dieser geordnet, Neues auf den Weg gebracht oder die Grundstruktur der politischen Ordnung verändert wird. Das Politische begegnet uns gemäß dieser begriffspolitischen Perspektive besonders deutlich in Revolutionen und Umbruchsituationen, in grundlegenden Reformen oder Akten der Verfassungsgebung, in denen die bisherigen Regeln und Routinen außer Kraft gesetzt werden. Indem das Politische hier die Frage nach den Rahmenbedingungen des Politikbetriebs stellt und festlegt, was dessen Zweck und Aufgaben sind, geht es nicht nur um die bloße Feststellung, dass etwas funktioniert, sondern um die grundlegendere Frage, ob dieses Funktionieren sinnvoll und gerechtfertigt ist.

Will man die Differenz zwischen der Politik und dem Politischen sprachlich präziser fassen, so bietet sich die Unterscheidung zwischen dem Partizip Präsens Aktiv und dem Partizip Perfekt Passiv an. So kennt die Verfassungstheorie die konstituierende und die konstituierte Gewalt (*pouvoir constituant, pouvoir constitué*). Im Anschluss an diese Unterscheidung hat der griechisch-französische Gesellschafts- und Politiktheoretiker Cornelius Castoriadis von einer instituierenden und einer instituierten Macht gesprochen.[2] Ideengeschichtlicher Ausgangspunkt dieser Unterscheidung ist der Philosoph Baruch de Spinoza, der *natura naturans* und *natura naturata* einander gegenübergestellt hat. Mit Ersterem hat er die sich selbst hervorbringende und immer wieder aufs Neue verändernde Natur gemeint, von Ernst Bloch als «Prozessmaterie» übersetzt,[3] während mit Letzterem die festgewordene und erstarrte Natur ins Auge gefasst wird, die sich vermessen lässt, die Regelmäßigkeiten und Regelhaftigkeit aufweist und mit der wir deswegen «rechnen» können. Gegenüber dieser Regularität und Berechenbarkeit der *natura naturata* ist die *natura naturans* reine Kreativität, schöpferische Energie, Veränderung in Permanenz.[4] Diese Gegenüberstellung Spinozas ist in der jüngeren Politiktheorie, etwa von Michael Hardt und Antonio Negri, mehrfach aufgegriffen und mit Blick auf die Energie der rebellierenden Menge (*multitudo, multitude*), die sich den Routinen der Institutionen verweigert, fruchtbar gemacht worden.[5] Dementsprechend spielt Spinoza in der jüngeren politiktheoretischen Literatur, namentlich der aus Frankreich und Italien, eine erhebliche Rolle. Ist er in der Traditionslinie des Kontraktualismus lange in die Nähe von Hobbes und Locke gerückt worden, so hat mit Antonio Negris Spinozabuch eine Entwicklung eingesetzt, in der Spinoza zu einem Theoretiker der Subversion und Revolution geworden ist[6] – und einem der Ersten, der das Politische als Sprengsatz gegenüber seiner Einengung durch die Politik begriffen hat. In diesem Sinne stehen Hobbes und Spinoza für eine alternative Konturierung des Kanons der politischen Ideengeschichte: Hobbes für die durch den Vertrag verbindlich gemachte Ordnung; Spinoza für die bloß zeitweilige Dauer dieser Ordnung und die Kräfte, die sie herausfordern und verändern.

In Deutschland hat die Debatte über das Politische in der Zeit der Weimarer Republik und dann noch einmal im Hinblick auf deren Scheitern eine zentrale Rolle gespielt. Während Carl Schmitt unter dem Eindruck der Revolutionen von 1917/18 das Politische in der jeder staatlichen Ordnung vorausgehenden Frage nach der Unterscheidung von Freund und Feind gesehen hat,[7] hat Dolf Sternberger es in expliziter Wendung gegen Schmitt an der Verbindung des dem Menschen Zuträglichen mit dem Menschenmöglichen festgemacht.[8] Hannah Arendt wiederum hat im Rekurs auf das politische Denken der Griechen die Fähigkeit zum Zusammenhandeln (*symprättein*) herausgestellt und dies in aller Schärfe gegen das Ökonomische bzw. dessen Dominantwerden in der modernen Gesellschaft abgesetzt.[9] Mit der Durchsetzung der Habermas'schen Theorie des Kommunikativen Handelns und deren juridisch-politologischen Abzweigungen[10] ist die Debatte über das Politische in Deutschland zwischenzeitlich abgeebbt, bis sie in jüngster Zeit, aus Frankreich kommend, als postmarxistische Neubewertung politischer Konflikte und Kämpfe wieder aufgelebt ist. Jenseits des marxistischen Modells, in dem das Politische aus dem Klassenkampf bzw. der sozio-ökonomischen Positionierung politischer Akteure hergeleitet worden ist,[11] geht es hier um eine Neubestimmung des Politischen, die gegen die Dominanz von «Wirtschaft» und «Gesellschaft» dem Politischen eine prioritäre Rolle zuweisen will. Auf diese aktuelle Wiederentdeckung des Politischen wird zurückzukommen sein; zuvor aber soll das europäische Denken des Politischen entlang von drei Traditionslinien nachgezeichnet werden, die sich mit den politischen Denkern Aristoteles, Machiavelli und Schmitt verbinden.

## Aristoteles und der (Neo)Aristotelismus

Die Suche nach den Anfängen einer Reflexion auf das Politische in der Ideengeschichte führt zu Aristoteles, dem Begründer der abendländischen Politikwissenschaft, der das Politische konturiert hat, indem er es gegen das Despotische absetzte.[12] Das Politische ist danach nicht mit der puren Ausübung von Macht und Herrschaft identisch, zumal der gegenüber Schwächeren und Abhängigen; vielmehr handelt es sich um einen bestimmten Typus von Herrschaft, in dem sich die Freien und Gleichen zu handlungsmächtigen Verbänden zusammenschließen, ohne dadurch ihren Anspruch auf Freiheit und Gleichheit aufgeben zu müssen. Dieses Problem, wie nämlich politische Selbstregierung und verbindliche Entscheidungsfindung vermittelt werden können, spielt auch in Rousseaus *Contrat Social* eine entscheidende Rolle, wobei Rousseau die Lösung des Problems im Rahmen einer Vertragstheorie angestrebt hat.[13] Aristoteles' Antwort besteht darin, dass er Bürgerschaft (*politeía*) als Gegenbegriff zu Herrschaft verstanden und diese Gegenbegrifflichkeit systematisch entwickelt hat.[14] Konkret wird diese Vorstellung von Bürgerschaft in Gestalt des politischen Reihendienstes, durch den die Einheit von Herrschen und Beherrschtwerden, *archein* und *archesthai*, sichergestellt werden soll. *Bürgerschaft* als Modus der Selbstregierung von Freien und Gleichen vermeidet die Klippe der *Herrschaft*, bei der es zu einer dauerhaften Aufspaltung des Verbandes in Herrschende und Beherrschte kommt; die symmetrische Reziprozität der Bürger soll durch deren konsekutive Ämterübernahme sicherstellt werden. So sind die Bürger gleichzeitig Herrschende und Beherrschte, und diese Gleichzeitigkeit macht Aristoteles' zufolge das Charakteristische des politischen Lebens aus.

Aristoteles' Definition des Politischen als Selbst-Beherrschung der Freien und Gleichen setzt sich nicht nur gegen das Despotische (von griech. *despótes*/Herr) im Sinne einer auf Dauer gestellten Herr-Knecht-Beziehung ab – eine Abgrenzung, die sich später bei John

Locke wiederfindet, der, über Aristoteles hinausgehend, zwischen väterlicher, politischer und despotischer Gewalt unterscheidet,[15] sondern richtet sich zudem gegen das politische Expertentum, das Platon, der Lehrer des Aristoteles, normativ privilegiert, wenn er in seiner *Politeia* die Auffassung vertritt, die besten und kompetentesten Herrscher seien die nach seinen Vorgaben erzogenen Philosophen, und die Ordnung des Gemeinwesens solle nach Maßgabe der Reproduktionsbedingungen dieser philosophischen Politikspezialisten entworfen werden.[16] Gegenüber diesen Kompetenzsuggestionen des Spezialistentums hat Aristoteles darauf vertraut, dass die Selbstregierung der (in der Regel) philosophisch Inkompetenten auf Dauer zu befriedigenderen Ergebnissen führen werde als die Machtzusammenballung bei den Virtuosen der Norm- und Wertreflexion. Während Platon Politik als wertrationales Administrieren des Guten verstanden hat, hat Aristoteles das Politische als eine eigene Sphäre begriffen, in der nicht das Wissen, sondern das Handeln zentral ist.

Gleichzeitig hat sich Aristoteles mit seiner Konzeption des Politischen einer Professionalisierung der Verwaltungstätigkeit widersetzt, wie sie mit der Herausbildung des institutionellen Flächenstaats in Gestalt der Bürokratie in Europa seit dem 16./17. Jahrhundert entstanden ist. Er hat stattdessen auf eine Honoratioren- und Dilletantenverwaltung vertraut, die weder besondere Kenntnisse noch Fähigkeiten voraussetzte, sondern sich bei der Ausübung von Ämtern allein auf die bürgerliche Tüchtigkeit und Tugend (*areté politiké*) verließ. Aristoteles hat darin die Selbstverwaltungspraxis der griechischen *polis* theoretisiert und sie normativ gegen den professionellen Verwaltungsapparat der großen Reiche Mesopotamiens und des Niltals abgesetzt, wo ein spezialisierter Verwaltungsstab mit entsprechenden Kompetenzen entstanden war. Für Aristoteles war die Professionalisierung der Administration ein Begleiteffekt der Entwicklung von Herrschaft, also Ausdruck des Despotischen, und die Qualität bürgerschaftlicher Selbstregierung hing daran, dass es nicht zur Separation einer Bürokratie kam, die sich bürgerschaftlicher Kontrolle entzog. Die kommunale Honoratiorenverwaltung in Deutschland im 19. und 20. Jahrhundert kann als eine Ausprägung dieser Idee angesehen werden. Heute ist eigentlich nur noch die universitäre Selbstverwaltung diesem Konzept des Politischen verbunden, das ansonsten unter dem Begriff des ‹Ehrenamtes› ein Refugium im Bereich der Zivilgesellschaft, der Bürgerinitiativen und sozialen Bewegungen gefunden hat.[17] Man sollte dieses weite Bedeutungsfeld von *pólis* im Auge behalten, um die «Übersetzungsprobleme» zu verstehen, die der Begriff *polis* uns bereitet.[18]

Übersetzungsprobleme anderer Art sind mit Aristoteles' Unterscheidung von *oîkos* und *pólis* verbunden, die am Anfang seiner Begründung des Politischen steht.[19] Zwischen dem Haus und der Stadt steht bei ihm das Dorf, aber das spielt in der Systematik seines Denkens keine besondere Rolle. Der *oîkos*, das «ganze Haus», wie es bei dem Historiker Otto Brunner heißt,[20] ist aus mehreren Beziehungen herrschaftlicher Art zusammengesetzt, in denen Gegensätze zentral sind: Mann und Frau, Vater und Sohn, Herr und Knecht bzw. Sklave. Die Einheit des Hauses als Ort sehr unterschiedlicher Formen von Herrschaft wird durch den Hausherrn (*oikodespótes*, lat. *pater familias*) hergestellt, der den dominanten Pol aller Herrschaftsbeziehungen bildet. Der Hausherr/Hausvater trifft die Entscheidungen, leitet und lenkt, straft und züchtigt, und dabei unterliegt er keinerlei Kontrolle durch die seiner Herrschaft Unterworfenen.

Der *oîkos* ist der Ort der physischen Reproduktion der Menschen; die *pólis* dagegen ist der Ort der (männlichen) Selbstverwirklichung. Aristoteles gebraucht den Begriff der Selbstverwirklichung zwar nicht, aber in dem, was er als Glückseligkeit (*eudaimonía*) bezeichnet, ist Selbstverwirklichung zumindest mitgemeint. Dabei hat sich nach Aristoteles die Größe der *pólis* an den Erfordernissen wirtschaftlicher Unabhängigkeit und Selbstgenügsamkeit (*autárkeia*) zu bemessen: Die Stadt darf, um bestehen zu können, auf nichts und niemanden außerhalb ihrer angewiesen sein. Sie ist um ihrer selbst willen da und nicht als Mittel auf ein Höheres bezogen. Die *pólis* ist die Form menschlicher Kooperation, in welcher der Mensch über sich und seine Zwecke selbst verfügt. Sie sind ihm nicht länger heteronom vorgegeben, sondern über sie entscheidet die Gemeinschaft der Freien und Gleichen aus eigener Autonomie. Alle anderen Formen des Zusammenlebens, in denen es um heteronome Erfordernisse und das Ensemble des Lebensnotwendigen geht, sind im Haus angesiedelt und von der Sphäre des Politischen separiert. Der *oîkos* bleibt, um eine Formel des 19. Jahrhunderts aufzugreifen, das «Reich der Notwendigkeit», während das «Reich der Freiheit» erst jenseits dessen, nämlich in der *pólis* beginnt. Hier – und nur hier – kommt der Mensch zu sich selbst bzw. wird zum Herrn über das, was an ihm Natur und fremdbestimmt ist.

Der aristotelischen Polis-Theorie liegen zwei anthropologische Annahmen zugrunde: dass der (männliche) Mensch ein *zôon phýsei politikón* sei, ein auf die Gemeinschaft der Freien und Gleichen hin angelegtes und sich (nur) in ihr verwirklichendes Lebewesen, und dass der Mensch als *zôon lógon échon*, als ein über Sprache verfügendes Lebewesen, bei der Gestaltung seines Lebens und der Schaffung seines Lebensraums nicht instinktgesteuert, sondern verständigungsorientiert handelt. Gleichzeitig weiß Aristoteles aber auch, dass der Mensch ein gefährliches Lebewesen ist, das gebändigt werden muss, wenn es nicht fortgesetzt Unheil anrichten soll. Gebändigt wird der Mensch entweder durch einen Herrn oder durch sich selbst, also vermittelst der eigenen Vernunft. Der *oîkos* ist der Ort der Fremdbändigung, wo alle unter der Kontrolle und Aufsicht des Hausherrn stehen; die *pólis* hingegen ist der Ort bürgerschaftlicher Selbstbändigung – und insofern ist sie ein großes Experiment, das permanent gefährdet ist. Zur Selbstbändigung sind nach Aristoteles freilich nicht alle Menschen fähig: in keinem Fall die Knechte und Sklaven, auch nicht die Frauen, und auch die Söhne erst, nachdem sie ein bestimmtes Alter erreicht haben. Wer von den erwachsenen männlichen Einwohnern einer Stadt das Recht auf Selbstbändigung hat, also vollberechtigter Bürger ist, hängt von deren Verfassung ab: Es können einige sein, aber auch viele, bloß die Vermögenden oder auch die Armen. Aristoteles pointiert dies in der Gegenüberstellung von Oligarchie und Demokratie.

Während für Aristoteles der *oîkos* ein Ort der natürlichen Ungleichheit der Menschen ist und die *pólis* der Ort einer von den Menschen künstlich hergestellten Gleichheit, haben die frühneuzeitlichen Theoretiker des Gesellschaftsvertrags von Hobbes über Locke bis Rousseau diese Relation umgekehrt: Von Natur aus sind die Menschen gleich; erst die soziale bzw. politische Ordnung schafft Ungleichheit. Für Aristoteles ist die Gleichheit, für Hobbes und weitere in der Tradition des Kontraktualismus stehende Theoretiker ist die Ungleichheit artifiziell. Es kommt daher nicht von ungefähr, dass politische Denker, die auf Aristoteles rekurrieren, dem Verdacht ausgesetzt waren, sie würden ein traditionalistisches und tendenziell elitäres Politikverständnis präferieren. Jedenfalls ist dieser Vorwurf Hannah Arendt, der wohl prominentesten Aristotelikerin im 20. Jahrhundert, gemacht worden,[21] die sowohl für den kommunitaristischen Neoaristotelismus, wie er sich seit Anfang der 1980er Jahre als ideenpolitisches Gegenprogramm zum politischen Liberalismus in Amerika entwickelt hat, als auch für die jüngere Republikanismusdiskussion zu einer zentralen Referenzautorin wurde. Arendt hat in ihrem Hauptwerk *Vita activa* die aristotelische *oîkos-pólis*-Unterscheidung aufgegriffen und den Ort des Politischen als den des Handelns bzw. Zusammenhandelns (*prátteinlsympráttein*) bestimmt, während das Herstellen (*poieín*) zur Ökonomie gehört und darum keinen wesentlichen Einfluss auf das Politische hat oder haben soll. Was in der freilich umstrittenen Etikettierung Arendts als konservative Neoaristotelikerin wie überhaupt in der Verschwisterung von Neoaristotelismus und Konservatismus weitgehend ausgeblendet wird, ist die Vielgestaltigkeit aristotelischer Konzeptionen des Politischen. So kann der Rückgriff auf Aristoteles inhaltlicher und/oder methodologischer Art sein, er kann als umfassende Vollrezeption betrieben werden oder als nur selektiver Rekurs auf bestimmte Elemente aristotelischen Denkens. Er tritt als konservative Moderne-Kritik auf oder als kreative Wiedererinnerung politischer Urteilsmaßstäbe nach dem Totalitarismus, umfasst sowohl traditionalistische Rückkehrbewegungen als auch moderne Transformationen und bietet gleichermaßen partikularistische wie universalistische Lesarten. Daher spricht Thomas Gutschker in seiner breit angelegten Untersuchung auch von aristotelischen «Denkfiguren», die zwar bestimmten zeitgeschichtlichen Diskursen zugeordnet werden können, inhaltlich, methodologisch und politisch aber zum Teil sehr kontroverse Positionen enthalten.[22]

Bei aller Vielfalt und Divergenz und selbst noch in seinen radikalsten Transformationen ist der Rückgriff auf Aristoteles' politisches Denken jedoch eine besondere Form, in der Ideengeschichte betrieben wird, insofern damit der grundlegende Zweifel verbunden ist, dass die Moderne aus sich heraus imstande sei, handlungsorientierende Maßstäbe zu gewinnen. Und in der Tat steht Arendts an Aristoteles geschulte politische Handlungstheorie exemplarisch für die Wiedergewinnung eines genuin politischen Begriffs des Politischen, der kritisch gegen die modernen Entgrenzungen demokratischer Politik entworfen wird. Arendt zufolge stehen moderne demokratische Ordnungen grundsätzlich in der Gefahr, zu despotischen Wohlfahrtsstaaten zu degenerieren. Sie sieht darin eine illiberale Politisierung des privaten und des gesellschaftlichen Bereichs, die zum einen die Erosion der vorpolitischen Bedingungen des Politischen, nämlich die Entstehung von menschlicher Individualität und gesellschaftlicher Pluralität, befördert; zum anderen gefährdet die Politisierung sozialer Fragen die Konfliktbearbeitungskompetenz der republikanischen Ordnung. Mit dieser Krisendiagnose und ihrer Therapie, der Konzeption einer konfliktaffinen republikanischen Demokratie, hat Arendt zugleich eine ideengeschichtliche Demarkationslinie aufgebrochen, die Dolf Sternberger, einer der Gründungsväter der Politikwissenschaft in Deutschland nach 1945, zwischen der ‹guten› «Politologik» im Anschluss an Aristoteles und der ‹schlechten› «Dämonologik» im Anschluss an Machiavelli aufgemacht hat.[23] In ihrem um Freiheit zentrierten politischen Handlungsbegriff, der kommunikative und initiative – also etwas wesentlich Neues in Gang bringende – Dimensionen verbindet, stellt Arendt auf eine Verknüpfung dieser durchaus konträren Politikauffassungen ab. Sie liest Machiavelli nicht als «schwarzen» Machtpolitiker, der die Moral dem Zweck politischer Selbsterhaltung opfert und Gewalt als probates Mittel des Politischen auszeichnet, sondern als republikanischen Denker. So schreibt sie dem Autor der *Discorsi* wie des *Principe* entscheidende politikwissenschaftliche Leistungen zu: die Entwicklung eines neues Handlungskonzepts von Politik, das der initiativen Dimension politischen Handelns besondere Aufmerksamkeit widmet und darüber den Mut als politische Kardinaltugend auszeichnet, sowie die Konturierung eines agonalen Politikbegriffs, in dem das Austragen von Konflikten zum bevorzugten Modus politischer Integration wird.[24]

## Politik als Kampf um Macht und Einfluss: Machiavelli und Weber

Dolf Sternberger hat in seinem Buch *Drei Wurzeln der Politik* zwischen dem Dämonologischen, dem Eschatologischen und dem Politologischen unterschieden.[25] Für die Definition des Politologischen, das von Sternberger mit dem hier zur Debatte stehenden Politischen identifiziert wird, ist die Verbindung des Möglichen mit dem Zuträglichen ausschlaggebend, während das Dämonologische dem Menschen wohl möglich, aber nicht zuträglich, das Eschatologische hingegen im Prinzip zuträglich, aber nicht möglich (und durch den Versuch seiner gewaltsamen Möglichmachung ebenfalls nicht zuträglich) ist.

Ideengeschichtlicher Repräsentant des *Dämonologischen* ist für Sternberger der Florentiner Politiker und Politikberater Niccolò Machiavelli, der in einigen Kapiteln seines *Principe* das Spiel mit Sein und Schein und die Entwicklung einer von den Vorgaben der Ethik und Moralphilosophie entkoppelten politischen Handlungslehre zum Erfolgsrezept des guten Politikers gemacht hat.[26] Ausschlaggebend für die Etikettierung Machiavellis als Begründer eines dämonologischen Politikbegriffs ist dessen Begriff der *virtù*, den Sternberger mit Blick auf den *Principe* und unter Ausblendung der *Discorsi* vereindeutigt und die damit verbundene dilemmatische Figur des *uomo virtuoso* historisch dekontextualisiert. Der Begriff der *virtù* wird von Machiavelli nämlich in zweifacher Hinsicht verwendet: Sie ist die politische Tugend der Bürger in einer wohlgeordneten Republik, und zugleich ist sie eine «politische Handlungskompetenz, die, von allen ethischen Vorgaben entbunden, nur dem Imperativ des politischen Erfolgs verpflichtet ist».[27] Diese *virtù* als spezifische Handlungskompetenz traut Machiavelli nur wenigen herausragenden politischen Führungsfiguren zu, und sie kommt in Gestalt des *uomo virtuoso* auch nur in außergewöhnlichen Situationen ins Spiel. Unter Korruptibilität versteht Machiavelli das Dominantwerden eines umfassenden individuellen Egoismus, der, zusammen mit einer radikalen Destabilisierung der politischen Institutionen und einem umfassenden Vertrauensverlust in die politischen Eliten, die Grundlagen des politischen Gemeinwesen derart nachhaltig zerrüttet, dass nur noch ein mit umfänglichen Handlungskompetenzen ausgestatteter diktatorischer Krisenmanager als Lösung in Frage kommt: der *uomo virtuoso.* «Allein in einer schweren politischen Krise, dem Endpunkt des Verfalls eines Staates, sind jene historischen Bedingungen gegeben, welche die Gründung oder Neugründung eines Staates ermöglichen.»[28] Der *uomo virtuoso*, den Machiavelli im *Principe* für das Florenz in der Krise und mit Blick auf den in Oberitalien zu errichtenden Einheitsstaat empfiehlt, bezeichnet einen mit allen Vollmachten ausgestatteten, souveränen Alleinherrscher, der ohne Skrupel und mit harter Hand das Gemeinwesen aus der Krise in die Stabilität führt.

Im siebzehnten Kapitel des *Principe* «Über Grausamkeit und Milde» wählt Machiavelli Cesare Borgia als Beispiel für einen derart erfolgreichen Politiker. Das Lob, das er diesem «skrupellosen Tatmenschen» zuspricht, der das moralisch Gebotene dem Nützlichen opferte, wendet sich vehement gegen eine verklärende politische Ethik, die den Staatsmann als gerecht, mutig, großgesinnt, besonnen, friedfertig und klug vorstellt. Gegen das, «was über Herrscher zusammenphantasiert wurde»,[29] stellt er die politische Wirklichkeit, die mitunter verlangt, dass man die Gesinnung der Realität anpasst, wenn das gewünschte Resultat nicht zur Gesinnung passt.[30] Für den *uomo virtuoso* gilt in zugespitzter Weise, was der «Machiavellist» Max Weber meinte, als er bestritt, dass gute Absichten in der Politik auch zu guten Ergebnissen führten und statt dessen die Möglichkeit ins Auge fasste, dass häufig das moralisch Fragwürdige zu den gewünschten Ergebnissen führe. «Auch die alten Christen wussten sehr genau, daß die Welt von Dämonen regiert sei, und daß, wer mit der Politik, das heißt: mit Macht und Gewaltsamkeit als Mitteln, sich einlässt, mit diabolischen Mächten einen Pakt schließt, und daß für sein Handeln es nicht wahr ist: daß aus Gutem nur Gutes, aus Bösem nur Böses kommen könne, sondern oft das Gegenteil: Wer das nicht sieht, ist in der Tat politisch ein Kind.»[31] Alois Riklin hat Machiavelli daher auch als Webers «Ghostwriter» bezeichnet – mit dem kleinen, aber in der Sache unwesentlichen Unterschied, dass Weber eine «schicklichere Verpackung» wählte, indem er Machiavellis Ratschlag an den Fürsten, zu lernen, nicht gut zu sein, «in den wohlgefälligen

Mantel der ‹Verantwortungsethik›» hüllte.[32] Gleichwohl ist es eben diese Verantwortungsethik, mit der Weber in *Politik als Beruf* einen Politikertypus auszeichnet, der im Gegensatz zum Beamten bereit ist, den Kampf um die politische Macht zu führen und die politische Verantwortung für seine Entscheidungen zu übernehmen: «Der echte Beamte [...] soll seinem eigentlichen Beruf nach nicht Politik treiben, sondern: ‹verwalten›, *unparteiisch* vor allem [...]. Sine ira et studio, ‹ohne Zorn und Eingenommenheit› soll er seines Amtes walten. Er soll also gerade nicht das tun, was der Politiker, der Führer sowohl wie seine Gefolgschaft, immer und notwendig tun muß: *kämpfen*. Denn Parteinahme, Kampf, Leidenschaft – ira et studium – sind das Element des Politikers. Und vor allem: des politischen Führers. *Dessen* Handeln steht unter einem ganz anderen, gerade entgegengesetzten Prinzip der Verantwortung als die des Beamten. Ehre des Beamten ist die Fähigkeit, wenn – trotz seiner Vorstellungen – die ihm vorgesetzte Behörde auf einem ihm falsch erscheinenden Befehl beharrt, ihn auf Verantwortung des Befehlenden gewissenhaft und genau so auszuführen, als ob er seiner eigenen Überzeugung entspräche: Ohne diese im höchsten Sinn sittliche Disziplin und Selbstverleugnung zerfiele der ganze Apparat. Ehre des politischen Führers, also: des leitenden Staatsmanns, ist dagegen gerade die ausschließliche *Eigen*verantwortung für das, was er tut, die er nicht ablehnen oder abwälzen kann und darf.»[33] Weber fürchtete, zumal mit Blick auf die innere Verfassung des Bismarckreichs, dass der Typus des Beamten gegenüber dem des Politikers die Oberhand gewinnen werde, und aus dieser Befürchtung heraus hat er dem Charismatiker in der Politik die Aufgabe zugewiesen, die Routinenbildung der Bürokratie immer wieder zu durchkreuzen und «das Politische» sichtbar und bedeutsam zu machen.[34] Wo das nicht der Fall war, sah Weber ein Volk auf dem Weg in «ein neues Gehäuse der Hörigkeit», ein «Fellachentum» ohne Willen und Entschlusskraft zur Politik.[35] In diesem Sinne erklärte er: «Die Politik bedeutet ein starkes, langsames Bohren von harten Brettern mit Leidenschaft und Augenmaß zugleich.»[36]

In seiner normativistischen Unterscheidung zwischen der guten Politologik und der schlechten Dämonologik setzt sich Sternberger nicht nur von Machiavelli, sondern auch von Webers Vortrag *Politik als Beruf* ab, wobei er vor allem Webers polemischen Kommentar im Blick hat, den dieser an eben der Stelle, wo er die Unterscheidung zwischen Gesinnungs- und Verantwortungsethik einführt, gegen «die einfache These: aus Gutem kann nur Gutes, aus Bösem nur Böses folgen» stellt.[37] Hier bringt Weber auch den Begriff des Dämonischen ins Spiel, der dann von den Historikern Friedrich Meinecke und Gerhard Ritter zur Formel von der «Dämonie der Macht» verdichtet worden ist,[38] auf die sich Sternberger in seiner Bezeichnung des Dämonologischen als erster Wurzel der Politik bezieht. Der dramatische Bezugspunkt dieser Politik des Dämonischen sind für Sternberger Hitler und der Nationalsozialismus, wobei er davon überzeugt ist, dass sich in Machiavellis *Principe* jene Ratschläge für politisches Handeln finden lassen, derer sich Hitler in den Anfängen seiner Herrschaft bedient hat.[39] Als Weber im Oktober 1919 erklärte, man müsse sich notfalls auch mit dämonischen Mächten einlassen, wenn man in der Politik Erfolg haben wolle, hatte er die Idealisten der Münchner Räterepublik, durchaus aber auch die deutschen Intellektuellen während des Ersten Weltkriegs im Auge, die von gar naiven und kindlichen Grundannahmen angeleitet worden seien. Was Weber in Deutschland vermisste, war der im Kampf um die Macht gestählte Politikertyp, wie ihn die westlichen Demokratien hervorgebracht hätten.[40] Wer sich nicht mit Dämonen einließ, konnte im Kampf um die Macht nicht siegen. – Mehr als ein halbes Jahrhundert später ist Sternberger im Rückblick auf die deutsche Geschichte zu einem ganz anderen Ergebnis gekommen. Im Faust-Mythos ist in Deutschland von Goethe bis Thomas Mann und darüber hinaus die Frage des Dämonenpakts durchdacht worden.[41]

Repräsentant des Eschatologischen ist für Sternberger der Kirchenvater Aurelius Augustinus, der in *De civitate Dei* den Blick der Politik auf die Verwirklichung eines göttlichen Reichs des Guten gelenkt habe.[42] Nun kann man mit guten Gründen darüber streiten, ob Sternberger Augustinus richtig verstanden hat oder ob er nicht eher auf Eusebius von Caesarea, den Lobredner Kaiser Konstantins, oder auf chiliastische Häretiker, wie Joachim di Fiore oder Thomas Müntzer, hätte Bezug nehmen sollen. Für sie war das Reich Gottes auf Erden zu verwirklichen und politisches Handeln konnte dazu einen wichtigen Beitrag leisten, während Augustinus eine unüberbrückbare Kluft zwischen den Reichen dieser Welt und dem Reich Gottes postuliert hat. Sternberger geht es freilich um die Säkularisation der christlichen Reichstheologie zur marxistischen Geschichtsphilosophie, wie sie von Karl Löwith in *Weltgeschichte und Heilsgeschehen* dargestellt worden ist.[43] Aus dieser säkularisierten Eschatologie erwuchsen Erwartungen an die Politik, die das Menschenmögliche bei weitem überstiegen und entweder zu Enttäuschungen oder zu Gewaltexzessen führten. Im Begriff des Eschatologischen hat sich Sternberger also mit den Vorstellungen der politischen Linken auseinandergesetzt und deren ideengeschichtliche Wurzeln in religiösen Heilsvorstellungen ausgemacht.

In Auseinandersetzung mit der Dämonologie der politischen Rechten und der Eschatologie der politischen Linken hat Sternberger schließlich das Politologische als das den Menschen sowohl Zuträgliche als auch Mögliche beschrieben, und der ideengeschichtliche Gewährsmann dafür ist kein anderer als Aristoteles, der gute Politik als Bemühung um Mitte und Maß bestimmt hat.[44] Die Mitte ist danach ein permanenter Balanceakt zwischen den in der Neigung des Menschen liegenden exzentrischen Positionen, und das Maß ist die Fähigkeit zu Zurückhaltung und Selbstbescheidung angesichts der Versprechungen und Verlockungen einer auf unendliche Expansion eingestellten Wirtschaftsweise. Für Sternberger besteht das Politische bzw. Politologische somit in der Errichtung von Institutionen, die die «Neigungen» der Menschen austarieren und die Ordnung im Gleichgewicht halten. Diese Vorstellung guter Politik findet sich auch in der ebenfalls auf Aristoteles rekurrierenden Schule des Münsteraner Philosophen Joachim Ritter, aus der Hermann Lübbe, Odo Marquard und Robert Spaemann hervorgegangen sind und die das Konzept des Kompensatorischen favorisiert hat.[45]

Die deutsche Debatte über den Begriff des Politischen und die richtige Definition von Politik bzw. die Definition von guter Politik ist von Max Weber bis Dolf Sternberger immer auch eine Auseinandersetzung mit der deutschen Geschichte in der ersten Hälfte des 20. Jahrhunderts gewesen. Die Sternberger'sche Definition des Politischen ist ebenso wie die der Ritter-Schule eine Apologie der Bundesrepublik, die endlich zur richtigen Mitte zwischen den Extremen gefunden habe. Als politiktheoretischer Gegenspieler einer solcherart ausgezeichneten aristotelischen Politik der Mitte fungierte im zeitgenössischen Kontext der Staatsrechtler Carl Schmitt.

## Carl Schmitt und die Freund-Feind-Unterscheidung als Kriterium des Politischen

In Carl Schmitts berühmter Definition, wonach die Unterscheidung von Freund und Feind das Kriterium des Politischen sei, geht der Begriff des Politischen dem des Staates (und damit auch dem der *pólis*) systematisch voraus.[46] Dementsprechend stellt Schmitt Spekulationen darüber an, dass das Wort «politisch» etymologisch gar nicht von *pólis*, sondern von *pólemos* (Krieg) abstamme. Der Staat ist danach eine historisch-konkrete Form der Ortung und Organisation des Politischen, und dabei hat Schmitt den institutionellen Flächenstaat im Auge, wie er in Europa während des 16. und 17. Jahrhunderts entstanden ist. Dieser Staat ist Schmitt zufolge aus den konfessionellen Bürgerkriegen hervorgegangen, die Europa zwischen der Pariser Bartholomäusnacht und dem Ende des Dreißigjährigen Krieges bzw. der Wiedereinsetzung der Stuart-Könige in England erschüttert haben. Die Beendigung dieser innergesellschaftlichen Kriege ist dem neuzeitlichen Staat durch die uneingeschränkte Monopolisierung des Politischen gelungen. Haben zuvor Stände, konfessionelle Gruppierungen, politische Faktionen und andere Arten des Zusammenschlusses bestimmt, wer Freund und Feind ist (was bei Schmitt heißt, dass sie für sich das Recht der verbindlichen Aufforderung zur physischen Tötung reklamierten[47]), so hat nunmehr der Staat bzw. der Souverän an dessen Spitze dieses Recht an sich gezogen und bei sich monopolisiert. In ideenpolitischer Radikalisierung der Souveränitätskonzeptionen von Jean Bodin, Thomas Hobbes und Jean-Jacques Rousseau[48] ist von nun an jeder, der innerhalb des Staates eigene Freund-Feind-Erklärungen ausspricht, ein Hochverräter und muss als solcher behandelt werden.

Die Verstaatlichung des Politischen ist immer auch eine Form seiner Entschärfung, die beim institutionellen Flächenstaat durch Territorialisierung und Repräsentation stattfindet: Qua Territorialität wird die Reichweite der staatlichen Freund-Feind-Erklärung räumlich konkretisiert und präzisiert; sie ist weder indifferent noch eröffnet sie den Angesprochenen Interpretationsspielräume. Und gleichzeitig erhält das in der Ordnung des Staates eingehegte Politische in der Repräsentation des Staates durch den Souverän eine Identifizierbarkeit und Anschaulichkeit, die komplementär zur Territorialität des Politischen für Klarheit und Eindeutigkeit des Politischen steht.[49] Der Schrecken des Bürgerkrieges besteht danach vor allem darin, dass unterschiedliche Akteure die Freund-Feind-Unterscheidung für sich beanspruchen und die Bürger bzw. Untertanen selber entscheiden müssen, welche sie für verbindlich erachten.

Für Schmitt ist die Unterscheidung zwischen Freund und Feind das *Kriterium* des Politischen, keineswegs jedoch dessen erschöpfende *Definition*. Wie die Moral mit der Unterscheidung von gut und böse, die Ästhetik mit der von schön und hässlich und die Ökonomik mit der von schädlich und nützlich arbeite, so sei das fundamentale Begriffspaar des Politischen das von Freund und Feind. «Die Unterscheidung von Freund und Feind hat den Sinn, den äußersten Intensitätsgrad einer Verbindung oder Trennung, einer Assoziation oder Dissoziation zu bezeichnen; sie kann theoretisch und praktisch bestehen, ohne daß gleichzeitig alle jene moralischen, ästhetischen, ökonomischen oder andern Unterscheidungen zur Anwendung kommen müßten. Der politische Feind braucht nicht moralisch böse, er braucht nicht ästhetisch häßlich zu sein; er muß nicht als wirtschaftlicher Konkurrent auftreten, und es kann vielleicht sogar vorteilhaft scheinen, mit ihm Geschäfte zu machen. Er ist eben der andere, der Fremde, und es genügt zu seinem Wesen, daß er in einem besonders intensiven Sinne existenziell etwas Anderes und Fremdes ist, so daß im extremen Fall Konflikte mit ihm möglich sind, die weder durch eine im Voraus getroffene generelle Normierung, noch durch den Spruch eines ‹unbeteiligten› und daher ‹unparteiischen› Dritten entschieden werden können.»[50] Gemeinschaften, Vereinigungen oder Verbände, die diese Unterscheidung gegenüber ihren Mitgliedern nicht verbindlich machen können, sind somit keine politischen Verbände; sie sind vorpolitisch oder entpolitisiert. Genau diese Entpolitisierung hat Schmitt als Beendigung des konfessionellen Bürgerkriegs und Schaffung einer stabilen und verlässlichen Friedensordnung durch den Staat verstanden: Der moderne Staat setzte sich gegen Kirchen und konfessionelle Verbände durch, indem er ihnen das Recht der Freund-Feind-Unterscheidung nahm.

Die Unterscheidung zwischen Freund und Feind ist das Kriterium für die Intensität einer Assoziation oder Dissoziation, und allein die äußersten Intensitätsgrade will Schmitt als «politisch» bezeichnet wissen. Man kann die in der einschlägigen Literatur häufig skandalisierte Freund-Feind-Unterscheidung als Kriterium des Politischen dadurch entdramatisieren, dass man sie durch den Intensitätsgrad der Verbindung oder Trennung ersetzt und dadurch den perhorreszierten Begriff des Feindes vermeidet. Bemerkenswert an der Diskussion über Schmitts Kriterium des Politischen ist freilich, dass dabei fast immer auf den Feind und so gut wie nie auf den Freund rekurriert worden ist.[51] Eine der wenigen Ausnahmen ist Jacques Derridas *Politik der Freundschaft*, in der es um eine Dekonstruktion der europäisch-abendländischen Kopplung des Freundes an den Mann («Brüderlichkeit») und die Abstammung geht. In Auseinandersetzung mit Schmitt entwickelt Derrida eine an der Vielheit und Verschiedenheit der Freunde ausgerichtete Demokratietheorie, deren Imperativ einer ständigen Dekonstruktion von Denkmustern die Zukunft offen halten soll.[52] In diesem Zusammenhang ist auch festzuhalten, dass bei Schmitt «staatsinterne Freundschaft» auf eine essenzielle Gleichheit hinausläuft, der auch jenseits der Vorstellung von einer «Volksgemeinschaft» etwas Repressives zu eigen ist – mit der Besonderheit, dass die Repression hier nicht vertikal, sondern horizontal erfolgt.

Bei vielen Autoren der politischen Ideengeschichte ist Freundschaft das entscheidende Kohäsionsmittel und Bindeglied des politischen Verbandes, u.a. bei Aristoteles im 8. und 9. Buch der *Nikomachischen Ethik*. Das Politische beinhaltet immer auch eine Entscheidung über wechselseitige Verpflichtungen und gesteigerte Verbindlichkeiten. Als eine nicht der individuellen Präferenz überlassene Entscheidung, sondern in Rechtsansprüchen gefasste Form administrierter Solidarität liegt eine solche politische Freunderklärung jedem Staat und vor allem dem Sozial- und Wohlfahrtsstaat zugrunde. Gerade hier zeigt sich in aller Schärfe: Politische Freundschaft gilt keineswegs für alle Menschen, sondern nur für die Angehörigen des politischen Verbandes, und sie ist nicht ins Benehmen individueller Barmherzigkeit oder Großzügigkeit gestellt, sondern zur Verpflichtung gemacht. Mit einer etwas anderen Akzentsetzung hat der Althistoriker Christian Meier die Entstehung des Politischen in der griechischen Antike als Überwindung eines den Menschen unverfügbaren Mechanismus' von Rache und Widerrache und dessen Ersetzung durch eine institutionelle Ordnung beschrieben, in der die Menschen über die Beendigung oder Fortführung von Konflikten selbst entscheiden.[53] Meier hat dies am Beispiel von Aischylos' *Orestie* vorgeführt, wo durch die politische Installierung eines Blutgerichts die zuvor sich ständig erneuernde Verpflichtung zur Blutrache beendet wird. Das Politische wird von Meier – durchaus in explizitem Anschluss an Schmitt, aber mit einer Akzentverschiebung vom Feind auf den Freund – als Verfügbarmachung der gesellschaftlichen Ordnungsprinzipien verstanden: vom Sakral-Religiösen zum Politischen. Wir begegnen dem Politischen also auch und gerade dort, wo die Pflicht zur Feindschaft in verpflichtende Freundschaft verwandelt wird.

Freilich hat Carl Schmitt selbst durch die von ihm vorgenommene Privilegierung der Ausnahme gegenüber der Regel – «Die Ausnahme ist interessanter als der Normalfall. Das Normale beweist nichts, die Ausnahme beweist alles; sie bestätigt nicht nur die Regel, die Regel lebt überhaupt nur von der Ausnahme. In der Ausnahme durchbricht die Kraft des wirklichen Lebens die Kruste einer in Wiederholung erstarrten Mechanik»[54] – den Blick auf den Feind gelenkt bzw. eine Interpretation seiner Theorie nahegelegt, der zufolge der Feind wichtiger ist als der Freund. Allerdings sollte dabei nicht aus dem Auge verloren werden, dass es hier um den öffentlichen und nicht um den persönlichen Feind geht bzw. dass der politische Feind in keiner Weise auch ein persönlicher Feind sein muss. Zu diesem Zweck hat Schmitt auf das lateinische Begriffspaar *hostis – inimicus* verwiesen, in dem diese Differenzierung nach seiner Auffassung bereits enthalten ist.[55]

Die Bedeutung, die Schmitt der Identifikation des Feindes für die Bestimmung des Politischen zugewiesen hat, ist sicherlich auch den Umständen geschuldet, unter denen diese Theorie entstanden ist:[56] In der dramatischen Erfahrung des Ersten Weltkriegs und der an ihn anschließenden Revolutionen drohte für Schmitt die Ordnung der

Staatenwelt, wie sie im Westfälischen Frieden für Europa begründet worden war, zerstört zu werden: Aus der Verfügung des staatlichen Souveräns über die Unterscheidung von Freund und Feind, also des Rechts der Kriegserklärung, erwuchs noch der Erste Weltkrieg, aber schon in dessen Verlauf meldeten sich Parteien und Gruppen zu Wort, die im Zeichen des Pazifismus das Recht des Staates zur politischen Verbindlichmachung des Feindes in Frage stellten oder aber, wie Lenin, dazu aufriefen, den Staatenkrieg in den Krieg der sozialen Klassen zu verwandeln. Für Schmitt zogen damit nichtstaatliche Akteure die Freund-Feind-Unterscheidung an sich und machten dem Staat das Monopol des Politischen streitig. Damit ging, so Schmitt, eine Epoche zu Ende, in der die Dynamik des Politischen durch seine Bändigung im Staat entschärft worden war, und was nun begann, war eine Ära des Weltbürgerkrieges, in der die Freund-Feind-Unterscheidung in die Hände unterschiedlicher Akteure fiel. In seinem Partisanenbuch hat Schmitt eine Bilanz dieser Entwicklung zu ziehen versucht.[57]

## Die «Wiederentdeckung» des Politischen

Carl Schmitts Freund-Feind-Unterscheidung als Kriterium des Politischen war für die sich nach 1945 etablierende bundesrepublikanische Politikwissenschaft nicht mehr anschlussfähig. Der ideenpolitische Kampf um Deutungshoheit wurde neben Neoaristotelikern wie Joachim Ritter und Robert Spaemann nunmehr vor allem von Jürgen Habermas und Niklas Luhmann geführt. Unterhalb aller Unterschiede bestand die Gemeinsamkeit dieser beiden großen Kontrahenten freilich darin, dass sie den Begriff des Politischen – gleichermaßen gegen Aristoteliker wie Schmittianer gerichtet – zugunsten des Begriffs der Gesellschaft marginalisierten. Das Politische wurde zur Politik, und Politik wurde zu einem sozialen Teilsystem, das der umfassenden Sphäre der Gesellschaft zuzurechnen ist und den Primat gegenüber dem Sozialen verloren hat. Bei Luhmann wie Habermas tritt die agonale Dimension des Politischen, wie sie der Machiavellist Weber hervorgehoben und Schmitt in seiner Radikalisierung des politischen Dezisionismus verfochten hat, in den Hintergrund.

In den letzten zwei Jahrzehnten ist es indes zu einer Neubetonung des Agonalen als Wesensmerkmal des Politischen gekommen. Diese Neukonturierung oder gar neue Theorie des Politischen ist vor allem von frankophonen Wissenschaftlern ausgegangen. Die gemeinsame Stoßrichtung von Autoren wie Jean-Luc Nancy, Claude Lefort, Alain Badiou, Jacques Rancière, Ernesto Laclau und Chantal Mouffe richtet sich zum einen gegen eine universalistische und rationalistische Letztbegründung politischer und sozialer Ordnungen, denen gegenüber sie die Einwirkung von Kontingenz herausstellen. Die Absage an «letzte Gründe» meint freilich nicht, wie Oliver Marchart betont, dass es keine Gründe mehr gebe, vielmehr trägt dieses «postfundamentalistische Denken des Politischen» dem Umstand Rechnung, «dass notwendig kontingente Gründe immer wieder aufs Neue gefunden und gelegt werden müssen, auch wenn sie sich als noch so temporär, partiell und instabil erweisen sollten».[58] Zum anderen verbinden diese Autoren mit der Wiederentdeckung des Politischen einen Angriff auf die tendenziell totalisierende Kategorie des Sozialen. Gegen die Unterordnung der Politik unter die Kategorie der Gesellschaft verteidigen sie die Autonomie des Politischen und verstehen das Politische als «Ort von Macht, Konflikt und Antagonismus».[59] Kontingenz und Konflikt werden hier unauflöslich miteinander verknüpft, denn nur dann, wenn die soziale und politische Ordnung als auf kontingenten Voraussetzungen aufruhend vorgestellt wird, kann es einen politischen Kampf um die «richtige» oder «gute» Ordnung geben. Entsprechend differenziert Mouffe zwischen dem Politischen (*le politique*) und der Politik (*la politique*): «Mit dem ‹Politischen› meine ich die Dimension des Antagonismus, die ich als für menschliche Gemeinschaften konstitutiv betrachte, während ich mit ‹Politik› die Gesamtheit der Verfahren meine, durch die eine Ordnung geschaffen wird, die das Miteinander der Menschen im Kontext seiner ihm vom Politischen auferlegten Konflikthaftigkeit organisiert.»[60]

Vor allem in ihrem Essay *Über das Politische*, aber auch in ihrem stärker auf internationale Konfliktlinien ausgerichteten Buch *Agonistik*[61] unternimmt Mouffe einen Generalangriff auf den Mainstream des westlichen politischen Denkens. Ihre mitunter hoch polemische Kritik richtet sich dabei gegen den Neoliberalismus, gegen die Politik der neuen Mitte sowie gegen die im aktuellen Demokratiediskurs dominante Konzeption der deliberativen Demokratie von Habermas und Rawls. Dabei identifiziert Mouffe drei gemeinsame Kernpunkte dieser liberalen Programme, gegen die sich ihre Kritik richtet: Rationalismus, Individualismus und Universalismus. Sie verdichtet ihren fundamentalen Einspruch auf das zentrale Defizit: die Negation des Politischen. All diesen Liberalismen ist Mouffe zufolge die explizite oder implizite Behauptung alternativloser Politik eigen, denn auch der von ihr besonders attackierte kosmopolitische Vernunftmoralismus, als deren herausragende Protagonisten ihr neben Habermas die Soziologen Ulrich Beck und Anthony Giddens gelten, behauptet die universalistische Geltung von an Verständigung ausgerichteten Normen kommunikativer Rationalität, die der aus Mouffes Sicht genuin politischen Dimension des Widerspruchs und Konflikts entgegenstehen.

Im Anschluss an Antonio Gramsci versteht Mouffe das Politische als Kampf um die Hegemonie der sozialen und kulturellen Deutungsmuster, bei denen kein Konsens zu erzielen ist, sondern in denen sich die eine oder die andere Seite durchsetzt. Freilich entwickelt Mouffe diese Vorstellung nicht in der unmittelbaren Konfrontation von Konsens und Dissens, sondern arbeitet mit einer triadischen Konstruktion, in der Konsens, Antagonismus und Agonismus bzw. das Agonale die Eckpunkte des Politischen bezeichnen. Demokratie ist dabei die politische Ordnung, die zwar nicht auf prinzipielle Zustimmung angewiesen ist, wie in den klassischen Herrschaftsformen, die den prinzipiellen Antagonismus jedoch zum Agonalen entschärft hat: Die unversöhnliche Konfrontation von Positionen und Parteien wird in einen politischen Kampf transformiert, der als regulierter Wettstreit stattfindet. Jenseits dieser Basisregeln ist die Demokratie nach Mouffe eine konstitutiv auf den politischen Konflikt angewiesene Ordnung. Wo dieser Konflikt verschwindet, weil es keine konfliktfähigen Politikakteure mehr gibt oder mächtige Monopole Scheinkonflikte inszenieren, um die Menschen zu unterhalten – eine ähnliche Diagnose von der Erosion des Politischen findet sich bei Etienne Balibar und Jacques Rancière[62] – entsteht ein postpolitischer Zustand, in dem alles nur noch verwaltet wird, also entsprechend den Befürchtungen Max Webers das Politische durch die Bürokratie aufgezehrt worden ist. In diesem Sinne hat Cornelius Castoriadis die Geschichte des Sowjetkommunismus als die Entstehung einer sozialistischen Bürokratie bei gleichzeitiger Schließung aller agonalen Politikforen beschrieben.[63] Vergleichbare Entwicklungen mit anderen Akteuren haben Mouffe und andere «Wiederentdecker des Politischen» im Sinne der Fähigkeit zu Widerspruch und Konflikt in modernen Gesellschaften ausgemacht. Max Webers Furcht vor dem «Käfig der Hörigkeit» taucht hier wieder auf; seine Hoffnung auf den charismatischen Führer ist jedoch durch Faschismus und Stalinismus desavouiert. An ihre Stelle tritt die Vorstellung eines diffusen Widerstands, der jedoch nicht länger in die geschichtsphilosophische Rolle revolutionärer Subjekte eingebunden ist. Es ist der spontane, ungeordnete und ideologisch diffuse Widerstand, wie er sich in den Rebellionen der Vorstadtjugend französischer Banlieues beobachten lässt, der hier als Revitalisierung des Politischen in Anspruch genommen wird. Was für Dolf Sternberger und andere an Ausgleich und Kompromiss orientierte Theoretiker die Mitte als Träger des Politischen ist, ist bei Michael Hardt und Antonio Negri die Menge (*multitude*), die in Form von Revolten immer wieder daran erinnert, dass sich das Politische nicht in der Routine des politischen Betriebs erschöpft. Mit dieser Neubeurteilung der Menge ist auch Widerspruch gegen Habermas' tendenziell elitäre Theorie des Kommunikativen Handelns und dessen verständigungsorientierte Ausrichtung verbunden: Während Habermas die Vernunft des Politischen in der Vollendung des aufklärerischen Projekts gesehen, also den intellektuellen Eliten unter der Hand eine Kontroll- und Leitungsfunktion zugewiesen hat, wird in den «neuen Theorien des Politischen» das wilde «unvernünftige» Begehren der Menge zum Indikator politischer Vitalität.

Sieht man genauer hin, so lässt sich innerhalb der «neuen Theorie des Politischen» eine Spaltung ausmachen: Während Mouffe, in der Tradition eines «konfliktiven Liberalismus»[64] stehend, zu einer Neubeschreibung und damit Verteidigung der liberalen Demokratie als einer grundsätzlich paradoxalen Verbindung von Freiheit und Gleichheit ansetzt und für die Institutionalisierung des Konflikts und die Generierung von politischer Ordnung durch freilich immer wieder aufs Neue herauszufordernde Entscheidungen plädiert, sind «Radikaldemokraten», denen neben Badiou und Nancy auch Rancière zuzurechnen ist, von ihrem Ansatz her nicht in der Lage – und wohl auch nicht willens –, Institutionalisierung zu denken. Ihre politische Perspektive endet darum im unendlichen Wiederaufleben der «Barrikadendemokratie». Der den «neuen Theorien des Politischen» zunächst gemeinsame Einspruch gegen eine ökonomisch begründete Notwendigkeitsrhetorik («alternativlos») wie gegen einen der philosophischen Aufklärung entnommenen Vernünftigkeitsgestus («zwangloser Zwang des besseren Arguments») und die dagegengestellte Rückbesinnung auf Kontingenz als Bestimmung des Politischen und Ermöglichung genuin politischer Entscheidungen kann jedoch zur Folge haben, dass die Autoren vom Gedanken der Unterbrechung oder Störung derart fasziniert sind, dass sie das Institutionelle als Ordnung des Politischen konzeptionell vernachlässigen oder dezidiert zurückweisen.

Dieser Vorwurf kann freilich auch Mouffe gemacht werden, die anders als ihre radikaldemokratischen Mitstreiter für eine Zähmung der antagonistischen Struktur des Politischen optiert und in der liberalen Demokratie eine institutionelle Ordnung sieht, die grundsätzlich geeignet ist, den Antagonismus in einen Agonismus zu überführen, also die integrative Austragung von Konflikten zu ermöglichen. Damit grenzt sich die als «neo-schmittianische Linke»[65] etikettierte Theoretikerin zugleich von Carl Schmitt ab. Diese Abgrenzung erfolgt jedoch in Würdigung der diagnostischen Leistungen dieses größten Gegenspielers der liberalen Demokratie. Mouffe nutzt Schmitt gewissermaßen als «Impfserum»: «Die liberale Demokratie soll aus seiner ‹richtigen› Diagnose lernen, worin die Selbstgefährdungen von Liberalismus und Demokratie liegen; seine Therapie einer identitären Demokratie lehnt Mouffe aber als gefährliche Überdosis ab.»[66] Ihrem Plädoyer für eine konfliktaffine liberale Demokratie folgt jedoch keine institutionelle Konkretisierung. Mouffe leistet weder eine Weiterentwicklung der liberalen Institutionen noch zeigt sie auf, wie eine neu auszubalancierende Hegung des Konflikts ermöglicht werden kann. Die entscheidende Frage nach der Domestizierung des Konflikts bleibt damit offen. Es handelt sich daher letztlich auch bei Mouffe, nicht anders als bei den anderen postfundamentalistischen Denkern, um eine halbierte Vorstellung des Politischen, dessen Wesensmerkmal doch darin besteht, immer beides zugleich zu sein:

Möglichkeitsraum jenseits eingefahrener, zu Routinen geronnener und in Administration überführter Politikprozesse ebenso wie die Institutionalisierung neuer Entscheidungsforen, in denen der Augenblick der Unterbrechung auf Dauer gestellt werden kann. Man kann das auch als ein Zusammendenken der antiken Polis-Vorstellung mit dem Anstaltscharakter des modernen Staates begreifen.

1 Dazu Hans Maier, *Die ältere deutsche Staats- und Verwaltungslehre*, München 1996, sowie Michael Stolleis (Hg.), *Staatsdenker im 17. und 18. Jahrhundert. Reichspublizistik, Politik, Naturrecht*, Frankfurt am Main 1977.

2 Cornelius Castoriadis, *Gesellschaft als imaginäre Institution. Entwurf einer politischen Philosophie*, Frankfurt am Main 1990, S. 603 ff.

3 Ernst Bloch, *Experimentum Mundi. Frage, Kategorien des Herausbringens, Praxis*, Frankfurt am Main 1975.

4 Baruch de Spinoza, *Ethik in geometrischer Form dargestellt* [1677], lat.-dt. hrsg. von Wolfgang Bartuschat, Hamburg 1999, S. 63 und 67, sowie ders., *Theologisch-politischer Traktat* [1670], hrsg. von Günter Gawlick, Hamburg 1976, S. 94–96.

5 Michael Hardt/Antonio Negri, *Multitude. Krieg und Demokratie*, Frankfurt am Main/New York 2004.

6 Antonio Negri, *Die wilde Anomalie. Spinozas Entwurf einer freien Gesellschaft*, Berlin 1982.

7 Carl Schmitt, *Der Begriff des Politischen*. Text von 1932 mit einem Vorwort und drei Corollarien, Berlin 1963, insbes. S. 26–28; vgl. dazu Reinhard Mehring, *Carl Schmitt. Der Begriff des Politischen. Ein kooperativer Kommentar*, Berlin 2003; darin vor allem die Beiträge von Bernd Ladwig und Wilfried Nippel.

8 Dolf Sternberger, *Drei Wurzeln der Politik*, 2 Bde., Frankfurt am Main 1978, sowie ders., *Das Wort Politik und der Begriff des Politischen*, Wiesbaden 1982.

9 Hannah Arendt, *Vita activa oder vom tätigen Leben*, München 1967; vgl. dazu Karl-Heinz Breier/Alexander Gantschow (Hgg.), *Politische Existenz und republikanische Ordnung. Zum Staatsverständnis von Hannah Arendt*, Baden-Baden 2012.

10 Jürgen Habermas, *Theorie des Kommunikativen Handelns*, 2 Bde., Frankfurt am Main 1981; ders., *Faktizität und Geltung. Beiträge zur Diskurstheorie des Rechts und des demokratischen Rechtsstaats*, Frankfurt am Main 1992.

11 Vgl. Ulrich Bröckling/Robert Feustel (Hgg.), *Das Politische denken. Zeitgenössische Positionen*, Bielefeld 2010.

12 Aristoteles, *Politik*, übersetzt und hrsg. von Olof Gigon, Zürich und München 1973.

13 Jean-Jacques Rousseau, «Vom Gesellschaftsvertrag», in: ders., *Politische*

*Schriften*, Bd. 1, hrsg. von Ludwig Schmidts, Paderborn 1977, S. 59–208; dazu Iring Fetscher, *Rousseaus politische Philosophie. Zur Geschichte des demokratischen Freiheitsbegriffs*, Frankfurt am Main [3]1975, S. 101 ff.

14 Zur Gegenbegrifflichkeit von Bürgerschaft und Herrschaft in der Geschichte der politischen Ideen vgl. Jürgen Gebhardt/Herfried Münkler (Hgg.), *Bürgerschaft und Herrschaft. Zum Verhältnis von Macht und Demokratie*, Baden-Baden 1993.

15 John Locke, *Zwei Abhandlungen über die Regierung*, hrsg. von Walter Euchner, Frankfurt am Main 1977, S. 307 ff.

16 Platon, *Der Staat/Politeia*, eingeleitet von Olof Gigon, übertragen von Rudolf Rufener, Zürich und München [2]1973.

17 Dazu Thomas Meyer/Reinhard Weil (Hgg.), *Die Bürgergesellschaft. Perspektiven für Bürgerbeteiligung und Bürgerkommunikation*, Bonn 2002.

18 Weiterführend dazu ist Rüdiger Bubner, *Polis und Staat. Grundlinien der politischen Philosophie*, Frankfurt am Main 2002, der zwischen der Polis als «Lebensform» und dem Staat als «Einrichtung» unterscheidet.

19 Aristoteles, *Die Nikomachische Ethik*, übersetzt und hrsg. von Olof Gigon, Zürich und München 1967, ders., *Politik*, Zürich und München 1973.

20 Otto Brunner, «Das ganze Haus und die alteuropäische Ökonomik» [1956]; in: ders., *Neue Wege der Verfassungs- und Sozialgeschichte*, Göttingen 1980, S. 103–127.

21 Hauke Brunkhorst, *Demokratie und Differenz. Vom klassischen zum modernen Begriff des Politischen*, Frankfurt am Main 1994, S. 105 ff.; Jürgen Habermas, «Hannah Arendt: Die Geschichte von den zwei Revolutionen», in: ders., *Philosophisch-politische Profile*, Frankfurt am Main 1998, S. 223–228; Franco Volpi, «Hannah Arendts Rehabilitierung der Praxis», in: *Internationale Zeitschrift für Philosophie*, Bd. 16, 2007, Heft 1, S. 78–91.

22 Thomas Gutschker, *Aristotelische Diskurse. Aristoteles in der politischen Philosophie des 20. Jahrhunderts*, Stuttgart/Weimar 2002, S. 8.

23 Sternberger, *Drei Wurzeln der Politik*, Bd. 1, S. 440 f.

24 Grit Straßenberger, «Konsens und Konflikt. Hannah Arendts Umdeutung des *uomo virtuoso*», in: Harald Bluhm/Karsten Fischer/Marcus Llanque (Hgg.), *Ideenpolitik. Geschichtliche Konstellationen und gegenwärtige Konflikte*, Berlin 2011, S. 297–316.

25 Sternberger, *Drei Wurzeln der Politik*, Bd. 1, S. 159–265; zu Sternberger als einem der Gründerväter der deutschen Politikwissenschaft vgl. Herfried Münkler, «Dolf Sternberger», in: Eckhard Jesse/Sebastian Liebold (Hgg.), *Deutsche Politikwissenschaftler. Werk und Wirkung*, Baden-Baden 2014, S. 739–752.

26 Vgl. Jörg Pannier, *Das Vexierbild des Politischen. Dolf Sternberger als politischer Aristoteliker*, Berlin 1996.

27 Herfried Münkler, «Republikanische Tugend und politische Energie. Die Idee der virtù im politischen Denken Machiavellis», in: *Politikwissenschaft als Kritische Theorie: Festschrift für Kurt Lenk*, hrsg. v. Michael Th. Greven, Baden-Baden 1994, S. 97–107, S. 98.

28 Herfried Münkler, *Machiavelli. Die Begründung des politischen Denkens der Neuzeit aus der Krise der Republik Florenz*, Frankfurt am Main 1995, S. 337.

29 Niccolò Machiavelli, Der Fürst, XV. Kap.
30 Alois Riklin, *Die Führungslehre von Niccolò Machiavelli*, Bern 1996, S. 107.
31 Max Weber, «Politik als Beruf» [1919], in: ders., *Gesammelte Politische Schriften*, hrsg. von Johannes Winckelmann, Tübingen [4]1980, S. 554.
32 Riklin, *Die Führungslehre von Niccolò Machiavelli*, S. 72ff.
33 Weber, «Politik als Beruf», S. 524f.
34 Eine Stichprobensammlung politischer Charismatiker findet sich bei Wilfried Nippel (Hg.), *Virtuosen der Macht. Herrschaft und Charisma von Perikles bis Mao*, München 2000.
35 Vgl. Wilhelm Hennis, *Max Webers Fragestellung. Studien zur Biographie des Werks*, Tübingen 1987, S. 195 und 236.
36 Weber, «Politik als Beruf», S. 560.
37 Ebd., S. 554.
38 Dazu Herfried Münkler, *Die Deutschen und ihre Mythen*, Berlin 2009, S. 127ff.
39 Dolf Sternberger, «Wiessee und Sinigaglia. Zu Hitlers Mordaktion vom 30. Juni 1934», in: Rupert Breitling/Winand Gellner (Hgg.), *Politische Studien. Festschrift zum 65. Geburtstag von Erwin Faul*, Gerlingen 1988, S. 72–89.
40 Vgl. Marcus Llanque, *Demokratisches Denken im Krieg. Die deutsche Debatte im Ersten Weltkrieg*, Berlin 2000, S. 179ff.
41 Münkler, *Die Deutschen und ihre Mythen*, S. 109–139.
42 Sternberger, *Drei Wurzeln der Politik*, Bd. 1, S. 309–380.
43 Karl Löwith, *Weltgeschichte und Heilsgeschehen. Die theologischen Voraussetzungen der Geschichtsphilosophie*, Stuttgart u.a. 1953.
44 Dazu Herfried Münkler, *Mitte und Maß. Der Kampf um die richtige Ordnung*, Berlin 2011, S. 82ff.
45 Vgl. Jens Hacke, *Philosophie der Bürgerlichkeit. Die liberalkonservative Begründung der Bundesrepublik*, Göttingen 2006, S. 161ff.
46 Schmitt, *Der Begriff des Politischen*, S. 20; zum Begriff der Feindschaft in der jüngeren politiktheoretischen und kulturwissenschaftlichen Diskussion vgl. Medardus Brehl/Kristin Platt (Hgg.), *Feindschaft*, München 2003, sowie Christian Geulen u.a. (Hgg.), *Vom Sinn der Feindschaft*, Berlin 2002.
47 Schmitt, *Der Begriff des Politischen*, S. 33.
48 Carl Schmitt, *Politische Theologie. Vier Kapitel zur Lehre von der Souveränität*, Berlin 1996, sowie ders., *Die Diktatur. Von den Anfängen des modernen Souveränitätsgedankens bis zum proletarischen Klassenkampf*, Berlin 2006.
49 Jean Baudrillard (*Der symbolische Tausch und der Tod*, Berlin 2005) hat diesen Gedanken dahingehend konkretisiert, dass die Repräsentation politischer Ideen und Interessen die Ermöglichung des Agonalen sei: Im Repräsentanten melden Ideen und Interessen nicht nur Ansprüche an, sondern werden ihrerseits auch bekämpfbar. Wo Repräsentation jedoch durch Simulation, pure Zeichenhaftigkeit ohne Verweisung auf Reales, ersetzt werde, wie in der modernen Medienwelt, sei dies das Ende des Politischen.
50 Schmitt, *Der Begriff des Politischen*, S. 27.
51 Vgl. Hasso Hofmann, «Feindschaft – Grundbegriff des Politischen?»; in:

ders., *Recht – Politik – Verfassung. Studien zur Geschichte der politischen Philosophie*, Frankfurt am Main 1986, S. 212–241.
52 Jacques Derrida, *Politik der Freundschaft* [frz. 1994], Frankfurt am Main 2000.
53 Christian Meier, *Die Entstehung des Politischen bei den Griechen*, Frankfurt am Main 1980, S. 144–272.
54 Schmitt, *Der Begriff des Politischen*, S. 22.
55 Ebd., S. 29f.
56 Vgl. Reinhard Mehring, *Carl Schmitt. Aufstieg und Fall. Eine Biographie*, München 2009.
57 Carl Schmitt, *Theorie des Partisanen. Zwischenbemerkung zum Begriff des Politischen*, Berlin 1963.
58 Oliver Marchart, *Das unmögliche Objekt. Eine postfundamentalistische Theorie der Gesellschaft*, Berlin 2013, S. 11.
59 Chantal Mouffe, *Über das Politische. Wider die kosmopolitische Illusion*, Frankfurt am Main 2007, S. 16.
60 Ebd.
61 Mouffe, *Agonistik. Die Welt politisch denken*, Berlin 2014.
62 Vgl. Bröckling/Faustel (Hgg.), *Das politische Denken*; Thomas Bedorf/Kurt Röttgers (Hgg.), *Das Politische und die Politik*, Berlin 2010.
63 Castoriadis, *Gesellschaft als imaginäre Institution*, S. 52ff.
64 Vincent Rzepka/Grit Straßenberger, «Für einen konfliktiven Liberalismus»; in: *Zeitschrift für Politische Theorie*, 2/2014.
65 Oliver Marchart, *Die politische Differenz. Zum Denken des Politischen bei Nancy. Lefort, Badiou, Laclau und Agamben*, Berlin 2010, S. 43.
66 Rzepka/Straßenberger, «Für einen konfliktiven Liberalismus», S. 230.

**Weiterführende Literatur:**

Bedorf, Thomas/Röttgers, Kurt (Hgg.): *Das Politische und die Politik*, Berlin 2010.
Gutschker, Thomas: *Aristotelische Diskurse. Aristoteles in der politischen Philosophie des 20. Jahrhunderts*, Stuttgart/Weimar 2002.
Hofmann, Hasso: «Feindschaft – Grundbegriff des Politischen?», in: ders., *Recht – Politik – Verfassung. Studien zur Geschichte der politischen Philosophie*, Frankfurt am Main 1986, S. 212–241.
Kühnlein, Michael (Hg.): *Das Politische und das Vorpolitische. Über die Wertgrundlagen der Demokratie*, Baden-Baden 2014.
Mehring, Reinhard (Hg.): *Carl Schmitt. Der Begriff des Politischen. Ein kooperativer Kommentar*, Berlin 2003.
Meier, Christian: *Die Entstehung des Politischen bei den Griechen*, Frankfurt am Main 1980.
Pannier, Jörg: *Das Vexierbild des Politischen. Dolf Sternberger als politischer Aristoteliker*, Berlin 1996.
Zehnpfennig, Barbara (Hg.): *Die «Politik» des Aristoteles*, Baden-Baden 2012.

## Kapitel 2

## STAAT UND NATION

Es ist noch nicht lange her, dass Staat und Nation eine eher historische denn aktuelle, geschweige denn zukünftige Relevanz attestiert wurde. Dementsprechend wenig hat sich die Politikwissenschaft mit allem beschäftigt, was den Begriffsfamilien von Staat und Nation zugerechnet werden konnte. Man überließ beides den Historikern, Soziologen und Kulturwissenschaftlern und konzentrierte sich selbst auf das, was sich unter dem Governance-Begriff subsummieren ließ. Mit dessen Hilfe konnte man eine deutlich komplexere Systematik interventiver Steuerung und politischer Kontrolle ökonomischer und sozialer Prozesse entwickeln, als das mit der Begrifflichkeit des Staates und den ihm zugerechneten Handlungskompetenzen möglich war. Vor allem konnte man auf dieser Grundlage Diffusions- und Kooperationsprozesse beobachten, in denen sub- und suprastaatliche Akteure eine größere Rolle spielten als der Staat selbst. Einmal mehr zeigt sich hier die Relevanz politiktheoretischer Begriffe für die politikwissenschaftliche Beobachtung: Was in einer auf den Staat konzentrierten Begrifflichkeit als störende Einwirkung und verzerrender Effekt wahrgenommen wird, wird von der Governance-Forschung dagegen als Zusammenspiel und Kooperation beschrieben. Wo man unter Zugrundelegung des Staatsbegriffs Niedergang und Verfall beobachtet, tritt bei veränderter Begrifflichkeit ein langewährender Transformationsprozess hervor. So steht auch hier die Frage nach dem Verhältnis von Struktur und Semantik bzw. der Konstitution von Ordnungsvorstellungen durch Diskurse im Raum.

Einen noch stärkeren Relevanzverlust hat innerhalb der Politikwissenschaft die Begriffsfamilie der Nation und des Nationalen mitsamt den ihr zugehörigen Beobachtungsfeldern erlitten; der gesamte Komplex wird als der Vergangenheit zugehörig rubriziert, und die in der Nation gebundenen emotionalen Potenziale sollen in rationales Handeln überführt werden; wo das nicht möglich ist, werden sie zum Gegenstand einer neuen Forschungsrichtung, die sich im Feld zwischen Philosophie und Psychologie etabliert hat. In dieser Emotionsforschung spielte die Politikwissenschaft keine nen-

nenswerte Rolle. Je stärker das Fach unter den Einfluss ökonomischer Methoden und Theorien geraten ist, desto marginaler werden die mit Staat und Nation bezeichneten Beobachtungsfelder. Das hat sich inzwischen jedoch als eine ambivalente Entwicklung erwiesen: Man sieht infolgedessen einiges sehr viel genauer als zuvor, hat dafür aber manches aus dem Blick verloren, was im Bereich politischen Denkens und Handelns von großer Bedeutung ist.

Das lässt sich am Stellenwert politikwissenschaftlicher Arbeiten im öffentlichen Diskurs nachvollziehen: Wo es um größere und kleinere Konflikte in der internationalen Politik geht, ist fast immer von der Nation die Rede, und in den großen Krisen der globalen Ökonomie während des zurückliegenden Jahrzehnts wurde in den entscheidenden Situationen der Staat als die letzte Instanz von Vertrauen und Stabilität beschworen. Nicht der Verweis auf die komplexen Governance-Strukturen, sondern die staatlichen Garantien sind dabei als Anker monetärer Stabilität und fiskalischer Ordnung ins Spiel gebracht worden. Plötzlich hantierten die Ökonomen mit dem Staatsbegriff, während die Politikwissenschaft im Umgang mit den Krisen eine bemerkenswerte analytische Hilflosigkeit an den Tag legte. Jetzt rächt sich – jedenfalls im Hinblick auf die öffentliche Sichtbarkeit des Faches –, dass man die Begriffe Staat und Nation während der letzten Jahrzehnte stiefmütterlich behandelt hat. Der nachfolgende Rückblick auf die Geschichte von Staat und Nation sowie die zugehörigen Begriffs- und Theoriebildungen kann als Beispiel dafür genommen werden, wie die Ideengeschichte als Erneuerer zeitweise verödeter Felder der politischen Theorie sowie der Politikwissenschaft insgesamt dienen kann.

## Das schwierige Kompositum «Nationalstaat»

Die Verwendung des Kompositums «Nationalstaat» ist historisch wie politiktheoretisch ein sehr viel größeres Problem, als im allgemeinen Sprachgebrauch bewusst ist. Im Prinzip wird im Begriff «Nationalstaat» nämlich unterstellt, dass zwei voneinander aparte politische Ordnungsmodelle, das der Staatlichkeit und das der Nationalität, miteinander zur Deckung gebracht worden sind: Die

Grenzen des Staates sind danach – tendenziell – mit den Grenzen der Nation kongruent. Das ist selbst in Westeuropa nicht durchweg der Fall, wo die Idee des Nationalstaats entstanden ist und sich in einer Reihe von Kriegen gegen konkurrierende Ordnungsmodelle, wie das der dynastischen Einheit oder des Großreichs, durchgesetzt hat. Um wieviel weniger ist es außerhalb Europas der Fall: Russland schwankt bis heute in der Frage, ob es ein multiethnisches Großreich oder eine Nation sein will; die britischen Siedlungskolonien Kanada, Australien und Neuseeland haben während des Ersten Weltkriegs infolge der hohen Verluste auf dem europäischen Kriegsschauplatz begonnen, eine von Großbritannien unabhängige nationale Identität zu entwickeln und auf dieser Grundlage dann staatliche Eigenständigkeit gegenüber dem britischen Mutterland angestrebt; in Jugoslawien dagegen ist Anfang der 1990er Jahre die Bildung eines Nationalstaats an beidem gescheitert: an fehlender nationaler Identität und der Ablehnung des gemeinsamen Staates. In Großbritannien gibt es bei Schotten und – abgeschwächt – Walisern Autonomieansprüche, die sich auf eigene nationale Identitäten stützen, und ähnliches ist in Spanien bei Basken und Katalanen zu beobachten. Während in Südamerika nach dem Ende der spanischen bzw. portugiesischen Kolonialherrschaft eine durchaus stabile Nationalstaatsbildung gelungen ist, ist Afrika, vor allem das subsaharische Afrika, davon weit entfernt. Wie in den arabischen Ländern des Vorderen Orients ist die Stammes- oder Religionszugehörigkeit hier oft wichtiger als nationale Identität.[1] Dass nationale und staatliche Grenzen zur Deckung gelangt sind, ist eher die Ausnahme als die Regel. Häufig ist bloß der Territorialstaat gemeint, wenn ein Land als Nationalstaat bezeichnet wird.

Der Staat ist in seiner Wirksamkeit auf die Aufgaben der politischen Steuerung, des Schutzes im Innern wie nach außen, der Vorsorge für die Infrastruktur, der Wohlfahrt usw. konzentriert, während die Vorstellung der Nation auf Identität und Zugehörigkeitsempfinden ausgerichtet ist. Der Staat ist der Organisator harter Tatsachen, während alles, was mit der Nation zu tun hat, flexibel ist und sich häufig um Emotionen dreht.[2] Dementsprechend unterschiedlich fallen die Antworten auf die Frage nach den zentralen Merkmalen nationaler Identität aus: Für die einen ist es die gemeinsame bzw. als gemeinsam gedachte Geschichte, während andere traditionelle Siedlungsräume («Heimat») geltend machen; für nochmals andere ist es die gemeinsame Hochsprache, und für wieder andere sind es Sitten und Gewohnheiten, durch die sich die je eigene Nation von den anderen unterscheidet. Dementsprechend differieren die Wissenschaften, die für die Pflege der nationalen Identität zuständig sind: Im ersten Fall sind es die Historiker, im zweiten die Geographen, im dritten die Literatur- und Sprachwissenschaftler, und im vierten kommen die Volkskundler bzw. Ethnographen zum Zuge, denen sich zeitweilig die Rassekundler beigesellt haben. Mit Blick auf die unterschiedlichen Definitionen von Nation hat Benedict Anderson von einer *imagined community* gesprochen, einer Gemeinschaft, die nur dadurch politische Wirksamkeit erlangt, dass sie in den Köpfen der Menschen präsent ist.[3] Das Wirken des Staates dagegen vollzieht sich unabhängig davon, ob sich die Bürger ihn vorstellen können oder nicht. Bei der Nation ist das anders: Wo sie sich noch nicht mit dem Staat zum Nationalstaat amalgamiert hat, existiert sie nur insofern, als sie in den Vorstellungen und Imaginationen der Menschen präsent ist. Der Staat ist in Verwaltungsgebäuden, Militär, politischem Zeremoniell usw. sichtbar. Denkmäler dagegen, in denen es um die Nation geht, werden errichtet, um das Unsichtbare sichtbar zu machen. Staat und Nation unterliegen unterschiedlichen Regeln von Repräsentation und Visibilität.

Es ist die Verbindung von Organisationskapazität und Steuerungsfähigkeit des Staates mit den intrinsischen Motivationen des Nationalen, die das Kompositum Nationalstaat zu dem wohl leistungsfähigsten politischen Ordnungsmodell der Geschichte gemacht haben – zunächst als Kriegführungsstaat, später als Sozial- und Wohlfahrtsstaat. Vor allem die mit der Nation verbundene (und erst danach auch auf die soziale Klasse bezogene) Vorstellung von Solidarität und Brüderlichkeit hat im Nationalstaat als dem Organisator sozialmoralischer Vorstellungen ein Zusammengehörigkeitsempfinden hervorgebracht, das anderen politischen Großorganisationen abgeht. Die Zusammengehörigkeit kann im Rekurs auf den *ethnos* wie den *demos* begründet sein:[4] Ersteres ist ein den ihm Angehörenden *unverfügbarer* Verband, in den man hineingeboren wird und von dem man sich nicht lossagen kann: nationale Zugehörigkeit erscheint dann als Natur; Letzteres bezieht sich dagegen auf die Bürgergemeinde, die durch eine Willensentscheidung entsteht und fortdauert, also politisch *verfügbar* ist. Man spricht darum auch von einem organischen und einem voluntativen Nationsbegriff. In modifizierter Form treffen beide Merkmale auch auf die von dem Historiker Friedrich Meinecke ins Spiel gebrachte Unterscheidung zwischen Kultur- und Staatsnation zu:[5] Ersterer gehört man an, ob man will oder nicht; Letzterer tritt man durch einen Entschluss bei. Meinecke antwortete damit auf Ernest Renans berühmte Definition der Nation als *plébiscite de tous les jours*: «Die Existenz einer Nation ist – erlauben sie mir diese Metapher – ein Plebiszit, das sich jeden Tag wiederholt.» Derselbe Renan hatte kurz davor freilich davon gesprochen, dass «das gemeinsame Leiden mehr verbindet als die Freude. In den gemeinsamen Erinnerungen wiegt die Trauer mehr als die Triumphe, denn sie erlegt Pflichten auf, sie gebietet gemeinschaftliche Anstrengungen.» Deswegen sei die Nation «eine große Solidargemeinschaft, getragen von dem Gefühl der Opfer, die man gebracht hat, und der Opfer, die man noch zu bringen gewillt ist».[6] Das Plebiszit, von dem Renan spricht, ist also eines über die Bereitschaft zum Leiden und zum Opfer als Voraussetzung der Solidargemeinschaft. Die tagtägliche Abstimmung steht unter dem Einfluss einer Erinnerungsgemeinschaft, die weder durch Rasse noch durch Sprache, weder durch Geografie noch durch Religion gebildet wird, auch nicht durch die Geschichte, sondern allein durch die Gemeinsamkeit des Erinnerns.[7] Erinnerung und Emotion sind die konstitutiven Größen der Nation. Die Politik des Nationalen will sie nicht sich selbst überlassen, sondern organisiert und institutionalisiert sie, im Schulunterricht etwa oder in Gedenk- und Feiertagen, die häufig religiösen Ritualen und Zeremonien folgen.

### Vom Personenverbandsstaat zum institutionellen Flächenstaat

Mit dem Übergang vom Mittelalter zur Neuzeit vollzog sich eine Veränderung, die zu den folgenreichsten Entwicklungen der Politikgeschichte gehört: Im Verlauf von zwei bis drei Jahrhunderten und in zeitlicher Abfolge von West nach Ost entstand der institutionelle Flächenstaat, der die personenverbandsstaatliche Ordnung des Mittelalters ablöste.[8] In letztgenanntem Fall ist die Vorstellung von Staatlichkeit als Ordnung mit kollektiv verbindlichen Entscheidungen an den spezifischen Verband von Personen oder Personengruppen gebunden; dieser kann, wie im Falle der Bürgergemeinde, horizontaler Art, ebenso aber auch, wie bei Feudalstrukturen, vertikaler Art sein. Dementsprechend kommt im Personenverbandsstaat den persönlichen Vertrauensbeziehungen eine besondere Rolle zu. Aristoteles hat darum der Freundschaft eine große Bedeutung für den Bestand der Bürgergemeinde zugewiesen,[9] und die Bürgergemeinde der mittelalterlichen Städte hat sich zur Festigung gegenseitigen Vertrauens als bürgerschaftlicher Schwurverband (*coniuratio civium*) konstituiert.[10] Die politische Verpflichtung zur Freundschaft wurde in Form einer gemeinsamen Eidleistung bekräftigt. In der vertikalen Ethik des Lehnswesens spielte dagegen die Treue als sozialmoralisches Fundament des Verbandes die zentrale Rolle.[11]

Mit dem institutionellen Flächenstaat als Geltungsbereich kollektiv verbindlicher Entscheidungen trat das Staatsgebiet an die Stelle von Lehnsverband und Bürgergemeinde, und deren ethische Grundierung in Form von Vertrauen wurde schrittweise auf eine institutionelle Ordnung von Zuständigkeit und Kontrolle umgestellt (→ Kap. *Souveränität*). Erst mit der Politisierung der Nationsidee im Gefolge der Französischen Revolution kamen personale Bindungen mitsamt ethischen Erwartungen und emotionalen Komponenten wieder stärker ins Spiel. Nationale Identität und Zugehörigkeit zu einer Nation wurden zum Funktionsäquivalent von Bürgerfreundschaft oder Treue zwischen Herr und Mann, und sie konnten deren Aufgaben mit einer größeren räumlichen Reichweite und einer zahlenmäßig höheren Inklusion übernehmen, wenn sie durch die Struktur und Apparatur des Staates unterstützt wurden. Die Bedeutung von generalisiertem Vertrauen ist in jüngerer Zeit im Anschluss an die Arbeiten von Robert Putnam und im Hinblick auf die Funktionserfordernisse einer Zivilgesellschaft politiktheoretisch stärker herausgestellt worden.[12] Die Durchsetzung des institutionellen Flächenstaats als vorherrschendes Modell der politischen Ordnung war dagegen zunächst mit der Herausbildung eines professionellen Erzwingungs- und Erfüllungsstabes verbunden, der nicht an einer Ethik des Vertrauens, sondern einer der Pflichterfüllung orientiert war.

Die Ablösung des Personenverbandsstaates durch den institutionellen Flächenstaat zeitigte Folgen für die Repräsentation und die Kontinuität der politischen Ordnung. Für die Bürgergemeinde war die Kontinuität ein geringeres Problem als die Repräsentation; zu Zwecken der Selbstdarstellung wurden politisch-ethische Tugenden, wie Gerechtigkeit und Gemeinwohl, in großen Bildern visualisiert, die der moralischen Inpflichtnahme der Amtsträger wie der Selbstdarstellung des politischen Kollektivs dienten. Ein Beispiel dafür sind die Fresken der guten und schlechten Regierung im Palazzo Pubblico in Siena.[13] In der monarchischen Ordnung war die Person des Herrschers immer auch eine Verkörperung des politischen Verbandes. Der Leib des Königs repräsentierte den *body politic*; die Ikonografie der politischen Tugendkataloge war hier Zutat und Beiwerk und musste die Darstellung des politischen Kollektivs nicht, wie im Fall der Bürgergemeinde, allein übernehmen. Doch der Herrscher war sterblich und sein Leib vergänglich. Wie also konnte der politische Verband über den Tod des Herrschers hinaus erhalten werden? In seinem Buch *The King's Two Bodies* hat der deutsch-amerikanische Historiker Ernst Kantorowicz die Fiktion eines zweiten Leibs des Königs als Lösung dieses Problems herausgearbeitet.[14] Neben dem sterblichen physischen Leib des Herrschers gab es den in einem aufwendigen Zeremoniell veranschaulichten unsterblichen Leib des Königs, der die Kontinuität von Herrschaft anzeigte. Im Personenverbandsstaat hatten herrscherliches Zeremoniell und politische Imagination die Aufgaben inne, die im institutionellen Flächenstaat dann Ämter, Apparat sowie repräsentative Gebäude übernahmen.[15] Es kommt darum auch nicht von ungefähr, dass der Aufstieg des institutionellen Flächenstaats mit einem auf Repräsentation bedachten Bauprogramm einherging.

Für das heutige Europa ist die Ordnung des Personenverbandsstaates nur noch eine historische Kategorie. Aber bei der Analyse fragiler Staaten, neoklientelistischer Gesellschaften oder auch terroristischer Netzwerke lässt sich daraus Beobachtungsschärfe gewinnen. Solche Ordnungen sind nicht wesentlich auf den Prinzipien von

Institutionalität und Recht, sondern denen von Treue und Vertrauen aufgebaut, was wir u.a. dann beobachten können, wenn die Anführer dschihadistischer Gruppen dem Anführer eines bestimmten Netzwerks öffentlich Treue schwören. Wo sich Treue und persönliche Bindungen hingegen in den Strukturen des institutionellen Flächenstaates einnisten, sprechen wir nicht selten von Korruption: Persönliche Bindungen hebeln die Abstraktheit und sprichwörtliche Blindheit des Rechts gegenüber Personen aus. In der alten Ordnung des Personenverbandsstaats freilich waren sie die tragende Säule der politischen Ordnung.

Der neue Typ politischer Ordnung gewann Struktur und Kontinuität durch Institutionalität und Territorialität; Letztere fand ihren Niederschlag in den Kartenwerken der politischen Geografie. Die institutionelle Verwaltung relativierte die Relevanz des politisch Imaginären. Thomas Hobbes bezeichnete die Beamten als «die Sehnen und Flechsen» des *body politic*, als diejenigen, die dafür sorgen, dass der Staat nicht bloße Masse war, sondern sich auch bewegen konnte.[16] Im merkantilistischen Projekt einer geordneten Administrierung des Lebens der Bürger griff der institutionelle Flächenstaat systematisch auf die Wirtschaft über und unterwarf sie seinem regulierenden Kontrollregime.[17] Gegen diese Tendenz zur Ausweitung des Staates macht die Markt- bzw. Zivilgesellschaft mit der Forderung nach Selbstbeschränkung des Staates auf seine Kernaufgaben Front. Entbürokratisierung ist heute der diesbezügliche Leitbegriff. Die Selbstorganisationsfähigkeit der Gesellschaft wird entweder als rationale Interessenverfolgung, vermittelt über die Mechanismen des Marktes, oder als Bürgersinn bzw. Bürgertugend im Sinne zivilgesellschaftlichen Engagements gegenüber der institutionell-administrativen Struktur des Staates geltend gemacht. Beide, Markt- wie Zivilgesellschaft, beruhen auf dem Vertrauen in die Kräfte und Fähigkeiten der Bürger jenseits der staatlichen Zuständigkeiten und Regelungen. Der institutionelle Territorialstaat dagegen ist ein System politischer Ordnung, das auf die sozialmoralischen Qualitäten der Bürger keinen besonders herausgehobenen Wert legt und die politischen Ordnungsaufgaben mithilfe professionellen Personals erledigt.

## Staatsräson als politische Leitdirektive

Als *ragione di stato* (*Staatsräson*) findet im Verlauf des 16. Jahrhunderts ein neuer Begriff in die Sprache des professionellen politischen Personals Eingang, vor allem in den italienischen Stadtstaaten, um sich von hier aus nach Frankreich (*raison d'état*) und schließlich auch nach Deutschland und England (*reason of state*) zu verbreiten. Wie der Spott einiger Autoren des frühen 17. Jahrhunderts zeigt, scheint der Begriff, der für die Interessen, aber auch für die Geheimnisse des Staates, die *arcana imperii*, steht, schließlich in aller Munde gewesen zu sein: In Wirtshäusern und auf Marktplätzen sei, wenn über politische Fragen geredet werde, von nichts anderem als von der Staatsräson die Rede.[18] Staatsräson war unter diesen Umständen ein Oppositionsbegriff zu den überkommenen religiösen Bindungen und moralischen Orientierungen, aber auch zu staatenübergreifenden dynastischen Loyalitäten, insofern in ihm der uneingeschränkte Vorrang der staatlichen Interessen behauptet und eingefordert wurde. Zugleich privilegierte er die Interessen der Landesherrschaft, also des Fürsten, gegenüber den Landständen. Insofern verbinden sich im Begriff der Staatsräson konstative und postulative Elemente, solche, die etwas feststellen, und solche, die etwas fordern bzw. behaupten, und vor allem diese Verbindung lässt «Staatsräson» zur Leitdirektive bei der Neuausrichtung der politischen Konstellationen in Europa werden. Den Interessen des (Territorial-)Staates ist alles andere unterzuordnen. Zugleich verlangt «Staatsräson» als Leitidee der neuen politischen Ordnung Europas, dass die in der feudalen wie der kommunalen Ordnung existierenden Bindungen und Verpflichtungen aufgelöst werden und an deren Stelle die staatliche Ordnung von Befehl und Gehorsam tritt, der *certus ordo in iubendo et parendo*, wie Justus Lipsius den Staat definiert.[19] Kardinal Richelieu, der Leiter der französischen Politik unter Ludwig XIII., war ein Virtuose der Staatsräson: In der Endphase des Dreißigjährigen Krieges betrieb der Kardinal der römisch-katholischen Kirche eine Politik, die den in Bedrängnis geratenen Protestantismus in Deutschland unterstützte, weil dies im Interesse Frankreichs lag, das sich der Umklammerung durch die spanischen und die deutschen Habsburger entziehen und zur führenden Macht Europas aufsteigen wollte.[20]

Staatsräson ist im Prozess der frühneuzeitlichen Entnormativierung der Politik ein Komplementärbegriff zu Souveränität (→ Kap. *Souveränität und die Infrastruktur der Macht*). Das zeigt sich nicht zuletzt in der forcierten Zurückdrängung von Gerechtigkeitsvorstellungen, die in Begriffe wie «gerechter Krieg» und «gerechter Frieden» Eingang gefunden hatten. Die Verbindung mit der Gerechtigkeit erschwerte nicht nur die Kriegserklärung, sondern auch den Friedensschluss. Gegen den «gerechten Krieg» stellte die Staatsräson den «notwendigen Krieg», und den Frieden band sie nicht länger an faire Bedingungen, sondern ordnete ihn den Staatsinteressen unter.[21] In diesem Sinne definiert Giovanni Botero, Verfasser der ersten großen Abhandlung über den Begriff der Staatsräson, diese als die Kenntnis der Mittel und Maßnahmen, die notwendig sind, eine Herrschaft zu begründen, zu erhalten und zu vergrößern.[22] Weiterhin wurde mit der Staatsräson auch der Bruch bestehender Gesetze gerechtfertigt, freilich mit der Einschränkung, dadurch würden Sinn und Zweck der Gesetze gegen deren Buchstaben durchgesetzt. Außerdem wurde «Staatsräson» zum Sammelbegriff aller Notstandsmaßnahmen gemäß der Formel «Not kennt kein Gebot» (*necessitas non habet legem*). Auch wenn sich der Begriff in dessen Schriften nicht findet, lässt sich Niccolò Machiavelli doch als der intellektuelle Ziehvater dieser Art politischen Denkens identifizieren (*Principe*, Kap. XV–XVIII).

Mit der Vollendung des institutionellen Flächenstaats im 18. Jahrhundert trat das postulative gegenüber dem konstativen Element in der Begriffsbedeutung zurück; ganz selbstverständlich bezeichnete sich der Preußenkönig Friedrich II. als «erster Diener seines Staates», womit er die Unterordnung seines Handelns unter die Direktiven der Staatsräson zum Ausdruck brachte.[23] Politisches Handeln nach den Vorgaben der Staatsräson wird so selbstverständlich, dass der Begriff seine provokative Bedeutung verliert und zu einer geläufigen Benennung dessen wird, woran sich Politiker orientieren, wenn sie Entscheidungen jenseits des administrativen Alltagsbetriebs treffen. Mit der Entstehung des Verfassungsstaats im 19. Jahrhundert wird die Reichweite der Staatsräson zurückgedrängt; es gibt aber auch eine Staatsräson im Rechtsstaat, die in Ausnahmesituationen oder Konfliktkonstellationen zur Direktive und Legitimation politischen Handelns wird.[24] Insofern handelt es sich bei «Staatsräson» sowohl um einen politiktheoretischen *Epochenbegriff* des 17. und 18. Jahrhunderts als auch um eine überhistorische *Legitimationskategorie*, in der riskante Entscheidungen semantisch eingebettet sind. Über Ersteres hat Niklas Luhmann gesagt, die Staatsräson sei der «Angelpunkt in der Umstellung der politischen Funktion von gesellschaftlicher Stratifikation auf funktionale Differenzierung» gewesen;[25] für Letzteres steht Friedrich Meinecke: «Zwischen Kratos und Ethos, zwischen dem Handeln nach Machttrieb und dem Handeln nach sittlicher Verantwortung, gibt es auf den Höhen des staatlichen Lebens eine Brücke, die Erwägung dessen, was zweckmäßig, nützlich und heilvoll ist, was der Staat tun muß, um das Optimum seiner Existenz jeweils zu erreichen.»[26]

## Staatsmetaphorik und Staatsapparatur

Der Begriff «Staat» ist in Deutschland lange nicht nur als Fremdwort, sondern auch als eine dem deutschen Denken und Empfinden fremde Angelegenheit wahrgenommen worden. So erklärte Dietrich Reinkingk im Jahre 1653, «das wort Staad [sei] ursprünglich nicht teutsch, sondern lateinisch, und weiß ich es auch nicht eigentlich auf gut teutsch zu geben, weil res ipsa auch nicht gut teutsch ist».[27] Ende des 18. Jahrhunderts dichtet Friedrich Ludwig Graf zu Stolberg: «Der Staat, das blutbefleckte Ungeheuer,/Das wie Saturnus seine Kinder frißt/Und dennoch wie ein Gott verehret wird.»[28] Und der Historiker Heinrich Leo schreibt über die erste Hälfte des 19. Jahrhunderts, man habe «das Wort Staat nur aus dem Mund der Professoren» gehört, «und im Leben selbst herrschte statt dieses Abstraktums fast überall noch der lebensfrohere Begriff der heimischen Herrschaft».[29] Eine andere Form der Aneignung des Abstraktums Staat war (und ist) die Redewendung vom «Vater Staat», durch die der Apparatur des Staates ein Element des Persönlichen zugesprochen wurde.[30]

Wahrnehmung und Akzeptanz der sich schrittweise ausbildenden

Apparatur des Staates zeigen sich auch in den Metaphern, in denen die Wirklichkeit des Staates versinnbildlicht wurde – wenn sie denn überhaupt wahrgenommen wurde und nicht hinter der Person des Landesherrn («Landesvater») verschwand. Grundsätzlich standen dafür eine mechanistische und eine organologische Metaphorik des Politischen zur Verfügung. In Thomas Hobbes' *Leviathan* finden sich beide noch nebeneinander, wenn Hobbes vom Staat als der «großen Maschine» spricht und gleichzeitig dessen innere Kohäsion in Körperbildern beschreibt. Relativ bald trennten sie sich jedoch voneinander: Während die Maschinenmetapher die Regelmäßigkeit und Zuverlässigkeit der Staatsapparatur herausstellte und sich dabei der Suggestion feinmechanischer Entwicklungen und der sie begleitenden Literatur bediente, vertraute die organologische Metaphorik auf die Überzeugungskraft der Sprachbilder vom Zusammenwirken der Glieder und Organe, wobei sie den Herrscher als «Kopf» oder «Oberhaupt» in die dem menschlichen Leib nachempfundene Vorstellung vom Staat einband.[31] Die mechanistische Metaphorik akzentuierte stärker die Entwicklung einer rational-bürokratischen Administration, während die organologische Metaphorik auf das Gesamte des Staates unter Einbezug der Untertanen abhob. Die Maschinenmetapher verband sich mit dem Absolutismus, während die Metaphorik vom Zusammenwirken der Organe eher mit ständestaatlichen Ordnungen einherging.

Eine zentrale Legitimationsressource beim Auf- und Ausbau der Staatlichkeit war die Vorstellung staatlicher Wohlfahrt und des Glücks der Untertanen, für die der Staat bzw. der Herrscher Sorge zu tragen habe. Die Wissenschaft von der *guten policey* beschrieb die Rahmenbedingungen und Imperative, unter denen der Staat in Form einer merkantilistischen Wirtschaftssteuerung, von Bauprojekten und Infrastrukturmaßnahmen bis zu Eingriffen in die Lebensführung der Menschen, dafür sorgte, dass Not und Elend begrenzt wurden und die Menschen ein zufriedenes Leben führen konnten.[32] Die Vorstellung war, dass der Staat alle Lebensbereiche erfasste, sie kontrollierte und notfalls in sie eingriff. Dazu bedurfte er freilich nicht nur der Kompetenzen, Ressourcen und eines leistungsfähigen Beamtenapparats (→ Kap. *Souveränität und die Infrastruktur der Macht*), sondern war auch auf ein Wissen über sich und die Untertanen angewiesen, über das frühere Formen von Herrschaft und Bürgerschaft nicht verfügt hatten. Mit dem Aufstieg des Staates begann die Entwicklung der *Statistik* (semantisch der Begriffsfamilie des Staates zugehörig), wobei das angesammelte Wissen über lange Zeit zu den bestgehüteten Geheimnissen des Staates (*arcana imperii*) gehörte.[33] In der Statistik verbündeten sich Wissen und Macht, und die Verfügung über ein bestimmtes Wissen half dem Staat bei der immer dichteren Durchdringung des gesellschaftlichen Lebens.

Dieser Fürsorglichkeitsanspruch des Staates und die mit ihm verbundene paternalistische Legitimation der politischen Ordnung – Michel Foucault spricht im Hinblick darauf von «Pastoralmacht»[34] – geriet im Verlauf des 18. Jahrhunderts unter eine doppelte Kritik: unter die marktliberale der klassischen Volkswirtschaftslehre (Adam Smith), die den Wissensbedarf und die Steuerungsfähigkeit des Staates in Relation zur Selbststeuerung des Marktes als unterlegen, unzureichend und zu teuer ansah,[35] und unter die eines bürgerlich-liberalen Einspruchs gegen den fürsorglich-väterlichen Staat, dem es darum ging, aus «Landeskindern» selbstbewusste und selbstverantwortliche Bürger zu machen. Für Letzteres steht Kants *Metaphysik der Sitten*, in der es heißt: «Eine Regierung, die zugleich gesetzgebend wäre, würde *despotisch* zu nennen sein, im Gegensatz mit der *patriotischen*, unter welcher aber nicht eine väterliche (regimen paternale), als die am meisten despotische unter allen (Bürger als Kinder zu behandeln), sondern *vaterländische* (regimen civitatis et patriae) verstanden wird, wo der Staat selbst (civitas) seine Untertanen zwar gleichsam als Glieder einer Familie, doch zugleich als Staatsbürger, d.i. nach Gesetzen ihrer eigenen Selbständigkeit behandelt, jeder sich selbst besitzt, und nicht vom absoluten Willen eines anderen neben oder über ihm abhängt.» Diesen Vorgaben gemäß besteht für Kant das Heil des Staates nicht im «Wohl der Staatsbürger und ihrer Glückseligkeit», «denn die kann vielleicht (wie auch Rousseau behauptet) im Naturzustande, oder auch unter einer despotischen Regierung, viel behaglicher und erwünschter ausfallen»; vielmehr besteht es im «Zustand der größten Übereinstimmung der Verfassung mit Rechtsprinzipien».[36] Ganz in diesem Sinn hat sich auch der junge Wilhelm von Humboldt gegen den aufgeklärten Fürsorge- und Wohlfahrtsstaat gewandt, der die Freiheit der Bürger beschneide:

«Der Staat enthalte sich aller Sorgfalt für den positiven Wohlstand der Bürger, und gehe keinen Schritt weiter, als zu ihrer Sicherstellung gegen sich selbst, und gegen auswärtige Feinde nothwendig ist; zu keinem anderen Endzwecke beschränke er ihre Freiheit.»[37] Wo das anders sei, so Humboldt, nehme von Jahrzehnt zu Jahrzehnt «das Personal(e) der Staatsdiener und der Umfang der Registraturen zu und die Freiheit der Untertanen ab».[38]

## Kant, Hegel und Marx über den Staat

Nicht die Macht des Staates nach innen und außen, sondern ausschließlich dessen Bindung an das Recht haben Immanuel Kant interessiert, und dementsprechend beschäftigen sich die einschlägigen §§45–62 der *Metaphysik der Sitten* auch mit dem Staatsrecht, dem Völkerrecht und dem Weltbürgerrecht. Kants Definition des Staates lautet: «Ein Staat (civitas) ist die Vereinigung einer Menge von Menschen unter Rechtsgesetzen.»[39] Drei Gewalten kennzeichnen den Staat: die Herrschergewalt, der allein das Recht der Gesetzgebung zukommt, die vollziehende Gewalt, die dem Gesetz entsprechend regiert, und die rechtsprechende Gewalt «als Zuerkennung des Seinen eines jeden nach dem Gesetz».[40] Von diesen Gewalten sagt Kant, der Wille des Gesetzgebers sei «untadelig (irreprehensibel)», die Fähigkeit der ausführenden Gewalt «unwiderstehlich (irresistibel)» und das Urteil der obersten Richter «unabänderlich (inappellabel)».[41]

Die Befugnisse des obrigkeitlichen Wohlfahrtsstaats werden bei Kant zwar nicht völlig negiert, kommen aber erst im Anschluss an das Besteuerungsrecht (in dem Sinne, «daß das Volk sich selbst beschatzt») zur Sprache: «Hierauf beruht auch das Recht der Staatswirtschaft, des Finanzwesens und der Polizei, welche letztere die öffentliche *Sicherheit*, *Gemächlichkeit* und *Anständigkeit* besorgt (denn daß das Gefühl für diese (sensus decori), als negativer Geschmack, durch Bettelei, Lärmen auf den Straßen, Gestank, öffentliche Wollust (venus volgivaga), als Verletzungen des moralischen Sinnes, nicht abgestumpft werde), erleichtert der Regierung gar sehr ihr Geschäfte, das Volk durch Gesetze zu lenken.»[42] Schließlich legt

Kant noch Wert darauf, dass ein Souverän, wer auch immer er sei, seine Untertanen nicht in Kriegen verbrauche, als ob sie «ein Machwerk der Menschen» seien; vielmehr müsse der Staatsbürger, «der im Staat immer als mitgesetzgebendes Glied betrachtet werden muß [...], also zum Kriegführen nicht allein überhaupt, sondern auch zu jeder besonderen Kriegserklärung, vermittelst seiner Repräsentanten, seine freie Beistimmung geben [...], unter welcher einschränkenden Bedingung allein der Staat über seinen gefahrvollen Dienst disponieren kann».[43]

Georg Wilhelm Friedrich Hegel ist in seiner *Rechtsphilosophie* bei der Auflösung des paternalistischen Wohlfahrtsstaates noch einen Schritt weiter gegangen, indem er das System der Sittlichkeit in drei Abschnitte unterteilt hat: die Familie, die bürgerliche Gesellschaft und den Staat, womit er die Reichweite der sittlichen Verpflichtungen in die Abfolge immer größerer Verbände menschlicher Ordnung eingeschrieben hat. Die Organisation der Arbeit und die Aneignung ihrer Produkte gehen ebenso wie Rechtspflege, Polizei (im älteren Sinn) und Korporationen (im Sinne bürgerlicher Vereinigungen) dem Staat voraus. Das ermöglicht Hegel, den Staat, von ihm als «die Wirklichkeit der sittlichen Idee» bezeichnet,[44] aus seiner Dienststellung gegenüber den Erfordernissen der Lebenssicherung herauszulösen, in die ihn die Vertragstheoretiker von Hobbes bis Rousseau gestellt haben. Ähnlich wie Kant gliedert er den Abschnitt über den Staat in inneres und äußeres Staatsrecht, beschließt beides aber nicht mit dem Weltbürgerrecht, wie Kant, sondern mit dem Übergang in die Weltgeschichte. In diesem Sinne ist bei Hegel nicht die Selbstaufstufung des Rechts, sondern der Fortgang der Weltgeschichte das letzte Wort. Darin macht Hegel Ernst mit der Formel aus der Vorrede der *Rechtsphilosophie*, die lautet: «Was vernünftig ist, das ist wirklich; und was wirklich ist, das ist vernünftig.»[45]

Im Hinblick auf eine vernünftige Politik misstraut Hegel dem Volk und bevorzugt stattdessen eine aufgeklärte Beamtenschaft, denn das Volk, so der Zusatz zum § 301, sei der Teil des Staates, «der nicht weiß, was er will. Zu wissen, was man will, und noch mehr was der an und für sich seiende Wille, die Vernunft, will, ist die Frucht tiefer Erkenntnis und Einsicht, welche eben nicht die Sache des Volkes ist».[46] Von öffentlichen Debatten über politische Fragen hält Hegel wenig; er bezweifelt, dass man sich auf diesem Wege dem objektiv Vernünftigen nähern könne. «Die öffentliche Meinung verdient daher ebenso *geachtet* wie *verachtet* zu werden, dieses nach ihrem konkreten Bewußtsein und Äußerung, jenes nach ihrer wesentlichen Grundlage, die, mehr oder weniger getrübt, in jenes Konkrete nur scheint. Da sie in ihr nicht den Maßstab der Unterscheidung noch die Fähigkeit hat, die substantielle Seite zum bestimmten Wissen in sich heraufzuheben, so ist die Unabhängigkeit von ihr die erste formelle Bedingung zu etwas Großem und Vernünftigem (in der Wirklichkeit wie in der Wissenschaft).»[47] Man hat den von Hegel entworfenen Staat als eine philosophisch überhöhte Rechtfertigung Preußens in der Ära nach den großen Reformen bezeichnet, in dem eine aufgeklärte Beamtenschaft unterhalb des die Einheit des Staates repräsentierenden Monarchen die Regierungsgeschäfte leitete. Man kann darin aber auch ein Politikmodell sehen, in dem eine mit besonderem Wissen ausgestattete Elite den Staat organisiert und sich dabei nicht gegenüber den Bürgern, sondern «vor der Geschichte» zu verantworten hat. In diesem Sinn hat der Wissenschaftstheoretiker Karl Popper die Verbindungslinien zwischen Hegel und Marx («die orakelnden Philosophien») hervorgehoben und die Verantwortlichkeit vor der Geschichte («Historizismus») als Aushebelung der Vernunft begriffen.[48] Immerhin, im § 340 greift Hegel die auf Friedrich Schiller zurückgehende Wendung von der Weltgeschichte als Weltgericht auf und begreift diese als sukzessive Selbstentfaltung des Weltgeistes in geschichtlichen Etappen, die durch die von Staaten repräsentierten Volksgeister markiert werden. Es sind also bestimmte «auserwählte» Völker, denen in einer bestimmten Periode der Geschichte «die Vollstreckung» der von ihnen verkörperten Prinzipien «in dem Fortgange des sich entwickelnden Selbstbewußtseins des Weltgeistes übertragen» ist. «Gegen dies sein absolutes Recht, Träger der gegenwärtigen Entwicklungsstufe des Weltgeistes zu sein, sind die Geister der anderen Völker rechtlos, und sie, wie die, deren Epoche vorbei ist, zählen nicht mehr in der Weltgeschichte.»[49]

Ersetzt man die Volksgeister und ihre Staatsbildungen durch soziale Klassen und von Klassenherrschaft geprägte sozio-ökonomische Formationen, so ist man relativ nahe an dem von Karl Marx und

Friedrich Engels im *Kommunistischen Manifest* entworfenen Gang der Geschichte: «Die Geschichte aller bisherigen Gesellschaft ist die Geschichte von Klassenkämpfen.»[50] Was für Hegel der «Fortschritt im Bewusstsein der Freiheit» als das Entfaltungsprinzip des Weltgeistes war, findet sich bei Marx und Engels als «das Rad der Geschichte» wieder.[51] In seiner *Einleitung zur Kritik der Hegelschen Rechtsphilosophie* hat Marx die von Hegel behauptete weltgeschichtliche Dominanz der Deutschen aufgegriffen und sie mit den politisch fortgeschritteneren Verhältnissen in Frankreich kontrastiert. Dabei kommt er zu dem Ergebnis, politisch hätten die Deutschen alle Restaurationen mitgemacht, ohne je an einer der Revolutionen in Europa beteiligt gewesen zu sein. Die politischen Verhältnisse in Deutschland seien das komödiantische Nachspiel dessen, was sich in Frankreich als Tragödie vollzogen habe, und die Funktion dieses Nachspiels bestehe ausschließlich darin, die Menschheit heiter und im Gelächter von ihrer Vergangenheit scheiden zu lassen. Das gelte jedoch nicht – hier folgt Marx Überlegungen Heinrich Heines – für die deutsche Rechts- und Staatsphilosophie, sie sei «die einzige mit der *offiziellen* modernen Gegenwart *al pari* stehende *deutsche Geschichte*».[52] Marx begründet unter Verweis auf die Rechts- und Staatsphilosophie eine deutsche Modernität, um derentwillen es sich lohnt, Deutschland im Auge zu behalten, wenn man Gegenwart und Zukunft der sozio-ökonomischen Entwicklung in Europa – und das heißt für Marx: im Weltmaßstab – erfassen will: «Die Deutschen haben in der Politik *gedacht*, was die anderen Völker *getan* haben. Deutschland war ihr *theoretisches Gewissen*. Die Abstraktion und Überhebung ihres Denkens hielt immer gleichen Schritt mit der Einseitigkeit und Untersetztheit ihrer Wirklichkeit.»[53]

Daraus erwächst für Marx die Erwartung, dass die Philosophie, indem sie praktisch wird und «sich aufhebt», zu einer Revolutionierung der sozio-politischen Verhältnisse führt, wie es sie in der Geschichte bis dahin nicht gegeben hat. Aber die Philosophie brauche dafür einen sozialen Träger, und als den identifiziert Marx das Proletariat als «eine Klasse mit radikalen Ketten, eine Klasse der bürgerlichen Gesellschaft, welche keine Klasse der bürgerlichen Gesellschaft ist, eines Standes, welcher die Auflösung aller Stände ist, einer Sphäre, welche einen universellen Charakter durch ihre universellen

Leiden besitzt und kein *besonderes Recht* in Anspruch nimmt,weil kein *besonderes Unrecht*, sondern das *Unrecht schlechthin* an ihr verübt wird». [54] Daraus schlussfolgert er: «Die Philosophie kann sich nicht verwirklichen ohne die Aufhebung des Proletariats, das Proletariat kann sich nicht aufheben ohne die Verwirklichung der Philosophie» – und das wird eine wesentlich deutsche Angelegenheit sein, denn «das *gründliche* Deutschland kann nicht revolutionieren, ohne *von Grund aus* zu revolutionieren».[55] Was Marx hier vornimmt, ist gegenüber Hegel nicht nur eine Neubestimmung der Rolle der Deutschen, sondern auch eine Neubestimmung der Rolle der Philosophie: Hatte Hegel in der Vorrede seiner *Rechtsphilosophie* davon gesprochen, dass die Philosophie zum «Belehren, wie die Welt sein soll», immer zu spät komme, weswegen sich mit ihrem «Grau in Grau» eine alt gewordene Gestalt des Lebens nicht verjüngen lasse und «die Eule der Minerva», der Vogel der Erkenntnis, «erst mit der einbrechenden Dämmerung ihren Flug» beginne,[56] so setzt Marx das «*Schmettern des gallischen Hahns*» dagegen, in dem sich «der *deutsche Auferstehungstag* verkündet».[57] Dies werde, so die Marx'sche Annahme, das Ende einer politischen Ordnung in der Form von Staatlichkeit sein.

## Der Staat im 20. Jahrhundert und darüber hinaus

Marx' Vorhersage ist nicht eingetroffen, im Gegenteil: Als Organisationsform des Politischen hat der Staat seit dem Ende des 19. Jahrhunderts eine ambivalente Entwicklung genommen. Über eine längere Zeitstrecke ist er immer mächtiger und größer geworden, und in der Epoche der totalitären Regime war er das Mittel zu einer Totalerfassung des Menschen, die sich nicht auf dessen umfassende Kontrolle beschränkte, sondern das Projekt der Erschaffung eines neuen Menschen betrieb. Die Kontroll- und Gewaltmittel des Staates wurden in den Dienst totalitärer Ideologien gestellt, und in diesem Bündnis erlangte Staatlichkeit eine Macht wie nie zuvor. Aber das Bündnis mit den Totalitarismen hat den Staat nicht unversehrt gelassen, sondern seine auf bürokratische Rationalität ausgerichtete Struktur von innen heraus zersetzt. Der deutsch-amerikanische Politikwissenschaftler Franz Neumann hat das in seiner Analyse der nationalsozialistischen Herrschaft als Polykratie (dem Neben- und Gegeneinander von Machtapparaten) aufgezeigt und deswegen für den Nationalsozialismus an der Macht nicht das Hobbes'sche Symbol des starken Staates – *Leviathan* –, sondern das des zerfallenen und im Bürgerkrieg befindlichen Staates, des *Behemoth*, gewählt.[58] Auch im Zerfall der Sowjetunion zeigte sich ein maroder Staat mit einer zutiefst korrumpierten Bürokratie, die den Staat zwar schon zuvor, erst recht aber in der Phase seines Zerfalls, als Beute betrachtete.

Der Begriff des zerfallenden bzw. zerfallenen Staates (*failing/failed state*) hat inzwischen zur Kennzeichnung politischer Ordnungen ohne Sicherheitsgarantie und territoriale Kontrolle weite Verbreitung gefunden.[59] Prekäre Staatlichkeit gehört zu den großen politischen Herausforderungen des 21. Jahrhunderts, und die Dramatik dieser Entwicklung erwächst daraus, dass keine Alternative zur Ordnung des Staates erkennbar ist. Unter diesen Umständen ist Staatszerfall identisch mit Ordnungsverlust. Von einem damit verbundenen Freiheitsgewinn, wie ihn manche Marxisten und vor allem die Anarchisten propagiert haben, kann keine Rede sein. Gleichzeitig ist der Staat innerhalb der globalen Prosperitätszonen während der zweiten Hälfte des 20. Jahrhunderts von seinen Steuerungsfähigkeiten und Eingriffskompetenzen her gesehen weiter angewachsen. Noch nie lagen Staatsquote und Umverteilungsrate so hoch wie hier, und noch nie haben die Zuständigkeiten des Staates einen so großen und breiten Umfang gehabt. Der Staat ist – allen Beschwörungen des Marktes und der Zivilgesellschaft zum Trotz – der wichtigste Adressat der Politik geblieben, und deren Projekte weiten fast durchweg die Staatstätigkeit aus und führen zu einer weiterhin anwachsenden Staatsquote.[60]

Während die einen von einer Renaissance des Staates sprechen und ihm trotz einer mit der Globalisierung und erodierender staatlicher Gestaltungsmacht begründeten Todsagung eine große Lebendigkeit attestieren, beobachten andere ein Zerfasern und Überlappen der Kompetenzen, die beim institutionellen Flächenstaat zusammengefasst waren. Der politikwissenschaftliche Begriff für die Neuordnung von Zuständigkeiten und Fähigkeiten lautet «governance», und er bezeichnet ein Zusammenspiel von substaatlichen und suprastaatlichen Akteuren mit dem Staat, in dem dieser nur noch ein Akteur unter anderen ist.[61]

## Nation und Nationalismus

Die Durchsetzung des Staates gegen konkurrierende politische Ordnungsmodelle erfolgte in einem Kampf der Eliten, an dem breitere Kreise der Bevölkerung nicht beteiligt waren. Das schließt nicht aus, dass sie das Objekt dieser Kämpfe waren, aber auf deren Ausgang hatten sie keinen Einfluss. Das war bei der Durchsetzung der Nationsvorstellung anders, denn dabei spielten die bürgerlichen Mittelschichten eine erhebliche Rolle. Es entstanden politische Bewegungen, die auf die Kongruenz von Staat und Nation drängten, und das konnte sowohl auf die Vereinigung mehrerer Territorialstaaten zu einem *Nationalstaat* oder auf das Herausbrechen eines Nationalstaats aus einem größeren *Reichsverbund* hinauslaufen. Der Nationalismus wurde zum treibenden Faktor bei einer Neuordnung der politischen Grenzen, die nicht selten mit Krieg und Vertreibung verbunden war. Ging es in früheren dynastischen Kriegen um die Einverleibung zusätzlicher Territorien und die Vermehrung der Untertanen, ohne dass auf deren kulturelle Identität oder sprachliche Zugehörigkeit geachtet wurde (allenfalls die Konfession spielte eine Rolle), so legte der Nationalismus auf eine einheitliche Sprache wert, und der Nationalstaat organisierte mit Hilfe des Geschichts- und Geographieunterrichts eine mentale Nationalisierung der Bürger. Wehrpflicht und Schulpflicht waren daher die wichtigsten Instrumente bei der Durchsetzung nationaler Zugehörigkeitsvorstellungen.

Die meisten Nationalismustheorien gehen davon aus, die mentale Nationalisierung der Bevölkerung sei ein Faktor der gesellschaftlichen Modernisierung im Gefolge der industriellen Revolution gewesen.[62] Vor allem diese Verbindung von Nationalismus und Modernisierung unterscheidet die soziologisch geprägten Nations- und Nationalismustheorien von den kulturwissenschaftlich inspirierten, konstruktivistischen Theorien der Nation und des Nationalismus, in denen die Nation als «Erfindung» begriffen wird, bei der durch die Aggregation von Merkmalen Zusammengehörigkeiten und Abstammungslinien hergestellt wurden, die sich anschließend als pure Natur präsentierten. Während einige Autoren dabei nach den materiellen Faktoren für die Akzeptanz solcher Konstruktionen fragen,[63] begreifen andere im Anschluss an semiotische Theorien die Nation als einen leeren Signifikanten, der im Prozess der Konstruktion einer Nation zunehmend mit Zeichen im Sinne nationaler Definitionsmerkmale angefüllt wird.[64] Der politische Kampf drehte sich darum, wer an der Auffüllung des Signifikanten teilnehmen durfte und welchen Einfluss er dabei hatte.

Die Geschichte der Nationsvorstellungen und des Nationalismus zeigt freilich auch, dass Fremdbilder und von anderen verbreitete Stereotype häufig stärker zur nationalen Identifikation beigetragen haben als die Konstruktionen und Zuschreibungen der eigenen Intellektuellen. Es sind abwertende Klischees, die zu nationalen Selbstidentifikationen und zu einer Umwertung pejorativ gemeinter Attribute ins Positive geführt haben. An den Kontroversen, die italienische, französische und deutsche Humanisten vom späten 14. bis zum frühen 16. Jahrhundert miteinander um Zivilisation und Barbarei sowie eingeforderten Dank früheren Kulturtransfers wegen (Zivilisierung der Germanen durch Rom) geführt haben, lässt sich zeigen, dass abwertende Urteile Anderer sehr viel stärker zu nationaler Identifikation beigetragen haben als die Elogen der eigenen Seite.[65] Das aus Invektiven und Beleidigungen erwachsene Ressentiment hat eine stärkere Prägekraft als leicht verfügbares Eigenlob. Das Problem des leeren Signifikanten «Nation» ist also, dass auf seine Auffüllung mit Zeichen auch Fremde und Kontrahenten Einfluss haben. In diesem Sinn ist die Entwicklung stereotyper Feindbilder oft eine Reaktion auf Bilder des Eigenen, die durch Fremde geprägt worden sind.[66]

Wiewohl sie zeitlich erst im Anschluss an Vorstellungen von der Nation auftreten, spielen Feindbilder in der Geschichte des Nationalismus eine herausragende Rolle – nicht nur, weil die Wahrnehmung kollektiver Identität auf Bilder der Alterität angewiesen ist und die emotionale Bindung ans Eigene durch die bedrohliche Präsenz des Fremden verstärkt und verdichtet wird.[67] Dem nationalistischen

Projekt, staatliche und nationale Grenzen zur Deckung zu bringen, standen in der Regel andere Akteure entgegen, die entweder konkurrierende Nationsvorstellungen durchsetzen wollten oder Vorstellungen eines politisch geeinten Großraums vertraten, in dem die Nation eine nachgeordnete Rolle spielte. Das war in Mittel- und Osteuropa der Fall, wo mit der Habsburger Monarchie und dem Zarenreich bis zum Ende des Ersten Weltkriegs multinationale, multikonfessionelle und multilinguale Großreiche bestanden, die «ihren» Nationen und Völkern zwar begrenzte Autonomierechte zubilligten, deren Eigenstaatlichkeit jedoch ablehnten. Der Nationalismus äußerte sich hier als *Separatismus*, der die politische Abspaltung von dem bestehenden Reichsverband zum Ziel hatte. Dem steht der *integrale Nationalismus* gegenüber, der die in verschiedenen Staaten politisch «verstreute» Nation zusammenführen will, wofür Deutschland und Italien im 19. Jahrhundert Beispiele sind. Zum separatistischen und integralen Nationalismus kommt als Drittes der *revolutionäre Nationalismus* hinzu, für den charakteristisch ist, dass er im Sturz des monarchischen Souveräns und der Machtübernahme durch die souveräne Nation seinen Anfang nimmt. Frankreich und die Revolution von 1789 sind das Paradigma dieses revolutionären Nationalismus.[68]

Diese drei Typen des Nationalismus, zwischen denen es Überlappungen und Hybridbildungen gibt, unterscheiden sich nicht nur in ihren Begründungen und Zielsetzungen, sondern treten auch geschichtlich aufeinanderfolgend in Erscheinung. Der Historiker Theodor Schieder hat von einer in drei Schritten erfolgten Nationalstaatsbildung in Europa gesprochen: Sie beginnt im Westen, in Frankreich, ist in der zweiten Hälfte des 19. Jahrhunderts in Deutschland und Italien erfolgreich, und vollzieht sich nach dem Ersten Weltkrieg in Mittel- und Ostmitteleuropa.[69] Außerhalb Europas lassen sich unschwer weitere Etappen hinzufügen, insbesondere die während der Entkolonialisierung nach dem Zweiten Weltkrieg. Diese Beobachtung relativiert Helmuth Plessners spezifizierende Charakterisierung Deutschlands als «verspätete Nation»,[70] die auf Frankreich als Paradigma der Nationalstaatsbildung bezogen ist: Am französischen Maßstab gemessen, gab es in Europa nur «verspätete Nationen».

Bei der Konstruktion nationaler Identität und deren anschließender Durchsetzung als Kollektivvorstellung haben Intellektuelle eine zentrale Rolle gespielt. Was die Sekretäre und Diplomaten für die Staatsbildung waren, waren Historiker, Geographen, Sprach- und Literaturwissenschaftler und vor allem Dichter und Schriftsteller für die Nation.[71] Indem sie die nationale Identität entwarfen, gewannen sie Macht und Einfluss, aber die flossen nicht in den genuin politischen Kanälen und resultierten auch nicht aus dem «Zugang zum Machthaber» (Carl Schmitt), sondern waren das Ergebnis des Wirkens dieser Intellektuellen in einer zunächst bürgerlichen und dann allgemeinen Öffentlichkeit. Was für die Staatsbildung das *Geheimnis* war, war für die Natiogenese die *Öffentlichkeit*, in der die Vorstellung einer geschichtlichen Mission, das Bild des Feindes und das «Vermächtnis der Opfer» zirkulierten und wirksam wurden.

1 Zur prekären Nationsbildung in Russland vgl. Geoffrey Hosking, *Russland. Nation und Imperium. 1552–1917*, Berlin 2000; zur Geschichte Jugoslawiens und seines Zerfalls Holm Sundhaussen, *Jugoslawien und seine Nachfolgestaaten 1943–2011: Eine ungewöhnliche Geschichte des Gewöhnlichen*, Wien u. a. 2012; zur Nations- bzw. Staatsbildung in der nichteuropäischen Welt Ernst Bruckmiller (Hg.), *Nationalismus. Wege der Staatsbildung in der außereuropäischen Welt*, Wien 1994; zur arabischen Welt vor dem Aufkommen religiös-fundamentalistischer Bestrebungen Bassam Tibi, *Nationalismus in der Dritten Welt am arabischen Beispiel*, Frankfurt am Main 1971; zur Differenz zwischen Staatsbildung und Nationswerdung Juan J. Linz, «Staatsbildung, Nationsbildung und Demokratie», in: *Transit*, Heft 7, 1994, S. 43–62; ebenso Reinhard Bendix, *Könige und Volk. Machtausübung oder Herrschaftsmandat*, Frankfurt am Main 1980, Bd. 1, S. 358 ff.; im Sinne sich überschneidender Prozesse hingegen Charles Tilly (Hg.), *The Foundation of National States in Western Europe*, Princeton 1975.

2 Dazu Etienne François/Hannes Siegrist/Jakob Vogel (Hgg.), *Nation und Emotion. Deutschland und Frankreich im Vergleich. 19. und 20. Jahrhundert*, Göttingen 1995.

3 Benedict Anderson, *Imagined Communities. Reflections on the Origin and Spread of Nationalism*, London 1983; dt. unter dem unglücklichen Titel *Die Erfindung der Nation. Zur Karriere eines folgenreichen Konzepts*, Frankfurt am Main 1988; für eine weiterführende Diskussion dieses Ansatzes vgl. Ulrike Jureit (Hg.), *Politische Kollektive. Die Konstruktion nationaler, rassischer und ethnischer Gemeinschaften*, Münster 2001; die konstruktivistische Dimension der Natiogenese wird von Eric Hobsbawm/

Terence Ranger (Hgg.), *The Invention of Tradition*, Cambridge 1983, herausgestellt; stärker die Verbindung mit den Erfordernissen der gesellschaftlichen Modernisierung und Veränderungen im Bildungssystem betonend Ernest Gellner, *Nationalismus und Moderne*, Berlin 1991; die ethnischen Wurzeln von Nationen hervorhebend Anthony D. Smith, *The Ethnic Origins of Nations*, Oxford 1986.

4 Dazu Emerich Francis, *Ethnos und Demos: Soziologische Beiträge zur Volkstheorie*, Berlin 1965, sowie M. Rainer Lepsius, «‹Ethnos› und ‹Demos›. Zur Anwendung zweier Kategorien von Emerich Francis auf das nationale Selbstverständnis der Bundesrepublik und die Europäische Einigung», in: ders., *Interessen, Ideen und Institutionen*, Opladen 1990, S. 247–255.

5 Friedrich Meinecke, *Weltbürgertum und Nationalstaat*, hrsg. und eingeleitet von Hans Herzfeld, München 1969, S. 9ff.

6 Ernest Renan, «Was ist eine Nation?»; in: ders., *Was ist eine Nation und andere politische Schriften*. Mit einem einleitenden Essay von Walter Euchner, Wien u. Bozen 1995, S. 57; zu Renan vgl. Jakob Tanner, «Nation, Kommunikation und Gedächtnis. Die Produktivkraft des Imaginären und die Aktualität Ernest Renans», in: Jureit (Hg.), *Politische Kollektive*, S. 46–67.

7 Die Dimension der Erinnerungsgemeinschaft und deren Kontinuierung in Zeremonien und Festen ist in der kulturwissenschaftlich angeregten jüngeren Nationalismusforschung herausgearbeitet worden; vgl. Wolfgang Hardtwig, *Nationalismus und Bürgerkultur in Deutschland. 1500–1914*, Göttingen 1994; Orest Ranum (Hg.), *National Consciousness, History, and Political Culture in Early Modern Europe*, Baltimore und London 1975; Aleida Assmann, *Arbeit am nationalen Gedächtnis. Eine kurze Geschichte der deutschen Bildungsidee*, Frankfurt am Main 1993, sowie George L. Mosse, *Die Nationalisierung der Massen. Politische Symbolik und Massenbewegung von den Befreiungskriegen bis zum Dritten Reich*, Frankfurt am Main 1976. Eine Zusammenstellung nationaler Identitätsmarker für Deutschland findet sich bei Etienne François/Hagen Schulze (Hgg.), *Deutsche Erinnerungsorte*, 3 Bde., München 2001; Bezugspunkt ist das von Pierre Nora entwickelte Konzept der *Lieux de Mémoire*. Dass Erinnerung häufig politisch gesteuert wird, zeigt der Begriff «Geschichtspolitik»; vgl. zu deren jüngeren Formen Etienne François u. a. (Hgg.), *Geschichtspolitik in Europa seit 1989*, Göttingen 2013.

8 Zur Unterscheidung zwischen Personenverbandsstaat und institutionellem Flächenstaat vgl. Theodor Mayer, «Die Ausbildung der Grundlagen des modernen deutschen Staates im Hohen Mittelalter», in: *Herrschaft und Staat im Mittelalter*, hrsg. von Helmut Kämpf, Darmstadt 1963, S. 284–331.

9 Aristoteles, *Die Nikomachische Ethik*, übersetzt und hrsg. von Olof Gigon, München 1972, 9. Buch.

10 Zu Stadt und Bürgerschaft vgl. Gerhard Dilcher, «Kommune und Bürgerschaft als politische Idee der mittelalterlichen Stadt», in: Fetscher/Münkler (Hgg.), *Pipers Handbuch der politischen Ideen*, Bd. 2, München 1993, S. 311–350, sowie Peter Blickle, *Kommunalismus. Skizzen einer gesellschaftlichen Organisationsform*, München 2000.

11 Dazu Gustav Ehrismann, «Die Grundlagen des ritterlichen Tugendsys-

tems», in: *Ritterliches Tugendsystem*, hrsg. von Günter Eifler, Darmstadt 1970, S. 17 und 25.

12 Robert Putnam, *Making Democracy Work*, Princeton 1993; Martin Hartmann/Claus Offe (Hgg.), *Vertrauen. Die Grundlage des sozialen Zusammenhalts*, Frankfurt/New York 2001.

13 Vgl. Alois Riklin, *Ambrogio Lorenzettis politische Summe*, Bern/Wien 1996; Quentin Skinner, «Macht und Ruhm der Republik in den Fresken Lorenzettis, in: ders., *Visionen des Politischen*, Frankfurt am Main 2009, S. 93–134.

14 Ernst Kantorowicz, *Die zwei Körper des Königs. Eine Studie zur politischen Theologie des Mittelalters* [1957], München 1990.

15 Dazu Philine Helas, *Lebende Bilder in der italienischen Festkultur des 15. Jahrhunderts*, Berlin 1999.

16 Thomas Hobbes, *Leviathan*, II, 23, hrsg. und eingeleitet von Iring Fetscher, Frankfurt am Main 1984, S. 196.

17 Vgl. Wolfgang Reinhard, *Geschichte der Staatsgewalt*, München 1999, S. 306 ff. und 336 ff.

18 Zum Begriff der Staatsräson und seiner Verbreitung im 16./17. Jahrhundert Herfried Münkler, *Im Namen des Staates. Die Begründung der Staatsraison in der Frühen Neuzeit*, Frankfurt am Main 1987; für einen knappen begriffsgeschichtlichen Überblick ders., «Staatsräson», in: *Historisches Wörterbuch der Philosophie*, Bd. 10, Basel 1998, S. 66–71. Weiterhin Michael Stolleis, *Staat und Staatsräson in der frühen Neuzeit. Studien zur Geschichte des öffentlichen Rechts*, Frankfurt am Main 1990 sowie ders., *Staatsraison, Recht und Moral in philosophischen Texten des späten 18. Jahrhunderts*, Meisenheim am Glan 1972; Maurizio Viroli, *From politics to reason of state; The acquisition and transformation of the language of politics. 1250–1600*, Cambridge 1992, Francesco Gentile, *Intelligenza politica e Ragion di Stato*, Mailand 1983, Roman Schnur (Hg.), *Staatsräson. Studien zur Geschichte eines politischen Begriffs*, Berlin 1975, sowie Rüdiger Voigt, *Staatsräson. Steht die Macht über dem Recht?*, Baden-Baden 2012.

19 Justus Lipsius, *Politicorum sive civilis doctrinae libri sex* [1589], Leiden 1669, S. 79.

20 Vgl. William F. Church, *Richelieu and Reason of State*, Princeton 1972; Jürgen Wollenberg, *Richelieu. Staatsräson und Kircheninteresse*, Bielefeld 1977.

21 Dazu Michael Behnen, «‹Der gerechte und der notwendige Krieg›. ‹Necessitas› und ‹utilitas reipublicae› in der Kriegstheorie des 16. und 17. Jahrhunderts», in: Johannes Kunisch (Hg.), *Staatsverfassung und Heeresverfassung*, Berlin 1986, S. 43–106.

22 Einzelnachweise bei Münkler, «Staatsräson», S. 69.

23 Dazu Friedrich Meinecke, *Die Idee der Staatsräson in der neueren Geschichte* [1922], München/Wien 1976, S. 321–400 sowie Peter Nitschke, *Staatsräson contra Utopie? Von Thomas Müntzer bis zu Friedrich II. von Preußen*, Stuttgart/Weimar 1995.

24 Carl Joachim Friedrich, *Die Staatsräson im Verfassungsstaat*, Freiburg/Br. 1961.

25 Niklas Luhmann, *Gesellschaftsstruktur und Semantik. Studien zur*

*Wissenssoziologie der modernen Gesellschaft*, Bd. 3, Frankfurt am Main 1989, S. 65–148, hier S. 66.

26 Meinecke, *Die Idee der Staatsräson*, S. 5.

27 Dietrich Reinkingk, *Biblische Policey*, Franckfurt a. M. 1653, S. 23. Zu Reinkingk vgl. Christoph Link, «Dietrich Reinkingk», in: Michael Stolleis (Hg.), *Staatsdenker im 17. und 18. Jahrhundert*, S. 78–99; weitere Nachweise zur Distanz gegenüber dem Staatsbegriff in Deutschland bei Münkler, «Staat», in: *Historisches Wörterbuch der Philosophie*, Bd. 10, S. 23 f.; zum Begriff des Staates und seiner Verbreitung vgl. Stephan Skalweit, *Der moderne Staat. Ein historischer Begriff und seine Verbreitung*, Opladen 1975; Paul Ludwig Weinacht, *Staat. Studien zur Bedeutungsgeschichte des Wortes, von den Anfängen bis ins 19. Jahrhundert*, Berlin 1968.

28 *Gesammelte Werke der Brüder Christian und Friedrich Leopold Grafen zu Stolberg*, Bd. 3, Hamburg 1827, S. 72.

29 Heinrich Leo, *Meine Jugendzeit*, Gotha 1880, S. 135.

30 Vgl. Münkler, «Vater Staat», in: Johannes Bilstein/Barbara Strake/Matthias Winzen (Hgg.), *Dein Wille geschehe*, Köln 2000, S. 105–108.

31 Vgl. Barbara Stolberg-Rilinger, *Der Staat als Maschine. Zur politischen Metaphorik des absoluten Fürstenstaates*, Berlin 1986, sowie Tilman Struve, *Die Entwicklung der organologischen Staatsauffassung im Mittelalter*, Stuttgart 1978.

32 Vgl. Hans Maier, *Die ältere deutsche Staats- und Verwaltungslehre* (1966), München 1986.

33 Dazu Mohammed Rassem/Justin Stagl (Hgg.), *Geschichte der Staatsbeschreibung. Ausgewählte Quellentexte 1456–1813*, Berlin 1994, sowie dies. (Hgg.), *Statistik und Staatsbeschreibung in der Neuzeit, vornehmlich im 16.–18. Jahrhundert*, Paderborn u. a. 1980; außerdem Peter Collin/Thomas Horstmann (Hgg.): *Das Wissen des Staates. Geschichte, Theorie und Praxis*, Baden-Baden 2004.

34 Michel Foucault, *Geschichte der Gouvernementalität I. Sicherheit, Territorium, Bevölkerung*, Frankfurt am Main 2004, S. 173 ff.

35 Dazu Matthias Bohlender, *Metamorphosen des liberalen Regierungsdenkens. Politische Ökonomie, Polizei und Pauperismus*, Weilerswist 2007.

36 Immanuel Kant, *Die Metaphysik der Sitten*, § 49, in: ders., *Schriften zur Ethik und Religionsphilosophie*, Teil II (= *Werke*, hrsg. von W. Weischedel, Bd. 7), Darmstadt 1975, S. 435 f. und 437.

37 Wilhelm von Humboldt, *Ideen zu einem Versuch die Grenzen der Wirksamkeit des Staates zu bestimmen*, Stuttgart 1967, S. 52.

38 Ebd., S. 47.

39 Kant, *Die Metaphysik der Sitten*, § 45, S. 431.

40 Ebd.

41 Ebd., § 48, S. 435.

42 Ebd., Allgemeine Anmerkung B, S. 445.

43 Ebd., § 55, S. 469.

44 Georg Wilhelm Friedrich Hegel, *Grundlinien der Philosophie des Rechts*, hrsg. von Johannes Hoffmeister, Hamburg 1955, § 257, S. 207.

45 Ebd., S. 14.

46 Ebd., S. 262.

47 Ebd., § 318, S. 274; zu Hegels Staatsverständnis vgl. Walter Pauly (Hg.), *Der Staat – eine Hieroglyphe der Vernunft. Staat und Gesellschaft bei Georg Wilhelm Friedrich Hegel*, Baden-Baden 2009.

48 Karl Popper, *Die offene Gesellschaft und ihre Feinde*, Bern 1958, Bd. 2; zur zeitweilig intensiven Debatte über Hegel und den Einfluss von Rechts- und Linkshegelianismus auf die Totalitarismen des 20. Jahrhunderts vgl. Domenico Losurdo, *Hegel und das deutsche Erbe. Philosophie und nationale Frage zwischen Revolution und Reaktion*, Köln 1989, sowie Gerd-Klaus Kaltenbrunner (Hg.), *Hegel und die Folgen*, Freiburg 1970.

49 Hegel, *Grundlinien der Philosophie des Rechts*, § 347, S. 291.

50 Karl Marx/Friedrich Engels, *Das Kommunistische Manifest*, mit einem Editionsbericht hrsg. von Thomas Kuczynski, Trier 1995, S. 3.

51 Ebd., S. 9.

52 Karl Marx «Zur Kritik der Hegelschen Rechtsphilosophie, Einleitung», in: Karl Marx/Friedrich Engels, *Studienausgabe in 5 Bdn.*, hrsg. von Iring Fetscher, Berlin 2004, Bd. 1, S. 27 (Hervorh. im Text).

53 Ebd., S. 29 (Hervorh. im Text).

54 Ebd., S. 34 (Hervorh. im Text).

55 Ebd., S. 35 (Hervorh. im Text).

56 Hegel, *Grundlinien der Philosophie des Rechts*, S. 17.

57 Marx, «Zur Kritik der Hegelschen Rechtsphilosophie», S. 35.

58 Franz Neumann, *Behemoth. Struktur und Praxis des Nationalsozialismus 1933–1944* [1942], Frankfurt am Main 1977; vgl. Samuel Salzborn (Hg.), *Kritische Theorie des Staates. Staat und Recht bei Franz L. Neumann*, Baden-Baden 2009. Eine Erosion staatlicher Ordnung im Nationalsozialismus konstatiert auch Ernst Fraenkel, *Der Doppelstaat*, Frankfurt am Main/Köln 1974; vgl. Robert Christian van Ooyen/Martin H. W. Möllers (Hgg.), *(Doppel-)Staat und Gruppeninteressen. Pluralismus – Parlamentarismus – Schmitt-Kritik bei Ernst Fraenkel*, Baden-Baden 2009.

59 Vgl. Stefanie Weiss/Joscha Schmierer (Hgg.), *Prekäre Staatlichkeit und internationale Ordnung*, Wiesbaden 2007.

60 Für eine Zusammenstellung diesbezüglicher Entwicklungen und deren Diskussion vgl. Rüdiger Voigt (Hg.), *Phönix aus der Asche. Die Geburt des Staates aus dem Geist der Politik*, Baden-Baden [2]2014; dazu auch Wolfgang Reinhard, *Geschichte der Staatsgewalt*, S. 480 ff., sowie, dezidiert skeptisch, Martin van Creveld, *Aufstieg und Untergang des Staates*, München 1999, S. 373 ff.

61 Gunnar Folke Schuppert (Hg.), *Governance-Forschung*, Baden-Baden 2005; Marianne Beisheim/Gunnar Folke Schuppert (Hgg.), *Staatszerfall und Governance*, Baden-Baden 2007.

62 Vgl. Eric Hobsbawm, *Nationen und Nationalismus. Mythos und Realität seit 1780*, Frankfurt/New York 1991, S. 97 ff.; Gellner, *Nationalismus und Moderne*, S. 34 ff. und 98 ff. sowie ders., *Nationalismus. Kultur und Macht*, Berlin 1999, S. 49 ff.

63 Anderson, *Die Erfindung der Nation*, S. 55 ff.

64 So etwa Philipp Sarasin, «Die Wirklichkeit der Fiktion. Zum Konzept der *imagined communities*», in: Jureit (Hg.), *Politische Kollektive*, S. 22–45.

65 Vgl. Herfried Münkler/Hans Grünberger/Katrin Meyer, *Nationenbildung.*

*Die Nationalisierung Europas im Diskurs humanistischer Intellektueller*, Berlin 1998. Mit einem etwas anderen Ansatz zu demselben Zeitraum Caspar Hirschi, *Wettkampf der Nationen. Konstruktionen einer deutschen Ehrgemeinschaft an der Wende vom Mittelalter zur Neuzeit*, Göttingen 2005. Einen vorzüglichen Überblick zu den Anfängen nationalen Identitätsbewusstseins in Europa bieten drei aus einem Gießener Forschungsschwerpunkt hervorgegangenen Bände: Bernhard Giesen (Hg.), *Nationale und kulturelle Identität. Studien zur Entwicklung des kollektiven Bewußtseins in der Frühen Neuzeit*, Frankfurt am Main 1991; Helmut Berding (Hg.), *Nationales Bewußtsein und kollektive Identität. Studien zur Entwicklung des kollektiven Bewußtseins in der Neuzeit 2*, Frankfurt am Main 1994; Helmut Berding (Hg.), *Mythos und Nation. Studien zur Entwicklung des kollektiven Bewußtseins in der Neuzeit 3*, Frankfurt am Main 1996.

66 Dazu Franz Bosbach (Hg.), *Feindbilder. Die Darstellung des Gegners in der politischen Publizistik des Mittelalters und der Neuzeit*, Köln u.a. 1992.

67 Exemplarisch Michael Jeismann, *Das Vaterland der Feinde. Studien zum nationalen Feindbegriff und Selbstverständnis in Deutschland und Frankreich 1792–1918*, Stuttgart 1991; neben dem Feindbild ist das Gedenken an die eigenen Opfer die zweite große emotionale Ressource der nationalen Identität und des Nationalismus; dazu George L. Mosse, *Gefallen für das Vaterland. Nationales Heldentum und namenloses Sterben*, Stuttgart 1993 (Mosse beschäftigt sich vor allem mit den Toten des Ersten Weltkriegs), sowie Reinhart Koselleck/Michael Jeismann (Hgg.), *Der politische Totenkult. Kriegerdenkmäler in der Moderne*, München 1994.

68 Für einen Überblick zur jüngeren Forschung vgl. Dieter Langewiesche, «Nation, Nationalismus, Nationalstaat. Forschungsstand und Entwicklungsperspektiven», in: *Neue Politische Literatur*, Nr. 40, 1995, S. 190–236, sowie im Hinblick auf jüngere soziologische Theorien Dirk Richter, *Nation als Form*, Opladen 1991; für einen ideengeschichtlichen Überblick Eugene Kamenka/Peter Herde/Shlomo Avinieri, «Nationalismus», in: Fetscher/Münkler (Hgg.), *Pipers Handbuch der politischen Ideen*, Bd. 4, München 1986, S. 589–631.

69 Theodor Schieder, «Der Nationalstaat in Europa als historisches Phänomen», in: ders., *Nationalismus und Nationalstaat. Studien zum nationalen Problem im modernen Europa*, Göttingen 1991, S. 87–101.

70 Helmuth Plessner, «Die verspätete Nation. Über die Verführbarkeit bürgerlichen Geistes», in: ders., *Gesammelte Schriften*, Bd. VI, Frankfurt am Main 1982, S. 7–223.

71 Für eine systematische Analyse der Rolle von Intellektuellen im Prozess der Natiogenese vgl. Bernhard Giesen, *Die Intellektuellen und die Nation. Eine deutsche Achsenzeit*, Frankfurt am Main 1993, und ders., *Kollektive Identität. Die Intellektuellen und die Nation 2*, Frankfurt am Main 1999; zur Rolle der Literaten und Dichter speziell im deutschen Fall vgl. Helmut Scheuer, *Dichter und ihre Nation*, Frankfurt am Main 1993.

**Weiterführende Literatur:**

Breuer, Stefan: *Der Staat. Entstehung, Typen, Organisationsstadien*, Reinbek b. Hamburg 1998.
Friedrich, Carl Joachim: *Der Verfassungsstaat der Neuzeit*, Berlin, Göttingen, Heidelberg 1953.
Münkler, Herfried: *Reich, Nation, Europa. Modelle politischer Ordnung*, Bensheim 1996.
Schuppert, Gunnar Folke: *Staat als Prozess. Eine staatstheoretische Skizze in sieben Aufzügen*, Frankfurt/New York 2010.
Voigt, Rüdiger: *Den Staat denken. Der Leviathan im Zeichen der Krise*, Baden-Baden $^{3}$2014.

## Kapitel 3

# HERRSCHAFTS- UND VERFASSUNGSFORMEN: TYPOLOGIEN DER POLITISCHEN ORDNUNG

Die verfassungstypologische Benennung einer politischen Ordnung stellt immer wieder ein Problem dar. So spricht man, weil keine der herkömmlichen Bezeichnungen passt, bei der EU von einem «Gebilde sui generis», einer Ordnung ganz eigener Art. Einer solchen Bezeichnung kann man sich in einem besonderen Fall bedienen, doch sobald eine größere Zahl politischer Ordnungen nicht mehr mit typisierenden Begriffen charakterisiert werden kann, entsteht ein Orientierungsproblem. Politisches Denken ist zwecks Charakterisierung und Unterscheidung auf typisierende Begriffe angewiesen. Man kann auch sagen, politisches Denken beginne überhaupt erst mit der Entwicklung distinkter Begriffe für die politische Ordnung. Sie erst verschaffen politische Orientierung und ermöglichen die Bewertung des Beobachteten. Dementsprechend enthalten die typisierenden Verfassungs- und Herrschaftsbegriffe neben der konstativen fast immer auch eine evaluative Komponente. Die Politikwissenschaft hat beides zu analysieren: die Entstehung und Veränderung der Begrifflichkeit, aber auch die darin enthaltenen Bewertungen und Distanzierungen.

Das Kapitel über Herrschafts- und Verfassungstypologien zeigt in einem Durchgang durch zweieinhalb Jahrtausende politischer Ideengeschichte, dass das beschriebene Problem keineswegs neu ist, sondern das politische Denken seit seinen Anfängen begleitet. Gleiches gilt für die Frage, ob in der begrifflich konturierten Typologie der Verfassungs- und Herrschaftsformen eine Prognostik enthalten ist, die es ermöglicht, deren Abfolge zu antizipieren – entweder um sich proaktiv verhalten zu können oder um daraus die Gewissheit zu gewinnen, dass die gegebene Ordnung hinzunehmen ist, weil wir sie nicht ändern können. Der Konflikt zwischen Ordnungsbedürfnis und Analyseschärfe ist in die Geschichte des politischen Denkens eingeschrieben. Indem man die Probleme und Herausforderungen skizziert, denen sich die Theoretiker bei der Benennung der bis heute benutzten Typologien aussetzten, schärft sich der Blick für gegenwärtige

Benennungsprobleme. Sie bestehen u.a. darin, dass viele Staaten, die sich selbst als Demokratie bezeichnen, tatsächlich keine sind – mit der Folge, dass Attribute hinzugefügt und Zusatzbegriffe erfunden werden müssen.

## Legitimationserzählung und Verfassungsbildung

Macht und Gewalt spielen bei der Herrschaftsbildung im Sinne eines Auf-Dauer-Stellens bestehender Machtverhältnisse eine zentrale Rolle. Nur in wenigen Ausnahmefällen ist Herrschaftsbildung ohne Gewalteinsatz erfolgreich gewesen. Die politische Macht ist dadurch gekennzeichnet, dass sie für die Beendigung manifester Gewalt in Form innergesellschaftlicher Kriege sorgt oder massive Gewaltkriminalität an die Ränder der Gesellschaft oder in deren «Unterwelt» verdrängt. Macht und Herrschaft unterscheiden sich von bloßer Gewalt somit durch einen Prozess der Sublimation, und diese Sublimation im Sinne einer Verfeinerung und Vergeistigung beruht entweder auf Legitimationserzählungen der herrschaftlichen Ordnung (→ Kap. *Vertrag und Erzählung*) oder auf Formen der Verteilung und Spezifizierung der Macht auf verschiedene Instanzen, die sich wechselseitig blockieren und kontrollieren. In diesem Sinn sind Legitimationserzählung und Gewaltenteilung zwei komplementäre Transformationen von Gewalt in Macht[1] bzw. der Verstetigung von Macht in Form von Herrschaft.

Die Bändigung der Gewalt durch Legitimationserzählungen begann damit, dass sich die ägyptischen Pharaonen als gottähnliche Wesen begriffen, die ihre Handlungen gegenüber höheren Gottheiten erklären und begründen mussten. Sie waren den obersten Gottheiten gegenüber rechenschaftspflichtig.[2] Indem sie sich vor den Göttern legitimierten und diese Legitimation auf großen Tafeln öffentlich machten, wurde daraus zugleich eine Rechtfertigung gegenüber den ihrer Gewalt Unterworfenen. Diese Gewaltunterworfenen waren zwar nicht die Adressaten der Rechtfertigung, aber indem sie diese Rechtfertigung «miterleben» konnten, wurde diese zu einer Selbstbindung der Mächtigen. Das ist die Dialektik der Legitimation, dass sie, auch wenn sie gegenüber einem Höheren erfolgt, zu dem allein der Machthaber Zugang hat, immer auch eine Selbstbindung gegenüber den seiner Herrschaft Unterworfenen ist, jedenfalls dann, wenn er diese Rechtfertigung zu seinem eigenen Ruhm *öffentlich* macht. Diese Selbstbindung wirkt vor allem dann, wenn zwischen die Mächtigen und «ihre» Gottheiten Interpreten der Rechtfertigung treten, die ihrerseits einen besonderen Zugang zur Gottheit zu haben beanspruchen. Sie begründen dadurch ein Konkurrenzverhältnis um die letztinstanzliche Beurteilung des Machtgebrauchs: Der Machthaber verfügt zwar weiterhin über die Instrumente der Gewalt und die Insignien der Macht, aber die Priester und Propheten beanspruchen für sich die verbindliche Interpretation darüber, ob diese Macht im Sinne der Gottheit(en) gebraucht worden ist oder nicht. Das ist die erste große Teilung der Macht: die zwischen den Machthabern und denen, die ihr Tun anschließend im Namen der Götter beurteilen. Die Entstehung und Entwicklung dieser ersten Machtteilung sowie die damit verbundenen Kämpfe lassen sich in den Büchern des Alten Testaments nachverfolgen[3] – zumal dann, wenn man sie als politische Texte liest (→ Kap. *Religion und Offenbarung*).

Die Legitimation einer Verwandlung situativer Gewalt in kontinuierte Macht ist also immer beides zugleich: sowohl Rechtfertigung als auch Beschränkung der Gewalt. Der Gewalthaber wird zum Machthaber, indem er seine Gewaltanwendung reguliert. In diesem Sinne kann man die Geschichte des politischen Denkens als eine Abfolge von Zähmungen der Gewalt durch begründende Erzählungen verstehen. Die Typisierung von Herrschaft, um die es nachfolgend gehen soll, ist eine begrifflich geordnete Inaugenscheinnahme von Modellen der Gewaltzähmung und Herrschaftsbegründung durch Legitimationserzählungen. Die Herrschaftstypologie setzt dabei an der Art dieser Legitimationserzählungen an; die bekannteste und in der Literatur immer wieder herangezogene Typologie von Herrschaft ist die von Max Weber ausformulierte Unterscheidung zwischen traditionaler, rationaler und charismatischer Herrschaft, um die es am Schluss dieses Kapitels gehen wird. Eine andere, mit der Typisierung durch Legitimationserzählungen konkurrierende Typologie politischer Ordnung zielt auf die Innehabung der Macht und deren spezifische Lagerung und Verteilung; sie fragt danach, wo und bei wem die Kompetenz der Letztentscheidung liegt: bei einem, einigen oder der großen Mehrheit. Aus der Frage nach den Inhabern der Herrschaft entsteht eine anspruchsvolle Typologie der Verfassungsformen, wenn, wie bei Platon und Aristoteles, systematisch zwischen gutem und schlechtem Gebrauch von Macht unterschieden wird. Die Gegenüberstellung von Eigeninteresse und Gemeinwohl wird dabei zum Evaluationskriterium. Nicht die Legitimationserzählung, sondern der Ort der Letztentscheidung und die Motivation der Entscheider stellen hier die Kriterien der Ordnungsbildung und ihrer normativen Beurteilung dar. Neben dem Ort bzw. dem Inhaber der Letztentscheidung wird in der Typologie der Verfassungen auch die Kompetenzverteilung der Entscheider bedeutsam, woraus sich schließlich die Idee der Gewaltenteilung und der Bindung der Herrschenden ans Recht entwickelt hat. John Locke und Montesquieu haben sich in der Geschichte des politischen Denkens vor allem diesem Problem gewidmet.[4] Seit der Französischen Revolution schließlich ist das Verfassungsdenken im Sinne einer Regulierung der Macht zum Zwecke einer Sicherung individueller Freiheit vor allem mit der politischen Strömung des Liberalismus verbunden.[5]

Die Geschichte der Verfassungsbildung ist lang, und sie beginnt keineswegs erst mit den geschriebenen Verfassungen der europäischen Territorialstaaten. Dabei ist es sinnvoll, zwischen städtischen bzw. bürgerschaftlichen und territorialen bzw. herrschaftlichen Selbstbindungen der Machthabenden zu unterscheiden – und sei es nur deswegen, weil man dann die Hybridbildungen, die beides miteinander verbinden, besser identifizieren und analysieren kann. Jedenfalls ist der Republikanismus, der auf eine breite bürgerschaftliche Machtverteilung abzielt (→ Kap. *Liberalismus und Republikanismus*), und der mit ihm verbundene Kommunalismus[6] eine wesentliche auf die Stadt bezogene Form der Regulierung von Macht und der Bindung der Machthaber, Letztere häufig auch durch zeitlich eng begrenzte Amtszeiten, während die landständischen Vertretungen und seit der Französischen Revolution der Konstitutionalismus eher auf den Flächenstaat und die Selbstbindungen einer monarchischen Herrschaft bezogen sind.[7] Im Hinblick auf die Typologien von Herrschaft und Verfassung lassen sich also zwei Strategien der Machtkontrolle unterscheiden: eine durch vermehrte Partizipation der Bürger und eine durch die in Texten festgehaltene und in feierlichen Akten zelebrierte Selbstbindung des Herrschers.

Am Anfang bürgerschaftlicher wie herrschaftlicher Ordnungsbildung steht freilich die Gewalt. In seinem Werk *De civitate Dei (Vom Gottesstaat)*, einem Meilenstein der politischen Theologie, hat der Kirchenvater Aurelius Augustinus die Herrschaft in dieser Welt als eine bis zum Äußersten gehende Gewaltbereitschaft begriffen und als Beleg dafür den Brudermord angeführt, den er mit der Entstehung von weltlicher Herrschaft grundsätzlich verbunden sieht: Kain, der in der Bibel als der erste Städtegründer bezeichnet wird, hat seinen Bruder Abel, und Romulus, der sagenhafte Gründer Roms, hat seinen Bruder Remus erschlagen.[8] Beide großen, für Augustinus maßgeblichen Narrationen weltlicher Herrschaft, die biblische Geschichte und die Historiographie Roms, beginnen mit der Erzählung von einem Brudermord. Für Augustinus bleiben ein herrschaftlicher Frieden und eine mit politischen Mitteln hergestellte Gerechtigkeit darum prekär; wahrer Frieden und wirkliche Gerechtigkeit sind nicht in dieser Welt (*civitas terrena*), sondern nur im Reich Gottes (*civitas Dei*) verwirklicht. Dieser Vorbehalt gegenüber der weltlichen Ordnung ist ein Jahrtausend später von Martin Luther wieder aufgenommen und für die protestantische Staatstheorie zentral gemacht worden: Die Verwirklichung umfassender Gerechtigkeit in dieser Welt ist unmöglich. Umso wichtiger ist darum *Herrschaft* in der Welt, die dem Wirken des Bösen Grenzen setzt.[9] Jede Form von Herrschaft (mit Ausnahme der Tyrannis) ist für Luther darum besser als das Fehlen von Herrschaft (→ Kap. *Religion und Politik*).

Im Gegensatz zu dieser weitreichenden Herrschaftslegitimation im Luthertum steht die Vorstellung von Geschichte, an deren Ende die Utopie einer nicht nur gewaltlosen, sondern auch herrschaftsfreien Ordnung in dieser Welt verwirklicht ist. Der Philosoph Karl Löwith hat zu zeigen versucht, wie diese Einschreibung der Gerechtigkeit in den Gang der Geschichte zur Wurzel eines politischen Denkens wurde, das die bestehende Ordnung notorisch delegitimiert und zugleich den Einsatz von Gewalt zwecks Herstellung einer besseren, weil gerechteren Ordnung gerechtfertigt hat.[10] Die Folge dessen sei eine neuerliche Freisetzung der Gewalt aus ihrer herrschaftlichen Einhegung gewesen. Augustinus selbst hat freilich darauf bestanden, dass weltliche Herrschaft, auch wenn sie auf Gewalt gegründet ist, sich an normativen Vorgaben messen lassen muss, unter denen Gerechtigkeit der höchste Maßstab ist (→ Kap. *Freiheit und Gerechtigkeit*). Die Aufgabe jeder weltlichen Herrschaft ist für ihn darum die Verwirklichung von Gerechtigkeit. Aus dieser Überzeugung heraus hat Augustinus den berühmten, immer wieder zitierten Satz formuliert: «Quod sunt regna remota iustitia nisi magna latrocinia?» – «Was anders sind also Reiche, wenn ihnen Gerechtigkeit fehlt, als große Räuberbanden?»[11]

Halten wir fest: Die Gewalt des Ursprungs muss domestiziert, eingehegt und geordnet werden, sie muss an die Kette der Konventionen, der Rituale oder des Rechts gelegt, kurzum, in legitime Macht verwandelt werden. Schließlich kann diese Macht zu Autorität sublimiert werden, so dass die Erinnerung an die Gewalt des Anfangs verschwunden, vergessen oder verdrängt ist. [12] Der Begriff der Herrschaft bezeichnet – auch – solche Prozesse, und die erwähnten Herrschaftstypen umfassen unterschiedliche Sublimationsgrade der Gewalt sowie der Zurschaustellung und Kontrolle von Macht. Der Begriff von Herrschaft wird hier nicht als Gegenbegriff zu dem von Bürgerschaft verwendet,[13] sondern dient als Oberbegriff für die unterschiedlichen Typen politischer Ordnung und die verschiedenen Formen der Teilung und Kontrolle von Macht. Über deren Stabilität und Effektivität ist in der Geschichte der politischen Ideen immer wieder nachgedacht und gestritten worden; darum soll es nachfolgend gehen. Zuvor indes noch zwei grundlegende Vorbemerkungen: *Erstens*: Gewalt spielt nicht nur bei der Durchsetzung von Herrschaft eine Rolle, sondern dient auch als Ressource bei der Zerschlagung von Herrschaft; sie ist ein Instrument, das von Akteuren mit entgegengesetzten Intentionen genutzt werden kann (→ Kap. *Rebellion und Revolution*). Macht dagegen ist – entgegen Hannah Arendts Annahmen über deren Flüchtigkeit – eine Ressource politischer Stabilität.[14] Und *zweitens*: Der Begriff der Herrschaft ist im Hinblick auf den Ort der Macht nicht indifferent; wo von Herrschaft die Rede ist, geht es um den «Blick von oben», und der fällt auf die der herrschaftlichen Ordnung Subsummierten: die «Herrschaftsunterworfenen». Diese müssen deswegen jedoch nicht zwangsläufig als «Untertanen», sondern können durchaus auch, wie bei Aristoteles und Max Weber, als «Bürger» bzw. «Genossen» begriffen werden.

## Die Verfassungstypologie des Aristoteles

Aristoteles wollte die von dem Historiker Herodot[15] begonnene und von seinem Lehrer Platon in die Philosophie überführte Debatte über die beste Verfassung auf empirisch solide Füße stellen. Also legte er, wie wir heute sagen würden, ein Forschungsprojekt auf, bei dem seine Schüler auf der Grundlage vorgegebener Fragestellungen die unterschiedlichen Verfassungen im Mittelmeerraum beschrieben und katalogisiert haben. Von den mehr als einhundert Verfassungsbeschreibungen, die Aristoteles als empirische Basis seiner Überlegungen in der *Politik* dienten, ist eine einzige erhalten geblieben: die Verfassung der Athener (*athenaíon politeía*), die wahrscheinlich von Aristoteles selbst verfasst worden ist.[16] Man kann Aristoteles somit als den Begründer der empirisch-komparativen Verfassungsanalyse bezeichnen. Er verabschiedete sich damit von den bipolaren Gegenüberstellungen der Verfassungstypen, wie sie von den Historikern Herodot und Thukydides verwandt worden sind: In seiner Darstellung des großen Krieges zwischen Persern und Griechen hat Herodot Freiheit und Knechtschaft einander gegenübergestellt: die Politie bei den Griechen als eine Verfassung bürgerschaftlicher Teilhabe und die Despotie bei den Persern als verfassungsmäßig ungebundene, willkürliche Herrschaft. In ähnlicher Weise hat auch Thukydides in seiner *Geschichte des Peloponnesischen Krieges* die Kontrahenten Athen und Sparta nicht nur als geopolitische Antipoden (Seemacht vs. Landmacht), sondern auch als einander entgegengesetzte Verfassungsordnungen dargestellt: Athen hat danach auf die Ausweitung des aktiven Bürgerrechts gesetzt, so dass selbst die Armen und Mittellosen in den Angelegenheiten ihrer Stadt ein Wort mitzureden hatten, wodurch diese zum Inbegriff einer Ordnung der Freiheit und Weltoffenheit wurde – so jedenfalls lässt Thukydides den athenischen Politiker Perikles die athenische Ordnung beschreiben.[17] Für Sparta hingegen ist Disziplin und Härte typisch; hier herrschte eine kleine Elite, und die Masse der Bevölkerung war von der Teilhabe an den politischen Angelegenheiten ausgeschlossen. Die aristokratische Ordnung Spartas war zutiefst konservativ, während das demokratische Athen nicht nur für politische, sondern auch für kulturelle

Neuerungen offen war: Athen ist so zum Zentrum der Philosophie und des Theaters geworden. Aber die Freiheit und die Mechanismen der Demokratie, so Thukydides, begünstigten das Hochkommen machtgieriger Politiker, die Athen in den Untergang führten, während die rigide Ordnung Spartas in der Lage war, den Aufstieg solcher Politiker zu blockieren oder sie kaltzustellen. Das Kräftemessen beider Systeme endete folglich mit dem Sieg der Spartaner.

Bereits Platon hat in seiner *Politeia* den kontrastiven Vergleich als methodische Grundlage der Verfassungsanalyse zurückgewiesen und ihn durch eine evolutive Abfolge von Verfassungsformen ersetzt, bei der moralische Dekadenz und politische Korruption die bewegenden Kräfte der Entwicklung sind: So folgt auf die gute Herrschaft der Philosophen die Timokratie, in der die Ehrgeizigen und Durchsetzungsfähigen das Sagen haben; ihr wiederum folgt die Oligarchie, in der die Macht bei den Reichen liegt bzw. die Machthaber überwiegend damit beschäftigt sind, ihr Vermögen zu vermehren; die anschließende Verfallsstufe stellt dann die Demokratie dar, in der die Armen und Unvernünftigen die Macht übernommen haben, aber eigentlich nicht wissen, zu welchem Zweck sie diese gebrauchen sollen. Deswegen bezeichnet Platon die Demokratie auch als einen «Trödelladen der Verfassungen»; die letzte Stufe des Verfalls ist dann die Tyrannis (→ Kap. *Tyrannis und Diktatur*).[18] Da Platon die Linie von Niedergang und Verfall als determiniert begreift, enthält seine Verfassungstheorie zwar eine starke geschichtstheoretische Vorgabe mitsamt einem entsprechenden prognostischen Potenzial, ist aber für die empirische Verfassungsanalyse kaum anschlussfähig und auch als praktikable Handreichung für Politiker und Gesetzgeber eher ungeeignet. Platons Verfassungstheorie hat deswegen mehr die politischen Philosophen als die Theoretiker der Politik beschäftigt.

Bei der allenthalben zu beobachtenden Distanz der Politikwissenschaft gegenüber Platon spielt sicherlich eine Rolle, dass dessen Verfassungstheorie ausschließlich auf die ethischen Dispositionen der jeweiligen Machthaber ausgerichtet ist und sich für das institutionelle Design der Verfassungstypen nicht weiter interessiert. Allenfalls in der Metaphorik von Kopf, Brust und Bauch als den am Körper des Menschen versinnbildlichten Tugenden kommt bei Platon so etwas wie eine Ordnung der Verfassungen zum Ausdruck: der Kopf steht für die *Weisheit*, die Brust für die *Tapferkeit* und dem Bauch ist, wenn er unter der Kontrolle von Kopf und Brust steht, die *Mäßigung* eigen. Es ist das Zusammenwirken dieser drei Tugenden in der Dominanzabfolge von Weisheit, Tapferkeit und Besonnenheit (Mäßigung), aus dem sich die höchste Tugend, die *Gerechtigkeit*, ergibt. Im Prinzip ist also nur die Verfassung gut und gerecht, in der die Philosophen als Vertreter der Weisheit das Sagen haben, weswegen Platon sie auch als das *parádeigma* aller Verfassungen bezeichnet. Timokratie, Oligarchie, Demokratie und Tyrannis sind demzufolge in absteigender Reihung Verfehlungen der Gerechtigkeit.

Durch die breite Sammlung von Verfassungsbeschreibungen hat sich Aristoteles zunächst von den antagonistischen Konstruktionen Herodots und Thukydides' sowie von der Dekadenzschematik Platons frei gemacht. Danach freilich stand er vor der Herausforderung, in die Fülle der Einzelbeschreibungen eine überschaubare Ordnung zu bringen, also eine Typologie der Verfassungen zu entwickeln, und dabei hat er sich zweier komplementärer Ordnungsschemata bedient, von denen das eine als politologisch-normativ und das andere als soziologisch-deskriptiv bezeichnet werden kann. In der Verfassungstheorie ist vor allem das politologisch-normative Verfassungsschema folgenreich geworden, insofern es empirische und normative Kriterien miteinander verbindet und damit eine evaluative Dimension besitzt, auf die bei der Diskussion über die Vorzüge und Nachteile von Verfassungsformen immer wieder zurückgegriffen worden ist.

Aristoteles hat diese politologisch-normative Verfassungstypologie entlang zweier Achsen entwickelt, von denen eine die Anzahl der an der Herrschaftsausübung Beteiligten anzeigt (einer, einige, viele), während die andere die einander entgegengesetzten Normen der Herrschaftsausübung konturiert: die Orientierung der Herrschenden an ihrem Eigennutz oder am Gemeinwohl. Daraus ergeben sich drei gute Typen der Verfassung, in denen, unbeschadet dessen, wie viele Personen die Herrschaft ausüben, diese Herrschaftsausübung im Interesse und zum Wohle aller erfolgt; die an der Macht Befindlichen verstehen sich in erster Linie als Dienstleister für den Gesamtverband und nicht als Mächtige, denen die Untertanen zu Dienst und zu Willen sein müssen. Dem stehen die schlechten (parekbatischen) Verfassungen gegenüber, in denen die je an der Macht

Befindlichen rücksichtslos ihre Interessen verfolgen. Aristoteles' Sechserschema der guten und schlechten Verfassungen stellt sich also folgendermaßen dar:[19]

| | | |
|---|---|---|
| Einer | Monarchie | Tyrannis |
| Einige | Aristokratie | Oligarchie |
| Viele | Politie | Demokratie |
| | Gemeinwohl | Eigennutz |

Im Unterschied zu Platon hat Aristoteles die Qualität der Verfassung weder mit der Anzahl noch der sozialen Herkunft der die Macht Ausübenden verbunden, sondern deren sozialmoralische Dispositionen zum Kriterium der Unterscheidung zwischen guten und schlechten Verfassungsformen gemacht. Das aber heißt, dass die fundamentale Differenz zwischen einer am Gemeinwohl der Bürgerschaft und einer am Eigennutz der Herrschenden ausgerichteten politischen Ordnung letzten Endes nicht durch die Modi der Teilhabe am politischen Geschehen und auch nicht durch Institutionen und Verfahren gesichert werden kann, sondern von Ethos und Geist der die Herrschaft Ausübenden abhängt. Anders als Platon hat Aristoteles jedoch nicht angenommen, dass das Ethos der Herrschenden mit der Dauer der Herrschaftsausübung *zwangsläufig* korrumpiert werde, sondern die Richtung der Verfassungsentwicklung offengelassen. Er hat also nicht ausgeschlossen, dass eine schlechte Verfassung im Verlauf der Zeit zu einer guten Verfassung werden könne, und die politischen Ratschläge, die er erteilt, sind an diesem Ziel orientiert. Gleichzeitig hat Aristoteles die Konstanz der sozialmoralischen Dispositionen der Herrschenden mit den sozio-ökonomischen und klimatischen Verhältnissen des jeweiligen Raumes in Verbindung gebracht: Ein mittleres Klima, sozial ausgewogene Konstellationen mit einer zahlenmäßig starken Mittelschicht und die Vermeidung wirtschaftlicher Entwicklungen, die zur sozialen Polarisierung führen, wie sie nach seiner Wahrnehmung für Hafen- und Handelsstädte typisch ist, sorgen dafür, dass eine gute Verfassung über lange Zeit stabil bleiben kann.

Aristoteles hat es in seiner *Politik* jedoch nicht bei dem Sechserschema der Verfassungen belassen, sondern dieses durch ein soziologisch-deskriptives Modell der Verfassungsanalyse ergänzt, in dem Demokratie und Oligarchie einander diametral gegenüberstehen. Sie sind im zweiten Analysemodell jedoch nicht mehr, wie im Sechserschema, als ein identischer Verfassungstyp zu verstehen, sondern stellen den Oberbegriff für eine Gruppe von Verfassungen dar, die nach Maßgabe der Radikalisierung oder der Mäßigung ihrer grundlegenden Prinzipien in eine Abfolge zueinander gebracht sind. Im Sechserschema der Verfassungen handelt es sich bei Demokratie und Oligarchie um schlechte Verfassungsformen, und was sie unterscheidet, sind Armut und Reichtum der Machthabenden:[20] Als Oligarchie bezeichnet Aristoteles im Dreierschema alle Verfassungen in denen die Reichen das Sagen haben, und Demokratie heißen hier alle Verfassungen, in denen die Macht in den Händen der Armen liegt.

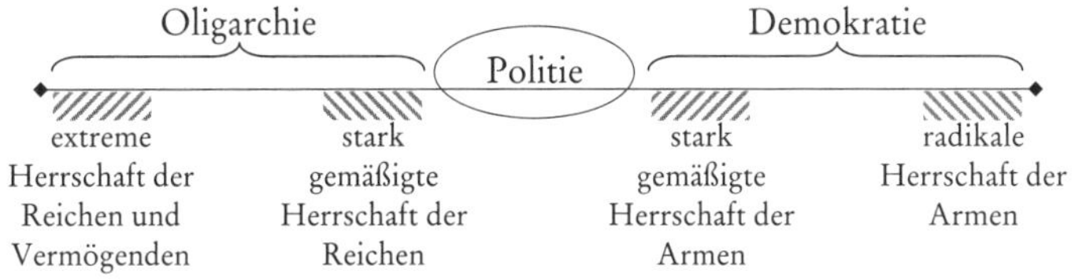


Auf den ersten Blick ist dieses verfassungstypologische Band mit der radikalen Oligarchie und der radikalen Demokratie, der ‹Parteidiktatur des Demos›, als Endpunkte im Vergleich zum Sechserschema der Verfassungsformen unterkomplex. Obendrein wird in ihm auf eine normative Bewertung der Verfassungstypen verzichtet. Die für das Sechserschema zentrale Unterscheidung von Gemeinwohl und Eigennutz ist weggefallen, und an ihre Stelle sind Tendenzbegriffe, wie Radikalisierung und Mäßigung getreten. Das soziologisch-deskriptive Dreierschema hat jedoch den Vorzug, auf die schwierige und notorisch unpräzise Definition von Gemeinwohl verzichten zu können.[21] An deren Stelle tritt die empirisch sehr viel leichter zu handhabende Beschreibung der politischen und gesellschaftlichen Mitte, die als soziopolitische Normkonkretisierung in einem größeren Feld verfassungspolitischer Varianten dient.[22] Die Mitte wird zum Ersatz für die hier fehlende Norm der Gemeinwohlorientierung; Aristoteles bezeichnet diesen Typ der mitteorientierten Verfassung als *Politie*, gibt ihr also die Bezeichnung der Verfassung selbst. Das durch die radikale Demokratie und die extreme Oligarchie begrenzte Band möglicher Verfassungsvarianten gibt obendrein den an politischer Stabilität orientierten Politikern praktikable Hinweise, worauf sie zu achten haben, wenn sie erfolgreich sein wollen. Die Ausdehnung der Verfassungsbezeichnungen Oligarchie und Demokratie auf Verfassungen mit unterschiedlichem Durchsetzungsgrad der jeweiligen Prinzipien und Leitideen eröffnet schließlich die Möglichkeit, die Verfassungstypen Demokratie und Oligarchie nicht sehr genau definieren und an unterscheidende Kriterien binden zu müssen. Eher handelt es sich um Clusterbegriffe, unter denen unterschiedliche Formen der Machtausübung zusammengefasst werden. Darin kommt Aristoteles der modernen Begriffsverwendung sehr nahe.

## Der Kreislauf der Verfassungsformen und die Idee der Mischverfassung

Die beiden komplementären Typologien des Aristoteles eröffneten Analysemöglichkeiten und gaben eine Fülle von Hinweisen, wo Reformer bei Verfassungsänderungen den Hebel ansetzen konnten, aber sie stifteten kein Vertrauen in den zukünftigen Gang der politischen Angelegenheiten. Auch ließen sie den ratlos, dem es um Prognosen für die zukünftige Entwicklung seiner Stadt ging. Aristoteles' *Politik* war gleichermaßen ein Buch für diejenigen, die Politik trieben, und für jene, die Politik analysierten, aber wer vom Spiel der Macht ausgeschlossen war und darauf vertrauen musste, dass er sich auch ohne eigene politische Gestaltungsmöglichkeiten auf den Gang der Dinge verlassen konnte, fand darin keine große Hilfe. Genau das aber waren die Konstellationen, denen sich die griechischen Stadtstaaten mit dem Aufstieg des makedonischen Großreichs, den Diadochenreichen und schließlich den immer weiter vordringenden Römern gegenübersahen. Sie waren auf die Rolle von Beobachtern zurückgeworfen, die Geschichte und Politik erklärten, auf sie aber keinen Einfluss hatten. Das waren die Rahmenbedingungen für den Aufstieg der Stoa, die den Kreislauf als physikalisches wie historiographisches Ordnungsmodell präferierte. Der Kreis war das Sinnbild einer Ordnung, auf die man sich verlassen konnte, weil sich die Entwicklung der Geschichte innerhalb des Kreislaufs *mit Naturnotwendigkeit* vollzog.

Der griechische Historiker Polybios, zunächst Truppenkommandeur im Krieg gegen Rom, dann römischer Kriegsgefangener und schließlich einer der Intellektuellen im Umkreis der Scipionen, einer patrizischen Familie Roms, der zu dieser Zeit die führenden Politiker und Feldherrn entstammten, hat aus dem verfassungstypologischen Sechserschema einen Kreislauf entwickelt, in dem auf eine gute die ihr zugehörige schlechte Verfassungsform folgte und der sich in Richtung einer ansteigenden Zahl der an der Herrschaft Beteiligten drehte.[23] Polybios modifizierte dabei die aristotelischen Bezeichnungen dahingehend, dass er die gute Form der Herrschaft der Vielen, von Aristoteles *Politie* genannt, nunmehr als Demokratie bezeichnete und die schlechte Form der Volksherrschaft, statt Demokratie, wie sie bei Aristoteles heißt, Ochlokratie (Pöbelherrschaft) nannte. Der Kreislauf der Verfassungsformen (*anakýklosis politeíon*) stellt sich bei Polybios somit folgendermaßen dar:

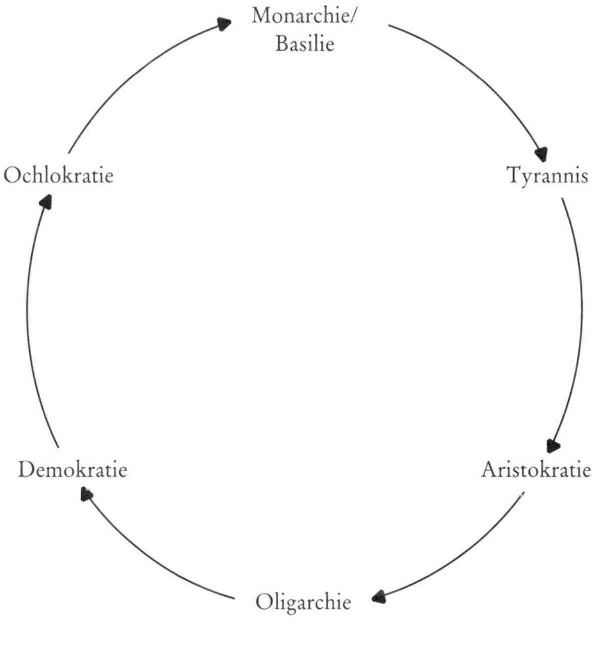

Wenn ein Stadtstaat oder ein Reich diesen Kreislauf der Verfassungsformen durchlaufen hat und bei der Herrschaft des Pöbels angekommen ist, wird die Mehrheit der Bürger irgendwann der «Herrschaft der Straße» überdrüssig sein und einen tüchtigen und wohlgesonnenen Mann an die Spitze des Staates stellen, also eine Monarchie bzw. Basilie errichten, womit der Verfassungskreislauf wieder von vorn beginnen kann. Die Städte und Reiche, so Polybios, können diesen Verfassungskreis mehrfach durchlaufen, aber irgendwann hat sich ihre Kraft infolge der damit verbundenen Anstrengungen verbraucht, und sie scheiden aus der Geschichte aus: Sie gehen unter oder werden dem Herrschaftsbereich aufsteigender Mächte einverleibt. Das war ein überaus plausibles Modell für die Geschichte der meisten griechischen Stadtstaaten, und es gab Grund zu der Erwartung, dass es anderen Stadtstaaten auf Dauer nicht anders ergehen werde.

Man kann Polybios' Theorie des Verfassungskreislaufs als eine frühe Revolutionstheorie begreifen (→ Kap. *Rebellion und Revolution*), wofür es auch terminologische Gründe gibt, da das griechische Wort *anakýklosis* dem Lateinischen *revolutio* entspricht. Bis ins 18. Jahrhundert waren Revolutionstheorien Vorstellungen vom Kreislauf der Verfassungen, d. h. sie standen nicht für einen Aufbruch ins Neue, noch nie Dagewesene, sondern beschrieben Umstürze von Verfassungen, die aber nicht willkürlich erfolgten,[24] sondern einer gewissen Rhythmik folgten. Als Niccolò Machiavelli Ordnung in die zahlreichen Aufstände, Rebellionen und Verfassungswechsel seiner Heimatstadt Florenz sowie anderer italienischer Stadtstaaten des 14. und 15. Jahrhunderts bringen wollte, hat er auf das Kreislaufmodell des Polybios zurückgegriffen,[25] und auch Thomas Hobbes hat sich seiner bedient, als er im *Behemoth* den englischen Bürgerkrieg von 1640–1660 rückblickend Revue passieren ließ: In den Bürgerkrieg war, Hobbes zufolge, ein Kreislauf der Verfassungen eingeschrieben, bei dem die Macht von König Karl I. über das Lange Parlament zum Rumpfparlament, sodann zu Oliver Cromwell, dann zu Richard Cromwell, anschließend wieder zum Rumpf-, dann zum Langen Parlament und schließlich zu König Karl II. gewandert sei. «Ich habe in dieser Revolution eine Kreisbewegung der obersten Gewalt über zwei Thronräuber, Vater und Sohn, vom hingeschiedenen König bis zu diesem seinem Sohn beobachtet.»[26] Hobbes' Schlussfolgerung ähnelt der des Polybios: In solchen Revolutionszyklen verbrauche ein Staat seine Kraft, ohne dass dabei etwas Besonderes herauskomme; es sei darum ratsam, solche Kreisläufe zu vermeiden. Aus der Analyse der Revolution folgte der Imperativ ihrer Vermeidung. Auf die Frage, wie das möglich sei, haben Polybios und Hobbes unterschiedliche Antworten gegeben: Hobbes setzte auf die uneingeschränkte Alleinherrschaft eines Mannes, Polybios dagegen präferierte die Mischverfassung, also das genaue Gegenteil des Hobbes'schen Absolutismus.

Roms politische Stabilität im Innern und sein kontinuierliches Wachstum nach außen waren nämlich eine theoretische Herausforderung für Polybios, und er wollte sich dieser Herausforderung stellen, nicht nur als Historiker, der die Wechselfälle der Geschichte beschrieb, sondern auch als ein Theoretiker, der nach den tieferen Gründen suchte, aus denen heraus sich Roms Aufstieg «mit Notwendigkeit» vollzogen hatte. Warum war Athen untergegangen, während Rom immer größer und mächtiger wurde? Bei der Beantwortung dieser Frage entwickelte Polybios das Modell einer Mischverfassung, die für ihn und viele ihm in der Geschichte des politischen Denkens Nachfolgende zur entscheidenden Antwort bei der Suche nach politischer Stabilität und geschichtlicher Dauer wurde.

In der Theorie der Mischverfassung[27] ist zwischen der antiken und der neuzeitlichen Variante zu unterscheiden; Letztere geht wesentlich auf Montesquieu und dessen Hauptwerk *De L'Esprit des Lois* zurück.[28] Während sich Montesquieu vor allem auf die «Checks und Balances» konzentrierte, ging es Polybios darum, dem quasi naturgesetzlich ablaufenden Verfassungskreislauf zu entkommen, und das war nur möglich, indem man sich gleichsam auf die Nabe des «Rads der Geschichte» stellte und dadurch die Fliehkräfte der Drehbewegung verringerte. Wer sich auf den Außenbahnen des Kreises bewegte, wo die jeweiligen Verfassungstypen besonders ausgeprägt waren, war den zentrifugalen Kräften der Verfassungsumschwünge am stärksten ausgesetzt: Die Revolutionen waren hier besonders radikal, und also war der Kraftverlust, den ein Staat bei jeder Veränderung erfuhr, besonders groß. Wer dagegen die Außenbahnen mied und sich verfassungspolitisch im Zentrum der Drehbewegung ansiedelte, setzte sich den Fliehkräften der Geschichte in sehr viel geringerem Maße aus. In der vollkommenen Mischverfassung war die Drehbewegung auf einen Punkt reduziert. Für Polybios war das die Erklärung, warum die Geschichte der griechischen Städte so anders verlaufen war als die Roms. Das Vermeiden der Zentrifugalkräfte war aber nur möglich, wenn in die gemischte Verfassung alle sechs Verfassungstypen, gute wie schlechte, eingebunden wurden: Auf diese Weise zollte man deren naturgesetzlicher Abfolge Tribut und schlug dem Kreislauf «ein Schnippchen». Schematisch stellt sich Polybios' Modell der Mischverfassung folgendermaßen dar:

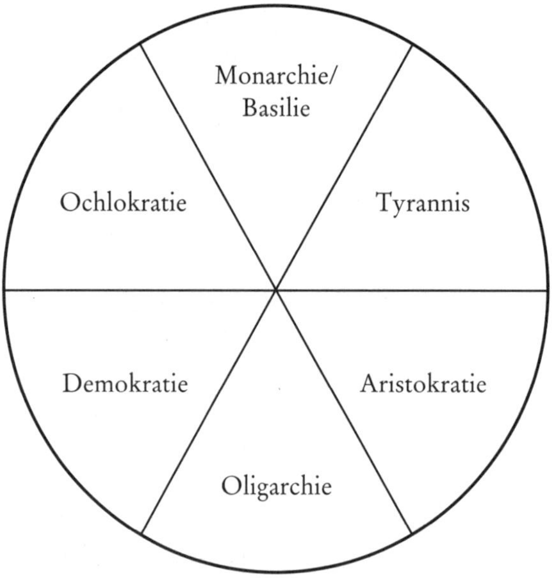


Durch den Einbezug der schlechten Verfassungsformen in das Modell der gemischten Verfassung glaubte Polybios, die destruktiven Kräfte der politischen Geschichte bändigen zu können, weil in der politischen Welt das Gute nicht ohne das Schlechte, das Konstruktive nicht ohne das Destruktive zu haben waren. Nur wer sich dessen bewusst sei, könne der damit verbundenen Gefahren Herr werden. Mehr noch als den Spartanern sei dies den Römern gelungen, und das sei der tiefere Grund ihrer politischen Stabilität und gewaltigen Expansionsfähigkeit.

In seiner Schrift *De re publica* hat der römische Redner und Politiker Marcus Tullius Cicero diese Überlegungen des Polybios aufgenommen und popularisiert.[29] Die drei tragenden Elemente der römischen Verfassung, Konsulat, Senat und Volkstribunat, stehen danach für das monarchische, aristokratische und demokratische Verfassungselement und tragen deren jeweiliger Entwicklungsdynamik Rechnung, ohne dass diese ihre destruktive Kraft voll entfalten kann.[30] Rom sei dadurch in den Genuss der Vorzüge und Stärken der jeweiligen Verfassungstypen gelangt. Im Unterschied zu Polybios ist Cicero aber nicht der Auffassung, dass sich diese unterschiedlichen Verfassungselemente von selbst, gewissermaßen hinter dem Rücken der politischen Akteure, ausbalancierten, sondern er ist davon überzeugt, dass es eines klugen und kenntnisreichen Politikers bedarf, der die Kräfteverhältnisse immer wieder neu justiert und Fehlentwicklungen korrigiert.[31] Wahrscheinlich hat Cicero diese Rolle sich selber zugedacht – und ist politisch an ihr gescheitert. Das ändert jedoch nichts daran, dass vor allem Ciceros Überlegungen seit der Renaissance zum Bezugspunkt bei der Reflexion auf die ideale Verfassung wurden. Sowohl im Stadt- als auch im Territorialstaat fand die Vorstellung der Mischverfassung großen Zuspruch und wurde als Garant politischer Stabilität und ständischer Freiheit begriffen.

Der energischste Widerspruch gegen die Idee der Mischverfassung kam von den Souveränitätstheoretikern, die Verfassungen nach der letzten und endgültig verbindlichen Entscheidungsinstanz befragten. Diese Sicht auf die Ordnung der Verfassung als Aussage über den Ort bzw. den Inhaber der Souveränität hat sich in den Auseinandersetzungen des französischen Königtums mit Kaiser und Papst entwickelt, die beide für sich die Oberaufsicht über die Entscheidungen der Fürsten und Könige beanspruchten (→ Kap. *Souveränität*). Die erstmals im 14. Jahrhundert auftauchende Formel «rex Franciae in temporalibus superiorem non recognoscens» (Der König von Frankreich anerkennt in weltlichen Dingen über sich keinen Höheren)[32] war ein Vorläufer des Bodin'schen Konzepts der Souveränität, das von diesem in Reaktion auf den konfessionellen Bürgerkrieg in Frankreich entfaltet wurde.[33] Auch Thomas Hobbes, der andere große Souveränitätstheoretiker der Frühen Neuzeit, hat unter dem Eindruck des englischen Bürgerkriegs die «Mixarchie», wie er die

Mischverfassung abschätzig nannte, als politisches Befriedungsmodell abgelehnt, weil darin die entscheidende Frage, bei wem die letzte Entscheidung liege, unbeantwortet bleibe.[34] Als die Souveränitätskonzeption im 17. und 18. Jahrhundert an die Verfassung des Deutschen Reichs herangetragen wurde, entpuppte sich das als ein Sprengsatz, der die über Jahrhunderte gewachsene, d. h. nicht *nach Prinzipien* konstruierte, Reichsverfassung zerstörte. Der Kompromiss zwischen Reichsfürsten und Kaiser, den man in der Tradition der Mischverfassungstheorie interpretieren konnte, wurde durch die Frage nach der Souveränität aufgelöst: Einige sahen sie bei den Kurfürsten, die den Kaiser wählten, andere hingegen beim Kaiser, und Samuel Pufendorf bezeichnete das Reich deswegen als «monstrum simile», einem Tier mit mehreren Köpfen gleich.[35] Die sich im 18. Jahrhundert entfaltende Reichskritik war immer auch eine Kritik an den Prinzipien der Mischverfassung, und die Speerspitze dieser Kritik war die Frage nach dem Inhaber der Souveränität.

## Die Vorstellung von der Gewaltenteilung: Locke, Montesquieu, Madison

War die Mischverfassung bei Polybios und seinen Nachfolgern gegen die zerstörerische Dynamik des Verfassungskreislaufs gerichtet, so ist die Vorstellung von der Gewaltenteilung gegen die Infragestellung bürgerlicher Rechte und individueller Freiheiten infolge der Konzentration aller Gewalt in den Händen eines Einzigen oder einer Gruppe gewendet. Die Idee der Mischverfassung und die Vorstellung der Gewaltenteilung entspringen also unterschiedlichen Kontexten und werden aus voneinander abweichenden Motivlagen gespeist. Die «Griechen» hatten den Zerfall der politischen Ordnung vor Augen und standen vor der Frage, wie diese bzw. eine durch den Kreislauf der Verfassungen erschöpfte Stadt erhalten werden könne; für die «Aufklärer» der Neuzeit dagegen wurde gerade die Dauerhaftigkeit einer politischen Ordnung zum Problem: Sie beobachteten deren Erstarrung und führten darauf den vermehrten Missbrauch der Macht zurück. Also trat für sie die Frage ins Zentrum, wie die unter dem Mantel der Stabilität sich ausbreitende Willkür der Machthaber verhindert werden könne. Die Unterschiede zwischen den antiken bzw. frühneuzeitlichen Mischverfassungstheorien und denen der Aufklärung resultieren daraus, dass sie Antworten auf verschiedenartige Herausforderungen darstellten. Dennoch gibt es zwischen beiden Überschneidungen und Verbindungen, denn in der antiken Mischverfassungsdebatte spielt die Freiheit der Bürger ebenso eine Rolle wie die Gewaltenteilung in der europäischen Aufklärung damit legitimiert wird, dass sie Stabilität und Flexibilität bei sich verändernden Konstellationen besser miteinander verbinden könne als jede andere Verfassungsform.[36]

Die heute vorherrschende Standardtheorie der Gewaltenteilung, der zufolge legislative, exekutive und judikative Gewalt präzise voneinander getrennt sein sollen, um einander zu kontrollieren und gegebenenfalls zu blockieren, ist in der Geschichte der politischen Ideen freilich nur ansatzweise auszumachen. In der Regel werden Locke und Montesquieu als die Vordenker der Gewaltenteilung genannt,[37] bei denen sich längere Passagen zu diesem Thema finden lassen – nur dass diese nicht mit dem Standardmodell übereinstimmen: Bei Locke etwa fehlt die Sonderstellung der judikativen Gewalt, und Montesquieu, der die Judikative ebenfalls eher nebenbei behandelt, hat die Vorstellung von den getrennten Gewalten mit sozialen Schichten und privilegierten Gruppen verbunden. Die schulmäßige Theorie der Gewaltenteilung ist somit von zwei Seiten her unter Druck geraten: seitens empirisch gehaltvoller Darstellungen der Gewaltenteilung in der modernen Demokratie[38] ebenso wie von ihren ideengeschichtlichen Gründervätern her. Es handelt sich bei der Vorstellung von der Gewaltenteilung im Verfassungsstaat also eher um ein stilisiertes Modell als einen Gedanken, der im 17. Jahrhundert bei Locke aufgetaucht und im 18. Jahrhundert von Montesquieu ausgearbeitet worden wäre, um sich dann im demokratischen Verfassungsstaat schrittweise durchzusetzen.

John Locke hat sich am Schluss seiner *Two Treatises of Goverment* eingehend mit der Frage der Gewaltenteilung beschäftigt.[39] Ausgangspunkt ist die Feststellung, dass die Legislative die höchste Gewalt sei, von der sich alle anderen Gewalten ableiten. Dennoch sind die Befugnisse der Legislative bei Locke nicht unbegrenzt und willkürlich, denn ihre Rechte können nicht größer sein als die, welche die Menschen im Naturzustand haben. Die Legislative «ist nichts als die vereinigte Gewalt aller Glieder der Gesellschaft, die jener Person oder Versammlung übertragen wurde, die der Gesetzgeber ist». Und: «In ihren äußeren Grenzen *ist* ihre Gewalt auf das *öffentliche Wohl* der Gesellschaft *beschränkt*. Es ist eine Gewalt, die einzig die Erhaltung zum Ziel hat. Sie kann deshalb niemals das Recht haben, die Untertanen zu vernichten, zu unterjochen oder mit Vorbedacht auszusaugen.»[40] Das Leben und die Freiheit der Menschen sind für die Legislative somit sakrosankt, und auch in das Eigentum der Bürger darf sie (durch Besteuerung) nur in engen Grenzen eingreifen.

Von der Legislative unterscheidet Locke die exekutive und die föderative Gewalt, von denen Erstere für die Durchsetzung der Gesetze innerhalb der Gesellschaft zuständig ist und Letztere «*für die Sicherheit und die Interessen des Volkes nach außen* allen denen gegenüber, von denen sie Nutzen oder Schaden erwarten könnte».[41] Für Locke ist die Unterscheidung zwischen Exekutive und Föderative (die wir heute so nicht mehr machen) wichtig, weil Letztere sehr viel weniger als Erstere durch positive Gesetze der Legislative gebunden werden kann. Unter dem Rubrum der prärogativen Gewalt wird die äußere Politik weitgehend von der Kontrollgewalt der Legislative entbunden. «*Prärogative*», so Locke, «*ist nichts als die Macht, für das öffentliche Wohl zu handeln, ohne dabei an eine Vorschrift gebunden zu sein.*»[42] Aus der Betrachtung der englischen Geschichte glaubte Locke die Regel ableiten zu können, dass das Volk guten und weisen Fürsten gerne weitreichende prärogative Rechte einräumte, während es gegenüber schwachen und schlechten Fürsten diese Gewalt zu beschränken suchte. Für den Fall eines Streits, der zwischen einer ständigen Exekutive bzw. Föderative und der immer nur für begrenzte Zeit zusammentretenden Legislative über den Gebrauch der prärogativen Gewalt entstehen kann, sieht Locke keine richterliche Entscheidung vor, da die in diesem Streit ausschlaggebende Instanz dann selbst die höchste Gewalt wäre. Er überantwortete die Entscheidung darüber unter der Formel eines «Appells an den Himmel» dem Ausgang des politischen Kampfes. Eine Judikative mit den Befugnissen eines Verfassungsgerichts ist in Lockes Theorie nicht vorgesehen.

In seiner Schrift *De L'Esprit des Lois* hat Montesquieu eine Reihe von Vorschlägen zur Sicherung der Freiheit gemacht, und einer handelt von der Gewaltenteilung, die er am Beispiel der englischen Verfassung exemplifiziert.[43] In der einschlägigen Literatur wird darauf hingewiesen, dass die Passagen des Kapitels XI, 6 keineswegs eine präzise Darstellung der englischen Verfassung sind, sondern eher *ein Modell* der Gewaltenteilung entwickeln und dass sich Montesquieu bei der Freiheitssicherung nicht ausschließlich auf die Gewaltenteilung verlassen will, sondern diese mit einem Konzept der Zwischengewalten (*pouvoirs intermédiaires*) und Anleihen bei der klassischen Vorstellung von der Mischverfassung verbindet.[44] Montesquieu geht es um Machtbeschränkung als Voraussetzung politischer Freiheit, und die ist für ihn nur dann gewährleistet, wenn der Gesetzgeber die von ihm erlassenen Gesetze nicht selbst ausführt und die ausführende Macht ihrerseits keine Gesetze geben darf. Nur so kann der stets präsenten Gefahr des Despotischen vorgebeugt werden. Diese Gefahr ist nach Montesquieus Auffassung allen Verfassungsformen eigen: der Monarchie und der Aristokratie ebenso wie der Demokratie. Montesquieu nimmt also die auf Aristoteles zurückgehende Verfassungstypologie auf, setzt aber bei der Unterscheidung zwischen guten und schlechten Verfassungsformen nicht auf die ethische Selbstbindung der Machthaber ans Gemeinwohl, sondern vertraut auf institutionelle Regelungen. Nur die gegenseitige Kontrolle der drei Gewalten stellt sicher, dass die Menschen in Freiheit leben können. «Bei den Türken, wo diese drei Gewalten in der Hand des Sultans vereinigt sind, herrscht ein furchtbarer Despotismus.»[45] Das ist das äußerste Extrem des Despotischen, das Montesquieu kennt, doch der Despotismus beginnt für ihn schon dort, wo die Legislative gegenüber der Exekutive die Oberhand gewinnt – und umgekehrt. Die Gewalten mäßigen sich gegenseitig, indem die gesetzgebende Gewalt das Recht und die Möglichkeit hat, «nachzuprüfen, wie die von ihr erlassenen Gesetze ausgeführt worden sind», und die vollziehende Gewalt den Zeitpunkt und die Dauer festlegt, zu denen die gesetzgebende Gewalt zusammentritt. Entgegen unseren Vorstellungen von Gewaltenteilung fürchtet Montesquieu nämlich, dass eine permanent tagende Legislative alle Macht an sich reißen und so einen sultanischen Despotismus begründen könne.[46] Wie sehr Montesquieu noch der antiken Vorstellung vom unvermeidlichen Untergang einer jeden guten Ordnung verhaftet ist, zeigt die Bemerkung am Ende des England-Kapitels: «Wie alle menschlichen Dinge ein Ende haben, so wird [auch] der Staat, von dem wir handeln, seine Freiheit verlieren und untergehen. Rom, Sparta und Karthago sind untergegangen. Der Staat wird untergehen, wenn die gesetzgebende Gewalt korrupter als die vollziehende geworden ist.»[47]

In den Artikeln 47 bis 51 der *Federalist Papers* hat James Madison die Überlegungen Montesquieus zur Gewaltenteilung aufgenommen und sie für die Zustimmung der amerikanischen Öffentlichkeit zur Bundesverfassung fruchtbar zu machen versucht.[48] Konkreter Anlass dafür war, dass von Seiten der Anti-Federalists, die für einen Staatenbund und gegen den Bundesstaat eintraten, das Projekt zur Gründung einer amerikanischen Föderation mit dem Vorwurf zurückgewiesen worden war, durch sie werde die Gewaltenteiligkeit aufgehoben und eine Entwicklung in Gang gesetzt, vor der Locke und Montesquieu gewarnt hätten. Madison konterte diesen Vorwurf mit dem Hinweis, dass es zuletzt gerade die legislative Gewalt in den amerikanischen Einzelstaaten, namentlich in Virginia und Pennsylvania, gewesen sei, die zur Expansion ihrer Macht geneigt und dadurch die Grundsätze der Gewaltenteilung in Frage gestellt habe. «Die gesetzgebende Gewalt weitet überall ihre Handlungssphäre aus und zieht alle Macht in ihren ungestümen Strudel hinein.»[49] Während man in Erbmonarchien und Demokratien, wo «eine größere Menge von Menschen persönlich die Funktionen der gesetzgebenden Gewalt ausübt, die aufgrund ihrer Unfähigkeit, ordentliche Debatten und koordinierte Maßnahmen durchzuführen, den machthungrigen Intrigen der Spitze ihrer Exekutive ständig ausgesetzt sind, [...] sehr wohl befürchten [kann], daß sich das Haupt der Tyrannei bei günstiger Gelegenheit dort erhebt», sollte «in einer repräsentativen Republik jedoch, wo Umfang und Dauer der Macht der Exekutive sorgfältig eingeschränkt sind und wo die Macht der Legislative von einer gesetzgebenden Körperschaft ausgeübt wird, die angeregt durch ihren angeblichen Einfluß im Volk ein unbändiges Selbstvertrauen in die eigene Stärke besitzt, [...] das Volk gegen das unternehmungslustige Machtstreben dieser Gewalt all sein Mißtrauen aufbringen und alle denkbaren Vorsichtsmaßnahmen ergreifen.»[50]

Madison bezweifelt, dass sich durch entsprechende Verfassungsartikel eine Selbstbeschränkung der Gewalten, zumal der legislativen Gewalt, auf ihren Zuständigkeitsbereich sicherstellen lasse. Er ist aber ebenso skeptisch gegenüber der Ansicht, durch gelegentliche oder regelmäßige Anrufung des Volkes ließen sich solche Verfassungsbrüche verhindern oder korrigieren. Unter diesen Umständen setzt er darauf, «die innere Struktur des Regierungssystems» so zu gestalten, «daß dessen verschiedene konstitutive Teile durch ihre wechselseitigen Beziehungen selbst zum Mittel werden, den jeweils anderen Teil in seine Schranken zu weisen».[51] Die Lösung besteht also in einer möglichst komplex zusammengesetzten Republik, in der die horizontale durch eine vertikale Machtteilung (Einzelstaaten plus Föderation) ergänzt und die konkurrierenden Interessen und Faktionen so multipliziert werden, dass sie sich gerade durch ihr Machtstreben gegenseitig im Zaum halten.

## Die drei Idealtypen der Herrschaft bei Max Weber mit Seitenblicken auf Georg Simmel und Karl Marx

Während in den vorgestellten Verfassungstypologien die Anzahl der Machtausübenden, deren politisches Ethos sowie die Institutionalisierung gegenseitiger Kontrolle als Definitionskriterien dienen, dreht sich Max Webers Modell der drei Idealtypen von Herrschaft um die Frage des Legitimitätsglaubens der Herrschaftsunterworfenen, um die Organisation des Verwaltungsstabs und nicht zuletzt um die dem jeweiligen Herrschaftstyp verbundene Wirtschaftsverfassung. An die Stelle der verfassungsrechtlichen Regelungen, mit denen sich die *Normwissenschaften*, also Philosophie und Jurisprudenz, beschäftigen, tritt bei Weber das soziologische Interesse im Sinn einer *wirklichkeitswissenschaftlichen* Typisierung der Strukturen und Substrukturen, die ein Herrschaftsgebilde ausmachen. Mit großer, gelegentlich pedantisch anmutender Systematik beschreibt Weber das, was er rational-legale bzw. rational-bürokratische, traditionale und charismatische Herrschaft nennt.[52] Im Unterschied zu dem Historiker Otto Hintze, der diese Dreiteilung übernommen hat,[53] geht es Weber dabei nicht um ein Modell der historischen Evolution, sondern um eine welthistorische Typologie, die keine Vorgaben über eine etwaige Aufeinanderfolge der Herrschaftstypen enthält. Weber tritt also eher wie Aristoteles in einem analytischen Sinn an das Problem heran, während Hintze dem evolutiven Modell des Polybios nahesteht.

Die *rational-bürokratische Herrschaft* ist dadurch definiert, dass sie auf einem an allgemeinen Prinzipien orientierten Regelsystem beruht und nach den Vorgaben eines positiven, also gesatzten (und nicht vorgefundenen oder überkommenen) Rechts ausgeübt wird. Die Gehorsamsverpflichtung der Herrschaftsunterworfenen gilt dem Recht und nur in der Vermittlung darüber einem oder mehreren Herrn. Die Anzahl der Machthaber oder Letztentscheider, in der Verfassungsanalyse zentral, ist in Webers Herrschaftstypologie somit nachrangig. Die Verwaltung dieses Herrschaftstyps erfolgt als kontinuierlicher, regelgebundener Betrieb, der durch die Verteilung von Zuständigkeiten (Kompetenzen), ausgeprägte Amtshierarchie sowie aktenmäßigen Betrieb gekennzeichnet ist. Dazu bedarf es der fachlichen Schulung des Personals. Der Aufstieg innerhalb der Verwaltung erfolgt nach Leistung und Anciennität. Grundlage dieses bürokratischen Systems ist die Trennung der Amtsinhaber von den administrativen Betriebsmitteln. Diese gehen nicht in die Verfügung des Amtsinhabers über, und schon gar nicht werden sie zu dessen Besitz. Das unterscheidet den institutionellen Flächenstaat vom Feudalsystem, in dem diejenigen, die ein Gebiet verwalten und in ihm Recht sprechen, auch die Inhaber der administrativen Betriebsmittel sind – von der Burg als Ort der Sicherheit über die Gerichtsbarkeit bis zum Fehderecht. Es ist die Trennung des Amtsinhabers von den zur Ausübung seiner Tätigkeit erforderlichen Betriebsmitteln, die dessen Regelbindung und, falls erforderlich, umgehende Ablösung möglich macht. Da der bürokratische Apparat aus Steuern finanziert wird, ist die Geldwirtschaft eine unabdingbare Voraussetzung für das Aufkommen des rational-bürokratischen Herrschaftstyps. Verschiedentlich hat Weber von der Schicksalhaftigkeit der Ausbreitung dieses Typs bürokratischer Herrschaft gesprochen, dann aber auch wieder die Erwartung geäußert, dass dessen negative Effekte durch die Einmischung von Elementen charismatischer Herrschaft begrenzt werden könnten.[54]

Der unmittelbare Gegenpol zur rationalen Herrschaft ist in Webers Herrschaftstypologie die *traditionale Herrschaft*, deren Legitimität auf der Vorstellung von der Heiligkeit des Altüberkommenen beruht. Wo diese Vorstellung erodiert, zerfällt auch die traditionale Herrschaft, d. h. sie ist auf Mechanismen zur Blockierung solcher Erosionsprozesse angewiesen. Weber unterscheidet zwischen traditionaler Herrschaft mit und ohne Verwaltungsstab. Bei Letzterem handelt es sich um eine Gerontokratie bzw. einen primären Patriarchalismus, in dem die Zahl der Herrschaftsunterworfenen begrenzt ist und der im Prinzip wie ein großes Haus funktioniert. Ab einer gewissen Größe ist indes auch die traditionale Herrschaft auf die Ausbildung eines Verwaltungsstabs angewiesen, der durch Verwandtschafts- oder Pietätsbande mit der Herrschaftsspitze verbunden ist. Mit einer gewissen Zwangsläufgkeit kommt es jedoch nach geraumer Zeit zur Appropriation der Ämter durch die Inhaber; Webers Beispiel dafür ist die Verwandlung eines Lehens im ursprünglichen Sinn in selbständig verfügbaren Besitz der Feudalen, d. h. familiale Sukzession im Amt und selbständige Verfügung über die materielle Ausstattung. Die wirtschaftliche Basis dieser Form von Verwaltung ist die Überlassung der Mehrproduktabschöpfung eines Gebiets an den Amtsinhaber, was Weber mit Blick auf dessen militärische Aufgaben als «Selbstequipierung» bezeichnet. Demgemäß beruht diese Form der Herrschaftsausübung auf der Bewahrung einer traditionellen Wirtschaftsgesinnung, die das Aufkommen von Geldwirtschaft zu blockieren und dafür zu sorgen sucht, dass alle Verpflichtungen personal gebunden bleiben und nicht durch Geldzahlung abgelöst werden.

Eine ähnliche Überlegung findet sich in Georg Simmels *Philosophie des Geldes* – Simmel war ein Zeitgenosse Webers und neben diesem die zweite Gründergestalt der Soziologie in Deutschland[55] –, wo von der Trennung von Haben und Sein im Gefolge der aufkommenden Geldwirtschaft die Rede ist. An die Stelle einer «Kette vom Sein zum Haben und vom Haben zurück zum Sein» tritt die «Unabhängigkeit des Seins vom Haben und des Habens vom Sein, die das Geld zuwege bringt».[56] Das Geld löst die essentiellen Verbindungen zwischen Mensch und Dingwelt auf und führt dazu, dass das Verhältnis zwischen Person, Besitz und Eigentum rechtsförmig geregelt werden kann. «Wo aber zwischen dem Menschen und dem *Geld-*

besitz eine bestimmende Verbindung besteht, da ist es eben die reine *Quantität* des Geldes, die als charakteristische Ursache oder Folge auftritt; während bei anderen Besitzen gerade die bloße Qualität schon mit gewissen personalen Ursachen und Folgen verbunden zu sein pflegt.»[57] Was von Simmel als fundamentale Veränderung im Verhältnis zwischen Mensch und gegenständlicher Welt begriffen wird, ist später, u.a. von Alfred Sohn-Rethel, zur Frage nach dem Verhältnis zwischen Warenform und Denkform (dem Abstraktionsgrad des Denkens) ausgeweitet worden.[58] Max Weber hat sich hingegen auf die mit der Entwicklung der Geldwirtschaft möglich gewordene Auflösung einer essentiellen Verbindung zwischen dem Inhaber eines Amtes und den damit verbundenen Betriebsmitteln konzentriert und die Entstehung des Rechts als Strukturmodus einer Gesellschaft mit der in ihr vorherrschenden Geldwirtschaft verknüpft. Recht und Geld sind die Medien, die der traditionalen Gesellschaftsordnung ein Ende setzen.

Max Weber und Georg Simmel haben soziologisch und politiktheoretisch ausbuchstabiert, was Karl Marx und Friedrich Engels im *Kommunistischen Manifest* im Hinblick auf den sozialen Träger dieser umstürzenden Veränderung formuliert haben: «Die Bourgeoisie, wo sie zur Herrschaft gekommen, hat die feudalen, patriarchalischen, idyllischen Verhältnisse zerstört. Sie hat die buntscheckigen Feudalbande, die den Menschen an seinen natürlichen Vorgesetzten knüpften, unbarmherzig zerrissen und kein anderes Band zwischen Mensch und Mensch übrig gelassen, als das nackte Interesse, als die gefühllose ‹baare Zahlung›. Sie hat die heiligen Schauder frommer Schwärmerei, der ritterlichen Begeisterung, der spießbürgerlichen Wehmuth in dem eiskalten Wasser egoistischer Berechnung ertränkt. Sie hat die persönliche Würde in den Tauschwerth aufgelöst, und an die Stelle der zahllosen verbrieften und wohlerworbenen Freiheiten die Eine gewissenlose Handelsfreiheit gesetzt. Sie hat, mit einem Wort, an die Stelle der mit religiösen und politischen Illusionen verhüllten Ausbeutung die offene, unverschämte, direkte, dürre Ausbeutung gesetzt.»[59] Für Marx ist das eine Bewegung des Fortschritts: «Alles Ständische und Stehende verdampft, alles Heilige wird entweiht, und die Menschen sind endlich gezwungen, ihre Lebensstellung, ihre gegenseitigen Beziehungen mit nüchternen Augen anzusehen.»[60] Bei der Abfassung des *Kommunistischen Manifests* (1848) war Marx noch davon überzeugt, dass die Bourgeoisie, indem sie die Ideologien der Vergangenheit zerstöre und die Strukturen der sozialen Welt auf den Waren- und Kapitalverkehr reduziere, selbst die Voraussetzungen für die Durchsetzung der kommunistischen Gesellschaft schaffe. Zwanzig Jahre später, im *Kapital*, argumentierte er dann, dass die warentauschende Gesellschaft selbst einem ideologischen Verblendungszusammenhang unterliege, nämlich dem des Fetischcharakters der Ware.[61] Danach lief die Reduktion des gesellschaftlichen Lebens auf Waren und bare Zahlung keineswegs darauf hinaus, dass die Menschen die sozio-ökonomische Ordnung «mit nüchternen Augen» ansahen, sondern die Ware selbst, Ergebnis der Entzauberung der Welt, bekam mit einem Mal «theologische Mucken» und verstellte die Erkenntnis der gesellschaftlichen Beziehungen. Marx musste deswegen zur Feder greifen, um die komplexen Strukturen der kapitalistischen Welt zu entziffern.

Marx, Simmel und Weber haben die Entstehung der modernen Welt beschrieben. Man könnte dies auch im Sinne der eingangs angestellten Überlegungen als drei alternative Erzählungen über die Legitimität der Gegenwart begreifen. Dabei haben sie ihren jeweiligen Erkenntnisinteressen entsprechend die Herausbildung neuer Denk-, Wirtschafts- und Herrschaftsformen ins Zentrum der Überlegungen gestellt; allesamt waren sie freilich davon überzeugt, dass die Art zu denken und zu wirtschaften sowie die Organisation der Gesellschaft und die Struktur der politischen Ordnung nicht voneinander zu trennen seien. Nur Marx hat das jedoch im Rahmen eines weithin ungebrochenen Fortschrittsbewusstseins gedacht, das in der Vorstellung von der Revolution als Beschleuniger der Geschichte seinen Ausdruck fand.[62] Simmel und Weber haben dagegen auch die Verluste und Verödungen infolge des Rationalisierungsprozesses sowie die Chance einer Umkehr, eines Sprungs oder einer Kompensation mitgedacht. Bei Simmel zeigte sich das während des Ersten Weltkriegs in der Hoffnung, der Krieg – also die Eruption der Gewalt und nicht eine fortschreitende Rationalität – werde einen «neuen Menschen» hervorbringen und mit ihm werde auch eine neue Gesellschaft entstehen.[63] Max Weber hat den von ihm so bezeichneten Prozess der «Entzauberung der Welt», wie er mit dem Aufkommen des

Kapitalismus und der Entstehung rational-bürokratischer Herrschaftsformen verbunden war, keineswegs durchweg in aufklärerischem Pathos begrüßt. In seiner religionssoziologischen Studie *Die protestantische Ethik und der «Geist» des Kapitalismus* schrieb er den später viel zitierten Satz über das «stahlharte Gehäuse der Hörigkeit», in dem die Menschheit beim Fortgang der gegenwärtigen Entwicklung enden werde: «Dann allerdings könnte für die ‹letzten Menschen› dieser Kulturentwicklung das Wort zur Wahrheit werden: ‚Fachmenschen ohne Geist, Genußmenschen ohne Herz: dies Nichts bildet sich ein, eine nie vorher erreichte Stufe des Menschentums erstiegen zu haben.»[64] In seinen politischen Vorstellungen hat Weber schließlich darauf gesetzt, dass die rational-bürokratische Herrschaft, die zwingend mit der modernen Gesellschaft verbunden sei, durch Elemente charismatischer Herrschaft komplementiert werde, und in diesem Sinn hat er auch seine Vorschläge für eine verfassungsmäßige Neugestaltung des Deutschen Reichs formuliert.[65]

Die *charismatische Herrschaft* ist die am wenigsten präzisierte und konturierte in Webers Typologie. Der aus der Religionstheorie Rudolph Sohms übernommene Begriff des Charismas[66] bezeichnet ein personengebundenes Heil bzw. eine mit dem Anführer verknüpfte Heilserwartung der Anhänger. Dieser Anführer kann ein Prophet, aber auch ein Krieger sein, und er stiftet eine emotionale Vergemeinschaftung in der Form von Jünger- bzw. Gefolgschaften. Charismatische Herrschaft wird von Weber als außeralltägliche Herrschaftsform beschrieben, die auf Rechtsdurchbrechung und einer eher wirtschaftsfeindlichen Gesinnung beruht, insofern sich die Jünger aus Spenden und die Gefolgsleute durch Beute alimentieren. Weber, der auch davon spricht, das Charisma sei «die große revolutionäre Macht in traditional gebundenen Epochen»,[67] begreift charismatische Herrschaft, die nie von langer Dauer ist, als das Gegenstück sowohl zu rational-bürokratischer als auch zu traditionaler Herrschaft. «Beide sind spezifische *Alltags*-Formen der Herrschaft, – die genuin charismatische ist spezifisch das Gegenteil. Die bureaukratische Herrschaft ist spezifisch rational im Sinne der Bindung an diskursiv analysierbare Regeln, die charismatische spezifisch irrational im Sinne der Regelfremdheit. Die traditionale Herrschaft ist gebunden an die Präzedenzien der Vergangenheit und insoweit ebenfalls regelhaft orientiert, die charismatische stürzt (innerhalb ihres Bereichs) die Vergangenheit um und ist in diesem Sinne spezifisch revolutionär. Sie kennt keine Appropriation der Herrengewalt nach Art eines Güterbesitzes, weder an den Herrn noch an ständische Gewalten. Sondern legitim ist sie nur soweit und solange, als das persönliche Charisma kraft Bewährung ‹gilt›, das heißt: Anerkennung findet [...].»[68]

Relativ gut anwendbar ist dieser Herrschaftstyp auf die Zeit der Völkerwanderung, als sich um charismatische Anführer Gefolgschaften versammelten, die zu Eroberungszügen zwecks Landnahme aufbrachen und dabei durch den Glauben an das «Heil» des Anführers zusammengehalten wurden.[69] Sehr viel schwieriger ist die – freilich sehr verbreitete – Übertragung des Charismabegriffs auf Führerfiguren und Politiker der neueren und neuesten Geschichte, etwa auf Mussolini und Hitler, aber auch auf demokratische Politiker, bei denen Charisma nur als *ein Element* innerhalb rational-bürokratischer Herrschaft begriffen werden kann.[70] Charisma ist hier in der Regel eine Sammelbezeichnung für alles, was den alltäglichen Routinebetrieb übersteigt und nicht durch «die Mühen der Ebene» (Brecht) kontaminiert wird. In diesem Sinne verbindet sich charismatische Herrschaft häufig mit autoritärer Machtausübung, aber auch Demokratien können aus dem Auftritt charismatischer Politiker neue Kraft beziehen. Charismatische Politiker sind Mobilisatoren eines politischen Engagements, das sonst in der Routine des Politikbetriebs versiegt. Insofern hat Weber ein Grundproblem rational-bürokratischer Herrschaft erkannt; was er jedoch zu gering veranschlagt hat, sind die unbeherrschbaren Risiken charismatischer Herrschaft, die sich mit dem Aufstieg Mussolinis, Hitlers und anderer schon bald nach Webers Tod gezeigt haben.

## Die Wiederkehr patrimonialer Herrschaftsformen

Neben den drei Idealtypen der Herrschaft finden sich in Max Webers Herrschaftssoziologie ausführliche Überlegungen zu patriarchaler und patrimonialer Herrschaft,[71] die vorwiegend für Historiker und Ethnologen von Interesse wären, wenn sich nicht in der jüngeren Politikwissenschaft zur Analyse von Staatlichkeit in Teilen Afrikas und Asiens Begriffe wie «neopatriarchale Herrschaft» oder «neopatrimonialer Staat» herausgebildet hätten. Der neopatrimoniale Staat beruht Weber zufolge auf einer Form von Herrschaft, die den teilweisen Zerfall der bindenden Traditionen überdauert oder sich danach unter Rückgriff auf Traditionen neu formiert hat, die charismatische Elemente aufweist, ohne sich auf die fragilen Wirtschafts- und Organisationsformen charismatischer Herrschaft stützen zu müssen und die gleichzeitig weit von jeder Form rational-bürokratischer Herrschaft entfernt ist. Weber selbst hat von einer patrimonial-bürokratischen Herrschaft gesprochen, die sich von der rational-bürokratischen Herrschaft dadurch unterscheidet, dass die Erfüllungsstäbe in ihr nicht sachlichen Imperativen, sondern personalen Verpflichtungen unterliegen.[72] Die ökonomische Grundlage neopatrimonialer Herrschaft ist in der Regel die Verfügung über ein Renteneinkommen, das aus der Ausbeutung von Bodenschätzen resultiert: Neopatrimoniale Herrschaft ist darum vor allem in Rentierstaaten zu beobachten, wie umgekehrt Rentierstaaten[73] eine starke Tendenz zur Entwicklung neopatrimonialer Herrschaftsformen aufweisen.

Ein Schlüssel zur Analyse von Rentierstaaten und Neopatrimonialismus ist der Begriff der Rente, mit dem arbeitsloses Einkommen bezeichnet wird. Im Fall der Kapitalisierung von Bodenschätzen geht es um eine Form der Grundrente, also jenes Einkommen, das aus der Verfügung über Grund und Boden und der Einräumung von Rechten zu dessen Nutzung erwächst. Staaten, die sich über solche Renten finanzieren, können ganz oder weitgehend auf die Abschöpfung des Mehrprodukts der Arbeit verzichten, d. h. sie ziehen keine oder nur geringfügige Steuern ein. Steuern aber sind der Modus von Staatsfinanzierung, durch den sich die Besteuerten als «Miteigentümer» des Staates erfahren und dementsprechend Ansprüche auf politische Teilhabe, zumindest auf Mitbestimmung in Etatfragen, geltend machen. Es war der europäische Steuerstaat, in dessen Rahmen sich die Bürger eine immer weiterreichende politische Partizipation erkämpft haben. Die entscheidenden Schritte dabei haben sie gemacht, wenn der Staat kurz vor dem Bankrott stand und bei den Bürgern um die Bewilligung höherer Steuerabgaben nachsuchen musste (→ Kap. *Rebellion und Revolution*). Häufig ist die Bewilligung neuer Steuern von Seiten der Herrschenden mit dem Zugeständnis zusätzlicher oder weitergehender Partizipationsrechte «erkauft» worden. Das ist in Rentierstaaten infolge der weitgehenden Unabhängigkeit der Staatsfinanzen vom Steueraufkommen nicht der Fall, weswegen sich hier autoritär-neopatrimoniale Regime etablieren können. Politische Umbrüche enden in Rentierstaaten zumeist nicht in größerer politischer Partizipation, sondern im Austausch derer, die über das Renteneinkommen verfügen und auf dieser Grundlage eine neue Etappe neopatrimonialer Herrschaft einleiten. Der Herrscher an der Spitze eines neopatrimonialen Staates nimmt die Rolle des Vaters ein, der für «seine Kinder» sorgt. Rentierstaaten sind in der Regel demokratisierungsresistent, weswegen inzwischen die Begriffsfamilie der Neopatrimonialität den Widerpart zur Begriffsfamilie der Demokratie bildet.

Neopatrimonialismus ist also eine Form der Herrschaft, in der sich eine politische Form, die im Zuge der Modernisierung eigentlich verschwunden war, erneuert hat und eine bemerkenswerte Resistenz gegenüber von außen wie innen kommendem Veränderungsdruck aufweist.[74] Dabei kann die moderne Theorie durchaus an Max Webers Überlegungen zu patriarchaler und patrimonialer Herrschaft anknüpfen: Patriarchale Herrschaft wird nach Weber «schrankenlos und nach freiem Belieben, vor allem: regellos» ausgeübt.[75] Die Folgebereitschaft der Herrschaftsunterworfenen ist keine Folge von unpersönlichen Normorientierungen, sondern erwächst aus einer «streng persönlichen Pietätsbeziehung», deren «Keim in der Autorität eines Hausherrn innerhalb einer häuslichen Gemeinschaft» liegt.[76] Im Anschluss an die griechische Bezeichnung des Hausvaters als *oikodespotes* kann diese Form der Herrschaft auch als despotisch bezeichnet werden. Sie kennt jedenfalls keine Unterscheidung zwischen Haus und Staat, privat und öffentlich, sondern negiert, sobald sie politisch wird, diese Differenzierung. Neopatrimoniale Herrschaft ist darum auch als Privatisierung des Staates zu begreifen. Für Weber ist patrimoniale Herrschaft eine Abzweigung von patriarchaler Herrschaft, insofern sie sich nicht mehr innerhalb der geschlossenen Hausgemeinschaft, sondern im Verband selbständiger Häuser mit Bezug auf ein zentrales Haus entwickelt; ausschlaggebend ist, dass die Beziehungen der Häuser untereinander nicht formalisiert oder verrechtlicht werden, sondern weiterhin auf Pietäts- und Treueverhältnissen beruhen.[77] Weber hat damit die Herrschaftsverhältnisse im antiken Ägypten, im alten China und in der arabischen Welt des Mittelalters beschrieben. Der Begriff des Neopatrimonialismus bezeichnet Konstellationen, in denen sich analoge Herrschaftsstrukturen entwickelt haben, auch wenn die offizielle Verfassung des betreffenden Landes dieses als Demokratie bzw. Republik bezeichnet. In der Begrifflichkeit des Neopatrimonialismus werden die tatsächlichen Machtverhältnisse gegen eine als bloße Fassade dienende Verfassungsbegrifflichkeit geltend gemacht.

1 Das bekannteste und wichtigste Buch zur Unterscheidung von Macht und Gewalt ist nach wie vor Hannah Arendt, *Macht und Gewalt*, München 1970. Die Beschäftigung mit Gewalt ist eher ein Thema der Soziologie als der Politikwissenschaft, nicht nur in empirischer, sondern auch in theoretischer Hinsicht; vgl. hierzu Trutz von Trotha (Hg.), *Soziologie der Gewalt*, Opladen/Wiesbaden 1997 (= Sonderheft Nr. 37 der *Kölner Zeitschrift für Soziologie und Sozialpsychologie*); Michel Wievorka, *Die Gewalt*, Hamburg 2006, und Wolfgang Sofsky, *Traktat über die Gewalt*, Frankfurt am Main 1996. Aus philosophisch-literaturanalytischer Sicht vgl. Mihran Dabag/Antje Kapust/Bernhard Waldenfels (Hgg.), *Gewalt. Strukturen, Formen, Repräsentationen*, München 2000. Zu gesellschaftlichen Formen und Strategien der Gewalthegung jenseits politischer Ordnung vgl. Rolf Peter Sieferle/Helga Breuninger (Hgg.), *Kulturen der Gewalt. Ritualisierungen und Symbolisierungen von Gewalt in der Geschichte*, Frankfurt/New York 1988; die These von im Verlauf der Geschichte kontinuierlich abnehmender Gewalt vertritt Steven Pinker, *Gewalt. Eine neue Geschichte der Menschheit*, Frankfurt am Main 2011.

2 Als Einführung vgl. Karola Zibelius-Chen, «Das Alte Ägypten», in: Fetscher/Münkler (Hgg.), *Pipers Handbuch der Politischen Ideen*, Bd. 1, München 1988, S. 113–134.

3 Zum Überblick Siegfried Herrmann, «Israel», in: ebd., S. 169–188.

4 Für eine Geschichte des Verfassungsdenkens aus der Perspektive der politischen Ideengeschichte vgl. Georg Zenkert, *Die Konstitution der Macht. Kompetenz, Ordnung und Integration in der politischen Verfassung*, Tübingen 2004; aus rechtsgeschichtlicher Perspektive vgl. Dieter Grimm, *Die Zukunft der Verfassung*, Frankfurt am Main 1991, S. 101–155, sowie Hasso Hofmann, *Politik-Recht-Verfassung. Studien zur Geschichte der politischen Philosophie*, Frankfurt am Main 1986.

5 Dazu Klaus von Beyme, *Liberalismus. Theorien des Liberalismus und Radikalismus im Zeitalter der Ideologie 1789–1945*, Wiesbaden 2013, insbes. S. 127ff.

6 Hierzu vor allem Peter Blickle, *Landgemeinde und Stadtgemeinde in Mitteleuropa. Ein struktureller Vergleich*, München 1991, sowie ders., *Kommunalismus. Skizzen einer gesellschaftlichen Organisationsform*, Oldenburg 2000.
7 Für einen knappen Überblick vgl. Dietmar Willoweit, *Reich und Staat. Eine kleine deutsche Verfassungsgeschichte*, München 2013 (dort auch weiterführende Literatur).
8 Aurelius Augustinus, *Vom Gottesstaat*, aus dem Latein. von Wilhelm Thimme, München 1977, Bd. 2, S. 218 ff. (Buch XV, Kap. 5).
9 Zu Luthers politischem Denken vgl. Herfried Münkler, «Politisches Denken in der Zeit der Reformation»; in: Fetscher/Münkler (Hgg.), *Pipers Handbuch der politischen Ideen*, Bd. 2, München 1993, S. 623–648.
10 Karl Löwith, *Weltgeschichte und Heilsgeschehen. Die theologischen Voraussetzungen der Geschichtsphilosophie*, Stuttgart u. a. [6]1973.
11 Augustinus, *Vom Gottesstaat*, Bd. 1, S. 173 (IV, 4).
12 Vgl. Theodor Eschenburg, *Über Autorität*, Frankfurt am Main 1965, sowie Heinrich Popitz, *Phänomene der Macht*, Tübingen 1986, S. 7–36. Auf die Bedeutung des Vergessens bei der Entstehung politischer Verbände hat als Erster Ernest Renan hingewiesen: Vergessen und Irrtümer erst machten eine Nation möglich; Ernest Renan, *Was ist eine Nation? Und andere politische Schriften*, Wien u. Bozen 1995, S. 45.
13 Dazu Jürgen Gebhardt/Herfried Münkler (Hgg.), *Bürgerschaft und Herrschaft. Zum Verhältnis von Macht und Demokratie im antiken und neuzeitlichen politischen Denken*, Baden-Baden 1993.
14 Grundlegend Hannah Arendt, *Macht und Gewalt*, München 1970.
15 Herodot, *Die Bücher der Geschichte* (Historien), dt. von Walter Sontheimer, Stuttgart 1980, Bd. 1, S. 103–106 (III, 80–83).
16 Aristoteles, *Der Staat der Athener*, dt. von Peter Dams, Stuttgart 1976.
17 Thukydides, *Geschichte des Peloponnesischen Krieges*, dt. von Georg Peter Landmann, München 1973, S. 139–144 (II, 36–42).
18 Platon, *Der Staat*, dt. von Rudolf Rufener, Zürich und München 1973, S. 398–439 (Buch VIII); vgl. hierzu Dorothea Frede, «Die ungerechten Verfassungen und die ihnen entsprechenden Menschen», in: *Platon, Politeia*, hrsg. von Otfried Höffe (= Klassiker auslegen, Bd. 7), Berlin 1997, S. 251–270.
19 Aristoteles, *Politik*, dt. von Olof Gigon, München 1973, S. 112–116 (III, 6–8); vgl. dazu Richard Mulgan, «Constitutions and Purpose of the State», in: *Aristoteles, Politik*, hrsg. von Otfried Höffe (= Klassiker auslegen, Bd. 23), Berlin 2001, S. 93–106.
20 Aristoteles, *Politik*, S. 202–217 (VI, 1–8); vgl. Rolf Geiger, «Die Einrichtung von Demokratien und Oligarchien», in: *Aristoteles, Politik*, S. 151–167.
21 Dazu Herfried Münkler/Harald Bluhm (Hgg.), *Gemeinwohl und Gemeinsinn. Historische Semantiken politischer Leitbegriffe*, Berlin 2001.
22 Vgl. Herfried Münkler, *Mitte und Maß. Der Kampf um die richtige Ordnung*, Berlin 2010, S. 75 ff.
23 Die Theorie des Verfassungskreislaufs findet sich im VI. Buch von Polybios' *Geschichte*, 2 Bde., dt. von Hans Drexler, Zürich und Stuttgart 1963;

dazu allgemein Heinrich Ryffel, *Metabolè politeíon. Der Wandel der Staatsverfassungen*, Bern 1949, S. 198 ff.

24 Dazu Kurt Griewank, *Der neuzeitliche Revolutionsbegriff. Entstehung und Entwicklung* (1954), Frankfurt am Main 1972, passim, sowie Hans Wassmund, *Revolutionstheorien*, München 1976, S. 24 f.

25 Niccolò Machiavelli, *Geschichte von Florenz*, Vorreden zu den Büchern III und V, hrsg. von Kurt Kluxen, Zürich 1986, S. 156 f. und S. 285 f., ebenso *Discorsi* I, 2, hrsg. von Rudolf Zorn, Stuttgart 2007, S. 10 ff.; vgl. Herfried Münkler, *Machiavelli*, Frankfurt am Main 1984, S. 369 ff.

26 Thomas Hobbes, *Behemoth oder Das Lange Parlament*, hrsg. von Herfried Münkler, Frankfurt am Main 1991, S. 201.

27 Zu den antiken Konzeptionen der Mischverfassung vgl. G. J. D. Aalders, *Die Theorie der gemischten Verfassung im Altertum*, Amsterdam 1968, sowie Kurt von Fritz, *The Theory of the Mixed Constitution in Antiquity. A Critical Analysis of Polybius' Political Ideas*, New York 1955; zur Mischverfassungstheorie und ihren Varianten allgemein Wilfried Nippel, *Mischverfassungstheorie und Verfassungsrealität in Antike und Neuzeit*, Stuttgart 1980, sowie Alois Riklin, *Machtteilung. Geschichte der Mischverfassung*, Darmstadt 2006.

28 Montesquieus Konzeption der Mischverfassung findet sich in Buch XI, Kap. 6 seines Werks *Vom Geist der Gesetze*, hrsg. von Ernst Forsthoff, Tübingen [2]1992, Bd. 1, S. 214–229; dazu Effi Böhlke, *«Esprit de nation». Montesquieus politische Philosophie*, Baden-Baden 1999, S. 219–244.

29 Cicero, *De re publica*, dt. von Karl Atzert, München o. J., S. 31 ff.; eine sorgfältige Darstellung von Ciceros politischem Denken findet sich bei Henning Ottmann, *Geschichte des politischen Denkens*, Bd. II/1, Stuttgart 2002, S. 77–129.

30 Tatsächlich war die Verfassung der römischen Republik sehr viel stärker durch die Prinzipien der Annuität, Kollegialität und Kontinuität geprägt; Annuität hieß, dass die Amtsdauer auf ein Jahr begrenzt war; Kollegialität sah vor, dass es zumindest zwei Amtsinhaber gab, und Kontinuität wurde durch die Sammlung von Erfahrung in Gestalt altgedienter Politiker im Senat sichergestellt; dazu Eckart Olshausen, «Das politische Denken der Römer zur Zeit der Republik», in: Fetscher/Münkler (Hgg.), *Pipers Handbuch der politischen Ideen*, Bd. 1, München 1988, S. 488 ff.

31 Dazu Münkler, *Mitte und Maß*, S. 98.

32 Vgl. Helmut Quaritsch, *Souveränität. Entstehung und Entwicklung des Begriffs in Frankreich und Deutschland vom 13. Jh. bis 1806*, Berlin 1986, S. 20 ff.

33 Jean Bodin, *Sechs Bücher über den Staat*, hrsg. von P. C. Mayer-Tasch, München 1981, Bd. 1, S. 205 ff. (I, 8); vgl. Quaritsch, *Souveränität*, S. 46 ff.

34 In England hatte sich die Mischverfassung unter dem Oberbegriff der «Ancient Constitution» entwickelt und durchgesetzt (vgl. Raimund Ottow, *Ancient Constitution*, Baden-Baden 2011) und war auch von einigen politischen Publizisten als Lösung für den Bürgerkrieg ins Spiel gebracht worden. Hobbes hat diesen Vorschlägen eine entschiedene Absage erteilt; vgl. Herfried Münkler, *Thomas Hobbes*, Frankfurt am Main [2]2001, S. 51–56 sowie S. 122 ff.

35 Zu den Kontroversen der Reichspublizistik über die Frage der Souveränität vgl. Michael Stolleis (Hg.), *Staatsdenker im 17. und 18. Jahrhundert*, Frankfurt am Main 1977. Die Bezeichnung des Reichs als «Monstrum» findet sich in Pufendorfs Schrift *Die Verfassung des Deutschen Reiches* (1667), hrsg. von Horst Denzer, Stuttgart 1976, S. 106 (6. Kap., § 9).
36 Während Nippel, *Mischverfassungstheorie*, die Unterschiede herausstellt, betont Riklin, *Machtteilung*, die Verbindungen und Gemeinsamkeiten.
37 So etwa Henning Ottmann, *Geschichte des politischen Denkens*, Bd. 3/1, Stuttgart u. Weimar 2006, S. 361 f. und 448 ff.
38 Vgl. als Überblick nach wie vor Heinrich Oberreuter, «Gewaltenteilung – Theorie und Praxis», in: J. Weber (Hg.), *Perspektiven des politischen Systems der Bundesrepublik Deutschland*, München 1978, S. 93–109.
39 John Locke, *Zwei Abhandlungen über die Regierung*, hrsg. und eingeleitet von Walter Euchner, Frankfurt/Wien 1967, S. 289–315 (Buch II, Kap. 9–14); zu Locke vgl. Walter Euchner, *Naturrecht und Politik bei John Locke*, Frankfurt am Main 1969.
40 Locke, *Zwei Abhandlungen*, S. 290 f., Hervorhebung im Text.
41 Ebd., S. 299, Hervorhebung im Text.
42 Ebd., S. 313, Hervorhebung im Text.
43 Montesquieu, *Vom Geist der Gesetze*, übersetzt und hrsg. von Ernst Forsthoff, 2 Bde., Tübingen 1992.
44 So vor allem Böhlke, *«Esprit de nation»*, S. 219 ff.; weiterhin Panajotis Kondylis, *Montesquieu und der Geist der Gesetze*, Berlin 1996, S. 17 ff.
45 Montesquieu, *Vom Geist der Gesetze*, Bd. 1, S. 216.
46 Ebd., S. 222 f.
47 Ebd., S. 229 f.
48 Alexander Hamilton/James Madison/John Jay, *Die Federalist-Artikel*, hrsg., übersetzt, eingeleitet und kommentiert von Angela Adams und Willi Paul Adams, Paderborn u. a. 1999, S. 291–318; zu den Federalists vgl. Hans Vorländer, *Hegemonialer Liberalismus. Politisches Denken und politische Kultur in den USA 1776–1920*, Frankfurt/New York 1997, S. 74 ff. und 107 ff., sowie James P. Young, «Amerikanisches politisches Denken: Von der Revolution bis zum Bürgerkrieg», in: Fetscher/Münkler (Hgg.), *Pipers Handbuch der politischen Ideen*, Bd. 3, München 1985, S. 626 ff.
49 Hamilton/Madison/Jay, *Die Federalist-Artikel*, S. 300.
50 Ebd., S. 300 f.
51 Ebd., S. 313.
52 Die Darstellung der drei Typen legitimer Herrschaft findet sich in Max Weber, *Wirtschaft und Gesellschaft*, 5., rev. Aufl., besorgt von Johannes Winckelmann, Tübingen 1972, S. 125–148; zu Webers Herrschaftssoziologie vgl. Gregor Fitzi, *Max Webers politisches Denken*, Konstanz 2004, S. 125–173, sowie Hans-Peter Müller, *Max Weber*, Köln/Weimar/Wien 2007, S. 119–156.
53 Otto Hintze, «Staatenbildung und Verfassungsentwicklung»; in: ders., *Staat und Verfassung*, hrsg. von Fritz Hartung, Leipzig 1941, S. 24–41.
54 Dazu Stefan Breuer, *Bürokratie und Charisma. Zur politischen Soziologie Max Webers*, Darmstadt 1994.

55 Vgl. David Frisby, *Fragmente der Moderne. Georg Simmel – Siegfried Kracauer – Walter Benjamin*, Rheda-Wiedenbrück 1989, S. 45–115.

56 Georg Simmel, *Philosophie des Geldes*, hrsg. von David P. Frisby und Klaus Christian Köhnke (= Gesamtausgabe, Bd. 6), Frankfurt am Main 1989, S. 410.

57 Ebd., S. 414; Hervorhebung im Text.

58 Alfred Sohn-Rethel, *Geistige und körperliche Arbeit. Zur Theorie der gesellschaftlichen Synthesis*, Frankfurt am Main 1970; ders., *Warenform und Denkform. Aufsätze*, Frankfurt am Main 1971, sowie Rudolf Wolfgang Müller, *Geld und Geist. Zur Entstehungsgeschichte von Identitätsbewußtsein und Rationalität seit der Antike*, Frankfurt/New York [2]1981.

59 Karl Marx/Friedrich Engels, *Das Kommunistische Manifest*, mit einem Editionsbericht von Thomas Kuczinsky, Trier 1995, S. 5.

60 Ebd.

61 Dazu Hartmut Böhme, *Fetischismus und Kultur. Eine andere Theorie der Moderne*, Reinbek b. Hamburg 2006, S. 307 ff.

62 Vgl. Hartmut Rosa, *Beschleunigung. Die Veränderung der Zeitstruktur in der Moderne*, Frankfurt am Main 2005, S. 89 ff.

63 Georg Simmel, *Der Krieg und die geistigen Entscheidungen*, hrsg. von Gregor Fitzi und Otthein Rammstedt (= Gesamtausgabe, Bd. 16), Frankfurt am Main 1999, S. 7–58.

64 Max Weber, *Gesammelte Aufsätze zur Religionssoziologie*, Bd. 1, Tübingen [9]1988, S. 204; zu Webers Unbehagen an Modernisierung und Rationalisierung vgl. Wilhelm Hennis, *Max Webers Fragestellung. Studien zur Biographie des Werks*, Tübingen 1987, insbes. S. 195 ff., und Karsten Fischer, *«Verwilderte Selbsterhaltung». Zivilisationstheoretische Kulturkritik bei Nietzsche, Freud, Weber und Adorno*, Berlin 1999, S. 74–105; weiterhin Hartmut Lehmann, *Die Entzauberung der Welt. Studien zu Themen von Max Weber*, Göttingen 2009.

65 Dazu Jürgen Kaube, *Max Weber. Ein Leben zwischen den Epochen*, Berlin 2014, S. 392 f., sowie Dirk Kaesler, *Max Weber. Eine Biographie*, München 2014, S. 857 ff.

66 Zur Herkunft und Wirkung des Charismabegriffs bei Weber vgl. Joachim Radkau, *Max Weber. Die Leidenschaft des Denkens*, München und Wien 2005, S. 602 ff.

67 Weber, *Wirtschaft und Gesellschaft*, S. 142.

68 Ebd., S. 141.

69 Vgl. Reinhard Wenskus, *Stammesbildung und Verfassung. Das Werden der frühmittelalterlichen gentes*, Köln und Graz 1961.

70 Vgl. hierzu Wilfried Nippel (Hg.), *Virtuosen der Macht. Herrschaft und Charisma von Perikles bis Mao*, München 2000.

71 Weber, *Wirtschaft und Gesellschaft*, S. 580–624.

72 Ebd., S. 608 ff.

73 Vgl. Claudia Schmid, «Rente und Rentier-Staat. Ein Beitrag zur Theoriegeschichte», in: Andreas Boeckh/Peter Pawelka (Hgg.), *Staat, Markt und Rente in der internationalen Politik*, Opladen 1997, S. 28–50.

74 Dazu Shmuel N. Eisenstadt, *Traditional Patrimonialism and Modern Neopatrimonialism*, Beverly Hills 1973.

75 Weber, *Wirtschaft und Gesellschaft*, S. 580.
76 Ebd.
77 Ebd., S. 583.

**Weiterführende Literatur:**

Anter, Andreas/Stefan Breuer (Hgg.): *Max Webers Staatssoziologie. Positionen und Perspektiven*, Baden-Baden 2007.
Fitzi, Gregor: *Max Webers politisches Denken*, Konstanz 2004.
Richter, Emanuel: *Die Expansion der Herrschaft. Eine demokratietheoretische Studie*, Opladen 1994.
Riklin, Alois: *Machtteilung. Geschichte der Mischverfassung*, Darmstadt 2006.
Zenkert, Georg: *Die Konstitution der Macht. Kompetenz, Ordnung und Integration in der modernen politischen Verfassung*, Tübingen 2004.
Willoweit, Dietmar: *Reich und Staat. Eine kleine deutsche Verfassungsgeschichte*, München 2013.

## Kapitel 4

## SOUVERÄNITÄT UND DIE INFRASTRUKTUR DER MACHT

In der Abhöraffäre des US-Geheimdienstes NSA mitsamt der ihm verbündeten «Augen und Ohren» kam der zuvor von vielen bereits für überholt erklärte Begriff der Souveränität zu neuen Ehren. Selbst die deutsche Bundesregierung, die in ihren öffentlichen Erklärungen sonst eigentlich keinen Gebrauch vom Souveränitätsbegriff macht, ließ verbreiten, es sei nicht akzeptabel, dass befreundete Mächte auf dem Gebiet eines souveränen Staates die dort zirkulierenden Daten abschöpften. Das Problem des Protests bestand freilich darin, dass Deutschland die Mittel fehlten, diesen Souveränitätsanspruch auch durchzusetzen. So blieb es bei der bloßen Aufrufung von Souveränität. Dennoch ist Souveränität nicht obsolet, wenn man akzeptiert, dass im Politikbetrieb gelegentlich das Geltendmachen von Erwartungen und Ansprüchen genügt, um Effekte zu erzielen, und es nicht immer des Verweises auf Tatsächliches bedarf. Umgekehrt lässt sich alles, was mit «Guantánamo» verbunden ist, als ein Versuch der US-Regierung begreifen, ihre Oberhoheit auch gegen internationale Abkommen und Verträge zur Geltung zu bringen. Die politische Wirkung des Souveränitätsbegriffs ist also ambivalent: Er wendet sich einerseits gegen die Einmischung von Mächten, die sich als Oberherrn ansehen und hat insofern eine antiimperialistische Stoßrichtung, und andererseits ist er ein Schutz für Regierungen, die mit teilweise kriminellen Methoden gegen ihre Bürger vorgehen.

Das bundesdeutsche Souveränitätspostulat in der NSA-Affäre steht in einem unübersehbaren Spannungsverhältnis zur Abtretung von immer mehr Befugnissen an die Europäische Union, ohne dass diese Entwicklung in der politischen Öffentlichkeit eine größere Aufmerksamkeit gefunden hätte – bis das Bundesverfassungsgericht in seinem Lissabon-Urteil zur Überraschung Vieler auf den Souveränitätsbegriff rekurrierte und erklärte, bei der Abtretung substanzieller Zuständigkeiten an «Brüssel» müsse in einer Volksabstimmung darüber entschieden werden. Die bloße

Idee der Volkssouveränität, die mit der Unterscheidung zwischen der verfassungsgebenden und der verfassten Gewalt derart gezähmt worden war, dass sie im laufenden Politikbetrieb keine Rolle mehr spielte, bekam damit schlagartig wieder politische Relevanz: Es ist nämlich klar, dass bei einer Volksabstimmung in Deutschland keine Mehrheit für einen weiteren Kompetenztransfer nach Brüssel zustandekäme, und vermutlich auch nicht in einem anderen EU-Mitgliedsstaat. Das spricht dafür, dass der Begriff als bloßes Postulat politisch nach wie vor relevant ist: Seine Aufrufung genügt, um die politische Landschaft zu verändern und tief in die Agenda der Politik einzugreifen. Allein das rechtfertigt eine ausführliche Beschäftigung mit dem Begriff, und dazu gehört auch ein genauerer Blick auf die Ressourcen, über die ein politischer Akteur verfügen muss, wenn er seine Souveränität nach innen wie nach außen geltend machen will. Dabei geht es keineswegs bloß um materielle Ressourcen, sondern auch um die mentale Disposition des Erfüllungsstabs, also das Pflichtbewusstsein und die Korruptionsresistenz der «Staatsdiener»: Nur wenn sie «souverän» mit den an sie herangetragenen Anliegen umgehen, kann ein Staat souverän agieren. Hier zeigt sich der subjektive Souveränitätsbegriff, der, neben dem Rekurs auf die materiellen Ressourcen eines Akteurs, eine weitere Komponente von Souveränität darstellt.

## Komponenten und Dimensionen des Souveränitätsbegriffs

Die Vorstellung von Souveränität setzt sich aus (mindestens) zwei Komponenten zusammen, die in deren Begriffs- wie Realgeschichte eng miteinander verbunden sind: die Inanspruchnahme rechtlicher Kompetenzen sowie deren Bündelung zum Anspruch auf die Kompetenzkompetenz im Sinne eines Rechts auf Zuweisung und Entzug von Zuständigkeiten und sodann die Verfügung über die materiellen und physischen Fähigkeiten, die erforderlich sind, um diese rechtlichen Kompetenzen tatsächlich wahrzunehmen und den mit ihnen verbundenen Anforderungen zu genügen. Das heißt freilich nicht, dass beide Komponenten in der politischen Realität immer miteinander verbunden wären. Der Begriff der Souveränität mit seiner Doppelanforderung von Zuständigkeit und Fähigkeit, Kompetenz und

Ressource hat seit seinem Auftauchen eine imperative Dynamik zur Bündelung sowohl der Befugnisse als auch der Mittel freigesetzt, die die politische Landschaft von Grund auf umgestaltet hat, aber genauso hat er die Aufmerksamkeit dafür geschärft, dass immer wieder Ansprüche geltend gemacht werden, denen zu genügen die Macht fehlt. Souveränität ist also auch ein kritischer Begriff, insofern er den Blick auf Mängel und Defizite der Handlungsfähigkeit lenkt.

Für die aktuelle Debatte von Souveränität ist nicht ohne Bedeutung, dass Rechts- und Politikwissenschaft, in deren akademischen Zuständigkeitsbereich der Begriff fällt, mit seiner Doppelstruktur aus postulatorischen und konstativen Elementen unterschiedlich umgehen: Während Juristen sich vor allem mit der Abtretung und Diffusion von Kompetenzen beschäftigen und deren Folgen für die Ordnung des Politischen diskutieren, interessieren sich Politikwissenschaftler vor allem für die Erosion von Fähigkeiten, in deren Folge der Souveränitätsanspruch zum Abwehrrecht ohne eigene Gestaltungsfähigkeit oder zur bloßen Fassade geworden ist.[1] Um das zu konkretisieren: Wir beobachten inzwischen eine Fülle von Staaten, die Souveränität für sich beanspruchen, denen aber die Ressourcen und Fähigkeiten fehlen, diese auch geltend zu machen und durchzusetzen: gegen multinationale Konzerne oder Währungsspekulanten, gegen Rebellenorganisationen und Bürgerkriegsparteien, zumal solche mit transnationalen Verflechtungen, schließlich gegen internationale Organisationen, wie den Weltwährungsfonds oder die Weltbank, die Kredite nur unter Auflagen vergeben, die der Staat zu akzeptieren hat. Ist der Souveränitätsanspruch dieser Staaten damit obsolet geworden? Oder handelt es sich dabei um einen unverzichtbaren Anspruch, der gerade durch seine kontrafaktische Behauptung eine politische Ordnung aufrechterhält? Die normative Kraft des Faktischen ringt mit der kontrafaktischen Macht des Normativen. Die einen sprechen von den neuen Konstellationen des Postsouveränen, während andere davon ausgehen, dass die im Begriff der Souveränität geltend gemachten Ansprüche nach wie vor das normative Raster der politischen Ordnung darstellen.[2] Die historisch gewachsene Koppelung von Souveränität, Nation und Staat macht es schwierig, die einzelnen Komponenten unabhängig voneinander zu denken und auf ihre aktuelle Verfasstheit zu prüfen.

Eine der Reaktionen auf die schwindende Fähigkeit von Staaten zur Lenkung ihrer Wirtschaft, Kontrolle ihrer Währung und Gewährleistung ihrer äußeren Sicherheit besteht darin, Souveränitätsansprüche auf internationale Organisationen oder supranationale Institutionen zu übertragen, um im Verbund mit anderen Staaten die verlorene Handlungsfähigkeit zurückzugewinnen. Diese Entwicklung darf aber nicht als ein zur Entstehung von Staatensouveränität analoger Prozess auf höherer Ebene missverstanden werden; vielmehr werden hierbei Kompetenzen der Souveränität abgegeben, ohne dass sich an höherer Stelle eine neue Souveränität bilden kann, da wesentliche Elemente von Souveränität auf der staatlichen Ebene verbleiben. Allenfalls kann man von einer geteilten Souveränität sprechen, aber dabei handelt es sich eigentlich um ein Oxymoron (scharfsinniger Unsinn), insofern Souveränität ja durch die Zusammenfassung aller Herrschaftsbefugnisse und die Unteilbarkeit ihrer Kompetenzen definiert ist und der Souverän dementsprechend keinen Höheren über sich anerkennt. Die Europäische Union, die regelmäßig als Beispiel dafür herangezogen wird, wie staatliche Souveränität durch die Bündelung einiger zur Souveränität gehörenden Kompetenzen an höherer Stelle zu retten versucht wird, um im Verbund mit anderen das Gleichgewicht von Kompetenz und Fähigkeit wieder herzustellen, lässt sich nur schwer innerhalb der Vorgaben des Souveränitätsbegriffs beschreiben.[3] Andererseits ist vielfach darauf hingewiesen worden, dass es sich seit Aufkommen des Begriffs der Souveränität um kein identisches Konzept handelt, sondern die Vorstellung von Souveränität sich mit veränderten Konstellationen und neuen Herausforderungen immer wieder gewandelt hat.[4] Gerade der Blick in die Geschichte des Souveränitätsbegriffs[5] schafft Raum für Neu- und Umdefinitionen und zeigt, dass es sich um keinen unveränderlichen staatsrechtlichen Begriff handelt.

Eine weitere Dimension des Souveränitätsbegriffs ist die Unterscheidung zwischen innen und außen, wobei festzuhalten ist, dass diese Unterscheidung schon bei der Durchsetzung des Souveränitätsbegriffs eine Rolle gespielt hat.[6] Der Kampf um die Anerkennung eines politischen Akteurs als souverän war von seinen Anfängen bis ins 20. Jahrhundert immer beides zugleich: Durchsetzung der Letztinstanzlichkeit von Entscheidungen des Souveräns im Innern und

Ringen um die Anerkennung durch als gleich definierte Politikakteure. Beides ging miteinander Hand in Hand: Die Hierarchie der politischen Ordnung des Mittelalters, die Herrschaftsrechte und Hoheitsbefugnisse kannte, diesen unterhalb von Kaiser und Papst aber keine Letztinstanzlichkeit und Inappellabilität zubilligte, wurde in der Frühen Neuzeit aufgelöst und durch eine Reihe von politischen Akteuren ersetzt, die keinen Anderen über sich, sondern nur Gleiche neben sich anerkannten (→ Kap. *Imperium und Staatensystem*). Dieser Anspruch musste gegen die herkömmliche Ordnung nach unten und oben und im Sinn der neuen Ordnung nach innen und außen durchgesetzt werden, und nur wo beides gelang, konnte man von einem souveränen Staat sprechen. Doch diese Einheit von innerer und äußerer Souveränität, auf der die politische Ordnung in Europa vom 16./17. bis ins 20. Jahrhundert beruhte, hat sich während der letzten Jahrzehnte im Prozess der Globalisierung und infolge militär- wie finanztechnischer Entwicklungen, aber auch mit einer wachsenden Verrechtlichung und Ethisierung der Politik aufgelöst. Die Staaten haben an Souveränität verloren, freilich in unterschiedlichem Maß und Rhythmus, und dadurch hat sich die im 16./17. Jahrhundert durchgesetzte Einheit von innerer und äußerer Souveränität aufgelöst. Eine völkerrechtlich viel beachtete Entwicklung ist das Aufkommen der menschenrechtlichen Schutzverantwortung internationaler Institutionen (*responsibility to protect, r2p*), in deren Folge das mit dem Souveränitätskonzept verbundene Verbot der Einmischung in die «inneren Angelegenheiten» eines anderen Staates relativiert worden ist.

## Die Entstehung des Souveränitätskonzepts in den Bürgerkriegen des 16. und 17. Jahrhunderts

Die Idee einer höchsten Machtinstanz (*suprema potestas*) und der Zusammenfassung aller Herrschaftsbefugnisse (*plenitudo potestatis*) reicht bis weit ins Hochmittelalter zurück und ist dabei aus der Wiederaufnahme von Formeln des römischen Rechts gespeist worden. Sowohl die Kurie als auch die staufischen Kaiser haben derlei für sich in Anspruch genommen, aber da sie das in Konkurrenz zueinander taten, dementierten sie dadurch gegenseitig ihren Anspruch auf Oberhoheit. Sie hätten einen Kompromiss finden können, wenn sich der Kaiser auf weltliche Fragen (*temporalia*) und der Papst auf geistliche Angelegenheiten (*spiritualia*) beschränkt hätte, aber die enge Verschränkung von weltlicher und geistlicher Sphäre in der mittelalterlichen Vorstellungswelt ließ eine solche Lösung nicht zu. Also schwächten sie sich gegenseitig und sorgten dafür, dass jeder Konflikt zwischen Kaiser und Papst mit Aufständen oder Schismata in den Herrschaftsbereichen der Gegenseite verbunden war. Als mit dem Zusammenbruch der staufischen Macht nach dem Tod Kaiser Friedrichs II. (1250) das Papsttum freie Bahn zu haben schien, erwuchs diesem in den französischen Königen ein neuer Gegenspieler, an dem Papst Bonifaz VIII., der in der Bulle *Unam sanctam* den Anspruch der Kurie auf Oberhoheit in geistlichen und weltlichen Fragen am weitesten ausgedehnt hatte, schließlich (1302) scheiterte. Was folgte, war das mehr als ein Jahrhundert dauernde avignonesische Exil der Päpste, durch das ihre politischen Spielräume eng begrenzt waren.[7] Der allmählich entstehende französische Staat machte aber auch gegen die Oberhoheitsansprüche des Kaisers Front, etwa wenn der französische König erklären ließ, er sei in seinem Herrschaftsbereich kaisergleich (*rex Franciae in suo regno imperator*).[8]

Während vor Jean Bodin alle diese postulatorischen Formeln relational waren, d.h. sich immer auf einen Anderen bezogen, dem gegenüber sie sich *in einer bestimmten Sache* als gleichberechtigt oder höherstehend reklamierten, kennt der Souveränitätsbegriff, wie er von Jean Bodin und Thomas Hobbes entwickelt worden ist, solche Relationierungen nicht. Nunmehr werden alle Hoheitsrechte und Herrschaftsbefugnisse in einer einzigen Position zusammengefasst, die tendenziell unbegrenzte Handlungsvollmacht hat. So schreibt Bodin: «Da es auf Erden nächst Gott nichts Höheres gibt als die souveränen Fürsten und weil sie von Gott als seine Stellvertreter dazu berufen sind, den übrigen Menschen zu gebieten, muß man sich ihres Ranges bewußt sein, um ihrer Majestät in aller Ergebenheit die ihr gebührende Achtung und Ehrerbietung zu erweisen, und ihnen in Gedanken und Worten jegliche Ehrerbietung entgegenbringen. Wer nämlich seinen souveränen Fürsten schmäht, der schmäht Gott, dessen Ebenbild auf Erden er ist.»[9] Die analoge Formulierung bei Hobbes besteht aus einem Hiob-Satz (Hiob 42, 24), den Hobbes über das Titelbild seines *Leviathan* hat setzen lassen: «Non est potestas super terram quae comparatur ei.» – «Es gibt keine Macht auf Erden, die der seinen gleichkäme.»[10]

Die Herausstellung des Souveräns bei Bodin und Hobbes ist freilich keine immanente Konsequenz der politischen Ideengeschichte, bei der ein zuvor nur dilatorisch gebrauchtes Argument nunmehr präzise durchdacht und zu Ende entwickelt worden wäre, sondern es handelt sich um eine Antwort auf die spezifische Konstellation, mit der sich Bodin wie Hobbes konfrontiert sahen: die der konfessionellen Bürgerkriege[11] in Frankreich und England, in denen die bisherige Rechtsordnung mitsamt ihren diversifizierten Hoheitsrechten und Herrschaftsbefugnissen zur Konfliktverschärfung beitrugen und die theologischen Legitimationen der politischen Ordnung zu Bürgerkriegsideologien wurden.[12] Die Partei der *politiques* mit dem Kanzler Michel de L'Hôpital an der Spitze bereitete die von Bodin und Hobbes ausformulierte Antwort vor, indem sie auf eine weitgehende Privatisierung religiöser Überzeugungen hinarbeitete und die politische Ordnung von Heilserwartungen zu dispensieren suchte.[13] Damit aber fehlte der Transzendenzbezug, der der politischen Ordnung bis dahin Geltung und Stabilität verliehen hatte. An seine Stelle trat kompensatorisch der weltliche Souverän mit seinen unbegrenzten und unteilbaren Machtbefugnissen, der von Bodin und dann von Hobbes in der prägnanten Formel vom «sterblichen Gott» selbst in die Nähe des Göttlichen gerückt wurde.[14] Die Konstruktion der Souveränität bei Bodin und Hobbes ist beides zugleich: eine Antwort auf die unentwirrbaren Konfliktlinien des Bürgerkriegs, die mit der Zuweisung der «absoluten und zeitlich unbegrenzten Gewalt» an den Souverän wie ein gordischer Knoten durchschlagen wird,[15] und der Entwurf einer nichtsakralen Herrschaftsordnung (bei Hobbes stärker als bei Bodin), in deren Folge die Theologen zunehmend aus der Politik herausgedrängt werden und diese den Juristen überantwortet wird. Dafür programmatisch ist die Formel des Alberico Gentili, wonach die Theologie in den ihr fremden Sachgebieten zu schweigen habe: «Silete theologi in munere alieno.»[16] Nicht zuletzt durch die Trennung des Politischen vom Religiösen und die damit ermöglichte allmähliche Zurückdrängung des Religiösen in den Bereich des Privaten unterscheidet sich die europäische Geschichte von der des Vorderen Orients, wo es (mit Ausnahme der Reformen Kemal Atatürks in der Türkei) zu keiner vergleichbaren Entwicklung gekommen ist.

Souveränität ist bei Bodin und Hobbes zunächst die Ablösung der höchsten Entscheidungsgewalt von allen gesetzlichen Bindungen und gewohnheitsrechtlichen Verpflichtungen; der Souverän ist weder an die von seinen Vorgängern erlassenen Gesetze noch an die rechtlichen Bräuche und Traditionen seines Landes gebunden, sondern kann Gesetze nach seinem Belieben erlassen. Die einzige Beschränkung, der er dabei unterliegt, ist die des göttlichen und des natürlichen Rechts – aber deren verbindliche Auslegung liegt bei ihm selbst. Man kann darum auch von einer Entnormativierung der obersten politischen Macht bei Bodin und Hobbes sprechen; diese Entnormativierung, die vor allem die Interpretationsmacht der Theologen betraf, schuf indes den Freiraum für eine seit dem 18. Jahrhundert schrittweise erfolgende Renormativierung der Politik, die nun von Seiten der Juristen und Philosophen vorangetrieben wurde.[17] Wenn man so will, ist das der Kernbestand eines «europäischen politischen Sonderwegs», durch den sich Europa vom Vorderen Orient, vom indischen Kulturkreis und von China unterscheidet. Theorie und Praxis der Souveränität haben als Antwort auf die Normkatastrophe der europäischen Bürger- und Konfessionskriege des 16. und 17. Jahrhunderts den Weg für eine Vorstellung von Menschen- und Bürgerrechten frei gemacht, die an kein religiöses Bekenntnis gebunden und darum generalisierungsfähig sind. Zugleich haben sie durch die weitgehende Zurückdrängung des Religiösen eine Sphäre des Privaten geschaffen, die vor staatlichem Zugriff geschützt und gegen staatlichen Einblick abgeschottet ist, wobei das bei Hobbes deutlicher als bei Bodin zutage tritt.

Bodin hat fünf «Hauptmerkmale der Souveränität» herausgestellt. Das erste besteht darin, «der Gesamtheit und den einzelnen das Gesetz vorschreiben zu können, und zwar […] ohne auf die Zustimmung eines Höheren oder Gleichberechtigten oder gar Niedrigeren angewiesen zu sein».[18] Das zweite Merkmal des Souveräns ist das «Recht Krieg zu erklären und Frieden zu schließen», und zwar im [20]Unterschied zu den zuvor diversifizierten Hoheitsrechten als einziger.[19] Der Souverän ist der Monopolist der Entscheidung über Krieg und Frieden. «Das dritte Kennzeichen besteht in dem Recht zur Ernennung der wichtigsten Beamten.»[20] Bodin ist sich darüber im Klaren, dass der Souverän die ihm obliegenden Aufgaben nicht selbst erledigen kann, sondern dazu eines Erfüllungsstabs bedarf, aber er weiß auch, dass diese Magistrate in der Vergangenheit autonome Befugnisse für sich in Anspruch genommen und schließlich sogar ein Widerstandsrecht gegen die Obrigkeit behauptet haben. Deswegen attestiert er dem Souverän mit dem Recht zur Ernennung auch das zur Absetzung der Beamten, sobald er dies für erforderlich und opportun hält. Souveränität heißt, dass gegen Entlassung und Absetzung kein Widerstand geleistet werden darf. Als viertes Merkmal der Souveränität nennt Bodin schließlich das «Recht der höchstrichterlichen Entscheidungsgewalt»,[21] weist also alle Vorstellungen von Gewaltenteilung oder gar einer dem Machthaber übergeordneten Souveränität des Rechts entschieden zurück. Dies unterstreicht er noch einmal im fünften Merkmal der Souveränität, dem Begnadigungsrecht, also der «Befugnis, Verurteilten in Abweichung vom ergangenen Urteil oder der Strenge des Gesetzes Gnade zu gewähren, sei es, daß ihnen das Leben geschenkt, ihr Eigentum wiedergegeben, ihre Ehre wiederhergestellt oder ein Bannfluch widerrufen wird».[22]

Im Unterschied zu Bodin hat Hobbes Rechte und Machtfülle des Souveräns aus einem Vertrag eines jeden mit jedem hergeleitet (→ Kap. *Kontraktualismus und Narration*). Dazu gehört, dass die Vertragschließenden durch keinen vorherigen Vertrag gebunden sein dürfen, weil dieser sie daran hindern würde, alle ihre Rechte uneingeschränkt auf den nachmaligen Souverän zu übertragen. Was Hobbes daran interessiert, ist die Ausschließung aller religiösen Verpflichtungen, durch die eine uneingeschränkte Machtübertragung blockiert werden könnte. «Und wenn einige Menschen wegen ihres Ungehorsams gegen den Souverän einen neuen, nicht mit Menschen, sondern mit Gott abgeschlossenen Vertrag vorgegeben haben, so ist dies ebenfalls ungerecht, denn es gibt keinen Vertrag mit Gott außer durch Vermittlung irgendeines Menschen, der die Person Gottes vertritt, was aber nur der Statthalter Gottes tut, der die Souveränität unter Gott innehat.»[23] Sodann «kann seitens des Souveräns der Vertrag nicht gebrochen werden»,[24] denn dieser ist selbst nicht Vertragschließender, sondern ein durch den Vertrag begünstigter Dritter. Drittens ist jeder Widerstand gegen den Souverän unrechtmäßig und ungerecht. Viertens kann der Souverän per definitionem keinem Untertanen, der ihn als seinen Repräsentanten eingesetzt hat, Unrecht zufügen, sondern alle seine Handlungen sind als gerecht anzusehen. Das schließt – fünftens – ein, dass der Souverän von den Untertanen für seine Entscheidungen und Handlungen nicht bestraft werden kann. Sechstens entscheidet der Souverän über die Zulässigkeit von Meinungen und Lehren, die öffentlich vorgebracht werden, und siebtens hat er ein unbeschränktes Recht zur Besteuerung der Untertanen; achtens obliegt ihm das Recht der Rechtsprechung, neuntens das der Kriegserklärung und des Friedensschlusses, zehntens das zur Berufung und Entlassung der Minister und Beamten und elftens schließlich das Recht, einen jeden Untertanen nach seinem Belieben mit Reichtum und Ehre zu belohnen.[25]

Souveränität, so lässt sich mit Blick auf deren Vordenker Bodin und Hobbes festhalten, ist ein Ermächtigungsbegriff, dessen wesentliche Funktion in der Suspension aller bestehenden Bindungen und Verpflichtungen sowie der Delegitimation jeglichen Widerstands gegen die Entscheidungen und Handlungen der obersten Gewalt besteht. Das heißt auch, dass der Souverän an keine Gesetze gebunden ist, die er vorfindet, sondern dass er eine unbeschränkte Gesetzgebungskompetenz hat, wie sie in der Formel *legibus absolutus* zum Ausdruck gebracht wird. Daraus ist die Epochenbezeichnung des Absolutismus entstanden, die freilich nicht mehr besagt, als dass der Souverän in seiner Gesetzgebungskompetenz an keinerlei Vorgaben gebunden ist und darin von keiner Instanz kontrolliert werden kann.[26] In diesem Sinn kann es auch einen Parlamentsabsolutismus oder einen Absolutismus von Volksentscheidungen geben, wenn Parlament und Volk nicht an ein übergeordnetes Recht gebunden sind, an dem sie sich zu orientieren haben. Legt man diese Definition von Souveränität zugrunde, so haben die «Väter und Mütter» des Grundgesetzes dem deutschen Volk keine Souveränität im Hinblick auf bestimmte Grundentscheidungen zugebilligt, indem sie die «Ewigkeitsklausel» für die zentralen Grundrechte formuliert haben.

Tatsächlich setzte schon bald ein Kampf um die Begrenzung herrscherlicher Willkür durch die Generalstände und die landständischen Vertretungen ein, die weder eine willkürliche Gesetzgebung noch ein unbegrenztes Besteuerungsrecht zu akzeptieren bereit waren, sondern ein Mitwirkungs- und Mitspracherecht bei den Entscheidungen des Souveräns durchzusetzen versuchten. Die Finanzknappheit des Souveräns war ein ums andere Mal der Hebel, um entsprechende Zusagen des Herrschers zu erlangen, oder Besteuerungsfragen wurden zum Ausgangspunkt von Revolten und Revolutionen – vom Aufstand der Niederlande über die Englische Revolution und den amerikanischen Unabhängigkeitskrieg bis zur Französischen Revolution (→ Kap. *Rebellion und Revolution*). Der notorische Geldbedarf nötigte den Souverän, sich mit einer Beteiligung der Stände bzw. des Parlaments bei der Festsetzung von Steuern einverstanden zu erklären. So setzte etwa der Konstitutionalismus im Deutschland des 19. Jahrhunderts darauf, dass der Herrscher revolutionäre Auseinandersetzungen vermied, indem er sich selbst eine Verfassung mit der entsprechenden Begrenzung seiner Souveränität gab.[27] Seit der Französischen Revolution war zudem ein neues Problem aufgetreten, das aus der Übertragung des Souveränitätsanspruchs vom Monarchen auf das Volk resultierte. Bis dahin war es darum gegangen, einen Einzelnen durch Rechtsformeln und Verträge zu binden. Seitdem mit der Revolution aber das Volk an die Stelle dieses Einzelnen getreten war und dieses unter die Vorgaben des Rechts gebracht werden musste, war dies eine ganz andere, sehr viel größere Herausforderung.

Im Prinzip gab es dafür zwei Lösungen: Die erste bestand darin, dass man das Volk durch die Nation oder den Staat ersetzte, was eine im französischen bzw. im deutschen politischen Denken verbreitete Antwort war,[28] wenn man nicht in Gestalt eines romantischen Konservatismus' die vorrevolutionären Verhältnisse wiederherzustellen versuchte. Wo die Nation an die Stelle des Volkes trat, avancierten politische Intellektuelle zu den authentischen Interpreten des Volkswillens; wo es der Staat war, fiel diese Position eher an die Juristen (→ Kap. *Staat und Nation*). In Deutschland kam noch hinzu, dass nicht klar war, wo der Ort der Staatlichkeit eigentlich lag: bei den Einzelstaaten des Bundes oder beim Reich. Insofern ist in der deutschen Rechtswissenschaft seit dem 19. Jahrhundert in einer besonders komplexen Art und Weise über das Souveränitätsproblem nachgedacht worden.[29] Die Alternative zur Ersetzung des Volkes durch die Nation oder den Staat war die von Emmanuel Joseph Sieyès entwickelte Unterscheidung zwischen der *pouvoir constituante* und der *pouvoir constitué*, durch die dem arbiträren Volkswillen nur in der kurzen Phase der Schaffung einer Verfassung Gestaltungskraft zukam.[30] Die Arbitrarität des Volkswillens war damit auf eine gewisse Zeitspanne begrenzt, und danach trat an die Stelle der Volkssouveränität, die freilich nach wie vor die Legitimitätsgrundlage der Verfassung blieb, die Verfassung selbst. Der Ermächtigungsbegriff der Souveränität war damit in die regulierte Ordnung der Verfassung zurückgeholt.

Die juridische Konstruktion von Souveränität, ihre Anpassung an die sich verändernden Konstellationen und die damit verbundene Ermächtigung oder Regel- und Normbindung des Souveräns waren das eine; die Bereitstellung der Instrumente und die Schaffung von Institutionen, mit denen sich der Superioritätsanspruch des Souveräns durchsetzen ließ, waren das andere. Mit Militär und Bürokratie entstand ein Erfüllungsstab, auf dessen Loyalität sich der Souverän, wer auch immer er war, verlassen können musste und der gleichzeitig die erforderliche Korruptionsresistenz aufzubringen hatte, um den Staat als souveränen Akteur durchzusetzen und im Spiel zu halten.

## Von der Ritterschaft über die Condottieri zum miles perpetuus: das Militär

Seit dem 14. Jahrhundert wurden in Italien die feudale wie die bürgerschaftliche Wehrverfassung durch das Aufkommen der Condottieri und ihrer Söldnerheere abgelöst, die militärische Arbeitsleistung gegen entsprechende Bezahlung anboten. Als Verband professioneller Krieger waren die Söldnerverbände den schlecht ausgebildeten und zumeist unzureichend bewaffneten Bürgeraufgeboten klar überlegen. Infolge ihrer Indienstnahme für einen begrenzten Zeitraum zwecks Erledigung vertraglich umrissener Aufgaben waren sie kostengünstiger und effektiver als Feudalaufgebote, für deren Unterhalt wirtschaftliche Ressourcen des Herrschaftsbereichs dauerhaft abgegeben werden mussten, um die Selbstequipierung der Ritterschaft zu ermöglichen.[31] Vor allem aber stärkte die Ersetzung von Lehnsrittern durch Soldkrieger die Position der Zentralgewalt, die nun zwar die Finanzmittel zur Bezahlung der Söldner aufbringen musste, sich dafür aber nicht mehr gegen die zentrifugalen Tendenzen zu behaupten hatte, die mit der Militärverfassung des Lehnswesens verbunden waren.

Eine wesentliche Voraussetzung für den Aufstieg der Condottieri (von *condotta*: Vertrag) war die Durchsetzung der Geldwirtschaft in Europa, die mit der Wiederentstehung der Städte und der Verdichtung des Handels einherging. Das Geld wurde zum Vermittler von Dienstleistungen, die im feudalen oder genossenschaftlichen System persönlich erbracht wurden: Da waren es der Bürgerverband einer Stadt oder die Gemeinschaft freier Bauern, die sich auf der Grundlage wechselseitiger Verpflichtungen als Wehrverband konstituiert hatten. Daneben stand das feudale Herrschaftsmodell der Dienstverpflichtung und Belehnung: Zur Übernahme von Verwaltungsaufgaben und Rechtspflege wurde der in einem Dienst- und Treueverhältnis zum Herzog oder König Stehende mit einem Lehen (*feudum* oder *beneficium*) im Sinne eines «politischen Betriebsmittels» (Max Weber) ausgestattet. Diese Ausstattung schloss die Verpflichtung zu militärischen Dienstleistungen ein. Das Lehnssystem kannte allenfalls in Ansätzen eine Spezialisierung und Professionalisierung. In der Regel war ein Burgherr Verwaltungschef, Richter und Krieger in einer Person. Das begrenzte Mehrprodukt der agrarischen Gesellschaft ermöglichte bloß eine «dünne» Herrschaftsordnung, d.h. kollektive Güter, wie Sicherheit der Wege, Rechtspflege sowie Schutz gegen räuberische Banden, konnten nur in sehr geringem Maße bereitgestellt werden.

Das ist der Grund dafür, dass sich neben den feudal-herrschaftlichen Strukturen die genossenschaftlichen Ordnungen vielerorts halten konnten;[32] sie spielten beim Selbstschutz gegen marodierende Gewaltakteure wie bei periodisch ausbrechenden Revolten eine Rolle, waren aber kaum geeignet, in einem Krieg dem Stoßangriff der schweren Panzerreiter standzuhalten, wie ihn das feudale Ritteraufgebot praktizierte. Die bäuerlich-genossenschaftliche bzw. bürgerschaftliche Wehrverfassung wurde infolgedessen an die Ränder des politischen Raumes bzw. des militärischen Geschehens verdrängt. Deren Zentrum wurde von gepanzerten Reiterkriegern beherrscht; diese wurden von Knappen und Trabanten begleitet, die zugleich die logistische Voraussetzung dieser aufwändigen Form der Kriegführung sicherstellten. Die Entwicklung der schweren Schlachtenreiterei blieb auf West- und Mitteleuropäer beschränkt; die Ritter hatten große Probleme, wenn sie gegen leichte, mit Pfeil und Bogen kämpfende Reiter aus den asiatischen Steppen kämpfen mussten, und deswegen erlitten sie gegen Sarazenen, Mongolen und Türken eine Reihe schwerer Niederlagen.[33]

Die zunächst in Italien und dann in Nordwesteuropa aufkommende Geldwirtschaft ermöglichte eine stärkere Diversifizierung der Heeresaufgebote, in die zunehmend auch leichte Reiter, Langbogenschützen und mit Spießen ausgerüstete Fußsoldaten einbezogen wurden. Im Unterschied zu den Rittern kämpften diese Krieger für Sold und waren in höherem Maße an einer effektiven und gewinnorientierten Kriegführung interessiert als die auf das Ethos der Ritterlichkeit verpflichteten Feudalen. Diese zunächst im Verband mit dem Lehnsaufgebot der Ritterschaft fechtenden Soldkrieger verselbständigten sich schließlich und boten ihre Dienste als Söldnerkompanien an. Die zahlungskräftigen Bürger der italienischen Stadtkommunen kauften sich von ihrer Verpflichtung zum Wehrdienst frei und nahmen für die Dauer eines Krieges Söldner in Dienst. Das abstrakte Medium des Geldes trat damit an die Stelle der persönlichen Bindungen und Verpflichtungen.[34] Genau dem misstraute Niccolò Machiavelli, der über mehr als ein Jahrzehnt in Florenz das Kriegswesen reorganisiert hatte: Geld reiche nicht aus, um die Soldaten zum Opfer des Lebens zu motivieren; statt dessen befördere es Habgier und Treulosigkeit. Kein Fürst und keine Stadt könnten sich auf Söldner verlassen. Deswegen schlug Machiavelli die Rückkehr zur römisch-republikanischen Milizverfassung vor.[35] Machiavellis Kritik der Condottieri wurde zum Paradigma der Söldnerkritik in der Geschichte des politischen Denkens.

Das Condottieri-System setzte sich jedoch durch, vor allem wegen seiner militärischen Effizienz und der politischen Vorteile für die Durchsetzung einer Zentralgewalt. Die Berufssoldaten der Soldverbände waren dem Bürgeraufgebot der Städte überlegen und hatten obendrein den Vorzug, dass man sie nur solange in Dienst nehmen musste, wie man sie zur Erledigung einer Aufgabe brauchte.[36] Die Florentiner haben mit dem Condottiere John Hawkwood durchweg positive Erfahrungen gemacht, in Mailand stieg Francesco Sforza vom Condottiere zum Herzog auf, und die Venezianer entledigten sich einiger Söldnerführer, die in den Verdacht der Untreue geraten waren, indem sie diese umbrachten. Diese Methode wählte auch Kaiser Ferdinand II. gegenüber dem Kriegsunternehmer Albrecht von Wallenstein, den er unter dem Vorwurf, mit dem Feind zu konspirieren, von einer Gruppe Offizieren ermorden ließ. In Zusammenarbeit mit seinem Bankier Hans de Witte, der den Feldzug in Erwartung von Sieg und Beute vorfinanzierte, hatte Wallenstein für den Kaiser große Heere aufgestellt und ins Feld geführt. So wurde er immer mächtiger, bis man in Wien fürchtete, er werde seine eigene Politik betreiben und sich an die Stelle des Kaisers setzen. Friedrich Schiller hat in seiner Trilogie *Wallenstein* daraus eines der am stärksten von Politik und Politiktheorie geprägten Dramen der deutschen Literatur gemacht.[37]

Seit dem späten 15. Jahrhundert dominierten in den Söldnerheeren nicht mehr die Berittenen, sondern lanzentragende Fußsoldaten, die, zu tief gestaffelten Karrees bzw. Tercios formiert, auch dem Angriff der schweren Reiterei standhalten konnten und deren eigener Sturmangriff unwiderstehlich war.[38] Machiavelli hatte mit der Rückkehr der Fußsoldaten ins Zentrum der Schlacht die politische Hoffnung verbunden, die Wiederherstellung einer Wehrverfassung nach römisch-republikanischem Vorbild sei möglich, und über die erneuerte Wehrhaftigkeit der Bürger werde es zu einer Erneuerung des republikanischen Geistes kommen. Man kann darin einen frühen Vorläufer der allgemeinen Wehrpflicht sehen, die sich in Europa jedoch erst sehr viel später im Gefolge der Französischen Revolution durchsetzte. Die Debatte über die Vorzüge und Nachteile von Miliz- und Berufssoldaten ist im 18. Jahrhundert noch einmal in Schottland geführt worden: zwischen John Millar und Adam Ferguson als Anhängern des Milizsystems auf der einen und dem Moralphilosophen und Wirtschaftstheoretiker Adam Smith als Befürworter von Arbeitsteiligkeit und Professionalität – also einer Berufsarmee – auf der anderen Seite.[39]

Auf dem europäischen Kontinent hat sich das Milizsystem nicht halten können. Für die offensiven Feldzüge und jahrelangen Kriege, die nun im Kampf um die europäische Hegemonie begannen, war die Miliz ungeeignet. Nur in England und Schottland bestand sie bis ins 18. Jahrhundert fort, da man hier aufgrund der Insellage nicht mit den Rüstungsanstrengungen des Nachbarn Schritt halten musste. Die Kriege auf dem Kontinent dagegen boten beste Beschäftigungsfelder für Reisläufer und Landsknechte, die bis zum Ende des Dreißigjährigen Krieges (1648) an nahezu allen Schlachten beteiligt waren. In der Zeit zwischen Kriegen oder Waffenstillständen wurden die Landsknechte jedoch zu einer furchtbaren Plage, wenn sie plündernd und raubend durchs Land zogen. So gingen die Staaten dazu über, die Praxis des Anwerbens freier Soldverbände durch die Aufstellung stehender Heere, des *miles perpetuus,* zu ersetzen, und allmählich traten diese an die Stelle der Söldner.[40]

Die Ablösung der Condottieri, Reisläufer und Landsknechte durch das stehende Heer, das der Staat ständig unterhält und durch das er von den Söldnermärkten Europas unabhängig wurde, ist für die Konsolidierung souveräner Staatlichkeit von herausragender Bedeutung: Im Innern beendete die Stationierung des Militärs in Festungsstädten und Garnisonsstandorten den durch «gartende Landsknechte» verursachten Zustand der Unsicherheit, und nach außen hatte der Staat seine Streitkräfte unter Kontrolle, da er nun nicht mehr auf die Verfügbarkeit von Söldnern angewiesen war. Das System von Angebot und Nachfrage für militärische Dienstleistungen wurde durch ein System staatlicher Dauerbeschäftigung abgelöst, in dessen Folge die Staaten über kurz oder lang zu Monopolisten der Kriegführungsfähigkeit wurden. Souveränität bemaß sich – auch – daran, dass ein Staat diese Kriegführungsfähigkeit besaß. Die Transformation des souveränen Staates am Ende des 20./Anfang des 21. Jahrhunderts zeigt sich u.a. in der Auflösung dieses Monopols der Kriegführungsfähigkeit, das sich bei zerfallenden bzw. zerfallenen Staaten im Auftauchen von Warlords bzw. in den postheroischen Gesellschaften des Nordens im vermehrten Rückgriff auf private militärische Dienstleister (*Private Military Companies*) zeigt.[41]

Das «stehende Heer» ermöglichte ein höheres Ausbildungsniveau der Soldaten, was die Voraussetzung dafür war, dass die für Kanonenbeschuss anfälligen tiefgestaffelten Karrees der Fußsoldaten durch langgezogene Infanterielinien ersetzt werden konnten, die unter regelmäßigem Salvenfeuer gegen den Feind vorrückten. Im Verlaufe dieser Entwicklung wurden auch die Stangenwaffen (Spieße) schrittweise durch Schusswaffen ersetzt. Bei dieser als «militärische Revolution» der Frühen Neuzeit bezeichneten Entwicklung[42] hat die von nassauischen Fürsten in den Niederlanden durchgesetzte oranische Heeresreform eine zentrale Rolle gespielt. Dieser Militärreform, bei der die Rezeption des römischen Stoizismus durch den Späthumanisten Justus Lipsius eine wichtige Rolle spielte,[43] lag ein zweigeteiltes Menschenbild zugrunde: Für die überwiegende Mehrheit der Soldaten galt, dass sie durch Affekte – darunter vor allem Furcht, aber auch Zorn und Wut – gesteuert wurden, deren sie selbst nicht Herr wurden. Deswegen bedurften sie der Disziplinierung von außen. Diese erfolgte u. a. durch die Sequenzialisierung der Bewegungsabläufe, die – nach entsprechendem Drill – durch Kommandos abgerufen werden konnten. Das berühmt-berüchtigte Exerzierreglement des neuzeitlichen Militärs beruhte auf einer philosophischen Anthropologie, in der Furcht die Hauptrolle spielte und sich alles darum drehte, deren Einfluss auf das Gefechtsverhalten zu reduzieren. Das war jedoch nur möglich, wenn es neben der Mehrheit der den Affekten Ausgelieferten eine Gruppe von Soldaten gab, die diese Affekte selbst zu beherrschen vermochten und darum nicht kommandiert werden mussten, sondern selbst kommandierten: die Offiziere. Nicht der Drill war die ihnen gemäße Form der Affektsteuerung, sondern Fechten und Tanzen, in denen sie mit der Rhythmisierung der Bewegungen auch den Umgang mit den Affekten einübten.[44] Die im Militär und seinen Paraden[45] sichtbare Unterscheidung zwischen Selbstdisziplin und Fremddisziplinierung war eine Visualisierung der gesellschaftlichen Zweiteilung in Herrscher, Elite und Offizierskorps auf der einen und die Masse der Kommandierten auf der anderen Seite.

Die Disziplinierung der Soldaten war freilich nicht nur auf den Einsatz in der Schlacht ausgerichtet, sondern sollte auch die Hauptlaster des Soldaten- und Lagerlebens, das «Saufen und Fressen, Huren und Fluchen», unter Kontrolle bringen. Mit eiserner Disziplin sollten die Abenteurer und Tunichtgute, die sich beim Militär bevorzugt einfanden, «zur Raison gebracht werden». Ein aus aufklärerischer Sicht barbarisches und grausames Strafregiment, zu dem auch der heute nur noch sprichwörtliche Spießrutenlauf gehörte, sollte die Ordnung von Befehl und Gehorsam buchstäblich in den Leib der Soldaten einschreiben. Das Militär wurde dadurch zu einer Institution der «Sozialdisziplinierung», die weit über ihre Organisationsgrenzen hinaus Wirkung zeitigte.[46] Der von dem Historiker Gerhard Oestreich geprägte Begriff der Sozialdisziplinierung beschreibt die Effekte, die der neu formierte souveräne Territorialstaat (→ Kap. *Staat und Nation*) auf all diejenigen ausübte, die in einem weiteren Sinn als «Staatsdiener» galten, und dabei spielte die seit dem frühen 16. Jahrhundert verstärkt rezipierte Ethik des Stoizismus eine zentrale Rolle. Es ging um die Formung eines Menschen, der zuverlässig und dienstbereit war, der seinen Aufgaben nachging und sich dabei weder durch Furcht noch Begierden ablenken ließ, kurzum, der sich selbst gegenüber souverän war. Die staats- und völkerrechtliche Vorstellung von Souveränität und die Formung eines souveränen Charakters durch Sozialdisziplinierung sind zwei Seiten derselben Medaille. Während der Soziologe Norbert Elias dies als eine gesellschaftliche Entwicklung der Zivilisierung beschrieben hat, hat der Historiker Oestreich weniger die sozial- und mentalitätsgeschichtlichen Aspekte dieser Entwicklung betont, sondern eher deren Steuerung und Kontrolle durch den Staat herausgestellt, der seinem Dienstpersonal ein stoisches Ethos anerzog.

Die ethisch-sozialdisziplinäre Zweiteilung des Militärs (wie der Gesellschaft als Ganzes) änderte sich grundlegend mit der Französischen Revolution und der von Lazare Carnot betriebenen *levée en masse*, der Mobilisierung aller Franzosen, Männer und Frauen, Kinder und Greise, zur Verteidigung der Republik gegen die Armeen der gegenrevolutionären Interventionsmächte. Die Disziplin wurde von einem nationalen Enthusiasmus überlagert, wie er im Text der *Marseillaise* zum Ausdruck kommt. Von nun an waren sämtliche Männer zwischen dem 18. und dem 40. Lebensjahr potenzielle Soldaten der Nation. Der preußische Militärtheoretiker Carl von Clausewitz hat die Folgen der Revolution beschrieben: «Mit der Teilnahme des Volkes an dem Kriege trat statt eines Kabinetts und eines Heeres das ganze Volk mit seinem natürlichen Gewicht in die Waagschale. Nun hatten die Mittel, welche angewandt, die Anstrengungen, welche aufgeboten werden konnten, keine bestimmte Grenze mehr; die Energie, mit welcher der Krieg selbst geführt werden konnte, hatte kein Gegengewicht mehr, und folglich war die Gefahr für den Gegner die äußerste.»[47] Um diese Gefahr zu vermindern, bedienten sich die vom revolutionären Frankreich angegriffenen Staaten derselben Methoden. So versuchten die preußischen Militärreformer um Scharnhorst und Gneisenau ohne Revolution deren Effekte aufs Militär zu übertragen.[48] Der Umbau des Militärs nach den Vorgaben der allgemeinen Wehrpflicht hatte jedoch seinerseits Folgen für die Staatsverfassung und führte dazu, dass die (männlichen) Bürger, die mit Leib und Leben für die territoriale Unversehrtheit des Staates und die Ehre der Nation einzustehen hatten, für sich ein Mitspracherecht bei der Ausgestaltung der politischen Ordnung beanspruchten. Die Folge war ein Demokratisierungsdruck, der im 19. und frühen 20. Jahrhundert vor allem vom Militär ausging, wenn es in den Krieg geschickt wurde (→ Kap. *Liberalismus und Republikanismus*).[49]

Die Entwicklung des Militärwesens kostete Geld, und das war nur über steigende Steuern aufzubringen. So waren die Staatstheoretiker der Frühen Neuzeit damit beschäftigt, immer neue Möglichkeiten und Rechtfertigungen der Besteuerung zu (er)finden,[50] während die reale Steuererhebung von einer Verwaltung abhing, welche die festgelegten Zölle und Steuern auch einzutreiben vermochte. Die Folge war eine «Verdichtung des Staates», der im alltäglichen Leben der Menschen immer präsenter wurde. Nicht unbedingt der Krieg selbst, wie von einigen Historikern und Politiktheoretikern herausgestellt,[51] aber doch die Vorbereitung darauf hat den institutionellen Flächenstaat in Westeuropa und Teilen Mitteleuropas Gestalt annehmen lassen. Vor allem durch das Militär erlangte der institutionelle Flächenstaat die Kraft und Fähigkeit, die Gesellschaft nach seinen Vorstellungen und Vorgaben umzuformen. Zugleich war der institutionelle Flächenstaat auf eine weitere Machtressource angewiesen, um seinen Souveränitätsanspruch im Innern effizient durchsetzen zu können: auf eine fachlich qualifizierte und dem Wohl des Staates verpflichtete Beamtenschaft.

## Die Beamtenschaft bei Machiavelli, Lipsius, Bodin und Hegel

Über die neue Gruppe der Staatsbediensteten und ihr spezifisches Ethos, das nicht am Privatinteresse, sondern an Staatsräson oder Gemeinwohl ausgerichtet war, lässt sich bei Justus Lipsius viel finden.[52] Als erster hat sich freilich Niccolò Machiavelli mit diesen «Staatsdienern» befasst und über die Maximen und Leitlinien nachgedacht, denen sie folgen müssen, wenn sie nicht ihr eigenes Wohl, sondern das des Staates im Auge haben sollen. Die Gefährdung der Gemeinwohlorientierung bestand für Machiavelli freilich weniger im materiellen Eigeninteresse als in spirituellen Beweggründen. Mehrfach stellt er darum diejenigen lobend heraus, die ihr Vaterland mehr liebten als «das Heil ihrer Seele».[53] Die Sorge um das Seelenheil, so Machiavellis Befürchtung, führe zur Vernachlässigung bzw. Hintanstellung der weltlichen Aufgaben. Ein guter Staatsdiener kann danach nur sein, wer die Sorge um Gott der Sorge um seine Stadt bzw. seinen Fürsten nachordnet. Das hatte für Machiavelli einen ganz konkreten Hintergrund, war er doch der Überzeugung, dass sich effizientes politisches Verhalten nicht an den Vorgaben von christlicher Theologie oder humanistischer Moralphilosophie zu orientieren habe, sondern an einer Multiplikation der Handlungsoptionen, durch die ein politischer Akteur seinen Kontrahenten überlegen sei. Es gehe um die Erhaltung des Staates bzw. der bestehenden Ordnung (je nach Übersetzung von ital. *stato*), und der dabei maßgebliche Imperativ laute: *Salus publica suprema lex esto*! – Das öffentliche Wohl hat das oberste Gebot zu sein. Damit ist das Ethos des Politikers klar vom Ethos des Privatmanns geschieden.

In der Regel werden die Ratschläge in Machiavellis *Principe* als an den Fürsten gerichtet gelesen, und formal sind sie das auch. Man kann den *Principe* aber auch als den Entwurf einer eigenen Ethik der Staatsdiener, der Diplomaten und Sekretäre, Militärs und Gouverneure lesen. Der *Principe* richtet sich danach an ein Personal, eine neue politische Klasse, die sich anschickte, an die Stelle der feudalaristokratischen Elite sowie der humanistischen Politikberater zu treten.[54] Indem Machiavelli den Fuchs zum Symbol und zur Orientierungsmarge des guten Staatsdieners macht, vollzieht er einen fundamentalen Bruch mit der in humanistischen Kreisen vertretenen Auffassung, wonach das Tugendhafte auch das politisch und moralisch Richtige sei. Der Fuchs ist der Inbegriff von Treulosigkeit, und die Löwen können sich nicht darauf verlassen, dass die Füchse sie richtig beraten.[55] Also müssen die Füchse auf die Vorgaben der Staatsräson verpflichtet werden, die im Verlaufe des 16. Jahrhunderts zur maßgeblichen Leitlinie richtigen politischen Agierens avanciert.[56] Auf die Frage, wie das erfolgen könne, hatte Machiavelli jedoch keine Antwort, und deswegen griff er bei seinen Versuchen, eine Neuanstellung im Staatsdienst zu erlangen, auf die Versicherung seiner persönlichen Treue zurück.[57] Das zeigt ihn als einen Denker des Übergangs.

Auch Justus Lipsius zielte auf die moralische Grunddisposition des politischen Personals nach der Verstaatlichung der «politischen Betriebsmittel»; im Unterschied zu Machiavelli stellt für ihn jedoch nicht die Sorge um das Seelenheil, sondern die Orientierung am diesseitigen Eigeninteresse die größere Herausforderung des Beamtenethos dar. Modern gesprochen geht es Lipsius um die Formung einer korruptionsresistenten Elite, die den Staat als *Dienst* und nicht als *Beute* begreift. Max Weber ist der Frage des Dienstethos in religionssoziologischer Perspektive nachgegangen,[58] und diese religionssoziologische Fragestellung hat in jüngster Zeit wieder große Aufmerksamkeit gefunden.[59] Justus Lipsius dagegen beschäftigte sich mit einem spezifisch berufsständischen Ethos, bei dem es darauf ankam, dass, mit Weber formuliert, das Dienstinteresse stärker ist als ein mögliches Erwerbsinteresse. Das war für die Feudalordnung kein Problem, weil in ihr die Sorge um die öffentliche Ordnung und die Orientierung an der eigenen Position zusammenfielen. Durch die Beförderung des eigenen Wohls diente der Feudale, so die Konzeption, auch dem Wohl des Landes, wobei beides durch eine personale Ethik der Ehre und Treue verstärkt wurde. Aber das neue System der Amtsinhaber, die nicht die Besitzer der politischen Betriebsmittel waren, machte ein eigenes Amtsethos erforderlich, das sicherstellte, dass die auf Zeit vergebenen politischen und administrativen Ämter nicht für Zwecke der persönlichen Bereicherung oder die Entwicklung einer eigenständigen Machtbasis genutzt wurden. Jüngere Analysen zum Staatszerfall bzw. zur Prekarisierung staatlicher Ordnung zeigen fast immer die Rolle von Beamtenkorruption als dabei ausschlaggebenden Faktor.[60] Zur Ausbildung eines strengen Amts- und Dienstethos hat der Neustoizismus, wie er von Lipisus in die europäische Diskussion eingeführt wurde,[61] eine Fülle von Anweisungen und Ratschlägen geliefert, die allesamt darauf abzielen, personale Verpflichtungen und Bindungen durch generalisierte Pflichten und abstrakte Tugenden, wie Disziplin, Rechenschaft und Loyalität, zu ersetzen.

Parallel zu Lipsius hat Jean Bodin zwischen Beamten und Kommissaren unterschieden (→ Kap. *Tyrannis und Diktatur*), und dabei polemisiert er gegen Aristoteles, der diese Unterscheidung nicht kannte.[62] Dahinter steht die Differenz zwischen der antiken Stadtrepublik, in der die Bürger im Reihendienst öffentliche Aufgaben übernahmen, und dem institutionellen Flächenstaat, der diese Aufgaben professionalisierte und einem Kompetenzregime unterwarf, wie es im Reihendienst nicht möglich gewesen war – ein Problem, das heute im Gegensatz von professioneller Verwaltung und Zivilgesellschaft zum Ausdruck kommt. Vor allem aber hieß das: Die politische Philosophie konnte nicht länger als Leitwissenschaft und Ausbildungsdisziplin der Beamtenschaft dienen, und an ihre Stelle trat mit dem an Rom orientierten Ämtersystem die Jurisprudenz als neue Wissens- und Handlungsgrundlage öffentlicher Tätigkeit. Mit dem Aufstieg des institutionellen Flächenstaats ging insofern auch eine Umgestaltung und Ausdifferenzierung der Universitäten einher, bei der die Juristische Fakultät zunehmend an Bedeutung gewann und zur Kaderschmiede der Staatsbeamten wurde.[63] Der institutionelle Flächenstaat beruhte auf einer weitreichenden Veränderung der epistemischen Grundlagen des «öffentlichen Dienstes», bei der an die Stelle der philosophischen Reflexion auf das Gute und Gerechte das juristische Prüfen von Sachverhalten und Zuständigkeiten trat. Zugleich stellt der institutionelle Flächenstaat eine schwerlich zu überschätzende Entlastung des politischen Personals und der Staatsbeamten dar, insofern diese bei ihrem Entscheiden und Handeln infolge des Zuständigkeitssystems nicht länger ein komplexes Ganzes im Auge haben müssen, sondern nur auf ihren Kompetenzbereich zu achten haben. Eine Amtsführung nach dem Vorbild der griechischen

Poleis würde heute eine kognitive wie mentale Überforderung der Politiker und Beamten zur Folge haben (→ Kap. *Politik und das Politische*).

Mit dem Aufstieg des institutionellen Flächenstaates und der damit verbundenen Transformation von Politik und Verwaltung hat die politische Philosophie ihre vormals hegemoniale Stellung im Bereich des Politischen verloren und sich inzwischen in der Position eines kritischen Beobachters der operativen Politik eingerichtet: Sie gibt Hinweise und stellt Nachfragen, verzichtet aber wohlweislich darauf, das Räderwerk des administrativen Alltagsbetriebs steuern und organisieren zu wollen. Sie ist heute eher eine kritische Kontrollinstanz des Politikbetriebs als dessen Anleiter und Instrukteur, wie sie dies in der Hochphase des Aristotelismus gewesen ist.

Das Ethos des Staatsdieners spielt im modernen Staat zwar nach wie vor eine Rolle, insofern es bei Fehlern angemahnt und eingefordert wird, ansonsten ist das Berufsbild des *Beamten* jedoch so ausgestaltet worden, dass es ein Eigeninteresse am Dienst fürs Gemeinwohl gibt: Beamte sind nämlich dadurch gekennzeichnet, dass sie ihre Stellung unabhängig von dem ihnen übertragenen Amt auf Lebenszeit innehaben. Indem die Ämter bleiben, während die Amtsinhaber wechseln, bekommt der Staat eine institutionelle Statur, die von den Personen an seiner Spitze unabhängig ist. *Kommissare* dagegen, um die für Bodin so wichtige Unterscheidung aufzugreifen, haben einen zeitlich begrenzten, *außerordentlichen* Auftrag, eine Kommission, deren Geltung an denjenigen gebunden ist, der sie erteilt hat. Diese Unterscheidung ist für den Institutionalisierungsprozess von Zuständigkeiten und Bearbeitungsressourcen von großer Bedeutung: dem alltäglichen Betrieb wird die außerordentliche Maßnahme gegenübergestellt. Der Betrieb gehorcht Gesetzen und Regeln, und wo diese durchbrochen werden, erfolgt dies nicht auf der Grundlage der für den regulären Betrieb zuständigen Amtsordnung, sondern in Gestalt eines Kommissars. Für die «Verdichtung von Staatlichkeit» ausschlaggebend ist jedoch die den Beamten obliegende Administrierung des Alltäglichen.

Um Loyalität und korrekte Amtsführung der Beamten sicherzustellen, sie auf ein *Dienstethos* zu verpflichten und die Suggestionen des *Erwerbsinteresses* von ihnen fernzuhalten, stellt der Staat seinen

Beamten eine lebenslange Versorgung in Aussicht. Dadurch wird es ihnen ermöglicht, sich allein und ausschließlich auf das Gemeinwohl zu konzentrieren und das Amt nicht für die Sicherung der eigenen Zukunft nutzen zu müssen – was wir als Korruption bezeichnen. Zur lebenslangen Versorgung gehören neben regelmäßigen Einkünften auch Pensionsregelungen, die Zukunftsängste beruhigen und die Vorsorge für das Alter dämpfen.[64] Genau dies hatte Hegel im Auge, als er im § 294 seiner *Rechtsphilosophie* über den Beamtenstand schrieb: «Das Individuum, das durch den souveränen Akt (§ 292) einem amtlichen Berufe verknüpft ist, ist auf seine Pflichterfüllung, das Substanzielle seines Verhältnisses als Bedingung dieser Verknüpfung angewiesen, in welcher es als Folge dieses substantiellen Verhältnisses das Vermögen und die gesicherte Befriedigung seiner Besonderheit (§ 264) und Befreiung seiner äußeren Lage und Amtstätigkeit von sonstiger subjektiver Abhängigkeit und Einfluß findet.»[65] In den Anmerkungen seines Handexemplars hat Hegel hinzugefügt: «Durch die gesicherte Befriedigung des besonderen Bedürfnisses ist die äußere Not gehoben, welche, die Mittel dazu auf Kosten der Amtstätigkeit zu suchen, veranlassen kann.»[66]

1 Zur juristischen Sicht Dieter Grimm, *Souveränität. Herkunft und Zukunft eines Schlüsselbegriffs*, Berlin 2009, sowie Ulrich Haltern, *Was bedeutet Souveränität?*, Tübingen 2007; zur politikwissenschaftlichen Perspektive Bertrand Badie, *Souveränität und Verantwortung. Politische Prinzipien zwischen Fiktion und Wirklichkeit*, Hamburg 2002.

2 Aus der Fülle der inzwischen fast unüberschaubaren Literatur hier einige der wichtigsten Veröffentlichungen: Saskia Sassen, *Losing Control. Sovereignty in an Age of Globalization*, New York 1986; Joseph A. Camillieri/Jim Falk (Hgg.), *The End of Sovereignty*, Aldershof 1992; Stephan Hobe, *Der offene Verfassungsstaat zwischen Souveränität und Interdependenz*, Berlin 1998; Stephan D. Krasner, *Sovereignty. Organized Hypocrisy*, Princeton 1999; Daniel Philpott, *Revolutions in Sovereignty*, Princeton 2001 und Neil Walker (Hg.), *Sovereignty in Transition*, Oxford 2003.

3 Vgl. Neil Walker, «Late Sovereignty in the European Union», in: ders., *Sovereignty in Transition*, S. 3–32, sowie Bardo Faßbender, «Sovereignty and Constitutionalism in International Law», in: ebd., S. 115–143.

4 Grimm, *Souveränität*, S. 99 ff.

5 Vgl. Jürgen Dennert, *Ursprung und Begriff der Souveränität*, Stuttgart 1964; Helmut Quaritsch, *Souveränität. Entstehung und Entwicklung des*

*Begriffs in Frankreich und Deutschland vom 13. Jh. bis 1806*, Berlin 1986; Michael Stolleis, «Die Idee des souveränen Staates», in: *Der Staat*, Beiheft 11, 1996, S. 63–85; Horst Dreier, «Der Ort der Souveränität, in: Horst Dreier/Hasso Hofmann (Hgg.), *Parlamentarische Souveränität und technische Entwicklung*, Berlin 1986, S. 11–44.

6 Zum Wechselspiel von Innen und Außen in der Geschichte der Entstehung des souveränen Staates vgl. Hendryk Spruyt, *The Sovereign State and Its Competitors. A Analysis of System Change*, Princeton 1994; sowie Jens Bartelson, *A Genealogy of Sovereignty*, Cambridge 1995.

7 Zum päpstlichen Anspruch auf die *plenitudo potestatis* und dessen schrittweise Zurücknahme im Exil vgl. Walter Ullmann, *Kurze Geschichte des Papsttums im Mittelalter*, Berlin/New York 1978, S. 237 ff.; zur Sakralisierung des Reichsgedankens unter den Staufern als Symbol für den Anspruch auf Oberhoheit Stefan Weinfurter, *Das Reich im Mittelalter*, München 2009, S. 113–180.

8 Vgl. Helmut G. Walther, *Imperiales Königtum, Konziliarismus und Volkssouveränität. Studien zu den Grenzen des mittelalterlichen Souveränitätsgedankens*, München 1976, S. 65 ff.

9 Jean Bodin, *Sechs Bücher über den Staat*, eingeleitet und hrsg. von Peter Cornelius Mayer-Tasch, München 1981, Bd. 1, S. 284 (I, 10).

10 Vgl. die ausführliche Behandlung des Titelkupfers von Hobbes' *Leviathan* bei Horst Bredekamp, *Thomas Hobbes' visuelle Strategien*, Berlin 1999, Abb. S. 12.

11 Zum Begriff des Konfessionskriegs, in dem sich machtpolitische Fragen mit religiös-konfessionellen Konflikten verbinden, vgl. Luise Schorn-Schütte, *Konfessionskriege und europäische Expansion. Europa 1600–1648*, München 2010 (= C.H.Beck Geschichte Europas), S. 93–149.

12 Zur Transformation herkömmlicher Rechtsauffassungen in Bürgerkriegsideologien und dem Scheitern der bisherigen Konfliktbewältigungsmodi vgl. Donald R. Kelley, *The Beginning of Ideology. Consciousness and Society in the French Reformation*, Cambridge u. a. 1981, sowie Irene Coltman, *Zwischen Rebellion und Unterordnung. Private Überzeugung und politische Notwendigkeit in der Zeit des englischen Bürgerkriegs*, Weinheim 1986.

13 Dazu ausführlich Roman Schnur, *Die französischen Juristen im konfessionellen Bürgerkrieg des 16. Jahrhunderts. Ein Beitrag zur Entstehungsgeschichte des modernen Staates*, Berlin 1962; knapp Michael Stolleis, *Geschichte des öffentlichen Rechts in Deutschland*, Bd. 1, München 1988, S. 174.

14 Ulrich Haltern hat in seiner Analyse der Souveränitätsvorstellung sowohl in deren katholischer als auch protestantischer Prägung Vorstellungen des Heiligen ausgemacht; vgl. Haltern, *Was bedeutet Souveränität?*, S. 28 ff. und 65 ff.

15 Bodin, *Sechs Bücher*, S. 205 (I, 8); zur politischen Theorie Bodins als Überblick Udo Bermbach, «Widerstandsrecht, Souveränität, Kirche und Staat: Frankreich und Spanien im 16. Jahrhundert», in: Fetscher/Münkler (Hgg.), *Pipers Handbuch der politischen Ideen*, Bd. 3, München 1985, S. 134–144; ausführlich Horst Denzer (Hg.), *Jean Bodin*, München 1973;

Julian H. Franklin, *Jean Bodin and the Rise of Absolutist Theory*, London 1973, sowie Helmut Quaritsch, *Staat und Souveränität*, Bd. 1: *Die Grundlagen*, Frankfurt am Main 1970, S. 243–394; Peter Cornelius Mayer-Tasch, *Jean Bodin. Eine Einführung in sein Leben, sein Werk und seine Wirkung*, Stuttgart [2]2011.

16 Zit. nach Carl Schmitt, *Der Nomos der Erde*, Köln 1950, S. 92.

17 Zu der vom «räsonierenden» Bürgertum getragenen Renormativierung des Politischen seit dem 18. Jahrhundert vgl. mit unterschiedlicher Akzentsetzung Reinhart Koselleck, *Kritik und Krise. Eine Studie zur Pathogenese der bürgerlichen Welt*, Frankfurt am Main 1973, und Jürgen Habermas, *Strukturwandel der Öffentlichkeit. Untersuchungen zu einer Kategorie der bürgerlichen Gesellschaft*, Neuwied und Berlin [5]1974.

18 Bodin, *Sechs Bücher über den Staat*, S. 292 (I, 10).

19 Ebd., S. 295.

20 Ebd., S. 298.

21 Ebd., S. 301.

22 Ebd., S. 306.

23 Thomas Hobbes, *Leviathan oder Stoff, Form und Gestalt eines kirchlichen und bürgerlichen Staates*, hrsg. und eingeleitet von Iring Fetscher, Frankfurt am Main 1984, S. 137 (II, 18).

24 Ebd., S. 137.

25 Ebd., S. 138–141.

26 Zur Debatte über die Brauchbarkeit des Absolutismusbegriffs vgl. Ernst Hinrichs (Hg.), *Absolutismus*, Frankfurt am Main 1986.

27 Dazu ausführlich Stolleis, *Geschichte des öffentlichen Rechts in Deutschland*, Bd. 2, S. 76–120 und S. 187–228, sowie Otto Kimminich, *Deutsche Verfassungsgeschichte*, Baden-Baden [2]1987, S. 327–342.

28 Vgl. Grimm, *Souveränität*, S. 41 ff. und 48 ff.

29 Ebd., S. 54 ff.

30 Zu Sieyès vgl. Thomas Hafen, *Staat, Gesellschaft und Bürger im Denken von Emmanuel Joseph Sieyès*, Bern u. a. 1994, S. 97 ff.; weiterhin Alois Riklin, *Emmanuel Joseph Sieyès und die Französische Revolution*, Bern und Wien 2001, S. 74–240.

31 Zum Feudalaufgebot vgl. Werner Meyer «Ritter, Burgen, Schlachten. Das abendländische Kriegswesen», in: Andreas Obenaus/Christoph Kaindel (Hgg.), *Krieg im mittelalterlichen Abendland*, Wien 2010, S. 105–140; zu den Veränderungen seit dem 14. Jahrhundert Marcel Dorfer, «Vom Niedergang der feudalen Heeresverfassung zum Militärwesen der frühen Neuzeit», in: Thomas Kolnberger/Ilja Steffelbauer (Hgg.), *Krieg in der europäischen Neuzeit*, Wien 2010, S. 13–35.

32 Hans Delbrück, *Geschichte der Kriegskunst im Rahmen der politischen Geschichte*, Berlin 2000, Bd. 3, S. 491 ff.

33 Dazu Ulrich Schmilewski, «Liegnitz/Wahlstatt. Die Schlacht gegen einen unbekannten Feind», in: Obenaus/Kaindel (Hgg.), *Krieg im mittelalterlichen Abendland*, S. 207–231; weiterhin Rainer Wohlfeil, «Das Heerwesen im Übergang vom Ritter- zum Söldnerheer», in: Johannes Kunisch (Hg.), *Staatsverfassung und Heeresverfassung in der europäischen Geschichte der frühen Neuzeit*, Berlin 1986, S. 107–127.

34 Hierzu die Analyse bei Georg Simmel, *Philosophie des Geldes*, Frankfurt am Main 1989, S. 482 ff.

35 Niccolò Machiavelli, *Der Fürst*, übersetzt und hrsg. von Rudolf Zorn, Stuttgart 1972, Kap. XII–XIV.

36 Vgl. John R. Hale, *War and Society in Renaissance Europe*, London 1985.

37 Dazu Walter Müller-Seidel, *Friedrich Schiller und die Politik*, München 2009, S. 122 ff.

38 Hans Delbrück, *Geschichte der Kriegskunst*, Bd. 3, S. 304 ff.

39 Vgl. John Millar, *Vom Ursprung des Unterschieds in den Rangordnungen und Ständen der Gesellschaft*, Frankfurt am Main 1985, S. 214 ff. und 239; Adam Ferguson, *Versuch über die Geschichte der bürgerlichen Gesellschaft*, hrsg. und eingel. von Zwi Batscha und Hans Medick, Frankfurt am Main 1988, S. 290 ff.; Adam Smith, *Der Wohlstand der Nationen*, hrsg. von Horst Claus Recktenwald, München 1978, S. 593 ff.; dazu Matthias Bohlender, «Die Poetik der Schlacht und die Poesie des Krieges. Nationalverteidigung und Bürgermiliz im moralphilosophischen Diskurs der schottischen Aufklärung»; in: Johannes Kunisch/Herfried Münkler (Hgg.), *Die Wiedergeburt des Krieges aus dem Geist der Revolution*, Berlin 1999, S. 17–41.

40 Dazu Lothar Höbelt, «Vom militärischen *saisonnier* zum *miles perpetuus*. Staatsbildung und Kriegführung im *ancien régime*», in: Kolnberger/Steffelbauer (Hgg.), *Krieg in der europäischen Neuzeit*, S. 59–79, sowie Hans Schmidt, «Staat und Armee im Zeitalter des ‹miles perpetuus›«, in: Kunisch (Hg.), *Staatsverfassung und Heeresverfassung*, S. 213–248.

41 Dazu Münkler, *Die neuen Kriege*, Reinbek b. Hamburg 2002, S. 131 ff.

42 Michael Roberts, «Die militärische Revolution 1560–1660»; in: Hinrichs (Hg.), *Absolutismus*, S. 273–309; Geoffrey Parker, *Die militärische Revolution. Die Kriegskunst und der Aufstieg des Westens. 1500–1800*, Frankfurt/New York 1990; Clifford J. Rogers (Hg.), *The Military Revolution Debate*, Boulder u. a. 1995.

43 Gerhard Oestreich, «Der römische Stoizismus und die oranische Heeresreform», in: ders., *Geist und Gestalt des frühmodernen Staates*, Berlin 1969, S. 11–34; zu Lipsius allgemein vgl. ders., *Antiker Geist und moderner Staat bei Justus Lipsius*, Göttingen 1969.

44 Dazu Rudolf zur Lippe, *Naturbeherrschung am Menschen II: Geometrisierung des Menschen und Repräsentation des Privaten im französischen Absolutismus*, Frankfurt am Main 1974, S. 216 ff. und S. 439 ff.

45 Zur Bedeutung von Parade und Manöver für die Repräsentation des Staates und die Selbstdarstellung der politisch-militärischen Elite vgl. Jürgen Luh, *Kriegskunst in Europa 1650–1800*, Köln 2004, S. 194 ff.

46 Michel Foucault hat dem Disziplinarregime des Militärs keine eigene Untersuchung gewidmet, wiewohl sich dies neben Gefängnis und Irrenhaus als «totalen Institutionen» (Goffman) angeboten hätte, und Norbert Elias' Studien *Über den Prozess der Zivilisation* konzentrieren sich auf die «weltlichen Oberschichten» und bekommen dadurch die Masse der Soldaten nicht in den Blick. Zu den unterschiedlichen Herangehensweisen von Oestreich, Elias, Weber und Foucault an den Komplex Disziplinierung vgl.

Ulrich Bröckling, *Disziplin. Soziologie und Geschichte militärischer Gehorsamsproduktion*, München 1997.

47 Carl von Clausewitz, *Vom Kriege*, hrsg. von Werner Hahlweg, Bonn 1980, S. 971.

48 Vgl. dazu die Beiträge in Kunisch/Münkler (Hgg.), *Die Wiedergeburt des Krieges aus dem Geiste der Revolution.*

49 Vgl. die grundsätzlichen Überlegungen bei Otto Hintze, «Staatsverfassung und Heeresverfassung», in: ders., *Staat und Verfassung*, Leipzig 1941, S. 42–73; dazu auch die Beiträge in Kunisch (Hg.), *Staatsverfassung und Heeresverfassung in der europäischen Geschichte der frühen Neuzeit.*

50 Zur Steuerdebatte des 17. Jahrhunderts vgl. Michael Stolleis, *Pecunia nervus rerum. Zur Staatsfinanzierung der frühen Neuzeit*, Frankfurt am Main 1983, S. 63–128, sowie Eckart Schremmer, «Die Finanzwirtschaft des absoluten Staates: Bayern im 18. Jahrhundert», in: Hinrichs (Hg.), *Absolutismus*, S. 196–213.

51 Für die ältere Literatur vgl. Werner Sombart, *Der moderne Kapitalismus* [1902], Berlin 1969, Bd. 1, S. 334–361; S. 342: «Entwicklung des modernen Staates und Entwicklung des Heerwesens sind daher gleichwertige Begriffe.» Für die jüngere Literatur Charles Tilly, *Coercion, Capital, and European States*, Oxford 1990, S. 65–95.

52 Lipsius' Hauptwerke sind die kleine Schrift *De constantia* (1584) und die *Politicorum sive civilis doctrinae libri sex* (1589). Dazu kommen noch die *Monita et Exempla Politica libri duo* sowie eine Reihe militärtheoretischer Schriften. Nur von *De constantia* liegt eine ältere deutsche Übersetzung vor (*Von der Bestendigkeit*, 1599, Repr. Stuttgart 1965). Die Folge ist, dass dieser für die europäische Staatsbildung wichtige Autor heute aus der politiktheoretischen Wahrnehmung so gut wie gänzlich verschwunden ist. Dass eines der wichtigsten Brüsseler EU-Gebäude nach ihm benannt ist, ist eher eine ironische Fußnote. Zur Beschäftigung mit Lipsius vgl. Oestreich, *Antiker Geist und moderner Staat bei Justus Lipsius*, Göttingen 1989.

53 In seiner *Geschichte von Florenz* sagt Machiavelli das über die Florentiner Kriegskapitäne, die trotz päpstlichem Interdikt die Priester zwangen, in der Stadt die Messe zu lesen, um den Verteidigungswillen der Bevölkerung aufrechtzuerhalten, und in einem Brief vom 10. Dezember 1513 an Francesco Vettori sagt er es indirekt auch über sich selbst; vgl. Friederike Hausmann, *Zwischen Landgut und Piazza. Der Alltag von Florenz in Machiavellis Briefen*, Berlin 1987, S. 82 ff.

54 Zu Machiavelli und zum politischen Denken der Renaissance vgl. Quentin Skinner, *Foundations of Modern Political Thought*, Cambridge u. a. 1978, Bd. 1, S. 69–189; zum neuen politischen Ethos vgl. Münkler, *Machiavelli*, Frankfurt am Main 1982, S. 313 ff.; zur Ambivalenz dieser Ethik Alois Riklin, *Die Führungslehre von Niccolò Machiavelli*, Bern und Wien 1996, S. 69 ff.

55 Das ist der Fall im niederländischen Versepos *Reineke de Voß*, das Goethe für sein Epos *Reineke der Fuchs* als Vorlage gedient hat; zur Metapher des Fuchses Münkler, *Politische Bilder, Politik der Metaphern*, Frankfurt am Main 1994, S. 93–106.

56 Zur Staatsräson vgl. das Kapitel «Staat und Nation», oben, S. 64 ff.

57 Vgl. Hausmann, *Zwischen Landgut und Piazza*, S. 86.

58 Im Mittelpunkt von Webers Interesse steht freilich die «Wirtschaftsethik der Weltreligionen»; vgl. Max Weber, *Religion und Gesellschaft*, Frankfurt am Main 2006; dazu Hans-Peter Müller, *Max Weber*, Köln u. a. 2007, S. 157ff.

59 So etwa bei Luc Boltanski/Ève Chiapello, *Der neue Geist des Kapitalismus*, Konstanz 2003.

60 Dazu Friedbert Rüb, «Staatlichkeit, Staatszerfall, «künstliche Staaten» und Staatsbildung», in: Marianne Beisheim/Gunnar Folke Schuppert (Hgg.), *Staatszerfall und Governance*, Baden-Baden 2007, S. 28–56; zur Rolle einer zuverlässigen Administration vgl. Francis Fukuyama, *Staaten bauen. Die neue Herausforderung der internationalen Politik*, Berlin 2004, S. 67ff.; zu den Grenzen der Demokratisierung als bisher gepflegtem «Königsweg» des westlichen *state building* Roland Paris, *Wenn die Waffen schweigen. Friedenskonsolidierung nach innerstaatlichen Gewaltkonflikten*, Hamburg 2007, insbes. S. 25ff.

61 Dazu eingehend Karl Siedschlag, *Der Einfluß der niederländisch-neustoischen Ethik in der politischen Theorie zur Zeit Sullys und Richelieus*, Berlin 1978.

62 Bodin, *Sechs Bücher*, Bd. 1, S. 428ff. (III, 2).

63 Dazu Walter Rüegg (Hg.), *Geschichte der Universität in Europa*, Bd. 2, München 1996, S. 408ff. und 479ff.

64 Vgl. Otto Hintze, «Der Beamtenstand», in: ders., *Beamtentum und Bürokratie*, Göttingen 1981, S. 16–77.

65 Georg Wilhelm Friedrich Hegel, *Grundlinien der Philosophie des Rechts*, hrsg. von Johannes Hoffmeister, Hamburg 1955, S. 256.

66 Ebd., S. 257.

**Weiterführende Literatur:**

Badie, Bertrand: *Souveränität und Verantwortung. Politische Prinzipien zwischen Fiktion und Wirklichkeit*, Hamburg 2002 (franz. Original: *Un monde sans souveraineté. Les États entre ruse et responsabilité*, Paris 1999).

Grimm, Dieter: *Souveränität. Herkunft und Zukunft eines Schlüsselbegriffs*, Berlin 2009.

Loick, Daniel: *Kritik der Souveränität*, Frankfurt/New York 2012.

Skinner, Quentin/Kalmo, Hent (Hgg.): *Sovereignty in Fragments. The Past, Present and Future of a Contested Concept*, Cambridge 2010.

Spruyt, Hendryk: *The Sovereign State and Its Competitors. An Analysis of System Change*, Princeton 1994.

## Kapitel 5

## REPUBLIKANISMUS UND LIBERALISMUS

Der Niedergang und Verfall politischer Ordnungen, die auf die Partizipation der Bürger hin nicht nur angelegt, sondern auf sie auch angewiesen sind, ist in jüngster Zeit wieder zum Thema geworden. Ist das partizipatorische Engagement der Bürger auf eine gewisse Zeitspanne nach tiefgreifenden Umbrüchen oder revolutionären Neugründungen beschränkt, und verliert es sich dann allmählich in der Sorge ums Eigene? Und wenn das historisch immer wieder beobachtet werden kann – welche institutionellen Regelungen sind dann vorstellbar, um das Interesse der Bürgerschaft am Gemeinwesen und dessen Gemeinwohl aufrechtzuerhalten? Oder sind dafür ökonomische Krisen und politische Katastrophen vonnöten? Die Debatte über die Erosionserscheinungen der Demokratie kann aus den Verfallsdiagnosen des republikanischen Denkens und den Stabilisierungsperspektiven des frühen Liberalismus Einiges lernen – nicht unbedingt deswegen, weil sich dort Vorschläge finden, die heutige Probleme zu bearbeiten geeignet sind, sondern weil dort ein Problembewusstsein anzutreffen ist, das schärfer ist als das der gegenwärtigen Debatte.

Republikanismus und Liberalismus werden hier nicht als ideenpolitische Bewegungen mit einer parteipolitischen Programmatik betrachtet, sondern als Denkansätze, die einer beobachteten Krise auf den Grund gehen wollen, um Vorschläge für deren zukünftige Vermeidung zu unterbreiten. Diese können sehr verschiedener, ja mithin entgegengesetzter Art sein und doch dasselbe Ziel erreichen wollen: die Aufrechterhaltung oder Wiederherstellung einer bürgerschaftlich-partizipativen Ordnung. Im Republikanismus etwa stehen ultrakonservative sittliche Überwachungsregime neben Ideen einer revolutionären Erneuerung, und im Liberalismus finden sich Vorschläge zur Entfesselung lasterhaften Eigeninteresses neben solchen zur Bändigung des individuellen Egoismus durch die Sympathie im Sinne der Fähigkeit des Mitleidens. Nach dem Ende der Rechts-Links-Unterscheidung und dem schrittweisen Verschwinden der im 19. Jahrhundert entstandenen politischen Strömungen vom Konservatismus bis zum

Sozialismus hat es den Anschein, als würden die Problembeschreibungen des republikanischen wie des liberalen Denkens wieder aktuell.

## Was ist eine Republik?

Was als «Republik» zu bezeichnen ist, ist in der Geschichte des politischen Denkens umstritten: Auf der einen Seite steht die unserem Alltagsverständnis entsprechende Definition Machiavellis, wonach alle Staaten Republik genannt werden, in denen nicht ein einziger, sondern mehrere die Macht ausüben: Für Machiavelli ist ein Staat «entweder eine Republik oder eine Alleinherrschaft».[1] Die Alleinherrschaften differenziert Machiavelli in solche, die ererbt oder neu erworben sind, Letztere wiederum in solche, die durch Glück, und in solche, die durch Tüchtigkeit erworben wurden usw. Eine analoge Unterteilung der Republiken kennt Machiavelli nicht; immerhin differenziert er in den *Discorsi* jedoch zwischen Republiken, die von einer adligen oder stadtbürgerlichen Elite beherrscht werden (*governo stretto*), und Republiken, in denen auch die kleinbürgerlichen Schichten an der Machtausübung beteiligt sind (*governo largo*). Bevorzugte Beispiele für Ersteres sind bei ihm Sparta und Venedig, während für Letzteres vor allem Rom steht. Zusätzlich zum Unterscheidungsmerkmal einer aristokratischen oder bürgerlichen Machtverteilung bringt Machiavelli noch die Dauerhaftigkeit einer politischen Ordnung als Evaluationskriterium ins Spiel; sie spricht für eine möglichst breite Machtverteilung. Der Schlüsselbegriff dieser Vorstellung von Republik bei Machiavelli lautet bürgerschaftliche Tugend (*virtù*), ohne die ein Freistaat, wie der ältere deutsche Begriff für Republik lautet, auf Dauer nicht bestehen könne. Die Republik ist danach durch ein hohes Niveau an sozialmoralischen Dispositionen der Bürger gekennzeichnet, das andere politische Ordnungen so nicht kennen.

Eine ganz andere Definition der Republik findet sich bei Immanuel Kant, der nicht die Innehabung der obersten Staatsgewalt, sondern den Gebrauch der staatlichen Machtvollkommenheit zum Definitionskriterium gemacht hat: Ersteres sei «die Regierungsart des Volks durch sein Oberhaupt» oder «die Form der Beherrschung (forma imperii), und es sind nur drei derselben möglich, wo nämlich entweder nur *einer*, oder *einige* unter sich verbunden, oder *alle* zusammen, welche die bürgerliche Gesellschaft ausmachen, die Herrschergewalt besitzen (*Autokratie*, *Aristokratie* und *Demokratie*, Fürstengewalt, Adelsgewalt und Volksgewalt)».[2] Diese Unterscheidung ist für Kant jedoch weniger bedeutsam; wichtiger ist die zweite Unterscheidung, die auf der Kontrastierung von Republikanismus und Despotismus beruht; in ihr geht es um «die Form der Regierung (forma regiminis)» und sie betrifft die «Art, wie der Staat von seiner Machtvollkommenheit Gebrauch macht: und ist in dieser Beziehung entweder *republikanisch* oder *despotisch*. Der *Republikanismus* ist das Staatsprinzip der Absonderung der ausführenden Gewalt (der Regierung) von der gesetzgebenden; der Despotism ist das der eigenmächtigen Vollziehung des Staates von Gesetzen, die er selbst gegeben hat, mithin der öffentliche Wille, sofern er von dem Regenten als sein Privatwille gehandhabt wird.»[3]

Nicht die Alleinherrschaft im Sinne einer Regierungsart bildet hier den Gegensatz zur Republik, sondern die Verweigerung gegenüber der Gewaltenteilung als des «Staates in der Idee, wie er nach Rechtsprinzipien sein soll».[4] Der legitime Staat ist für Kant somit grundsätzlich republikanisch organisiert, während der despotische Staat prinzipiell illegitim ist, weil er der Definition von Staatlichkeit – «Ein Staat (civitas) ist die Vereinigung einer Menge von Menschen unter Rechtsgesetzen»[5] – nicht genügt. Kants definitorische Ordnung hat überraschende Konsequenzen: Zunächst die, dass die unmittelbare, also die nicht repräsentative Demokratie von ihm als die ärgste Form des Despotismus verurteilt wird. «Unter den drei Staatsformen ist die der *Demokratie*, im eigentlichen Verstande des Wortes, notwendig ein *Despotism*, weil sie eine exekutive Gewalt gründet, da alle über und allenfalls auch wider Einen (der also nicht mit einstimmt), mithin alle, die doch nicht alle sind, beschließen; welches ein Widerspruch des allgemeinen Willens mit sich selbst und mit der Freiheit ist.»[6] Kant bestreitet nicht, dass auch Monarchie und Aristokratie in die fehlerhafte Form des Nicht Repräsentativen verfallen können, verweist aber auf die Möglichkeit, «daß sie einer solchen [republikanischen] Regierungsart Raum geben», wohingegen «die demokratische es unmöglich macht, weil alles der Herr sein will».[7] Kant schließt darin an die Demokratiekritik nahezu aller Autoren der Antike an, entwickelt zugleich aber auch die Grundlagen einer philosophisch fundierten Populismuskritik, die der Selbstaffirmation einer Menschenmenge als «das Volk» nicht nur mit empirisch-statistischen, sondern auch mit politiktheoretischen Argumenten entgegenzutreten vermag.[8] Die Beurteilung des Populismus differiert in beiden Republikdefinitionen: Für ein Republikverständnis wie das Kants ist Populismus das absolut zu Verwerfende, während er in einer Republikvorstellung wie der Machiavellis als ein gelegentlicher Faktor bei der Revitalisierung einer politischen Ordnung durchaus Platz hat.[9] Populismus kann danach zum Stimulator tugendhaften Verhaltens werden.

Kant zieht aus seinen republiktheoretischen Überlegungen originelle Schlussfolgerungen: «Man kann daher sagen: je kleiner das Personale der Staatsgewalt (die Zahl der Herrscher), je größer dagegen die Repräsentation derselben, desto mehr stimmt die Staatsgewalt zur Möglichkeit des Republikanismus, und sie kann hoffen, durch allmähliche Reformen sich dazu endlich zu erheben. Aus diesem Grund ist es in der Aristokratie schon schwerer als in der Monarchie, in der Demokratie aber unmöglich, anders als durch gewaltsame Revolution zu dieser einzigen vollkommen rechtlichen Verfassung zu gelangen. [...] Zu jener aber, wenn sie dem Rechtsbegriffe gemäß sein soll, gehört das repräsentative System, in welchem allein eine republikanische Regierungsart möglich, ohne welches sie [...] despotisch und gewalttätig ist. – Keine der alten so genannten Republiken hat dies gekonnt, und sie mußten sich darüber auch schlechterdings in *dem* Despotismus auflösen, der unter der Obergewalt eines Einzigen noch der erträglichste unter allen ist.»[10] Wer sich mit der Reform der bestehenden politischen Strukturen befasst, muss sich Kant zufolge mit den antiken Republiken nicht weiter beschäftigen. Dass sie zuletzt alle in der Despotie endeten, wäre auch durch ein Mehr an bürgerschaftlicher Tugend nicht aufzuhalten gewesen.

Machiavelli war (wie später auch Rousseau) ganz anderer Auffassung – nicht, weil er das Volk für gut, sondern weil er es für politisch erziehbar hielt. Die negativen Äußerungen über die natürliche Sittlichkeit des Menschen bei Kant und Machiavelli stehen sich in nichts nach: Ist für Kant «der Mensch [...] ein Tier, das, wenn es unter andern seiner Gattung lebt, *einen Herrn nötig hat*» und kann «aus so krummem Holze, als woraus der Mensch gemacht ist, [...] nichts ganz Gerades gezimmert werden»,[11] so hält auch Machiavelli «von den Menschen im allgemeinen» wenig, wenn er feststellt, sie seien «undankbar, wankelmütig, unaufrichtig, heuchlerisch, furchtsam und habgierig».[12] Und über das Volk sagt er, es gehe stets mit dem Erfolg, «denn der Pöbel läßt sich immer von dem Schein und dem Erfolg mitreißen; und auf der Welt gibt es nur Pöbel».[13] Während Kant davon ausgeht, dass sich institutionelle Arrangements finden lassen, die ein friedliches Auskommen der unfriedlichen Egoisten miteinander möglich machen – und ihm dies als Grundlage der republikanischen Ordnung genügt –, ist Machiavelli davon überzeugt, dass eine Republik nur dann Bestand haben kann, wenn sie sich auf tugendhafte Bürger zu stützen vermag, auf Menschen, die im Konfliktfall das Gemeinwohl höher stellen als ihr Eigeninteresse. Solche Menschen gibt es nicht von Natur, sondern sie müssen dazu erzogen werden. An diesem Punkt trennen sich die politischen Wege von Liberalismus und Republikanismus: Der Liberalismus begnügt sich mit institutionellen Arrangements zur Bändigung der negativen Eigenschaften des Menschen; der Republikanismus dagegen kommt nicht ohne den Gedanken einer Erziehung zur Tugendhaftigkeit aus.

## Liberalismus und Republikanismus: theoretisch-methodische Voraussetzungen ihrer Kontrastierung

Liberalismus ist erst spät zur Selbstbezeichnung einer politischen Bewegung geworden. Erst im 19. Jahrhundert wurde der Begriff als Benennung gemeinsamer politischer Grundsätze und Ziele gebräuchlich, übrigens als auch Konservatismus und Sozialismus entstanden. [14] Liberales Denken gab es freilich schon vorher, jedenfalls wird man ein solches ausfindig machen können, wenn man nach ideengeschichtlichen Motiven sucht und sich nicht auf politische Bewegungen kapriziert.[15] Das gilt erst recht für den Republikanismus, der unter den großen politischen Strömungen des 19. Jahrhunderts nicht vorkommt bzw., wenn man ihn darin verorten würde, im Übergangsbereich von Radikalismus und Liberalismus zu suchen wäre. In der Frühen Neuzeit ist er eher ein Konglomerat ähnlich gearteter Theorien als eine in sich geschlossene politische Strömung gewesen.[16] So gab es einen paganen Republikanismus, der sich vor allem an der Geschichte der römischen Republik orientierte, und einen durch christlich-alttestamentarische Vorstellungen gespeisten Republikanismus, der es während der Englischen Revolution (1640–1660) für geraume Zeit zur Massenbewegung brachte und nach dem Ende der Revolution in mehreren Schüben in die nordamerikanischen Kolonien ausgewandert ist.[17]

Versteht man Liberalismus und Republikanismus nicht als voneinander abzugrenzende politische Strömungen, sondern begreift sie als Konstellationen politischer Motive, als epistemische Systeme im Sinne Michel Foucaults, die bestimmte Fragen und Probleme in den Vordergrund und andere in den Hintergrund treten lassen, dann sind Liberalismus und Republikanismus als Antworten auf Herausforderungen zu verstehen, die auch das politische Denken und Handeln im 21. Jahrhundert prägen werden. Die Beschäftigung mit den Debatten der Vergangenheit eröffnet einen politischen Denkraum, der es ermöglicht, die Tiefe und Breite der aktuellen Herausforderungen zumindest ansatzweise ausmessen zu können. Eine solche Parallelisierung und Gegenüberstellung von Denkmotiven führt unvermeidlich zu gewissen Stilisierungen und Vereindeutigungen: Die Grautöne in beiden Denkkonstellationen werden hier vernachlässigt, um die unterschiedliche Problemwahrnehmung deutlicher in Erscheinung treten zu lassen. So werden bei den nachfolgend dem republikanischen Tugenddiskurs zugerechneten Autoren verschiedentliche Äußerungen über die Ordnungsleistung des Eigeninteresses vernachlässigt – und vice versa. So enthält etwa Kants *Metaphysik der Sitten* einen «Metaphysische Anfangsgründe der Tugendlehre» überschriebenen Teil, der das Gegenstück zu den «Metaphysische[n] Anfangsgründe[n] der Rechtslehre» des ersten Teils der Schrift darstellt. Kant hat die Tugendpflichten aber der Morallehre zugeordnet und ausdrücklich aus dem politischen System der Rechtslehre herausgenommen und damit die Tugendzumutungen des Republikanismus relativiert. Insofern er die Tugend nicht der äußeren, sondern der inneren Freiheit zurechnet, also jenem der äußeren Gesetzgebung nicht zugänglichen Bereich, in dem jeder nur «vor sich selbst» verpflichtet ist, zieht er eine klare Trennlinie zwischen dem Wirkungsbereich der Politik und der moralischen Konstitution des Einzelnen.[18]

In diesem Sinne ist Kant ein Liberaler: Er denkt die politisch-rechtliche Ordnung als in sich stabil, ohne dabei auf die sittlichen Dispositionen der Menschen rekurrieren zu müssen. Dieser Ansatz hat seinen prägnanten Ausdruck in einer Formulierung aus der Schrift «Zum Ewigen Frieden» gefunden: «Das Problem der Staatserrichtung ist, so hart es klingt, selbst für ein Volk von Teufeln (wenn sie nur Verstand haben) auflösbar.»[19] Die Frontstellung, die Kant hier bezieht, ist gegen den klassischen Republikanismus und dessen Annahmen über die notwendige Tugendhaftigkeit der Bürger gerichtet: «Nun ist die *republikanische* Verfassung die einzige, welche dem Recht der Menschen vollkommen angemessen, aber auch die schwerste zu stiften, vielmehr noch zu erhalten ist, dermaßen, daß viele behaupten, es müsse ein Staat von *Engeln* sein, weil Menschen mit ihren selbstsüchtigen Neigungen einer Verfassung von so sublimer Form nicht fähig wären.»[20] Dieser Einwand dürfte im Jahr 1795, als Kant die Schrift veröffentlichte, um so schwerer gewogen haben, als erst im Jahr zuvor das republikanisch-revolutionäre Projekt einer Erziehung der Bürger zur Tugend mit Hilfe einer Politik des Schreckens gescheitert war. Man kann Kants Liberalismus als eine Reaktion auf das Scheitern des radikalen Republikanismus im revolutionären Frankreich begreifen. Die von ihm bezogene Verteidigungslinie, die mit seiner früheren Argumentation völlig übereinstimmt, sie aber jetzt kämpferisch pointiert, lautet: Man muss die Bürger nicht zu tugendhaften Menschen (Engeln) erziehen, sondern kann sie so lassen, wie sie sind; es kommt nur darauf an, Mechanismen zu installieren, durch die sie ihre egoistischen Neigungen wechselseitig blockieren. Kant verlässt den klassisch-republikanischen Diskurs, indem er die sittliche Verfassung der Menschen politisch neutralisiert und sich allein auf das Gefüge der Institutionen konzentriert: Es sind die «selbstsüchtigen Neigungen», die dem «zur Praxis ohnmächtigen allgemeinen, in der Vernunft gegründeten Willen» zur Hilfe kommen, und zwar derart, «daß es nur auf eine gute Organisation des Staats ankommt (die allerdings im Vermögen der Menschen ist), jener ihre Kräfte so gegeneinander zu richten, daß eine die anderen in ihrer zerstörenden Wirkung aufhält, oder diese aufhebt: so daß der Erfolg für die Vernunft so ausfällt, als wenn beide gar nicht da wären, und so der Mensch, wenngleich nicht ein moralisch guter Mensch, dennoch ein guter Bürger zu sein gezwungen wird.»[21] Die gut arrangierte Ordnung der Verfassung tritt an die Stelle der republikanischen Erziehung der Bürger zu Tugendhaftigkeit. Im Hinblick auf die historisch-konkreten Konstellationen heißt das: Robespierres und St. Justs Scheitern an der Erziehung der Bürger mit Hilfe des Schreckens, des *terreur*, kann Kants Vertrauen in die Bedeutung der Französischen Revolution für den Fortschritt des Menschengeschlechts nicht erschüttern, da seine gute politische Institutionenordnung ohne Erziehungserfordernisse auskommt.

Unverkennbar ist Kants Vorstellung von der Verfassung der Konzeption des Marktes und seiner Wirkweise bei Adam Smith nachgebildet. Auch der schottische Moralphilosoph und Nationalökonom hat gegen die Tugendvorstellungen der Moralphilosophie die ethisch anspruchslose Wirkweise des arbeitsteilig funktionierenden Marktes geltend gemacht, als er gleich zu Beginn seines *Wealth of Nations* schrieb: «Nicht vom Wohlwollen des Metzgers, Brauers und Bäckers erwarten wir das, was wir zum Essen brauchen, sondern davon, daß sie ihre eigenen Interessen wahrnehmen. Wir wenden uns nicht an ihre Menschen-, sondern an ihre Eigenliebe, und wir erwähnen nicht die eigenen Bedürfnisse, sondern sprechen von ihrem Vorteil.»[22] Den zentralen Gedanken von Smith, dass wir nicht vom Wohlwollen oder auch Mitleid anderer abhängig sein wollen, sondern vermittelst des Tauschs und des Markts als dessen institutioneller Ordnung jeder seine eigenen Interessen verfolgen kann und alles wie «von einer unsichtbaren Hand geleitet» wird,[23] greift Kant auf, wendet ihn jedoch als Argument gegen den republikanischen Tugenddiskurs. Danach könne die Gründung und Erhaltung einer Republik, die von Machiavelli bis Rousseau und Robespierre in Abhängigkeit von einer tugendhaften Bürgerschaft gedacht worden ist, auch ohne jede vorangegangene «Umerziehung» der Bürger vonstatten gehen. «Denn es ist nicht die moralische Besserung des Menschen, sondern nur der Mechanismus der Natur, von dem die Aufgabe zu wissen verlangt, wie man ihn an Menschen benutzen könne, um den Widerstreit ihrer unfriedlichen Gesinnungen in einem Volk so zu richten, daß sie sich unter Zwangsgesetze zu begeben einander selbst nötigen, und so den Friedenszustand, in welchem Gesetze Kraft haben, herbeiführen müssen.»[24]

Hatte sich der Protoliberalismus vom republikanischen Tugenddiskurs abgesetzt, indem er die Unmöglichkeit seiner Realisierung behauptete oder auf die unvertretbar hohen «Kosten» eines politischen Erziehungsprogramms verwies, so trat der Liberalismus hervor, indem er eine einfache und klare Alternative zum Tugenderfordernis offerierte: Die Funktion, die in der Wirtschaft dem Markt zukam, übernahm in der Politik die Verfassung. In gewisser Hinsicht hat der Liberalismus damit den mit der Revolution in Frankreich in die Krise geratenen Republikanismus ideenpolitisch beerbt. Der Republikanismus blieb nur in den USA präsent,[25] wenngleich auch hier in einer stark liberalisierten Form, während er sich in Europa «eintunnelte», um erst sehr viel später wieder aufzutauchen.

## Die Bürgertugend und deren notorische Erosion

Hatte das Problem des Historikers Polybios darin bestanden, die Stabilität der römischen Republik und das kontinuierliche Wachstum der römischen Macht erklären zu müssen (→ Kap. *Herrschaftsformen*), so standen spätere Historiker Roms, namentlich Sallust, Livius und Tacitus, vor der Aufgabe, die Krise der Republik, die Ära der Bürgerkriege und schließlich den Aufstieg des Prinzipats zu erklären. Die Begründung, die sich bei ihnen mehr oder weniger explizit findet, läuft darauf hinaus, dass der Verlust der bürgerschaftlichen Tugend die Republik geschwächt und schließlich dazu geführt habe, dass die großen Politiker mehr ihren eigenen Ruhm als das Wohlergehen der Republik im Auge gehabt hätten. Vom Augenblick seiner Entstehung an war der «klassische Republikanismus» also von dem Motiv der Dekadenz durchzogen und bekam dadurch eine stark rückwärtsgewandte Politikperspektive: Früher war alles besser, weil die Bürger tugendhafter waren. Die daraus abgeleitete Schlussfolgerung lautete, dass eine politische Ordnung immer wieder auf ihre Anfänge, jedenfalls zu den früheren Verhältnisse zurückgeführt werden müsse. Dem Republikanismus ist ein durchweg konservatives

Element eigen, aber nicht im Sinne der Bewahrung des Bestehenden, sondern der Wiederherstellung einer vorbildhaften Vergangenheit. In seinem durchweg reformatorisch-konservativen Zug nimmt der Republikanismus die jeweilige Moderne als Verlust von Tugend wahr und zeichnet in sie die Züge von Niedergang und Verfall ein.[26]

Ein von Anfang an zentrales Motiv republikanischen Denkens war also die Suche nach den Ursachen des Niedergangs und den Möglichkeiten zur Rückgewinnung bürgerschaftlicher Tugend. Im Prinzip dreht sich das gesamte politische Werk Machiavellis um diese Frage: in den *Discorsi* um die Reform der Republik und die Erneuerung der bürgerschaftlichen Tugend und im *Principe* um die «Notlösung» einer Wiederherstellung eines Staates durch den «uomo virtuoso». In den *Istorie Fiorentine* berichtet Machiavelli davon, wie die Florentiner daran gescheitert sind, ihre persönliche Tüchtigkeit in bürgerschaftliche Tugend zu transformieren: Jedem durch die Tüchtigkeit der Bürger verursachten Aufschwung sei regelmäßig ein Niedergang gefolgt, bei dem Faktionskämpfe und die Interessen der großen Familien die ausschlaggebende Rolle spielten. Florenz ist für Machiavelli das Gegenmodell zum vorbildhaften Rom.[27] Nahezu allen republikanischen Schriften der Frühen Neuzeit ist dieses ermahnende bis auffordernde Element eigen, sich die Bürger der römischen Republik zum Vorbild zu nehmen und ihnen nachzueifern. Je nach Temperament des Autors und Dringlichkeit der politischen Lage wurde der Gedanke einer Erziehung zu politischer Tugend entweder als politischer Imperativ entwickelt, oder es wurde resignativ-melancholisch das Ende des republikanischen Zeitalters konstatiert.

Der römische Historiker Sallust hat in seiner Schrift *De coniuratione Catilinae* eine Schule machende Ätiologie für den Niedergang und Verfall von Republiken entwickelt. In ihr spielen sozio-ökonomische Entwicklungen, wie der Niedergang der kleinbäuerlichen Landwirtschaft in Mittelitalien infolge des Aufstiegs der mit Sklaven betriebenen Latifundienwirtschaft, keine Rolle, ebenso wenig wie die organisatorische Veränderung der römischen Legionen infolge ihres Einsatzes im gesamten Mittelmeerraum. Auch die neuen Herausforderungen infolge des Aufstiegs Roms zur den mittelmeerischen Raum beherrschenden Macht werden ausgeblendet. Im Zentrum steht stattdessen der moralische Verfall der Bürgerschaft. Das ist bis heute eines der markantesten Unterscheidungsmerkmale zwischen Republikanismus und Liberalismus geblieben: Während liberale Ansätze vor allem auf *sozio-ökonomische* Faktoren als langfristig bestimmende Merkmale politischer Entwicklungen setzen, drehen sich die republikanischen Analysen im Wesentlichen um *sozio-moralische* Prozesse.

Zunächst beschreibt Sallust, wie die Leistungsfähigkeit, Bescheidenheit und Disziplin der römischen Bürgerschaft die Stadt empor gebracht haben: «So achtete man die gute Sitte in Kriegs- und Friedenszeiten; ihr Gemeinschaftsgeist war sehr groß, ganz gering die Habsucht. Recht und Moral hatten bei ihnen Geltung weniger durch Gesetze als durch ihr natürliches Gefühl. Streitfälle, Zwistigkeiten und Rivalitäten trugen sie nur mit Landesfeinden aus; die Bürger stritten miteinander um die Tüchtigkeit.»[28] Es ist indes der Erfolg selbst, der zur Ursache des Niedergangs wird, denn die ins Land gelangten Reichtümer und das schrittweise Verschwinden der äußeren Feinde, die allesamt niedergeworfen sind, erodieren die moralischen Grundlagen der politischen Ordnung: «Als sich aber der Staat durch ihre Anstrengung und Rechtlichkeit aufgeschwungen hatte, als mächtige Könige im Krieg bezwungen, wilde Stämme und große Völker gewaltsam unterjocht waren, Karthago, die Rivalin der römischen Macht, bis auf den Grund vernichtet war und nun alle Länder und Meere offen standen, da begann das Schicksal zu wüten und alles durcheinanderzubringen. Denselben Männern, die Mühen, Gefahren, unsichere und bedrängte Lagen leicht gemeistert hatten, wurden nun Frieden und Reichtum, sonst erstrebenswerte Dinge, zu einer leidigen Last. So wuchs zuerst die Geldgier, dann die Herrschgier; beide bildeten gleichsam den Grundstoff aller Übel. Denn die Habsucht unterhöhlt Vertrauen, Redlichkeit und die übrigen guten Eigenschaften; dafür lehrt sie Überheblichkeit und Roheit, die Götter zu mißachten und alles für käuflich zu halten. Die Ehrsucht veranlasste viele Menschen verlogen zu werden, etwas anderes verschlossen im Herzen als offen auf der Zunge zu tragen, Freundschaft und Feindschaft nicht nach ihrem Wesen, sondern nach dem Nutzen zu bewerten und lieber ein gutes Aussehen als eine gute Gesinnung zu haben. All das kam anfangs nur langsam auf, gelegentlich schritt man noch dagegen ein; als dann aber die Ansteckung wie eine Seuche um sich griff, da wandelte sich die Bürgerschaft und aus der gerechtesten und besten Herrschaft wurde eine grausame und unerträgliche.»[29]

Alle wesentlichen Motive des republikanischen Dekadenzdiskurses, wie er sich in seinen unterschiedlichen Filiationen bis heute entwickelt hat, sind hier versammelt: der starke Akzent auf den soziomoralischen Faktoren, die Verursachung des Niedergangs durch Frieden und Wohlstand, die verhängnisvolle Orientierung an den Eigeninteressen anstelle der Bereitschaft, das Gemeinwohl höher zu schätzen als persönliche Vorteile, und schließlich die Verbindung von Herrschsucht und Geldgier. Noch in Marx' Analyse der Entwicklung in Frankreich nach der 1848er-Revolution in seiner Schrift *Der achtzehnte Brumaire des Louis Bonaparte*, die zu den rhetorisch glänzendsten von Marx gehört und zugleich eine hoch differenzierte Analyse der Klassenkonstellationen bietet, lassen sich Elemente der Sallust'schen Beschreibung des Niedergangs ausmachen. Freilich ist bei Marx an die Stelle der römischen Bürgerschaft die französische Bourgeoisie getreten; zudem hat er unter der moralischen die ökonomische Dimension der Entwicklung sichtbar gemacht: «Und in Bonaparte verschmolz der kaiserliche Prätendent so innig mit dem heruntergekommenen Glücksritter, daß die eine große Idee, er sei berufen, das Kaisertum zu restaurieren, stets von der andern ergänzt ward, das französische Volk sei berufen, seine Schulden zu bezahlen.»[30] Marx hat den republikanischen Niedergangsdiskurs freilich nur rhetorisch benutzt, denn dessen entscheidende Wendung, die Rückkehr zur ursprünglichen Konstellation, die Wiederherstellung des Anfangs, hat er im Vertrauen auf die Zukunftsmächtigkeit des Proletariats abgelehnt.

Das Reformmodell einer Rückkehr zu den Anfängen findet sich bis ins 19. Jahrhundert als operative Schlüsselidee des Republikanismus. Am neuzeitlichen Beginn republikanischen Denkens hat Machiavelli diese republikanische Kerneinsicht so formuliert: Bei Kollektivgemeinschaften, «wie es Staaten und Religionsgemeinschaften sind», gelte die Regel, «daß ihnen nur diejenigen Veränderungen zum Heil gereichen, die sie zu ihren Anfängen zurückführen. Von allen Staaten und Religionsgemeinschaften sind daher diejenigen am besten geordnet und haben die längste Dauer, die sich dank ihrer Einrichtung häufig erneuern können oder durch einen äußeren Zufall

*Im Jahr der Französischen Revolution malt Jacques-Louis David eine der Schlüsselszenen des klassischen Republikanismus: die auf Anordnung des Vaters, des in Rom amtierenden Konsuls, erfolgte Hinrichtung der Söhne des Brutus, die an einer Verschwörung gegen die neu errichtete römische Republik beteiligt waren. Brutus sitzt auf einem Sessel in der linken unteren Bildhälfte, während hinter ihm die entkleideten Körper seiner Söhne hereingetragen werden. Er ist in Gedanken versunken, die sich um den Konflikt zwischen Pflicht und Liebe sowie seine Entscheidung für die republikanische Pflicht drehen. Seine Söhne hatten gegen die Republik intrigiert, weil deren Sittenstrenge und Pflichtbewusstsein sie langweilte und sie die libertinen Umgangsformen des gestürzten Königshofs zurückhaben wollten. Die republikanische Härte und Konsequenz des Brutus fällt den Frauen auf der rechten Bildhälfte schwer: Die Mutter der jungen Männer und deren Schwestern sind in heftige Klagen ausgebrochen. Die Verteidigung der Republik, so die gendergrundierte Botschaft des Bildes, ist eine Sache der Männer.*

zu einer solchen Erneuerung kommen.» Dagegen sind «Gemeinschaften ohne Erneuerung» Machiavelli zufolge «nicht von Dauer».[31] Bei der Beantwortung der Frage, ob und wie eine solche Erneuerung möglich sei, verweist Machiavelli zunächst auf die bei ihm immer wieder anzutreffende Unterscheidung zwischen herausragenden Einzelpersonen und institutionellen Regelungen: «Was das letztere betrifft, so gehörten zu den Einrichtungen, die die römische Republik auf ihren Ursprung zurückführten, die Volkstribunen, die Zensoren und alle Gesetze, die gegen den Ehrgeiz und die Übergriffe der Bürger erlassen wurden.»[32] Die im republikanischen Diskurs favorisierte Ordnung trägt sozial nicht per se egalitäre Züge, vertraut insgesamt aber mehr auf die «kleinen Leute» als auf die Mächtigen und Großen des Landes. [33] Zu dieser tendenziell antielitären Grundausrichtung des bürgerschaftlichen bzw. «demokratischen» Republikanismus gehört eine ausgeprägte Sittenstrenge, die der Entstehung des Bohemiens, um einen Begriff des 19. Jahrhunderts aufzunehmen, entgegensteht. Im Hinblick auf Sozialdisziplin, bürgerliches Ethos und Lebensgestaltung ist der Republikanismus durchweg konservativ.

Wie ernst es dem Republikanismus mit der sittlichen Lebensführung der Bürger ist, erläutert Machiavelli an den Söhnen des Brutus, die wegen einer Verschwörung gegen die Republik von ihrem als Konsul amtierenden Vater angeklagt, zum Tode verurteilt und hingerichtet wurden. Lucius Iunius Brutus, der Gründer der Republik, hat die Vaterlandsliebe über die Vaterliebe gestellt – ein Motiv, das im Vorfeld der Französischen Revolution von dem Maler Jacques-Louis David eindrucksvoll in Szene gesetzt worden ist.[34] Die Söhne des Brutus hatten sich nach der Vertreibung des Königs Tarquinius Superbus und dem Ende des höfisch-libertinen Lebens in Rom gelangweilt. Heimlich trafen sie sich mit den Söhnen des gestürzten Königs und intrigierten gegen die Republik. Als das aufgedeckt wurde, schritt Brutus mit aller Härte ein: «Wer die alte Geschichte liest», so Machiavelli, «wird stets finden, daß nach einer Staatsumwälzung [...] eine einprägsame Exekution gegen die Feinde der neuen Ordnung notwendig ist. Wer sich zum Alleinherrscher aufwirft und den Brutus nicht tötet, oder wer einen Freistaat gründet und die Söhne des Brutus nicht beseitigt, wird sich nicht lange halten.»[35] Die so genannten Königsmörder der Englischen wie der Französischen Revolution hätten sich ohne weiteres auf Machiavelli berufen können, und in mancher Hinsicht ist auch die Politik des *terreur* während der Französischen Revolution durch diese Überlegung gedeckt. Ohne Strenge und Konsequenz, so Machiavelli, lässt sich eine Republik nicht erhalten, wie man am Beispiel des Piero Soderini sehen könne, des führenden Politikers in Florenz zwischen dem Sturz der Medici im Jahre 1494 und deren bewaffneter Rückkehr 18 Jahre später: Soderini, so Machiavellis Urteil, «glaubte, nach der Wiederherstellung der alten Regierung [der Republik] mit Geduld und Güte den Ehrgeiz, von dem die Söhne des Brutus erfüllt waren, überwinden zu können; doch er täuschte sich».[36] Er hätte seine Gegner vernichten können, aber an Geduld und Güte orientiert, mied er diese Option und hatte auch nicht den Mut und die Entschlusskraft zu einem im Sinne Machiavellis konsequenten Vorgehen. «Er sah nicht ein, daß die Böswilligkeit weder durch die Zeit ausgeglichen noch durch Geschenke versöhnt wird.»[37]

## Lässt sich eine Republik durch die Tötung ihrer Feinde retten?

Warum konnte die römische Republik durch die Ermordung Caesars nicht wiederhergestellt werden, wie es die Caesarmörder Brutus und Cassius gehofft hatten? Worin lag der Unterschied zwischen Lucius Iunius Brutus, der König Tarquinius Superbus vertrieben und eine Republik errichtet hatte, und Marcus Iunius Brutus, bei dem die Ermordung Caesars nur zu einer neuen Runde der Gewalt in der langen Geschichte des Bürgerkriegs führte? – Machiavelli ist kein politischer Denker, der vor der Empfehlung von Gewalt zurückschreckt, auch nicht vor der heimtückischen und hinterhältigen Gewalt der Verschwörungen und Mordanschläge – wenn sie denn zum Erfolg führen.[38] Seine vergleichende Methode führt zu dem Ergebnis, dass der Unterschied zwischen dem, was die beiden Brutusse bewirkt haben, in der Sittenverderbnis des Volkes, im Verfall der Tugend liegen müsse: «Eine solche Verschiedenheit der Ereignisse in der gleichen Stadt hat keine andere Ursache als die, daß das römische Volk zur Zeit der Tarquinier noch nicht verderbt, in späteren Zeiten aber völlig verdorben war. Um es der Königsherrschaft unerschütterlich abgeneigt zu erhalten, war der Schwur ausreichend, nie mehr Könige in Rom zu dulden. Später aber reichten das Ansehen und die Strenge des Brutus mit allen Legionen des Ostens nicht aus, um es zur Erhaltung der Freiheit zu bewegen, welche ihm Brutus gleich seinem Ahnherrn wiedergeschenkt hatte.»[39] Mit Gewaltakten allein ist die Republik nicht zu retten, und offenbar lässt sich durch sie auch nicht die Sittlichkeit und Tüchtigkeit (*virtù*) eines Volkes wiederherstellen. Das unterscheidet die Gewaltkonzeption Machiavellis von der eines Georges Sorel, der Anfang des 20. Jahrhunderts die These vertreten hat, durch die Orientierung an der Gewalt und deren periodischen Gebrauch lasse sich eine von den Folgen eines langen Friedens korrumpierte Bevölkerung wieder zur politischen Aktion bewegen.[40]

Sittenverderbnis, so Machiavelli, spielt denen in die Hände, die dem Volk das Joch der Unterdrückung auferlegen wollen, ohne dass es sich dagegen wehren kann. Solche Sittenverderbnis geht aber stets von den Reichen und Vornehmen und nicht vom gewöhnlichen Volk aus. Das gewöhnliche Volk ist der politische Stabilitätsanker des bürgerschaftlichen Republikanismus, da es, solange es sittlich unverdorben ist, von Natur aus der Freiheit zugeneigt ist. «Untersucht man das Streben des Adels und des Volks, so zeigt sich ohne Zweifel beim Adel ein starkes Verlangen zu herrschen, beim Volk aber nur das Verlangen, nicht beherrscht zu werden, und folglich ein stärkerer Wille, in Freiheit zu leben, da es weniger hoffen kann, die Freiheit zu mißbrauchen als der Adel.»[41] Machiavelli schlussfolgert daraus: «Es war also ein großes Glück für Rom, daß seine Könige bald in Sittenverderbnis gerieten und daher vertrieben wurden, ehe ihre Verderbtheit in die Eingeweide des Staates eindrang. […] Man muß daraus den Schluß ziehen: Wo die Sitten eines Volks noch nicht verdorben sind, richten Aufstände und andere Unruhen keinen Schaden an. Wo sie aber verdorben sind, nützen auch gute Gesetze nicht […].»[42] Es ist ein melancholischer Unterton, der in diesen Überlegungen mitschwingt.

In den an Machiavelli anschließenden Debatten in Florenz ist dieser melancholische zum resignativen Zug des Republikanismus geworden. Am eindrucksvollsten fassbar wird dies in der Brutusbüste Michelangelos, die heute in Bargello in Florenz zu sehen ist.[43] Michelangelo hatte 1527, als die Medici erneut aus Florenz vertrieben wurden, anstelle Machiavellis, der sich ebenfalls um diese Position beworben hatte, die Zuständigkeit für die Verteidigungsanlagen der Stadt erhalten. Dass er die Eroberung der Stadt drei Jahre später und die Wiedererrichtung der Mediciherrschaft überlebte, war ein reiner Glücksfall. Michelangelo arbeitete danach häufig für die Medici, aber von seiner Überzeugung her blieb er Republikaner. Nach der Ermordung des in Florenz als Herzog herrschenden Alessandro de'Medici griff er die Anregung Donato Giannottis zur Schaffung einer Brutusbüste auf. Das nur zum Teil vollendete Werk zeigt Brutus mit festem Blick und in entschlossener Haltung: Er weiß, was zu tun ist – jedenfalls solange, wie man ihm direkt ins Gesicht schaut. Betrachtet man sein Gesicht aber von der Seite, was aufgrund des zur Seite gewandten Kopfes der erste Blick auf die Büste ist, wird erkennbar, dass Brutus am Erfolg seines Handelns zweifelt; der Schatten der Vergeblichkeit liegt auf ihm. Hat der Republikaner Machiavelli dafür den Sittenverfall im Volk verantwortlich gemacht, so verweist der lange Zeit im Dienste der Medici stehende Francesco Guicciardini auf die Launenhaftigkeit des Volkes: «Denn der Menge ist es nicht gegeben, stetig zu sein, und nur zu häufig hat sie andere Launen, als man sich zunächst vorstellt. Ich erinnere an das Beispiel von Brutus und Cassius, die nach dem Mord an Caesar keine Unterstützung beim Volk fanden, wie sie sich vorgestellt hatten, sondern sogar vor seiner Wut aufs Kapitol flüchten mussten.»[44]

Michel de Montaigne, der Begründer der moralistischen Literatur, die das moralische Pathos am tatsächlichen Verhalten der Menschen misst,[45] hat in seinem Essay «Über den Dünkel» den Republikanismus im Frankreich der Konfessionskriege einer sehr nüchternen Analyse unterzogen: «Es ist eine Wohltat, in einem sehr verderbten Jahrhundert geboren zu werden: denn im Vergleich zu anderen erwirbt man wohlfeil den Ruf der Tugend. Wer heutzutage weiter nichts als Vatermörder und Kinderschänder ist, der ist ein Bieder- und ein Ehrenmann.»[46] Montaigne unterstellt, dass Tugend eine wesentlich aristokratische Eigenschaft sei – was der «demokratische» Republikaner Machiavelli dezidiert bestritten hätte –, und beobachtet mit ironischem Blick, wie zunehmend auch nichtaristokratische Schichten eine solche Tugend für sich in Anspruch nahmen: «Wir sehen die Kaufleute, die Dorfschulzen, die Handwerker an Tapferkeit und Kriegskunst mit dem Adel wetteifern: sie liefern ehrenvolle Kämpfe, sowohl öffentliche als auch private, sie schlagen sich und verteidigen Städte in unseren gegenwärtigen Kriegen.»[47]

Montaignes Freund Etienne de La Boétie hat in seiner Schrift *Discours de la servitude volontaire* (1577) die moralische Schwäche des Volkes herausgestellt, an der die Volksbefreier gescheitert seien.

La Boétie, ein guter Kenner der Schriften Machiavellis, hat zunächst den Zusammenhang von Glück und gutem Willen an den Caesarmördern Brutus und Cassius herausgestellt. «Der jüngere Brutus und Cassius beseitigten glücklich die Knechtschaft, aber als sie die Freiheit wieder einführten, starben sie, aber nicht jämmerlich (frevelhaft wäre es zu behaupten, im Tod oder im Leben dieser Männer sei etwas jämmerlich gewesen!), sondern gewiß zum großen Schaden, zum ewigen Unheil und zum völligen Untergang der Republik, die wahrhaftig mit ihnen zu Grabe getragen wurde.»[48] Nicht bei den Caesarmördern, die für die Republik das Äußerste gewagt haben, sondern beim Volk sind danach die Gründe für den Niedergang der Republiken und das Scheitern ihrer Erneuerung zu suchen: Dem Volk ist die republikanische Freiheit zu anstrengend; es will Ruhe und Sicherheit, und wenn die nur in Form von Knechtschaft zu haben sind, dann will es eben Knechtschaft. Das Volk wird La Boéties Urteil zufolge keineswegs in die Knechtschaft hineingezwungen, sondern begibt sich freiwillig in sie hinein. La Boétie hat damit bereits die zentrale Frage gestellt, die später auch Rousseaus radikaldemokratische, im *Contrat Social* (1762) vorgenommene Wendung der Vertragstheorie anleitete: wie es nämlich zu erklären sei, dass der freigeborene Mensch überall in Ketten liege. Seine Antwort unterscheidet sich jedoch grundlegend von der Rousseaus: «Gewöhnlich erdichtet sich das närrische Volk die Lügen selbst, die es dann auch glaubt.»[49]

William Shakespeare hat in seinem Drama *Julius Caesar* die Frage nach der freiwilligen Knechtschaft des Volkes und den geringen Chancen der Freiheit in einem moralisch zutiefst korrumpierten Volk wieder aufgenommen, als er die Caesarmörder Cassius und Brutus darüber in Dissens geraten ließ, ob man das Testament des getöteten Tyrannen öffentlich bekannt machen dürfe oder unterdrücken müsse. Er zeigt, wie die demagogische Rhetorik des Marcus Antonius die politischen Konstellationen verändert und dazu führt, dass das römische Volk für ein paar Geldstücke seine Freiheit «verkauft»: «Hier ist das Testament mit Caesars Siegel;/Darin vermacht er jedem Bürger Roms,/Auf jeden Kopf auch, fünfundsiebzig Drachmen. [...] Und auch läßt er alle seine Lustgehege,/Verschlossene Lauben, neugepflanzte Gärten/Diesseits des Tiber auch und euren

Erben/Auf ew'ge Zeit, damit ihr euch ergehen/und euch gemeinsam dort ergötzen könnt./Das war ein Caesar, wann kommt seinesgleichen?»[50] – Wo im Volk die Freiheitsliebe erloschen war, da hatte die Republik politisch keine Chance mehr.

## Der französische Tugenddiskurs: Montesquieu, Rousseau, Robespierre

Der große Systematiker Montesquieu hat den republikanischen Regierungsformen Demokratie und Aristokratie die Tugend als psychische Leitdisposition zugewiesen, während in der Monarchie die Ehre und in der Despotie die Furcht diese Rolle übernähmen. Demokratie und Aristokratie unterscheiden sich bei Montesquieu hinsichtlich des Grads ihrer Abhängigkeit von der Tugend. Der Dispens, den die Aristokratie im Hinblick auf die Tugend gewährt, resultiert Montesquieu zufolge aus der Selbstkontrolle des Adels, der sich in seinem Streben und Begehren mäßigt und deswegen von der Masse des Volkes in den politischen Führungspositionen akzeptiert wird: «Die Mäßigung ist also die Seele dieser Regierungsform, und zwar die Mäßigung, die auf der Tugend beruht und nicht etwa aus der Gleichgültigkeit und Trägheit der Seele entspringt.»[51] Die Demokratie dagegen ist nicht auf die kleine Tugend der Mäßigung, sondern auf die große Tugend republikanischer Selbsthingabe angewiesen. Montesquieu begründet das Scheitern der demokratischen Republik während der Englischen Revolution damit, dass die führenden Revolutionäre wohl Ehrgeiz, aber keine Tugend gehabt hätten. Deswegen habe «das erstaunte Volk», das eigentlich eine demokratische Republik angestrebt habe, «nach vielen Bemühungen, Stößen und Erschütterungen bei der Regierung Zuflucht [gesucht], die es zuvor gestürzt hatte: bei der Monarchie».[52]

Montesquieu, von Hause aus kein Republikaner, sondern ein Anhänger von Gewaltenteilung und Mischverfassung (→ Kap. *Herrschafts- und Verfassungsformen*), folgt in seiner Beurteilung der demokratischen Republik und ihrer sozio-moralischen Voraussetzungen ganz dem republikanischen Tugenddiskurs: «Wenn die Tugend verlorengeht, so zieht der Ehrgeiz in die dafür empfänglichen Herzen und Habgier in alle Gemüter ein. Die Wünsche wechseln ihre Ziele. Was man früher liebte, liebt man nicht mehr; war man früher mit den Gesetzen frei, so will man es jetzt gegen sie sein; jeder Bürger ist wie ein Sklave, der seinem Herrn aus dem Hause entlaufen ist; was *Grundsatz* war, heißt jetzt *Härte*, was *Ordnung*, *Zwang*, was früher *Achtung* hieß, bedeutet jetzt *Angst*, und *Sparsamkeit*, nicht Habsucht, nennt man jetzt *Geiz*. Früher bildete das Vermögen der einzelnen das Staatsvermögen, jetzt aber wird der Staatsschatz zum Privatgut des einzelnen. Die Republik wird zur Beute, und ihre Stärke besteht nur noch in der Macht einiger Bürger und der Zügellosigkeit aller.»[53]

Ob der Flüchtigkeit bürgerlicher Tugend hielt Montesquieu die demokratische Republik für eine ausgesprochen fragile Staatsform, eine Ordnung, die immer wieder einmal entstand und von Enthusiasmus und Opferbereitschaft der Bürger getragen wurde, die aber nach einiger Zeit durch Handel und Wandel zersetzt wurde und verfiel. Mit einer solchen Ordnung war auf Dauer kein Staat zu machen, und deswegen entschied sich Montesquieu für robustere Formen der politischen Ordnung, in denen eine institutionelle Ordnung den flüchtigen Geist der Tugend ersetzte. Man kann das als politischen Realismus, als kühle Klarsicht bezeichnen. Die Reminiszenz an die tugendabhängige Republik ist dann nicht viel mehr als eine Variante politischer Romantik, und die findet sich bei keinem anderen stärker ausgeprägt als bei Jean-Jacques Rousseau. Der Vorwurf des politischen Romantizismus ist zwar bereits gegen Machiavelli erhoben worden, und im Zentrum dieses Urteils stand die Vorbildlichkeit der römischen Republik in dessen Denken,[54] aber es war Rousseau, der, nachdem er die Frage verneint hatte, ob der Fortschritt der Wissenschaft und Künste zum Fortschritt des Menschengeschlechts geführt habe, der republikanischen Vorstellung eines kontinuierlichen Niedergangs den zentralen Platz in seinen politischen Überlegungen zugewiesen hat: «Wenn die Völker zu degenerieren beginnen, wenn die Eitelkeit und die Vergnügungssucht der Liebe für das Vaterland und der Tugend gefolgt sind, dann drängen das Laster und die Verweichlichung von allen Seiten ein, und man redet nur mehr vom Luxus und vom Geld, um sie befriedigen zu können. Die Privatleute bereichern sich, der Handel und die Künste blühen, und der Staat geht alsbald zugrunde.»[55]

Rousseaus Diagnose ist ebenso klar wie sein Therapievorschlag: Es ist der Wohlstand, der das tugendhafte Leben untergräbt; folglich muss derjenige, der eine tugendhafte Republik gründen oder erhalten will, sicherstellen, dass es keinen Wohlstand gibt oder dass dieser zumindest nicht als erstrebenswert angesehen wird: «Man müßte also so verfahren, daß es für die Bequemlichkeit des Lebens nichts zu gewinnen gibt, wenn man reich ist, und daß man dabei nur an Achtung verliert. Das taten in bewundernswerter Weise die Gesetze in Sparta und die Sitten bei den ersten Römern, woraus ich schließe, daß die Sache nicht unmöglich ist.»[56] – Das war freilich nicht mehr als ein Hoffnungsschimmer. Rousseau blieb skeptisch, ob sich in den großen und reichen Territorialstaaten seiner Zeit eine republikanische Ordnung einrichten ließe. Die Republik war für ihn eigentlich die Ordnung eines Stadtstaates, wie ihn Genf darstellte, und sie hatte nur dort eine Chance, wo der Wohlstand die ursprüngliche Sittlichkeit noch nicht untergraben hatte: auf Korsika etwa oder vielleicht in Polen. Rousseau, dessen Schriften für Robespierre zum politischen Ratgeber wurden, hätte sicherlich an der Möglichkeit gezweifelt, in Frankreich eine auf der Tugend der Bürger basierte Republik zu errichten.[57]

Vor allem in den Überlegungen Robespierres und St. Justs hat die republikanische Tugend eine zentrale Rolle gespielt: Ohne die Wiederherstellung der Tugend werde alle revolutionäre Anstrengung vergeblich sein, denn die Laster sind die Verbündeten der Aristokraten und Tyrannen, und sie dringen nach dem Ende der Revolution in die neu errichtete Republik ein, um sie von innen heraus zu zerstören. Man hat den republikanischen Tugenddiskurs der Französischen Revolution verschiedentlich als revolutionäres Selbstmissverständnis bezeichnet, insofern hier das radikal kleinbürgerliche Ideal der Lebensführung mit den Erfordernissen des revolutionären Erfolgs verwechselt worden sei.[58] Aber dieser Blick auf das Selbstverständnis der Revolutionäre erfolgt aus der Perspektive des Interessendiskurses, der die lange Debatte des Republikanismus um die sozio-moralischen Voraussetzungen einer stabilen und dauerhaften Republik ausblendet. In der Ideengeschichte des Republikanismus bilden Robespierre und St. Just den vorläufigen Endpunkt eines Denkens, welches das Ethos der Bürger (*citoyen*) als Schlüsselelement der politischen Ordnung begriffen und die ökonomischen Interessen der Bürger (*bourgeois*) als eine Gefährdung dieses Ethos angesehen hat. Nachdem sich die Debatten des 16. Jahrhunderts um die Frage der Rettung einer Republik durch den Tyrannenmord gedreht hatten (defensive Gewaltlegitimation), ging es am Ende des 18. Jahrhunderts um die Frage, ob und inwieweit man die Bürger durch den von der Gewalt ausgehenden Schrecken (*terreur*) zu moralischen Bürgern im republikanischen Sinn erziehen könne (offensive Gewaltlegitimation).

In seiner Rede «Über die Grundsätze der revolutionären Regierung» vom 25. Dezember 1793 hat Maximilien Robespierre die sozio-moralischen Frontstellungen der Revolution aus seiner Sicht beschrieben: «Welche Vorteile haben doch die Tyrannen in ihrem Kriege, den sie mit Hilfe von Hinterlist und Korruption gegen die Republik führen! Alle Laster kämpfen für sie. Die Republik dagegen hat nur die Tugenden auf ihrer Seite. Die Tugenden sind einfach, bescheiden, arm, oft unwissend und manchmal sogar plump. Sie sind die Leibrente der Unglücklichen und das Erbgut des Volkes. Das Laster ist von allen Schätzen umgeben, mit allen Lockungen der Wollust und allen Reizen der Perfidie bewaffnet; es wird eskortiert von allen gefährlichen für das Verbrechen ausgebildeten Talenten.»[59] Aufgrund ihrer sozio-moralischen Voraussetzungen ist die Republik viel verwundbarer als alle anderen Verfassungsformen – und darum darauf angewiesen, die Gewalt und den Schrecken systematisch zu ihrer Sicherung und Selbstbehauptung einzusetzen. Deswegen ist eine der Forderungen, die Robespierre aus seinen allgemeinen Überlegungen für die operative Politik ableitet, die Beschleunigung und Vervielfachung der öffentlichen Exekutionen: «Die Angst vor dem Terror» soll in die «Schlupfwinkel der fremden Briganten» getragen werden, also dorthin, «wo man sich die Beute teilt und das Blut des französischen Volkes trinkt».[60]

Wenige Wochen später, am 5. Februar 1794, kommt Robespierre in seiner Rede «Über die Grundsätze der politischen Moral» auf die Konfrontation von Tugend und Laster zurück. Die Revolution ist für ihn wesentlich kein Kampf der Interessen, sondern eine Konfrontation zwischen Moral und Egoismus, Seelengröße und Eitelkeit, Herrschaft der Vernunft und Tyrannei der Mode, «das heißt, alle

Tugenden und alle Wunder der Republik gegen alle Laster und alle Lächerlichkeiten der Monarchie». In diesem Kampf gehe es darum, «ein großherziges, mächtiges und glückliches Volk gegen ein bloß liebenswürdiges, leichtfertiges und beklagenswertes Volk einzutauschen».[61] Robespierre will die Frontlinien dieses Kampfes vereindeutigt und klar benannt wissen, und dazu identifiziert er Demokratie und Republik miteinander. Für ihn lässt sich die Frage, welche Regierungsform diese Verwandlung des Volkes zustandebringen könne, klar beantworten: «Nur die demokratische oder republikanische Regierung! Denn diese beiden Wörter sind synonym, trotz aller Mißbräuche der volkstümlichen Sprache. Die Aristokratie ist ebensowenig republikanisch wie die Monarchie.»[62] Während Kant zu derselben Zeit den Republikbegriff in höchstem Maße inklusiv verwendet, spitzt Robespierre ihn zwecks Exklusion aller Varianten und Modifikationen zu: Nur die Demokratie ist republikanisch, und eine Republik, die nicht demokratisch verfasst ist, ist keine Republik. Man kann darin einen der typischen Unterschiede zwischen einem in den politischen Kampf involvierten Revolutionär und dem die politische Welt bloß betrachtenden Theoretiker sehen; im Hinblick auf die hier interessierende Fragestellung nach dem Verhältnis von Republikanismus und Liberalismus ist die Tugend der Punkt, an dem sich die Wege dieser beiden aufeinander bezogenen Denktraditionen definitiv trennten. Das wird vor allem bei Robespierre unmissverständlich deutlich: «Was ist also das grundlegende Prinzip der demokratischen Regierung oder der Volksregierung, das heißt, was ist die wichtigste Kraft, die sie unterstützen und antreiben soll? Es ist die Tugend! Und ich meine damit die öffentliche Tugend, die in Griechenland und Rom so viele Wunder vollbracht hat und die noch weit Erstaunlicheres im republikanischen Frankreich vollbringen soll.»[63]

Die Liebe zum Vaterland und die Begeisterung für die Egalität machen nach Robespierre das Wesen der republikanischen Tugend aus. Die Egalität, die er meint, ist keine des bloßen Rechts oder der Ermöglichung politischer Partizipation, sondern schließt Elemente des Sozialen ein, bereitet also die Grundlagen für Vorstellungen, die später in den politischen Bewegungen des Sozialismus zentral geworden sind. Die Reichweite der republikanischen Tugend wird von Robespierre somit immer weiter ausgedehnt. Wenn er über den Untergang der antiken Republiken und den republikanischen Neubeginn in Frankreich spricht, scheint er sich dessen bewusst zu sein: «Was nützte es, daß Brutus den Tyrannen tötete? Die Tyrannei lebte bereits in den Herzen, und Rom existierte nur noch in Brutus. Aber wenn ein Volk sich auf seine Rechte besinnt und mit wunderbarem Mut die Ketten des Despotismus zerbricht, um daraus Trophäen für die Freiheit zu machen [...],[64] kann es weder durch die uneinnehmbaren Wälle noch durch die unzähligen Armeen der feindlichen Tyrannen aufgehalten werden, sondern es wird erst vor dem Gesetz Halt machen.» Die Vorstellung, die Revolution lasse sich nur durch eine noch weitergehende Versittlichung des Volkes zum Erfolg führen und die sei nur durch eine noch radikalere Politik des Schreckens möglich, führte schließlich zum Sturz Robespierres und St. Justs und zu ihrer Hinrichtung durch die Guillotine. Damit war der enthusiastische Republikanismus, der vom melancholischen Republikanismus bei Montesquieu und auch Rousseau zu unterscheiden ist, politisch gescheitert. Mehr noch: der Republikanismus war für lange Zeit diskreditiert. In den Kapiteln «Die Tugend und der Weltlauf» und «Die absolute Freiheit und der Schrecken» seiner *Phänomenologie des Geistes* hat Hegel das Scheitern dieses Typs von Republikanismus philosophisch zu erklären versucht.[65]

## Die Durchsetzung des Interessendiskurses auf dem Felde der Ökonomie: die Konstitution des Liberalismus

Mit dem Aufstieg der Vertragstheorien hatte sich neben dem republikanischen Tugenddiskurs ein auf die Interessen der Menschen zentrierter Politikdiskurs entwickelt, in dem nicht die Selbsthingabe an das Gemeinwesen und die Opferbereitschaft der Menschen als Voraussetzungen der Freiheit reklamiert wurden, sondern in dem es darum ging, die grundlegenden Interessen der Menschen an der Sicherung des Lebens, an der Gewährleistung des Eigentums und an der Garantie individueller Freiheit, zu Grundprinzipien der politischen Ordnung zu machen (→ Kap. *Der Vertrag und die Erzählung*). Dabei kam es darauf an, die Menschen auf eine kalkülrationale Verfolgung ihrer Eigeninteressen zu verpflichten und den Einbruch von Leidenschaften, die Herrschaft von Reminiszenzen an die Vergangenheit und das Dominantwerden von Idealen in der Politik zu verhindern.[66] Tugend- und Interessendiskurs liefen in der politischen Ideengeschichte eine Zeitlang nebeneinander her, kritisierten sich gegenseitig und konkurrierten um den größeren politischen Einfluss, konnten sich aber auch miteinander verbinden, wie das im politischen Denken Rousseaus der Fall ist. Das änderte sich im späten 18. Jahrhundert: Neben der Selbstdestruktion des Republikanismus in der radikalen Phase der Französischen Revolution war dabei die Kontroverse zwischen beiden Diskursen über die Konstruktionsprinzipien der bürgerlichen Gesellschaft ausschlaggebend, und dabei obsiegte der Interessendiskurs. Dieser Erfolg hat ihm zu einer politiktheoretischen Hegemonie verholfen, die bis heute ungebrochen ist.

In der jüngeren Sozial- und Wirtschaftsgeschichte sind eine Fülle von Indikatoren zusammengetragen worden, die nahelegen, dass bis ins 18. Jahrhundert hinein nur der Fernhandel konsequent marktmäßig organisiert war, während das Wirtschaftsverhalten in den Dörfern und Kleinstädten von verwandtschaftlichen Bindungen und korporativen Solidaritäten geprägt war, die bis tief ins Wirtschaftsverhalten der Menschen hineinwirkten. Der Markt und eine dort erfolgende Festlegung des Preises von Gütern spielten eine nachgeordnete Rolle. Von einigen Autoren sind darum Markt- und Moralökonomie einander gegenübergestellt worden; insgesamt wird man vom Fortbestehen starker moralökonomischer Elemente in einer sich allmählich entwickelnden Marktökonomie sprechen können.[67] Dabei darf man den Begriff der Moral jedoch nicht zu anspruchsvoll fassen; im Prinzip geht es um die Persistenz von Brauch und Sitte, die sich gegen eine ausdifferenzierte Marktrationalität sperrten und deren Protagonisten mit sozialen Sanktionen überzogen. Die Nachbarschafts- und Verwandtschaftsverbände folgten beim Güter- und Warentausch Regeln, die noch nicht an der Logik des Marktes orientiert waren. Oder in der Begrifflichkeit des Soziologen Ferdinand Tönnies: Die *Gemeinschaft* suchte sich mit Hilfe ihrer Gratifikations- wie Sanktionsmechanismen gegen die Verwandlung in eine *Gesellschaft* zu wehren.[68] Konkret hieß das beispielsweise, dass, wenn in wirtschaftlich schlechten Zeiten die Preise für Grund und Boden fielen, weil viele verkaufen mussten, man den Acker oder Weinberg an einen Verwandten oder Nachbarn veräußerte, der über den reinen Marktpreis hinaus einen «Solidaritätszuschlag» drauflegte, um von der Notlage des Verkäufers nicht über Gebühr zu profitieren. Aber auf Dauer konnte sich die Moral- gegen die Marktökonomie nicht behaupten, und dementsprechend zog sie sich immer weiter zurück, bis ihr nur noch der engste Familienkreis ein Refugium bot (und nach wie vor bietet). Die Verwandlung von Familienbesitz in individuelles Eigentum und die Verdichtung von Austauschbeziehungen auch im ländlichen Bereich hat diese Entwicklung vorangetrieben.

Diese sozialgeschichtliche Entwicklung ist durch ideengeschichtliche Veränderungen beeinflusst und beschleunigt worden. Auch wenn bei Thomas Hobbes letztlich unentschieden bleibt, ob der *pater familias* den Vertrag zwecks Eintritt in den Gesellschaftszustand für das «ganze Haus» abschließt oder ob jeder Einzelne als Individuum vertragschließende Partei ist, so ist doch unübersehbar, dass solche Konstruktionen eine «besitzindividualistische Mentalität» beförderten und die gemeinschaftsbezogenen Werte unter den Generalverdacht sozio-politischer Rückständigkeit stellten.[69] Man kann das an der Um- und Neudefinition des Lasters in Bernard Mandevilles *Fable of the Bees* sehen. Der Begriff des Lasters mitsamt seinen jeweiligen Konkretisierungen ist ein zentrales Element der Moralökonomie, ein Mittel zur Stigmatisierung jener, die gegen die moralökonomischen Erwartungen verstoßen. Indem Mandeville in seiner als Satire angelegten Erzählung zeigt, dass das Verschwinden der Laster aus einer Gesellschaft zum Zusammenbruch der Wirtschaft führen würde, indem er also die marktökonomische Nützlichkeit von Lastern vorführt, desavouiert er den Verpflichtungscharakter der Moralökonomie.[70] Die haltenden Mächte der Moralökonomie gerieten damit in den Verdacht, eine Form von Ahnungslosigkeit, wenn nicht gar wirtschaftlicher Dummheit zu sein.

Diese Entwicklung ist im Verlauf des 18. Jahrhunderts vor allem von der schottischen Moralphilosophie theoretisch bearbeitet worden,[71] von den einen *kritisch* mit Blick auf die durch die Auflösung der Tugend beförderte Zerstörung der sozialen Strukturen, von den anderen, etwa David Hume oder Adam Smith, *affirmativ* als notwendiger Transformationsprozess, in dessen Verlauf sich ökonomische Rationalität gegen die Orientierung am Althergebrachten durchsetzen werde. So gesteht John Millar zu, dass wachsender Reichtum und mehr Luxus zu einer größeren Gleichheit und Freiheit im Verhältnis von Mann und Frau geführt haben, fügt aber sogleich hinzu: «In den ganz einfachen Zeiten ist der freie ungehinderte Umgang der Geschlechter ohne schlimme Folgen. Jedoch bei den in Reichtum und Luxus lebenden Völkern führt dies zu Libertinage und Zügellosigkeit der Sitten, was weder mit einer verregelten Ordnung noch mit den grundsätzlichen Interessen der Gesellschaft in Einklang steht.»[72] Millar beschreibt des Weiteren, wie der wachsende Reichtum zur Ablösung des alten Milizsystems durch Söldnerverbände geführt habe, wie also die persönliche Bindung der Nachbarschaft, die ihre Heimat schütze, durch eine geldvermittelte Kooperation abgelöst worden sei.[73] Millar lehnt den Fortschritt keineswegs grundsätzlich ab, aber er macht auf dessen «Kosten» aufmerksam und bleibt ihm gegenüber skeptisch. Schärfer fällt die Kritik an der wachsenden Relevanz des Interessebegriffs – ein Ausdruck, «der für gewöhnlich wenig mehr meint als unsere Aufmerksamkeit für das Eigentum»[74] – bei Adam Ferguson aus: «Zuneigung und Mut gelten uns als reine Torheiten, die uns lediglich dazu bringen, uns selbst zu vernachlässigen und preiszugeben. Weisheit besteht für uns angeblich in der Rücksicht auf unser Interesse. Ohne zu erklären, was Interesse eigentlich bedeutet, wollen wir es als den einzig vernünftigen Beweggrund des Handelns der ganzen Menschheit verstanden wissen.»[75] Das waren freilich bereits Rückzugsgefechte des Tugenddiskurses.

In seiner *Theory of Moral Sentiments* hat sich Adam Smith ausführlich mit der Tugend auseinandergesetzt und die Grenzen ihrer Regelungsfähigkeit skizziert. Für ihn ist und bleibt «die Tugend das wichtigste erhaltende […] Moment in der menschlichen Gesellschaft».[76] Smith zeigt sodann aber, welche Missverständnisse und Irrtümer einer schroffen Konfrontation von Tugend und Interesse zugrunde liegen. Der Zusammenhalt der Gesellschaft wird bei Smith nicht allein durch Institutionen (wie den Markt) sichergestellt, sondern mit dem Prinzip der Sympathie verknüpft. In der Sympathie bleiben wir einerseits ganz auf uns selbst bezogen, andererseits leiden wir mit dem mit, dem ein Unglück widerfährt. Sympathie wird zum Schlüsselbegriff eines Liberalismus, der es nicht bei den aufsummierten und ausbalancierten Eigeninteressen belassen will und doch die erzieherischen Anstrengungen ablehnt, die in der herkömmlichen Moralökonomie und im Republikanismus mit der Tugendvorstellung verbunden sind. Diese Seite des Begründers der klassischen ökonomischen Theorie ist in der Neoklassik der Volkswirtschaftslehre heute weitgehend in Vergessenheit geraten. In den ausgearbeiteten Rechenmodellen der Neoklassik ist für Smith' «Vermittlungsbegriff» der Sympathie, der zwischen Tugend und Interesse die Waage hält, kein Platz mehr.

## Bürgerliche Tugend und politische Freiheit: ein Ausblick

Eine tendenzielle Marginalisierung der republikanischen Schlüsselidee der Tugend kennzeichnet auch eine neue, vornehmlich im angelsächsischen Diskurs virulente Strömung des Republikanismus. Dieser aufgrund seines starken Rombezugs auch als neo-römisch titulierte Republikanismus ist angetreten, den derzeit hegemonialen Liberalismus ideenpolitisch zu beerben, indem er den liberalen Begriff «negativer Freiheit» (Isaiah Berlin) mit jenen klassisch-republikanischen Motiven verbindet, die traditionell mit der Idee «positiver Freiheit» verknüpft sind.[77] Ging es in der Liberalismus-Kommunitarismus-Debatte der 1980er und frühen 1990er Jahre noch wesentlich um die «alte» Frage, welche Tugendanforderungen realistischerweise an die Bürger gestellt werden können – wobei freilich auf beiden Seiten auch normative Überlegungen hinsichtlich der Einrichtung einer gerechten bzw. guten politischen Ordnung eine Rolle spielten (→ Kap. *Freiheit und Gerechtigkeit*) –, so stellen moderne Republikaner wie Quentin Skinner[78] und ihm folgend Philip Pettit[79] die Sicherung negativer Freiheit ins Zentrum. Die freie Republik wird hier als eine politische Ordnung begriffen, die die Mittel zur Erhaltung der negativen Freiheit der Bürger bereitstellt, wobei bürgerliche Tugend, politische Partizipation und Gemeinwohlorientierung als Mittel zum Zweck der Sicherung negativer Freiheit verstanden werden und nicht mehr als eigenständige, republikanische Ordnungen auszeichnende Werte.

Indem sie auf die tendenziell elitäre, aristokratische und demokratische Elemente verbindende Institutionenordnung der römischen Republik zurückgreifen, beziehen neo-römische Republikaner einerseits die Gegenposition zu einem an Aristoteles und der athenischen Polis-Verfassung orientierten «demokratischen Republikanismus», den sie – in der Pointierung von Philip Pettit – als «populistischen» Ansatz diskreditieren. Auf der anderen Seite attestieren sie dem Liberalismus einen verkürzten Begriff negativer Freiheit und kritisieren die damit einhergehende Blindheit für gesellschaftliche und politische Machtverhältnisse. Dieser durchaus geschickte ideenpolitische Schachzug, über die kritische Vermittlung von republikanischen und liberalen Denkmotiven einen modernen, auf die institutionellen Voraussetzungen von Freiheit als Unabhängigkeit (Skinner) bzw. als Nicht-Beherrschung (Pettit) abstellenden Republikanismus zu begründen, ist trotz des starken Bezugs auf Machiavelli und seine Romrezeption doch ein «entkernter» Republikanismus. Die politisch brisante Schlüsselfrage, inwiefern eine freiheitlich-demokratische Ordnung stabilitätspolitisch auf die Tugenden ihrer Mitglieder angewiesen ist und ob moderne liberal-demokratisch verfasste Ordnungen imstande sind, diese sozio-moralischen Voraussetzungen zu generieren und über eine konfliktaffine politische Kultur zu befördern, wird zugunsten einer Neudefinition der Freiheit-zu-und-Freiheit-von-Relationierung weitgehend ausgeblendet. Aus dem Blick geraten dabei auch moderne Ansätze, die auf eine originelle Vermittlung zwischen einem «konfliktiven Liberalismus» und einem «dissentiven Republikanismus» abstellen.

Diese um Konflikt und Dissens zentrierte Vermittlung von Liberalismus und Republikanismus, die wir etwa bei republikanischen Liberalen bzw. liberalen Republikanern wie Hannah Arendt, Michael Walzer und Chantal Mouffe beobachten können, insistiert zum einen darauf, «dass erst durch die freie Partizipation in öffentlichen Assoziationen der Schutz der negativen Freiheit, den je eigenen Weg eines guten Lebens finden zu dürfen, gesichert werden könne».[80] Zum anderen finden wir hier eine moderne konfliktaffine Reformulierung des Republikanismus, die sich sowohl gegen das derzeit dominante normative Modell der deliberativen Demokratie wendet als auch einen stabilitätspolitischen Einspruch gegen eine tendenziell konfliktaverse politische Praxis richtet. Der «Republikanismus» wird hier als eine Tradition politischen Denkens ausgezeichnet, die drei Kerncharakteristika umfasst: die zentrale Funktion der Öffentlichkeit als Ort demokratischer Deliberation und politischer Entscheidungsfindung, der hohe tugendethische Anspruch an die Kompetenz der Bürger und die stabilitätspolitische Norm, dass in der öffentlich sichtbaren Austragung politischer Konflikte die republikanische Ordnung auf Dauer gestellt wird.

Diese Charakteristika republikanischen Denkens lassen sich in systematischer Hinsicht, aber auch in problemdiagnostischer Absicht als drei zentrale Funktionen politischer Öffentlichkeit reformulieren: Als bevorzugter Ort politischer Partizipation ist die Öffentlichkeit *erstens* der Ort, an dem die Bürgertugenden des Gemeinsinns und der Urteilskraft ausgebildet werden. Die Öffentlichkeit ist *zweitens* der Handlungs- und Erscheinungsraum politischer Eliten, die im Wettbewerb untereinander für ihre distinkten politischen Projekte um Zustimmung und Unterstützung werben. Die Öffentlichkeit ist *drittens* der Ort, an dem gesellschaftliche Konflikte thematisiert und bearbeitet werden, und damit zugleich der bürgerschaftliche bzw. zivilgesellschaftliche Assoziationsraum, in dem Einspruch und Widerspruch artikuliert werden, also die Macht der repräsentativen Eliten kontrolliert und begrenzt wird.

1 Niccolò Machiavelli, *Il Principe/Der Fürst*, übersetzt und hrsg. von Philipp Rippel, Stuttgart 1986, S. 9.
2 Immanuel Kant, «Zum Ewigen Frieden», in: ders. *Werke*, Bd. 9, Darmstadt 1970, S. 206 (Hervorhebung im Text).
3 Ebd., S. 206 f. (Hervorhebung im Text).
4 Kant, «Metaphysik der Sitten § 45», in: ders. *Werke*, Bd. 7, S. 431.
5 Ebd.
6 Kant, «Zum Ewigen Frieden», S. 207 (Hervorhebung im Text). Im Hintergrund von Kants Überlegung steht Rousseaus Unterscheidung zwischen *volonté générale* und *volonté des tous*.
7 Ebd.
8 Die Münsteraner Politikwissenschaftlerin Karin Priester, die sich schon früh um eine kritische Auseinandersetzung mit dem Populismus bemüht hat (*Populismus. Historische und aktuelle Erscheinungsformen*, Frankfurt am Main 2007; *Rechter und linker Populismus. Annäherung an*

*ein Chamäleon*, Frankfurt am Main 2012), hat ihre Populismuskritik inzwischen zu einer Kritik an jüngeren Theorien der direkten Demokratie weiterentwickelt (vgl. *Mystik und Politik. Ernesto Laclau, Chantal Mouffe und die radikale Demokratie*, Würzburg 2014).

9 Vgl. dazu die Beiträge von Hans Vorländer und Herfried Münkler in der Zeitschrift *Totalitarismus und Demokratie*, 8. Jg., 2011, Heft 2.

10 Kant, «Zum Ewigen Frieden», S. 207f. (Hervorhebung im Text).

11 Kant «Idee zu einer allgemeinen Geschichte in weltbürgerlicher Absicht», in: ders. *Werke*, Bd. 9, S. 40 und 41; diese und ähnliche Stellen werden zumeist als ein Erbe Luthers im Denken Kants interpretiert. In Luthers Schrift *Von weltlicher Obrigkeit* etwa heißt es über die Aufgaben des weltlichen Regiments: «Es ist, wie man ein wildes, böses Tier in Ketten und Bande legt, damit es nicht beißen und reißen kann nach seiner Art, obwohl es das gern wollte.» Wenn nun einer die Welt allein nach dem Evangelium regieren wöllte und auf Recht und Schwert verzichten würde, so wäre das so, als würde er «den wilden bösen Tieren die Bande und Ketten auflösen, daß sie jedermann zerrissen und zerbissen, und würde dabei geltend machen, es seien ja feine, zahme, kirre Tierlein; ich würde das aber an meinen Wunden wohl fühlen». Die Welt bedürfe des weltlichen Regiments, «denn (...) die Masse ist und bleibt unchristlich, auch wenn sie alle getauft sind und Christen heißen». Martin Luther, *Von weltlicher Obrigkeit*, Hamburg 1964 (= Calwer Lutherausgabe, Bd. 4), S. 20 und 21.

12 Machiavelli, *Il Principe/Der Fürst*, XVII, S. 122.

13 Ebd., Kap. XVIII, S. 141.

14 Zur Entstehung der drei politischen Strömungen im Gefolge der Französischen Revolution vgl. Klaus von Beyme, *Liberalismus. Theorien des Liberalismus und Radikalismus im Zeitalter der Ideologien. 1789–1945*, Wiesbaden 2013; ders., *Konservatismus. Theorien des Konservatismus und Rechtsextremismus im Zeitalter der Ideologien. 1789–1945*, Wiesbaden 2013, sowie ders., *Sozialismus. Theorien des Sozialismus, Anarchismus und Kommunismus im Zeitalter der Ideologien. 1789–1945*, Wiesbaden 2013. Zum Liberalismus im 19. Jahrhundert vgl. auch Lothar Gall/Rainer Koch (Hgg.), *Der europäische Liberalismus im 19. Jahrhundert. Texte zu seiner Entwicklung*, 4 Bde., Frankfurt am Main/Berlin/Wien 1981; zu demselben Zeitraum speziell für Deutschland James J. Sheehan, *Der deutsche Liberalismus. Von den Anfängen im 18. Jahrhundert bis zum Ersten Weltkrieg*, München 1983.

15 In diesem Sinne eher Figurationen liberalen Denkens als dem Liberalismus im Sinne einer politischen Strömung gewidmet ist Richard Faber (Hg.), *Liberalismus in Geschichte und Gegenwart*, Würzburg 2000.

16 Dazu Helmut Koenigsberger (Hg.), *Republiken und Republikanismus im Europa der Frühen Neuzeit*, München 1988.

17 Zur alttestamentarischen Grundierung des englischen Republikanismus vgl. Hans-Christoph Schröder, *Die Revolutionen Englands im 17. Jahrhundert*, Frankfurt am Main 1986, insbes. S. 134ff.; zum amerikanischen Republikanismus und der für ihn charakteristischen Verbindung klassisch-antiker und christlich-alttestamentarischer Motive vgl. Gordon S. Wood, *The Creation of the American Republic 1776–1786*, Chapel

Hill 1989, insbes. S. 46–124, sowie John G. A. Pocock, *The Machiavellian Moment. Florentine Political Thought and the Atlantic Republican Tradition*, Princeton/London 1975, S. 333–552.

18 Kant, «Metaphysik der Sitten», S. 347 und 508 f.

19 Kant, «Zum Ewigen Frieden», S. 224.

20 Ebd., S. 223 (Hervorhebung im Text).

21 Ebd., S. 227 f.

22 Adam Smith, *Der Wohlstand der Nationen. Eine Untersuchung über seine Natur und seine Ursachen*, I, 2, hrsg. von Horst Claus Recktenwald, München 1978, S. 17; dazu aus politiktheoretischer Sicht Matthias Bohlender, «Herrschen, Regieren, Regulieren. Zur liberalen politischen Rationalität von Adam Smith», in: Faber (Hg.), *Liberalismus*, S. 79–95.

23 Smith, *Wohlstand*, IV, 2, S. 371.

24 Kant, «Zum Ewigen Frieden», S. 224.

25 Dazu Dick Howard, *Die Grundlegung der amerikanischen Demokratie*, Frankfurt am Main 2001, insbes. S. 221 ff.

26 Dass diese Darstellung in der Regel historisch inkorrekt oder zumindest übertrieben ist, hat deren Wirksamkeit in der späteren Rezeption nicht verhindert; zur Rezeption des «klassischen Republikanismus» in der Frühen Neuzeit und danach vgl. Wilfried Nippel, «Bürgerideal und Oligarchie. ‹Klassischer Republikanismus› aus althistorischer Sicht», in: Koenigsberger (Hg.), *Republiken und Republikanismus*, S. 1–18; ders., «Republik, Kleinstaat, Bürgergemeinde. Der antike Stadtstaat in der neuzeitlichen Theorie», in: Peter Blickle (Hg.), *Theorien kommunaler Ordnung in Europa*, München 1996, S. 225–247; ders., «‹Klassischer Republikanismus› in der Zeit der Englischen Revolution. Zur Problematik eines Interpretationsmodells», in: Wolfgang Schuller (Hg.), *Antike in der Moderne*, Konstanz 1985, S. 211–224.

27 Vgl. Herfried Münkler, *Machiavelli. Die Begründung des politischen Denkens der Neuzeit aus der Krise der Republik Florenz*, Frankfurt am Main 1982, S. 313 ff.

28 Sallust, *Werke*, Lateinisch-deutsch von Werner Eisenhut und Josef Lindauer, München und Zürich 1985, S. 17.

29 Ebd., S. 17–19. Sallust nimmt hier Motive auf, die Thukydides in seiner Ätiologie des Peloponnesischen Krieges (→ Kap. *Krieg und Bürgerkrieg*) entwickelt hatte, und überträgt sie auf Frieden und Wohlstand. Obendrein kehrt er den Platz von Herrschsucht und Geldgier in der Abfolge von Krieg und Frieden um; für ihn sind sie nicht mehr Folgen des Krieges, wie bei Thukydides, sondern deren Ursachen. An die Stelle der Konstruktion einer «guten Vergangenheit» als sozio-moralischer Spiegel der Gegenwart kann auch die Konstruktion des Anderen, konkret: des Barbaren, treten, wie Tacitus dies in seiner kleinen Schrift *Germania* getan hat: Am Fremden wollte er den Römern vor Augen führen, wie sie einst gelebt und gehandelt hatten und wie sie wieder sein müssten, wenn sie sich gegen die Barbaren behaupten wollten.

30 Karl Marx, «Der achtzehnte Brumaire des Louis Bonaparte», in: ders./Friedrich Engels, *Werke*, Bd. 8, S. 150; in diesem Zusammenhang findet sich auch Marx' frühe Abrechnung mit dem Populismus, gleichgültig, ob er sich

politisch rechts oder links geriert: So habe Bonaparte «durch kindisch alberne Vorschläge Popularität zu erobern» versucht, denn nur die gegenwärtigen Verhältnisse verhinderten, «dem französischen Volk seine Schätze zu erschließen. So der Vorschlag, den Unteroffizieren eine tägliche Zulage von vier Sous zu dekretieren. So der Vorschlag einer Ehrenleihbank für die Bürger. Geld geschenkt und Geld gepumpt zu erhalten, das war die Perspektive, womit er die Massen zu ködern hoffte. Schenken und Pumpen, darauf beschränkt sich die Finanzwissenschaft des Lumpenproletariats, des vornehmen und des gemeinen. Darauf beschränken sich die Sprungfedern, die Bonaparte in Bewegung zu setzen wußte. Nie hat ein Prätendent platter auf die Plattheit der Massen spekuliert.» (Ebd., S. 154 f.).

31 Machiavelli, *Discorsi III*, 1; dt. Gesamtausgabe, übersetzt, eingeleitet und erläutert von Rudolf Zorn, Stuttgart 2007, S. 284.

32 Ebd., S. 286. Machiavelli hatte freilich Zweifel, dass Gesetze allein ausreichten: «Diese Gesetze aber müssen mit Leben erfüllt werden durch die Tüchtigkeit (*virtù*) eines Mannes, der den Mut hat, sie gegen den Einfluß jener, die dagegen verstoßen, zur Geltung zu bringen» (ebd.).

33 Im Gegensatz zu Lesarten, die im Republikanismus eine Elitentheorie angelegt sehen, die auf eine Auswahl der Besten, nämlich der zur Selbstregierung fähigen Bürger abstellt (Marcus Llanque, «Der Republikanismus: Geschichte und Bedeutung einer politischen Theorie», in: *Berliner Debatte Initial*, 14. Jg., 1 (2003), S. 3–15), relativiert Alessandro Pinzani («Brauchen wir Bürgertugenden oder demokratische Institutionen? Gegen einige Irrtümer des Republikanismus», ebd., S. 34–44) die Annahme eines dem Republikanismus immer schon inhärenten elitären Vorbehalts, wenn er zwischen einem demokratischen und einem aristokratischen Republikanismus unterscheidet: Während Ersterer gegen die Gefahr oligarchischer Abkopplungstendenzen der Minderheit gegenüber der durch sie repräsentierten Mehrheit für die (radikale) Ausweitung demokratischer Beteiligungsformen optiert, tendiert der aristokratische Republikanismus angesichts der als gefährlich erachteten Entscheidungen einer plebejischen Mehrheit zu elitären Gegenmitteln.

34 Jean Starobinski, *1789. Die Embleme der Vernunft*, München 1989, Abb. 7 und S. 63 ff.

35 Machiavelli, *Discorsi III*, 3, S. 291.

36 Ebd., S. 292.

37 Ebd.

38 Einschlägig ist hier *Discorsi* III, 6.

39 Machiavelli, *Discorsi* I, 17, S. 63.

40 Georges Sorel, *Réflexions sur la Violence*, 1906. Dt.: *Über die Gewalt*, übersetzt von Ludwig Oppenheimer, Frankfurt am Main 1981; diese Differenz ist unzureichend beachtet bei Erwin Faul, *Der moderne Machiavellismus*, Köln/Berlin 1961, S. 226–258.

41 Machiavelli, *Discorsi* I, 5, S. 20.

42 Machiavelli, *Discorsi* I, 17, S. 64.

43 Dazu Alois Riklin, *Giannotti, Michelangelo und der Tyrannenmord*, Bern/Wien 1996.

44 Francesco Guicciardini, *Ricordi* II, 121; dt. Ausgabe unter dem Titel

*Vom bürgerlichen und politischen Leben*, hrsg. von Ernesto Grassi, Berlin o. J.

45 Vgl. Hugo Friedrich, *Montaigne*, Bern und München ²1967, sowie Jean Starobinski, *Montaigne. Denken und Existenz*, Darmstadt, 1986. Zur Gruppe der Moralisten gehören weiterhin Baltasar Gracián, La Rochefoucault und Friedrich Nietzsche.

46 Michel de Montaigne, *Essais*, hrsg. von Herbert Lüthi, Zürich 1953, S. 521.

47 Ebd.

48 Etienne de La Boétie, *Von der freiwilligen Knechtschaft*, hrsg. von Horst Günther, Frankfurt am Main 1980, S. 65.

49 Ebd., S. 77.

50 Shakespeare, *Julius Caesar*, III, 2.

51 Montesquieu, *Vom Geist der Gesetze* (III, 4), übersetzt und hrsg. von Ernst Forsthoff, Tübingen ²1992, Bd. 1, S. 38.

52 Ebd., S. 35.

53 Ebd., S. 35 f. (Hervorhebungen im Text). Montesquieu bedient sich hier der von Thukydides in der Ätiologie des Peloponnesischen Krieges entwickelten Analyse semantischer Verschiebungen – nur dass sie hier nicht das Ergebnis von Verfeindung und Gewalt, sondern eine Begleiterscheinung von Tugendverlust sind.

54 So vor allem von Alfred von Martin, *Soziologie der Renaissance* [1931], München ³1974, S. 123 ff.; sowie René König, *Machiavelli. Zur Krisenanalyse einer Zeitenwende* (1941), München/Wien 1979, S. 120 ff.

55 Jean-Jacques Rousseau, Fragment «Der Luxus, der Handel, und die Künste», in: ders., *Politische Schriften*, Bd. 1, hrsg. von Ludwig Schmidts, Paderborn 1977, S. 245.

56 Rousseau, Fragment «Von der Ehre und von der Tugend», in: ders., *Politische Schriften*, Bd. 1, S. 233.

57 Die Frage nach einer intellektuellen Ziehvaterschaft Rousseaus gegenüber der Politik des *Terreur* ist immer wieder kontrovers diskutiert worden. Ideengeschichtlich lässt sie sich so zuspitzen: Gehörte Rousseau eher zur Gruppe der resignativ-melancholischen Republikaner oder zu denen, die den Versuch, eine Republik tugendhafter Bürger zu gründen, in jedem Fall wagen wollten; zum Bild eines eher resignativen Rousseau vgl. Iring Fetscher, *Rousseaus politische Philosophie. Zur Geschichte des demokratischen Freiheitsbegriffs*, Frankfurt am Main 1975, S. 259 ff.

58 So etwa Peter Fischer in der Einleitung zu dem von ihm herausgegebenen Band *Reden der Französischen Revolution*, München 1974, S. 50.

59 Maximilien Robespierre, *Ausgewählte Texte*. Mit einer Einleitung von Carl Schmid, Gifkendorf ²1989, S. 575.

60 Ebd., S. 578.

61 Ebd., S. 585.

62 Ebd., S. 586.

63 Ebd., S. 587.

64 Ebd., S 591 f.

65 Georg Wilhelm Friedrich Hegel, *Phänomenologie des Geistes*, hrsg. von Johannes Hoffmeister, Hamburg ⁶1952, S. 274 ff. und 413 ff.

66 Vgl. Hartmut Neuendorff, *Der Begriff des Interesses. Eine Studie zu den Gesellschaftstheorien von Hobbes, Smith und Marx*, Frankfurt am Main 1973, sowie Albert O. Hirschman, *Leidenschaften und Interessen. Politische Begründungen des Kapitalismus vor seinem Sieg*, Frankfurt am Main 1980, insbes. S. 39 ff.

67 Vgl. Edward S. Thompson, *Plebejische Kultur und moralische Ökonomie. Aufsätze zur englischen Sozialgeschichte des 18. und 19. Jahrhunderts*, ausgewählt und eingeleitet von Dieter Groh, Frankfurt am Main/Berlin/Wien 1980, insbes. S. 66–129; ders., *Die Entstehung der englischen Arbeiterklasse*, Frankfurt am Main 1987, Bd. 1, S. 447 ff., sowie, auf das agrarische Italien bezogen, Giovanni Levi, *Das immaterielle Erbe. Eine bäuerliche Welt an der Schwelle zur Moderne*, Berlin 1986.

68 Ferdinand Tönnies, *Gemeinschaft und Gesellschaft. Grundbegriffe der reinen Soziologie*, Darmstadt [3]1991, S. 7–33.

69 So hat Crawford B. Macpherson seine Studie über die Vertragstheorien von Hobbes und Locke unter dem Titel *Theorie des Besitzindividualismus* (Frankfurt am Main 1973) veröffentlicht.

70 Bernard Mandeville, *Die Bienenfabel oder Private Laster, öffentliche Vorteile*, hrsg. von Walter Euchner, Frankfurt am Main 1968.

71 Vgl. John G. A. Pocock, *Virtue, Commerce, and History. Essays on Political Thought and History, Chiefly in the Eighteenth Century*, Cambridge u. a. 1985; Istvan Hont/Michael Ignatieff (Hgg.), *Wealth and Virtue. The Shaping of Political Economy in the Scottish Enlightenment*, Cambridge 1983.

72 John Millar, *Vom Ursprung des Unterschieds in den Rangordnungen und Ständen der Gesellschaft*, Frankfurt am Main 1985, S. 123.

73 Ebd., S. 215 f.

74 Adam Ferguson, *Versuch über die Geschichte der bürgerlichen Gesellschaft*, hrsg. und eingeleitet von Zwi Batscha und Hans Medick, Frankfurt am Main 1988, S. 115.

75 Ebd., S. 113.

76 Adam Smith, *Theorie der moralischen Gefühle*, hrsg. von Walther Eckstein, Hamburg 1985, S. 525.

77 Vgl. Philipp Hölzing, «Der Republikanismus in der Politischen Theorie und Ideengeschichte», in: *Zeitschrift für Politische Theorie*, Jg. 5, 2014, Heft 1, S. 11–30.

78 Quentin Skinner, «Die Idee der negativen Freiheit. Machiavelli und die moderne Diskussion», in: ders. *Visionen des Politischen*, Frankfurt am Main 2009, S. 135–172; ders., «A Third Concept of Liberty», in: *Proceedings of the British Academy 117:2001 Lectures*, Oxford 2002, S. 237–268; ders., *Hobbes and Republican Liberty*, Cambridge 2008.

79 Philip Pettit, *Republicanism. A Theory of Freedom and Government*, Oxford 1997.

80 Vincent Rezpka/Grit Straßenberger, «Für einen konfliktiven Liberalismus. Chantal Mouffes Verteidigung der liberalen Demokratie», in: *Zeitschrift für Politische Theorie*, Jg. 5, 2014, Heft 2, S. 217–233, S. 231.

**Weiterführende Literatur:**

von Beyme, Klaus: *Liberalismus. Theorien des Liberalismus und Radikalismus im Zeitalter der Ideologien 1789–1945*, Wiesbaden 2013.

Faber, Richard (Hg.): *Liberalismus in Geschichte und Gegenwart*, Würzburg 2000.

Gall, Lothar/Koch, Rainer (Hgg.): *Der europäische Liberalismus im 19. Jahrhundert, Texte zu seiner Entwicklung*, 4 Bde., Frankfurt am Main u. a. 1981.

Howard, Dick: *Die Grundlegung der amerikanischen Demokratie*, Frankfurt am Main 2001.

Koenigsberger, Helmut (Hg.): *Republiken und Republikanismus im Europa der Frühen Neuzeit*, München 1988.

Münkler, Herfried (Hg.): *Bürgerreligion und Bürgertugend. Debatten über die vorpolitischen Grundlagen politischer Ordnung*, Baden-Baden 1996.

Schulz, Daniel: *Die Krise des Republikanismus*, Baden-Baden 2015.

## Kapitel 6

# DER VERTRAG UND DIE ERZÄHLUNG. KONTRAKTUALISMUS UND NARRATION ALS LEGITIMATIONSFORMEN DER POLITISCHEN ORDNUNG

Dass wir es im Bereich der Politik immer auch mit Gefühlen und Leidenschaften zu tun haben, dass Emotionen wie Neid, Wut, Furcht, aber auch Mitleid, Liebe und Zuneigung eine handlungsmotivierende Rolle zukommt, wird kaum ernsthaft bestritten. Umstritten ist jedoch die Bewertung von Gefühlen. Von Beginn des abendländischen politischen Denkens an standen Gefühle unter dem Generalverdacht des Irrationalen. Nicht oder nur schwer zu kontrollieren, galten sie als Gefahr für die Stabilität politischer Gemeinwesen. Häufig wurde dabei die von Leidenschaften geprägte Politik mit der Demokratie als «schlechte» bzw. «entartete» Staatsform verbunden. Platon ist der erste in einer langen Reihe von Elitetheoretikern, der aus einem tief sitzenden Affekt gegen die stimmungsbehaftete Herrschaft der Massen heraus für die Errichtung einer Philosophenherrschaft plädierte, also für die Regierung einer von rationaler Lebensführung und Vernunft geprägten Gruppe von Experten. Das rationalistische Vorurteil gegen leidenschaftliche Politik blieb freilich nicht unwidersprochen. Bereits Aristoteles hat Mitleid und Freundschaft als dem guten, gerechten Handeln förderlich bezeichnet.

Ob und welche Emotionen die Stabilität der politischen Ordnung befördern, wie Leidenschaften wirksam aus dem politischen Prozess der Meinungsbildung und Entscheidungsfindung herausgehalten oder herrschaftstechnisch gehegt werden können, welche Folgen eine allein auf Rationalität setzende Politik zeitigt, in der es kaum noch legitime Artikulationsmöglichkeiten für leidenschaftliche Bekenntnisse gibt, darüber wird gegenwärtig nicht nur im akademischen Kontext gestritten. In der politiktheoretischen Debatte hat der US-amerikanische Gesellschaftstheoretiker Michael Walzer klar Position bezogen. Für ihn ist Politik die leidenschaftliche Auseinandersetzung um die Verbindlichkeit von Werten und

Normen. Der konfliktaffine Denker hat damit nicht nur einen grundsätzlichen Einspruch gegen einen nicht selten mit dem Anspruch der Alternativlosigkeit verbundenen politischen Rationalitätsgestus formuliert, sondern innerhalb der eigenen Disziplin auch jene Ansätze scharf kritisiert, die auf eine rationalistische Lösung gesellschaftlicher Konflikte setzen. Explizit gegen die von John Rawls im 20. Jahrhundert revitalisierte kontraktualistische Tradition der rationalen Begründung politischer Ordnung über die theoretische Fiktion eines Gesellschaftsvertrages stellt Walzer die identitätsstiftende, Menschen emotional bindende Kraft politischer Narrationen.

Vertrag und Erzählung gelten als zwei politiktheoretische Modelle der Begründung und Rechtfertigung staatlich-politischer Ordnungen, in denen das Verhältnis von Vernunft und Emotion zentral verhandelt wird. Diese Unterscheidung zwischen kontraktualistischen, die regulative Funktion des Vertrages betonenden Theorien und narrativ-hermeneutischen Ansätzen, die auf die Verbindlichkeit politischer Identitätserzählungen abstellen und für die Rückbindung von politischer Theorie an Erfahrung plädieren, wird in der sich gegenwärtig etablierenden politikwissenschaftlichen Narratologie unterlaufen. Der narratologischen Deutung zufolge handelt es sich auch bei der Theorie des Gesellschaftsvertrages um eine politische Erzählung, deren normative Ansprüche über die Analyse narrativer Strukturen sichtbar gemacht werden können.

## Alles Narration? Ansätze einer politikwissenschaftlichen Narratologie

Dass literarischen und poetischen Narrationen eine sinnstiftende und identitätsbildende Funktion zukommt, kann als Allgemeinplatz gelten. Solche Narrationen sind etwa unter dem Rubrum der politischen Mythen behandelt worden.[1] Weit weniger geteilt wird jedoch die weiterreichende Annahme, Erzählungen seien konstitutiver Bestandteil der Herstellung politischer und sozialer Wirklichkeit, denn sie berührt die in den Geistes- und Sozialwissenschaften gegenwärtig höchst kontrovers diskutierte Frage, ob Sprache «Realität nicht nur beschreibbar macht, sondern auch als Medium ihrer Konstruktion funktioniert».[2] Die kommunikative Dimension politischen Handelns im Sinne der Sprachvermitteltheit von Politik wird in narrativen Ansätzen grundsätzlicher gefasst: Zum einen ist damit die explizite oder implizite anthropologische Annahme verbunden, der Mensch sei ein «narrative animal», ein «Geschichten erzählendes Tier» (Alasdair MacIntyre) bzw. ein «self-interpreting animal» (Charles Taylor). Kommunitaristische Autoren, wie MacIntyre und Taylor, aber auch Michael Walzer, stellen einen narrativen Politikbegriff, der die konstitutive Rolle von politischen Erzählungen und der in ihnen aufgehobenen kollektiven Erfahrungen für die Identität menschlicher Gemeinschaften betont, gegen das aus ihrer Sicht individualistisch und rationalistisch verkürzte Modell deliberativer Politik. Zum anderen bricht das Konzept des *homo narrans* die tradierte *mythos-logos*-Unterscheidung auf. Der Erzählung wird nicht nur eine Menschen emotional bindende Qualität zugesprochen, sondern zudem eine spezifische Rationalität attestiert, die insbesondere im Bereich des Politischen zum Tragen kommt, in dem es um überzeugende Argumentation und Beweisführung geht.[3]

Die seit einiger Zeit in den öffentlichen Debatten zur Politik, aber eben auch in den geistes- und sozialwissenschaftlichen Disziplinen zu beobachtende Hinwendung zur Erzählung[4] stellt das in der Liberalismus-Kommunitarismus-Debatte der 1980er und 1990er Jahre auf den Gegensatz zwischen Traditionalismus und Rationalismus zugespitzte wissenschaftliche Urteil in Frage, bei Erzählungen handele es sich um kulturell imprägnierte Darstellungen sehr spezifischer menschlicher Erfahrungen, die kaum zu verallgemeinern seien und die den Ansprüchen einer systematischen, allgemeingültige Aussagen generierenden Analyse nicht genügten. Die sich gegenwärtig noch in den konzeptionellen Anfängen befindende politikwissenschaftliche Erzähltheorie unternimmt im Rückgriff auf die in den Literaturwissenschaften entstandene Poetologie und Narratologie sowie im Anschluss an die kulturtheoretischen Forschungen zu einer *Allgemeinen Erzähltheorie* (Albrecht Koschorke) den Versuch, ein kulturwissenschaftlich erweitertes Methoden- und Theoriedesign zu entwickeln, das narrative Elemente im Politischen wie in der Politischen Theorie ausfindig und einer systematischen Analyse zugänglich machen soll. In den ambitionierten Versuchen, eine politikwissenschaftliche Narrationsforschung zu etablieren, wird nicht nur die in der Kommunitarismus-Liberalismus-Debatte zugrunde gelegte Unterscheidung zwischen narrativ-hermeneutischen Konzeptionen und konkurrierenden Ansätzen, seien diese nun naturrechtlicher, geschichtsphilosophischer oder deontologisch-konstruktivistischer Art, absichtsvoll unterlaufen, auch die etablierten methodologischen Abgrenzungen zwischen diskursiven, begriffstheoretischen, diskursanalytischen und hermeneutisch-interpretativen Ansätzen werden auf den Prüfstand gestellt.[5] In den narratologischen Blick geraten damit auch performative Konzeptionen des Politischen, wie sie etwa von Hannah Arendt, Bonnie Honig und Chantal Mouffe entwickelt wurden. Politische Theorie wird hier zur Intervention in gesellschaftliche Deutungskämpfe, wobei die leitende Grundannahme ist, dass die soziale Wirklichkeit wesentlich diskursiv bzw. narrativ verfasst ist, also in erheblichem Maße durch sprachliche Akte konstituiert wird.[6] Dass es sich dabei um performative Theorien des Politischen handelt, ist freilich eine nachträgliche Zuschreibung. Sie beruht auf performativitätstheoretischen Ansätzen, wie sie in der Sprachphilosophie, Kulturwissenschaft und Historiographie im Anschluss an den von so unterschiedlichen Denkern wie Ludwig Wittgenstein, Roland Barthes, John L. Austin und John R. Searle forcierten *linguistic turn* und den durch ihn inspirierten *narrative turn* entwickelt wurden. Die politikwissenschaftliche Narrationsforschung teilt mit der Performativitätstheorie nicht nur einen weiten Begriff sozialer Institutionen, die als sprachlich bzw. narrativ verfasste Konstrukte vorgestellt werden, denen andere Narrationen und konkurrierende Deutungsangebote entgegengestellt werden können, sondern auch den Einspruch gegen den objektiven Status von Theorie. Performativitätstheoretische Ansätze begreifen die theoretische Reflexion sozialer und politischer Praxis selbst als eine kontingente Narration, die nicht den Anspruch auf Objektivität erheben kann.[7] Über das Aufdecken narrativer Elemente in allen Sozialtheorien und die Behauptung der spezifischen Rationalität von Narrationen wird der Anspruch von rationalistischen Theorien auf Allgemeingültigkeit und Unparteilichkeit bestritten. Selbst konstitutiver Bestandteil einer von Machtverhältnissen durchzogenen, also herrschaftlich oder hegemonial strukturierten Welt der menschlichen Angelegenheiten, haben sie an deren Reproduktion in privilegierter Weise teil.[8]

Die Unhintergehbarkeit der kulturellen Prägung und mithin die Parteilichkeit von Gesellschaftstheorie und politischer Theorie hat bereits Walzer in den 1980er Jahren behauptet, als er Rawls' wirkmächtigen Ansatz eines rechtfertigungstheoretischen Kontraktualismus als zum Scheitern verurteilten «Fluchtversuch» bezeichnet hat, seiner kulturellen und politischen Verhaftung hin zu einem allgemeinen, objektiven Standort der Kritik zu entkommen. Walzer hat damit freilich nicht behauptet, Rawls' Theorie sei narrativ. Ihm ging es vielmehr um den Nachweis, dass auch Rawls interpretativ vorgehe, also den gesellschaftlichen Verhältnissen verhaftet bleibe, die er über die Konstruktion eines fiktiven Urzustandes wahrer Unparteilichkeit zu transzendieren suche.

Dieser Vorwurf ist auch gegen Thomas Hobbes, den Begründer der modernen Vertragstheorie, und seinen Anspruch erhoben worden, den Staat *more geometrico* zu begründen, also wertneutral und kontextunabhängig mit logisch zwingender Folgerichtigkeit darzulegen, warum es für Menschen rational ist, den konfliktuellen, tendenziell kriegerischen Naturzustand zu verlassen und sich gegenseitig vertraglich zu verpflichten, ihre Macht an eine souveräne Herrschaftsinstanz abzutreten und sich dem *Leviathan* zu unterwerfen. Crawford Macpherson zufolge stellt Hobbes' Naturzustand gerade keinen historisch und kulturell neutralen Ausgangspunkt dar, sondern beschreibt die Natur zivilisierter Menschen in der entstehenden individualistischen «Eigentumsmarktgesellschaft» des 17. Jahrhunderts.[9]

## Thomas Hobbes' staatsphilosophischer Kontraktualismus

Aus der Erfahrung von Unordnung erwächst oft das Interesse an Ordnung, und in der Stiftung von Ordnung wird eine wesentliche Funktion von Politik gesehen.[10] Genauer zu klären bleibt freilich, worin diese politische Ordnungsleistung besteht, auf welche gesellschaftlichen Bereiche sie sich bezieht und vor allem wie die Ordnung herstellende und dauerhaft Stabilität garantierende politische Macht begründet und legitimiert werden kann. Eine der bedeutendsten Theorietraditionen, die im 17. Jahrhundert ihren ersten Höhepunkt erlebte, hat die Antwort auf diese Fragen im Vertragsschluss gesehen: Der sogenannte «Kontraktualismus» bindet die Legitimität einer politischen Ordnung an die vertragliche Übereinkunft seiner Mitglieder. Als legitim gilt demnach nur eine solche politische Ordnung, die durch die freie Vereinbarung ihrer Bürger gestiftet wurde. Die «bedeutendste und zugleich schillerndste Gestalt»[11] in der Theorietradition des Gesellschaftsvertrages ist der englische Philosoph Thomas Hobbes. Er gilt als «Erfinder des reinen Staatsbeweises» und als «Begründer der prozeduralistischen Rechtfertigung, die den Prinzipienobjektivismus des Naturrechts durch konstruktive Einigungsverfahren ersetzt».[12] Hobbes ist der erste, der die Etablierung einer absoluten Herrschaftsordnung auf die freiwillige Zustimmung der ihr Unterworfenen zurückführt und damit auf einen Akt der Autorisierung «von unten».

Im *Leviathan, oder Stoff, Form und Gewalt eines kirchlichen und bürgerlichen Staates* von 1651 begründet Hobbes, warum es im wohlverstandenen Interesse des Menschen liegt, sich einer staatlichen Gewalt bedingungslos zu unterwerfen. Radikal mit der Theorietradition des politischen Aristotelismus brechend, bezeichnet Hobbes das klassische Ideal einer guten, gerechten, dem Gemeinwohl verpflichteten, freiheitlichen Republik als falsch und gefährlich.[13] Durch die Lektüre griechischer und römischer Schriftsteller, wie Aristoteles und Cicero, «wurde es den Menschen von Kindheit an unter dem Einfluß eines falschen Freiheitsbildes zur Gewohnheit, Aufruhr gutzuheißen und die Handlungen ihres Souveräns sowie die Kritik der Kritiker zu kritisieren, was mit soviel Blutvergießen verbunden ist, daß ich wohl recht habe, wenn ich sage, daß niemals etwas so teuer erkauft wurde wie das Erlernen der griechischen und lateinischen Sprache von der westlichen Welt.»[14] Die Aufgabe des Staates ist es Hobbes zufolge gerade nicht, die Freiheit seiner Bürger zu gewährleisten, der Zweck des Staates besteht vielmehr darin, die Sicherheit der «Bürger» dauerhaft zu garantieren. Diese Zwecksetzung folgt unmittelbar aus der Unzulänglichkeit der menschlichen Natur. Hobbes bietet – darin zumindest stimmt er mit Aristoteles überein – eine anthropologische Fundierung des Staates: Werkstoff

*Das wahrscheinlich von dem Kupferstecher Jan Bosse geschaffene Titelbild zur Erstausgabe von Thomas Hobbes'* Leviathan *ist eines der berühmtesten Bilder der politischen Ikonographie. Es ist der Versuch, die Pointen der Hobbes'schen politischen Theorie auf einen Blick darzustellen: der aus vielen kleinen Menschen zusammengesetzte große Mensch, der Schwert und Bischofsstab als Insignien der weltlichen wie der geistlichen Macht in Händen hält und sie wie ein schützendes Dach über eine wohlgeordnete Stadt mit angrenzender friedlicher Landschaft hält. Dass ihm keine Gewalt auf Erden gleichkomme, er somit – modern gesprochen – das Monopol der legitimen physischen Gewaltsamkeit habe, steht als Hiob-Zitat ganz oben auf dem Titelkupfer: «Non est potestas super terram quae comparetur ei.» Die ganze Passage bei Hiob lautet: «Wenn man zu ihm will mit dem Schwert, so reget er sich nicht, oder mit Spieß, Geschoß und Panzer. Er achtet Eisen wie Stroh und Erz wie faules Holz. Kein Pfeil kann ihn verjagen, und die Schleudersteine sind ihm wie Stoppeln. Auf Erden ist ihm niemand gleich. Er ist gemacht, ohne Furcht zu sein.» Ein solcher Staat ist ein Bollwerk gegen die Bürgerkriegsparteien.*

und Konstrukteur des *Leviathan* (diesen biblischen Namen eines Seeungeheuers aus dem Buch Hiob gibt Hobbes dem Staat) ist der Mensch. Während aber Aristoteles den Mensch als ein *zoon politikon* beschreibt, also ein geselliges, in Gemeinschaften lebendes, zur Politik befähigtes Wesen, sieht Hobbes in ihm das ganze Gegenteil. Hobbes zufolge betreibt Aristoteles eine normative Anthropologie, sieht also den Menschen nicht so, wie er ist, sondern wie er sein kann und wie er sein soll. «Lies in dir selbst», fordert dagegen Hobbes den Leser in der Einleitung zum *Leviathan* auf, und du wirst ein egoistisches, selbstsüchtiges, habgieriges, nur auf den eigenen Vorteil bedachtes Wesen entdecken, das zugleich ein furchtsames Wesen ist. Habgier und Furcht sind die beiden zentralen Leidenschaften, die den Menschen nach Hobbes antreiben. Diese Beschreibung des Menschen als ein Individuum, das nur auf seinen eigenen Vorteil bedacht ist, bildet die Grundlage für Hobbes' Staatsphilosophie, die daher auch als «methodologischer Individualismus» bezeichnet wird.[15]

Am Individuum und seiner Furchtsamkeit sowie Kalkülrationalität setzt Hobbes' kontraktualistische Begründung souveräner Macht an. Er argumentiert in drei Schritten, die als *kontraktualistischer Dreischritt* die Theorietradition des Kontraktualismus kennzeichnet: Er konstruiert zunächst einen *Naturzustand*, der höchst problematisch bzw. konfliktuell ist, bietet dann eine Lösung für dieses Problem, indem er einen hypothetischen *Vertrag* vorschlägt, den die Menschen untereinander freiwillig abschließen, um auf diese Weise in einen *Gesellschaftszustand* zu gelangen, der das Gegenteil des Naturzustands ist: ein Zustand des Friedens und der Stabilität.

Der vorgesellschaftliche Naturzustand wird von Hobbes zunächst als ein Zustand vollkommener Freiheit und Gleichheit vorgestellt. Jeder Mensch besitzt das natürliche Recht, alles zu tun, was ihm zur Erlangung seiner individuellen Wünsche geeignet erscheint. Dieses natürliche Recht bezeichnet Hobbes als Recht eines jeden auf alles (*ius omnium in omnia*). Die *erste Qualität* des Naturzustandes als ein Zustand absoluter Freiheit ist zugleich sein Problem, denn die Inanspruchnahme des maßlosen Rechtes auf alles kollidiert mit den Wünschen und Präferenzen anderer Individuen. Das *zweite Kennzeichen* des Naturzustandes ist daher, dass die Konflikte zu einem Zustand des Krieges eines jeden gegen jeden (*bellum omnium contra omnes*) führen können. Dieser potenzielle Kriegszustand entspringt dem egoistischen und maßlosen Bedürfnis des Menschen nach materiellem Wohlergehen, wobei – und das ist das *dritte Kennzeichen* des Naturzustandes – die begehrten Güter, um die sich die Menschen streiten und wegen derer sie sich gegenseitig bekämpfen, knapp sind. Im Naturzustand gibt es zwar nicht immer Krieg, aber die Möglichkeit ist beständig da und erzeugt Verunsicherung und existenzielle Angst.

Es gibt innerhalb des Naturzustandes zwei Möglichkeiten, mit dieser zentralen Gefahr, an Leib und Leben Schaden zu nehmen, umzugehen: Die Menschen können sich aufrüsten, also über Waffen und/oder bezahltes Sicherheitspersonal andere daran hindern, ihnen die angehäuften Güter streitig zu machen, und sie können sich mit anderen zusammenschließen, um kooperativ über die Herstellung und Verteilung der begehrten Güter zu entscheiden.[16] Beide rationalen Strategien der Konfliktbearbeitung schlagen jedoch fehl: Die «Aufrüstungsstrategie» scheitert am *vierten Kennzeichen* des Naturzustandes, nämlich der Gleichheit darin, dass es letztlich keinen wirksamen Schutz vor den Angriffen und Begehrlichkeiten anderer gibt, denn auch der Stärkste muss um sein Eigentum und Leben fürchten. Doch auch die «Kooperationsstrategie» scheitert: Als ein von Natur aus egoistisches, habgieriges Wesen wird der Mensch jede Chance nutzen, um für sich selbst den größten Vorteil aus der Kooperation zu ziehen. Dieses auch als «Trittbrettfahrer» bezeichnete Phänomen meint nichts anderes als die Anerkennung, dass der Mensch ein «egoistischer Nutzenmaximierer» ist, der zu keiner natürlichen Kooperationsgemeinschaft imstande ist.

Das Streben nach maximalem Gewinn, das Misstrauen gegenüber den anderen, die Gier nach Ruhm und das Streben nach Macht verhindern eine stabile zwanglose Vergemeinschaftung, und damit bleibt der Naturzustand, was er der Hobbes'schen Konstruktion nach immer war: ein potenzieller Kriegszustand, in dem jeder um sein Leben fürchten muss. In einem solchen natürlichen Zustand, in dem beständige Furcht und Gefahr eines gewaltsamen Todes herrscht, ist das menschliche Leben «einsam, armselig, ekelhaft, tierisch und kurz».[17] Dennoch sind die von Hobbes imaginierten Erfahrungen des Scheiterns des Aufrüstungsversuchs und der Kooperationslösung nicht nutzlos, denn die «hypothetischen» Menschen, in denen wir uns nach Hobbes freilich alle wiedererkennen sollen, bemerken, dass die Freiheit, alles zu tun, was man will, mit dem Bedürfnis nach Sicherheit kollidiert. Die beiden höchsten Güter, Freiheit und Leben, sind nicht gleichzeitig zu bekommen. Und den Menschen wird bewusst, dass «Verträge ohne Schwert», also ohne

Furcht vor Strafe, «bloße Worte» sind.[18] In der Abwägung der beiden höchsten Güter Freiheit und Sicherheit kommen die Menschen zu dem Schluss, das Leben höher zu bewerten als die Freiheit. Die Sicherheit des Lebens ist aber nur zu garantieren, wenn die Menschen sich nicht nur gegenseitig verpflichten, nach festen Regeln zu leben, sondern zudem eine allgemeine Gewalt bestimmt wird, die über Sanktionen dafür sorgt, dass die Regeln von allen bzw. von jedem eingehalten werden.

Ganz «logisch» ergibt sich aus dem unerträglichen Naturzustand der Vertrag, den jeder mit jedem zugunsten eines Dritten schließt, der in den Vertrag selbst nicht eingeschlossen ist und der durch ihn autorisiert wird, alles zu tun, was dem allgemeinen Frieden und der allgemeinen Sicherheit dient. Dieser Vertrag hat folgenden Wortlaut: «Ich autorisiere diesen Menschen oder diese Versammlung von Menschen und übertrage ihnen mein Recht, mich zu regieren, unter der Bedingung, daß du ihnen ebenso dein Recht überträgst und alle ihre Handlungen autorisierst.»[19] Ist dies geschehen – haben also die Menschen ihre gesamte Macht und Stärke auf einen Menschen oder eine Versammlung von Menschen übertragen, die allein autorisiert ist, alles zu tun, was zur allgemeinen Sicherheit beiträgt, und haben sie sich damit gegenseitig verpflichtet, ihr Recht, sich selbst zu regieren, an eine Person oder Versammlung unter der Bedingung abzugeben, dass jeder sein Recht abtritt und auf diese dritte Person oder Versammlung überträgt, und ist dieser Dritte selbst in den Vertrag nicht eingeschlossen, unterliegt also demzufolge nicht seinen Beschränkungen – ist dies alles geschehen, «so nennt man diese zu einer Person vereinte Menge *Staat*, auf lateinisch *civitas*.» «Dies ist», so Hobbes emphatisch, «die Erzeugung jenes großen *Leviathan* [...], jenes *sterblichen Gottes*, dem wir unter dem *unsterblichen Gott* unseren Frieden und Schutz verdanken [...] Hierin liegt das Wesen des Staates, der, um eine Definition zu geben, *eine Person* ist, *bei der sich jeder einzelne einer großen Menge durch gegenseitigen Vertrag eines jeden mit jedem zum Autor ihrer Handlungen gemacht hat, zu dem Zweck, daß sie die Stärke und Hilfsmittel aller so, wie sie es für zweckmäßig hält, für den Frieden und die gemeinsame Verteidigung einsetzt.* Wer diese Person verkörpert, wird *Souverän* genannt und besitzt [...] *höchste Gewalt*, und jeder andere daneben ist sein *Untertan*.»[20]

Die ordnungsstiftende Leistung des Vertrages besteht darin, dass er die zuvor egalitäre Aggregation im Naturzustand nach einem binären Ordnungsmodell im Gesellschaftszustand differenziert: Auf der einen Seite stehen die Untertanen, die qua Vertrag auf ihr Recht des Widerstands verzichtet haben, und auf der anderen Seite der Souverän, der als Vertragsbegünstigter letzter Inhaber des Rechts auf alles ist. Der Souverän ist darum jedoch keineswegs der aus dem Naturzustand übrig gebliebene letzte Wolf. Er ist zwar vertraglich nicht gebunden, aber dennoch auf den Zweck der Rechtsübertragung, die Gewährleistung der Sicherheit des Volkes, verpflichtet. Ist er aufgrund seiner Schwäche oder seiner fortbestehenden Wolfshaftigkeit nicht in der Lage, diesem Zweck zu genügen, so verliert der Vertrag seine bindende Kraft, der *body politic* zerfällt, und die Gesellschaft sinkt zurück in den Naturzustand.[21] Der Vertrag, wie Hobbes ihn vorstellt, ist dabei so beschaffen, dass in ihm Gesellschaftsvertrag und Herrschaftsvertrag in einer «logischen Sekunde» zusammenfallen: In dem Moment, in dem sich die Menschen versammeln, um aus dem unerträglichen Naturzustand absoluter Freiheit in den Gesellschaftszustand zu gelangen, begründen sie zugleich eine absolute Gewalt, die über sie herrscht und der sie zu unbedingtem Gehorsam verpflichtet sind. Herrschaft oder Anarchie sind die Alternativen, vor die Hobbes die Menschen mit seiner rationalen Begründung des Staates stellt. Und er glaubt, damit unwiderlegbar, also logisch begründet zu haben, warum furchtsame Menschen, wenn sie nur ein bisschen Verstand haben, die Herrschaft bzw. den Gehorsam wählen würden und nicht die Anarchie, also den unerträglichen Zustand absoluter Freiheit. Die stabilitätspolitische Grundidee dieses «Begünstigungsvertrages» ist Friedensstiftung durch Machtmonopolisierung. Der Staatszweck ist – positiv formuliert – der Frieden und – negativ formuliert – die Abwendung von Krieg bzw., genauer gesagt, von Bürgerkrieg, denn den Bürgerkrieg, nicht den Staatenkrieg soll diese Konstruktion absoluter Souveränität verhindern (→ Kap. *Krieg und Bürgerkrieg*).

Der historische Hintergrund von Hobbes' kontraktualistisch begründeter Einsetzung des mächtigen Leviathan sind die chaotischen politischen Verhältnisse in England. Wenngleich Hobbes im *Leviathan* auf jegliche Bezüge zur politischen Situation verzichtet und statt dessen auf das «Verfahren historischer wie geographischer Dekontextualisierung» setzt,[22] so bietet der *Leviathan* eine Antwort auf das *Behemoth*-Problem. *Behemoth* ist der Titel jenes Buches, in dem Hobbes eine historische Ursachenanalyse des Bürgerkrieges in England anstellt. Dieser war 1642 wegen religiöser Fragen – Katholizismus versus Protestantismus einerseits und der Frage, wem die Autorität zukommt, dem Papst oder den weltlichen Herrschern – entbrannt, verband sich aber zudem mit wirtschaftlichen und politischen Streitigkeiten, wie der Frage, ob es dem König zustehe, ohne Zustimmung des Parlamentes die Höhe der Steuern zu bestimmen und einzutreiben, oder grundsätzlicher: ob nur der König das Recht besitze, das Parlament einzuberufen und nach Gutdünken wieder abzuberufen. In dieser Gemengelage von religiösen Auseinandersetzungen, ökonomischen und sozialen Konflikten sowie politischen Kontroversen um Fragen der Verfassung und der Steuer- und Rechtsangelegenheiten hatte der englische König Karl I. Hobbes zufolge versagt. Es war ihm nicht gelungen, diese komplexen Streitpunkte souverän zu entscheiden. Das kostete ihn nicht nur die Herrschaft und das Leben – er wurde 1649 hingerichtet –, sondern stürzte das englische Volk in einen Bürgerkrieg, der mit der Errichtung der Republik unter Oliver Cromwell nur temporär ausgesetzt wurde. Als Hobbes im Jahr 1679 im hohen Alter von 91 Jahren starb, war das Parlament gerade damit beschäftigt, einen katholischen Thronfolger zu verhindern.

Vor diesem historischen Hintergrund, freilich ohne sich explizit auf den Bürgerkrieg in England zu beziehen, liefert Hobbes im *Leviathan* die vertragstheoretische Begründung für die absolute Herrschaft des Souveräns, der durch niemanden gehindert wird, zu tun, was ihm für die Aufrechterhaltung des inneren Friedens geboten scheint. Die Kompetenzen dieser souveränen Macht – die in den Händen eines Monarchen ebenso liegen kann wie einer aristokratischen Versammlung, wobei Hobbes die Monarchie befürwortet – werden durch die Art des Vertrages festgelegt, der ein «Herrschaftsbegründungsvertrag» und eben kein «Herrschaftsbegrenzungsvertrag» ist,[23] d. h. die Machtbefugnisse des Leviathan, des «sterblichen Gottes», sind unbegrenzt und unteilbar (→ Kap. *Souveränität und die Infrastruktur der Macht*). Wenngleich der Souverän das rechtliche Erzeugnis der Bürger ist, so haben die Untertanen kein Recht, sich gegen ihn und die von ihm erlassenen und auch nur von ihm wieder aufzuhebenden Gesetze aufzulehnen. Die Rechte der Untertanen sind gegenüber der Machtfülle des Souveräns rasch aufgezählt: Der Untertan hat die Freiheit, in allen vom Gesetz nicht geregelten Bereichen zu tun, was er für das Vorteilhafteste hält. So besitzt er etwa die Rechte auf wirtschaftliche Vertragshandlungen, auf freie Wohnungswahl, auf Ernährung, freie Berufswahl und das Recht, seine Kinder so zu erziehen, wie es ihm angemessen erscheint. Aber wenngleich sich damit so etwas wie ein liberaler Freiheitsraum für den Einzelnen eröffnet, so ist es letztlich doch der Souverän, der über die Grenzziehung zwischen öffentlich und privat entscheidet, was insbesondere in Kriegszeiten von Belang ist, denn der Souverän besitzt nicht nur das Recht der Kriegserklärung gegenüber anderen Staaten, sondern entscheidet auch über Art und Umfang der für die Kriegsführung nötigen Mittel.

Trotz der umfassenden Befugnisse ist die Macht des Leviathan bei Hobbes durch den Zweck seiner Entstehung begrenzt: Der Souverän muss die körperliche Integrität sowie die Sicherheit seiner Untertanen garantieren. Kann er dies nicht gewährleisten, dürfen die Untertanen ihm den Gehorsam aufkündigen, was freilich bedeutet, dass sich der Staat auflöst und die Menschen in den Leib und Leben bedrohenden Naturzustand zurückfallen. Daher hat Wolfgang Kersting im Anschluss an John Locke den Hobbes'schen Vertrag als «Selbstauslieferungsvertrag» bezeichnet: So klug es immer sein mag, den Naturzustand zu verlassen, so töricht ist es doch, sich einer unkontrollierten, ungeteilten, weder gesetzlich noch verfassungsstaatlich gebundenen Macht auszuliefern.

Gegenüber dieser «Standarddeutung», dass es sich bei Hobbes' Autorisierungsvertrag um eine «vorbehaltlose Unterwerfung der Menschen unter den entstehenden Souverän» handelt, erkennt die jüngere narratologische Interpretation eine «Theorie *bedingter* Autorisierung». Durch die «bewusste Verwendung der Kategorie der Fiktionalität» habe Hobbes die «Grenzen fiktiver Entitäten, wie es Souverän und Untertan sind», deutlich gemacht. Die künstliche Person des Staates bleibt in ihrer Existenz als autorisierter Stellvertreter von der Zwecksetzung ihrer Schöpfer abhängig. Die Beziehung zwischen Untertan und Staat stellt sich dieser Lesart zufolge als eine zwischen Autor und künstlicher Person dar: «Die Existenz der Souveränität, d. h. der künstlichen Person des Staates, ist abhängig von der Zwecksetzung, d. h. der Intention der Autoren, die diese künstliche Person erzeugt haben.»[24] Dass es sich bei dem Hobbes'schen Staatszweck um die Selbsterhaltung handelt, ist in der narratologischen Deutung nachrangig gegenüber der Kernthese, dass die künstliche Person als Geschöpf des Autors nicht mehr die vom Autor hergestellte künstliche Person ist, wenn sie den Intentionen ihres Autors nicht gerecht wird. Hier soll ein «liberales Element» in Hobbes' Autorisierungstheorie selbst aufgedeckt werden, die ansonsten «nahezu einhellig als Ausdruck der Theorie des absoluten Staates gewertet wurde».[25]

Ganz so einhellig ist die Standarddeutung von Hobbes' Autorisierungstheorie freilich nicht. So erkennt etwa Otfried Höffe einen mehrdeutigen Begriff von Autorität bei Hobbes,[26] wobei er die Rückbindung der rechtsetzenden und rechtdurchsetzenden Macht des Souveräns an den Akt der Autorisierung hervorhebt: Im Unterschied zur nackten Gewalt der «Mafia» (*violentia*) verfügt der Souverän über autorisierte Macht (*potestas*).[27] Höffe zufolge läuft Hobbes' Formel «Geltung kraft Autorität» auf die Geltung «kraft Zustimmung aller Betroffenen» hinaus – und damit auf Legitimität im Sinne einer freiwilligen Anerkennung der von den Entscheidungen dieser autorisierten Macht Betroffenen. Ohne Hobbes narratologisch zu deuten, bezeichnet Höffe den Souveränitätsdenker als politiktheoretischen Grenzgänger zwischen Macht- und Anerkennungstheorien: «Weil Hobbes eine ‹Geltung kraft Autorität› behauptet, wird er gern den Machttheoretikern zugeordnet. Da der Autoritätsbegriff beides enthält, Elemente von Willen und Macht und eine Basis-Anerkennung der Betroffenen, zählt Hobbes in Wahrheit zu beiden Theoriegruppen.»[28]

## Liberale und republikanische Versionen der Gesellschaftsvertragstheorie: John Locke und Jean-Jacques Rousseau

Für Margaret R. Somers handelt es sich bei der Theorie des Gesellschaftsvertrages um eine «erzählte politische Fiktion», in der kausale Handlungszusammenhänge durch Einordnung relationaler Elemente in zeitliche und räumliche Muster hergestellt werden. Wenngleich die narrative Struktur der Gesellschaftsvertragstheorie von Anfang, Höhepunkt bzw. Lösung und Ende bzw. Auflösung des Konflikts nicht auf ein bestimmtes politisch-ideologisches Format festgelegt ist, wie die drei klassischen Versionen von Thomas Hobbes, John Locke und Jean-Jacques Rousseau zeigen, so handelt es sich hier doch um einen normativen Ansatz, der auf die Veränderung politischer Wirklichkeit abstellt. In der liberalismuskritischen Lesart von Somers hat Lockes Lösung des Hobbes'schen Problems, wie die persönliche Freiheit aufrechterhalten werden kann, wenn die Menschen ihre Rechte an den Souverän abtreten, die wirkmächtige «Theorie einer stabilen und dauerhaften, sich selbst aktivierenden Zivilgesellschaft» geschaffen, die mit der normativen Behauptung verbunden ist, «dass Macht, Widerstandsrecht und der gesellschaftliche Konsens in der Privatsphäre begründet wären».[29] Bei Somers wird die narratologische Analyse zum kritischen Einspruch gegen die mit Locke anhebende liberale Großerzählung von der Entstehung des Rechtsstaates als Schutz des Besitz-Bürgers vor autoritären Eingriffen der Regierung.

Am Beginn von Lockes liberaler Adaption des kontraktualistischen Dreischritts steht die Konturierung des Naturzustandes, in dem die Menschen nicht nur frei und gleich sind, sondern zudem über das unveräußerliche Recht auf Leben, Freiheit und Vermögen verfügen, das Locke auch als Spezifizierung des grundlegenden Rechts des Menschen auf Selbsterhaltung bezeichnet.[30] Wird dieses allgemeine Gesetz der Natur – also das grundlegende Recht auf Selbsterhaltung in seiner dreifachen Differenzierung – von allen eingehalten, dann ist der Naturzustand ein «Zustand des Friedens, des Wohlwollens, der gegenseitigen Hilfe und Erhaltung».[31] Da jedoch im Naturzustand eine Obrigkeit mit Sanktionsgewalt fehlt, liegt die Vollstreckung des natürlichen Gesetzes in jedermanns Händen und – dem vorausgehend – damit auch die Entscheidung darüber, wann ein solcher Gesetzesbruch vorliegt. Das führt zu Unstimmigkeiten, Konflikt und schließlich Krieg. In dieser zweiten, konfliktuellen Beschreibung des Naturzustandes sind die grundlegenden natürlichen Rechte eines jeden Menschen auf Leben, Freiheit und Vermögen in Gefahr, die Locke in Variation des Rechts auf Selbsterhaltung auch als Recht auf Eigentum in der weiten Bedeutung von Eigentum an seiner Person und Gesundheit, Eigentum an Freiheitsspielräumen und Eigentum im Sinne von Vermögen nennt.

Um das grundlegende Recht auf Eigentum zu schützen, schließen die Menschen bei Locke einen Vertrag, in dem sie sich gegenseitig zusichern, auf zwei weitere Rechte, die sie im Naturzustand besitzen, zu verzichten: auf die Wahrnehmung des Rechts auf Selbsterhaltung nach eigenem Gutdünken und auf das Recht auf eigenhändige Bestrafung von Rechtsbrechern gemäß eigenem Urteil.[32] Wichtig an dieser Konstruktion der Rechtsübertragung ist, dass die Menschen nicht ihre natürlichen Rechte selbst aufgeben, sondern das Recht auf Durchsetzung dieser Rechte, d. h. sie geben die sogenannten «Rechte zweiter Ordnung» ab, behalten aber das grundlegende Recht auf Selbsterhaltung und die darin eingeschlossenen und für dessen Realisierung wichtigen Rechte auf Leben, Freiheit und Vermögen, die auch als «Rechte erster Ordnung» bezeichnet werden können. Anders als bei Hobbes ist diese Übertragung der Rechte bei Locke mithin kein Rechts- bzw. Freiheitsverzicht, sondern «das Entstehen einer neuen bürgerlichen Freiheit».[33] Zudem fallen bei Locke Gesellschafts- und Herrschaftsvertrag nicht in einer «logischen Sekunde» zusammen; am Anfang steht vielmehr die bürgerliche Selbstorganisation, und erst im zweiten Schritt wird eine politische Gewalt etabliert, die dafür sorgt, dass die aus der Wirtschaftstätigkeit der bürgerlichen Gesellschaft erwachsene selbstzerstörerische Dynamik wirksam blockiert werden kann. Der Staat wird damit auf zwei Funktionen festgelegt: auf die Sicherheit vor Gewalt und die Sicherheit des Eigentums: «Das große und hauptsächliche Ziel, weshalb Menschen sich zu einem Staatswesen zusammenschließen und sich unter eine Regierung stellen, ist also die Erhaltung des Eigentums.»[34]

Die vertragsschließenden Bürger treten bei Locke als Eigentümer in Erscheinung, wobei nicht der weite Begriff des Eigentums zur Grundlage genommen wird, sondern der engere im Sinne des Vermögens an Land, Gütern und Geld. Um diese Einschränkung zu plausibilisieren, entwickelt Locke eine neue Eigentumstheorie, in der die zentralen Kategorien Eigentum und Arbeit miteinander verknüpft sind.[35] Erst im Arbeitsvorgang werden die Dinge der Natur zum Eigentum des Arbeitenden, aber – und das ist die Pointe – nicht nur durch eigene Arbeit werden natürliche Dinge zu Eigentum, sondern auch durch die Aneignung fremder Arbeit. Die Arbeit des Knechtes geht in das Eigentum des Herrn über. Das aber heißt, dass es bereits im Naturzustand ökonomisch begründete Herrschafts- und Knechtschaftsverhältnisse gegeben hat, die durch den Vertrag politisch legitimiert werden. Eine weitere Konsequenz dieser liberalen Vertragskonstruktion ist, dass der Staat kein absolutes Durchgriffsrecht auf das Vermögen seiner Bürger hat wie bei Hobbes, sondern für Art und Höhe der zu erhebenden Steuern der Zustimmung der Steuern zahlenden Bürger bedarf. Der Legislative, also jener politischen Instanz, die die Gesetze erlässt, ist die Gewalt nur «anvertraut», d. h. ihr wurde die Aufgabe übertragen, den Staatszweck – die Sicherheit des Eigentums – nach besten Kräften zu verfolgen. Tut sie das nicht, fällt das Recht zur Errichtung einer neuen Legislative wieder an das Volk bzw. die vertragsschließenden Besitzbürger zurück. Die Souveränität der Legislative ist jedoch nicht nur durch den Staatszweck beschränkt;[36] hinzu tritt eine Vorform der Gewaltenteilung zwischen Parlament als legislative und Regierung als exekutive Gewalt. Die dann später bei Charles de Montesquieu aufgeführte und in der liberal-demokratischen Verfassung der Vereinigten Staaten erstmals institutionell gesicherte dritte Gewalt – die Judikative – ist bei Locke zwar vorhanden, wird aber nicht in das Gewaltenteilungsschema eingeordnet. So betrachtet fehlt bei Locke noch das zentrale liberale Institut des Rechtsstaates (→ Kap. *Herrschafts- und Verfassungsformen*).

In seinem *Diskurs über die Ungleichheit* (1755) bezeichnet Rousseau die Locke'sche Version des Ursprungs der Gesellschaft und der bürgerlichen Gesetze als einen «Betrugsvertrag der Reichen», über den die natürliche Freiheit unwiederbringlich zerstört und das Gesetz des Eigentums und der Ungleichheit für immer fixiert wurden.[37] Im *Contrat Social* (1762) entwickelt Rousseau eine Theorie politischer Souveränität, in der die Vertragsschließenden die politische Macht auch nach dem Vertragsschluss behalten. Diese Konstruktion beruht auf einer normativen Umdeutung des Naturzustandes: Über den Vertrag soll ein Gesellschaftszustand begründet werden, in dem die Menschen ebenso gleich und frei sind wie im Naturzustand, nur dass Gleichheit und Freiheit rechtlich garantiert sind. Das politische Ziel ist eine gerechte Ordnung, in der Gemeinwohl und Eigeninteresse vermittelt sind. Dazu muss der Mensch allerdings seine «Natur» ändern. Er verfügt zwar, Rousseau zufolge, über das natürliche Gerechtigkeitsgefühl des Mitleids, wird aber auch durch egoistische Motive der Selbstsucht angetrieben. Dem Gesellschaftsvertrag kommt daher eine erzieherische Funktion zu. Während bei Hobbes und Locke die Menschen vor, während und nach dem Vertrag dieselben bleiben, nämlich egoistische Nutzenmaximierer, die sich aus Rationalitätserwägungen heraus freiwillig dafür entscheiden, eine kontrollierende Herrschaftsinstanz zu etablieren, ist der Gesellschaftsvertrag bei Rousseau eine «Stätte der Verwandlung»: «Die Menschen betreten sie als kluge Wölfe und verlassen sie als Bürger und Patrioten.»[38] In den Worten von Rousseau: «*Jeder von uns unterstellt gemeinschaftlich seine Person und seine ganze Kraft (puissance) der höchsten Leitung des Gemeinwillens (volonté générale), und wir empfangen als Körper jedes Glied als unzertrennlichen Teil des Ganzen.*»[39]

In Rousseaus Vertrag entäußert sich jedes Mitglied mit all seinen Rechten vollständig an die Gemeinschaft. Dieser Entäußerungsakt ist zugleich der Konstitutionsakt der politischen Herrschaft. Das ist dieselbe souveränitätstheoretische Struktur wie bei Hobbes – mit dem entscheidenden Unterschied jedoch, dass bei Rousseau die Gemeinschaft der Vertragsschließenden selbst die Position der souveränen Macht inne hat: Die Menschen treten ihre Rechte zwar an die politische Gemeinschaft ab, deren Mitglieder sie sind, erlangen sie aber als staatsbürgerliche Rechte wieder zurück. In dieser radikaldemokratischen Wendung der Vertragstheorie, der zufolge die Menschen als Untertanen Befehlen gehorchen, die sie sich selbst als Bürger gegeben haben, ist jeder in einer doppelten Rolle: Er ist gleichzeitig Herrschaftsteilhaber und gleichverpflichteter Herrschaftsunterworfener. In diesem politischen Ordnungsmodell der «identitären Demokratie» bedarf der Souverän keiner Einschränkung oder Kontrolle. Als der geeinte Wille des Volkes ist er allein dem Allgemeinwillen, der *volonté générale* verpflichtet. Damit der Gesellschaftsvertrag «keine leere Formel» bleibt, der sich die Mitglieder, die durchaus partikulare, mit dem Gemeininteresse konfligierende Interessen verfolgen, entziehen können, muss derjenige, der «dem Gemeinwillen den Gehorsam verweigert, [...] durch den ganzen Körper dazu gezwungen werden. Das heißt nichts anderes, als daß man ihn dazu zwingt, frei zu sein. Die Hingabe eines jeden Staatsbürgers an das Vaterland ist die Bedingung, die den Bürger vor jeder persönlichen Abhängigkeit schützt.»[40]

Im Bild des tugendhaften Bürgers, der sein Eigeninteresse bedingungslos dem Gemeinwohl unterordnet, erweist sich Rousseau als Republikaner *par excellence*. Zwar verteidigt er im *Contrat Social* eine direktdemokratische Regierungsform, wonach der Kern der Souveränität in einer Gesetzgebung liegt, die ausschließlich dem Volk vorbehalten ist, ohne das Hinzukommen von Abgeordneten, Parlament oder anderen intermediären Instanzen, aber seine historischen Vorbilder sind republikanische Ordnungen, wie die Römische Republik und das autoritär regierte Sparta. In ihnen erkennt Rousseau die ideale Republik mit starkem basisdemokratischen Gehalt und radikaldemokratischer Volkssouveränitätslehre. Damit ist er der republikanische Widerpart der Federalists. Die Gründungsväter der amerikanischen Verfassung, James Madison, Alexander Hamilton und John Jay, plädierten gegen Rousseaus Identifizierung der Republik mit der identitären Demokratie für eine pluralistische, repräsentativ verfasste föderative Republik. Mit den *Federalist Papers* hebt ideengeschichtlich und politisch ein neues Kapitel republikanischen wie vertragstheoretischen Denkens an: Der «Staat der Vereinbarung» ist hier kein theoretisches Konstrukt mehr, über das plausibilisiert werden soll, dass es für freie und gleiche Menschen keine andere Verpflichtung geben kann als die, die sie freiwillig eingegangen sind, sondern ein wirkliches politisches Bündnis.

## Der Staat der Vereinbarung und die Politik der Narration

Die Idee, dass sich die Legitimität einer politischen Ordnung der vertraglichen Zustimmung seiner Mitglieder verdankt, also ein «Staat der Vereinbarung» ist, und dass ein Staat nur solange handlungsfähig bleibt, wie ihm diese Zustimmung nicht entzogen wird – diese politische Grundüberzeugung teilen die republikanische Denkerin Hannah Arendt und der Kommunitarist Michael Walzer mit den Kontraktualisten. Allerdings geht es Arendt und Walzer nicht um hypothetische, sondern um wirkliche Verträge – und sie sind an Verträgen interessiert, die im Gegensatz zur Etablierung einer staatlich-souveränen Zwangsordnung einen selbstverpflichtenden Charakter besitzen. Solche Verträge, die, wie die Amerikanische Verfassung, auf bürgerschaftliche Selbstverpflichtung abstellen, nennt Arendt «Versprechen» und Walzer «Bündnis». Der semantische Wechsel von Vertrag zu Versprechen bzw. Bündnis unterstreicht den gegen die Vertrags*theorie* gerichteten Anspruch beider, eine erfahrungsbezogene politische Theorie zu betreiben: Den *Mayflower Compact* haben die Passagiere der Mayflower 1620 kurz vor der Landung auf Cape Cod tatsächlich geschlossen, die Unabhängigkeitserklärung der 13 amerikanischen Kolonien von 1776 ist ein historisches Dokument, und die Verfassung der Vereinigten Staaten von 1787 ist ein wirkliches föderatives Bündnis. Zugleich wird über die «alten» Begriffe Versprechen und Bündnis ein weit über die neuzeitliche Vertragstheorie hinausreichender ideengeschichtlicher Rahmen eröffnet: So führt Arendt das zentrale politische Vermögen, Versprechen zu geben und zu halten und darüber so etwas wie Ordnung in die Unabsehbarkeit der menschlichen Angelegenheiten zu bringen, auf das politische Denken der Römer zurück,[41] und für Walzer ist die Exodus-Geschichte mit dem Bundesschluss am Berg Sinai als Höhepunkt die entscheidende politische Narration, die das politische Selbstverständnis der US-Amerikaner nachhaltiger geprägt habe als jede andere Geschichte oder gar Theorie.

Arendt und Walzer stehen für einen Typus narrativ-hermeneutischer Theorie, der über den Darstellungsmodus der Theorie auf öffentliche Wirkung abzielt (→ *Einleitung: Was ist und wozu studiert man Politische Theorie?*). Walzer nutzt den alttestamentarischen Text selbst als narrativen Rahmen für seine politische Theorie der Befreiung und Freiheit. *Exodus und Revolution* ist eine Reinterpretation der politischen und politiktheoretischen Rezeption der biblischen Exodusgeschichte entlang der in ihr geschilderten Ereignisse: Auszug der Israeliten aus Ägypten, den langen und entbehrungsreichen Weg durch die Wüste und schließlich die Ankunft im Gelobten Land und die bittere Erkenntnis, dass hier weder Milch noch Honig fließen. Dabei interessiert Walzer nicht der historische Wahrheitsgehalt der Exoduserzählung, sondern deren ideell-konstitutive Bedeutung für politische Geschichte.[42] Für ihn enthält die Exoduserzählung politische Grunderfahrungen, die das westliche politische Denken geprägt haben: dass die Befreiung von Fremdherrschaft (Auszug aus Ägypten) noch nicht die Freiheit ist, dass der Weg zur Freiheit hindernisreich und ungewiss ist (Wanderung durch die Wüste) und dass die erreichte, in den politischen Institutionen der neuen Ordnung gesicherte Freiheit (Ankunft im Gelobten Land) kein Zustand vollendeter Glückseligkeit ist, sondern eine durch Konflikte gekennzeichnete Praxis des Strebens nach der guten und gerechten Ordnung, die jedoch bei aller Ungewissheit des politischen Projekts durch die Prinzipien stabilisiert wird, auf die sich die Menschen am Fuße des Berges Sinai geeinigt haben (Bundesschluss).

Auch Arendt wählt ein narratives Format für ihre Revolutionstheorie und stellt, wie Walzer, das gegenseitige Gründungsversprechen ins Zentrum. Während Walzer jedoch Rahmen und Erzählstruktur der Exodus-Narration nutzt, um die Geschichte ihrer politischen Rezeption zu erzählen, schreibt Arendt eine Geschichte der Freiheit, die am Verlauf der Amerikanischen Revolution orientiert ist, wobei sie die großen Momente dieser Erfolgsgeschichte noch einmal dadurch hervorhebt, dass sie ihnen die großen Fehlentwicklungen der gescheiterten Französischen Revolution gegenüberstellt. Aus einer Verkettung von unglücklichen Umständen (das Elend und die große Armut des französischen Volkes) und politischen Fehlentscheidungen (zuvorderst die Lösung der sozialen Frage als Kernaufgabe der Revolution) haben die französischen Revolutionäre die Gründung der Freiheit verpasst und Frankreich in ein langes 19. Jahrhundert von Revolutionen und Restaurationen gestürzt.[43] Demgegenüber haben die Revolutionäre jenseits des Atlantiks fast alles richtig gemacht: Weitgehend unbeeinflusst oder doch zumindest unbeeindruckt von Problemen sozio-ökonomischer Ungleichheit folgte dem Befreiungskampf der amerikanischen Siedler ein machtvoller und kommunikativer Prozess der Verfassungsgebung, an dessen Ende eine Verfassung der Freiheit stand, die als verbindliches politisches Gründungsdokument den Wechselfällen demokratischer Mehrheiten enthoben sein sollte. Für Arendt handelt es sich bei dieser Form der politischen Selbstbindung um ein Versprechen und eben nicht um einen Vertrag, weil der juristische Vertrag Verantwortung zu einem bloß formalen Problem macht, das qua richterlichem Urteil entschieden werden kann, während das Versprechen eine normativ höhere Verpflichtungskraft besitzt. Diese höhere Verbindlichkeit wird noch einmal darüber verstärkt, dass die Amerikaner dem Gründungsakt, also ihrem eigenen Verfassungshandeln, eine «heilige» Autorität zusprachen, weshalb Arendt den Verfassungsvätern eine religiöse Haltung im römischen und etymologischen Sinne attestiert: *re-ligare* als das Sich-Zurückbinden an einen Anfang. Allerdings setzten die Verfassungsväter diesen Anfang handelnd und sprechend selbst und verpflichteten alle weiteren politischen Entscheidungen auf diesen Gründungsakt.[44]

Arendts Bewunderung für die amerikanischen Revolutionäre ist jedoch keineswegs grenzenlos. So hatten die Federalists in ihrem ausgewogenen, Stabilität und Dynamik vermittelnden Verfassungsentwurf zwar für beinahe alles Institutionen gefunden: für die direkte Vermittlung von politischem Führer und Volk das Amt des plebiszitär gewählten Präsidenten, für die gleichberechtigte Vertretung der einzelnen Bundesstaaten auf der Ebene des Zentralstaates den Senat, für die proportionale Repräsentation der Bevölkerung das Repräsentantenhaus und für den Schutz der Verfassung die Autorität des Obersten Gerichtshofes; überdies realisierten sie die alte römisch-republikanische Idee, wonach die Teilung der Macht mehr Macht hervorbringt, indem sie neben dem horizontalen System der Gewaltentrennung und -verschränkung (*checks and balances*) eine vertikale Machtteilung einführten. Aber die Erzählung der amerikanischen Erfolgsgeschichte endet dann recht abrupt in Arendts Urteil, von der Erfahrung öffentlicher Freiheit sei in Amerika «kaum mehr geblieben als ein waches Bewußtsein für die Sicherung der Grundrechte, die Sorge um das private Wohlergehen der größten Zahl, das Wissen um die ungeheure Macht der öffentlichen Meinung in einer egalitären, demokratischen Gesellschaft und die Fähigkeit, sich, wenn es sein muß, unbekümmert gegen die eigene Regierung zu stellen, *pressure groups* zu bilden und im äußersten Falle den Gehorsam zu verweigern. Das ist gewiß erheblich mehr als nichts, aber es bedeutet doch eine traurige Verkümmerung und Deformation dessen, was es hier einmal wirklich gab.»[45]

Dieser Kritik der gegenwärtigen Zustände geht eine Kritik der Verfassung selbst voraus: Das für die republikanische Demokratie im Gegensatz zur reinen Demokratie so entscheidende und in der amerikanischen Verfassung verankerte Prinzip vertikaler Machtteilung findet seine Grenze «zu weit oben», nämlich in der durchaus wichtigen, aber eben nicht ausreichenden Autonomie der Einzelstaaten.[46] Für den in den lokalen Gemeinden und kommunalen Rätebewegungen repräsentierten Geist der Erneuerung waren keine Institutionen vorgesehen. Durch die weitere Stärkung der Zentralgewalten wurde dieser Bedeutungsverlust lokaler Strukturen politischer Selbstverwaltung noch forciert. Die politische Praxis der repräsentativen Demokratie in den Vereinigten Staaten hält mithin nicht, was im republikanischen Verfassungsvertrag versprochen wurde, nämlich Gelegenheitsstrukturen für politische Partizipation zu bieten. Dieser Machtverlust des Volkes stellt indes nicht nur ein Wertproblem dar, sondern führt zu einem Innovationsdefizit. Dem elitenzentrierten politischen System fehlt der kreative Input, der Arendt zufolge nicht allein von etablierten Eliten ausgeht, sondern ganz wesentlich aus der Bürgerschaft kommt. Zwar unterstützt sie durchaus das Argument der Federalists, dass in herausgehobener Führungsverantwortung stehende Eliten notwendig sind, um die unberechenbare Macht plebiszitär-demokratischer Bewegungen einzuhegen, aber das initiative Moment machtvollen Handelns liegt für sie nicht primär in den repräsentativ verfassten Institutionen, Repräsentantenhaus und Senat, und auch nicht in dem leitenden Amt des Präsidenten, sondern in der politischen Zivilgesellschaft. Gerade sie aber wird durch das

Gewicht der repräsentativen Institutionen in ihrer politischen Leistungsfähigkeit derart beschränkt, dass langfristig die Stabilität der repräsentativen Demokratie auf dem Spiel steht.

Die politikwissenschaftliche Studie *Über die Revolution* ist eine am historischen Beispiel argumentierende Theorie der Revolution, die zu klären beansprucht, was Revolutionen sind, wie sie entstehen, welche Dynamik sie entfalten und was sie bewirken (→ Kap. *Revolution und Revolte*). Arendts Revolutionsbuch ist aber auch eine «politische Fabel»,[47] die sich an ein zeitgenössisches Publikum richtet. Im Spiegel der historischen Erfahrung dessen, was in diesem Land der Freiheit einmal unter *public happiness*, unter öffentlichem Glück, verstanden wurde, wirft Arendt der US-amerikanischen Gesellschaft der Gegenwart vor, sie habe über das dominant gewordene gesellschaftliche Leitmotiv «Vom-Tellerwäscher-zum-Millionär» ihre ursprüngliche revolutionäre Freiheitsidee vergessen und verraten. Dass Amerika bereits im 19. Jahrhundert aus dem Bewusstsein der politischen und kulturellen Eliten Europas verschwand und dass nicht die Amerikanische, sondern die Französische Revolution zum Modell für alle weiteren Revolutionen geworden ist, stellt sich für Arendt als Folge eines «Gedächtnisschwundes in den Vereinigten Staaten selbst» dar, verbunden mit einem «katastrophalen Mangel an Urteilskraft». [48] Im Verlauf ihrer recht grundsätzlichen Kritik an dem (un-)politischen Selbstverständnis der Amerikaner wechselt Arendt von der anklagenden «Sie»- auf die sich mitverantwortlich erklärende «Wir»-Form: «Wenn man uns vorwarf, wir verstünden unter Freiheit nicht mehr als freie Marktwirtschaft, haben wir wenig getan, diese ungeheuerliche Unwahrheit zu widerlegen», ja «wir» haben dieser «grotesken Vorstellung» noch Vorschub geleistet, als «wir selbst» erklärt haben, «Wohlstand, Reichtum und Überfluss» seien die «Früchte der Freiheit», während es sich doch hier nur um glückliche Umstände gehandelt hat.[49] Arendt spricht hier nicht mehr allein als eine sich in die Tradition von Homer, Herodot und Thukydides stellende «unparteiliche» Theoretikerin und Berichterstatterin, sondern tritt als Bürgerin der Vereinigten Staaten auf. Dieser Rollenwechsel ist insofern erstaunlich, als Arendt zwar ein politiktheoretisches Problemdenken praktiziert, das mit einem interventionistischen Verständnis von Theorie verbunden ist, aber dennoch vehement darauf bestanden hat, dass die politiktheoretische Reflexion eine von politischem Handeln strikt zu unterscheidende Tätigkeit sei. Zwar lehnt sie den Standpunkt eines privilegierten politisch-philosophischen Blicks auf politische Praxis ab, will sich aber nicht auf eine «Demokratisierung» von Theorie einlassen.

Eben das ist das Anliegen von Michael Walzer, der die klassische Unterscheidung zwischen Theorie und Praxis unterläuft, indem er politische Theorie selbst als eine Form gesellschaftlicher Praxis entwirft. Das schließt ausdrücklich die Parteinahme für konkrete, in der politischen Debatte verhandelte Standpunkte ein, meint aber grundsätzlicher, dass der Phänomenbereich des Politischen nur über den Modus der Interpretation erschlossen werden kann. Damit stellt Walzer zugleich die philosophische Annahme radikal in Frage, es gäbe die Möglichkeit, gewissermaßen von «nirgendwo» auf das politische Handeln zu sehen und auf dem Wege deduktiv-rationalistischer Konstruktion die Grundsätze zu bestimmen, nach denen das menschliche Zusammenleben vernünftigerweise geordnet werden sollte. Dieses leidenschaftliche Plädoyer für den Vorrang der Demokratie vor der expertokratischen Philosophie, das Walzers politische Theorie generell kennzeichnet und das er in den Studien *Kritik und Gemeinsinn* (1993) sowie *Zweifel und Einmischung* (1997) methodisch entwickelt hat, richtet sich vornehmlich gegen John Rawls' Anspruch, im Rückgriff auf die Tradition der Gesellschaftsvertragstheorie allgemein festzulegen, «was als Prinzip der Prinzipien gelten soll, was als gerecht angesehen werden soll, um von hier aus alle anderen Institutionen des Staates zu messen».[50]

Der Leitgedanke von Rawls' Revitalisierung der mit Immanuel Kants vernunftphilosophischer Wendung des Kontraktualismus an ihr Ende geratenen Gesellschaftsvertragstradition ist, «daß sich die ursprüngliche Übereinkunft auf die Gerechtigkeitsgrundsätze für die gesellschaftliche Grundstruktur bezieht. Es sind diejenigen Grundsätze, die freie und vernünftige Menschen in ihrem eigenen Interesse in einer anfänglichen Situation der Gleichheit zur Bestimmung der Grundverhältnisse ihrer Verbindung annehmen würden. Ihnen haben sich alle weiteren Vereinbarungen anzupassen; sie bestimmen die möglichen Arten der gesellschaftlichen Zusammenarbeit und der Regierung. Diese Betrachtungsweise der Gerechtigkeitsgrundsätze nenne ich eine Theorie der Gerechtigkeit als Fairneß.»[51] (→ Kap. *Freiheit und Gerechtigkeit*).

Für seine vertragstheoretische Begründung einer Theorie der Gerechtigkeit als Fairness bezieht sich Rawls neben Locke vor allem auf Rousseau und Kant; Hobbes' souveränitätstheoretischen Kontraktualismus lehnt er hingegen ab.[52] Wolfgang Kersting unterscheidet mit Blick auf diese Abgrenzung zwischen zwei Formen des Kontraktualismus: Während im «staatsphilosophischen Kontraktualismus», für den exemplarisch Hobbes steht, der Naturzustand als unerträglicher Konfliktzustand beschrieben wird, der nur über einen Entäußerungsvertrag und die darüber etablierte staatliche Zwangsherrschaft beendet werden kann, dient der Vertrag, wie ihn der «rechtfertigungstheoretische Kontraktualismus» entwirft, dazu, eine Verfassung, Gerechtigkeitsprinzipien, Moralnormen oder eine öffentliche Ethik zu begründen.[53] Bei Rawls, der dieser zweiten Variante der Vertragstheorie zugehört, wird der Natur- bzw. Urzustand normativ bestimmt, d.h. er bürgt für die moralische Zulässigkeit des Vertrages, indem er die Ausgangsbedingungen definiert, unter denen vernünftige Menschen einen Vertrag schließen. Dabei bedient Rawls sich der Theorie rationaler Entscheidung, der zufolge eine Entscheidung dann rational ist, «wenn sie aus einer gegebenen Liste alternativer Handlungsmöglichkeiten jene auswählt, die den größten Nutzen verspricht. Nach der entscheidungstheoretisch neuformulierten Vertragstheorie sollen die Gerechtigkeitsgrundsätze also aus dem aufgeklärten Selbstinteresse abgeleitet werden, vorausgesetzt, daß es unter bestimmten idealen Bedingungen agiert.»[54] Von den zwei möglichen Regeln, nach denen in einer Situation der Unsicherheit die Gerechtigkeitsgrundsätze gewählt werden würden – der risikoaffinen «Maximax-Regel» die bestmögliche Situation anzunehmen und der riskoaversen «Maximin-Regel» die denkbar schlechteste Situation anzunehmen –, würden die Menschen Rawls zufolge die sichere Maximin-Regel wählen und die Gerechtigkeitsgrundsätze so vereinbaren, dass jedes Mitglied auch dann noch große Vorteile erwarten kann, wenn es am unteren Ende der wirtschaftlichen und gesellschaftlichen Hierarchie leben müsste. Aufgrund rationaler Sicherheitserwägungen einigen sich die risikoaversen Urzustandsbewohner auf zwei Gerechtigkeitsgrundsätze: dass alle Grundfreiheiten gleich verteilt werden und dass soziale und wirtschaftliche Ungleichheit nur zulässig ist, wenn dies für die am schlechtesten Gestellten eine Besserung bedeutet.[55] Diese auf dem Wege der rationalen Konstruktion gewonnenen Gerechtigkeitsgrundsätze leiten die Errichtung der politischen Institutionenordnung. Diese muss so beschaffen sein, dass die individuelle Autonomie eines jeden gesichert ist, dass also jeder seine individuellen Entwürfe des guten Lebens realisieren kann und zugleich durch die gute Einrichtung der Institutionen «gezwungen» wird, dies auf eine Weise zu tun, die anderen nicht nur nicht schadet, sondern auch deren Lebensqualität erhöht. Eine solche Institutionenordnung nennt Rawls gerecht, womit auch klar ist, dass der Mensch im Übergang vom Natur- zum Gesellschaftszustand nicht selbst tugendhaft werden muss, wie bei Rousseau. «Nur» die Institutionen müssen nach dem ethischen Maßstab der Gerechtigkeit eingerichtet sein. Die Forderung nach sozialer Gerechtigkeit bezieht sich also auf die rechtlich-institutionelle Grundstruktur einer Gesellschaft. Gerechtigkeit ist danach eine Tugend der Institutionen und keine Handlungsdisposition der Bürger.

Rawls' gerechtigkeitstheoretische Wiederbelebung der Gesellschaftsvertragstradition hat viele Bewunderer und Anhänger gefunden, aber auch Kritik erfahren. Diese kam zunächst aus dem Lager der modernen Kontraktualisten selbst. So hat James Buchanan das von Rawls befürwortete sozialstaatliche Umverteilungsprogramm mit dem Argument abgelehnt, die Durchsetzung sozialer Gerechtigkeit sei nur über die Zentralisierung der Entscheidungsmacht möglich, was auch im Falle einer demokratischen Regierung auf einen Verlust individueller Freiheit hinauslaufe.[56] Buchanan will Demokratie und Rechtsstaat stabil miteinander verbinden, weshalb er, ausgehend von Hobbes' normativitätsfreier Beschreibung des Naturzustandes als ein Zustand, in dem die Personen alle gleich oder eben auch ungleich sein können, in jedem Fall jedoch über keine natur- oder vernunftrechtlich begründeten individuellen Grundrechte verfügen,[57] einen zweistufigen Vertrag entwirft. Im ersten, dem «Verfassungsvertrag»,[58] einigen sich die Menschen über die Zuordnung von Individualrechten, die vor allem Freiheits- und Eigentumsrechte umfassen, aber auch den Handlungsspielraum des Kollektivs als

Ganzes festlegen, wodurch die Staatsmacht wie bei Locke konstitutionell begrenzt und zugleich ermächtigt wird, die Freiheits- und Eigentumsrechte der Einzelnen wirksam zu schützen sowie Übergriffe auf fremdes Eigentum zu sanktionieren. An diesen Verfassungsvertrag schließt sich ein «Gesellschaftsvertrag»[59] an, der den Austausch öffentlicher Güter regelt. Dem «Rechtsschutzstaat» (*protective state*) wird also ein «Leistungsstaat» (*productive state*) zur Seite gestellt,[60] der jedoch – anders als in der Konstruktion von Rawls – das Ergebnis postkonstitutioneller Vereinbarungen ist,[61] die auf der Grundlage eines qualifizierten Majoritätsprinzips getroffen werden, das der im konstitutionellen Kontrakt vereinbarten Einmütigkeitsregel nahekommt.[62]

Walzer, der allerdings wie Rawls für einen sozialdemokratischen Wohlfahrtsstaat plädiert und Buchanans libertäre Konzeption ablehnt, hat das vertragstheoretische Begründungsverfahren grundsätzlich kritisiert, weil die vertragstheoretisch konstruierte bzw. erfundene Idealmoral niemanden verpflichte. Als allgemeingültiges Korrektiv bietet sie vielleicht eine «Überlebensweise», vermag aber keine konkrete «Lebensweise» zu begründen.[63] Dem vertragstheoretischen «Pfad der Erfindung» stellt er den Pfad der interpretativen Moralphilosophie gegenüber, die von einer konkreten, gelebten gesellschaftlichen Moral ausgeht, «die als Produkt von Zeit, von Zufällen, äußeren Einflüssen sowie als Ergebnis politischer Kompromisse, fehlbarer und partikularistischer Absichten» gemessen am philosophischen Ideal immer unvollkommen ist und dennoch für die Menschen, die in dieser unvollkommenen Welt leben, sich in ihr einrichten und sie auch zu verändern trachten, einen Wert darstellt, den zu achten die Grundbedingung für jede ernsthafte und politisch relevante Gerechtigkeitstheorie darstellt.[64] Mit dem von ihm bevorzugten Modus der Interpretation bekennt sich Walzer offensiv zur Partikularität: «Was wir tun, wenn wir moralisch argumentieren, besteht darin, eine Bestandsaufnahme der bereits existierenden Moral vorzunehmen. Und diese Moral verpflichtet uns kraft der Autorität ihres Vorhandenseins: d. h. kraft dessen, daß wir nur als die moralischen Wesen existieren, die wir nun einmal sind.»[65] Das bedeutet freilich nicht, die moralische und politische Praxis kritiklos zu akzeptieren, aber die Kritik der politischen Praxis muss auf Prinzipien und Überzeugungen beruhen, die von einer konkreten Gemeinschaft von Menschen geteilt werden.

«Geteilte Überzeugungen» ist der zentrale Begriff, auf dem Walzers interpretative Moralphilosophie und das damit verbundene Konzept der immanenten Gesellschaftskritik beruht. Argumentative Plausibilität und politische Relevanz gewinnt eine kritische Gesellschaftstheorie allein daraus, dass es ihr gelingt, die Werte und Prinzipien glaubhaft anzurufen, die der konkreten politischen Gemeinschaft zugrunde liegen, auch wenn sich ihre Mitglieder oder die entscheidungsbefugten politischen Eliten von den ursprünglichen Ideen des politischen Zusammenschlusses entfernt haben. Das Anliegen, über eine (Re-)Interpretation der spezifischen politischen Kultur der US-amerikanischen Gesellschaft und der in ihr geteilten Werte und Überzeugungen eine Kritik der gegenwärtigen gesellschaftlichen Praxis zu formulieren, verfolgt Walzer sowohl in seiner Studie *Die Sphären der Gerechtigkeit* als auch in *Exodus und Revolution*, wenn er innerhalb des narrativen Rahmens der Exodus-Erzählung jene Bünde hervorhebt, die vor allem für die USA von entscheidender Bedeutung waren. Seiner sozialdemokratischen Lesart zufolge enthalten der *Mayflower Compact*, die Unabhängigkeitserklärung und die amerikanischen Verfassungen der 1780er Jahre die Idee einer solidarischen Verantwortungsgemeinschaft. Jeder und jede hat demnach das Recht und vielleicht auch die Pflicht, sich aktiv dafür zu engagieren, dass Freiheit und Gleichheit keine leeren Formeln bleiben, sondern Möglichkeitsräume für viele eröffnen, ihre unterschiedlichen Konzeptionen des guten Lebens zu realisieren. Ganz ähnlich wie Arendt mit ihrem Revolutionsbuch wendet sich Walzer mit *Exodus und Revolution* an ein zeitgenössisches Publikum: «Die Publikation seiner Auseinandersetzung mit dem gerade für die Vereinigten Staaten so maßgeblichen Motiv des Bundes [...] fällt in die Zeit der Präsidentschaft des Republikaners Ronald Reagan, in der sich die Schere zwischen den ärmeren und den reicheren Bevölkerungsschichten Amerikas in kaum geahntem Ausmaß vergrößerte. Für Walzer ist das Amerika Reagans weniger denn je Kanaan, das Land, in dem Milch und Honig fließen, statt dessen sieht er ein Land der Aggression, der Ungerechtigkeit und der Unterdrückung. Er erzählt die Geschichte des Exodus als eine Integrationsgeschichte, von der sich all diejenigen angesprochen fühlen können und sollen, die bereit sind, sich für eine freiere und gerechtere amerikanische Gesellschaft auf den Weg zu machen – und jene, die sich schon einmal für eine solche Geschichte auf den Weg gemacht haben, denen aber aufgrund der wiederholten Enttäuschungen der Glaube an das Gelobte Land verlorengegangen ist.»[66]

Walzer und Arendt wählen bewusst ein narratives Format für ihre politische Theorie, die als *Public Philosophy* darauf abzielt, in die gesellschaftlichen Selbstverständigungsdiskurse einer konkreten politischen Gemeinschaft zu intervenieren. Zugleich ist die Kritik der Gegenwart eingebunden in eine Wiedererzählung der Werte und Ideale, die zum politischen Erfahrungsschatz eben dieser politischen Gemeinschaft gehören. Der Adressat der politischen Narration ist nicht der rationale Akteur, der kühl seine Interessen verfolgt und Kosten und Nutzen seines Engagements klug kalkuliert, wie ihn die Vertragstheorie vorstellt, sondern der leidenschaftlich in das politische Projekt involvierte Bürger, der bereit ist, seine individuellen Interessen partiell der gemeinsamen Sache, der *res publica*, unterzuordnen, weil er seine Identität aus diesem gemeinschaftlichen Engagement heraus bezieht. Im Unterschied zur metatheoretischen Perspektive der politikwissenschaftlichen Narratologie, der zufolge auch rationalistisch-konstruktivistische Vertragstheorien ein narratives Programm zur Plausibilisierung ihrer politischen Ordnungsentwürfe realisieren, verstehen sich Arendt und Walzer selbst als Erzähler. Sie entwerfen ein narrativ-hermeneutisches Theoriekonzept, das sie von rationalistisch-konstruktivistischen Ansätzen abgrenzen. Politische Theorie wird im Modus von Ideengeschichtsschreibung entwickelt und politische Geschichte als politische Narration präsentiert, die Menschen emotional binden und zum Handeln motivieren will.

1 Vgl. Herfried Münkler, *Die Deutschen und ihre Mythen*, Berlin 2009.

2 Frank Gadinger/Sebastian Jarzebski/Taylan Yildiz, «Politische Narrative. Konturen einer politikwissenschaftlichen Erzähltheorie», in: dies. (Hgg.), *Politische Narrative. Konzepte – Analysen – Forschungspraxis*, Wiesbaden 2014, S. 3–38, S. 4.

3 Marcus Llanque, «Metaphern, Metanarrative und Verbindlichkeitsnarrationen: Narrative in der politischen Theorie», in: Wilhelm Hofmann/Ju-

dith Renner/Katka Teich (Hgg.), *Narrative Formen der Politik*, Wiesbaden 2014, S. 7–29.

4 Gadinger u. a., «Politische Narrative», S. 3

5 Zu den methodischen Ansätzen innerhalb der Politischen Theorie und Ideengeschichte siehe Grit Straßenberger/Herfried Münkler, «Was das Fach zusammenhält. Die Bedeutung der Politischen Theorie und Ideengeschichte für die Politikwissenschaft», in: Hubertus Buchstein/Gerhard Göhler (Hgg.), *Politische Theorie und Politikwissenschaft*, Wiesbaden 2007, S. 45–79, v. a. S. 49 ff.

6 Zum performativen Ansatz von Hannah Arendts politischer Theorie vgl. Grit Straßenberger, *Hannah Arendt zur Einführung*, Hamburg 2015.

7 So hat etwa Hayden White den Objektivitätsanspruch der Geschichtsforschung als fiktiv entlarvt; Hayden White, *Metahistory. Die historische Einbildungskraft im 19. Jahrhundert in Europa*, Frankfurt am Main 1994.

8 So Chantal Mouffe, *Das demokratische Paradox*, Wien 2008, bes. S. 45, 58 ff.

9 Crawford B. Macpherson, *Die politische Theorie des Besitzindividualismus*, Frankfurt am Main 1990, S. 131 ff.

10 Marcus Llanque, «Das Politische: Grundmodelle des Politischen zwischen Ordnung und Konflikt», in: Marcus Llanque/Herfried Münkler, *Politische Theorie und Ideengeschichte. Lehr- und Textbuch*, Berlin 2007, S. 13–45, S. 14.

11 Marcus Llanque, «Politische Institutionen», in: ebd., S. 225–340, S. 244.

12 Wolfgang Kersting, «Vorwort», in: *Klassiker auslegen: Thomas Hobbes. Leviathan oder Stoff, Form und Gewalt eines bürgerlichen und kirchlichen Staates*, hrsg. von Wolfgang Kersting, Berlin 1996, S. 1–8, S. 1 f.

13 Zu Hobbes' Bruch mit der klassischen politischen Philosophie siehe Herfried Münkler, *Thomas Hobbes*, Frankfurt am Main 2001, S. 56–72.

14 Thomas Hobbes, *Leviathan oder Stoff, Form und Gewalt eines kirchlichen und bürgerlichen Staates*, hrsg. und eingeleitet von Iring Fetscher, Frankfurt am Main 1966, S. 167.

15 «Methodologischer Individualismus» bezeichnet ein theoretisches Begründungsprogramm, das den Einzelnen und dessen Handlungsmotivation ins Zentrum stellt, d. h. das vom Individuum und seinen individuellen Präferenzen ausgehend die dem angemessene Einrichtung der politischen Ordnung entwirft.

16 Zum Scheitern der «Aufrüstungsstrategie» und «Kooperationsstrategie» in Hobbes' Konzeption des Naturzustandes siehe Wolfgang Kersting, «Vertrag, Souveränität, Repräsentation. Zu den Kapiteln 17 bis 22 des Leviathan», in: *Klassiker auslegen: Thomas Hobbes,* S. 211–233, S. 211 ff.

17 Hobbes, *Leviathan*, S. 96.

18 Ebd., S. 131.

19 Ebd., S. 134.

20 Ebd., S. 134 f.

21 Münkler, *Thomas Hobbes*, S. 124.

22 Ebd., S. 18. Während er in seinem zweiten großen Buch, das den Titel eines anderen biblischen Ungeheuers aus dem Buch Hiob trägt, *Behemoth* [an dem Hobbes zwischen 1665 und 1668 arbeitet und das 1682 erscheint]

eine konkrete historische Analyse des Bürgerkrieges liefert, soll der *Leviathan* eine universale, allgemeingültige, für alle Zeiten geltende Analyse bieten. Neben der Absicht, allgemein gültige, also wahre Aussagen zu generieren, war für Hobbes das Verfahren der Dekontextualisierung der Argumente auch darum naheliegend, weil ihm der gesamte Kontext, in dem in England um das Recht des Königs gegenüber der kirchlichen Macht einerseits und den Ansprüchen des Parlaments andererseits gestritten wurde, «hochgradig ideologisiert und insofern selbst bürgerkriegsträchtig zu sein schien» (ebd., S. 54).

23 Kersting, «Vertrag, Souveränität, Repräsentation», S. 226.

24 Eva Odzuck, «Narration und Argument in der Politik: Die erzähltheoretische Kategorie der Fiktionalität in der Autorisierungstheorie von Hobbes' *Leviathan*», in: Hofmann/Renner/Teich (Hgg.), *Narrative Formen der Politik*, S. 117.

25 Ebd., S. 118.

26 Otfried Höffe zufolge meint Autorität bei Hobbes *erstens* einen «Autor», nämlich einen Urheber und Willen, *zweitens* Macht, mit der sich ein Wille durchsetzt, und *drittens* schließlich verdankt sich die rechtsetzende und rechtdurchsetzende Macht des Souveräns einem Akt der Autorisierung; Otfried Höffe, «‹Sed authoritas, non veritas, facit legem›. Zum Kapitel 26 des *Leviathan*», in: *Klassiker auslegen: Thomas Hobbes*, S. 235–257, S. 254.

27 Ebd., S. 254f.

28 Ebd., S. 256.

29 Margaret R. Somers, «Angst und Schrecken vor der Öffentlichkeit. Der narrative Diskurs der angloamerikanischen citizenship theory», in: Marcus Arnold/Gert Dressel/Willy Viehöver (Hgg.), *Erzählungen im Öffentlichen. Über die Wirkung narrativer Diskurse*, Wiesbaden 2012, S. 273–309, S. 294.

30 Dahinter steht Lockes tiefe – und durchaus religiös verankerte – Überzeugung, dass Menschen Geschöpfe Gottes sind, deren natürliche Rechte von einer politischen Ordnung nicht verletzt werden dürfen. Lockes Forderung, dass jedem Menschen qua Menschsein von Natur aus unveräußerliche Rechte zukommen, wird daher auch für den Menschenrechtsdiskurs anschlussfähig, denn Menschenrechte sind individuelle Rechte, die universell, unveräußerlich und unteilbar sind und deren Verletzungen mit Sanktionen belegt sein sollten.

31 John Locke, *Zwei Abhandlungen über die Regierung*, hrsg. und eingeleitet von Walter Euchner, Frankfurt am Main 1977, II, § 19, S. 211.

32 Walter Euchner, *John Locke zur Einführung*, Hamburg 1996, S. 84.

33 Ebd., S. 85.

34 Locke, *Zwei Abhandlungen über die Regierung*, II, § 124, S. 278.

35 Euchner, *John Locke*, S. 88ff. Locke entwickelt seine Eigentumstheorie im 5. Kapitel der zweiten Abhandlung; Locke, *Zwei Abhandlungen über die Regierung*, II, § 25–51, S. 215–231.

36 Von dem Grundgedanken ausgehend, dass der Legislative die Gewalt nur anvertraut ist, bestimmt Locke Walter Euchner zufolge vier Einschränkungen der Souveränität der Legislative: Die legislative Gewalt ist *erstens*

nicht absolut, sondern anvertraut, d.h. das Vertrauen kann wieder entzogen werden. Die Legislative ist *zweitens* verpflichtet durch feststehende und öffentlich bekanntzugebende Gesetze und eindeutige, sichere Rechtswege für Gerechtigkeit zu sorgen. Sie darf *drittens* über niemandes Eigentum ohne dessen Zustimmung verfügen, d.h. die Besteuerung hat die Zustimmung der Majorität der Vertragsschließenden zur Voraussetzung. Die Legislative kann *viertens* ihre Gesetzgebungsbefugnis nicht in andere Hände legen, da es sich um eine vom «Volk» delegierte Vollmacht handelt. D.h. die durch den Vertrag bestimmte Regierungsform – Monarchie, Oligarchie oder Demokratie – kann nur durch das «Volk» selbst geändert werden. Damit ist auch gesagt, dass Locke sein Modell explizit öffnet für diese drei Regierungsformen, wobei sein Verfassungsideal die gemäßigte Monarchie ist; Euchner, *John Locke*, S. 100f.

37 Jean-Jacques Rousseau, *Diskurs über die Ungleichheit*, ediert, übersetzt und kommentiert von Heinrich Meier, Paderborn 2008, S. 219.

38 Wolfgang Kersting, «Die Vertragsidee des *Contrat social* und die Tradition des neuzeitlichen Kontraktualismus», in: *Klassiker auslegen: Jean-Jacques Rousseau. Vom Gesellschaftsvertrag oder Prinzipien des Staatsrechts*, hrsg. von Reinhard Brandt und Karlfriedrich Herb, Berlin 2000, S. 60.

39 Jean-Jacques Rousseau, «Vom Gesellschaftsvertrag oder Prinzipien des Staatsrechtes», in: ders., *Politische Schriften*, hrsg. von Ludwig Schmidts Paderborn 1995, S. 59–208, I. Buch, 7. Kap., S. 74.

40 Ebd., S. 77f.

41 Hannah Arendt, *Vita activa oder Vom tätigen Leben*, München 1992, S. 239f.

42 Michael Walzer, *Exodus und Revolution*, Frankfurt am Main 1995, S. 16f.

43 Arendt entwickelt ihre zentrale These, dass die Französische Revolution an der politisch unlösbaren sozialen Frage gescheitert ist, während die amerikanischen Revolutionäre das Glück hatten, dass sich für sie dieses Problem überhaupt nicht stellte, vor allem im zweiten Kapitel des Revolutionsbuches «Die soziale Frage»; Arendt, *Über die Revolution*, München 1994 S. 73–146.

44 Ebd., S. 255f.

45 Ebd., S. 284f.

46 Arendt rekurriert in dieser Kritik auf das republikanische Subsidiaritätsprinzip, das, knapp gesagt, ein abgestuftes Zuständigkeitsprinzip meint. Danach werden die Angelegenheiten der Gemeinde von der Gemeinde besorgt, die Angelegenheiten der nächst höheren Verwaltungseinheit eben von dieser, die Angelegenheiten des Einzelstaates liegen in der Kompetenz der Einzelstaatsregierung, während der Zentralregierung nur bestimmte Aufgaben von nationalem Interesse zukommen. Dem Bund wird also nicht die gesamte gesetzgeberische und vollziehende Gewalt übertragen. Arendt zufolge haben die Federalists im 14. Artikel der *Federalist-Papers* mit der föderalen Machtteilung zwar die Zuständigkeit des Bundes auf bestimmte, einzeln aufgeführte Aufgaben beschränkt, die alle Mitgliedsstaaten betreffen und durch getrennte Vorkehrungen der einzelnen nicht erbracht werden können (Alexander Hamilton/James Madison/John Jay, *Die*

Federalist-*Artikel*, hrsg., übers., eingel. u. komm. von Angela Adams/Willi P. Adams, Paderborn u. a. 1994, S. 74 ff.), aber das Subsidiaritätsprinzip nicht konsequent genug umgesetzt. Die Macht der Townships, also das Recht der lokalen Gemeinden auf politische Selbstverwaltung, wurde nicht angemessen berücksichtigt.

47 Elisabeth Young-Bruehl, *Hannah Arendt. Leben, Werk und Zeit*, Frankfurt am Main 1991, S. 550.

48 Arendt, *Über die Revolution*, S. 279.

49 Ebd., S. 279 f.

50 Llanque, «Politische Institutionen», S. 248.

51 John Rawls, *Eine Theorie der Gerechtigkeit*, Frankfurt am Main 1979, S. 28.

52 Ebd., S. 27 f.

53 Wolfgang Kersting, *Die politische Philosophie des Gesellschaftsvertrages*, Darmstadt 1994, S. 51 ff.

54 Otfried Höffe, «Einführung in Rawls' *Theorie der Gerechtigkeit*», in: *Klassiker auslegen: John Rawls. Eine Theorie der Gerechtigkeit*, hrsg. von Otfried Höffe, Berlin 2006, S. 3–26, S. 18.

55 Rawls, *Eine Theorie der Gerechtigkeit*, S. 81 ff.

56 Dazu und zum Folgenden Reinhard Zintl, «Die libertäre Sozialstaatskritik», in: Wolfgang Kersting (Hg.), *Politische Philosophie des Sozialstaats*, Weilerwist 2000, S. 95–119.

57 James M. Buchanan, *Die Grenzen der Freiheit*, Tübingen 1984, S. 33 ff.

58 Ebd., S. 39 ff.

59 Ebd., S. 50 ff.

60 Ebd., S. 97 ff.

61 Wie Horst Hegmann zusammenfasst, entwirft Buchanan eine ökonomische Theorie der Verfassung, der zufolge nicht einzelne öffentliche Güter, sondern ein mehrstufiger Sozialvertrag zur Abstimmung gestellt wird, der als komplexer Tauschvertrag angelegt ist, bei dem auf jeder Ebene des Vertrages Rechte und Pflichten festlegt werden, über die der Spielraum auf der nächsttieferen Ebene begrenzt wird: «Auf der höchsten, der Verfassungsebene legt das Individuum den Handlungsspielraum des Kollektivs als Ganzes fest. Dabei wird er ihm in der Regel keine völlige Handlungsfreiheit einräumen, weil es sonst riskiert, daß sich das Kollektiv irgendwann gegen ihn selber richtet. Es wird die Staatsmacht konstitutionell begrenzen und Einstimmigkeit für Verfassungsänderungen fordern. Darüber hinaus wird es individuelle Rechtsräume wollen, innerhalb derer es vor Eingriffen des Staates oder Übergriffen anderer Bürger sicher ist.» Horst Hegmann, «Ökonomische Effizienz versus universaler Gerechtigkeitsbegriff», in: Herfried Münkler/Marcus Llanque (Hgg.), *Konzeptionen der Gerechtigkeit. Kulturvergleich – Ideengeschichte – Moderne Debatte*, Baden-Baden 1999, S. 307–326, S. 314.

62 Kersting, *Die politische Philosophie des Gesellschaftsvertrages*, S. 339.

63 Michael Walzer, *Kritik und Gemeinsinn. Drei Wege der Gesellschaftskritik*, Frankfurt am Main 1993, S. 22 ff.

64 Ebd., S. 30.

65 Ebd., S. 31.

66 Skadi Krause/Karsten Malowitz, *Michael Walzer zur Einführung*, Hamburg 1998, S. 100f.

**Weiterführende Literatur:**

Arnold, Marcus/Dressel, Gert/Viehöver, Willy (Hgg.): *Erzählungen im Öffentlichen. Über die Wirkung narrativer Diskurse*, Wiesbaden 2012.
Gadingen, Frank/Jarzebski, Sebastian/Yildiz, Taylan (Hgg.): *Politische Narrative. Konzepte – Analysen – Forschungspraxis*, Wiesbaden 2014.
Hofmann, Wilhelm/Renner, Judith/Teich, Katja (Hgg.), *Narrative Formen der Politik*, Wiesbaden 2014.
Kersting, Wolfgang: *Die politische Philosophie des Gesellschaftsvertrages*, Darmstadt 1996.
Koschorke, Albrecht: *Wahrheit und Erfindung: Grundzüge einer allgemeinen Erzähltheorie*, Frankfurt am Main 2012.
Skinner, Quentin: *Reason and Rhetoric in the Philosophy of Hobbes*, Cambridge 1996.

## Kapitel 7

# FREIHEIT UND GERECHTIGKEIT

Welche Rolle spielen Werte und Normen in der Politik? Handelt es sich um begriffliche Margen, an denen sich politisches Handeln tatsächlich orientiert, oder um rhetorische Floskeln, mit denen die Ansprüche und Erwartungen der jeweiligen Klientelschaft einer Partei gebündelt und geltend gemacht werden? – Die Frage nach begrifflicher Marge oder rhetorischer Floskel dürfte von Fall zu Fall unterschiedlich beantwortet werden, was nicht zuletzt damit zu tun hat, dass Freiheit häufig als «Abwehrwert» verstanden wird, während es sich bei Gerechtigkeit eher um einen «Anspruchswert» handelt: Der Staat und seine Organe schützen Freiheit, indem sie – erstens – eigene Eingriffe unterlassen und – zweitens – dafür sorgen, dass in der Gesellschaft nicht Einzelpersonen oder gesellschaftliche Gruppen die Freiheit der Individuen beschränken. Bei Gerechtigkeit ist das anders, weil es – erstens – sehr viel schwerer ist, einen gesellschaftlichen Konsens darüber herzustellen, was Gerechtigkeit ist, und weil – zweitens – die Verwirklichung von Gerechtigkeit weniger auf den Schutz individueller Rechte als auf eine Umverteilung von Ressourcen hinausläuft, also durch Ausgleichszahlungen von Bevorzugten an Benachteiligte verwirklicht wird. Aber damit steht die Frage im Raum, ob die Herstellung von Gerechtigkeit für Benachteiligte womöglich auf eine Ungerechtigkeit gegenüber denen hinausläuft, die dafür aufzukommen haben – womit wir mitten in der politischen Debatte um die Ausgestaltung des Wohlfahrtsstaates stehen. Als politischer Kampfbegriff steht Freiheit eher für die Begrenzung, Gerechtigkeit eher für die Ausweitung des Wohlfahrtsstaats.

Man kann Gerechtigkeit und Freiheit aber auch als Evaluationsbegriffe des politischen Prozesses begreifen, mit denen nicht nur Erwartungen geltend gemacht und Ansprüche geäußert werden, sondern die auch dazu dienen, das politische Spiel der Einlösung und Abweisung von Ansprüchen zu beobachten und zu bewerten, wobei die Begriffe Freiheit und Gerechtigkeit Leitwerte dieser retrospektiven Evaluation darstellen. Beide Begriffe kommen also zweimal ins Spiel: einmal im politischen Prozess selbst und sodann noch einmal bei dessen nachträglicher Beurteilung und Bewertung. Die Folge dessen ist eine erhebliche Varianz beider Begriffe sowie ein permanentes Gegeneinander zwischen Deutungsausweitung und begrifflicher Präzisierung.

## Freiheit, Gleichheit und Gerechtigkeit

In den Debatten um den Wohlfahrtsstaat geht es zentral um die Austarierung von Freiheit und Gerechtigkeit. Dabei kommt freilich einem weiteren Grundwert eine kardinale Rolle zu, der die beiden zentralen Leitwerte Freiheit und Gerechtigkeit miteinander verbindet und zugleich in Spannung zu ihnen steht bzw. die Spannung zwischen Freiheit und Gerechtigkeit überhaupt erst deutlich macht. Die Rede ist von der demokratischen Grundnorm der Gleichheit. Der französische Sozialwissenschaftler Alexis de Tocqueville hat das dilemmatische Verhältnis zwischen dem aus seiner Sicht «alten», aristokratischen Grundwert Freiheit und dem «modernen», demokratischen Grundwert Gleichheit als eine letztlich nicht aufzulösende, sehr wohl aber politisch zu gestaltende Grundspannung der modernen Demokratie bezeichnet.[1] Danach besteht in demokratisch verfassten Gesellschaften immer die Gefahr, dass die politische Freiheit einer verantwortlichen Teilhabe der Bürger an der Gestaltung des Gemeinwesens zugunsten der egalitären Gerechtigkeitsnorm sozioökonomischer Gleichheit aufgegeben wird und die Demokratie, wie Tocqueville befürchtet, in einen sanften Wohlfahrtsdespotismus abgleitet. Diese gefährliche Umstellung von Input- auf Output-Legitimation lässt sich Tocqueville zufolge mit einigen Formen der Freiheit sehr gut verbinden: mit der «demokratischen» Freiheit, seine «Vormünder» selbst zu wählen, und mit der «liberalen» Freiheit, sich von aktiver politischer Partizipation in den privaten Bereich zurückzuziehen.[2]

Mit Blick auf das problematische Verhältnis zwischen der spezifisch demokratischen Gerechtigkeitsnorm sozioökonomischer Gleichheit und Freiheit als demokratischem Leitbegriff im Allgemeinen hat Tocqueville Mitte des 19. Jahrhunderts eine Differenzierung innerhalb der Freiheit vorgenommen, die der große Ideenhistoriker Isaiah Berlin einhundert Jahre später begriffstheoretisch ebenso wirkmächtig wie irritierend zwischen «negativer» und «positiver» Freiheit aufgemacht hat.[3] Als «negativ» hat Berlin Freiheiten bestimmt, die dem Individuum einen autonomen, vom staatlich-politischen Zugriff wie von den Ansprüchen gesellschaftlich dominanter Gruppen geschützten Handlungsbereich garantieren. Dieser auch liberal genannten – und von dem Liberalen Berlin vehement verteidigten – negativen Freiheit steht die «positive Freiheit» gegenüber, wie sie vor allem von republikanischen Autoren normativ ausgezeichnet und als prioritär gegenüber autonomen Schutzrechten verstanden wurde (→ Kap. *Republikanismus und Liberalismus*). Nun ließe sich über den analytischen wie praktisch-politischen Nutzen von Berlins durchaus verwirrender Begriffsdifferenzierung vortrefflich streiten; entscheidend ist freilich der politische Punkt, den der liberale Intellektuelle setzen wollte, als er die negative liberale «Freiheit von» staatlich-politischen Eingriffen der verpflichtenden republikanischen «Freiheit zu» politischer Partizipation vorzog. In letzterer, also der von ihm als «positiv» bezeichneten Freiheit hat er die Abwesenheit von autonomer, selbstbestimmter Lebensführung gesehen und diesem republikanischen Zwang zur Freiheit das zu schützende Recht des Individuums entgegengesetzt, seine je spezifischen Entwürfe des guten Lebens auf die ihm selbst angemessen erscheinende Weise zu realisieren. Berlin hat damit freilich keineswegs behauptet, dass Freiheit der einzig relevante oder kardinale Wert sei. Es ging ihm vielmehr um die Verteidigung der Freiheit als ein von Gleichheit, Fairness oder Gerechtigkeit zu unterscheidendes Ideal und nicht darum, dass Freiheit per se der höchste Wert sei und Gleichheit oder Gerechtigkeit Werte von nachrangiger Bedeutung. Der liberale Konfliktsoziologe Ralf Dahrendorf hat Berlins Position dahingehend vereindeutigt, dass es «eine Mehrzahl von respektablen Werten [gibt], die einander an kritischen Punkten widersprechen können. Das ist eine schlichte Tatsache, die wir respektieren müssen. Genauer gesagt muss der Konflikt von Werten in einer liberalen Ordnung ausgetragen werden.»[4]

Dahrendorf, der große Liberale der alten Bundesrepublik, hat in seiner konflikttheoretischen Deutung der politischen und soziokulturellen Bestandsvoraussetzungen liberaldemokratischer Gesellschaften die liberale Freiheitskonzeption von Isaiah Berlins genutzt, um die bereits von Tocqueville diagnostizierte Gefahr eines demokratischen Despotismus erneut in Erinnerung zu rufen. Allerdings hat er seine Kritik an einer den Bürger entmündigenden wohlfahrtsstaatlichen Ordnung, in der die Freiheit autonomer Lebensführung ebenso gefährdet ist wie das daraus erwachsene initiative und rebellische Potenzial der Bürgergesellschaft verschüttet wird, durchaus mit gerechtigkeitspolitischen Ansprüchen verknüpft. Sein liberales Ideal einer sozial durchlässigen und konfliktaffinen liberaldemokratischen Gesellschaft konkretisiert er über soziale Teilhaberechte, wie dem Recht auf Bildung und dem eines garantierten Grundeinkommens, die er beide als Bestandteil des Bürgerstatus verstanden wissen wollte, insofern sie die Voraussetzungen für die Inanspruchnahme politischer Teilhaberechte darstellen.[5] Zugleich hat Dahrendorf mit seiner liberalen, sozialdemokratische und republikanische Normen verbindenden Konzeption der Demokratie als einer Ordnung, in der Integration über die Austragung von Konflikten erfolgt, darauf verwiesen, dass Freiheit, Gleichheit und Gerechtigkeit keine fixen Kategorien sind, die als universalistische Normen Maßstäbe formulieren, entlang derer die Güte oder Stabilität gesellschaftlicher Ordnungen sicher evaluiert werden könnte, sondern dass es sich hierbei um umkämpfte Begriffe handelt, die je spezifisch ausgedeutet werden können.

An dem Deutungskampf um die richtige Auslegung der die Gesellschaften tragenden Normen und Werte haben neben politischen Aktivisten und gesellschaftlichen Eliten auch die Intellektuellen einen entscheidenden Anteil. Der von Intellektuellen geführte Kampf um die begriffspolitische Vereindeutigung kann dabei als einer verstanden werden, bei dem sich zwei Typen von Intellektuellen gegenüberstehen: diejenigen, die sich einer bestimmten sozialen Gruppe verbunden fühlen, und solche, die als «freischwebende Intellektuelle» (Karl Mannheim) die Rolle von Sachwaltern politischer Begriffe spielen. Ungeachtet der häufig genug differierenden Selbst- und Fremdbezeichnung, wer welchem Intellektuellentypus zugehört, verweist der ideenpolitische Streit um die kardinalen Begriffe Freiheit und Gerechtigkeit wie ihr Verhältnis zur demokratischen Grundnorm der Gleichheit darauf, dass es sich hierbei um politische und moralisch aufgeladene Wertbegriffe handelt, die einer rationalistischen Betrachtung schwer zugänglich sind, wenngleich es an Versuchen ihrer «vernünftigen» Begründung und universalistischen Geltung nicht gefehlt hat.

Die divergierenden Bestimmungen von Freiheit und Gerechtigkeit (in ihren abgrenzenden wie vermittelnden Bezügen zur Gleichheit) sollen zunächst apart voneinander vorgestellt werden. Neben der unterschiedlichen Pragmatik im Umgang mit Freiheit und Gerechtigkeit kommt nämlich der im Verlauf der Zeit erfolgte Wandel der Semantik hinzu. Da der Bedeutungswandel von Freiheit und Gerechtigkeit nicht überall gleich und auch nicht linear verlaufen ist, hat sich eine Bedeutungsbreite der Begriffe entwickelt, die immer wieder zum Scheitern einer auf sie zentrierten Kommunikation geführt hat. Neben dem strategischen oder ideologischen Begriffsgebrauch hat dabei eine Rolle gespielt, dass beide Begriffe als Bedeutungssammler oder «Omnibusbegriffe» gedient haben.

## Freiheiten und Freiheit

Im späten Mittelalter und in der Frühen Neuzeit war von Freiheit zumeist im Plural und noch nicht, wie seit der «Verzeitlichung» der Begriffe im 18. Jahrhundert, als Kollektivsingular die Rede.[6] Die Idee der Freiheit hatte sich noch nicht mit der Idee der Gleichheit verbunden, und insofern waren Freiheiten nichts anderes als Privilegien, Befreiungen von den allen anderen auferlegten Pflichten. Der Schutz dieser Freiheiten war darum auch etwas anderes als der Kampf um die Freiheit, wie er seit dem 18. Jahrhundert geführt wurde. Dennoch gibt es Verbindungslinien zwischen der Verteidigung überkommener Freiheiten und der modernen Vorstellung von Freiheit, und als Verbindungsglieder beider Freiheitsvorstellungen sind neben der *Magna Charta libertatum* die Niederländische und die Englische Revolution zu nennen, die als Verteidigung der alten Freiheiten gegen die Ansprüche absolutistischer Herrscher begannen und zum modernen Freiheitsgedanken hinüberführten. In der Regel war mit dem pluralen Konzept der Freiheiten keine explizite Leugnung eines Freiheitsanspruchs aller Menschen verbunden; die partikularen Freiheiten waren einfach der Ausdruck einer sozio-politischen Landschaft, in der die gesellschaftlichen Gruppen eifersüchtig über ihre besonderen Rechte und Vorrechte wachten. Spätestens seit dem 16. Jahrhundert standen diese in der Gefahr, durch den im Aufstieg befindlichen Flächenstaat nivelliert und kassiert zu werden (→ Kap. *Staat und Nation*). Es gehört zur Ironie der Geschichte, dass aus der Verteidigung der plural-partikularen Freiheiten gegen den institutionellen Territorialstaat und seine Nivellierungspolitik eine nivellierte Freiheitsvorstellung hervorgegangen ist. Wie aus den konservativen Rebellionen schließlich progressive Revolutionen wurden, so ist aus plural-partikularen Freiheiten im politischen Kampf die Vorstellung einer allen Bürgern gemeinsamen Freiheit erwachsen. Dieser Transformationsprozess lässt sich in der politischen Ideengeschichte nachverfolgen.[7]

Generell ist ein antiker von einem modernen Freiheitsbegriff zu unterscheiden, wobei ersterer in der Regel als republikanisch und letzterer als liberal bezeichnet wird. Der republikanische Freiheitsbegriff antwortet auf die Frage nach *Freiheit wozu*, während sich der liberale Freiheitsbegriff um *Freiheit wovon* dreht. Bei Isaiah Berlin wird daraus die Unterscheidung zwischen positiver und negativer Freiheit.[8] Man kann in Abgrenzung zu Berlins liberaler Präferenz für den negativen Freiheitsbegriff, dem eine normative Abwertung des positiven republikanischen Freiheitsbegriffs korrespondiert, jedoch auch von einem politisch-partizipatorischen und einem auf die Sekurität von Individualität und Privatsphäre gerichteten Freiheitsbegriff sprechen. Im Freiheitsbegriff der modernen Demokratie bzw. des demokratischen Rechtsstaats sind beide Freiheitsvorstellungen miteinander verbunden. Die negative Freiheit im Sinne Berlins wird danach durch den Rechtsstaat gesichert, woran sich sogleich die Frage anschließt, wer den Rechtsstaat davor schütze, in die Hände einer abgehobenen politisch-administrativen Klasse zu fallen, die sich von ihrer Bindung an den Volkswillen gelöst hat. Es sind die demokratischen Kontroll- und Bestellungsmechanismen, die gegen die Verselbständigung des politischen Personals schützen sollen, doch eine Demokratie funktioniert nur dann, wenn die republikanisch-partizipatorische Freiheitsvorstellung zumindest in einem Teil der Bevölkerung fest verwurzelt ist und Grundlage einer Kultur der politischen Teilhabe darstellt. Die politische Ordnung der modernen Demokratie ist so angelegt, dass sie beide Freiheitsbegriffe miteinander verbindet, wobei hier der Freiheitsbegriff noch in einer dritten, «egalitären» Variante auftritt: Danach geht es um die Aufhebung von politischen, sozialen und ökonomischen Ungleichheiten als Bedingung von Freiheit. Die egalitäre Fassung von Freiheit ist freilich immer dem liberalen Verdacht ausgesetzt, hier werde eine Gleichmacherei, Gleichförmigkeit und die Einebnung von als notwendig oder natürlich angenommenen Ungleichheiten befördert.[9]

Der moderne Freiheitsbegriff ist, wie bereits beim Blick auf seine Genese angedeutet, aus sich selbst heraus kaum zu definieren,[10] sondern muss dazu um die Vorstellungen von Gleichheit und Sicherheit ergänzt werden. Dabei ist eine Gleichheit zwischen den Bürgern eines Staates von einer universalen Gleichheit aller Menschen zu unterscheiden, und auch Sicherheit ist in eine des Lebens, eine des Eigentums und eine der bürgerlichen Rechte zu differenzieren. Wenn wir den modernen Freiheitsbegriff als Bestandteil eines Normsystems denken, in dem er mit Gleichheit und Sicherheit in einer dynamischen (und spannungsreichen) Wechselbeziehung steht, wird deutlich, dass es sich dabei nicht um konträre oder antagonistische Begriffe handelt, die sich im Sinne eines Negativsummenspiels zueinander verhalten (mehr Freiheit – weniger Sicherheit; mehr Gleichheit – weniger Freiheit), sondern dass dies komplementäre Imperative sind, Vorstellungen und Werthaltungen, die sich wechselseitig ergänzen und verstärken.[11] Die Akzente und Schwerpunktsetzungen in dieser Triade können jedoch jeweils andere sein bzw. sich im Verlauf der Zeit verändern. Sie unterscheiden sich nach historischen Konstellationen, politischen Herausforderungen und schließlich im Hinblick auf die politischen Positionen der jeweiligen Mehrheiten in Parlament und Regierung, also im Hinblick auf die je politisch verbindliche Interpretation der Konstellationen und Herausforderungen. Grundsätzlich zeichnen sich moderne Gesellschaften jedoch durch die Unauflöslichkeit dieser Trias aus.

Im modernen Freiheitsbegriff sind des Weiteren eine innere und eine äußere Dimension von Freiheit zu unterscheiden. Nur ein innerlich freier Mensch kann seine äußere Freiheit voll nutzen; äußere Bedrängnisse und Gefahren können jedoch dazu führen, dass die innere Freiheit schwindet – oder sie wird zum Refugium der Freiheit gegen die Zwänge der äußeren Welt. Der Vergleich zwischen antikem und modernem Freiheitsbegriff zeigt, dass der Anteil innerer Freiheit in der modernen Welt größer ist als in der Antike. Das hat zum einen mit einer Gewichtsverschiebung von der positiven zur negativen Freiheit im Sinne Berlins zu tun, andererseits aber auch mit dem Einfluss, den das Christentum und die jüngere Stoa (Epiktet, Seneca) auf die Freiheitsvorstellung gehabt haben: Gegen die äußere Freiheit, die Freiheit in der politischen Welt, haben Christen und Stoiker die Vorstellung einer inneren Freiheit gesetzt, der die Wechselfälle des Lebens nichts anhaben konnten.

Ein am altrömischen Vorbild orientierter Republikaner wie Niccolò Machiavelli hat diese Wendung zum innerlichen Freiheitsbegriff als folgenreiche Schwächung des Strebens nach politischer Freiheit angesehen und das Christentum dafür verantwortlich gemacht, dass es in seiner Gegenwart nicht mehr so viele Republiken gebe wie in der Antike. «Unsere Religion hat mehr die demütigen und in Betrachtung versunkenen Menschen verherrlicht als die tatkräftigen. [...] Wenn auch unsere Religion fordert, daß man stark sei, so will sie damit mehr die Stärke des Duldens als die der Tat. Diese Regel hat, wie mir scheint, die Welt den Bösewichten ausgeliefert, die ungehindert ihr Unwesen treiben können; [...]. Es ist also eine Folge unserer Erziehung und der so falschen Auslegung unserer Religion, daß es in der Welt nicht mehr so viele Freistaaten [Republiken] gibt wie in der Antike und daß die Völker infolgedessen nicht mehr von solcher Liebe zur Freiheit beseelt sind wie ehemals.»[12]

Die Wendung zur Innerlichkeit muss jedoch nicht zwangsläufig als Flucht aus der Politik begriffen werden, auch wenn das in Deutschland – man denke etwa an den von Thomas Mann geprägten Begriff der «machtgeschützten Innerlichkeit»[13] – zeitweilig diese Konsequenz gehabt hat: Man überließ die politische Welt den politischen Menschen und war nach einer berühmten Formulierung davon überzeugt, dass die Politik den Charakter verderbe.[14] Max Weber hat, ahnlich wie Machiavelli, in diesem Rückzug aus der Politik und einer Vorstellung von innerer Freiheit, die wertvoller sei als äußere Freiheit, das Verhängnis der deutschen Politik gesehen, wobei er das weniger auf den Einfluss des Christentums als auf die Verfassungsordnung des Bismarck-Reichs zurückgeführt hat.[15] Das Verhältnis von innerer und äußerer Freiheit ist jedoch nicht nur im Hinblick auf politische Konstellationen und deren jeweilige verfassungspolitische Konkretisierung von Relevanz, sondern hat auch bei der Ausbildung von Individualität, also der Entstehung des modernen Subjektbegriffs, eine erhebliche Rolle gespielt. Ein ideengeschichtlicher Knotenpunkt dessen ist die Auseinandersetzung zwischen Martin Luther und Erasmus von Rotterdam um die Freiheit des Willens,[16] die als intellektuelles Präludium zu der jüngst zwischen Philosophen und Neurowissenschaftlern geführten Debatte über die Willensfreiheit des Menschen gelesen werden kann.[17]

An die Debatte über die innere Freiheit schließt die über individuellen und kollektiven Konformismus als freiheitsgefährdende Entwicklungen an. An ihrem Anfang steht Alexis de Tocqueville, der in *Über die Demokratie in Amerika* (1835, 1842) die komplexe Krisendiagnose aufgestellt hat, das liberale Ideal des autonomen, von sozialen Beziehungen losgelösten und gemeinschaftlicher Verantwortung enthobenen Individuums befördere in Verbindung mit dem demokratischen Gleichheitsstreben einen die Grundlagen liberaldemokratischer Gesellschaften untergrabenden «konformistischen Individualismus». Neben Tocqueville ist vor allem John Stuart Mill zu nennen, der in seinem Essay *On Liberty* von 1859 auf eine Gefährdung der Freiheit durch die öffentliche Meinung hingewiesen hat. Er spricht von «einem Despotismus der Gesellschaft über das Individuum».[18] Demnach stellt nicht mehr nur der Staat, sondern auch die Gesellschaft eine Bedrohung der individuellen Freiheit dar. Mill schreibt, es gebe in «der Welt als Ganzem eine wachsende Tendenz zur ungebührlichen Ausweitung der Macht der Gesellschaft über das Individuum, sowohl durch den Zwang der öffentlichen Meinung wie sogar durch den der Gesetzgebung; und da es die Tendenz aller in der Welt vor sich gehenden Veränderungen ist, die Gesellschaft zu stärken und die Macht des Individuums zu mindern, handelt es sich in diesem Übergriff nicht um eines der Übel, die dazu neigen, von selbst wieder zu verschwinden, sondern im Gegenteil um eines, das die Neigung hat, immer mehr und immer furchtbarer zu wachsen».[19] Dieser Freiheitsbedrohung, so Mill, sei sich nicht durch Gesetze und Institutionen, sondern nur durch «einen starken Damm moralischer

Überzeugung» zu wehren, also gerade durch eine Stärkung der inneren Freiheit der Menschen, die sie in die Lage versetzt, ihre Entscheidungen unabhängig von den Moden und Erwartungen der Gesellschaft zu treffen.

In gewisser Hinsicht ist die Konsumismuskritik der 1968er-Linken eine Fortsetzung von Mills besorgter Beobachtung eines wachsenden Konformismus in der Gesellschaft: Was ist das für eine Freiheit, die darauf hinausläuft, dass man den äußeren Anreizen zu Konsum und immer mehr Konsum automatisch folgt? Vor allem Herbert Marcuse, der wichtigste intellektuelle Ziehvater der 68er-Bewegung, hat diese Frage aufgeworfen und sie in kapitalismuskritischer Perspektive zugespitzt.[20] Danach ist es der Zwang der Kapitalverwertung, der ökonomisches Wachstum erzwingt und dabei die Menschen nötigt, immer mehr und immer neue Konsumgüter zu kaufen. Der Zwang zum Konsum setzt jedoch die Fähigkeit zum Konsum voraus, und die erwächst aus einer rastlosen Verwertung der Arbeitskraft in der kapitalistischen Produktion. Die politische Stoßrichtung der Konsumkritik war demgemäß wesentlich antikapitalistisch, aber weder Marcuse noch die Neue Linke kamen bei dieser Problembeschreibung darum herum, auch eine «Reform des Menschen» ins Auge zu fassen, in deren Folge dieser von seiner Fixierung auf die äußerlichen Gegenstände des Konsums befreit und gegen entsprechende Anreize immunisiert werden sollte. Zu diesem Zweck griff Marcuse auf die Psychoanalyse Sigmund Freuds zurück, die durch die Beobachtung einer Dominanz des Trieblebens («Es») und der Herrschaft internalisierter Ideale in Gestalt des Gewissens («Über-Ich») eine Demütigung der stolzen Vorstellung von einer freien Selbstbestimmung des Menschen darstellte. Aber Freud ist letzten Endes den Vorstellungen der Aufklärung verpflichtet geblieben, und bei aller Bedrängtheit des «Ich» durch das «Es» und das «Über-Ich» folgte sein Projekt doch der Devise: Wo Es war, soll Ich werden.[21]

Herbert Marcuse und mit ihm Teile der Neuen Linken haben dieses Projekt dahingehend modifiziert, dass wirkliche Freiheit nur bei einer nachhaltigen Veränderung des «Triebschicksals» möglich sei, und dazu müsse die genitale Fixierung des Menschen aufgelöst werden.[22] Die sexualemanzipatorischen Experimente der Neuen

Linken gehen im Wesentlichen auf diese Überlegungen zurück: In der freudo-marxistischen Überzeugung, wonach es einen direkten Zusammenhang zwischen der Gesellschaftsordnung und dem Triebleben der Menschen gebe,[23] die auch von der Frankfurter Schule der Kritischen Theorie geteilt wurde, wollten sie am Triebleben ansetzen, um eine nachhaltige Veränderung der Gesellschaft in Gang zu bringen. Dieses Projekt ist politisch schnell gescheitert; seine konsumkritischen Elemente haben jedoch in die Ökologiebewegung Eingang gefunden, wo sie zwar nicht im Hinblick auf eine Erweiterung der Freiheit, aber doch im Hinblick auf eine Ermöglichung des Überlebens der Menschheit weitergeführt worden sind.

## Grundriss einer Ideengeschichte der Freiheit

Fast alle Philosophen und politischen Theoretiker haben sich mit einer der Varianten von Freiheit beschäftigt. Aristoteles etwa ist der Frage nachgegangen, in welchem Maße die menschliche Entscheidungsfreiheit durch äußere Umstände soweit eingeschränkt werden kann, dass sie schließlich nicht mehr vorhanden ist. Wie so oft interessiert er sich dabei für Grenzfälle, und das von ihm gewählte Beispiel ist das einer in Seenot geratenen Schiffsbesatzung, die sich nur dadurch retten zu können glaubt, dass sie die Ladung des Schiffs über Bord wirft. Aristoteles fragt – und das dürfte ein nicht nur zu seiner Zeit in vielen Seegerichtsverfahren verhandeltes Problem gewesen sein –, ob die Schiffsbesatzung aus freien Stücken gehandelt habe oder ob sie durch die äußeren Umstände dazu gezwungen worden sei.[24] Die an diesem Beispiel exemplifizierte Relationierung von freier Entscheidung und äußerem Zwang ist durchaus grundsätzlicher Art, geht es Aristoteles in seinen politischen Schriften doch immer um das Verhältnis zwischen einer guten politischen Ordnung und einem gelingenden Leben der Menschen. Die Frage nach den äußeren Bedingungen für die Ausbildung innerer Fähigkeiten, wozu die zentrale Fähigkeit gehört, selbstbestimmte Entscheidungen treffen und, dem vorausgehend, Situationen einschätzen und beurteilen zu können, bildet auch das Scharnier zwischen der vergleichenden politikwissenschaftlichen Analyse der griechischen Polisverfassun-

*Der Aristotelismus des Spätmittelalters hat die gute politische Ordnung als eine Summe der Tugenden verstanden, von denen die Politiker angeleitet sein müssen, um ihren Aufgaben gerecht zu werden. In diesem Sinn hat Ambroggio Lorenzetti die Allegorie der guten Regierung im Palazzo Pubblico von Siena gemalt (1338–1339). Im Zentrum befindet sich der Frieden, symbolisiert durch eine weiß gewandete Frau, während die beiden Seiten des Freskos durch die Gerechtigkeit (erkennbar an der großen Waage) und die männliche Figur des Gemeinwohls mit dem runden Schild beherrscht werden. Der bärtige Ben Commun wiederum ist umgeben von den weltlichen Tugenden der Stärke (fortitudo), der Klugheit (prudentia), der Großherzigkeit (iustitia) sowie den geistlichen Tugenden von Glaube (fides), Liebe (caritas) und Hoffnung (spes). Wenn diese Tugenden miteinander verbunden sind, so die Botschaft, aber auch Mahnung des Bildes in der Sala dei Nove, haben wir es mit einem blühenden Gemeinwesen zu tun.*

gen in Aristoteles' *Politik* und seiner tugendethischen Schrift *Die Nikomachische Ethik*.

Eine ganz andere Dimension von Freiheit hat sich Georg Wilhelm Friedrich Hegel bei seiner Betrachtung der abendländischen Geschichte vorgelegt, und dabei ist er zu dem Ergebnis gelangt, die europäische Geschichte sei seit der Reformation durch einen kontinuierlichen «Fortschritt im Bewusstsein der Freiheit» gekennzeichnet.[25] Das «Bewusstsein der Freiheit» war für Hegel das alles entscheidende Moment an der Entwicklung der Freiheit. Das wiederum hat Karl Marx dazu herausgefordert, die Hegelsche Philosophie «vom Kopf auf die Füße» stellen zu wollen und das (innere) Bewusstsein der Freiheit durch die soziale und politische Realität von Freiheit zu ersetzen.[26] Es fällt auf, dass die jüngere Kritik des Spätkapitalismus die Hegel'sche Konzentration auf das «Bewusstsein der

Freiheit» gegen die Marx'sche Herausstellung der materiellen Voraussetzungen von Freiheit wieder stark gemacht hat.

Für die Rekonstruktion von Entwicklungssträngen des Freiheitsverständnisses ist die komparative Gegenüberstellung der für eine Kultur/Zivilisation charakteristischen Freiheitsbegriffe aufschlussreich. Ein Beispiel dafür ist die evolutive Ausfaltung des Freiheitsverständnisses bei den Vertragstheoretikern des 17. und 18. Jahrhunderts: War für Thomas Hobbes die Möglichkeit zum Genuss einer (begrenzten) Freiheit an die Einsetzung eines mächtigen Schutzherrn, des Leviathan, gebunden, der dafür sorgte, dass die Einzelnen sich an die von ihm gegebenen Gesetze und Regeln hielten, so ist bei John Locke die Freiheit mit einer bürgerlichen Selbstorganisation verbunden, die auf der Grundlage eines über Arbeit vermittelten Eigentumsbegriffs den Staat nur braucht, um die aus der Wirtschaftstätigkeit der bürgerlichen Gesellschaft erwachsende selbstzerstörerische Dynamik zu blockieren und die Gesellschaft stabil zu halten. Im Unterschied zu den beiden englischen Vertragstheoretikern geht es Jean-Jacques Rousseau um die Verwirklichung der demokratischen Selbstregierung. Im *Contrat Social* behandelt er zentral die Frage, ob und wie es möglich ist, dass die politische Macht auch nach dem Vertragsschluss in den Händen der Vertragschließenden bleibt, so dass zur sekuritätsorientierten Dimension des Freiheitsbegriffs («Freiheit wovon») eine republikanisch-partizipatorische Freiheitsvorstellung («Freiheit wozu») hinzukommt, in der sich die Individuen nicht nur vor sich selbst schützen, sondern auch einen gemeinsamen politischen Willen entwickeln, durch den sie als Gemeinschaft politisch handlungsfähig werden. In der Trias Hobbes, Locke, Rousseau wird die Selbstbeobachtung und Selbstbeschreibung einer Gesellschaft, durch die deren Selbstverständnis expliziert wird, zur politisch-gesellschaftlichen Selbstnormierung, in der festgelegt wird, was die Einzelnen tun dürfen, tun sollen und tun müssen, damit das normative Selbstverständnis der Gesellschaft auch zur politischen Wirklichkeit wird. In seiner *Metaphysik der Sitten* hat Immanuel Kant die Summe dieser normativen Selbstentfaltung der bürgerlichen Gesellschaft gezogen und sie in ebenso präzisen wie prägnanten Formulierungen festgehalten. «Freiheit», heißt es dort über das einzige «angeborene Recht» des Menschen, sei im Sinne einer «Unabhängigkeit von eines anderen nötigender Willkür» in der politischen Ordnung zu verwirklichen, «insofern sie mit jedes anderen Freiheit nach einem allgemeinen Gesetz zusammenbestehen kann».[27] In den einschlägigen Texten von Hobbes, Locke, Rousseau und Kant ist das normative Fundament der westlichen Demokratie sowie die Sphärentrennung von Individuum, Staat und Gesellschaft entwickelt worden.[28]

Ein anderer Ansatz, Entstehung und Ausformung von Freiheitsvorstellungen systematisch zu denken, ist der Vergleich zwischen den mit den Namen Athen, Rom und Jerusalem bezeichneten Denktraditionen. Gemeint ist damit die komparative Betrachtung einer philosophischen, einer juridischen und einer religiös-theologischen Entwicklungslinie politischer Ideen. Im Hinblick auf die jeweilige Freiheitsvorstellung kann man von einem polisorientierten Strang bei den Griechen, einem ständebezogenen Strang im Fall der römischen Aristokratie und einer gemeinschaftsorientierten Linie bei den Juden sprechen. Freiheit und Gleichheit, so die Grundthese des politischen Denkens der antiken Griechen, gibt es nicht von Natur aus, sondern beide werden erst durch die politische Ordnung konstituiert. Die Polis und ihre Bürger (*polites*) erheben sich aus einem Meer der natürlichen Ungleichheit: der von Freien und Sklaven, Männern und Frauen, Griechen und Barbaren etc. Freiheit kommt hier also nicht wesentlich dem Individuum zu, wie in den neuzeitlichen Vertragstheorien, sondern ist eine Qualität der Polis-Ordnung, durch die deren Bürger an der Freiheit partizipieren.[29] Deswegen ist in dieser Tradition des Freiheitsdenkens auch nichts wichtiger als die Verteidigung der Polis gegen ihre Feinde, wie dies paradigmatisch in Perikles' Epitaph auf die athenischen Gefallenen zum Ausdruck kommt.[30]

Dabei ist die Freiheit der Polis aus zwei Elementen zusammengesetzt: aus *Autonomie*, Selbstgesetzgebung, also der Unabhängigkeit von den Vorgaben und Anweisungen anderer, und *Autarkie*, wirtschaftlicher Selbständigkeit, also der Fähigkeit, für sich selbst zu sorgen und nicht auf andere angewiesen und von ihnen abhängig zu sein. Hier ist freilich zwischen den Theorien von Platon und Aristoteles zu unterscheiden. Zwar ist beiden die Suche nach dem Maßstab und den Grundlagen einer guten, das heißt: einer stabilen, die Auswüchse von Freiheit und Willkür begrenzenden politischen Ordnung gemeinsam, wobei sie eine Dialektik von Freiheit und Gleichheit entwickeln, «derzufolge beide Werte, wenn sie nicht maßvoll begrenzt werden, jeweils in ihr Gegenteil umschlagen»,[31] aber sie unterscheiden sich sowohl hinsichtlich des jeweilig zugrunde gelegten Gerechtigkeitsideals – Platon favorisiert eine meritokratisch abgestufte Gleichheit, während Aristoteles stärker auf die sozialen Bedingungen von Gleichheit und Freiheit abstellt – als auch im Hinblick auf die exemplarischen historischen Referenzen. So greift Platon explizit auf Sparta zurück, um sein gegen die Demokratie gerichtetes Plädoyer für eine die Freiheit mäßigende und auf natürlicher Ungleichheit beruhende Ordnung gestufter Gleichheit beispielhaft zu plausibilisieren; für den Denker der Mitte bzw. des am Ausgleich zwischen den Extremen interessierten Aristoteles hingegen wird die athenische Demokratie zur historischen Referenz, wobei er die von ihm favorisierte Ordnung der Mitte nicht Demokratie, sondern Politie nannte (→ Kap. *Herrschafts- und Verfassungsformen*).

Im Unterschied dazu ist der römische Freiheitsbegriff auf die Privilegien der Aristokratie konzentriert, wobei diese Vorrechte in der Regel mit Pflichten und Erwartungen verbunden waren, die sich um persönliche Tüchtigkeit (*virtus*) und die ständige Bereitschaft zur Indienstnahme für administrative Aufgaben des Gemeinwesens drehen. Dieser Freiheitsbegriff ist in der römischen Geschichte schrittweise auf weitere Schichten und Gruppen der Gesellschaft ausgeweitet worden, zunächst innerhalb der Stadt Rom auf die Plebejer (zumeist das Ergebnis harter Machtkämpfe), dann auf die Führungsschichten der italischen Verbündeten Roms, die so politisch an die Tiberstadt gebunden werden sollten, und schließlich innerhalb des Imperiums auf alle, die in einer besonderen Beziehung zum Zentrum des Reichs standen.

Im Mittelpunkt des jüdischen Freiheitsbegriffs steht die Erzählung vom Auszug aus Ägypten, von der Selbstbefreiung aus der Knechtschaft des Pharaos durch den Exodus, den Zug durchs Rote Meer, die vierzigjährige Wanderung in der Wüste, das Murren gegen die damit verbundenen Entbehrungen und die Rückkehrwünsche zu «den Fleischtöpfen Ägyptens», schließlich das moralische Hocharbeiten im Sinne einer Selbstbefähigung zur Freiheit.[32] Die Freiheit, so die Pointe dieses politischen Gründungsmythos', wird einem zwar angeboten, aber man besitzt sie nicht, ohne sie erkämpft zu haben, wobei dieser «Kampf» gegen äußere Widerstände, vor allem aber gegen die eigene Neigung, die Risiken und Mühen der Freiheit zu scheuen, nie aufhört. Das gelobte Land der Freiheit stellt sich als eines heraus, in dem immer wieder aufs Neue den Versuchungen eines sich in materiellem Wohlstand erschöpfenden Lebens widerstanden und die politische Freiheit tagtäglich neu errungen und aktiv verteidigt werden muss. Freiheit ist hier das Ergebnis eines beständigen Kampfes gegen sich selbst, und wer diesen Kampf nicht zu führen bereit ist, gerät in einen Zustand, den Etienne de La Boétie, der Freund Montaignes, als «servitude volontaire», als freiwillige Knechtschaft bezeichnet hat.[33]

In dieser komplexen Verschwisterung von tätiger «Freiheit zu» verantwortlicher Teilhabe an den Belangen des Gemeinwesens und der «Freiheit von» Fremdbestimmung wird Freiheit und Knechtschaft nicht einfach gegenüber gestellt, vielmehr erscheint die biblische Verheißung von dem Land, «in dem Milch und Honig fließen», als ein häufig missverstandenes, mindestens jedoch als ein interpretationsoffenes Ideal, das im Hinblick auf eine gerechte, Freiheit und Gleichheit vermittelnde politische Ordnung ganz verschieden ausgedeutet werden kann. Das gilt freilich nicht minder für Gerechtigkeit. Diese «alte» Grundnorm des Politischen kann auf ganz verschiedene Weise mit der demokratischen Grundnorm der Gleichheit verknüpft werden, wobei in der philosophischen Diskussion immer wieder darüber gestritten wurde, ob es überhaupt einen internen Zusammenhang von Gerechtigkeit und Gleichheit gibt. Dieser Streit ist jedoch keine rein «intellektuelle» Angelegenheit, die philosophische Experten unter sich ausgetragen haben. Um eine gerechte Verteilung von Grundgütern, Ressourcen oder Lebenschancen wird im politischen Raum vehement gestritten, wobei die politische Entscheidung darüber, was als gerecht gilt, auch von den jeweiligen Machtverhältnissen abhängig ist.

## Viele Antworten auf die Frage nach der Gerechtigkeit

Für einen ersten Überblick der Gerechtigkeitsvorstellungen ist erneut auf die Trias Jerusalem, Athen, Rom zurückzugreifen. Dabei steht Jerusalem für eine *religiös-monotheistische Gerechtigkeitskonzeption*, in der Gott als der Monopolist einer Gerechtigkeit fungiert, deren Prinzipien dem menschlichen Erkenntnisvermögen unzugänglich sind. Was Gott tut, ist gerecht, auch wenn der Mensch dies nicht einzusehen vermag und es seinen intuitiven Gerechtigkeitsvorstellungen widerspricht. Die Uneinsehbarkeit (und damit auch argumentative Unverfügbarkeit) der göttlichen Gerechtigkeit als wesentliches Merkmal der Transzendenz Gottes führt im Ergebnis zu zwei Ebenen der Gerechtigkeit: einer Gerechtigkeit der Menschen, die jedoch immer vorläufig und unvollständig bleibt, weil sie auf einer begrenzten Erkenntnis- und Urteilsfähigkeit beruht, und einer Gerechtigkeit Gottes, deren Prinzipien dem Menschen unzugänglich sind – so Augustinus in seiner Schrift *De Civitate Dei*. Was der Mensch gleichwohl erkennt, ist ein weltliches Geschehen, das seinen Gerechtigkeitsintuitionen widerspricht. Die Vorstellung eines gleichermaßen allmächtigen und gerechten Gottes wird durch die Behauptung der Unzugänglichkeit göttlicher Gerechtigkeit «gerettet». Das hat immerhin zur Folge, dass das menschliche Vertrauen in die Grundgerechtigkeit von Welt und Geschichte trotz einer dem widersprechenden Realität aufrechterhalten werden kann, und zwar unter der Prämisse einer prinzipiellen Gleichheit aller Menschen vor Gott.

Dagegen ist die mit Athen verbundene *philosophische Gerechtigkeitskonzeption* auf die menschliche Erkenntnisfähigkeit gegründet, freilich um den Preis, dass diese auf nur wenige Reflexionsvirtuosen beschränkt ist, wie bei Platon auf die Philosophen, die in der idealen politischen Ordnung deswegen auch die Herrscher sind.[34] Eine andere Form der Eingrenzung von Gerechtigkeitsansprüchen sind Ungleichheitsprämissen, die im politischen Denken der Griechen weit verbreitet sind. So definiert Aristoteles Gerechtigkeit als eine Disposition, die Gleiche gleich und Ungleiche ungleich behandelt.[35] Der Preis der politischen Verfügbarkeit von Gerechtigkeit, der aus ihrer prinzipiellen Erkennbarkeit resultiert, besteht hier darin, mit Gleichheits-/Ungleichheitsvorstellungen arbeiten zu müssen, die besonderen historischen Konstellationen geschuldet sind, etwa in der Unterscheidung von Freien und Unfreien, Männern und Frauen etc.

Mit Rom, dem Ort der *juridischen Gerechtigkeitskonzeption*, ist eine Auflösung dieses Problems verbunden, in der es nicht um die Erkennbarkeit, sondern um die administrative Realisierung von Gerechtigkeit geht: Gerechtigkeit wird von den römischen Juristen in Recht überführt. An die Stelle universaler Annahmen tritt die Spezifikation der Fallbeschreibung und die angemessene Anwendung von Gesetzen und Normen auf den konkreten Fall. Gerechtigkeit besteht danach in der Optimierung des Rechts und der Rechtsanwender. Damit wird Gerechtigkeit (*iustitia*) zu einer approximativen Größe, der sich das Recht (*ius*) immer weiter annähern soll, wobei aber klar ist, dass es mit ihr nie kongruent werden kann. Begriffe wie Billigkeit oder Legitimität stehen für das Spannungsverhältnis, das die Idee der Gerechtigkeit zu ihrer Realisierung in Gestalt einer Gesetzesordnung aufweist.

In der Geschichte der politischen Philosophie spielt die Idee der Gerechtigkeit durchgängig eine zentrale Rolle, und zwar als Legitimation politischer Ordnungen ebenso wie als deren Korrektur oder Kritikfolie. Am Anfang steht die philosophische Reflexion der Gerechtigkeit bei den Griechen. So lieferte Platon die bis heute grundlegende formale Definition des Gerechten. Als gerecht bestimmt Platon, dass jeder erhält, was ihm zukommt: *Jedem das Seine*. Das Problem an dieser meritokratischen Kopplung von Gerechtigkeit und Würdigkeit ist jedoch, dass die «Würdigkeit» selbst umstritten ist. Für Platon steht dies freilich nicht in Frage; die gerechte Einrichtung des Gemeinwesens soll sich an der «Idee des Guten» orientieren. Dieser letzte metaphysische – nicht göttliche – Legitimationsgrund strukturiert die Welt der menschlichen Handlungen ebenso wie die Ordnung der Ideen.[36] Platon verbindet die leitende Idee des Guten mit der sozialen Hierarchie einer in drei Kasten differenzierten Gesellschaft, wobei der sozialen Hierarchie eine Hierarchie persönlicher Kräfte korrespondiert.[37] Danach muss ein gerechtes, harmonisches, an der Idee des Guten orientiertes Gemeinwesen so strukturiert sein, dass an seiner Spitze jene stehen, die über Vernunft verfügen, also an der grundlegenden Idee des Guten in besonderer Weise teilhaben und aufgrund der nur ihnen eigenen Tugenden der Einsicht bzw. Weisheit imstande sind, nicht nur Verantwortung für das Gemeinwesen zu übernehmen, sondern selbst gerecht zu sein – und das sind die Philosophen bzw. Philosophenkönige.[38] Auf der mittleren Stufe finden sich die Krieger bzw. «Wächter», die über Tatkraft und die Tugend der Tapferkeit verfügen, während auf der unteren Ebene die Arbeiter stehen, denen das Seelenvermögen des Begehrens zugeordnet wird, dem die Tugend der Besonnenheit korrespondiert, wobei zu den Arbeitern der Handwerker ebenso zählt wie der Bauer und der Kaufmann. Ein solches, nach Würdigkeit strukturiertes Gemeinwesen ist für Platon eine gerechte Ordnung, in der jeder erhält, was ihm zukommt.

Auch Aristoteles bietet mit seiner allgemeinen Bestimmung von Gerechtigkeit, wonach Gleiches gleich und Ungleiches ungleich zu behandeln sei, eine formale Definition, allerdings wird diese dann weiter differenziert und mit Blick auf die Anwendung von Gerechtigkeitsregeln ins Zentrum einer neuen Disziplin gestellt, nämlich der Philosophie von den praktischen Angelegenheiten. In diesem Zusammenhang interessiert Aristoteles nicht die allgemeine Gerechtigkeit (*iustitia universalis*), sondern die besondere Gerechtigkeit (*iustitia particularis*), die er auch als eine Haltung bezeichnet, die darauf ausgerichtet ist, eine angemessene Güterverteilung zu bewirken bzw. Disproportionalitäten zu korrigieren. Aristoteles unterscheidet dabei zwischen zwei Formen der (besonderen) Gerechtigkeit, die das politische Denken vom Mittelalter bis heute geprägt haben: der verteilenden Gerechtigkeit (*iustitia distributiva*) und der ausgleichenden oder ordnenden Gerechtigkeit, die als Tauschgerechtigkeit (*iustitia commutativa*) den Geschäftsverkehr regelt und im Zivilrecht zur Anwendung kommt, während sie als korrigierendes Prinzip (*iustitia correctiva*) im Strafrecht angewendet wird und für eine Wiedergutmachung entstandenen Schadens sorgt.[39] Für die ausgleichende oder ordnende Gerechtigkeit ist die Gleichheit bestimmend. Indem sie Ungleichverteilungen kompensiert – und zwar sowohl in freiwilligen Tauschgeschäften als auch bei unfreiwilligen Transaktionen, wie etwa bei Diebstahl –, entschärft sie Konflikte. Bei der Verteilungsgerechtigkeit hingegen sind Ungleichheiten zugelassen, denn hier geht es um eine Verteilung von Gütern, die der Würdigkeit und Leistung des Einzelnen entsprechen. Aristoteles nennt die Verteilungsgerechtigkeit daher auch proportionale Gerechtigkeit, wobei er das Proportionale als die Mitte bezeichnet, die über die rechte Relationierung der Personen, zwischen denen Güter verteilt werden, und den von ihnen eingebrachten Leistungen zu treffen ist. Bei den zu verteilenden Gütern handelt es sich neben materiellen Gütern, wie etwa Geld, auch um politische Ämter und Ehrungen.

Die größte Herausforderung für Aristoteles' komplexe Differenzierung der allgemeinen Gerechtigkeitsregel, Gleiches gleich und Ungleiches ungleich zu behandeln, besteht darin, ungleiche Dinge vergleichbar zu machen, ohne sie dabei gleichzusetzen oder gar gleichzumachen. Geld, das Aristoteles insbesondere für freiwillige Tauschgeschäfte als jenes Mittel bezeichnet hat, Ungleiches vergleichbar zu machen, ist als generalisiertes Medium des Kommensurabel-Machens von ungleichen Dingen ebenso umstritten wie attraktiv. Von Anfang an ist die Debatte über die Austauschgerechtigkeit als eine über das Geld und seine Effekte geführt worden. Was kann und darf durch Geld miteinander vergleichbar und damit austauschbar gemacht werden? Während Georg Simmel in seiner *Philosophie des Geldes* die geldgestützte Vergleichbarkeit als einen Prozess der Emanzipation des Menschen von Status und Stand gefeiert hat (Trennung von Haben und Sein),[40] hat Michael Walzer in *Spheres of Justice* auf Trennlinien zwischen den gesellschaftlichen Sphären bestanden, die vom Geld als universalem Gleichmacher nicht übersprungen werden dürfen. Um der Gerechtigkeit willen, so Walzer, müsse der Prozess der Gleichsetzung begrenzt werden. Während der Austausch von materiellen Gegenständen, die wesentlich ungleich sind, durch das Geld ermöglicht und erleichtert wird, soll der Erwerb von Ehre, die Anerkennung von Leistung und schließlich das Empfinden von Zuneigung und Liebe vor dem Gleichmacher Geld und seiner Erwerbsfunktion geschützt werden.[41]

Ein anderes Problem geldvermittelter Austauschgerechtigkeit ist von Karl Marx aufgeworfen worden, als er die für den entfalteten Kapitalismus charakteristische Verwandlung der Arbeitskraft in eine Ware untersuchte und dabei auf die Differenz zwischen Tauschwert und Gebrauchswert der Arbeitskraft stieß: der Tauschwert der Ware

Arbeitskraft besteht in dem, was für deren Reproduktion erforderlich ist; ihr Gebrauchswert, die Anwendung der Arbeitskraft im Produktionsprozess, bringt aber einen den Tauschwert überschießenden Mehrwert hervor, und daraus resultiert die Frage, wer über diesen Mehrwert verfügt: der Produzent, der ihn hervorgebracht hat, oder der Kapitalist, der Arbeitskraft als eine Ware gekauft hat und deren Eigentümer ist?[42] Dementsprechend ist die Debatte über Sozialismus und Kapitalismus immer auch als eine rechts- und gerechtigkeitstheoretische Debatte geführt worden.

Davon noch einmal zu unterscheiden sind Fragen der Verteilungsgerechtigkeit, bei denen die *iustitia distributiva* nicht primär mit dem Leistungsprinzip, sondern mit dem Gleichheitsideal verknüpft wird, wobei freilich entscheidend ist, von welcher Gleichheit jeweils die Rede ist. So macht es einen erheblichen Unterschied, ob gewissermaßen nach dem Gießkannenprinzip Ressourcen, Güter und Leistungen gleich verteilt werden oder ob die Verteilungspolitik auf Ergebnisgleichheit ausgerichtet ist. Wenn nämlich das Ziel darin besteht, eine egalitäre Gesellschaft zu etablieren, dann verlangt dies eine ungleiche Verteilung von wertvollen Gütern. Hier geht es um den Ausgleich von Unterschieden bzw. Abständen zwischen den Menschen, die entweder von Natur gegeben sind und als Benachteiligung Einzelner angesehen werden können oder als Ergebnisse der Gesellschaft und ihrer Wirtschaftsordnung begriffen werden, wobei davon ausgegangen wird, dass sie nicht das Ergebnis persönlichen Versagens oder Ungenügens sind. Art und Ausmaß des Ausgleichs hängen hier von den Grundannahmen über den Menschen und die Reichweite von Gleichheitspostulaten ab.

Die einflussreichste Theorie der Verteilungsgerechtigkeit der letzten Jahrzehnte ist John Rawls' *Theory of Justice*,[43] die auf der Begründungsbedürftigkeit aller gesellschaftlichen Ungleichverteilung besteht, wobei die einzig zulässige Begründung für Ungleichheit der nur dadurch erzielbare Gesamtgewinn der Gesellschaft ist. Ansonsten ist die Gesellschaft so einzurichten, dass jeder ihrer Ordnung zustimmen kann, auch wenn er nicht weiß, welchen Platz er selbst darin einnehmen wird. So wirkmächtig Rawls' Gerechtigkeitstheorie auch war, die Legionen von Schülern zu differenzierten Modifikationen motiviert hat, so sehr wurde ihr auch vehement widersprochen und zwar nicht nur vonseiten der «Antiegalitaristen», sondern auch von Theoretikern, denen wie Rawls an der Begründung einer sozialdemokratischen Ordnung gelegen waren. In Frage steht nämlich, was überhaupt «wertvolle Gütern» sind, welche Kriterien der Verteilung gelten sollen und wie diese begründet werden.

## Welche Gleichheit ist gerecht?

Gerechtigkeitskonzeptionen müssen folgende Fragen beantworten: Was wird verteilt: Grundgüter, Rechte, Ressourcen, Befähigungen? Nach welchen Kriterien wird verteilt: nach dem Gleichheitsgrundsatz, nach Leistung oder nach Bedürfnis? Wie werden die Verteilungskriterien begründet: auf der Grundlage idealtypischer Verfahren oder im Rückgriff auf konkrete Erfahrungen und Praxen von Gerechtigkeit? Im aktuellen Diskurs darüber, welche Güter wie verteilt werden und welche normative Geltung den jeweils zugrunde gelegten Verteilungsprinzipien zukommt, lassen sich drei Ansätze unterscheiden, die ihrerseits vielfach rezipiert und adaptiert wurden: John Rawls' kontraktualistische Begründung allgemeiner Gerechtigkeitsprinzipien, Michael Walzers Konzeption komplexer Gleichheit und Martha Craven Nussbaums Fähigkeitenansatz als Grundlage für eine interkulturelle Theorie der Gerechtigkeit.

Rawls' einflussreiche Theorie der Gerechtigkeit als Fairness, die 1971 unter dem Titel *A Theory of Justice* erschien und die Rawls selbst immer wieder modifiziert hat,[44] «ist ein philosophisches Plädoyer für einen sozialen und demokratischen Rechtsstaat», der «Freiheitsrechte mit sozialem Ausgleich» verbindet.[45] Leitend für Rawls' Gerechtigkeitstheorie ist der liberale Grundgedanke eines Vorrangs des Gerechten vor dem Guten: Über das gute Leben haben die Menschen recht unterschiedliche Auffassungen, und es ist Rawls zufolge eine Errungenschaft liberal-demokratischer Gesellschaften, die Pluralität individueller Lebensentwürfen nicht nur zu respektieren, sondern auch Freiheitsspielräume zu eröffnen, die es den Menschen ermöglichen, ihre jeweiligen Entwürfe des guten Lebens zu realisieren. Sie müssen dies jedoch tun können, ohne sich dabei gegenseitig einzuengen oder gar zu bekämpfen. Gegen den innerhalb der normativen Ethik bis dahin dominanten utilitaristischen Ansatz, das «größte Glück der größten Zahl» zum Maßstab zu erklären, stellt Rawls das Prinzip «Gerechtigkeit als Fairness» und plädiert damit für eine individualistische Sicht. Danach bemisst sich eine gerechte, faire Gesellschaft daran, ob sie jedem Einzelnen ein besseres Leben ermöglicht.

Für dieses Projekt, eine Theorie der Gerechtigkeit zu entwickeln, die auf die Einrichtung einer fairen Ordnung abstellt, die für jeden von Vorteil ist, in der Konflikte kooperativ ausgetragen werden und in der die gesellschaftlichen Institutionen so ausgestaltet sind, dass sie der sozial-demokratischen Norm einer Verbesserung der Lebensbedingungen und der Freiheitschancen jedes Einzelnen genügen, bedient sich Rawls der Gedankenfigur eines hypothetischen Vertrages, den fiktive Urzustandsbewohner schließen würden, wenn sie unter bestimmten Bedingungen, nämlich angesichts konfligierender Auffassungen vom guten Leben und der Knappheit der für dessen Realisierung notwendigen Güter, über eine gerechte Verteilungspolitik zu befinden hätten.[46] Rawls adaptiert den von Thomas Hobbes entworfenen «kontraktualistischen Dreischritt» jedoch auf eine originelle Weise. Er dreht nämlich zunächst gewissermaßen die Reihenfolge um: Während Hobbes anthropologisch vorgeht, beschreibt Rawls die (liberal-demokratische) Gesellschaft als eine, in der über soziale Gerechtigkeit vehement gestritten wird. Dabei setzen sich häufig jene durch, die über mehr Macht und Einfluss verfügen; vor allem aber ist jeder daran interessiert, seine Lage individuell zu verbessern, die Kosten dieser Verbesserung aber auf die Gesellschaft zu übertragen. Diesem konfliktuellen Gesellschaftszustand setzt Rawls den fiktiven «Urzustand» als regulative Norm entgegen: Machen wir ein Gedankenexperiment, schlägt Rawls vor, und stellen uns eine hypothetische Gruppe von Männern und Frauen vor, die nichts über ihre soziale Stellung in der Gesellschaft und die damit verbundenen Privilegien oder Nachteile wissen bzw. die nicht sicher sind, ob sie ihre besonderen physischen oder intellektuellen Eigenschaften zum eigenen Vorteil einsetzen können. Auf welche Grundsätze sozialer Gerechtigkeit würden sich diese hinter dem «Schleier des Nichtwissens» befindlichen Urzustandsbewohner einigen, welche Grundrechte und Grundgüter würden sie nach welchem Prinzip verteilen?[47]

In diesem Zustand «wahrer Unparteilichkeit», wie Rawls den hypothetischen Zustand des Nicht-Wissens über die soziale Relevanz von Fähigkeiten und Vermögen nennt, würden sich die fiktiven Urzustandsbewohner auf zwei fundamentale Gerechtigkeitsgrundsätze einigen und sich deren Einhaltung vertraglich zusichern: Der erste, strikt vorgeordnete Grundsatz umfasst ein umfangreiches System von gleichen Grundfreiheiten für alle. Der zweite Grundsatz ist zweigeteilt, er enthält zum einen die Forderung nach sozialer Chancengleichheit und zum anderen das sogenannte Differenzprinzip, wonach eine ungleiche Verteilung von Einkommen und Vermögen gerechtfertigt ist, wenn dies allen zum Vorteil gereicht.[48]

Rawls' Konzeption von Gerechtigkeit als Fairness hat vielfältige Kritik hervorgerufen. Diese richtet sich gegen das rationale Begründungsverfahren selbst, aber ebenso gegen die Außerkraftsetzung des Leistungsprinzips, denn Rawls wendet sich mit dem Differenzprinzip, wonach wirtschaftliche Ungleichheiten letztlich den am wenigsten Begünstigten zugute kommen müssen, dezidiert gegen nichtegalitäre liberale Ansätze. Einwände dagegen kommen jedoch nicht nur von Robert Nozick, der gegen Rawls' Sozialstaat den Nachtwächterstaat des klassischen Liberalismus verteidigt, sondern auch von Sozialdemokraten wie Michael Walzer. Walzer, der in *Spheres of Justice* eine partikularistische, auf die US-amerikanische Gesellschaft und ihre Gerechtigkeitsideale und sozialen Praxen bezogene Theorie «komplexer Gleichheit» entwickelt, hat den zentralen Einwand gegen Rawls, der freilich bereits gegen die klassische Vertragstheorie vorgebracht wurde, dass nämlich ein hypothetischer Vertrag, der nie abgeschlossen wurde, niemanden verpflichten kann, nach den Regeln des Vertrages zu handeln, ironisch kommentiert und Rawls' normative Theorie der Gerechtigkeit als «Erfindung» bezeichnet: Allein im Vertrauen auf die menschliche Vernunft soll – so paraphrasiert Walzer Rawls – eine völlig neue Welt der Moral konstruiert werden. Voraussetzung eines solchen Vorhabens ist die methodologische Konstruktion einer idealen Situation des «Was-wäre-wenn». Wofür würden Menschen sich entscheiden, wenn sie all ihres Wissens über sich, ihre Position im gesellschaftlichen Raum, über ihre Interessen, Werte und Fähigkeiten beraubt worden sind? Diese ideal konstruierten Gesetzgeber würden, so Walzer, «diejenige moralische

Welt erfinden, die existieren würde, wenn es auch ohne ihre Erfindung eine moralische Welt gäbe. Sie erschaffen das, was auch Gott erschaffen hätte, gäbe es einen Gott.»[49]

Walzer hält das konstruktivistische Begründungsprogramm für insgesamt verfehlt: Der hypothetische Urzustand suggeriert, dass der Philosoph die eigene Teilnehmerperspektive, also sein Verhaftetsein in einer konkreten politischen Gemeinschaft transzendieren und sich – wie Platons Philosophenkönige – auf einen Standpunkt oberhalb oder außerhalb der Menschenwelt begeben könnte. Walzer stellt jedoch nicht nur den objektiven Standort selbst in Frage, sondern bestreitet generell die Möglichkeit, sich in ein solches «Nirgendwo» aufschwingen zu können. Deontologisch-konstruktivistische Begründungsweisen, wie die von Rawls oder auch von Jürgen Habermas, sind danach letztlich zum Scheitern verurteilte Fluchtversuche aus einer existierenden moralischen Prägung hin zu einem äußeren, allgemeinen Standort der Kritik.[50] Walzer entwickelt daher konsequenterweise eine historisch und kulturell imprägnierte Gerechtigkeitstheorie, die den partikularen Entstehungs- und Anwendungskontext von Gerechtigkeitsnormen herausstellt.

Ausgangspunkt von Walzers Gerechtigkeitstheorie komplexer Gleichheit ist ebenso wie bei Rawls die Frage, wie eine gerechte Gesellschaft aussehen kann, in der differente Entwürfe des guten Lebens realisiert werden können. Allerdings plädiert Walzer gegenüber Rawls für eine Pluralität von Gerechtigkeitsprinzipien. Danach gibt es nicht nur eine Vielzahl von wertvollen Gütern, sondern auch verschiedene Kriterien ihrer Verteilung, wie freier Austausch, Verdienst, Eignung, Bedürfnis, politische Loyalität etc.[51] Zudem besitzen Güter grundsätzlich einen sozialen Charakter, d. h. sie sind nicht allgemein bestimmbar, sondern immer Bestandteil des kulturellen und politischen Selbstverständnisses einer konkreten Gesellschaft, in der über permanente Prozesse der Interpretation und Reinterpretation dessen, was wertvolle Gütern sind, eine Gemeinschaft von Menschen ihre kollektive Identität ausbildet.[52] Entsprechend unterscheidet Walzer verschiedene soziale Güter, wie politische Macht, bürgerliche Rechte, körperliche und seelische Gesundheit, öffentliche und private Anerkennung, Zugang zu Arbeit und Ämtern, aber auch zu Sicherheit und Erziehung sowie den Genuss von Liebe und Freizeit, und plädiert für eine relative Autonomie distinkter Distributionssphären dieser unterschiedlichen Güter. Seine politische Theorie distributiver Gerechtigkeit und das ihr zugrunde liegende Ideal komplexer Gleichheit richtet sich gegen die Konvergierbarkeit eines Gutes in andere Bereiche, wobei er besonders die Reichweite der tendenziell hegemonialen Güter Geld, Wissen und Macht begrenzen will.[53] So stellt für Walzer die Tatsache, dass der Nachbar mehr Geld hat und ein größeres Haus besitzt, kein Gerechtigkeitsproblem dar; ein Problem entsteht erst dann, wenn der finanziell besser gestellte Nachbar seinem Sohn einen Schulabschluss ermöglichen kann, der der Tochter der weniger gut gestellten Familie nicht möglich ist.[54] Gegen diese «gesellschaftliche Hexerei» stellt Walzer die «politische Kunst der Trennung», wonach verschiedene Güter in spezifischen gesellschaftlichen Sphären unterschiedliche Anwendung finden und Dominanz beanspruchen können.

Mit der Norm komplexer Gleichheit bzw. Gerechtigkeit plädiert Walzer für einen politischen Egalitarismus, der mit Freiheit und damit mit der Abwesenheit von Herrschaft gleichzusetzen ist, nicht aber jegliche Ungleichheiten beseitigt.[55] Für die Realisierung eines um Freiheit zentrierten politischen Egalitarismus hebt Walzer dann doch zwei Güter als prioritär heraus: Mitgliedschaft in bzw. Zugehörigkeit zu einer politischen Gemeinschaft und die Verteilung politischer Macht. Wenn die gerechte Verteilung von wertvollen Gütern an die Selbstbestimmung einer politischen Gemeinschaft von Staatsbürgern gebunden, also die distributive Gerechtigkeit Resultat eines gesellschaftlichen Interpretationsprozesses ist, dann stellt Mitgliedschaft ein besonderes Gut dar, weil es die Teilnahme an der Gestaltung von Verteilungsregeln und der Definition von Gütern erst ermöglicht. Das gilt ebenso für politische Macht, denn sie ermöglicht über das Stimmrecht sowie die Rede-, Versammlungs- und Petitionsrechte die aktive Teilhabe an der gesellschaftlichen Verständigung und politischen Entscheidung über die immer konkrete, politisch auszuhandelnde und eben nicht theoretisch zu bestimmende Ausgestaltung des Wohlfahrtsstaates, für den Walzer mit seiner Konzeption eines «demokratischen Sozialismus» für die USA plädiert.[56]

In seiner Gerechtigkeitstheorie komplexer Gleichheit hat Walzer Grundeinsprüche kommunitaristischer Kritiker aufgenommen, die innerhalb der sogenannten Liberalismus-Kommunitarismus-Debatte der 1980er und frühen 1990er Jahre gegen Rawls vorgebracht wurden.[57] Für die «Kommunitaristen» genießt die Frage nach dem guten, dem tugendhaften, auf die Gemeinschaft hin bezogenen Leben Priorität gegenüber dem liberalen Vorrang des Gerechten vor dem Guten. Für die Rückbindung von Gerechtigkeitsnormen an eine Konzeption des guten Lebens plädiert auch Martha Craven Nussbaum, wobei die derzeit wohl prominenteste Moralphilosophin sich der kommunitaristischen Kritik nur teilweise angeschlossen hat. Nussbaum versteht ihre Theorie der Gerechtigkeit zwar ebenfalls als kritische Antwort auf Rawls' *Theory of Justice*, aber im Unterschied zu Walzer, der die historische, kulturelle und politische Partikularität von Gerechtigkeitsnormen betont, stellt Nussbaum auf eine universalistische Theorie der Gerechtigkeit ab.

Unter dem Titel «Aristotelische Sozialdemokratie» plädiert Nussbaum ab Mitte der 1990er Jahre dafür, eine allgemeine Vorstellung von der Gestalt einer menschlichen und menschenwürdigen Lebensform zu entwickeln, um die allen Menschen zustehenden, aber begrenzten Mittel, Ressourcen und Bedingungen bestimmen zu können, die für ein gutes, gelingendes Leben nötig sind. Nussbaum nennt diese Anforderung auch «unser Bedürfnis nach Essentialismus in der Politik».[58] Ihre Konzeption des guten Lebens ist daher zweistufig angelegt: Auf der ersten, anthropologischen Ebene werden die menschlichen Grundbedingtheiten skizziert, die insgesamt elf Erfahrungsbereiche umfassen. Dazu gehören etwa Sterblichkeit, Körperlichkeit, praktische Vernunft, Verbundenheit mit anderen Menschen sowie mit anderen Spezies und der Natur.[59] Diese deskriptive Liste wird durch Fähigkeiten wie durch Grenzen strukturiert. Über den Verweis auf die menschlichen Fähigkeiten wird aber bereits auf dieser ersten Ebene der Konzeption eine grundsätzliche Bewertung vorgenommen. Ein Leben, das eine oder mehrere dieser Fähigkeiten entbehrt, ist kein menschliches und demzufolge erst recht kein gutes Leben. Nussbaum spricht hier von einer minimalen Konzeption des Guten. Mit Grenzen sind jene Erfahrungsbereiche angesprochen, die vor allem die Verletzbarkeit des Menschen betonen und seine elementare Angewiesenheit auf andere Menschen wie auf äußere, gelingende Lebensbedingungen unterstreichen. Die Grenzen haben einen ambivalenten Status, insofern Nussbaum zwar behauptet, dass das menschliche Leben in seiner allgemeinen Form ein Kampf gegen diese Grenzen darstellt, es aber darum noch lange nicht erstrebenswert ist, uns von diesen möglichst ganz zu befreien. Gleichwohl markiert der Umgang mit Grenzen den normativen Schritt von der ersten zur zweiten Stufe. Die für das menschliche Leben konstitutiven Grundfähigkeiten werden nun derart spezifiziert, dass klare Anforderungen an das politische Ordnungsmodell gerichtet werden können, wie diese Fähigkeiten (*capabilities*) bei allen Bürgern entwickelt und gesichert werden können.

Die zweite Ebene der Konzeption ist die politisch interessante, denn die Forderung an eine gute politische Ordnung kann nicht darin bestehen, den Bürgern eine nur minimale Ausübung von Tätigkeiten zu ermöglichen, sondern ihnen, wie die Neoaristotelikerin Nussbaum betont, ein glückseliges Leben zu ermöglichen. Die zweite, normativ anspruchsvollere Liste umfasst Fähigkeiten wie die zu voller Lebensdauer und guter Gesundheit, zu lust- und freudvollen Erlebnissen, weiterhin die Fähigkeit zu denken, zu schlussfolgern und zu phantasieren, emotionale Bindungen zu anderen Personen aufzubauen, die Fähigkeit, sich eine Vorstellung des Guten zu bilden und sein Leben zu planen, aber auch die Fähigkeit, Anteilnahme für Tiere und Pflanzen zu entwickeln.[60] Dieser Fähigkeitenkatalog, den Nussbaum in Abgrenzung zu Rawls' «dünner Theorie des Guten» eine «dicke, vage Theorie des Guten» nennt,[61] verbindet anthropologische Annahmen mit gerechtigkeitspolitischen Ansprüchen. Während die erste, anthropologische Liste zum Ausdruck der interkulturell geteilten Vorstellung dessen wird, welche Eigenschaften in ihrer Gesamtheit ein Leben zu einem menschlichen machen, wird mit der zweiten Liste der gerechtigkeitspolitische Anspruch formuliert, im umfänglichen Sinne die «externen» (materiellen, institutionellen und pädagogischen) Bedingungen zu schaffen, die es allen Bürgern erlauben, ihre «internen Fähigkeiten» – zu denen Wahrnehmen, Verstehen, Denken, Urteilen ebenso zählen wie die Charaktertugenden Freigebigkeit, Gerechtigkeit und Sanftmut – entwickeln und ausüben zu können. In Reformulierung von Aristoteles' Grundsatz, wonach es ungerecht ist, Ungleiche gleich zu behandeln, schließt dies die politische Forderung nach Ausgleich bestehender Ungleichheiten ein. So sollte die Verteilungspolitik in Gesellschaften, in denen Frauen traditionell an der Ausübung ihrer Fähigkeiten gehindert sind, darauf ausgerichtet sein, die sozialen und materiellen Bedingungen von Frauen zu verbessern. Der Fähigkeitenansatz wird so zum allgemeinen Maßstab für eine gute Verteilungspolitik und zum kritischen Einspruch gegenüber all jenen Gesellschaften, die einzelnen oder bestimmten Gruppen das Recht und die Möglichkeit verweigern, sich für ein gutes Leben zu entscheiden.[62]

Im Unterschied zu Rawls' prozeduralistischer Gerechtigkeitstheorie bezeichnet Nussbaum ihre Konzeption als ergebnisorientierten Ansatz, der mit einer substantiellen Vorstellung eines menschenwürdigen Lebens beginnt und dann nach den politischen Verfahren sucht, die dieses Ergebnis so effektiv wie möglich realisieren.[63] In den Blick gerät hier nicht nur das, was eine Person am Ende wirklich tut, sondern auch, was sie zu tun vermag, also die Chancen, die eine Person konkret hat, ihr Potenzial zu entwickeln und zu nutzen. Entsprechend plädiert der Fähigkeitenansatz für eine differenzierte Sicht auf den Förderungsbedarf, denn zum einen gibt es einen individuell sehr unterschiedlichen Bedarf an Ressourcen und zum anderen sind nicht alle Menschen gleichermaßen in der Lage, Ressourcen in Tätigkeiten zu übersetzen. Zudem variiert die Bedürfnisstruktur nicht nur zwischen Menschen, sondern auch im Verlauf eines Lebens. Menschen bedürfen am Anfang und im hohen Alter mehr Fürsorge als in der Blüte ihres Lebens. Aber auch durch Unfälle oder Krankheiten können Menschen in «asymmetrische Abhängigkeiten» geraten. «Normal leistungsfähig» ist in Nussbaums Perspektive zwar nicht die Ausnahme, aber eben auch nicht die Regel: Die Variation ist der Normalfall und nicht die Ausnahme.

Ein grundsätzliches Problem der konstitutiven Verknüpfung von menschlichen Fähigkeiten, die ein gutes Leben ausmachen, und den Möglichkeiten ihrer Realisierung, ist die paternalistische Anlage. Nussbaum selbst hat das spannungsreiche Verhältnis von Entscheidungsfreiheit und Befähigung zu einem guten Leben immer wieder reflektiert und in den jüngeren Schriften eine liberale Wendung vorgenommen. Während sie in den 1990er Jahren noch die Auffassung vertrat, dass die Einzelnen auch dann in den Genuss umfassender

Förderung gelangen sollten, wenn sie dies nicht wünschen, insofern nur durch die Ausübung von Tätigkeiten die Fähigkeiten ausgebildet und verwirklicht werden können,[64] gibt sie diese teleologische Auffassung von Fähigkeiten ab den 2000er Jahren, in denen sie eine stärkere Annäherung an den Menschenrechtsdiskurs sucht, auf und verweist darauf, dass das politische Ziel nicht darin bestehen könne, Menschen dazu zu nötigen oder zu zwingen, ihre Fähigkeiten auszuüben, sondern nur darin, sie zu befähigen, dies zu tun, wenn sie es denn wünschten. So kann sich beispielsweise eine Person zum Fasten entscheiden, wenn sie ausreichend zu essen hat, oder sie kann das Leben eines Workaholic führen und auf Spiel, Spaß und Spaziergänge in der Natur verzichten, selbst wenn genügend Raum für Freizeit besteht.[65] In dem Maße aber, wie Nussbaum die liberale Entscheidungsfreiheit als vorrangig gegenüber den anderen Elementen des Guten betrachtet, entfernt sie sich von ihrer aristotelischen Konzeption, denn in dieser ist es dem Einzelnen keineswegs überlassen, zu entscheiden, ob und welche Fähigkeiten er jeweils zu entwickeln wünscht. Ob das normative Projekt einer gerechtigkeitspolitischen Theorie des Guten noch konsistent verteidigt werden kann, wenn jemand die absolute Wahl hat, eine Fähigkeit nicht zu aktualisieren – etwa die zentrale Fähigkeit, mit anderen und in Bezug auf andere zu leben und zu handeln –, ist daher umstritten.[66]

Nussbaums Versuch einer liberalen Wendung des Fähigkeitenansatzes verweist auf die vielschichtige Spannung zwischen den Grundnormen Freiheit und Gerechtigkeit: So kollidiert die liberale Freiheitsnorm einer selbstbestimmten Lebensführung mit dem tugendethischen Anspruch, eine auf das Wohl der politischen Gemeinschaft hin bezogene Haltung zu entwickeln. Zudem setzt das Gleichheitsideal, das Nussbaums Plädoyer für eine wohlfahrtsstaatliche Umverteilungspolitik zugrunde liegt, das Leistungsprinzip außer Kraft, denn die ungleiche Ressourcenverteilung richtet sich auf die konkreten Bedürfnisse der einzelnen und nicht auf die von ihnen erbrachten Leistungen. Zwar hat Nussbaum auf das grundsätzliche Problem des Leistungsprinzips aufmerksam gemacht, dass nämlich die Norm «normaler Leistungsfähigkeit» nicht allgemein bestimmbar ist, sondern gesellschaftlichen Konventionen unterliegt, die immer auch in Frage gestellt werden können, aber die politische Frage nach den

Machtverhältnissen und den Machtkämpfen darum, was als gesellschaftlich anerkannte Leistung gilt und entsprechend honoriert wird, hat sie nicht beantwortet.

1 Alexis de Tocqueville, *Über die Demokratie in Amerika*, Band 2, Zürich 1987, S. 141 ff.
2 Ebd., S. 463 ff.
3 Isaiah Berlin, *Freiheit. Vier Versuche*, Frankfurt am Main 1995, S. 197–256.
4 Ralf Dahrendorf, *Versuchungen der Unfreiheit. Die Intellektuellen in Zeiten der Prüfung*, München 2008, S. 55.
5 Ralf Dahrendorf, *Der moderne soziale Konflikt. Essays zur Politik der Freiheit*, Stuttgart 1992, S. 266 f.; vgl. auch Herfried Münkler, «Soziomoralische Grundlagen liberaler Gemeinwesen. Überlegungen zum späten Ralf Dahrendorf», in: *Mittelweg 36*, 19. Jg., 2010, Heft 2, S. 22–37.
6 Vor allem Reinhart Koselleck hat den Blick für die Ablösung pluraler Begriffe durch Kollektivsingulare im 18. Jahrhundert geschärft; vgl. Reinhart Koselleck, *Begriffsgeschichten. Studien zur Semantik und Pragmatik der politischen und sozialen Sprache*, hrsg. von Carsten Dutt, Frankfurt am Main 2006 passim.
7 Dazu Richard Saage, *Herrschaft, Toleranz, Widerstand. Studien zur politischen Theorie der Niederländischen und der Englischen Revolution*, Frankfurt am Main 1981.
8 Berlin, *Freiheit*, S. 197–256.
9 Harald Bluhm, «Freiheit und Gleichheit», in: Marcus Llanque/Herfried Münkler (Hgg.), *Politische Theorie und Ideengeschichte. Lehr- und Textbuch*, Berlin 2007, S. 372–425, S. 374 f.
10 Zur schrittweisen Ausgestaltung der Bürgerrechte in der politischen Welt der Moderne vgl. Thomas S. Marshall, *Bürgerrechte und soziale Klassen. Zur Soziologie des Wohlfahrtsstaates* [1981], Frankfurt/New York 1992, S. 33–94.
11 Dazu Herfried Münkler, «Sicherheit und Freiheit. Eine irreführende Oppositionssemantik der politischen Sprache», in: Herfried Münkler/Matthias Bohlender/Sabine Meurer (Hgg.), *Handeln unter Risiko. Gestaltungsansätze zwischen Wagnis und Vorsorge*, Bielefeld 2010, S. 13–32.
12 Niccolò Machiavelli, *Discorsi. Abhandlungen über Politik und Staatsführung* II, 2, hrsg. von Rudolf Zorn, Stuttgart 1966, S. 171 f.
13 Thomas Mann, *Betrachtungen eines Unpolitischen*, Frankfurt am Main 2001, S. 166; vgl. Reinhard Mehring, *Thomas Mann. Künstler und Philosoph*, München 2001, S. 162–180.
14 Das Zitat wird häufig Bismarck zugeschrieben (gelegentlich auch Metternich), findet sich in seinen Schriften aber nicht. Die einzige verifizierbare Quelle ist ein im September 1881 gedrucktes Prospekt von Friedrich Bodenstedt, zitiert in Georg Büchmann, *Geflügelte Worte,* Berlin 1986, S. 383.
15 Max Weber, «Parlament und Regierung im neugeordneten Deutschland»,

in: ders., *Gesammelte Politische Schriften*, hrsg. von Johannes Winckelmann, Tübingen [4]1980, S. 306–443; vgl. Wolfgang J. Mommsen, *Max Weber und die deutsche Politik 1890–1920*, Tübingen 1974 (2., überarb. und erweiterte Aufl.), S. 132 ff.

16 Erasmus von Rotterdam, «An Martin Luther, Brief Nr. 150», in: Walter Köhler (Hg.), *Briefe des Erasmus von Rotterdam*, Bremen [3]1956; Martin Luther, *Vom unfreien Willen: eine Kampfschrift gegen den Mythus aller Zeiten* aus dem Jahre 1525. Nach dem Urtext neu verdeutscht von Otto Schumacher, Göttingen 1937.

17 *Zur Freiheit des Willens. Streitgespräch in der Wissenschaftlichen Sitzung der Versammlung der Berlin-Brandenburgischen Akademie der Wissenschaften am 27. Juni 2003*, Berlin 2004.

18 John St. Mill, *Über Freiheit*, Frankfurt/Wien 1969, S. 21.

19 Ebd.

20 Herbert Marcuse, *Der eindimensionale Mensch. Studien zur Ideologie der fortgeschrittenen Industriegesellschaft*, Neuwied/Berlin 1967.

21 Sigmund Freud, «Das Ich und das Es», in: ders., *Werkausgabe in zwei Bdn.*, hrsg. und mit Kommentaren versehen von Anna Freud und Ilse Grubrich-Simitis, Frankfurt am Main 1978, Bd. 1, S. 369–401.

22 Herbert Marcuse, *Triebstruktur und Gesellschaft. Ein philosophischer Beitrag zu Sigmund Freud* [1955], Frankfurt am Main 1970.

23 Vgl. Rolf Wiggershaus, *Die Frankfurter Schule*, München/Wien 1986, S. 49 ff. u. ö.

24 Aristoteles, *Die Nikomachische Ethik*, übersetzt und hrsg. von Olof Gigon, München 1967 (III, 1).

25 Georg Wilhelm Friedrich Hegel, *Philosophie der Geschichte*, Stuttgart 1961, S. 61.

26 Karl Marx, «Zur Kritik der Hegelschen Rechtsphilosophie, Einleitung», in: Karl Marx/Friedrich Engels, *Studienausgabe*, Bd. 1, hrsg. von Iring Fetscher, Frankfurt am Main 2004, S. 22–35.

27 Immanuel Kant, «Die Metaphysik der Sitten», in: ders., *Werke*, hrsg. von Wilhelm Weischedel, Bd. 7, Darmstadt 1968, S. 345.

28 Aus der Fülle der Arbeiten zur Ideengeschichte dieser Epoche seien hier genannt: Walter Euchner, *Egoismus und Gemeinwohl. Studien zur Geschichte der bürgerlichen Philosophie*, Frankfurt am Main 1973, Iring Fetscher, *Herrschaft und Emanzipation. Zur Philosophie des Bürgertums*, München 1973, sowie Reinhard Brandt, *Eigentumstheorien von Grotius bis Kant*, Stuttgart/Bad Cannstadt 1974.

29 Eine instruktive Gegenüberstellung von antiker und neuzeitlicher politischer Philosophie bietet Rüdiger Bubner, *Polis und Staat. Grundlinien der politischen Philosophie*, Frankfurt am Main 2002.

30 Thukydides, *Geschichte des Peloponnesischen Krieges* (II, 36–46), hrsg. von Georg Peter Landmann, München 1973, S. 139–147.

31 Bluhm, «Freiheit und Gleichheit», S. 377.

32 Michael Walzer hat in seinem Buch *Exodus und Revolution* (Berlin 1988) die revolutionäre Tradition des Exodusmotivs untersucht und seine Aufnahme bei den amerikanischen Siedlern, aber auch bei der schwarzen Bürgerrechtsbewegung in den USA herausgearbeitet.

33 Etienne de la Boétie, *Von der freiwilligen Knechtschaft* [1574], hrsg. von Horst Günther, Frankfurt am Main 1986.

34 Platon, *Der Staat/Politeia*, eingeleitet von Olof Gigon, übertragen von Rudolf Rufener, Zürich und München [2]1973, V, 473 d.

35 Aristoteles, *Die Nikomachische Ethik*, S. 95 f. (V 1130b-1131a).

36 Über die leitende Idee des Guten bei Platon schreibt Felix Heidenreich: «Die Idee des Guten gibt allem Sein eine Ausrichtung, ordnet und strukturiert die Welt. All unsere Handlungen zielen auf sie und glücken, wenn es gute Handlungen sind, verfehlen das Gute jedoch durch Unkenntnis, wenn es schlechte Handlungen sind. Die Idee des Guten richtet auch die Ideen selbst nach einer Ordnung aus. Auch die Ideen existieren in Harmonie. Explizit sagt Platon von ihnen, daß sie im wechselseitigen Verhältnis kein Unrecht begehen und kein Unrecht erleiden.» (Felix Heidenreich, *Theorien der Gerechtigkeit. Eine Einführung*, Opladen/Farmington Hills 2011, S. 29 f.).

37 Zu Platons Verkopplung der Idee des Guten mit Gerechtigkeit, sozialer Hierarchie und der Differenzierung von drei Seelenteilen bzw. -kräften siehe Otfried Höffe, *Gerechtigkeit. Eine philosophische Einführung*, München 2001, S. 20 ff.

38 Platon entwickelt die Idee der Philosophenherrschaft im V. und VI. Buch der *Politeia*, S. 294–333 (V 473 b-VI 504 a).

39 Aristoteles, *Die Nikomachische Ethik*, S. 93–102 (V 5, 1130 b-1134 a).

40 Georg Simmel, *Philosophie des Geldes* [1901], Frankfurt am Main 1989 (Simmel-Gesamtausgabe, Bd. 6), insbes. S. 375 ff.

41 Michael Walzer, *Sphären der Gerechtigkeit. Ein Plädoyer für Pluralität und Gleichheit* [1983], Frankfurt/New York 1992.

42 Eine knappe Zusammenfassung der Marx'schen Wertlehre und ihrer Beziehung zum Arbeitslohn findet sich bei Iring Fetscher (Hg.), *Grundbegriffe des Marxismus. Eine lexikalische Einführung*, Hamburg 1976, S. 154 ff.; vgl. hierzu auch Cornelius Castoriadis, «Wert, Gleichheit, Gerechtigkeit, Politik. Von Marx zu Aristoteles und von Aristoteles zu uns», in: ders., *Durchs Labyrinth. Seele, Vernunft, Gesellschaft*, Frankfurt am Main 1981, S. 221–276.

43 John Rawls, *Eine Theorie der Gerechtigkeit* [1971], Frankfurt am Main 1975; dazu Stefan Gosepath, *Gleiche Gerechtigkeit. Grundlagen eines liberalen Egalitarismus*, Frankfurt am Main 2004; einen guten Überblick zu den Theorien der Verteilungsgerechtigkeit bietet Wolfgang Kersting, *Theorien der sozialen Gerechtigkeit*, Stuttgart/Weimar 2000.

44 So in *Politischer Liberalismus*, Frankfurt am Main 2003, und *Gerechtigkeit als Fairneß. Ein Neuentwurf*, Frankfurt am Main 2006.

45 Bernd Ladwig, «Gerechtigkeit», in: Gerhard Göhler/Mattias Iser/Ina Kerner (Hgg.), *Politische Theorie. 25 umkämpfte Begriffe zur Einführung*, 2., aktualisierte und erweiterte Auflage, Wiesbaden 2011, S. 109–125, S. 110.

46 Rawls, *Theorie der Gerechtigkeit*, S. 27 ff.

47 Ebd., S. 159 ff.

48 Ebd., S. 81 ff.; vgl. auch Rawls, *Gerechtigkeit als Fairneß*, S. 77 ff.

49 Michael Walzer, *Kritik und Gemeinsinn*, Frankfurt am Main 1993, S. 20. Eine sehr gute Gesamtdarstellung von Michael Walzers politischer Theorie

bieten Skadi Krause/Karsten Malowitz, *Michael Walzer zur Einführung*, Hamburg 1998.

50 Walzer, *Kritik und Gemeinsinn*, S. 31.

51 Michael Walzer, *Sphären der Gerechtigkeit. Ein Plädoyer für Pluralität und Gleichheit*, Frankfurt am Main 1998, S. 26 ff.

52 Ebd., S. 32 ff.

53 Ebd., S. 12, 49 ff.

54 Krause/Malowitz, *Michael Walzer*, S. 63.

55 Ebd., S. 18 f.

56 Ebd., S. 447 f.

57 Die Debatte umfasste im Wesentlichen drei Fragekomplexe: die politisch-anthropologische Frage nach dem Begriff der Person, die metatheoretische Frage nach dem Status von Moralphilosophie, einschließlich der Begründbarkeit universal gültiger Standards, sowie die politisch-institutionelle Frage nach der Neutralität des Staates; Michael Haus, *Kommunitarismus. Einführung und Analyse*, Wiesbaden 2003, S. 19.

58 Martha Craven Nussbaum, «Menschliches Tun und soziale Gerechtigkeit. Zur Verteidigung des aristotelischen Essentialismus», in: Micha Brumlik/Hauke Brunkhorst (Hgg.), *Gemeinschaft und Gerechtigkeit*, Frankfurt am Main 1993, S. 323–361, S. 346.

59 Neben Sterblichkeit, Körperlichkeit, praktische Vernunft, Geselligkeit bzw. Zugehörigkeit zu anderen Menschen, Verbundenheit mit anderen Spezies und der Natur gehören zu den elf menschlichen Erfahrungsbereichen, die Nussbaum auf der ersten, anthropologischen Ebene aufzählt, noch intellektuelle bzw. kognitive Fähigkeiten, frühkindliche Entwicklung, Humor und Spiel und schließlich Vereinzelung bzw. starkes Getrenntsein; Nussbaum, *Gerechtigkeit oder Das gute Leben*, hrsg. von Herlinde Pauer-Studer, Frankfurt am Main 1999, S. 49 ff.

60 Nussbaum spricht hier auch von menschlichen «Grundfähigkeiten». Die Liste umfasst: die Fähigkeit zu voller Lebensdauer, zu guter Gesundheit, angemessener Ernährung und Unterkunft; zu lust- und freudvollen Erlebnissen, Erholung und zur Vermeidung unnötiger Schmerzen; weiterhin die Fähigkeit, zu denken, zu schlussfolgern und zu phantasieren, emotionale Bindungen zu anderen Personen aufzubauen; die Fähigkeit, sich eine Vorstellung des Guten zu bilden und sein Leben zu planen, soziale Bindungen einzugehen und Interesse für andere Menschen zu zeigen, aber auch Anteilnahme für Tiere und Pflanzen zu entwickeln; die Fähigkeit zum Genuss erholsamer Tätigkeiten und schließlich die Fähigkeit, sein eigenes und nicht das Leben eines anderen zu leben (ebd., S. 57 f.).

61 Nussbaum, «Menschliches Tun und soziale Gerechtigkeit», S. 333.

62 Zu Nussbaums moralphilosophischer Grundlegung politischer Ordnung siehe Grit Straßenberger, «Die politische Theorie des Neoaristotelismus: Martha Craven Nussbaum», in: André Brodocz/Gary S. Schaal (Hgg.), *Politische Theorien der Gegenwart II*, Opladen/Farmington Hills 2006, S. 149–188.

63 Nussbaum, *Die Grenzen der Gerechtigkeit. Behinderung, Nationalität und Spezieszugehörigkeit*, Berlin 2010, S. 119 f.

64 Nussbaum, *Gerechtigkeit oder Das gute Leben*, S. 113.

65 Nussbaum, «Capibilities and Human Rights», in: Pablo de Greiff/Ciran P. Cronin (Hgg.), *Global Justice and Transnational Politics. Essays on the Moral and Political Challenges of Globalization*, Cambridge 2002, S. 132.

66 Thomas Gutschker hat grundsätzlich in Frage gestellt, dass das Projekt einer Theorie des Guten konsistent verteidigt werden kann, «wenn jemand die absolute Wahl hat, eine Fähigkeit nicht zu aktualisieren, also etwa weder mit anderen Menschen noch mit der Natur in Verbundenheit zu leben. Das würde jede Konzeption des guten Lebens ad absurdum führen. Will sie dies vermeiden, kann Nussbaum nur jenen Spielraum lassen, den auch Aristoteles gewährt, die Aktualisierung der Fähigkeiten unter je wechselnden Umständen. Dann fallen freilich einige bestehende Lebensformen als Alternativen aus, bei Nussbaum nicht anders als beim Stagiriten.» Thomas Gutschker, *Aristotelische Diskurse. Aristoteles in der politischen Philosophie des 20. Jahrhunderts*, Stuttgart/Weimar 2002, S. 444.

**Weiterführende Literatur:**

Forst, Rainer: *Kontexte der Gerechtigkeit. Politische Philosophie jenseits von Liberalismus und Kommunitarismus*, Frankfurt am Main 1994.

Höffe, Otfried: *Kritik der Freiheit. Das Grundproblem der Moderne*, München 2015.

Melville, Gert/Vogt-Spira, Gregor/Breitenstein, Mirko (Hgg.): *Gerechtigkeit*, Köln/Weimar/Wien 2014.

Münkler, Herfried/Llanque, Marcus (Hgg.): *Konzeptionen der Gerechtigkeit. Kulturvergleich – Ideengeschichte – moderne Debatte*, Baden-Baden 1999.

Pettit, Philipp: *Gerechte Freiheit. Ein moralischer Kompass für eine komplexe Welt*, Berlin 2015.

Sandel, Michael J.: *Gerechtigkeit. Wie wir das Richtige tun*, Berlin 2013.

## Kapitel 8

## TYRANNIS UND DIKTATUR

Seit der Mitte des 20. Jahrhunderts ist in Intervallen immer wieder die Erwartung aufgetaucht, die Demokratie werde sich in globalem Maßstab durchsetzen und es werde in Zukunft nur noch demokratische Staaten geben. Dementsprechend sind Schübe der politischen Veränderung als «Wellen der Demokratisierung» bezeichnet worden. Weniger Aufmerksamkeit und schon gar keine vergleichbare Bezeichnung als allgemeiner Trend haben Gegenbewegungen zur Demokratie oder deren Zerfall gefunden. Es hat aber beides gegeben und gibt beides auch zurzeit; die Beschäftigung mit diesen Gegenbewegungen erklärt, warum sich die Demokratie trotz der Abfolge von Demokratisierungswellen noch immer nicht im globalen Maßstab durchgesetzt hat und dies auf absehbare Zeit auch nicht zu erwarten ist. Gleichzeitig ist die mit der Demokratie verbundene politische Semantik in einem solchen Ausmaß hegemonial geworden, dass es zur Demokratie keine symmetrischen Gegenbegriffe mehr gibt. Das Fehlen dieser Gegenbegrifflichkeit kann zu Beobachtungsdefiziten mit weitreichenden politischen Folgen führen.

Der Blick auf die politische Ideengeschichte legt nahe, auf die klassischen Begriffe «Diktatur» und «Tyrannis» als Gegenbegrifflichkeit zur Demokratie zurückzugreifen. Tatsächlich waren von den 1960er bis in die 1980er Jahre der Militärputsch und die anschließende Militärdiktatur Begriffscontainer für Gegenentwicklungen zur säkularen Demokratisierung. Komplementär dazu fand der Begriff «Totalitarismus» Verbreitung, der für ein radikales Gegenmodell nicht nur zur Demokratie, sondern auch zum Rechts- und Verfassungsstaat stand und Nationalsozialismus und Kommunismus zu einer säkularen Alternative bzw. Bedrohung der Demokratie zusammenfasste. Mit dem Zusammenbruch der Sowjetunion und dem Wandel Chinas ist der Totalitarismusbegriff freilich selbst zu einer historischen Kategorie geworden. Stattdessen ist die Frage aufgetaucht, ob die demokratische Ordnung inzwischen nicht mehr wesentlich von außen bedroht werde, wofür Begriffe wie «Militärdiktatur» und «totalitäre Regime» standen, sondern von innen durch ihre eigene Entwicklung gefährdet werde. Alexis de Tocquevilles Formel von der «Tyrannei der Mehrheit» hat angesichts des Erstarkens populistischer Bewegungen sowie einer tendenziellen Ablösung parlamentarischer Politik durch die Mediendemokratie neue Beachtung gefunden. Der nachfolgende Weg durch die Ideengeschichte von Tyrannis und Diktatur ist eine investigative Vergewisserung über alte Gegenbegriffe und deren aktuelle Bedeutung sowie ihre komplexe Verwobenheit in die Entstehung von Demokratie und Verfassungsstaat.

## Der Kampf mit Begriffen und die Verwirrung der Begriffe

Tyrannis und Diktatur gehören zu den Begriffen, die durch polemischen Gebrauch in der Sprache der Politik abgenutzt worden sind. So ist der altgriechische Begriff Tyrannis in seiner deutschen Anverwandlung «Tyrannei» bzw. der Bezeichnung eines Machthabers als «Tyrann» oder «tyrannisch» zum Synonym für eine willkürliche und unbeschränkte, gewalttätige und grausame Machtausübung geworden. In ähnlicher Weise hat sich der römische Begriff der Diktatur, ursprünglich die Bezeichnung für ein mit außerordentlichen Kompetenzen ausgestattetes politisches Amt, in einen Sammelbegriff für die unterschiedlichsten Formen extrakonstitutioneller Herrschaft verwandelt. Mitunter werden die beiden Begriffe, die in der klassischen Verfassungstheorie Oppositionsbegriffe waren, sogar synonym gebraucht, etwa bei der Klassifikation der nationalsozialistischen Herrschaft in Deutschland, die wahlweise als Diktatur und als Tyrannis bezeichnet worden ist.[1]

Die Begriffsverwirrung ist durch die zeitweilige Karriere des Totalitäts- bzw. Totalitarismusbegriffs noch verstärkt worden. Zunächst sollte damit das Verschwinden bzw. die Beseitigung von Grenzziehungen markiert werden, die für den Verfassungsstaat und die liberale Gesellschaftsordnung charakteristisch waren, sich aber, so die Autoren, die den Begriff des «Totalen» affirmativ verwandten, als überholt oder störend erwiesen. In diesem Sinne sprach Erich Ludendorff vom «totalen Krieg», und Ernst Forsthoff und Carl Schmitt prägten den Begriff des «totalen Staates».[2] In den nach dem Zweiten Weltkrieg entstandenen Totalitarismustheorien wiederum diente das negativ verstandene «Totalitäre» als Bezeichnung für die gemeinsamen Elemente im italienischen Faschismus, im deutschen Nationalsozialismus sowie im Kommunismus bzw. Bolschewismus der Sowjetunion und ihrer Satellitenstaaten.[3] Während Hannah Arendt[4] totalitäre Herrschaftsformen als eine vom Ost-West-Konflikt unabhängige säkulare Bedrohung politischer Freiheit angesehen hat, den Begriff «Totalitarismus» jedoch allein für die Charakterisierung des Nationalsozialismus und des Bolschewismus unter Stalin verwendete, darunter somit explizit weder die Sowjetunion der Nach-Stalin-Ära noch die Ostblockstaaten rubrizierte, dienten die Totalitarismustheorien bei anderen Autoren als Kampfbegriffe in der ideologischen Konfrontation von Ost und West. Die «westlichen» Totalitarismustheorien wurden dabei zum Pendant der «östlichen» Faschismustheorien: Diese hatten im Anschluss an Georgi Dimitroff den Faschismus als besonders aggressive Form des Kapitalismus definiert,[5] was kommunistischen Politikern und Intellektuellen die Möglichkeit gab, die westlichen Demokratien als quasi- oder kryptofaschistisch zu denunzieren und sie in eine Kontinuitätslinie mit der aggressiven Herrschaft des Nationalsozialismus zu stellen: Gegen diese Bedrohung müsse man sich auch politisch-militärisch sichern («antifaschistischer Schutzwall»). Darauf antworteten die westlichen Totalitarismustheorien, indem sie Nationalsozialismus und Bolschewismus als strukturell verwandte Herrschaftsformen mit verschiedenen ideologischen Inhalten bezeichneten.

Für die politikwissenschaftliche Analyse stellt beides, die semantische Verschleifung der Begriffe Tyrannis und Diktatur wie der Gebrauch des Totalitarismuskonzepts in den ideologischen Fronten des Ost-West-Konflikts, ein erhebliches Problem dar. Ein Fach, das auf die terminologische Präzision seiner Begriffe angewiesen ist, um analytische Distanz zu den politischen Kämpfen wahren zu können, und dessen Selbstverständnis davon abhängt, dass es die Geschichte politischen Begriffsgebrauchs reflektiert, muss sich um Begriffe wie Tyrannis und Diktatur kümmern, um sie als präzise Semantik für spezifische Gefährdungen des liberalen Verfassungsstaates und der demokratischen Ordnung verfügbar zu haben.

## Charakteristika der Tyrannis: Geldgestützte Gewaltherrschaft

Nirgendwo ist so intensiv über den Tyrannen und die Tyrannis nachgedacht worden, wie im antiken Griechenland. Das hat vor allem damit zu tun, dass die Tyrannis in der Verfassungsentwicklung von einer aristokratischen Kriegergesellschaft, wie sie in Homers *Ilias* beschrieben wird, zur partizipatorischen Bürgergemeinde in Gestalt einer Oligarchie oder Demokratie eine wichtige Rolle als Durchgangs- oder Übergangsetappe gespielt hat.[6] In den Kämpfen der Adelsfaktionen rissen darin hochgekommene Männer die Macht an sich, indem sie ein Ende des Bürgerkriegs sowie Ruhe und Sicherheit versprachen. In der Regel konnten sie sich dabei nicht auf die traditionale Legitimität einer altadligen Herkunft berufen, sondern stützten sich auf die Gewaltbereitschaft bzw. Gewaltverhinderungsfähigkeit ihrer bewaffneten Anhängerschaft. Als Tyrann wird demnach ein Herrscher bezeichnet, der sich ausschließlich auf die ihm verfügbaren Gewaltmittel verlassen muss und dessen Gewaltfähigkeit noch nicht zu herrschaftlicher, also als legitim anerkannter Macht im Sinne Max Webers sublimiert worden ist. Bei dieser Gewaltfähigkeit handelt es sich vor allem um eine aus Fremden bestehende, also nicht aus der Bürgerschaft gebildete und darum besoldete Leibwache. Die Aufstellung einer solchen Leibwache ist in der politischen Theorie der Griechen zum definitorischen Charakteristikum der Tyrannis geworden. Söldner aus der Fremde haben aus Sicht des Tyrannen den Vorteil, dass sie bei Konflikten mit der städtischen Bürgerschaft bedingungslos auf seiner Seite stehen, weil sie von ihm bezahlt werden und zur Bürgerschaft weder verwandtschaftliche noch nachbarschaftliche Verbindungen haben. Fremdheit und Besoldung waren andererseits die Gewähr dafür, dass die Truppe gegen die rivalisierenden Adelsfaktionen als Ordnungsmacht einsetzbar war.

Die Stationierung von in der Fremde angeworbenen Söldnern in der Nähe des Herrschers und ihre Einsetzbarkeit gegen die eigene Bevölkerung waren auch im europäischen Spätmittelalter und in der Neuzeit das Indiz dafür, dass die Herrschaft eines Monarchen zur Tyrannis degeneriert sei und also gestürzt werden müsse. So delegitimierte der Einsatz von in der Schweiz oder Deutschland rekrutierten Regimentern gegen die rebellische Bevölkerung von Paris die Monarchie in der Frühphase der Französischen Revolution,[7] und auch der Einsatz kurhessischer Regimenter in britischen Diensten, um die revoltierenden amerikanischen Siedler wieder in die Botmäßigkeit der englischen Monarchie zu zwingen, wurde zum Signum dafür, dass in London kein gütiger König, sondern ein böser Tyrann herrsche.[8] Denkfiguren der politischen Ideengeschichte und die Beurteilung von Herrschaftskonstellationen wirkten hier zusammen. Die Fremdheit der Soldaten und ihre mit Geld erkaufte Botmäßigkeit wurden zu Indikatoren des Tyrannischen.

Natürlich war nicht ausgeschlossen, dass der Rekurs auf die Gewalt der besoldeten Leibwache mit der Zeit an Bedeutung verlor und der Tyrann, indem er das Wohlergehen der Bürger zur Norm erhob, sich in einen Monarchen verwandelte, dessen Herrschaft von der Bevölkerung akzeptiert wurde. Aristoteles hat den Tyrannen empfohlen, in ihrem eigenen Interesse einen solchen Transformationsprozess zu forcieren.[9] Die Befolgung dieses Ratschlags war aber nicht einfach, da dem nicht nur der «tyrannische Charakter» des Tyrannen und seiner Söhne entgegenstand. Auch die provokativen Handlungen seiner Gegner konnten dies verhindern, insofern sie dazu führten, dass der Tyrann die geborgte «Maske des guten Königs» fallen ließ und seine «tyrannische Fratze» offenbarte. Tyrann bleibt, wer seine gewaltgestützte Macht nicht in Autorität zu transformieren vermag, also immer wieder von der Gewalt Gebrauch machen muss, weil ihm die Anerkennung seiner Herrschaft durch die Bürgerschaft fehlt.

Politik- und verfassungsgeschichtlich betrachtet, ist die Tyrannis eine Zwischenetappe im Übergang von erodierenden traditionalen Legitimitäten zu im Entstehen begriffenen neuen Legitimitätstypen. Außer im antiken Griechenland lässt sich das auch im Italien des 14. und 15. Jahrhunderts beobachten, wo nach heftigen Kämpfen zwischen den Adelsfaktionen in vielen Stadtstaaten Tyrannen an die Macht kamen, deren Herrschaft sich auf eine bewaffnete, durch Soldzahlungen und nicht personale Loyalitäten gebundene Gefolgschaft stützte. Diese Tyrannen konnten sich oft über Jahrzehnte an der Macht halten.[10] Ihr Aufstieg vollzog sich im Zeichen einer politischen Paradoxie: Einerseits stützten sie sich auf große Gewaltbereitschaft, andererseits wurden sie von Teilen der Bürgerschaft wegen ihres Versprechens unterstützt, den Bürgerkrieg zu beenden und für Ruhe und Sicherheit zu sorgen. Als Achillesferse der Tyrannenherrschaft hat sich jedoch die Einlösung dieses Versprechens über einen längeren Zeitraum herausgestellt. Nach einiger Zeit der Ruhe und Sicherheit nämlich wurde das Lästige und Lastende tyrannischer Herrschaft spürbar, insbesondere Willkür bis Zügellosigkeit, die zum Dementi des legitimatorischen Sicherheitsversprechens wurden. «Die tyrannische Monokratie», so Bodins Definition, «ist dadurch gekennzeichnet, daß der Alleinherrscher die Gesetze der Natur mit Füßen tritt, mit den freien Untertanen umspringt, als wären sie seine Sklaven, und fremdes Eigentum einfach als sein eigenes betrachtet.»[11] In Machiavellis *Principe*, 1513 auch im Rückblick auf den Aufstieg und Fall der Tyrannen in Italien verfasst, spielt die seit Aristoteles zentrale Trennlinie zwischen Monarchie und Tyrannis dagegen keine Rolle. Machiavelli wendet sich an den Alleinherrscher und erteilt ihm Ratschläge zur Ausgestaltung seiner Alleinherrschaft (*principato*), ohne sich weiter für die Legitimität dieser Herrschaft zu interessieren. Für Machiavelli ist die Differenz zwischen Sein und Schein kein substanzieller Unterschied, sondern ein politisches Strategem, das ein Herrscher besser oder schlechter zu nutzen vermag.[12] Wie bereits Aristoteles legt aber auch Machiavelli den Adressaten seiner Schrift nahe, nach Recht und Gesetz zu regieren und darauf zu verzichten, den Bürgern das Eigentum wegzunehmen und ihren Frauen Gewalt anzutun, was in der politischen Ideengeschichte weitere Charakteristika tyrannischer Herrschaft sind.[13] Auf diese Weise vermeide ein Herrscher, sich Feinde zu machen, deren er zuletzt nicht mehr Herr werden könne.

### Über den Zugang zum Machthaber: der Intellektuelle und der Tyrann

Der gerade seiner politischen Ämter enthobene und aus Florenz verbannte Machiavelli[14] wollte mit dem *Principe* wieder Zugang zu einem Machthaber bekommen, dem er als politischer Berater dienen konnte. In der Unterscheidung von Löwe und Fuchs an zentraler Stelle des *Principe* hat Machiavelli das Verhältnis zwischen dem mächtigen Herrscher und einem umsichtigen Politikberater versinnbildlicht: Der Politikberater bzw. Fuchs braucht den Löwen, also den Herrscher, der ihn vor den Wölfen schützt, vor den Adligen und bei Hof Mächtigen, aber der Löwe ist auf den Fuchs im Sinne eines klugen, aber machtlosen Beraters, angewiesen, um die Schlingen und Fallen aufzuspüren, in die der mit hoch erhobenem Haupt einherschreitende Mächtige hineinzutappen droht. Nicht von ungefähr hat sich Machiavelli für diese Beratertätigkeit einen Herrscher ausgesucht, den man im Sinne der obigen Definitionen als Tyrannen bezeichnen würde: einen Mann, der nicht unbedingt durch eigene Tüchtigkeit (*virtù*), sondern durch einen glücklichen Zufall (*fortuna*) an die Macht gekommen ist und sich nun an der Macht halten will. Der überzeugte Republikaner Machiavelli, der in seinen *Discorsi* vor allem über die Stabilisierung der Republik nachgedacht hat, wendet sich im *Principe*[15] an einen potenziellen Tyrannen, weil er davon überzeugt ist, dass der am meisten des politischen Beraters bedürfe. Umgekehrt wiederum hat der politische Berater beim Tyrannen den größten Einfluss.

Die Sicht Machiavellis ist nicht neu. Sie reicht bis zu Platon zurück und ist auch nach Machiavelli immer wieder anzutreffen. Gerade die Aufklärer hielten sich häufig in der Umgebung mächtiger Potentaten auf, wo sie hofften, mit ihren Vorstellungen Gehör finden und diese ohne Abstriche durchsetzen zu können. Voltaire suchte die Umgebung Friedrichs II. von Preußen, wo er politischen Einfluss gewinnen wollte, was freilich nicht gelang, da dieser ihm keinerlei Einfluss auf die Politik zugestand, und Diderot ging an den Hof der Zarin Katharina, um sie für seine Reformvorstellungen zu gewinnen.[16] Der Intellektuelle sucht die Nähe des Potentaten und schreckt dabei auch vor dem Tyrannen nicht zurück, weil hier der Zugang zum Machthaber[17] die größte Gewähr dafür bietet, dass er mit seinen Ideen durchdringt. Eine Versammlung oder gar die Masse des Volkes ist durch einen Intellektuellen sehr viel schwerer zu beeinflussen als ein einzelner Machthaber, wenn denn beide Vertrauen zueinander gefasst haben. Da Tyrannen unbegrenzte Macht haben und die Vorstellungen von Intellektuellen am ehesten realisieren können, sind gerade sie von diesen umlagert worden. Mark Lilla hat im Hinblick darauf von einer «Tyrannophilie» der Intellektuellen gesprochen.[18]

Der Philosoph und der Tyrann, der Intellektuelle und der Machthaber – diese Beziehung gehört zu den Grundkonstellationen politischer Einflussnahme, und sie hat immer wieder die Phantasie der politischen Theoretiker und Literaten beschäftigt.[19] Auch in Deutschland waren im Frühjahr 1933 einige Intellektuelle und Wissenschaftler der Überzeugung, sie könnten und müssten «den Führer führen», weswegen sie sich mit Reden und Schriften bei den nationalsozialistischen Machthabern anbiederten, um Zugang zum Machthaber zu finden und die Bewegung in die aus ihrer Sicht richtigen Bahnen zu leiten. Martin Heidegger mit seiner Rektoratsrede «Die Selbstbehauptung der deutschen Universität» und Carl Schmitt mit der Erklärung «Der Führer schützt das Recht» gehörten dazu.[20] Die Versuche von Intellektuellen, in die Nähe von Herrschern mit tyrannischer Machtfülle zu kommen, nimmt sich aus wie das kompensatorische Korrelat zu der bevorzugten Selbstbeschreibung von Intellektuellen als machtfern und herrschaftskritisch.[21]

Prototyp des die Nähe zum Tyrannen suchenden und ihn beraten wollenden Intellektuellen ist der griechische Philosoph Platon, der im *7. Brief* von seinen drei Reisen nach Syrakus berichtet, wo er am Hof des Tyrannen Dionysios versuchte, dessen unbeschränkte Macht zur Errichtung eines Idealstaats im platonischen Sinne zu nutzen. Platon ist in Syrakus dreimal gescheitert, und beim dritten und letzten Mal ließ der Tyrann den Philosophen gefangen setzen und als Sklaven feilbieten; das Sklavenschicksal blieb Platon freilich erspart, weil ihn einige seiner Schüler freikauften. Der *7. Brief* legt Rechenschaft ab von dem Projekt, mithilfe eines Tyrannen die ideale politische Ordnung zu verwirklichen, was für Platon konsequent war, nachdem er in seiner Demokratiekritik der Masse des Volkes vorgehalten hatte, sie wisse nicht, was für sie gut sei, weswegen sie immer wieder Zuckerbäcker an die Spitze des Gemeinwesens stelle, wo doch Diätetiker vonnöten seien, damit die kranke und entzündete Stadt wieder genese.[22] Aber nicht nur Platon ist gescheitert; auch seine aufklärerischen Nachfolger und nicht zuletzt die intellektuellen Wegbegleiter von Nationalsozialismus und Bolschewismus bzw. Stalinismus scheiterten mit dieser Form der Politikberatung.[23] In der

Umgebung Stalins hatten die Intellektuellen und Ratgeber freilich weniger Glück als Platon, denn sie bezahlten ihre Nähe zum Tyrannen zumeist mit dem Leben.

## Xenophons «Hieron» und die Einsamkeit des Tyrannen

Im 2. Buch von Platons *Politeia* kommen Sokrates und seine Gesprächspartner Glaukon und Adeimantos auf die Fabel zu sprechen, wonach der arme Hirte Gyges nachts in einer Erdspalte einen Ring gefunden habe, der seinem Besitzer die Fähigkeit verlieh, sich unsichtbar zu machen. Daraus erwuchs dem Gyges große Macht, und nach einiger Zeit war er König von Lydien. In dem Gespräch der drei entspinnt sich eine Debatte darüber, ob das beste und angenehmste Leben nicht darin bestehe, tun und lassen zu können, was man wolle, ohne dafür zur Rechenschaft gezogen zu werden. Glaukon und Adeimantos fragen sich also, ob nicht das glücklichste Leben führe, wer nach außen hin tugendhaft erscheine, in Wirklichkeit aber skrupellos sei. Von hier bis zum Schluss des 10. Buchs der *Politeia* begleitet diese Frage das Gespräch, das sich um die Erziehung der Wächter, die Frauen- und Kindergemeinschaft und die Herrschaft der Philosophen dreht, um am Schluss im Mythos von der Seelenwanderung wieder aufgenommen zu werden, wo die Tyrannen im Jenseits am längsten und am grausamsten gequält und gefoltert werden.[24] Die Lust des Tyrannenlebens wird durch den Schmerz in der Zeit des Jenseits mehr als aufgewogen.

Im 9. Buch der *Politeia* hat Platon durch den Mund des Sokrates beschrieben, was nach seiner Vorstellung das Wesen des Tyrannen ausmacht: Es handelt sich um einen vom Wahnsinn und seinen Trieben beherrschten Menschen. Sokrates nimmt hier die von Thrasymachos im 1. Buch der *Politeia* verfochtene These wieder auf, wonach Unrechttun besser sei als Unrechtleiden und diskutiert dies am Tyrannen als der Verkörperung extremen Unrechttuns. Der Weg zur Tyrannis wird in einer Stadt eingeschlagen, wenn aufwändige Gelage, Hetärenwesen und Schuldenmachen um sich greifen. Die so Lebenden erheben einen aus ihren Reihen zum Tyrannen, damit dieses zügellose Leben scheinbar endlos weitergehen kann und sie nicht für ihre Schulden aufkommen müssen.[25] Für den zum Tyrannen Erhobenen ist damit das lustige Leben zu Ende, denn von nun an lebt er in der beständigen Angst, von einem aus seiner Umgebung, womöglich einem, der sich als sein Freund ausgibt, getötet zu werden. Das griechische Verdikt über den Tyrannen besteht darin, dass er keine Freunde hat, wiewohl sich viele als seine Freunde ausgeben. Die Einsamkeit des Tyrannen ist das strikte Gegenteil der Bürgerfreundschaft in der Polis.

Die Frage nach dem glücklichen Leben des Tyrannen und der Möglichkeit von Freundschaft scheint eine der großen intellektuellen Herausforderungen in der Schülerschaft des historischen Sokrates gewesen zu sein, denn auch Sokrates' – im Unterschied zu Platon – philosophisch weniger ambitionierter, dafür historisch orientierter Schüler Xenophon hat sie in seinem Dialog *Hieron* aufgenommen:[26] Die Ausgangsfrage, mit welcher der Dichter Simonides den Dialog mit dem Tyrannen Hieron eröffnet, zielt auf den Unterschied zwischen dem Leben eines gewöhnlichen Menschen (*idiotes*) und dem des mächtigsten Mannes, des Tyrannen, der sich jeden Wunsch erfüllen kann, wie Simonides meint. Das Gespräch verläuft in drei Abschnitten: Im ersten Teil fragt Simonides, und Hieron antwortet; das Leben eines einfachen Menschen und das des Tyrannen werden gegeneinander abgewogen, und dabei zeigt sich, dass das tyrannische Leben keineswegs so lustbetont und freudenreich ist, wie es von außen den Anschein hat. Im zweiten Teil spricht nur noch Hieron über die Last des Tyrannendaseins, das ständige Misstrauen, die grauenhafte Einsamkeit, den Mangel an Vertrauen und Zuneigung[27] und vor allem – was das Schlimmste ist –, dass man sich aus dieser Position nicht mehr in die eines einfachen Bürgers zurückziehen könne, weil man vor der Rache der zuvor tyrannisch Beherrschten nicht sicher sei. Die Vorstellung von der Unaufgebbarkeit tyrannischer Herrschaft, weil man sich dann der Rache der vordem Tyrannisierten ausliefere, war ein im Athen des 5. und 4. vorchristlichen Jahrhunderts verbreiteter Gedanke: Thukydides hat ihn auf die Herrschaft Athens im attisch-delischen Seebund angewandt und damit argumentiert, Athen könne seine tyrannisch ausgeübte Herrschaft weder aufgeben noch lockern, weil es sich dann der Rache der

Herrschaftsunterworfenen ausliefern werde.[28] Hierons resigniertes Resümee im gleichnamigen Dialog lautet, einem amtsmüden Tyrannen bleibe nur die Möglichkeit, sich aufzuhängen oder auf andere Weise aus dem Leben zu scheiden.

Damit ist die Peripetie des Gesprächs erreicht: Im dritten Teil des Dialogs spricht nur noch Simonides und erläutert, wie sich ein Tyrann verhalten soll, der von den Bürgern geachtet, wenn nicht gar geliebt werden will. Es sind dies Überlegungen, die davon ausgehen, dass die Bürger des zeitaufwändigen und konfliktträchtigen Engagements in der Politik überdrüssig sind und es gerne an jemanden abgeben wollen, der ihnen im Gegenzug dafür Ruhe und Sicherheit garantiert. Das ist die Fortschreibung der Dienstleistungsperspektive tyrannischer Herrschaft, wie sie von Hieron ins Spiel gebracht worden ist: Tyrann zu sein ist weder Lust noch Vergnügen, sondern eine spezifische Form der Bereitstellung kollektiver Güter für das Gemeinwesen. Der Tyrann, so die Behauptung, dient dem Gemeinwesen und plündert es keineswegs zur Erhöhung seines Vergnügens und Mehrung seines Reichtums aus. Wenn dem so ist, so Simonides' abschließende Rede, dann soll er dem Gemeinwesen auch richtig dienen, und dafür gibt er eine Reihe von Hinweisen, die denen des Aristoteles im 5. Buch der *Politik* und Machiavellis im *Principe* nicht unähnlich sind.

Der deutsch-amerikanische politische Philosoph Leo Strauss hat in seiner Interpretation von Xenophons *Hieron*[29] den Text hinsichtlich seiner exoterischen und seiner esoterischen Elemente unter die Lupe genommen und dabei eine verdeckte, nur durch sorgfältige Interpretation zu findende Botschaft ausgemacht.[30] Die Unterscheidung zwischen dem, was bei der Lektüre eines Textes allen zugänglich ist (exoterisch), und dem, was nur einige Wenige, in besonderer Weise Eingeweihte (exoterisch) verstehen, ist eine methodische Grundannahme in Strauss' Interpretation der Philosophie Platons. Für das Verhältnis zwischen Berater und Tyrann ist Strauss' Feststellung bedeutsam, dass im *Hieron* des Xenophon der Tyrann vom Dichter bzw. Weisen bezwungen werde: Indem Hieron die Lust des tyrannischen Lebens bestreitet und stattdessen die Last herausstellt, die es bedeutet, ein Tyrann zu sein, legt er sich eine Legitimation zurecht, bei der die Intellektuellen zuletzt entscheiden, was der Tyrann zu tun hat.[31] Das ist nicht nur die Gegenposition zu Platons Bericht im *7. Brief*, sondern entwickelt auch eine ganz eigene Sicht auf die Tyrannen des 20. Jahrhunderts und deren Furcht vor den Intellektuellen und Schriftstellern. Zugleich wird damit eine Erklärung dafür gegeben, warum Stalin so großen Wert darauf legte, selbst als der größte Gelehrte und Wissenschaftler des 20. Jahrhunderts zu gelten.[32] Andererseits verfehlt Strauss' Ansatz, die beiden großen Tyrannen des 20. Jahrhunderts, Stalin und Hitler, im Spiegel eines antiken Traktats über die Tyrannis zu analysieren, das Grundelement des Totalitären, wonach der Tyrann nicht seine Triebe auslebt, sondern Agent einer Ideologie ist.

## Widerstandsrecht, Tyrannenmord und die «Tyrannei der Mehrheit»

In den Texten antiker Historiker ist den Tyrannenmördern häufig ein Ehrenplatz eingeräumt worden. Die Beschreibung der Tyrannis als schlechte Staatsform hatte ihr Pendant in der Herausstellung des Tyrannenmörders, der als «Befreier des Vaterlands» gefeiert wurde. Er galt als heroischer Freiheitsheld, der sein unbeugsames Streben nach Freiheit mit dem Tod zu bezahlen bereit ist. Das ist im Übrigen ein weiteres Charakteristikum der Tyrannis: Diese Herrschaftsform war nur durch Attentate und Mordanschläge zu beseitigen.

Mit dem Aufstieg einiger Tyrannen im Italien der Frührenaissance und der Wiederentdeckung der antiken Texte über den Tyrannen und seinen Sturz kam es seit dem frühen 15. Jahrhundert in Europa zu einer intensiven Debatte über den Tyrannenmord: Sie begann mit der in Florenz geführten Kontroverse, ob Dante Alighieri in der *Göttlichen Komödie* die Caesarmörder Brutus und Cassius zurecht in den innersten Kreis der Hölle verbannt habe oder ob diese nicht vielmehr als Freiheitshelden zu würdigen seien,[33] und endete im 17. Jahrhundert mit der jesuitischen wie monarchomachischen Unterscheidung zwischen zulässigem und unzulässigem Tyrannenmord.[34] Mit dem Ende der republikanischen Verfassung in Florenz und dem Aufstieg der Medici-Herrscher gewann die Debatte über den Tyrannenmord als letztes Mittel zur Wiederherstellung der Republik noch einmal an Schärfe (→ Kap. *Republikanismus und Liberalismus*). Die Brutus-Büste Michelangelos in Florenz zeigt die Ambivalenz der republikanischen Hoffnungen, mit Hilfe von Attentaten nicht nur einen «Tyrannen» zu töten, sondern dadurch zugleich die Republik wiederherzustellen:[35] Man war sich nicht mehr sicher, ob der Tod des Tyrannen tatsächlich auf die Rückgewinnung der Freiheit oder nur auf einen weiteren Bürgerkrieg hinauslaufen werde. Shakespeares *Julius Caesar* ist eine einzige große Auseinandersetzung mit dieser Frage. Zugleich markiert das Drama den Schlusspunkt der ideengeschichtlichen Debatte über den Tyrannenmord als Mittel zur Wiederherstellung der Republik: Wenn die Freiheitsliebe im Volk erloschen ist, kann die Republik durch keinen Tyrannenmord wiederhergestellt werden.

Die jesuitische wie hugenottische Auseinandersetzung mit der Zulässigkeit des Tyrannenmords setzte sich bescheidenere Ziele, insofern sie nicht auf einen Verfassungswandel, sondern nur auf die Beseitigung eines illegitimen und/oder ungerechten Herrschers abzielte. Diese Debatte entwickelte sich im Kontext der Konfessionalisierung politischer Fragen, die mit den Schriften Luthers ihren Anfang nahm und mit denen Calvins und seiner Anhänger an politischer Schärfe gewann (→ Kap. *Religion und Politik*). Während Luther in Fragen des Widerstandsrechts überaus restriktiv argumentierte und auf der Einsetzung der Obrigkeit durch Gott bestand, sah Calvin weltliche Herrschaft durch eine wechselseitige Verpflichtung zwischen Herrscher und Untertanen gekennzeichnet. Für Luther war Tyrann, wer die von Gott verfügte Trennung von weltlichem und geistlichem Regiment durcheinanderbrachte, was er sowohl dem Papst als auch den Anführern des Bauernkriegs von 1525 vorwarf, wenn diese sich auf göttliches Recht beriefen;[36] Calvin dagegen bezeichnete bereits denjenigen als Tyrannen, der seinen Verpflichtungen gegenüber den Untertanen absichtlich und über längere Zeit nicht nachkam.[37] Wo diese *mutua obligatio* verletzt wurde, war Widerstand erlaubt, aber diese Erlaubnis war auf die öffentlichen Behörden, also die Amtsträger, beschränkt. Für sie freilich war Widerstand nicht nur zulässig, sondern auch verpflichtend, was hieß, dass sie zunächst mit Mahnungen und Warnungen, aber auch, wenn diese nichts ausrichteten, schließlich mit Befehlsverweigerung und pas-

*Über zwei Jahre hinweg ist in Florenz darüber gestritten worden, wie der Caesarmörder Brutus zu beurteilen sei, und das war in einer Stadt, die ein ums andere Mal ihre Verfassungsordnung änderte, eine eminent politische Debatte. In seiner* Divina Commedia *hat Dante den Caesarmörder Brutus zusammen mit seinem Verbündeten Cassius ins Maul des Höllenfürsten gesteckt, wo er gemeinsam mit Judas Ischariot, dem Jünger, der Jesus verriet, zermalmt wird. Sandro Botticelli hat das in seinen Illustrationen zu Dantes Werk detailliert dargestellt. In den Fresken des Doms von San Gimignano hat Taddeo di Bartoli dieses Motiv aufgenommen und weitergeführt: Hier werden die Verräter gefressen, ausgeschieden und abermals gefressen, um die Ewigkeit ihrer Qual sinnfällig zu machen. Michelangelos oben abgebildete Brutusbüste von 1539/40 zeigt den Caesarmörder hingegen als Patrioten, der die Freiheit des Vaterlandes höher stellt als seine persönliche Beziehung zu Caesar. Michelangelos Brutus ist sich des Erfolgs seines Tuns freilich nicht sicher; in seine Gesichtszüge sind Zweifel und Skepsis eingemeißelt. Aber sie zeigen auch ein großes Dennoch: Allen Zweifeln zum Trotz wird Brutus seinen Weg gehen und die Tat vollbringen.*

sivem Widerstand dem Tyrannen entgegenzutreten hatten. Das Amt schloss damit für die Amtsträger die Bereitschaft zum Selbstopfer für das Gemeinwohl ein. Die Amtsträger des frühneuzeitlichen Staates gingen also ein doppeltes Risiko ein: das herkömmliche Risiko, die Gunst des Herrschers zu verlieren, und das neue Risiko, sich ihm nicht aus eigenem Ehrgeiz und Machtstreben, sondern aus Pflicht und Verpflichtung entgegenstellen zu müssen. Spiegelbildlich entspricht dem die bei Herodot zu findende Beobachtung, Tyrannen seien mit der Beseitigung der Hochstehenden beschäftigt, sowie die Feststellung des Aristoteles, Tyrannen gingen bevorzugt gegen Männer von Ehre vor, denn nur sie könnten ihnen gefährlich werden, während diejenigen, für die Ehre keine Rolle spiele, als erste zur Unterwerfung bereit seien.[38] Im Amtsgedanken wird die persönliche Ehre aufgehoben und als «Amtsehre» institutionalisiert. In diesen Kontext gehört auch die Beobachtung des Tacitus, der in seiner Analyse des Despotismus von der politisch lähmenden Wirkung der Angst spricht.[39] Die dem römischen Kaiser Caligula zugeschriebene Herrschaftsformel *oderint dum metuant*, mögen sie mich hassen, wenn sie mich denn fürchten, gründet sich auf diese Effekte der Angst, die mit der tyrannischen Herrschaft verbunden sind.[40]

Die monarchomachischen Autoren François Hotman, Theodor Beza sowie die unter dem Pseudonym Stephanus Iunius Brutus schreibenden Philippe Duplessis-Mornay und Hubert Languet, die Verfasser der *Vindiciae contra tyrannos*,[41] haben diese Vorstellung detailliert ausgearbeitet und damit die Grundlagen für die Theorie des Widerstandsrechts und des zivilen Ungehorsams bis in die Gegenwart geschaffen. Einer der zentralen Gründe bei der Rechtfertigung von Widerstand, der bis zur Absetzung oder Tötung des Tyrannen gehen kann, ist die Unterdrückung des Glaubens bzw. des Bekenntnisses, weswegen sich komplementär zu den hugenottischen Monarchomachen mit Jean Boucher und Guillaume Rose (Rossaeus) eine jesuitische Gruppierung formierte, von denen die Schädigung der katholischen Kirche als Ausweis der Tyrannei begriffen wurde.[42] Aus der Systematisierung und Juridifizierung des Widerstandsrechts entwickelte sich die folgenreiche Unterscheidung zwischen einem Tyrannen, der durch pure Machtusurpation zum Herrscher geworden ist (*tyrannus ex defectu tituli*), und dem Tyrannen, der zwar legitim an die Macht gekommen ist, diese aber gegen Recht und Sitte ausübt (*tyrannus absque exercito*). Je nach Typus der Tyrannis sind unterschiedliche Formen des Widerstands erlaubt bzw. gefordert.

Als im Gefolge des konfessionellen Bürgerkriegs in Frankreich Attentate auf Könige und Fürsten um sich griffen und als «Tyrannenmord» gerechtfertigt wurden,[43] bemühte sich schon bald eine Gruppe von Autoren darum, Widerstandsrecht und Tyrannenmord voneinander zu trennen. Zugleich legten sie den Herrschern eine Politik konfessioneller Toleranz nahe, um die Empörung über das Tyrannische zu besänftigen. Es ging um die Pazifizierung von Konstellationen, in denen Attentate und Mordanschläge zu einer weithin akzeptierten Praxis des politischen Kampfes geworden waren. Während Thomas Hobbes diese Entwicklung darauf zurückführte, dass im Gefolge des Humanismus zu viele Texte der antiken Politikliteratur gelesen würden, weswegen er eine Veränderung des universitären Lektürekanons forderte,[44] machte Bodin gegen Cicero, der die Liebe zum Vaterland über die zum Vater gestellt hatte, geltend: «Wenn aber der Fürst des Vaterlandes als von Gott geleitet und gesandt stets heiliger ist und noch unverletzlicher zu sein hat als ein Vater, dann folgere ich daraus, daß ein Untertan unter keinen Umständen seinen souveränen Fürsten, sei er auch der abscheulichste und grausamste Tyrann, im geringsten antasten darf. Dagegen darf man ihm durchaus den Gehorsam verweigern, wo [sonst] das Gesetz Gottes oder das Naturrecht verletzt würden oder sich durch Flucht entziehen, sich verbergen oder Schläge parieren. Aber man hat eher in den Tod zu gehen als das Leben und auch nur die Ehre des Fürsten anzutasten.»[45] Die Diskussion über die Zulässigkeit passiven Widerstands oder die Pflicht zum Tyrannenmord ist in den Kreisen des Widerstands gegen Hitler erneut geführt und zwischen dem Kreisauer Kreis und der Gruppe um Oberst Claus Schenk Graf von Stauffenberg und General Henning von Tresckow unterschiedlich beantwortet worden. Die Kreisauer setzten auf Gehorsamsverweigerung, während die Attentäter vom 20. Juli 1944 sich zur Tötung des Tyrannen entschlossen hatten.[46]

Neben der Furcht vor der Tyrannei eines Einzelnen hat die Warnung vor einer ungezügelten Machtausübung durch die Mehrheit, von Alexis de Tocqueville als «Tyrannei der Mehrheit» bezeichnet, in der Geschichte des politischen Denkens seit Platon und Aristoteles eine große Rolle gespielt.[47] Diese Furcht vor ungezügelter und unkontrollierter Mehrheitsherrschaft war Bestandteil einer Kritik an der Demokratie, die bereits in der klassischen Literatur nicht selten als Tyrannei der Mehrheit angesehen wurde, weswegen die Demokratie bei Aristoteles auch unter den schlechten Verfassungsformen rangiert. Die Thematisierung der tyrannischen Mehrheit in Tocquevilles Werk *Über die Demokratie in Amerika*[48] ist darum bedeutsam, weil Tocqueville das von vielen politischen Theoretikern zuvor anempfohlene Gegenmittel der Mischverfassung oder der gemischten Regierung als «Hirngespinst» verwirft (→ Kap. *Herrschafts- und Verfassungsformen*). Gleichzeitig bezweifelt er, dass allein mit gesetzlichen Mitteln gegen die Gefahr einer Tyrannei der Mehrheit Vorsorge getroffen werden könnte; stattdessen glaubt er «die Gründe für die Milde der Regierung [...] mehr in den Verhältnissen und den Sitten» finden zu können.[49] Aber das ist bei Tocqueville kein Grund zu grenzenlosem Vertrauen in die demokratische Ordnung der USA: «Was ich der demokratischen Regierung, wie man sie in den Vereinigten Staaten ausgebildet hat, vor allem vorwerfe, ist nicht ihre Schwäche, wie sie viele Leute in Europa behaupten, sondern im Gegenteil ihre unwiderstehliche Stärke. Und was mich in Amerika am meisten abstößt, ist nicht die weitgehende Freiheit, die dort herrscht, es ist die geringe Gewähr, die man dort gegen die Tyrannei findet.»[50]

Tocqueville hat in für die Demokratietheorie folgenreicher Weise die zuvor enge Verbindung der Tyrannis-Semantik mit der Herrschaft eines Einzelnen aufgelöst und sie statt dessen mit der Herrschaft der Vielen in Verbindung gebracht: «Ich werde die Gewalt, alles zu tun, die ich einem einzigen meiner Mitmenschen verweigere, niemals mehreren zubilligen.»[51] Es ist die Ausstattung der Regierenden mit «Allmacht», die nach Tocqueville das Wesen der Tyrannei ausmacht, und zwar unabhängig davon, ob es sich dabei um einen Einzelnen, Einige oder Viele handelt. «Es ist demnach auf Erden keine Autorität, die als solche so ehrwürdig oder Trägerin eines so geheiligten Rechtes wäre, daß ich sie unbeaufsichtigt handeln und unbehindert herrschen lassen wollte. Sehe ich also, dass irgendeiner Macht das Recht und die Befugnis, alles zu tun, eingeräumt wird, nenne man sie Volk oder König, Demokratie oder Aristokratie, werde sie in einer Monarchie oder einer Republik ausgeübt, so sage ich: hier ist der Keim zur Tyrannei und ich trachte, unter anderen Gesetzen zu leben.» [52] John Stuart Mill ist in seinem Essay *On liberty* noch einen Schritt weiter gegangen, als er neben die klassische Tyrannis die «Tyrannei der vorherrschenden Meinung» gestellt hat, die in modernen Gesellschaften das eigentliche Problem tyrannischer Herrschaft sei.[53] Tocqueville und Mill nehmen darin einen Gedanken

Platons auf, der die Tyrannis nicht, wie Aristoteles, als eine Verfallsform der Monarchie begriffen hat, sondern sie aus der Demokratie erwachsen ließ, weil das in der Demokratie herrschende Volk nicht der Vernunft folge, sondern sich von seinen Leidenschaften und Begierden leiten lasse.

## Die Diktatur: Von der altrömischen Magistratur zur «Diktatur des Proletariats»

Carl Schmitt hat in seiner Studie über die Diktatur zwischen der kommissarischen und der souveränen Diktatur unterschieden:[54] Erstere ist eine mit uneingeschränkten Machtbefugnissen ausgestattete Magistratur, die sich außerhalb des regulären Beamtenapparats befindet. Als Beauftragter der höchsten Macht muss sich der Kommissar, wie er von Jean Bodin beschrieben wird,[55] mit niemandem abstimmen; er unterliegt weder dem Kollegialitätsprinzip noch ist er in die Hierarchie der Kompetenzen eingebunden. Der Kommissar ist ein mit diktatorischen Vollmachten ausgestatteter Amtsträger, der als Emissär der höchsten Gewalt an der institutionellen Ordnung vorbei außergewöhnliche Probleme und dringliche Aufgaben zu bearbeiten hat. Dabei stellt er die institutionelle Ordnung nicht in Frage, sondern soll durch außerinstitutionelle Intervention deren Weiterfunktionieren ermöglichen. Analog dazu versteht Schmitt die kommissarische Diktatur als eine extrakonstitutionelle Machtkonzentration zwecks Wiederherstellung der konstitutionellen Ordnung. Im Unterschied dazu handelt es sich bei der souveränen Diktatur, deren Anfänge sich nach Schmitt in den Verfassungsentwürfen des Abbé Sieyès finden,[56] um eine diktatorische Machtausübung aus eigener Vollkommenheit. Die souveräne Diktatur bringt die Konstellationen, um deren Bestand es geht, erst hervor und ist dabei durch nichts begrenzt und gegenüber niemandem rechenschaftspflichtig. Der kommissarische Diktator hat sich vor dem Souverän zu verantworten, der ihn eingesetzt und beauftragt hat; die souveräne Diktatur dagegen rechtfertigt sich vor der Geschichte, auf die sie sich zu ihrer Rechtfertigung beruft. Die Geschichtsphilosophie ist darum der ständige Begleiter der souveränen Diktatur.

Am Anfang dieser Debatte steht das altrömische Verfassungsinstitut der Diktatur, das vor dem Hintergrund des römischen Beamtensystems zu verstehen ist. Alternativ zum Prinzip des Reihendienstes, mit dem die griechische Bürgergemeinde den Umschlag politischer in despotische oder tyrannische Macht zu verhindern versuchte, hatte sich in Rom eine strikte zeitliche Begrenzung der Amtszeit (in der Regel auf ein Jahr) und eine Doppelung der Amtsträger entwickelt. Annuität und Kollegialität waren in Rom die institutionellen Vorkehrungen gegen Amtsmissbrauch und Kompetenzüberschreitung.[57] Aber dieses Begrenzungs- und Kontrollsystem war zur Bewältigung außerordentlicher Herausforderungen ungeeignet, und für diese gab es die Ausnahmemagistratur des Diktators. Ein Diktator wurde vom Senat für die Bearbeitung von Aufgaben eingesetzt, die unter den Bedingungen der Regularität (begrenzte Amtsdauer und Verständigungserfordernis gegenüber dem Kollegen) nicht zu bewältigen schienen bzw. an denen reguläre Magistrate zuvor gescheitert waren. In der Regel ging es dabei um die Wiederherstellung der Widerstandsfähigkeit Roms nach schweren Niederlagen oder um die Beendigung von Rebellionen und Aufständen im Innern. Das republikanische Verfassungsinstitut der Diktatur war der Versuch, die Ausnahme als Ausnahme*zustand* zu fassen und eine Ausnahmemagistratur zu dessen Überwindung zu institutionalisieren. Idealiter heißt das: Der Diktator hat sein Amt nicht angestrebt, sondern wird vom Senat damit betraut, nachdem die zu bewältigende Aufgabe definiert worden ist, und er gibt sein Amt unmittelbar nach Erledigung dieser Aufgabe wieder ab. Als besonders vorbildlich wird von Livius ein gewisser Lucius Quinctius Cincinnatus herausgestellt, den die Abgesandten des Senats beim Pflügen antreffen und zum Diktator ernennen und der nach der schnellen Erledigung seiner Aufgabe die Diktatur umgehend niederlegt.[58]

In der spätrepublikanischen Zeit geriet das Verfassungsinstitut der Diktatur jedoch außer Kontrolle: Es wurde zum Instrument ehrgeiziger Politiker und Generäle, die sich von der zeitlichen Begrenzung ihrer Ämter und dem Einspruchsrecht der Kollegen zu befreien und die extrakonstitutionelle Macht auf Dauer zu stellen versuchten. So wurde die Diktatur zum Einfallstor für die Zerstörer der Republik, und dementsprechend hat sie bei der Entwicklung des neuzeitlichen

Verfassungsstaats[59] sorgfältige Beachtung als eine extrakonstitutionelle Institution gefunden. Offenbar war die Problemlösungsfähigkeit der Diktatur jedoch trotz ihrer unbeschränkten Machtbefugnisse begrenzt: Nicht der Diktator Caesar, sondern sein sehr viel flexibler und informeller agierender Neffe Octavian hat die Krise der Republik beendet und Rom unter seinem Prinzipat neu geordnet. Der Althistoriker Christian Meier hat das Dilemma Caesars prägnant formuliert, als er von der «Ohnmacht des allmächtigen Diktators Caesar» sprach.[60]

Nicht die Aufhebung der Gewaltenteilung, sondern der Bezug zu einem Auftraggeber und die Art der Beauftragung machen laut Schmitt die Differenz zwischen Diktatur und Tyrannis bzw. Despotismus aus.[61] Die Tyrannis kennt keinerlei Beauftragung durch einen Höheren, weder in formeller noch in fiktiver Hinsicht. Dementsprechend muss die Tyrannis ohne jegliche Legitimation auskommen. Tyrann heißt, wer allein auf seine Gewaltmittel gestützt herrscht und sich keiner legitimatorischen Selbstbindung unterwirft. Diktator dagegen heißt, wer seine Stellung aus einer Beauftragung herleitet, mag es sich dabei um einen bestimmten Auftrag (kommissarische Diktatur) oder eine fiktiv unbestimmte Beauftragung durch das Volk, Teile des Volkes oder die Geschichte handeln (souveräne Diktatur).[62]

Mit den europäischen Revolutionen von 1848 ist die Diktatur für das politische Denken wieder zum Thema geworden. Nahezu gleichzeitig haben sich der spanische Reaktionär Juan Donoso Cortés und der deutsche Revolutionär Karl Marx mit der Diktatur als politischer Option beschäftigt. In seiner *Rede über die Diktatur* (1849) konstatiert Donoso, dass die herkömmlichen sittlichen Bindekräfte erodiert seien und der Kampf um die politische Macht nunmehr mit roher Gewalt ausgetragen werde. Man müsse sich darum zwischen zwei Formen der Diktatur entscheiden, einer, die von den Massen ausgehe, oder einer, die von den Eliten ausgeübt werde. Ein Drittes dazwischen gebe es nicht mehr: Donoso stellt die «Diktatur des Dolches» gegen die «Diktatur des Säbels» und optiert selbst für Letztere, denn sie sei die vornehmere, weil sie «von oben» komme.[63] In seiner Schrift *Der achtzehnte Brumaire des Louis Bonaparte* hat Marx den Aufstieg von Napoleons Neffen Louis Bonaparte, der sich als Kaiser dann Napoleon III. nannte, als Folge eines Klassengleichgewichts zwischen Bourgeoisie und Proletariat beschrieben:[64] Die Bourgeoisie sei nicht mehr stark genug, um sich an der Macht zu behaupten, und das Proletariat noch nicht stark genug, um die Macht an sich zu reißen. Zwischen ihnen stehe die aus der Revolution von 1789 hervorgegangene Klasse der Parzellenbauern, die politisch nicht handlungsfähig sei und durch einen Akteur vertreten werden müsse, den sie mit einem weitgehend unbestimmten Auftrag versehen hat: dafür zu sorgen, dass die kleinbürgerlichen Interessen politisch gewahrt blieben; ansonsten könne er machen, was er wolle. Diesen Auftrag zog Napoleon an sich und auf diesem politischen Ticket vollzog sich sein Aufstieg. In den Straßenkämpfen in Paris spielten die Parzellenbauern jedoch keine Rolle, sondern hier agierte, so Marx, ein Bündnis aus Bohemiens und Lumpenproletariat; das Lumpenproletariat als Schlägergarde Louis Bonapartes, das die Auseinandersetzungen auf der Straße für sich entschied, und die Bohemiens als Lebemänner, die bei Spiel und Vergnügen ihr Erbe durchgebracht hatten und nun die politische Macht an sich reißen wollten, damit der Staat ihre Schulden übernehmen und ihre verschwenderische Lebensführung weiterhin finanzieren würde. Marx verbindet hier seine klassentheoretisch fundierte Politikanalyse mit jener republikanischen Dekadenzvorstellung, wie sie sich in Sallusts *De coniuratione Catilinae (Die Verschwörung des Catilina)* findet,[65] wonach die moralische Selbstkorrumpierung der herrschenden Klasse zu ihrem Niedergang und zur Machtübernahme durch einen Alleinherrscher führe. Gleichzeitig erklärt Marx den Aufstieg Louis Bonapartes mit einem Bedeutungsgewinn des Militärs in der französischen Politik, insofern hinter der Fassade des *Second Empire* immer die Drohung der Militärdiktatur stand.[66]

Die Frage, wie sie es mit der «Diktatur des Proletariats» halte, hat spätestens seit der Oktoberrevolution in Russland die politische Linke in Europa gespalten.[67] Während sich die einen auf ein paar Bemerkungen von Marx zur Pariser Commune und der diktatorischen Durchsetzung proletarischer Ziele beriefen, verwiesen andere darauf, dass Friedrich Engels die demokratische Republik als die spezifische Form der Diktatur des Proletariats bezeichnet habe. Danach war die Diktatur des Proletariats nichts anderes als die Chance der proletarischen Klasse, bei allgemeinem und gleichem Stimmrecht das Gewicht der großen Zahl in die Waagschale der Politik zu werfen. In diesem Sinne argumentierte jedenfalls Karl Kautsky, der theoretische Kopf der deutschen Sozialdemokratie, der zwischen der Diktatur als «Zustand» und der Diktatur als «Regierungsform» unterschied.[68] Wenige Jahre später bezeichnete der Austromarxist Max Adler die Diktatur des Proletariats als eine Form der demokratischen Mehrheitsherrschaft, und in Anlehnung an Carl Schmitt definierte er sie als eine in die Rechtsnorm der Demokratie eingeschlossene, von ihrer unmittelbaren Befolgung jedoch abweichende Form der Rechtsverfolgung.[69] Die Diktatur des Proletariats, verstanden als eine von rechtlichen Beschränkungen entfesselte Form der Mehrheitsherrschaft sei, so Adler, als eine Art von Demokratie anzusehen, die sich (zeitweilig) vom Modus der Rechtsstaatlichkeit entkoppelt habe. Genau das hatte Tocqueville als «Tyrannei der Mehrheit» bezeichnet.

Politisch folgenreich sind jedoch nicht die deutschen Diskussionen über die Vereinbarkeit von Demokratie und Diktatur geworden, sondern die Machtausübung und Herrschaftspraxis der Bolschewiki in Russland, bei der das Proletariat, das nach Lenins Auffassung zur Selbstkorrumpierung durch gewerkschaftliche Politik in Form von Lohnerhöhung und Arbeitszeitverkürzung (Trade-Unionismus) neigte, durch eine Partei der Berufsrevolutionäre ersetzt wurde, innerhalb deren schließlich immer kleinere Zirkel das Sagen hatten. Aus der Diktatur des Proletariats wurde so das stalinistische System, und nach dem Ende des Totalitarismus erwuchs aus den Parteifunktionären eine «Nomenklatur», die gesellschaftliche Stellung und persönliches Vermögen aus ihrer Position im politischen Apparat ableitete. Vergleicht man den Zyklus der antiken Diktaturvorstellung mit dem des modernen Diktaturkonzepts, so zeigt sich in beiden Fällen eine Entwicklung, die von einem Ausnahme- und Übergangsmodell zur Selbstperpetuierung einer bestimmten Herrschaft führt und die in der Selbstkorrumpierung der mit diktatorischen Vollmachten ausgestatteten Elite endet.

1 So lautet der Titel von Alan Bullocks früher Arbeit: *Hitler. Eine Studie über Tyrannei* (Düsseldorf 1959), während Karl Dietrich Brachers lange maßgebliche Darstellung der NS-Herrschaft den Titel trägt: *Die deutsche Diktatur* (Köln 1969).

2 Erich Ludendorff, *Der totale Krieg*, München 1935; Carl Schmitt, «Totaler Feind, totaler Staat, totaler Krieg» [1937], in: ders., *Positionen und Begriffe*, Berlin 1988, S. 244–251; Ernst Forsthoff, *Der totale Staat*, Hamburg 1933.

3 Vgl. Walter Schlangen, *Die Totalitarismus-Theorie. Entwicklung und Probleme*, Stuttgart 1976; Eckhard Jesse (Hg.), *Totalitarismus im 20. Jahrhundert. Eine Bilanz der internationalen Forschung*, Baden-Baden 1999, sowie Wolfgang Wippermann, *Totalitarismustheorien*, Darmstadt 1997.

4 Hannah Arendt, *Elemente und Ursprünge totaler Herrschaft*, München 2008.

5 Vgl. Richard Saage, *Faschismustheorien*, München 1976.

6 Dazu Helmut Berve, *Die Tyrannis bei den Griechen*, 2 Bde., München 1967.

7 François Furet/Denis Richet, *Die Französische Revolution*, München 1981, S. 101 und 119.

8 Gert Raeithel, *Geschichte der nordamerikanischen Kultur*, Frankfurt am Main 1995, Bd. 1, S. 223 f.

9 Aristoteles, *Politik*, 5. Buch, übersetzt und hrsg. von Olof Gigon, München 1973, S. 188 ff.

10 Jacob Burckhardt, *Die Kultur der Renaissance in Italien*, Stuttgart 1976, S. 27–33.

11 Jean Bodin, *Sechs Bücher über den Staat*, II, 4; hrsg. von P. C. Mayer-Tasch, München 1981, Bd. 1, S. 351.

12 Machiavelli, *Der Fürst/Il Principe*, Kap. XV–XIX, übersetzt und hrsg. von Philipp Rippel, Stuttgart 1986, S. 118–162.

13 Vgl. Herfried Münkler, «Von der Herrschaftsregel zum Skandal: der Umgang der Herrschenden mit den Frauen der Untertanen», in: Rolf Ebbighausen/Sighard Neckel (Hgg.), *Anatomie des politischen Skandals*, Frankfurt am Main 1989, S. 104–129.

14 Vgl. Christiane Gil, *Machiavelli. Eine Biographie*, Solothurn/Düsseldorf 1994, S. 203 ff.

15 Machiavelli, *Der Fürst/Il Principe*, Kap. XVIII, S. 137 f.; vgl. Felix Wassermann, «Die Paradoxie des Rats. Niccolò Machiavelli und Thomas Morus über und als politische Berater», in: Harald Bluhm/Karsten Fischer/Marcus Llanque (Hgg.), *Ideenpolitik. Geschichtliche Konstellationen und gegenwärtige Konflikte*, Berlin 2011, S. 563–586.

16 Vgl. Pierre Lepape, *Denis Diderot, Eine Biographie*, Frankfurt/New York 1994, S. 301 ff.

17 Vgl. Carl Schmitt, *Gespräch über die Macht und den Zugang zum Machthaber*, Berlin 1994, S. 7–32.

18 Mark Lilla, *Der hemmungslose Geist. Die Tyrannophilie der Intellektuellen*, München 2015.

19 Vgl. etwa Ludwig Marcuse, *Plato und Dionys. Geschichte einer Demokratie und einer Diktatur*, Berlin 1968.

20 Zu Schmitt vgl. Reinhard Mehring, *Carl Schmitt. Aufstieg und Fall*, Mün-

chen 2009, S. 319ff.; zu Heidegger Hugo Ott, *Martin Heidegger. Unterwegs zu seiner Biographie*, Frankfurt/New York 1988, S. 131ff.; dazu auch Lilla, *Der hemmungslose Geist*, S. 15ff. und S. 55ff.

21 Zu dieser Selbstcharakteristik von Intellektuellen vgl. Hauke Brunkhorst, *Der Intellektuelle im Land der Mandarine*, Frankfurt am Main 1987, insbes. S. 112ff.

22 Platon, *Briefe*, hrsg. von Willy Neumann, München 1967, S. 45–115; zur Entstehung der «entzündeten» Stadt vgl. Platon, *Politeia*, 2. Buch, Kap. 13 und 14, eingeleitet von Olof Gigon, übertragen von Rudolf Rufener, Zürich und München 1973, S. 138–142.

23 Über Heidegger, der sich in seiner Rektoratsrede eng am platonischen Idealstaat orientiert hatte, gibt es die Anekdote, er sei wenige Tage nach seinem Rücktritt vom Rektorat von einem Kollegen spöttisch gefragt worden: «Nun, Herr Heidegger, wieder zurück aus Syrakus?»

24 Platon, *Politeia*, 9. Buch, Kap. 3 und 4, S. 444–450.

25 Marx ist dem in seiner Bonapartismus-Analyse gefolgt.

26 Xenophon, «Hieron», in: Leo Strauss, *Über Tyrannis. Eine Interpretation von Xenophons «Hieron»*, Neuwied/Berlin 1963, S. 7–29.

27 Friedrich Schiller hat in seinen beiden Tyrannengedichten, der «Bürgschaft» und dem «Ring des Polykrates», die innere Einsamkeit des Tyrannen herausgestellt: Polykrates vereinsamt, weil alle, die in seine Nähe kommen, die Häufung glücklicher Entwicklungen beobachten und daraus auf den baldigen Sturz des Tyrannen schließen; Dionysios, der Tyrann von Syrakus, ist von dem Vertrauen und der menschlichen Zuneigung unter seinen Feinden ergriffen und möchte gern – was, politisch betrachtet, absurd ist – in deren Bund aufgenommen werden. Zu Schillers Thematisierung von Tyrannis und Tyrannenmord vgl. Walter Müller-Seidel, *Friedrich Schiller und die Politik*, München 2009, S. 34–59.

28 Thukydides, *Peloponnesischer Krieg*, 63 hrsg. und übertragen von Georg Peter Landmann, München 1973, S. 159f.; «Denn die Herrschaft, die ihr übt, ist schon jetzt Tyrannis; sie aufzurichten mag ungerecht sein, sie aufzugeben ist gefährlich.»

29 Strauss, *Über Tyrannis*, S. 33–144.

30 Vgl. Harald Bluhm, *Die Ordnung der Ordnung. Das politische Philosophieren von Leo Strauss*, Berlin 2002, S. 110ff.

31 Zum schwierigen Verhältnis zwischen Entscheidungs- und Deutungseliten, vgl. Herfried Münkler, «Der Wettbewerb der Sinnproduzenten. Vom Kampf um die politisch-kulturelle Hegemonie», in: *Merkur*, 60. Jg., 2006, Heft 1, S. 15–22.

32 Dazu Simon Sebag Montefiore, *Stalin. Am Hof des Roten Zaren*, Frankfurt am Main 2005, S. 713ff.

33 Dazu Ronald G. Witt, «The ‹De tyranno› and Coluccio Salutati's View of Politics and Roman History», in: *Nuova rivista storica*, Bd. LIII, 1969, Heft III–IV, S. 343–474.

34 Vgl. Udo Bermbach, «Widerstandsrecht, Souveränität, Kirche und Staat: Frankreich und Spanien im 16. Jahrhundert», in: Fetscher/Münkler (Hgg.), *Pipers Handbuch der politischen Ideen*, Bd. 3, München 1985, S. 107–129.

35 Vgl. Alois Riklin, *Giannotti, Michelangelo und der Tyrannenmord*, Bern/Wien 1996.
36 Zu Luthers Lehre von der weltlichen Obrigkeit und zum Recht des Widerstands vgl. Herfried Münkler, «Politisches Denken in der Zeit der Reformation», in: Fetscher/Münkler (Hgg.), *Pipers Handbuch der politischen Ideen*, Bd. 5, München 1993, S. 636 ff. und 646 ff.
37 Dazu Bermbach, «Widerstandsrecht, Souveränität, Kirche und Staat», S. 109 f.
38 Herodot, *Historien* V, 92, und Aristoteles, *Politik*, 1314a 16.
39 Tacitus, *Historien*, 2, 52–55. Napoleon hat im Gespräch mit Goethe Tacitus zu einem schlechten Historiker erklärt, da er nur negative Bemerkungen über die Alleinherrschaft gemacht habe; vgl. Andreas Platthaus, *1813. Die Völkerschlacht und das Ende der alten Welt*, Berlin 2013, S. 219 f. und 224 f.
40 Sueton, *Sämtliche Biographien*, neu übersetzt von Lenelotte Möller, Wiesbaden 2014, *Caligula*, 30, 1, S. 208. Die Formel geht zurück auf Cicero, *Erste Philippische Rede*, 34. Kaiser Wilhelm II. hat sich dieser Formel gelegentlich als Widmungstext bedient, was zu einem der Skandale seiner Herrschaftszeit führte, vgl. Ludwig Quidde, *Caligula. Eine Studie über römischen Caesarenwahnsinn* [1894], Frankfurt am Main 1977.
41 Vgl. Bermbach, «Widerstandsrecht, Souveränität, Kirche und Staat», S. 112–123.
42 Ebd., S. 124–129.
43 Vgl. Franklin H. Ford, *Der politische Mord. Von der Antike bis zur Gegenwart*, Hamburg 1990, S. 187–221, sowie die Beiträge von Joachim Ehlers und Reimer Hansen in: Alexander Demandt (Hg.), *Das Attentat in der Geschichte*, Frankfurt am Main 1999, S. 131–171.
44 Hobbes, *Leviathan*, I, 11, hrsg. von Iring Fetscher, Frankfurt am Main 1984, S. 78 f.
45 Bodin, *Sechs Bücher über den Staat*, II, 5, S. 369.
46 Vgl. Peter Steinbach/Johannes Tuchel (Hgg.), *Widerstand in Deutschland 1933–1945. Ein historisches Lesebuch*, München 1994, S. 285 ff.
47 Dazu Thomas O. Hügelin, *Tyrannei der Mehrheit. Eine ideengeschichtliche Studie*, Bern/Stuttgart 1977.
48 Alexis de Tocqueville, *Über die Demokratie in Amerika*, dt. von Hans Zbinden, Zürich 1987, insbes. S. 375–379.
49 Ebd., S. 379.
50 Ebd., S. 378.
51 Ebd., S. 377.
52 Ebd., S. 378.
53 John Stuart Mill, *Über Freiheit*, Frankfurt/Wien 1969, S. 11.
54 Carl Schmitt, *Die Diktatur. Von den Anfängen des modernen Souveränitätsgedankens bis zum proletarischen Klassenkampf* [1921], Berlin 1978; vgl. auch Herfried Münkler/Marcus Llanque, «Diktatur», in: *Der neue Pauly. Enzyklopädie der Antike*, Bd. 13, Stuttgart/Weimar 1999, S. 853–864.
55 Jean Bodin, *Sechs Bücher über den Staat,* III, 2, Bd. 1, S. 428 ff.; vgl. Otto Hintze, «Der Commissarius und seine Bedeutung in der allgemeinen

Verwaltungsgeschichte» [1910], in: ders., *Staat und Verfassung*, Leipzig 1941, S. 232–264.

56 Schmitt, *Die Diktatur*, S. 145 ff.

57 Dazu Eckart Olshausen, «Das politische Denken der Römer zur Zeit der Republik», in: Fetscher/Münkler (Hgg.), *Pipers Handbuch der politischen Ideen*, Bd. 1, München 1988, S. 488 f. und 492 ff.

58 Livius, *Römische Frühgeschichte*, III, 26, ausgewählt und übertragen von Josef Feix, München o. J., S. 127 ff.

59 Carl Joachim Friedrich, *Der Verfassungsstaat der Neuzeit*, Berlin/Göttingen/Heidelberg 1953, S. 150 ff.

60 Christian Meier, *Die Ohnmacht des allmächtigen Dictators Caesar*, Frankfurt am Main 1980.

61 Schmitt, *Die Diktatur*, S. 149.

62 Dazu Wilfried Nippel, «Carl Schmitts ‹kommissarische› und ‹souveräne› Diktatur». Französische Revolution und römische Vorbilder», in: Bluhm/Fischer/Llanque (Hgg.), *Ideenpolitik*, S. 105–139.

63 Juan Donoso Cortés, «Rede über die Diktatur», in: ders., *Drei Reden*, übertragen von J. Langenegger, Zürich 1948, S. 48 f.

64 Karl Marx, «Der achtzehnte Brumaire des Louis Bonaparte», in: *Marx-Engels-Werke*, Bd. 8, Berlin 1975, S. 111–207.

65 Sallust, *Die Verschwörung des Catilina*, Vorrede, in: ders., *Werke*, Lat.-dt. von Werner Eisenhut und Josef Lindauer, München und Zürich 1985, S. 7–11, insbes. S. 9.

66 In den so genannten Bonapartismustheorien ist die Marx'sche Analyse des napoleonischen Aufstiegs zur Macht zunächst auf den italienischen Faschismus sowie den Aufstieg Mussolinis und später auf den Nationalsozialismus in Deutschland sowie die «Machtergreifung» Hitlers angewandt worden; dazu Saage, *Faschismustheorien*, S. 119 ff.

67 Hierzu und zum folgenden Arkadij Gurland, *Marxismus und Diktatur*, Frankfurt am Main 1981.

68 Karl Kautsky, *Die Diktatur des Proletariats*, Wien 1918.

69 Max Adler, *Die Staatsauffassung des Marxismus*, Wien 1922.

**Weiterführende Literatur:**

Arendt, Hannah: *Elemente und Ursprünge totaler Herrschaft. Antisemitismus, Imperialismus, Totalitarismus* [1951], München 2008.

Berve, Helmut: *Die Tyrannis bei den Griechen*, 2 Bde., München 1967.

Brodocz, André/Llanque, Marcus/Schaal, Gary S. (Hgg.): *Bedrohungen der Demokratie*, Wiesbaden 2008.

Gurland, Arkadij: *Marxismus und Diktatur*, Frankfurt am Main 1981.

Hügelin, Thomas O.: *Tyrannei der Mehrheit. Eine ideengeschichtliche Studie*, Bern/Stuttgart 1977.

Schmitt, Carl: *Die Diktatur. Von den Anfängen des modernen Souveränitätsgedankens bis zum proletarischen Klassenkampf* [1921], Berlin 1978.

## Kapitel 9

## IDEALSTAAT UND UTOPIE

Jürgen Habermas' Diagnose einer «Erschöpfung der utopischen Energien» ist zur griffigen Charakterisierung des späten 20. und frühen 21. Jahrhunderts geworden. Ausgangspunkt dieser Diagnose war der Zusammenbruch der sozialistischen Staaten in Mittel- und Osteuropa und die weniger dramatisch verlaufene, aber nicht weniger folgenreiche Abkehr Chinas von einer sozialistischen Planwirtschaft, seine Hinwendung zu einer im Kern kapitalistischen Wirtschaft bei Aufrechterhaltung des alleinigen Machtanspruchs der Kommunistischen Partei. Ist damit ein Projekt definitiv zu Ende gegangen, das seit dem 19. Jahrhundert die politische Phantasie der Menschen beherrscht hat? Oder handelt es sich um eine historische Zwischenetappe, in deren Verlauf Fehlentwicklungen korrigiert und neue Kräfte für die Wiederaufnahme des Projekts solidarischen Wirtschaftens und Lebens gesammelt werden? Befinden wir uns, wie Francis Fukuyama gemeint hat, seit dem Versiegen des Utopischen am «Ende der Geschichte», und zwar in dem Sinne, dass es zu der bestehenden soziopolitischen Ordnung zwar noch Varianten, aber keine grundsätzlichen Alternativen mehr gibt?

Diese zeitweilig intensiv diskutierten Fragen sind inzwischen wieder aus der ersten Reihe politiktheoretischer Themen verschwunden, ohne dass darauf eine definitive Antwort gefunden worden wäre. Statt dessen hat der Begriff der Alternativlosigkeit in der politischen Sprache Karriere gemacht, der für ein, wenn auch theoretisch konturloses, Gegenprogramm zu den utopisch angeleiteten Politikvorstellungen steht. Ein Blick in die Geschichte der Sozialutopien kann Hinweise und Fingerzeige bei der Beantwortung der genannten Fragen geben, ebenso wie diese Beantwortung von einem Blick auf die Entwürfe von Idealstädten profitieren kann, in denen sich Architekturtheorie und Modernisierungswille mit Macht und Reichtum eines Herrschers oder einer politischen Gemeinschaft verbunden haben. Sind heutzutage groß angelegte Bauprojekte Begleiter des Utopischen oder Kompensationen für dessen Fehlen? Sind die aus dem Boden schießenden Städte Ostasiens oder die megalomanen Projekte einiger Ölstaaten Schrumpfformen der Sozialutopie oder deren konkrete Realisierung? Oder ist der Rückzug aus der modernen Welt in eine asketische, aber selbstbestimmte Form des Lebens das letzte Refugium der Sozialutopie?

## Die neue Literaturgattung der Sozialutopie

Utopien sind Antworten auf soziale und politische Krisen, von denen die Autoren der Utopien annehmen, dass sie weder mit reformerischen noch mit reformatorischen Maßnahmen zu bewältigen seien. Reformen verändern die Handlungsfähigkeit eines Gemeinwesens und erneuern seine Krisenbewältigungskompetenz; reformatorische Maßnahmen führen das Gemeinwesen auf seine Ursprünge zurück und erheben den Anspruch, die (gute) Ordnung des Anfangs wiederherzustellen. Dabei gehen sie davon aus, dass die mit der Zeit eingetretenen Veränderungen zu sozialem Zerfall und moralischer Dekadenz geführt haben und dieser Prozess durch die «Rückkehr zu den Ursprüngen» rückgängig gemacht werden kann. Reformen betrachten die Gegenwart im Hinblick auf die Zukunft, Reformationen orientieren sich hingegen an einer als ideal vorgestellten Vergangenheit. Reformen sind Bestandteile eines permanenten Prozesses der Anpassung an veränderte Rahmenbedingungen; Reformationen dagegen sind periodisch zu wiederholende Akte der Selbstreinigung eines Gemeinwesens. Beiden ist die Überzeugung gemeinsam, dass das bestehende Gemeinwesen überlebensfähig und erhaltenswert ist.

Das ist bei der Utopie anders.[1] Die Utopie, wie sie von dem Humanisten und nachmaligen englischen Staatskanzler Thomas Morus zu Beginn des 16. Jahrhunderts als neue Gattung der politischen Literatur «erfunden» worden ist, stellt eine grundsätzliche Alternative zur bestehenden sozialen und politischen Ordnung dar. Weder durch Reformen noch durch eine Reformation kann man zu ihr gelangen, sondern nur durch eine Reise, bei der man vom Kurs abkommt und in eine Welt gelangt, die anders ist als alles, was man kennt und gewohnt ist. Die Welt, in die man bei Morus gelangt, ähnelt in vielerlei Hinsicht der, die Platon in seiner *Politeia* beschrieben hat. Im Gespräch mit Glaukon und Adeimantos hat Sokrates darin die ideale Ordnung des Gemeinwesens entwickelt, und diese ist weder durch Reformen der bestehenden Ordnung noch durch deren Rückführung zu den Ursprüngen zu erreichen, sondern es handelt sich um einen vollständigen Neuentwurf der politischen Welt. Diese Welt ist in ihrer sozialen und politischen Ordnung das Gegenteil des Bekannten und Gewohnten, und als solches stellt sie – als literarischer Text, nicht als politisches Programm – die bestehenden Verhältnisse in Frage. In der Radikalität ihres Gegenentwurfs ist die Utopie eschatologisch-messianischen Entwürfen verwandt, in denen politische Hoffnungen, die bei einer linearen Entwicklung keinerlei Realisierungschancen hätten, durch das umstürzende Eingreifen des Transzendenten realisiert werden[2] (→ Kap. *Religion und Politik*). Während der eschatologische Gegenentwurf mit religiösem Ernst daherkommt, haftet der Utopie jedoch etwas Spielerisches bzw. Verspieltes an: Sie fingiert das radikal Andere zu dem in der Gegenwart bereits Bestehenden, lässt aber gleichzeitig offen, ob dem Bericht darüber zu trauen ist. So hat Morus die Insel mit der ganz anderen Gesellschaftsordnung «Utopia» genannt, was Nicht-Ort/Nirgendwo heißt, und der Seemann, der von ihr erzählt, trägt den Namen Hythlodeus, zu deutsch «Schaumschläger».

Konzentriert man sich jedoch weniger auf die literarische Form und deren ironische Brechungen, sondern stellt den utopischen Text in den Kontext der Verhältnisse, auf die er sich bezieht, so tritt die radikale Sozialkritik hervor, die der bestehenden Ordnung einen Spiegel vorhält und sie als Dauerkrise beschreibt, aus der die Gesellschaft nicht herauszukommen vermag – jedenfalls so lange nicht, wie sie auf dem bisherigen Entwicklungspfad verbleibt. Utopien wenden sich gegen das, was in den Sozialwissenschaften «Pfadabhängigkeit» heißt. Das wiederum verbindet sie mit eschatologischen Vorstellungen über Heil und Unheil. Es kommt darum nicht von ungefähr, dass Sozialutopien und politische Eschatologien[3] häufig zur selben Zeit auftreten und von den Rezipienten oft miteinander verwechselt oder gleichgesetzt werden.

## Die Utopien der Frühen Neuzeit: Morus, Campanella, Bacon

Thomas Morus' Utopia besteht aus zwei Büchern, die sich wie die Flügel eines Diptychons zueinander verhalten:[4] Im ersten Buch wird von einem Gespräch mehrerer gebildeter Männer in Brügge berichtet, bei dem es um die schlimmen Verhältnisse in Europa und insbesondere in England geht, während im zweiten Buch der Seefahrer Raphael Hythlodeus von der politischen und sozialen Ordnung auf der Insel Utopia berichtet. Viele Interpretationen lassen das erste Buch beiseite und konzentrieren sich auf den Bericht über die Gesellschaftsordnung der Utopier. Die Utopie wird so zum «Staatsroman», wie das literarische Genre der Utopie in Deutschland lange bezeichnet worden ist.[5] Sie verliert dadurch jedoch die Konkretheit ihrer Kritik und wird zum «Ungefähr» allgemeiner Sozialkritik.

Tatsächlich ist Morus' Kritik aber sehr konkret und setzt bei der rapide anwachsenden Kriminalität in England an. Als deren Ursachen werden zwei Entwicklungen genannt: die kriegerische Großmachtpolitik der europäischen Herrscherhäuser, die sich zum Kampf um die Hegemonie in Europa gesteigert hat, und das Eindringen des Handelskapitalismus in die Poren einer agrarischen Welt, das von Karl Marx später unter der Überschrift einer «ursprünglichen Akkumulation» als Vorgeschichte des Kapitalismus beschrieben worden ist.[6] Die Welt ist buchstäblich aus den Fugen geraten. Die Kriege der englischen Krone haben zur Erhöhung der Steuerlast geführt und dafür gesorgt, dass viele in den Krieg gezogene Männer als Krüppel heimgekehrt sind. So mancher Bauernhof wurde dadurch wirtschaftlich ruiniert. Andere, die körperlich unversehrt aus dem Krieg zurückgekommen sind, haben Banden gebildet und ziehen raubend und mordend über Land. Um die Ordnung wiederherzustellen, hat der Staat mit einem verschärften Strafregime geantwortet, mit der Folge, dass die Galgen mit Gehenkten voll sind und man ständig auf von der Justiz Geblendete und um Körperteile Amputierte trifft. Armut und Elend breiten sich aus.

Zu wachsendem Elend trägt auch die Entgrenzung der Märkte bei, die vor allem bei der Wolltuchproduktion, dem ersten quasi-industriellen Produktionszweig in Europa, zu beobachten ist: Die großen Zentren der europäischen Tuchproduktion in Flandern und Oberitalien haben eine steigende Nachfrage nach dem Rohstoff Wolle ausgelöst und damit das System der von der Dorfgemeinschaft genutzten Äcker und Weiden (*Kommende, Allmende*) in Bedrängnis gebracht, insofern die wachsende Nachfrage nach Schafwolle zu einer Aktivierung adliger Ansprüche auf zuvor vernachlässigte, der Gemeinschaft überlassene Böden geführt hat. Gemeindeland, dessen Nutzung die kleinen Bauern «über Wasser gehalten» hat, und Böden, die zu bestellen sich für die Reichen nicht lohnte, wurden nun zur Schafzucht genutzt und eingezäunt (*enclosures*). Die Folge war, dass viele Bauern unter das Existenzminimum gedrückt wurden. Morus bringt das auf die Formel, das Schaf habe begonnen, die Menschen zu fressen.[7] Zu all dem kommt noch das Erfordernis, die zahlreichen adligen und klerikalen Müßiggänger zu versorgen, die von den Steuern und Abgaben der Bauern leben. Gegen dieses Bild der Verhältnisse in England ist die Beschreibung Utopias gerichtet. Aber bevor es dazu kommt, wird Hythlodeus von den Gesprächspartnern aufgefordert, als Berater in den Dienst des Königs zu treten und auf diesem Wege für eine Besserung der Lage zu sorgen. Der winkt jedoch ab: In der Umgebung eines Herrschers seien Intrigen die Regel und man müsse ein schlechter Mensch werden, um politischen Einfluss zu bekommen. Erst nach dieser Absage an eine Reform des Systems von innen folgt der Bericht über Utopia. Unmittelbar veranlasst wird er durch das Aufgreifen eines Einwandes, der sich bereits in Aristoteles' *Politik* gegen den Idealstaatsentwurf Platons findet: dass die Menschen, wenn allen alles gehöre, nicht arbeiten, sondern nur genießen wollten.[8]

Utopia war nicht immer eine Insel; erst König Utopos hat sie dazu gemacht, indem er einen Graben ausheben und diesen fluten ließ. So hat sich Utopia vom «Rest der Welt» abgesetzt. Darin wird den Engländern der Vorzug ihrer geopolitischen Lage vor Augen geführt, der jedoch nicht zum Tragen kommt, solange die Könige Kriege auf dem Kontinent führen und England dadurch in eine quasi-kontinentale Macht verwandeln. Die Utopier dagegen verzichten grundsätzlich auf Angriffskriege, und wo die Beteiligung an einem Krieg unvermeidlich ist, werben sie im Ausland Söldner an und lassen diese für sich kämpfen. Da Gold für die Utopier keinen Wert darstellt, verfügen sie auch über hinreichende Mittel zur Bezahlung der Söldner. Der Sinn dieser Art von Außen- und Verteidigungspolitik ist klar: Die Utopier wollen alle Veränderungen von ihrer wohlgeordneten Gesellschaftsordnung fernhalten, und dazu gehören auch die Folgen siegreicher Kriege im Innern eines Staates.

Noch wichtiger aber ist, dass es in Utopia kein Eigentum an Produktionsmitteln gibt und alle Utopier zur Arbeit verpflichtet sind. So ist es möglich, die tägliche Arbeitszeit auf sechs Stunden zu reduzieren. Außerdem tauschen die Utopier alle zehn Jahre die Häuser und Äcker, um zwischenzeitlich entstandene Unterschiede rückgängig zu machen – Unterschiede, die aus der spezifischen Bonität der Böden, Witterungseinflüssen oder Schicksalsschlägen erwachsen. Die Neuverteilung der Produktionsmittel erfolgt durch das Los, also radikal egalitär.[9] Damit diese Egalität nicht zur «Vermassung» der Gesellschaft führt, wählen je 20 Haushalte einen Syphogranten bzw. Phylarchen und je zehn Syphogranten bestimmen wiederum einen Traniboren bzw. Protophylarchen; alle 200 Syphogranten schließlich wählen in geheimer Abstimmung das Staatsoberhaupt, und dabei haben sie die Wahl zwischen vier vom Volk benannten Kandidaten. Diese politische Hierarchie hat dafür zu sorgen, dass die soziale Egalität der Utopier gewahrt bleibt und kein Müßiggang einreißt. Die Gleichverteilung der Arbeit durch Beseitigung des Müßiggangs ist eines der zentralen Ordnungsprinzipen der Morus'schen *Utopia*. Sie leistet damit einen wichtigen Beitrag zur «Entdiskriminierung» der Arbeit als einer Strafe Gottes für den Sündenfall. Neben der politischen Überwachung steht die soziale Kontrolle der Utopier in Gestalt gemeinsamer Mittag- und Abendessen der Syphograntie; zu Beginn des von den Frauen abwechselnd zubereiteten Essens werden moralisch erbauliche Texte vorgelesen. Für schmutzige Arbeiten stehen Sklaven (Verbrecher und Kriegsgefangene) zur Verfügung. Darüber hinaus gibt es eine kleine Gruppe, denen auf Vorschlag der Syphogranten Arbeitsbefreiung gewährt wird, damit sie sich der Gelehrsamkeit widmen können; erfüllen sie die Erwartungen jedoch nicht, müssen sie wieder als Handwerker oder Bauern tätig sein. Die Studien, zu denen die Gelehrten freigestellt werden, sind theoretischspekulativer Art; von Wissenschaft im Sinne wachsender Naturbeherrschung ist bei Morus nicht die Rede.

Das ist in Tommaso Campanellas *Civitas solis* ganz ähnlich, wo das gesamte Wissen des Sonnenstaates in einem Buch zusammengefasst und auf den Innenseiten der Stadtmauern angeschrieben ist.[10] Wie bei Morus ist auch bei Campanella der gut geordnete Staat durch ein «Stillstellen der Zeit» gekennzeichnet. Es gibt keine Entwicklung und keine Veränderung, da dies bloß auf eine Entfernung vom Ideal hinauslaufen würde. Was für Morus England, ist für Campanella Süditalien: ein Land, das von einem spanischen Vizekönig und einigen adligen Familien gemäß der Vorgabe regiert wurde, die Rate des abschöpfbaren Mehrprodukts zu erhöhen. Campanellas Utopie ist gegen die feudal-administrativen Klassen gerichtet und stellt eine Parteinahme für die produktiven Klassen dar. Während die Herrschaft der Barone die Menschen kontinuierlich ausbeutet, ist der Frühkapitalismus in Campanellas Sicht die Ursache von Hungersnöten und Epidemien. Die Händler und Wucherer kaufen das Getreide auf, um es später zum drei- und vierfachen Preis zu verkaufen. So zwingen sie die Menschen, Diebe, Räuber und Prostituierte zu werden. Campanellas Utopie ist antifeudalistisch und antikapitalistisch zugleich.

In Campanellas *Sonnenstaat* wird der Gemeinbesitz an Grund und Boden als das wichtigste Produktionsmittel dieser Zeit durch den Gemeinbesitz an Frauen ergänzt. Die Aufhebung der Ehe als exklusive Sexualbeziehung ist – jedenfalls unter patriarchalen Vorzeichen – vor allem gegen die Kontinuität von Erbschaftsfolgen gerichtet. Es geht Campanella indes nicht um die Gleichstellung der Frau, sondern um die Auflösung der Ehe als Kernelement feudaler Kontinuität, hängt doch die «Reinheit des adligen Bluts» als herrschaftliche wie erbrechtliche Legitimation an der Keuschheit des adligen Weibes. Die Auflösung der Ehe und die Paarung der Menschen gemäß astrologisch-eugenischer Vorgaben ist eine Waffe gegen die feudalen Strukturen. Campanella war sich jedoch darüber im Klaren, dass der Mensch ein «triebhypertrophes Wesen» (Helmuth Plessner) ist, dessen Sexualität nicht mit der einmal im Jahr stattfindenden großen Paarung befriedigt werden kann. Wohl werden jene öffentlich gepriesen, die sich bis zum 21. Lebensjahr des Beischlafs enthalten haben, und wer dies bis zum 27. Lebensjahr schafft, wird in Liedern besungen, aber wem das nicht möglich ist, dem steht die Möglichkeit des Beischlafs mit unfruchtbaren oder schwangeren Frauen offen.[11] Entscheidend war für Campanella, die Verbindung von Fortpflanzung und Gesellschaftsordnung aufzulösen. Darin übernimmt er Vorstellungen, die sich bereits in Platons *Politeia* finden, und geht damit weit über Morus' Überlegungen zur Neuordnung der Gesellschaft hinaus.

Im Sonnenstaat tragen alle dieselbe Kleidung, von der es heißt, sie sei auch für den Kriegsdienst geeignet. Es handelt sich um eine Uniform, die vierteljährlich gewechselt wird. Sie ist das Sinnbild der Egalität. Freilich kommt auch Campanellas Utopie nicht ohne Eliten aus: An der Spitze des Sonnenstaates steht Sol; er ist der Gebildetste und Klügste und behält sein Amt so lange, wie ihn keiner an Weisheit und Klugheit übertrifft. Von wem freilich über den Grad an Weisheit entschieden wird, bleibt im Bericht offen. Es geht Campanella darum, im Anschluss an Platon Weisheit anstelle von Abstammung oder mehrheitlicher Zustimmung als Herrschaftsbefähigung sicherzustellen. Unter diesen Umständen ist es nur konsequent, wenn die niederen Beamten von den oberen ausgewählt werden. Im Sonnenstaat ist die radikale Egalität der Gesellschaft mit einer auf Intellektualität begründeten Hierarchie der Administration verbunden und durch diese gesichert.

In Francis Bacons *Nova Atlantis,*[12] der dritten großen Sozialutopie der Frühen Neuzeit, spielt die Organisation des Wissens die Hauptrolle, nur dass es hier um die organisierte Mehrung eines Wissens geht, das nicht auf theoretische oder kosmologische Spekulation, sondern auf Naturbeherrschung ausgerichtet ist. Das unterscheidet *Nova Atlantis* von den vorangegangenen Sozialutopien. Bacon, der die Erfindung des Buchdrucks, der Artillerie und des Kompasses als Grundlage der Neuzeit bezeichnet hat, markiert auch in der Utopiegeschichte den Beginn des neuzeitlichen Selbstbewusstseins.[13] Gegen die Autorität des Aristoteles stellt er sein *Novum Organon*, und die platonische Erzählung vom untergegangenen Atlantis[14] wird von ihm in *Nova Atlantis* aufgenommen. Die Zentren des humanistischen Bildungskanons werden für obsolet erklärt und durch Akademienbildung der Naturforscher abgelöst. Der Ort der Forschung ist auf der Insel Bensalem, wie Neu-Atlantis bei seinen Bewohnern heißt, das Haus Salomons, das den Mittelpunkt der Insel bildet. Zur Forschung gehören auch die von den Neu-Atlantikern als *mercatores lucis* bezeichneten Kundschafter bzw. Spione, die in alle Welt ausgesandt werden, um das dortige Wissen aufzunehmen und den Wissenschaftlern im Haus Salomons verfügbar zu machen.

Bacons utopischer Entwurf unterscheidet sich von denen Morus' und Campanellas darin, dass er sich weniger für die Gesellschaftsordnung als für die Organisation des Wissens und das Ethos der Beamten interessiert. Als die Europäer, denen in Bacons Erzählung nach einer langen Irrfahrt durch die Weiten des Ozeans von den Neu-Atlantikern zunächst verwehrt wird, an Land zu gehen und ihre Vorräte an Lebensmitteln und Wasser zu ergänzen, dem Beamten, der die Erlaubnis überbringt, dafür Gold anbieten, lehnt er dies ab: Er bekomme einen staatlichen Lohn, und doppelten Lohn dürfe er nicht annehmen. Das Vorhandensein eines korruptionsresistenten Erfüllungsstabs wird zum Erfolgsgeheimnis der guten Ordnung. Damit hat Bacon ein weiteres Übel der politischen Ordnung seiner Zeit benannt, das im Spiegel der utopischen Literatur sichtbar gemacht wird: die Korruptibilität des politischen Personals, die im Übergang von der Lehnsverfassung zum Beamtenstaat dramatische Züge angenommen hat.

## Die antike Idealstaatsidee und die Idealstädte der Renaissance und des Barock

Auch wenn erst Thomas Morus die Utopie als *literarische Gattung* erfunden hat, so gab es doch bereits in der Antike eine lebendige Tradition utopischen Denkens, die sich mit den Idealstaatsentwürfen berührt, die von Philosophen entworfen und von Städtegründern umgesetzt wurden.[15] Die Idealstaatsentwürfe der Antike sind eng mit der griechischen Kolonisationsbewegung sowie den Städtegründungen der hellenistischen Könige verbunden. Es handelt sich hier nicht um fiktive Reiseberichte, sondern um politische Projekte, deren Realisierung in theoretischen Entwürfen vorbereitet wurde. Das heißt jedoch nicht, dass es bei den Griechen keine Utopien in Vorläuferschaft des Morus'schen Reiseberichts gegeben hätte. So berichtet die *Odyssee* vom Land der Phäaken, das fern der menschlichen Siedlungsorte liege und wo kein Sterblicher hinkomme – außer dem großen Seefahrer Odysseus, und dieser auch nur, weil er nach einem Schiffbruch daselbst an Land gespült wurde. Bei den Phäaken befindet sich der Wundergarten des Königs Alkinoos, der von paradiesischer Fruchtbarkeit ist.[16] Außerdem verfügen die Phäaken über Wunderschiffe, die steuerlos und selbständig ihren Weg suchen und das Ziel finden, da sie die Gedanken und Wohnorte der Menschen kennen.[17] Diese Märchen- und Wundermotive finden sich auch in der griechischen Reiseliteratur, und stellenweise haben sie sogar in Herodots *Historien* Eingang gefunden. In den Utopien des Jambulos und Euhemeros sind diese Motive zur Beschreibung einer utopischen Gesellschaftsordnung genutzt worden.[18]

Davon zu unterscheiden sind die Idealstaatsentwürfe als Pläne für neu zu gründende Städte. Zwei von ihnen sind besser bekannt, weil sich Aristoteles in seiner *Politik* mit ihnen kritisch auseinandergesetzt hat:[19] der des Hippodamos von Milet und der des Phaleas von Chalkedon. Hippodamos war Architekt und am Bau der Hafenstadt Piraeus sowie der athenischen «Pflanzstadt» Thurioi beteiligt. Er hat eine neue Sicht des städtischen Körpers entwickelt und diese in Stadtplänen visualisiert. Nach der Art des Hippodamos zu bauen hieß, ein Quartier in parallele, sich rechtwinklig schneidende Straßen einzuteilen. Die Umsetzung rational-geometrischer Prinzipien war freilich von der entsprechenden Topografie des Baugebiets abhängig, und dementsprechend lagen die idealen Städte nicht auf Hügeln oder Bergrücken, sondern in der planen Ebene. Das Erfordernis der Wehrhaftigkeit trat in den Hintergrund, und so kam es gerade in den hellenistischen Großreichen zu einer Flut von Städtegründungen, die häufig den Namen des Stadtgründers trugen.

Hippodamos hat die rational-geometrischen Prinzipien der Stadtplanung auf die Gesellschaftsordnung übertragen. So unterteilte er eine 10000 Menschen umfassende Stadt in drei soziale Gruppen: die Handwerker, die Bauern und die Krieger. Auch das Land ist nach dem Dreierprinzip unterteilt: in den Boden des religiösen Kults, das Gebiet, aus dem die Krieger versorgt werden, und das Land, das von den Bauern und Handwerkern bestellt wird. Wer dem Staate Förderliches geleistet hat, soll öffentlich geehrt werden, und die Kinder der im Krieg Gefallenen sind auf Staatskosten aufzuziehen. Aristoteles bemerkt dazu, dieser Vorschlag sei damals absolut neu gewesen, man habe inzwischen aber in Athen und anderen Städten diesbezügliche Gesetze erlassen. Die Idealstadtentwürfe hatten also Einfluss auf die Reformpolitik in bereits bestehenden Gemeinwesen. Was Hippodamos vorschlug, war ein sozial differenzierter, nach demokratischen Grundsätzen regierter Staat mit sozialstaatlichen Elementen. Der Utopiekritiker Aristoteles hat freilich bezweifelt, dass derlei funktionieren könne, weil die Krieger sich zu Herren aufschwingen und die Bauern und Handwerker entmachten und unterdrücken würden. Politiktheoretisch ist die aristotelische Utopiekritik auch darum interessant, weil sie auf die Kluft zwischen Intention und Ergebnis hinweist und politische Projekte von ihren Folgen und nicht ihren Absichten her beurteilt. Aristoteles wird darin zum Begründer eines «kritischen» Strangs politischen Denkens.

Dagegen hat der Idealstaatsentwurf des Phaleas von Chalkedon, den Aristoteles ebenfalls behandelt, sehr viel stärker in die Vermögensverhältnisse eingegriffen als das Projekt des Hippodamos, ohne jedoch so weit zu gehen wie Platons Frauen- und Kindergemeinschaft. Als erster hat Phaleas vorgeschlagen, dass der Besitz der Bürger gleich sei, was bei Neugründungen leichter zu erreichen ist als bei schon seit Längerem bestehenden Gemeinwesen. Als reformerischen Ausgleich in bestehenden Städten sollten Arme Mitgift erhalten, aber keine geben, während Reiche zur Mitgift verpflichtet seien, aber keine annehmen dürften. Die Zirkulation der Frauen sollte somit als Hebel der sozialen Egalisierung dienen. Abermals ist Aristoteles skeptisch gegenüber den Chancen, eine egalitäre Ordnung dadurch auf Dauer stellen zu können, denn wer das Vermögen festsetze, müsse auch die Zahl der Kinder festsetzen. Andernfalls werde es bald wieder Vermögensunterschiede geben. Aristoteles' Kritik an der Verbindung von Stadtplanung und Gesellschaftsordnung scheint ein verbreitetes Bedenken getroffen zu haben, denn schon bald wurde dieses Projekt aufgegeben und der Entwurf einer Idealstadt auf städtebauliche und architektonische Gesichtspunkte beschränkt. Während in den Sozialutopien durchgängig auch die Anlage der Städte und der Grundriss der Häuser und Wohnungen thematisiert wurden, ist die Architektur erst wieder im 20. Jahrhundert – etwa das Bauhaus und der sozialistische Städtebau – auf die Verbindung von Bauen und Gesellschaftsordnung zurückgekommen.

Das auf Städtebau und Architektur beschränkte Idealstadtprojekt lebte in Renaissance und Barock wieder auf.[20] Es war nunmehr ein Projekt absoluter Fürstenherrschaft, bei dem sich die Herrscher nicht auf die Errichtung von Schlössern und die Gestaltung von Gartenanlagen beschränkten, sondern ganze Städte als Ausdruck ihres Repräsentationswillens errichten ließen. Am Anfang dessen steht der Humanist Enea Silvio Piccolomini, der als Papst Pius II. das Dorf Corsignano, dem er entstammte, zu der Stadt Pienza umbauen ließ.[21] Eneas politisch-ästhetische Leitidee war der Gedanke einer *coincidentia oppositorum*, der Einheit bzw. Inversion der Gegensätze, wie er durch Nikolaus von Kues entwickelt worden war. So hat Piccolomini die Fassade des Doms von Pienza in Anlehnung an antike Vorbilder aus weißem Travertin bauen lassen, aber das Innere ist nach den Vorgaben einer dreischiffigen gotischen Hallenkirche entworfen und in honiggelbem Sandstein ausgeführt worden. Imperialer Machtgestus und eine der Innerlichkeit verpflichtete Lichtmetaphysik kamen damit zusammen. Ähnliches gilt für den Palazzo Piccolomini, bei dem eine wuchtige Fassade die repräsentative Vorderfront bildet, während sich die Rückseite in einer dreigeschossigen Loggia villenähnlich zum Land hin öffnet. Pius II. ließ zwei separate Lebensformen miteinander verbinden: die des Palastes und die der Villa, die der Repräsentation und die des Rückzugs aufs Land. So sollten *negotium* und *otium*, *vita activa* und *vita contemplativa* miteinander eins werden.

In die Anlage der Renaissance-Idealstädte spielte auch eine Revolutionierung des Fortifikationssystems hinein: Hatte die mittelalterliche Stadt den Angreifern durch die Höhe ihrer Mauern getrotzt, so erwiesen sich mit den Fortschritten des Kanonengusses und der Körnung von Schießpulver hohe Mauern als besonders vulnerabel: Schwere Kanonen schossen eine Bresche, durch die dann der Angriff erfolgte.[22] An die Stelle der hohen, freistehenden Mauern traten niedrige, abgeschrägte Wälle, denen Kanonenkugeln wenig anzuhaben vermochten. Auch wurde die Umrundung der Stadt durch sternförmige Befestigungssysteme ersetzt, die im Falle eines Angriffs flankie-

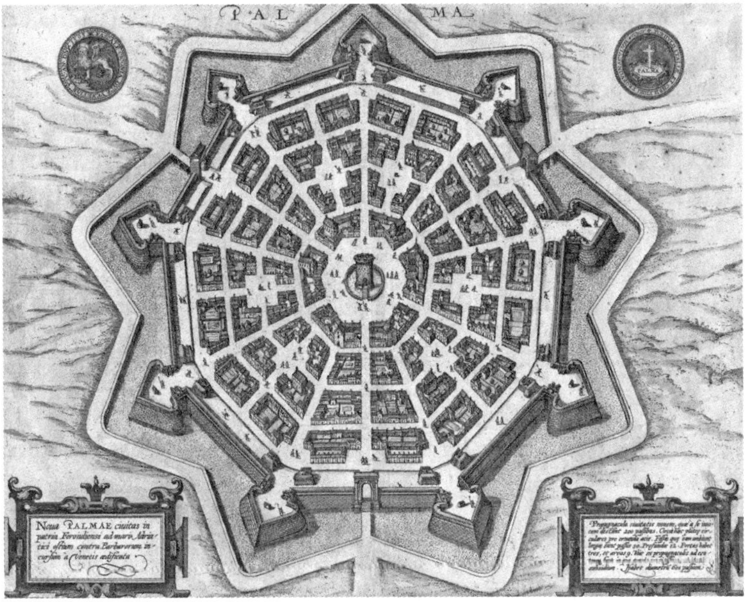

*Die Beschreibung der Städte in utopischen Ländern, wie sie in den großen Sozialutopien der Frühen Neuzeit zu finden sind, sprechen von Ordnung und Sauberkeit, die dort anzutreffen sind – was im Gegensatz steht zu den schlechten hygienischen Verhältnissen der europäischen Städte –, aber selten wird der architektonische Grundriss dieser Städte herausgearbeitet. Das ist bei den Idealstadtentwürfen der Frühen Neuzeit anders, die sich wesentlich um eine solche architektonische Ordnung drehen und die soziale Ordnung in den Städten hintanstellen. Mit dem Aufkommen neuer Befestigungsanlagen, die dem Beschuss mit schweren Kanonen standhielten, kam es zu einer Verbindung von Idealstadt und Sperrfestung, die an den Grenzen eines Herrschaftsbereichs eindringende feindliche Heere aufhalten sollte. Das Ende des 16. Jahrhunderts von den Venezianern an der Ostgrenze ihres Gebiets zur Türkenabwehr gebaute Palmanuova ist dafür das bekannteste Beispiel: Ein polygonaler Grundriss mit neun Seiten, der dafür sorgte, dass es keine totalen Winkel für einen Angreifer gab, radial angelegte Straßen im Innern, auf denen die eigenen Kräfte schnell hin- und herbewegt werden konnten, sowie mehrere ringförmig angelegte Straßen sollten durch eine Erhöhung der inneren Ordnung die Verteidigung nach außen optimieren. Die Idealstadt Palmanuova hat bis heute nur geringfügige Veränderungen erfahren.*

rendes Feuer ermöglichen sollten. Das Erfordernis zur Anlage neuartiger Befestigungen und der Repräsentationswille absolutistischer Herrscher kamen hierbei zusammen. Allerdings wirkte die auf neue Art befestigte Stadt auf den ersten Blick eher unscheinbar. An die Stelle der Erhabenheit ihrer Silhouette trat als Kompensation die

Geometrie des Raumes und die Zentrierung des Straßensystems. Einen Eindruck davon bekommt man jedoch nur beim Blick von oben, und der war in entsprechenden Zeichnungen und Plänen dem Herrscher vorbehalten. Zeichneten sich mittelalterliche Städte durch die Regellosigkeit ihrer Mauern, Häuser und Türme aus, und waren sie fast immer polyzentrisch gewachsen, so weist die Idealstadt seit der Renaissance eine monozentrische Struktur auf: Das von dem Architekten Filarete für den Herzog von Mailand entworfene Sforzinda besteht aus zwei aufeinander gelegten Quadraten, die ein Oktogon bilden. Die sechzehn Mauerabschnitte gleichen sich exakt, und die Straßen laufen strahlenförmig auf den Mittelpunkt zu, wo sich Herzogspalast und Kathedrale, politisches und religiöses Zentrum befinden. In Idealstadt und Idealstaat werden organisch gewachsene Strukturen durch eine nach geometrischen Gesichtspunkten geplante Ordnung abgelöst. An die Stelle des kommunal-korporativen Projekts der Bürgerschaft tritt der Wille des Herrschers, der eine neue Stadt buchstäblich aus dem Boden stampft.

Die Genese einer solchen Idealstadt ist an dem zwischen Mantua und Parma gelegenen Städtchen Sabbioneta eingehend beschrieben worden,[23] das Mitte des 16. Jahrhunderts von Vespasiano Gonzaga als Haupt- und Residenzstadt seines kleinen Herzogtums in den Treibsand des Flusses Po gebaut worden ist. Der Erbauer entstammte einem Seitenzweig der in Mantua regierenden Familie Gonzaga, hatte als Condottiere in spanischen Diensten ein Vermögen erworben und investierte dies in den Bau einer Stadt, die seinen Namen verherrlichen und seinen Gestaltungswillen sichtbar machen sollte. Drei Prinzipien hat er in Sabbioneta miteinander verbunden: einen Grundriss nach den neuesten fortifikatorischen Grundsätzen, die Präsenz des gesamten metropolitanen Programms mit Dom, Stadtpalast und Theater in einem kleinen Residenzstädtchen, und schließlich die Zusammenführung der gegensätzlichen Lebensformen von *otium* und *negotium* in den fürstlichen Gebäuden. In Variationen lässt sich das auch in anderen Idealstädten, wie La Valetta, Palmanuova, Neuf-Brisach oder Freudenstadt beobachten.[24]

## Von der Utopie zur Uchronie

Die von Morus begründete literarische Gattung der Utopie war ein Produkt des «Zeitalters der Entdeckungen»: Christoph Kolumbus und seine Gefährten wussten von so viel Neuem und Überraschendem zu berichten, dass sich darunter auch die Entdeckung des Unmöglichen bzw. für unmöglich Gehaltenen «einschmuggeln» ließ. In der politischen Literatur war der von Aristoteles gegen Platons *parádeigma* der guten Ordnung geltend gemachte Einwand vorherrschend, wonach die Menschen, wenn alles allen gehöre, nur nachlässig arbeiten würden;[25] die Beschreibung der Insel Utopia sollte zur «empirischen» Widerlegung dessen werden. Das ist eine weitere Facette des vielgestaltigen Utopiebegriffs: dass das, was bislang als *Nirgendwo* galt, doch noch entdeckt und in ein *Irgendwo* verwandelt werden konnte. Utopia war der Einzelfall, durch den Allsätze im Sinne Karl Poppers falsifiziert wurden. Um die Existenz dieses Einzelfalls zu plausibilisieren, hatte Morus die Reiseberichte des Amerigo Vespucci sorgfältig studiert und die Passage, wo darin von einigen zurückgelassenen Gefährten die Rede ist, als Authentizitätsnachweis des hythlodeischen Berichts genutzt. Diese narrative Authentisierungsstrategie funktionierte jedoch nur so lange, wie es auf der Erde unerforschte Räume gab. Das endete im 18. Jahrhundert, als von James Cook und Louis-Antoine de Bougainville Australien und die Inseln der Südsee «entdeckt» und beschrieben wurden. Die Berichte über Tahiti und das Leben der Menschen dort gaben der geografischen Utopie zeitweilig noch einmal einen neuen Schub.[26]

Die Utopiebeschreibungen von Morus bis Bacon, Andreae und Schnabel[27] beruhten auf optimierter Arbeitsorganisation, höherer Selbstdisziplin, meritokratischer Elitebildung und einem gesteigerten Maß an Klugheit der Regierenden. Verglichen mit den Gesellschaften Europas war das Leben in Utopia leichter, aber es war nicht das Paradies. Genau das versprachen die Berichte aus der Südsee: Eine gesteigerte Gratuität der Natur verhieß ein Leben, in dem die Arbeitszeit nicht bloß reduziert, sondern gänzlich verschwunden war, in dem die Menschen weniger Krankheiten hatten und langsamer alterten, in dem die Sozialdisziplin an Bedeutung verlor und es keinen Staat mehr gab. Nicht die Effektivierung der Sozialorganisation, sondern eine freundliche Natur wurden damit zu Wesensmerkmalen des Utopischen, und das hatte Folgen nicht zuletzt für Sexualität und Sinnlichkeit der Menschen. Fast alle bisherigen Utopien und Idealstaatsentwürfe hatten das Sexualverhalten der Menschen diszipliniert, von der Auswahl des Partners bis zur Häufigkeit des Verkehrs. Auf Tahiti hingegen, so die Berichte, herrsche allgemeine Promiskuität, also sexuelle Freiheit.

Tahiti wurde zum Inbegriff des «anarchischen» Strangs der Utopie, der in den Aussteiger-Kommunen des 20. Jahrhunderts wieder auflebte. In der zweiten Hälfte des 16. Jahrhunderts bereits hatte die Suche nach dem sagenhaften Südkontinent, der *terra australis incognita* begonnen, den es, wie man glaubte, geben musste, um die Erde im Gleichgewicht zu halten, und schon früh hatte sich diese Suche mit der Vermutung verbunden, dort befände sich das Paradies. Die Spanier interessierten sich jedoch wesentlich für Gold oder Ungläubige, die sie bekehren konnten, und die aufgeklärt-merkantilen (reformierten bzw. puritanischen) Holländer und Engländer waren an einem solchen Paradies ohnehin nicht sonderlich interessiert. So ist denn auch Daniel Defoes am historischen Schicksal des Matrosen Alexander Selkirk orientiertem Roman *Robinson Crusoe* jegliche Paradiesassoziation fremd: Wer überleben wollte, musste arbeiten und kämpfen. Robinson verwandelt die unberührte Natur durch Arbeit in einen fruchtbaren Garten und versetzt ihn in einen verteidigungsfähigen Zustand. Der spätere Kampf gegen kannibalische Wilde war die Bestätigung für die Richtigkeit dieser Vorsorge. Aber solche Vorsorge war gänzlich unparadiesisch.

Mitte des 18. Jahrhunderts veränderte sich die ethnografische Vorstellung von den zivilisatorisch rückständigen Völkern und es kam, unter anderem bei Rousseau, die Vorstellung vom «guten Wilden», *le bon sauvage* auf. Die *terra australis*-Vorstellung wurde in Form eines harmonischen Naturzustands neu belebt, der einer als zerstörerisch und deformierend wahrgenommenen Zivilisation entgegengesetzt wurde. Tahiti füllte die Leerstelle im europäischen Diskurs, und erst durch diesen Diskurs konnte es als das irdische Paradies wahrgenommen werden. Ausschlaggebend dafür waren die enthusiastischen

Berichte des französischen Kapitäns Bougainville, der zum eigentlichen Begründer des europäischen Südseekults wurde. Zwei Eindrücke stechen in seinen Berichten hervor: Tahiti ist ein Liebesparadies im Sinne erotischer und sexueller Anarchie, und es ist die Wiederkehr des Goldenen Zeitalters, wie es in der antiken Literatur beschrieben worden war, einer Zeit des sorglosen Lebens. Bougainville nannte die Insel darum *Nouvelle Cythère*, Neu-Kythera.

Aber der Traum währte nicht lange, und Denis Diderots *Supplément* zu Bougainvilles Berichten ist dessen Abgesang.[28] Diderot lässt darin einen «alten tahitianischen Greis» die Ankunft der Europäer in der Südsee verfluchen, denn sie hatte zur Zerstörung der Idylle geführt. Mit dem Eintreffen der Europäer nämlich hätten sich die Bedürfnisse der Menschen vermehrt, und im Gefolge dessen sei aus Muße Arbeit geworden. Habgier und Misstrauen seien entstanden, und auch das ungezwungene Liebesleben früherer Tage sei dahin, denn es hätten sich ansteckende Krankheiten ausgebreitet. Vermutlich ist damit die Syphilis gemeint, die englische und französische Seeleute eingeschleppt hatten. Infolgedessen sei es erforderlich geworden, ein, wie der Greis meint, sexuell verklemmtes Leben zu führen. Das utopische Paradies hat die Begegnung mit den Europäern nicht überlebt.

Diderots nüchterne Bilanz des Untergangs der «natürlichen Utopie» in der Begegnung mit Europa ist das Eine, die «Erforschtheit» des Globus das Andere: Es gab keinen Raum mehr, in dem das Utopische entdeckt werden konnte. Infolgedessen wechselte der Ort des Utopischen aus dem Raum in die Zeit, in eine noch unbekannte Zukunft. Aus «Wunschräumen» wurden, so Alfred Doren,[29] «Wunschzeiten», in denen mit den Mitteln der literarischen Fiktion das ganz Andere der bestehenden gesellschaftlichen Ordnung gefunden werden konnte. Reinhart Koselleck hat von einer «Verzeitlichung der Utopie» gesprochen,[30] womit er die Ersetzung von *topos* durch *chronos* gemeint hat. Damit trat an die Stelle des Gesetzgebers die Geschichte als säkular-providentieller Prozess. Die Utopie verband sich mit der Geschichtsphilosophie, und im Zuge dieser Entwicklung nahm sie totalitäre Züge an: War sie im Raumbezug eine Option unter anderen, so wurde sie in der Zeitperspektive zur einzigen Zukunft des Menschengeschlechts.

Das war jedoch nicht sogleich der Fall. In den ersten Zeitutopien ist noch von einem Gesetzgeber die Rede, der in einer großen Krise die Gesellschaft neu geordnet habe, und aus dieser Neuordnung sei dann das beschriebene ideale Gemeinwesen hervorgegangen. Im Verlaufe des 19. Jahrhunderts jedoch verband sich das Utopische immer stärker mit der Idee des Fortschritts, wobei dieser entweder vorwiegend technisch oder eher gesellschaftspolitisch ausgelegt sein konnte. Die Science-Fiction-Literatur des 20. Jahrhunderts, in der die technische Perspektive dominiert, ist ein Seitenstrang des utopischen Denkens, bei dem nicht die neue Organisation der Gesellschaft im Zentrum steht, sondern Beiprodukt und Folge der dramatisch angewachsenen Fähigkeiten zur Beherrschung der Natur ist. Parallel dazu hat sich der Erzählfokus vom Buch zum Film verschoben. So enthält bspw. die Star-Trek-Serie eine Reihe von Elementen, die in die Tradition des utopischen Denkens gehören.[31]

Reinhart Koselleck hat seine These von der «Verzeitlichung der Utopie» unter anderem an Louis-Sebastien Merciers 1770 erschienenen *L'an 2440* exemplifiziert. Mit dem Ende der Entdeckungsreisen, so Koselleck, wurde der «Entlastungsraum» der utopischen Fiktionalität kleiner, und parallel dazu wuchs der «Erfahrungsdruck» der Gegenwart immer weiter an. Merciers Leistung bestand darin, die Zukunft als neuen Entlastungsraum «entdeckt» zu haben. Auch Mercier entwirft ein Diptychon, von dem das eine Bild die schreckliche Gegenwart und das andere die verheißungsvolle Zukunft darstellt, nur dass er dies nicht, wie Morus, in einer Schrift, sondern in zwei separaten Büchern entwickelt hat. In *Tableau de Paris*[32] beschreibt Mercier die Schrecken und das Elend von Paris am Ende des 18. Jahrhunderts, wobei für Paris auch London, Rom oder Neapel stehen könnten. Der Tenor der Beschreibung lautet, dass diese Sozialformation keine Zukunft mehr hat, sondern untergehen wird. Krieg oder Pest, Erdbeben oder Überschwemmung, Brand oder politische Revolution – einer dieser Bedrohungen werde die Metropole zum Opfer fallen. Aber so kommt es dann doch nicht, denn die Zeit lässt die Leidenschaften der Menschen schwinden, fördert ihre Erziehung und verhilft der Vernunft zum Durchbruch. Das ist der Blick von *L'an 2440*.[33]

Was in Raumutopien der Schiffbruch, ist in Zeitutopien der Schlaf:

Nach einem Gespräch über die Schrecken der Gegenwart, das er mit einem Engländer geführt hat, ist der Erzähler in Merciers Roman eingeschlafen und träumt von Paris im Jahre 2440: Die Regierungsform ist der Vernunft verpflichtet, die Stände haben die Gesetzgebungskompetenz übernommen, Ämter kann nur übernehmen, wer älter als 40 Jahre ist, und der Monarch wacht über die Einhaltung der Gesetze. In einem weitgehend gleichrangigen Sozialgefüge gibt es gesellschaftliche Unterschiede nur in Form von Tugenden, die als Insignien auf der Kleidung sichtbar gemacht werden. Die Moralökonomie, die von Mercier gegen die Ökonomie des Marktes – Adam Smiths *Wealth of Nations* wird sechs Jahre später erscheinen – in Stellung gebracht wird, zeigt sich u. a. darin, dass der Außenhandel weitgehend abgebaut ist und die Banken und das Finanzsystem verschwunden sind. Die Preise sind stabil und das Güterangebot wird über große staatliche Magazine geregelt. Die Steuerungsmechanismen von Markt und Geld sind durch eine omnipräsente Öffentlichkeit und die Symbolik der Tugend ersetzt (→ Kap. *Liberalismus und Republikanismus*). Seitdem die Öffentlichkeit zur Kontrollinstanz wurde, konnte die staatliche Repression zurückgenommen werden.

Merciers Uchronie wird zum Vorbild einer Fülle von Texten, deren Strom während des 19. Jahrhunderts nicht abreißt: von Saint-Simon und der durch ihn eingeleiteten Verwissenschaftlichung des utopischen Projekts[34] über Charles Fourier, Etienne Cabet und all die anderen, die eine Verbindung zwischen Utopismus und Frühsozialismus herstellen,[35] bis zu Edward Bellamys *Looking Backward*, einer staatssozialistischen Utopie, die Ende des 19. Jahrhunderts zum Bestseller wurde.[36] William Morris' *News from Nowhere*, die erste «grüne» Utopie, stellt eine Wende in der Utopiegeschichte dar, insofern hier der Trend zu immer größeren Städten und immer stärker umweltzerstörenden Industrien gebrochen ist und die Menschen wieder ein Leben im Einklang mit der Natur führen.[37] Aber damit war das Potenzial der in der Zukunft verorteten Sozialutopien erschöpft, und im 20. Jahrhundert begann die Ära der Dystopien oder Antiutopien.

Der Saint-Simonismus spielt in der Geschichte des utopischen Denkens eine wichtige Rolle, insofern sich in ihm utopischer Entwurf und Industrialismus am engsten miteinander verbunden haben.

Mit der Entwicklung der großen Industrie, so die von den frühen Soziologen Auguste Comte und Herbert Spencer weiter ausgearbeitete Vorstellung, werde nicht nur der Krieg aus der Geschichte verschwinden, sondern auch der Kampf der Klassen gegeneinander überflüssig, weil es zu einer Allianz von Besitzenden und Arbeitenden komme. Die eigentliche Spaltungslinie der Gesellschaft ist danach die zwischen Arbeit und Müßiggang, und Letzterer werde von Kapitalisten wie Arbeitern gemeinsam bekämpft. Saint-Simon und seine Anhänger fordern darum, das Volk so lange von der Macht fernzuhalten, bis es durch Erziehung, Ausbildung und gesellschaftliche Erfahrung das erforderliche Niveau erreicht habe. Die Realisierung der Utopie läuft damit auf eine sozialtechnische Kontrolle des Fortschritts hinaus. In gewisser Hinsicht hat Friedrich Engels in seiner Schrift *Der Übergang des Sozialismus von der Utopie zur Wissenschaft* an diese Vorstellung angeknüpft, indem er das sozialistische Projekt nicht mehr als ein der realen Gesellschaftsentwicklung entgegengesetztes Ideal gefasst, sondern es in die Dynamik des gesellschaftlichen Fortschritts eingeschrieben hat. Dieser Fortschritt entwickelt sich – und das markiert die Differenz zum Saint-Simonismus – jedoch nicht durch die Organisation gesellschaftlicher Harmonie, sondern durch den antagonistischen Widerspruch der gesellschaftlichen Kräfte und den Klassenkampf. Der Saint-Simonismus vertraut auf den direkten Weg des gesellschaftlichen Fortschritts, während der Marxismus in der Tradition Hegels den indirekten Weg, den der Erzwingung des Fortschritts durch den Antagonismus, als einzig erfolgversprechenden Weg ansieht. Die Verbindung von Fortschrittserwartung und Parteiorganisation hat Engels' Schrift zum Grundtext des Marxismus werden lassen.

## Die Anti-Utopien des 20. Jahrhunderts

Waren die Utopien Zeichen der Erwartung und Signale der Hoffnung, die dem Bestehenden entgegengesetzt wurden, so sind die Anti-Utopien bzw. Dystopien Warnungen und Aufrufe, aus dem Bestehenden und den diesem innewohnenden Tendenzen auszusteigen. Geben sie eine Richtung an, in der die Rettung zu finden ist, so ist dies entweder die Rückkehr zu früheren Verhältnissen oder ein Ausstieg aus den Zentren der sozio-politischen Welt und der Rückzug in die Nischen an deren Rand. Beide, Utopie wie Dystopie, stehen in scharfer Opposition gegen die bestehenden Verhältnisse und das, was bei einer linearen Entwicklung aus ihnen werden wird, aber während die Utopie das Gute für möglich hält und dessen realisierten Zustand mit den Mitteln der literarischen Fiktion breit ausmalt, konzentriert sich die Anti-Utopie auf die Darstellung eines Zustands, der durch den Verlust von Individualität und Autonomie des Menschen gekennzeichnet ist. Die Sozialorganisation und das politische System sind durch den wissenschaftlich-technischen Fortschritt übermächtig geworden und kontrollieren die Menschen vermittels mehr oder weniger fadenscheiniger Glücksversprechen. Das große Thema der Antiutopien ist die Wahrung und Verteidigung der individuellen Freiheit gegen die Verheißungen des sozialen Glücks.

Am Anfang steht Eugen Richters 1891 erschienenes Buch *Sozialdemokratische Zukunftsbilder*,[38] in dem aus der Perspektive eines Arbeiters und Anhängers der Sozialdemokratie beschrieben wird, wie deren Herrschaft immer repressivere Formen annimmt: Oppositionsgruppen innerhalb der eigenen Organisation werden ausgeschaltet, die Berufs- und Essenswahl sowie die Freizügigkeit der Menschen werden mehr und mehr eingeschränkt, bis schließlich die Landesgrenzen so streng bewacht werden, dass auf alle, die das Land ohne Erlaubnis verlassen wollen, geschossen wird. Eugen Richter, ein liberaler Reichstagsabgeordneter, hat die literarische Form der Utopie genutzt, um vor den egalitären Zukunftsperspektiven der politischen Linken zu warnen. Damit hat er einen Perspektivwechsel vorgenommen, der für die nachfolgenden Anti-Utopien typisch ist, in denen aus dem, was zuvor als «Gut-Land» erschien, schlagartig «Schlecht-Land» wird: An die Stelle der auktorialen Erzählweise, in der die utopische Ordnung aus der Vogelperspektive dargestellt wird, tritt die personale Erzählung, in der ein Angehöriger des Sozialverbands von seiner alltäglichen Lebensführung, seiner Beobachtung der politischen Geschehnisse und der sozialen Entwicklung, seiner Arbeit, aber auch seinem Liebesleben berichtet – und mit einem Mal erscheint Vieles, was sich aus der auktorialen Erzählperspektive als vernünftig und gerecht ausgenommen hat, nur noch als repressiv.[39] Die Verwirklichung der ethischen Ideale und Werte, als die sich die klassische Utopie (die Uchronie eingeschlossen) dargestellt hat, entpuppt sich im Gefolge dieses Perspektivwechsels als pure Freiheitsberaubung. Dieser Perspektivwechsel ist bei Richter noch nicht in der Konsequenz vollzogen, wie dies dann bei Samjatin, Huxley und Orwell der Fall sein wird, die als die drei großen Repräsentanten der Antiutopie des 20. Jahrhunderts gelten, aber alle Elemente dessen sind in Ansätzen bereits vorhanden. In der Regel wird Richters Buch, von dem mehrere Hunderttausend Exemplare verkauft wurden, jedoch noch nicht als Antiutopie, sondern als Utopiekritik oder Utopiesatire bezeichnet.

Ein anderer Vorläufer der Antiutopien ist H. G. Wells' 1895 erschienener Roman *Time Machine*.[40] Der Zeitreisende kommt hier in eine Gesellschaft von Blumenkindern, die ein auf den ersten Blick sorgloses Leben in Spiel und Tanz führen. Alle Arbeiten werden von den unter Tage hausenden Morlocks ausgeführt. Aber des Nachts, wenn die Blumenkinder schlafen, kommen die Morlocks und holen sich einige von ihnen, um sie zu verspeisen. Die Dinge sind nicht so, wie sie auf den ersten Blick erscheinen: Die glücklichen, weil grundnaiven und extrem vergesslichen Blumenkinder sind bloß der «Fleischvorrat», den sich die Morlocks halten, um ihre harte Arbeit erledigen zu können. Wells charakterisiert den Traum vom ewigen Müßiggang nach der Befreiung von Arbeit als gefährliche Selbsttäuschung: Die Macht wandert bloß aus zu denen, die jetzt die Arbeit tun. Das «ewige Gesetz» von Fressen und Gefressenwerden kann nicht aufgehoben werden.

Die erste große Antiutopie ist Jewgenij Samjatins *Wir*, 1920/21 geschrieben und wegen des Publikationsverbots in der Sowjetunion erst 1924 im Westen veröffentlicht.[41] Man kann darin eine erste Kritik an der bolschewistischen Transformation der Gesellschaft sehen. Kritisch dargestellt werden die Formen der Konformitätserzwingung, die bei den permanenten Paraden, der Bewegung der Menschen im Gleichschritt und der Beschallung der Straßen und Plätze mit Marschmusik beginnt und bei der chirurgischen Entfernung der Phantasie als Zentrum des Widerspruchs und Widerstands im Menschen endet. Die Kinder, kaum geboren, werden dem Staat übergeben, jeder hat das Recht auf eine Stunde Sexualverkehr pro Woche mit einem/einer Partner/in, der/die ihm vom Staat zugewiesen wird. Familien gibt es keine mehr, der Prozess der Individualisierung ist zur äußersten Vereinzelung vorangetrieben, was die Herrschaft des Staates in jeder Hinsicht sicherstellt. Liebe und Zuneigung sind nicht vorgesehen, und genau sie werden in der Erzählung zum Ausgangspunkt von Widerstand und Rebellion, die jedoch niedergeschlagen werden.

Aldous Huxley hat in *Brave New World*, 1932 erschienen,[42] die Antiutopie der kapitalistischen Konsumgesellschaft geschrieben: Nicht durch Disziplinierung, harte Arbeit und radikale Egalität, wie bei Samjatin, wird hier Konformität erzwungen, sondern durch ein Überangebot an Lust und Vergnügen, das die Menschen sediert und beherrschbar macht. Das Streben nach Freiheit wird in einer Hypertrophie des Glücks erstickt, wobei dieses Glück vor allem im kostenlosen Zugang zu Drogen (Soma) besteht; alle tieferen menschlichen Bindungen und Verpflichtungen sind in promiskuitiver Unverbindlichkeit verschwunden. Sexualität ist grundsätzlich von Fortpflanzung getrennt, da die Nachkommenschaft in Laboren geklont wird, wodurch die Züchtung sehr unterschiedlicher Menschentypen möglich wurde. Das Differenzierungskriterium der von Alpha bis Epsilon klassifizierten Menschentypen ist der Intelligenzquotient. Indem den hochintelligenten Alphas die kretinähnlichen Epsilons gegenüberstehen, konnte eine bis dahin unvorstellbare Ruhe und Stabilität in die Gesellschaft hineingebracht werden, denn auch und gerade die Unteren sind mit ihrer Stellung und Tätigkeit zufrieden und wollen diese nicht verändern. Aber auch hier wird, wie bei Samjatin, die nicht vorgesehene Entwicklung einer Liebesbeziehung zum Beginn von Unzufriedenheit und Widerstand, und es stellt sich heraus, dass das gefährliche und harte Leben in der «Wildnis» als dem Außen der «Schönen neuen Welt» das Refugium nicht nur der Freiheit, sondern auch des wahren Glücks ist.

Mit *1984* hat George Orwell die wohl bekannteste Antiutopie des 20. Jahrhunderts geschrieben.[43] Hat Huxley Glückshypertrophie und sexuellen Dauerstress als Domestikationsmechanismen in den Mittelpunkt gestellt, so herrschen in Orwells Horrorgemälde einer totalen Kontrolle des Menschen eher puritanische Verhältnisse. Es gibt eine von der Parteispitze geförderte «Liga gegen die Sexualität», das Ideal der Parteimitglieder ist das Zölibat, und Geschlechtsverkehr kann allenfalls zu Zwecken der Fortpflanzung gebilligt werden. Von der Parteispitze heißt es, sie arbeite fieberhaft an der Abschaffung des Orgasmus.[44] Mehr noch geht es in *1984* um die Gedankenkontrolle, die den Zugriff der Intellektuellen auf die Massen vervollständigt. Symbol der Intellektuellen, die alles wissen und alles sehen, ist der «große Bruder». Um seine Herrschaft dauerhaft zu machen, müssen alle Elemente des Selbstwiderspruchs und alle Indikatoren des Irrtums getilgt werden, und deswegen ist der Erzähler damit beschäftigt, frühere Zeitungen so umzuschreiben, dass sie der jeweils geltenden Parteilinie entsprechen. Orwell nahm damit Bezug auf die sowjetische Praxis des Retouchierens historischer Bilder, aus denen in Ungnade gefallene politische Führer wie etwa Leo Trotzki entfernt wurden, um jede Spur von ihnen zu tilgen.[45] Dieses gut dokumentierte Vorgehen ist in *1984* ins Gigantische gesteigert; eigentlich ist die gesamte Administration mit der Fälschung der Akten und Dokumente beschäftigt.

Das 20. Jahrhundert ist beherrscht von der Antiutopie bzw. Dystopie. Große utopische Entwürfe, wie sie seit Thomas Morus bis weit ins 19. Jahrhundert an der Tagesordnung waren, hat es – sieht man einmal ab von den Utopien, die in der frühen Sowjetunion entstanden sind[46] – nicht mehr gegeben. Einerseits hat die «Verwirklichung der großen Utopie», also der Aufbau einer kommunistischen Gesellschaft in der UdSSR, alle diesbezüglichen Potenziale auf sich gezogen. Andererseits hat sich die Utopie auf die Organisation kommunitärer und lebensreformerischer Projekte zurückgezogen, an denen die Beteiligung freiwillig war und aus denen man sich auch wieder verabschieden konnte. Von den Aussteigerprojekten des frühen 20. Jahrhunderts, wie dem Monte Verità, bis zu den Kommunen der westeuropäisch-nordamerikanischen Studentenbewegung und den anschließenden Aussteigerkulturen mit und ohne religiösen Anspruch zieht sich eine breite Spur gelebter Utopie.[47] Mit Ausnahme der zionistischen Kibbuzim[48] haben diese Utopien jedoch nur selten weiterreichende politische Ansprüche erhoben, sondern sich als Orte des Rückzugs verstanden. Eine der wenigen Ausnahmen ist Ernest Callenbachs *Ökotopia*, eine Rückkehr zur Raumutopie und

Abkehr von Fortschrittsvorstellungen: Kalifornien hat sich von den USA unabhängig gemacht und ist zu einem feministisch-ökologischen Staat geworden.[49] Mit dem Ende von Großorganisationen ist eine Rückkehr zur Naturreligion, hier indianischer Provenienz, verbunden, in der die Abkehr vom Projekt der Naturbeherrschung und die neue Harmonie von Mensch und Natur ihren Ausdruck findet. Grundlage von Ökotopia ist ein Antiurbanismus, der sich im Rückbau von San Francisco zeigt. Gleichzeitig sind Arbeit und Freizeit nicht mehr zu unterscheiden. Callenbachs Utopie ist durch den Freudianismus Herbert Marcuses inspiriert, in dem ein weitgehender Konsumverzicht – erhöhter Konsum wird als Kompensation von Frustration begriffen – durch Kreativität und ein höheres Maß an sexueller Befriedigung kompensiert wird.[50] Callenbachs *Ökotopia* ist die Utopie der «Neuen Linken» der 1960er/70er Jahre.

### Die philosophisch-sozialwissenschaftliche Debatte über die Utopie

Als die Produktion großer utopischer Texte allmählich versiegte, setzte eine breite Debatte über Wesen und Nutzen von Utopien ein. Oscar Wilde gab dazu den Startschuss, als er schrieb: «Eine Landkarte der Erde, die nicht auch Utopia zeigt, ist keinen einzigen Blick wert, denn auf ihr fehlt jenes eine Land, auf dem die Menschheit immer landet. Und wenn die Menschheit dort angelangt ist, blickt sie sich um, sieht ein noch schöneres Land und setzt wieder die Segel.»[51] Wilde hat die Utopie als das Antriebsmoment eines evolutiven Prozesses begriffen, dabei aber das Risiko eines utopischen Scheiterns oder gar das einer Utopie-Realisierung als Katastrophe ausgeschlossen. Über Letztere hat sich nach dem Zusammenbruch der Sowjetunion und der Hinwendung der chinesischen Führung zu kapitalistischen Wirtschaftsformen eine heftige Debatte entwickelt, bei der nicht nur der Fehlschlag des utopischen Projekts konstatiert, sondern auch dessen Kosten, insbesondere die Millionen Toten des Hungers und der Entbehrung, aber auch der politischen «Säuberungen», aufgerechnet wurden.[52] Die dezidierte Gegenposition zu Oscar Wilde lautete, dass die Menschheit vorerst genug habe von der Utopie und sich vorsehen werde, noch einmal ein derart riskantes Projekt zu verfolgen.[53]

Eine Wilde ähnliche, aber nicht identische Position hat Ernst Bloch vertreten, indem er das Utopische als zum Wesen des Menschen gehörig begriff.[54] Damit hat er sich in ein Spannungsverhältnis zum Marxismus begeben, insofern dieser zwar der politische Träger der Utopie sei, dies aber, wenn er Engels' Diktum von der Verwandlung der Utopie in Wissenschaft folge, nicht wahrhaben wolle. Demgemäß hat Bloch zwischen einem Kälte- und einem Wärmestrom im Marxismus unterschieden und sein eigenes Interesse ausschließlich Letzterem zugewandt. Dabei wollte er die Utopie als *docta spes*, belehrte Hoffnung, von bloßem *wishful thinking* unterschieden wissen, und diese Unterscheidung begründete er damit, die Utopie sei eine «Antizipation des Noch-Nicht-Seienden». So hat Bloch, nachdem er im *Prinzip Hoffnung* die Fülle aller Antizipationen des Möglichen, aber noch nicht Seienden durchgearbeitet hatte, in einer späteren Phase seiner philosophischen Entwicklung eine Ontologie der Prozessmaterie im Sinne der Spinoza'schen *natura naturans* entwickelt,[55] um eine Korrespondenz zwischen Bewusstsein und materiellem Prozess herzustellen. Der Leitsatz dieser «Philosophie des Utopischen» lautet: «Ich bin. Aber ich habe mich nicht. Also werden wir erst.»[56]

Die Identifizierung des Utopischen im Religiösen, die sich auch bei Ernst Bloch findet, ist von Martin Buber einer systematischen Reflexion unterzogen worden.[57] Gegen eine strikte Unterscheidung zwischen Eschatologie als «Gotteswerk» und Utopie als «Menschenwerk» hat Buber die Unterscheidung zwischen einer apokalyptischen und einer prophetischen Eschatologie gestellt. Während der Mensch bei Ersterer nur Objekt und bestenfalls Zuschauer des Geschehens sei, werde er bei Letzterer zum Vorbereiter des Eschaton, der Ankunft des Messias: Er bereite dem Herrn den Weg. Utopie ist für Buber «die Sehnsucht nach dem Rechten», die aus dem Leiden am Sinnwidrigen in der Welt erwächst. Diese Sehnsucht könne sowohl religiös als auch philosophisch entwickelt werden. Im Gegensatz dazu hat Lewis Mumford die Regression und nicht die Antizipation als das Wesen der Utopie bezeichnet.[58] Utopien entstünden in gesellschaftlichen Sinnkrisen, die Ausdruck der Erschöpfung von

Entwicklungspotenzialen seien; sie seien kein Vorgriff in die Zukunft, sondern Sehnsucht nach dem Vergangenen. Die Utopie ist für Mumford ein Ausdruck von Enttäuschung und Resignation. Hippodamos von Milet und Platon hätten die Bedeutung von Unordnung, Widerstreit und Spannung für die Funktionsfähigkeit eines Gemeinwesens unterschätzt, ja, Platon habe die Produktivität des Konflikts überhaupt nicht begriffen.[59] Die Utopie sei repressiv im Sinne eines Rückzugs in unterkomplexe Muster der Sozialorganisation.

Auch Karl Mannheim, einer der Begründer der Wissenssoziologie in Deutschland, hat sich nicht mit der Klassifikation des Utopischen als allgemeinmenschlichem Bedürfnis begnügt, sondern nach den sozialen Konflikten und ihren Trägern gefragt, in denen utopisches Bewusstsein in Erscheinung tritt.[60] Dabei hat er das utopische gegen ein ideologisches Bewusstsein abgesetzt: Ersteres sei wirklichkeitstranszendent und auf revolutionäre Veränderung drängend, Letzteres hingegen transzendiere zwar ebenfalls die Wirklichkeit, aber nur, um sie zu bewahren und zu verteidigen. Als Gegensatz zu beiden Wissensformationen sieht Mannheim ein seins- oder wirklichkeitskongruentes Wissen, das in der Wissenschaft vorherrsche. Für Mannheim kann schon aus wissenssystematischen Gründen die Utopie nie zur Wirklichkeit werden, aber sie ist die Voraussetzung für deren revolutionäre Veränderung, und darin ist sie ein Widerpart der Ideologie.

1 Als Darstellungen der Geschichte des utopischen Denken vgl. Klaus H. Börner, *Auf der Suche nach dem irdischen Paradies. Zur Ikonographie der geographischen Utopie*, Frankfurt am Main 1984; Marie Louise Berneri, *Reise durch Utopia*, Berlin 1982; Miriam Eliav-Feldon, *Realistic Utopias. The Ideal Imaginary Societies of the Renaissance 1516–1630*, Oxford 1982; Krishan Kumar, *Utopia and Anti-Utopia in Modern Times*, Oxford 1987; Frank und Fritzie Manuel, *Utopian Thought in the Western World*, Oxford 1979; Richard Saage, *Politische Utopien der Neuzeit*, Darmstadt 1991; ders., *Utopieforschung. Eine Bilanz*, Darmstadt 1997; Franco Venturi, *Utopia and Reform in the Enlightenment*, Cambridge 1971.

2 Zur politischen Eschatologie bei den Juden und im frühen Christentum vgl. Ton Veerkamp, *Die Welt anders. Politische Geschichte der Großen Erzählung*, Berlin 2012, S. 231 ff. und 253 ff.

3 Zur Verbindung von Endzeitvorstellungen mit Heilserwartungen und

deren vermehrtem Auftreten in politischen und sozialen Umbruchsphasen vgl. Jacob Taubes, *Abendländische Eschatologie*, München 1991; Norman Cohn, *Die Erwartung der Endzeit. Vom Ursprung der Apokalypse*, Frankfurt am Main/Leipzig 1997; Michael Ebertz/Reinhold Zwick (Hgg.), *Jüngste Tage. Die Gegenwart der Apokalyptik*, Freiburg/Basel/Wien 1999.

4 Es gibt zahlreiche deutsche Ausgaben der *Utopia*; aus politikwissenschaftlicher Sicht zu empfehlen ist Thomas Morus, *Utopia*, übersetzt von Gerhard Ritter. Mit einer Einleitung von Hermann Oncken (1922), Darmstadt 1979. Die antibritischen Invektiven in Onckens Einleitung gehören zum Verarbeitungsprozess der deutschen Niederlage im Ersten Weltkrieg und zeigen eine nichtutopische Nutzung utopischer Texte. Zu Morus' Vita und Werk vgl. Richard Marius, *Thomas Morus*, Zürich 1987; zur frühneuzeitlichen Utopie vgl. Richard Saage, *Utopische Profile. Renaissance und Reformation*, Münster u.a. 2001.

5 Vgl. Karl Reichert, «Utopie und Staatsroman. Ein Forschungsbericht», in: *Deutsche Vierteljahresschrift für Literaturwissenschaft und Geistesgeschichte*, Bd. 39, 1965, S. 259–287.

6 Karl Marx, *Das Kapital. Kritik der politischen Ökonomie*, Bd. 1, Kap. 24, (= Marx-Engels-Werke, Bd. 23), Berlin 1977, S. 741–791, insbes. S. 744 ff.

7 Morus, *Utopia*, S. 17.

8 Aristoteles, *Politik*, übersetzt und hrsg. von Olof Gigon, Zürich und München 1971, 1263b 22–40.

9 Zum Zusammenhang von Losverfahren und Egalität vgl. Hubertus Buchstein, *Demokratie und Lotterie. Das Los als politisches Entscheidungsinstrument von der Antike bis zur EU*, Frankfurt/New York 2009.

10 Eine deutsche Übersetzung des «Sonnenstaates» findet sich in: *Der utopische Staat*, übersetzt und hrsg. von Klaus. J. Heinisch, Reinbek b. Hamburg 1960, S. 111–169; zu Campanella und seinem Werk vgl. Gisela Bock, *Thomas Campanella. Politisches Interesse und philosophische Spekulation*, Tübingen 1974.

11 Das ist vom Mann und nicht von der Frau her gedacht; es spricht dagegen, dass es Campanella um die Gleichstellung von Mann und Frau gegangen sei, wie gelegentlich zu lesen ist.

12 Bacons *Nova Atlantis* ist in mehreren deutschen Übersetzungen greifbar, u.a. in *Der utopische Staat*, übersetzt und hrsg. von Klaus J. Heinisch, Reinbek b. Hamburg 1960, S. 119–166, sowie in der Reclam-Ausgabe *Neu-Atlantis*, Stuttgart 1982; zu Bacons Vita und Werk vgl. Wolfgang Krohn, *Francis Bacon*, München 1987, sowie Brian Vickers, *Francis Bacon*, Berlin 1988.

13 Die Frage, ob Bacon Vertreter einer säkularisierten Moderne oder dem religiösen Wissen der christlichen Gesellschaft verpflichtet gewesen sei und den Fortschritt der Wissenschaften als providentiellen Akt begriffen habe, ist von Hans Blumenberg (*Die Legitimität der Neuzeit*, Frankfurt am Main 1966, S. 383 ff.) und Charles Whitney (*Francis Bacon and Modernity*, Yale 1986; dt. 1989) kontrovers beantwortet worden.

14 Zum Atlantismythos in Platons *Timaios* und dessen Rezeption von Annius da Viterbo bis zu den Nationalsozialisten vgl. Pierre Vidal-Naquet, *Athen, Sparta, Atlantis. Die griechische Demokratie von außen gesehen*,

München 1993, S. 61–94, sowie Martin Freska, *Das verlorene Atlantis*, Tübingen 1997.

15 Alexander Demandt, *Der Idealstaat. Die politischen Theorien der Antike*, Köln/Weimar/Wien 1993, legt seiner Darstellung einen weiten Begriff des Idealstaats zugrunde, der von Platons *Politeia* über das hellenistische Herrscherideal und die römische Mischverfassung bis zur «Politik in Fabeln» reicht. Wenig Interesse an der Unterscheidung von Idealstaat und Utopie zeigt auch Helmut Flashar, *Formen utopischen Denkens bei den Griechen*, Innsbruck 1974.

16 Zur Einwirkung von Paradiesvorstellungen auf die utopische Literatur vgl. Herfried Münkler, «Paradies und Utopie in der Geschichte des politischen Denkens», in: Hubertus Buchstein/Rainer Schmalz-Bruns (Hgg.), *Politik der Integration. Festschrift für Gerhard Göhler*, Baden-Baden 2006, S. 55–72; im Zwischenbereich von Paradies und Utopie ist auch die Vorstellung vom Schlaraffenland angesiedelt; vgl. Dieter Richter, *Schlaraffenland. Geschichte einer populären Phantasie*, Köln 1984.

17 Das *Automaton*motiv hat in der Geschichte des utopischen Denkens neben der Effektivierung der Arbeitsprozesse eine wichtige Rolle gespielt. In Aristoteles' *Politik* (1253b 32–40) findet es sich im Irrealis: «Wenn nämlich jedes einzelne Werkzeug auf einen Befehl hin, oder einen solchen schon im Voraus ahnend, seine Aufgabe erfüllen könnte, wie man das von den Standbildern des Daidalos oder den Dreifüßen des Hephaistos erzählt, von denen der Dichter sagt, sie seien von selbst zur Versammlung der Götter erschienen, wenn also auch das Weberschiffchen so webte und das Plektron die Kithara schlüge, dann bedürften weder die Baumeister der Gehilfen noch die Herren der Sklaven.» Unter Bezug auf diese Passage hat Marx im *Kapital* (Marx-Engels-Werke, Bd. 23, S. 430) die antiutopische Seite von Maschinisierung und Automation aufgezeigt, und zwar in Gestalt des «ökonomischen Paradoxons, daß das gewaltigste Mittel zur Verkürzung der Arbeitszeit in das unfehlbarste Mittel umschlägt, alle Lebenszeit des Arbeiters und seiner Familie in disponible Arbeitszeit für die Verwertung des Kapitals zu verwandeln». Entgegen der aristotelischen Erwartung, so Marx, führe die Automatisierung der Produktion nicht von selbst zur Beseitigung von Ausbeutung und Unterdrückung. In den Vorarbeiten zur Kritik der politischen Ökonomie freilich hat sich Marx im Anschluss an Aristoteles' Überlegungen zur Automation mit dem Gedanken eines Verschwindens der Arbeit und ihrer Verwandlung «in einen wissenschaftlichen Prozeß» auseinandergesetzt, «der die Naturgewalten seinem Dienst unterwirft und sie im Dienst der menschlichen Bedürfnisse wirken läßt» (Marx, *Grundrisse der Kritik der politischen Ökonomie*, S. 588). Eine sorgfältige Auseinandersetzung mit diesen Fragen findet sich bei Jürgen Habermas, *Erkenntnis und Interesse*, Frankfurt am Main 1970, S. 65–80.

18 Dazu Reinhold Bichler, «Zur historischen Beurteilung der griechischen Staatsutopie», in: *Grazer Beiträge. Zeitschrift für klassische Altertumswissenschaft*, Bd. 11, 1984, S. 179–206.

19 Aristoteles, *Politik*, 1266a 39 – 1286b 34.

20 Hierzu Helen Rosenau, *The Ideal City. Its Architectural Evolution*, London 1959; Hanno-Walter Kruft, *Städte in Utopia. Die Idealstadt vom*

*15. bis zum 18. Jahrhundert*, München 1989; Ruth Eaton, *Die ideale Stadt. Von der Antike bis zur Gegenwart*, Berlin 2001. Zahlreiche Stadtbeschreibungen finden sich auch in Wolfgang Behringer/Bernd Roeck, (Hgg.), *Das Bild der Stadt in der Neuzeit*, München 1999.

21 Dazu Kruft, *Städte in Utopia*, S. 20 ff.

22 Vgl. Simon Pepper und Nicholas Adams, *Firearms and Fortifications. Military Architecture and Siege Warfare in Sixteenth-Century Siena*, Chicago 1986.

23 Vgl. Gerrit Confurius, *Sabbioneta oder die schöne Kunst der Stadtgründung*, München/Wien 1984.

24 Einige dieser Städte sind bei Kruft, *Städte in Utopia,* beschrieben.

25 Aristoteles, *Politik*, 1263b 22–40; 1267b 1–4.

26 Hierzu und zum Folgenden vor allem Joachim Meißner, *Mythos Südsee. Das Bild von der Südsee im Europa des 18. Jahrhunderts*, Hildesheim 2006, sowie Klaus H. Börner, *Auf der Suche nach dem irdischen Paradies*, S. 121 ff.

27 Andreaes *Christianopolis* (1619; Stuttgart 1975) und Schnabels *Insel Felsenburg* (1731–1743, Frankfurt am Main 1988) sind die wichtigsten deutschsprachigen Beiträge zur frühneuzeitlichen Utopie.

28 Zu dessen Einordnung in das französische politische Denken des 18. Jahrhunderts vgl. Iring Fetscher, «Politisches Denken im Frankreich des 18. Jahrhunderts», in: ders./Münkler (Hrgg.), *Pipers Handbuch der politischen Ideen*, Bd. 3, München 1985, S. 525 f.; ebenso Richard Saage, *Utopische Profile II: Aufklärung und Absolutismus*, Münster 2002, S. 153 ff.

29 Alfred Doren, «Wunschträume und Wunschzeiten», in: *Vorträge der Bibliothek Warburg 1924–1925*, Leipzig 1927, S. 158–207.

30 Reinhart Koselleck, «Die Verzeitlichung der Utopie», in: Wilhelm Voßkamp (Hg.), *Utopieforschung*, Bd. 3, Frankfurt am Main 1985, S. 1–14.

31 Kai-Uwe Hellmann/Arne Klein (Hgg.), *«Unendliche Weiten …». Star Trek zwischen Unterhaltung und Utopie*, Frankfurt am Main 1997.

32 Louis Sébastian Mercier, *Mein Bild von Paris*, Frankfurt am Main 1976.

33 Louis Sébastian Mercier: *Das Jahr 2440*, hrsg. von Herbert Jaumann, Frankfurt am Main 1982.

34 Vgl. R. Martinus Emge, *Saint-Simon*, München/Wien 1987.

35 Dazu Ignacio Sotelo/Ralf Bambach, «Utopie, Frühsozialismus und Sozialreform», in: Fetscher/Münkler (Hgg.), *Pipers Handbuch der politischen Ideen*, Bd. 4, München 1986, S. 369–413.

36 Edward Bellamy, *Rückblick aus dem Jahr 2000 auf 1887*, hrsg. von Wolfgang Biesterfeld, Stuttgart 1983; vgl. Richard Saage, *Utopische Profile III. Industrielle Revolution und technischer Staat*, Münster 2002, S. 135 ff., ebenso Krishan Kumar, *Utopia and Anti-Utopia in Modern Times*, S. 132–167.

37 William Morris, *Kunde vom Nirgendwo*. Ein utopischer Roman, hrsg. von Wilhelm Liebknecht, Stuttgart 1914; vgl. Saage, *Utopische Profile III*, S. 157 ff.

38 Eugen Richter, *Sozialdemokratische Zukunftsbilder*, Berlin 1907.

39 Der Romanist Erich Auerbach hat in seinem Buch *Mimesis. Dargestellte Wirklichkeit in der abendländischen Literatur*, Bern 1946, die sprachliche, insbesondere die syntaktische Konstruktion unterschiedlicher

Wirklichkeiten untersucht. Die implizite Beurteilung des Wirklichen hängt danach an der Syntax des Erzählers.

40 Herbert George Wells, *Die Zeitmaschine*, München 1980.

41 Jewgenij Samjatin, *Wir*, Zürich 1977; hierzu und zum folgenden Richard Saage, *Utopische Profile IV: Widersprüche und Synthese*, Münster 2003, S. 97ff.

42 Aldous Huxley, *Schöne neue Welt*, Frankfurt am Main 1985.

43 George Orwell, *1984*, Frankfurt am Main 1984.

44 Orwell hat hier bestimmte Formen des sozialistischen Asketismus im Auge, die sich als Selbstimmunisierung gegenüber dem kapitalistischen Markt verstanden. In diesem Sinne hat Beatrice Webb Asketentum als Widerstand gegen die kapitalistische Dekadenz verstanden; dazu Thomas Noetzel, *Die Faszination des Verrats*, Hamburg 1989.

45 Dazu Alain Jaubert, *Le Commissariat aux Archives. Les photos qui falsifient l'histoire*, Paris 1986.

46 Vgl. Thomas Möbius, *Russische Sozialutopien von Peter I. bis Stalin. Historische Konstellationen und Bezüge*, Berlin 2015.

47 Dazu Karl-Ludwig Schibel, *Das alte Recht auf die neue Gesellschaft. Zur Sozialgeschichte der Kommune seit dem Mittelalter*, Frankfurt am Main 1985, sowie Hans-Jürgen Goertz (Hg.), *Alles gehört allen. Das Experiment Gütergemeinschaft vom 16. Jahrhundert bis heute*, München 1986.

48 Dazu Mathias Lindenau, *Requiem auf einen Traum. Transformation und Zukunft der Kibbuzim in der israelischen Gesellschaft*, Berlin 2007.

49 Ernest Callenbach, *Ökotopia*, Berlin 1982.

50 Vgl. Herbert Marcuse, *Triebstruktur und Gesellschaft* [1955], Frankfurt am Main 1967, sowie ders., *Der eindimensionale Mensch* [1964], Neuwied/Berlin 1967.

51 Oscar Wilde, «Die Seele des Menschen unter dem Sozialismus», in: *Essays II*, hrsg. von Norbert Kohl, Frankfurt am Main 1982, S. 211–252.

52 Stéphane Courtois u.a., *Das Schwarzbuch des Kommunismus. Unterdrückung, Verbrechen und Terror*, München/Zürich 1998.

53 Der Protagonist dieser Sicht war Joachim Fest in dem Essay *Der zerstörte Traum. Vom Ende des utopischen Zeitalters*, Berlin 1991.

54 Ernst Bloch, *Das Prinzip Hoffnung*, 3 Bde., Frankfurt am Main 1959; dazu Burghardt Schmidt (Hg.), *Materialien zu Ernst Blochs «Prinzip Hoffnung»*, Frankfurt am Main 1978.

55 Ernst Bloch, *Experimentum Mundi. Frage, Kategorien des Herausbringens, Praxis*, Frankfurt am Main 1975.

56 Ders., *Tübinger Einleitung in die Philosophie*, Frankfurt am Main 1963, Bd. 1, S. 11.

57 Martin Buber, *Pfade in Utopia. Über Gemeinschaft und deren Verwirklichung*, Darmstadt 1985.

58 Lewis Mumford, «Utopia, the City, and the Machine», in: *Daedalus*, Nr. 94, 1965, S. 271–292.

59 Die Konflikttheoretiker haben dieser Diagnose Mumfords zugestimmt, am dezidiertesten Ralf Dahrendorf in *Pfade aus Utopia*, München 1974.

60 Karl Mannheim, *Ideologie und Utopie* (1929), Frankfurt am Main [7]1985.

**Weiterführende Literatur:**

Kumar, Krishan: *Utopia and Anti-Utopia in Modern Times*, Oxford 1987.
Manuel, Frank und Fritzie: *Utopian Thought in the Western World*, Oxford 1979.
Saage, Richard: *Utopische Profile*, Bde. 1–4, Münster 2000–2003.
Ders.: *Utopieforschung. Eine Bilanz*, Darmstadt 1997.
Schölderle, Thomas (Hg.): *Idealstaat oder Gedankenexperiment? Zum Staatsverständnis in den klassischen Utopien*, Baden-Baden 2014.
Seibt, Ferdinand: *Utopica. Zukunftsvisionen aus der Vergangenheit*, Düsseldorf 1972.

## Kapitel 10
## REBELLION UND REVOLUTION

Die im Frühjahr 2011 in kurzen Abständen aufeinander folgenden Aufstände in der arabischen Welt, ihr unterschiedlicher Verlauf und die nach wie vor offene Frage, zu welchen Ergebnissen sie auf mittlere Sicht führen werden, ist eine neuerliche Herausforderung für die politiktheoretisch angelegte Revolutionsphänomenologie. Zunächst nämlich wurde der Aufstand in der arabischen Welt in Analogie zu den «friedlichen Revolutionen» in Mitteleuropa im Herbst 1989 beschrieben, wo nach anfänglichem Widerstand die autoritären Regime schnell zusammenbrachen und eine Stimmung des Neuanfangs entstand, aus der heraus man eine rechtsstaatliche Ordnung politisch partizipierender Bürger schaffen wollte. Aber eine solche Entwicklung kam nur in Tunesien in Gang, während in Libyen und Syrien die Aufstände zu Bürgerkriegen wurden und in Ägypten nach kurzer Zeit das Militär die Macht übernahm. Auch zeigte sich, dass eine Revolution in der arabischen Welt nicht auf die politische Ordnung zu beschränken war, sondern in sie sehr bald die dramatischen sozialen Probleme dieses Raumes einflossen.

Eine Antwort auf die Frage, wie diese Probleme bearbeitet werden können, blieb vorerst zwar offen, aber dass sich der Umsturz nicht auf eine Veränderung der politischen Ordnung begrenzen lässt, sondern auch die soziale Ordnung erfasst, gehört zu den Lektionen, auf die eine analytisch gehaltvolle Theorie der Revolution reagieren muss. Auch wenn jede Rebellion oder Revolution ihren je eigenen Verlauf nimmt, so lassen sich doch retrospektiv Voraussetzungen und Bedingungen des Gelingens der Revolution markieren, auf deren Grundlage Prognosen über den weiteren Fortgang der Ereignisse angestellt werden können. Die Revolutionsphänomenologie hält einige Modelle bereit, die zumeist aus den Revolutionen der europäischen Geschichte entwickelt worden sind. Das Paradigma dieser Modelle ist und bleibt die Französische Revolution, an deren Verlauf auch die meisten deskriptiven wie präskriptiven Revolutionstheorien orientiert sind. Sie werden ergänzt durch Umsturzmodelle, die häufig ebenfalls mit dem Revolutionsbegriff belegt werden, ohne im strengen Sinn revolutionär zu sein. Die erste Aufgabe der politischen Theorie ist, Ordnung in diese semantische Verwirrung zu bringen und so zu analytischer Klarheit und Prognosesicherheit beizutragen.

## Begriffliche Klärungen: Beschleunigung der Geschichte oder Verteidigung menschlicher Würde

Rebellionen durchziehen die Geschichte seit den Anfängen von Herrschaft. In Rebellionen und Revolten weigern sich die Menschen, das zu tun, was von ihnen erwartet wird oder was man ihnen befohlen hat. Das reicht von bloßer Kooperationsverweigerung bis zu gewaltsamem Widerstand, der sich gegen die repräsentativen Zentren der Macht und, seit der Entstehung von Schrift und Bürokratie, häufig auch gegen das Wissen der Herrschaft, gegen deren Archive und die darin aufbewahrten Akten richtet. Die Revoltierenden wissen zumeist sehr genau, wo die Zentren der Unterdrückung und Ausbeutung sind, aber sehr viel weniger wissen sie, was sie an deren Stelle setzen wollen und wie es nach dem Sturz der vormaligen Herrschaft weitergehen soll. Deswegen führen Rebellionen und Revolten, wenn sie nicht nach wenigen Tagen ergebnislos zusammenbrechen, allenfalls zur Auswechslung des herrschenden Personals, nicht aber zu neuen Formen der gesellschaftlichen und politischen Ordnung. Die von den Revoltierenden erhobenen Forderungen drehen sich fast durchweg um die Wiederherstellung eines früheren, als besser angesehenen Zustands. Rebellionen und Revolten bekommen dadurch häufig einen konservativ-nostalgischen Charakter.[1]

Darin unterscheiden sich Rebellionen und Aufstände von Revolutionen, die nach Hannah Arendt durch «das Pathos des Neubeginns» gekennzeichnet sind: «Nur wo dieses Pathos des Neubeginns vorherrscht und mit Freiheitsvorstellungen verknüpft ist, haben wir das Recht von Revolution zu sprechen. [...] Die Kategorie der Gewalt wie die Kategorie des bloßen Wechsels oder Umsturzes ist für eine Beschreibung des Phänomens der Revolution ganz unzulänglich; nur wo durch Wechsel ein Neuanfang sichtbar wird, nur wo Gewalt gebraucht wird, um eine neue Staatsgewalt zu konstituieren, einen neuen politischen Körper zu gründen, nur wo der Befreiungskampf gegen Unterdrücker die Begründung der Freiheit wenigstens mit intendiert, können wir von einer Revolution im eigentlichen Sinne sprechen.»[2] In der Debatte über Arendts Revolutionsbuch, insbesondere über die darin zentrale Gegenüberstellung von Amerikanischer und Französischer Revolution, ist geltend gemacht worden, Arendt habe den Akzent ausschließlich auf die politische Freiheit gelegt und die soziale Gerechtigkeit als Motiv wie Ziel einer Revolution vernachlässigt. Die Marginalisierung der sozialen Frage ist eine Folge von Arendts scharfer, an der aristotelischen Entgegensetzung von *oikos* und *polis* orientierter Unterscheidung zwischen Politik und Ökonomie, hängt aber auch unmittelbar mit ihrem emphatischen Freiheitsbegriff zusammen, der auf die revolutionäre Generierung von Neuem abstellt: Ein Neubeginn kann sehr viel besser auf Freiheit als auf Gerechtigkeit bezogen werden. Sobald nämlich Gerechtigkeit als normativer Angelpunkt der Revolutionsgeschichte gedacht wird, geht es nicht mehr um den Neuanfang, sondern um eine sich in revolutionären «Sprüngen» vollziehende Fort- und Weiterentwicklung bereits erreichter Standards. Eine gerechtigkeitstheoretisch fundierte Revolutionsbetrachtung hebt auf das Entwicklungsniveau der Gesellschaft und die Pfadabhängigkeit ihrer Geschichte ab, und das «Pathos des Neubeginns» ist ihr fremd. Zwar kann sie mit der Beseitigung von Ungerechtigkeit argumentieren, aber dann nähert sich die Revolution der Revolte an, die bloß einen früheren Zustand wieder herzustellen bestrebt ist.

Karl Marx konnte mit dem «Pathos des Neubeginns» wenig anfangen, umso mehr jedoch mit der Unterscheidung zwischen Rebellion und Revolte auf der einen und Revolutionen auf der anderen Seite, wobei Revolutionen sich Marx zufolge eben wesentlich dadurch auszeichnen, dass in ihnen die sozioökonomischen Strukturen radikal verändert werden. In seiner Schrift *Der achtzehnte Brumaire des Louis Bonaparte* schreibt er über das Verhältnis der sozialistischen Revolution zu den ihr vorangegangenen bürgerlichen Revolutionen in England und Frankreich: Mochten sich die englischen und französischen Revolutionäre als alttestamentarische Propheten oder römische Tribunen «kostümiert» haben, um sich und andere über die Begrenztheit ihrer Zwecke hinwegzutäuschen, so vollbrachten sie doch «in den römischen Kostümen und mit römischen Phrasen die Aufgabe ihrer Zeit, die Entfesselung und Herstellung der modernen bürgerlichen Gesellschaft».[3] Auch wenn, wie Marx postuliert, «die soziale Revolution des neunzehnten Jahrhunderts [...] ihre Poesie nicht aus der Vergangenheit schöpfen [kann], sondern nur aus der Zukunft»,[4] so ist sie doch darauf angewiesen, dass zuvor eine bürgerliche Revolution stattgefunden und die Voraussetzungen für die sozialistische Revolution geschaffen hat. «Die einen schlugen den feudalen Boden in Stücke und mähten die feudalen Köpfe ab, die darauf gewachsen waren. Der andere [Napoleon] schuf im Innern von Frankreich die Bedingungen, worunter erst die freie Konkurrenz entwickelt, das parzellierte Grundeigentum ausgebeutet, die entfesselte industrielle Produktivkraft der Nation verwandt werden konnte, und jenseits der französischen Grenzen fegte er überall die feudalen Gestaltungen weg, soweit es nötig war, um der bürgerlichen Gesellschaft in Frankreich eine entsprechende, zeitgemäße Umgebung auf dem europäischen Kontinent zu verschaffen.»[5]

Nicht die Idee der Freiheit und «das Pathos des Neubeginns» machen in Marx' Sicht das Wesen der Revolution aus, sondern die schrittweise Entfaltung der Produktivkräfte und die in revolutionären Umbrüchen erfolgende Neugestaltung der Produktionsverhältnisse. Die Neu- und Umgestaltung des menschlichen «Stoffwechsels mit der Natur» ist danach der eigentliche Schlüssel zum Verständnis politischer Revolutionen. Dazu mochten die Verkleidungen als Propheten und Tribunen vonnöten gewesen sein, «jene weltgeschichtliche Totenbeschwörung»,[6] die das genaue Gegenteil des Neuanfangs ist, im Kern aber handelte es sich um einen Prozess der «Entzauberung» der Welt,[7] wie ihn Marx und Engels im *Kommunistischen Manifest* beschrieben haben: «Die Bourgeoisie [...] hat die buntscheckigen Feudalbande, die den Menschen an seinen natürlichen Vorgesetzten knüpften, unbarmherzig zerrissen, und kein anderes Band zwischen Mensch und Mensch übrig gelassen, als das nackte Interesse, als die gefühllose ‹baare Zahlung›. Sie hat die heiligen Schauer der frommen Schwärmerei, der ritterlichen Begeisterung, der spießbürgerlichen Wehmuth in dem eiskalten Wasser egoistischer Berechnung ertränkt. Sie hat die persönliche Würde in den Tauschwerth aufgelöst, und an die Stelle der zahllosen verbrieften und wohlerworbenen Freiheiten die Eine gewissenlose Handelsfreiheit gesetzt. Sie hat, mit einem Wort, an die Stelle der mit religiösen und politischen Illusionen verhüllten Ausbeutung die offene, unverschämte, direkte, dürre Ausbeutung gesetzt.»[8]

Die Differenz zwischen Rebellion und Revolution ist also auch für Marx klar benennbar: Während sich Rebellionen und Revolten an den romantischen Illusionen von Frömmigkeit und Ritterlichkeit, römischer Republik und jüdischer Prophetie orientieren und deren Werte gegen ihre schrittweise Erosion zu verteidigen glauben, läuft die bürgerliche Revolution in Wirklichkeit darauf hinaus, diesen Prozess der Entzauberung voranzutreiben. Rebellion und Revolution weisen bei Marx in unterschiedliche Richtungen. Das Pathos der Revolution, das er im ersten Teil des *Kommunistischen Manifests* mit der Bourgeoisie verbindet («Sie schafft sich eine Welt nach ihrem eigenen Bilde»),[9] ist eine dezidierte Absage an die romantisch drapierten Rebellionen und Revolten, die den Entstehungsprozess der bürgerlichen Welt begleitet haben. Marx war weit entfernt von allen Versuchungen, Sozialrebellen ein revolutionäres Potenzial zuzusprechen oder Revolten und Rebellionen zu romantisieren;[10] statt dessen hat er dem gänzlich unsentimentalen Bourgeois die Rolle des Revolutionärs zuerkannt. Das ist das analytische Revolutionsparadox, das im Zentrum der Marx'schen Theorie steht. Die revolutionäre Dimension der Geschichte ist für Marx nicht identisch mit den von den Revolutionären verfolgten Zielen und Absichten. Die Wahrheit der Revolution bleibt den aktiven Revolutionären zumeist verborgen und eröffnet sich erst dem die Entwicklungen analysierenden Geschichtstheoretiker.

Im Hinblick auf Rebellion und Revolte ist noch einmal Bezug zu nehmen auf jene Passage aus dem *Kommunistischen Manifest*, in der davon die Rede ist, die Bourgeoisie habe «die persönliche Würde in den Tauschwert aufgelöst».[11] Die Revolte ist nämlich eine – häufig verzweifelte und politisch aussichtslose – Insistenz auf der persönlichen Würde. Sie beginnt mit der Verweigerung von Unterwerfung und Gehorsam, die als demütigend erfahren werden. In diesem Sinn hat Albert Camus in *L'homme révolté* die Revolte als Selbstvergewisserung des Menschen, als Insistenz auf seiner Menschenwürde verstanden. «Der Mensch ist das einzige Geschöpf, das sich weigert zu sein, was es ist.»[12] Was für Descartes der Zweifel (*dubito, cogito, ergo sum*) im Prozess menschlicher Selbstvergewisserung war, ist für Camus die Revolte. In der Revolte stellt sich der Mensch der Absurdität seiner Existenz entgegen. «Im Augenblick, da er den demütigenden Befehl seines Oberen zurückweist, weist der Sklave auch sein Sklavensein zurück. Die Bewegung der Revolte trägt ihn über den Punkt seiner einfachen Weigerung hinaus. Er überschreitet sogar die Grenze, die er seinem Gegner gezogen, indem er jetzt als Ebenbürtiger behandelt zu werden verlangt. Was zuerst ein unbeugsamer Widerstand des Menschen war, wird nun der ganze Mensch, der sich mit ihm identifiziert und darin erfüllt.»[13]

Camus' Vorstellung von der Revolte ist der Arendt'schen Beschreibung der Revolution bei manchen Unterschieden nicht unähnlich. Auch für Camus geht es um Freiheit und nicht um Gerechtigkeit. «Die Freiheit hat nicht in gleichem Grade zugenommen wie das Bewusstsein, das der Mensch von ihr erlangt hat. Aus dieser Beobachtung kann man nur eines ableiten: die Revolte ist die Tat des unterrichteten Menschen, der das Bewusstsein seiner Rechte besitzt.»[14] Wie Arendt die politische Revolution zu rehabilitieren sucht, indem sie den revolutionären Akt der Stiftung einer neuen politischen Ordnung gegen die soziale Revolution abgrenzt, die den aus ihrer Sicht zum Scheitern verurteilten Versuch unternimmt, das Armutsproblem politisch zu lösen,[15] so sucht Camus die Revolte vor ihrer Vereinnahmung durch die Revolution zu retten. Für ihn besteht die Differenz zwischen Revolte und Revolution darin, dass die Revolte dem Anspruch des Menschen auf Freiheit und Anerkennung Gestalt verleiht, während die Revolution eine an ihren Leitideen orientierte neue Welt erschaffen will. «Deshalb tötet die Revolte Menschen, die Revolution jedoch vernichtet Menschen und Prinzipien.»[16] Solange der Revolutionär ein Revoltierender bleibt, wird er sich, so Camus, schließlich auch gegen die Revolution erheben – ansonsten wird er Polizist oder Beamter und ist damit befasst, die Revolten zu ersticken.[17] Als Beleg dafür dienen Camus der Verlauf der Französischen und der Russischen Revolution.

Im deutschen Wort «Aufstand», das als Synonym für Revolte wie Rebellion verwendet werden kann, kommt die Insistenz auf der eigenen Würde und den damit untrennbar verbundenen Freiheitsrechten zum Ausdruck: Die zuvor mit gekrümmten Rücken Hockenden erheben sich; sie stehen auf, um gerade gehen und stehen zu können. Ein solcher Aufstand kann stattfinden in Formen umfassender Arbeits- und Kooperationsverweigerung (Generalstreik), als Auszug der Unterdrückten und Entrechteten aus Stadt oder Land, wie etwa beim Militärstreik der römischen Plebejer (*secessio plebis*) oder dem Exodus der Juden aus Ägypten, wo sie dem Pharao Frondienste leisten mussten, ebenso aber auch in Gestalt von Massendemonstrationen, in denen das Verbot von «Zusammenrottungen» demonstrativ ignoriert wird. In Frantz Fanons für das politische Selbstverständnis der europäischen Linken so wichtigem Buch *Die Verdammten dieser Erde*, zu dem Jean Paul Sartre ein begeistertes Vorwort geschrieben hat, ist dieser Gedanke einer Rückgewinnung der menschlichen Würde zentral: Nicht der sozio-ökonomische Fortschritt, sondern Selbstachtung und Anerkennung stehen hier im Zentrum.[18] Es ist eine Weigerung, die am Anfang der Revolte steht, aber die Revolte bleibt mitunter nicht bei dieser Weigerung stehen, sondern nimmt weitere Forderungen auf. Dann wird sie zur Revolution. Revolte und Revolution sind insofern nicht nur komplementäre Bezeichnungen des Aufstands, sondern können auch als Begriffe für Etappen dieses Aufstands verwendet werden: was als Revolte beginnt, kann zur Revolution werden.

Die sich zur Revolution steigernde Rebellion ist der radikale Weg, Widerspruch zu artikulieren (wobei die Trennlinie zwischen beiden oft fließend ist und oft erst im Nachhinein beurteilt werden kann, ob es sich um eine Rebellion oder eine Revolution gehandelt hat). Die andere Möglichkeit politischer Konfliktbearbeitung ist die Institutionalisierung von Widerspruch und Weigerung in Gestalt einer Opposition, die als «Reserveregierung» zur Verfügung steht, falls die amtierende Regierung die Unterstützung einer Mehrheit der Bevölkerung verliert. Die parlamentarische Demokratie, wie sie sich in Europa und den USA seit dem 18. Jahrhundert entwickelt hat, kann u.a. als der Versuch beschrieben werden, die periodisch wiederkehrenden Revolten und Rebellionen durch die Institutionalisierung von Opposition überflüssig zu machen bzw. ihnen parlamentarisches Gehör zu verschaffen, bevor sie nur noch mit Gewalt auf sich aufmerksam machen können – jedenfalls lässt sich das aus ideen- und theoriegeschichtlicher Sicht so begreifen, etwa wenn Elitetheoretiker wie Gaetano Mosca, Vilfredo Pareto oder Robert Michels in den oppositionellen Gegeneliten ein Reservoir für die Selbsterneuerung der Machtelite sehen. Während Bertrand de Jouvenel von den «Tricks der Herrschenden» spricht, mit denen diese «den Widerspruch ins System inkorporieren»,[19] hat die republikanische Theoretikerin Hannah Arendt die Qualität und Stabilität demokratischer Gemeinwesen an deren Konfliktbearbeitungskompetenz geknüpft. Aus dieser Perspektive betrachtet, geht Revolutionen ein schleichender Legitimationsverlust der bestehenden politischen Institutionen wie ein Vertrauensverlust in die Problemlösungsfähigkeit politischer Eliten voraus.

Tatsächlich waren viele Rebellionen zunächst Hilferufe unterdrückter und/oder verelendeter Gruppen an eine ignorante Herrschaftselite. Solche Hilferufe sind freilich weniger aus politisch-rechtlichen Erwartungen als aus purer sozialer Not erwachsen. Vor allem nach Missernten und «Teuerungen» kam es immer wieder zu Hungerrevolten, in denen die Aufständischen mit Hilfe von Gewaltakten an die Regierung appellierten, etwas zur Verbesserung ihrer sozialen Lage zu unternehmen. Dieser soziale Typ der Revolte ist freilich nicht durch eine institutionalisierte Opposition zum Verschwinden zu bringen. Die Antwort auf ihn ist nicht die parlamentarische Demokratie mit ihrem Wechselspiel zwischen Regierung und Opposition, sondern der Wohlfahrtsstaat, der dafür sorgt, dass die Menschen nicht in Elend und Not geraten und keinen anderen Ausweg mehr sehen als die Revolte. Beidem, der im Parlamentarismus institutionalisierten Opposition und dem Wohlfahrtsstaat, ist gemeinsam, dass sich ihre Entstehung dem Interesse der Regierenden an der Verhinderung von Revolten verdankt.

## Die Französische Revolution und das ideengeschichtliche Bündnis von Revolution und Fortschritt

Die Geschichte der Revolutionen ist durch das Fachgebiet der politischen Theorie im Wesentlichen als eine europäische Geschichte thematisiert worden; erst im 20. Jahrhundert kam der Blick für Revolutionen außerhalb Europas hinzu, der zumeist mit dem antikolonialen Befreiungskampf verbunden war.[20] In der Regel waren diese antikolonialen Revolutionen durch europäische Ideen und Vorbilder inspiriert. Wie sehr die Idee des Fortschritts dabei eine Verbindung mit der Vorstellung von der Revolution eingegangen ist, zeigt der Begriff der «orientalischen Despotie»,[21] von der angenommen wird, sie sei gegen Revolutionen immun und weise eigentlich nur eine Abfolge von Staatsstreichen auf. Der Staatsstreich[22] ist danach ein Umsturz, der sich innerhalb der herrschenden Schicht oder Klasse vollzieht und bei dem weder «das Volk» noch «neue Ideen» eine Rolle spielen. Die «orientalische Despotie» war und ist eine Formel für die Immunisierung einer sozio-politischen Formation gegen jede Form revolutionären Fortschritts, ein Einfrieren der politischen und sozialen Zeit, das nur von außen aufgebrochen werden konnte. Die britische Spinnmaschine und der Dampfwebstuhl, so Marx, hätten nicht nur die indischen Spinner und Weber hinweggefegt, sondern auch die ökonomischen Grundlagen der Dorfgemeinschaften, jener «halb barbarischen, halb zivilisierten Gemeinwesen» Asiens, zerstört «und so die größte und, die Wahrheit zu sagen, einzige *soziale* Revolution [hervorgerufen], die Asien je gesehen». Diese Dorfgemeinschaften aber, «so harmlos sie auch aussehen mögen», hätten «seit jeher die feste Grundlage des orientalischen Despotismus gebildet». Es war zwar «schnöder Eigennutz» der Engländer, der die Triebfeder bildete, in Indien eine soziale Revolution auszulösen, aber «die Frage ist, ob die Menschheit ihre Bestimmung erfüllen kann ohne radikale Revolutionierung der sozialen Verhältnisse in Asien. Wenn nicht, so war England, welche Verbrechen es begangen haben mag, doch das unbewußte Werkzeug der Geschichte, indem es diese Revolution zuwege brachte.»[23] Die Revolution war danach eine europäische politische «Erfindung», die in Asien erst Platz greifen konnte, nachdem die Macht des Despotismus gebrochen war. Dass dies durch den technologischen Fortschritt in Europa, namentlich in England, geschah, ist die entscheidende Pointe des Marx'schen Textes über die britische Herrschaft in Indien. Abermals vollzieht sich die Revolution hinter dem Rücken der Akteure und gegen deren ausdrückliche Absichten: Das wirklich revolutionäre Geschehen ist nicht in politischen Kämpfen, sondern in grundlegenden Veränderungen der Produktionsbedingungen zu suchen.

Wie sehr die Idee der Revolution als Fortschrittsermöglicher und Fortschrittsbeschleuniger die europäische Politikvorstellung geprägt hat, zeigt sich nicht nur in der marxistischen, sondern auch in der bürgerlich-liberalen Theorie, wenngleich hier das Konzept der grundlegenden Reform, der «Reform an Haupt und Gliedern», das zumeist am Beispiel Preußens zwischen 1807 und 1812 exemplifiziert wird, als «kostengünstige» Alternative zum revolutionären Umsturz in der Reserve gehalten wird.[24] Dabei wird davon ausgegangen, dass die politische Ordnung immer wieder veränderten sozialen und ökonomischen Gegebenheiten angepasst werden muss und dass dort, wo die Chance rechtzeitiger Reformen verpasst worden ist, mit revolutionären Umbrüchen gerechnet werden muss. Die «Normalisierung des Revolutionären» in einer sich immer schneller verändernden Welt zeigt sich auch in der Übertragung des Revolutionsbegriffs auf zivilisatorische bzw. technologische Umbrüche, etwa wenn von der «neolithischen» oder der «Industriellen Revolution» die Rede ist. Der Revolutionsbegriff ist dadurch zur Chiffre für die Beobachtung einer allgemeinen Beschleunigung geworden.[25]

Die Verbindung, die der Revolutionsbegriff mit der Idee des Fortschritts eingegangen ist, ist freilich jüngeren Datums und nicht vor dem 18. Jahrhundert anzutreffen.[26] Die Schlüsselbegriffe der Erneuerung waren bis dahin Reform bzw. Reformation, wobei unterstellt wurde, dass der politische Verband in seinen Anfängen eine höhere Leistungsfähigkeit besessen habe und man zu ihr wieder zurückkehren müsse. Neben der politischen spielte hier die moralische Erneuerung eine zentrale Rolle: Reform/Reformation im Sinne einer Rückkehr zu den Anfängen ist das Gegenkonzept zu dem, was man als Niedergang und Dekadenz bezeichnet. Im Unterschied dazu bleibt der Revolutionsbegriff bis ins 18. Jahrhundert auf die Vorstellung eines Kreislaufs bezogen, bei dem man nach ungeheuren Anstrengungen und großem Blutvergießen wieder in die Ausgangsposition zurückkehrt, ohne einen wirklichen Fort-Schritt gemacht zu haben (→ Kap. *Herrschafts- und Verfassungsformen*). Noch Thomas Hobbes hat in seinem *Behemoth* die Englische Revolution von 1640 bis 1660 als einen solchen Kreislauf beschrieben: «Ich habe in dieser Revolution eine Kreisbewegung der obersten Gewalt über zwei Thronräuber, Vater und Sohn, vom hingeschiedenen König bis zu diesem seinen Sohn, beobachtet. Denn [...] sie bewegte sich von König Karl I. über das Lange Parlament zum Rumpfparlament, vom Rumpfparlament zu Oliver Cromwell und dann von Oliver Cromwell zum Rumpf zurück, von da aus zu dem Langen Parlament und von da zu König Karl II., wo sie lange bleiben möge.»[27] Hobbes' politische Theorie der unbedingten Revolutionsvermeidung hat ihren Grund nicht zuletzt darin, dass die Revolution für ihn ein sinn- und zweckloser Kräfteverschleiß war.

Die Revolution wurde hier als nichts anderes denn eine weitere Umdrehung im Kreislauf der Verfassungsformen begriffen, und diese Umdrehung erfolgte mit der gleichen Regelmäßigkeit und Stupidität wie die kreisförmigen oder elliptischen Bewegungen der Gestirne im Kosmos (→ Kap. *Herrschafts- und Verfassungsformen*). *De revolutionibus orbium coelestium* lautet der Titel von Nicolaus Kopernikus' Hauptwerk. In unübersehbarem Kontrast dazu hat Hegel in seinen *Vorlesungen über die Philosophie der Geschichte* die Französische Revolution folgendermaßen beschrieben: «Solange die Sonne am Firmamente steht und die Planeten um sie herum kreisen, war das nicht gesehen worden, daß der Mensch sich auf den Kopf, d.i. auf den Gedanken stellt und die Wirklichkeit nach diesem erbaut. [...] Es war dies somit ein herrlicher Sonnenaufgang. Alle denkenden Wesen haben diese Epoche mitgefeiert. Eine erhabene Rührung hat in jener Zeit geherrscht, ein Enthusiasmus des Geistes hat die Welt durchschauert, als sei es zur wirklichen Versöhnung des Göttlichen mit der Welt nun erst gekommen.»[28]

Nicht von ungefähr kommt Hegel an dieser Stelle auf die Versöhnung des Göttlichen mit der Welt zu sprechen, befinden sich die denkenden Wesen der Welt doch in einem permanenten Aufruhr gegen die Götter, deren Herrschaft von ihnen als willkürlich und ungerecht bekämpft wird. Der im griechischen Mythos berichtete Aufstand der Giganten, die den Himmel erstürmen und die Göttergeneration des Zeus stürzen wollen, ist der Inbegriff der Revolte gegen eine als willkürlich wahrgenommene Herrschaft (und ihrer Niederschlagung), und es ist kein Zufall, dass Peter Weiss seine *Ästhetik des Widerstands* mit der Darstellung der Gigantomachie im Fries des Pergamonaltars begonnen hat.[29] Die Revolte, so könnte ein weiterer Versuch der begrifflichen Klärung lauten, ist das Aufbegehren der irdischen Wesen gegen die Herrschaft der Götter; die Revolution, wie Hegel sie versteht, ist dagegen die Versöhnung des Göttlichen mit der Welt oder nimmt sich doch als eine solche aus. Die Marx'sche Vorstellung von der «Humanisierung der Natur» und «Naturalisierung des Menschen» nimmt diesen Gedanken auf und gibt ihm eine säkular-ökologische Spitze. [30]

Aber was ist in Hegels Sicht eigentlich das Neue, das mit der Revolution in Frankreich in die Welt gekommen ist? Es sei «der Gedanke, der Begriff des Rechts», gegen den «das alte Gerüst des Unrechts keinen Widerstand leisten» konnte.[31] Mit dem Auftauchen der neuen Rechtsprinzipien verwandelte sich das alte Recht schlagartig in Unrecht. Die ständebezogenen Freiheiten und Privilegien verloren vor dem Gedanken der einen Freiheit und des einen Rechts ihre Legitimität, und von da an war die Ordnung des *Ancien Régime* zum Untergang verurteilt. «Der ganze Zustand Frankreichs in der damaligen Zeit ist ein wüstes Aggregat von Privilegien gegen alle Gedanken und Vernunft überhaupt, ein unsinniger Zustand, womit zugleich die höchste Verdorbenheit der Sitten des Geistes verbunden ist, – ein Reich des Unrechts, welches mit dem beginnenden Bewusstsein desselben schamloses Unrecht wird.»[32] Gegen die Finsternis des *Ancien Régime* erscheint die Revolution wie «ein herrlicher Sonnenaufgang». Am Beispiel der «Lettres de cachet», der versiegelten königlichen Schreiben, die meist der Verhaftung missliebiger Personen dienten, lässt sich dies konkretisieren: Wurden sie früher als Zeichen königlicher Fürsorge gegenüber den Landeskindern angesehen, die vor der Unvernunft einiger Personen geschützt werden mussten, so verwandelten sie sich nunmehr in ein Symbol herrschaftlicher Despotie und trugen erheblich zur Delegitimation des Systems bei.[33] Die Revolution beginnt, wo Fürsorge als Repression begriffen wird: Die als Kinder Behandelten wollen keine Kinder mehr sein. In seiner *Metaphysik der Sitten* hat Kant diese Umorientierung auf den Begriff gebracht: «Eine Regierung, die auf dem Prinzip des Wohlwollens gegen das Volk als eines *Vaters* gegen seine Kinder errichtet wäre, d. i. eine *väterliche Regierung* (imperium paternale), wo also die Untertanen als unmündige Kinder, die nicht unterscheiden können, was ihnen wahrhaftig nützlich oder schädlich ist, sich bloß passiv zu verhalten genötigt sind, um, wie sie glücklich sein sollen, bloß von seiner Gütigkeit zu erwarten: ist der größte denkbare Despotismus (Verfassung, die alle Freiheit der Untertanen, die alsdann gar keine Rechte haben, aufhebt). Nicht eine väterliche, sondern eine vaterländische Regierung (imperium, non paternale, sed patrioticum) ist diejenige, welche allein für Menschen, die der Rechte fähig sind, zugleich in Beziehung auf das Wohlwollen des Beherrschers, gedacht werden kann.»[34]

Immanuel Kant hat die Revolution in Frankreich als ein «Geschichtszeichen» dafür angesehen, dass das Menschengeschlecht in einem beständigen Fortschritt zum Besseren begriffen sei. Dabei ging es ihm nicht um «Taten oder Untaten», sondern um die «Denkungsart der Zuschauer», die ihre Parteinahme auch dann bekundeten, wenn dies für sie mit Nachteilen verbunden war. Die Revolution in Frankreich, so Kant im *Streit der Fakultäten* «findet [...] in den Gemütern aller Zuschauer (die nicht selbst in diesem Spiele mit verwickelt sind) eine Teilnehmung dem Wunsche nach, die nahe an Enthusiasmus grenzt, und deren Äußerung selbst mit Gefahr verbunden war, die also keine andere, als eine moralische Anlage im Menschengeschlecht zur Ursache haben kann».[35] Die Identifizierung dieses «Geschichtszeichens»[36] war für Kant darum so wichtig, weil, wie er kurz zuvor konstatiert hatte, sich über die Richtung der menschlichen Geschichte keine zuverlässigen Aussagen machen ließen. Drei mögliche Bewegungsrichtungen hat Kant unterschieden: «Das menschliche Geschlecht ist entweder im kontinuierlichen *Rückgange* zum Ärgeren, oder im beständigen *Fortgange* zum Besseren in seiner moralischen Bestimmung, oder im ewigen *Stillstande* auf der jetzigen Stufe seines sittlichen Werts unter den Gliedern der Schöpfung (mit welchem die ewige Umdrehung im Kreise um denselben Punkt einerlei ist).»[37]

Diese drei Entwicklungsrichtungen der Menschengeschichte sind auch für die Beurteilung der Revolution relevant: Im ersten Fall ist die Revolution der Versuch, den Abstieg aufzuhalten und zu den Anfängen der Menschengeschichte oder doch des politischen Verbandes zurückzukehren; das Projekt der Revolution ist hier also wesentlich reformatorischer Art, und am Beginn des 16. Jahrhunderts

*Die Revolutionen zwischen 1789 und 1871 (Pariser Commune) hatten dort, wo sie in Straßenkämpfen ausgetragen wurden, die Barrikade zum Symbol: eine eilig aus allerhand Gerätschaften, Wagen und ausgehängten Türen errichtete Straßensperre, die den Aufständischen gegen in die Stadt einrückendes Militär Schutz bieten sollte. Die Barrikade konnte als Ort des Triumphes der Revolution dargestellt werden, wie in Delacroix' berümten Bild «Die Freiheit führt das Volk», aber auch als Ort des Scheiterns, der Vergeblichkeit und der zerstobenen Illusionen, wie auf Alfred Rethels letztem Blatt seines Zyklus «Auch ein Totentanz». Rethels Holzschnitt zeigt im Gegensatz zu Delacroix' Triumphalismus das Scheitern der Revolutionäre in Deutschland. Rethel hat dazu das spätmittelalterliche Motiv des Totentanzes wieder aufgenommen und stellt auf sechs Blättern den Tod als Verführer zum revolutionären Aufstand dar, der auf diese Weise wieder einmal reiche Ernte bekommt. Das hier abgebildete letzte Blatt zeigt ihn, wie er über eine zusammengeschossene Barrikade hinwegreitet. Der Siegerkranz auf seinem Schädel steht dafür, dass er sein Ziel erreicht hat, während ihn ein Sterbender, der sich mit letzter Kraft hochdrückt, verzweifelt anstarrt. Man kann in diesem Sterbenden eine Parodie auf die optimistischen Aufständischen bei Delacroix sehen. Derweilen leckt das Pferd, auf dem der Tod reitet, das Blut eines Gefallenen, um den eine Frau und ihr Kind trauern.*

haben so unterschiedliche Köpfe wie Martin Luther und Niccolò Machiavelli es auch so formuliert: Luther, indem er die christliche Gemeinde zu ihren evangelischen Anfängen zurückführen wollte, Machiavelli, indem er dazu aufrief, die politischen Gemeinwesen immer wieder zu ihren Anfängen zurückzuführen und sich dabei am Vorbild der römischen Republik zu orientieren. Für Kants Frage nach der moralischen Entwicklung dagegen ist diese «Vorstellungsart der Menschengeschichte» vom beständigen Niedergang bloß «moralischer Terrorismus»: «Der Verfall ins Ärgere kann im menschlichen Geschlechte nicht beständig fortwährend sein; denn bei einem gewissen Grade desselben würde es sich selbst aufreiben. Daher beim Anwachsen großer, wie Berge sich auftürmenden Greueltaten und ihnen angemessenem Übel gesagt wird: nun kann es nicht mehr ärger werden: der jüngste Tag ist vor der Tür, und der fromme Schwärmer träumt nun schon von der Wiederbringung aller Dinge und einer erneuerten Welt, nachdem diese im Feuer untergegangen ist.»[38] Diese Geschichtsbetrachtung bleibt politisch folgenlos, denn sie führt entweder zu fatalistischer Ergebenheit oder apokalyptischer Heilserwartung, bei der die Menschen bloße Zuschauer eines göttlichen Geschehens bleiben.

Bei der Kreisbewegung, der zweiten Hypothese Kants über die moralische Entwicklung des Menschengeschlechts, handelt es sich um eine ins Große projizierte Vorstellung dessen, was in der klassischen Politiktheorie als Kreislauf der Verfassungsformen, als permanente *revolutio* der politischen Ordnung gedacht worden ist. Mit Blick auf die antike Vorstellung von der Stadt Abdera, deren Bürger alles, was sie taten, unvernünftig anstellten und es darum vergeblich taten (im deutschen Kulturkreis haben Schilda und die Schildbürger diese Rolle inne), spricht Kant vom «Abderitism». «Diese Meinung möchte wohl die Mehrheit der Stimmen auf ihrer Seite haben. [...] eine leere Geschäftigkeit, das Gute mit dem Bösen durch vorwärts und rückwärts gehen sich abwechseln zu lassen, daß das ganze Spiel des Verkehrs unsrer Gattung mit sich selbst auf diesem Glob als ein bloßes Possenspiel angesehen werden müsste, was ihr keinen größeren Wert in den Augen der Vernunft verschaffen kann, als den die andere Tiergeschlechter haben, die dieses Spiel mit weniger Kosten und ohne Verstandsaufwand treiben.»[39] Das ist die klassische Auffassung von der Revolution als ewigem Kreislauf, und Kant assoziiert diese «geschäftige Torheit» mit der antiken Gestalt des Sisyphos, dessen Fluch darin bestand, einen Stein «bergan zu wälzen, um ihn wieder zurückrollen zu lassen».[40] Mit großer Deutlichkeit tritt hier die Differenz zu Camus' Rehabilitation der Revolte hervor: «Diese Auflehnung», so Camus über die Revolte, «gibt dem Leben seinen

Wert. Erstreckt sie sich über die ganze Dauer einer Existenz, so verleiht sie ihr ihre Größe. Für einen Menschen ohne Scheuklappen gibt es kein schöneres Schauspiel als die Intelligenz im Kampf mit einer ihr überlegenen Wirklichkeit. Das Schauspiel des menschlichen Stolzes ist unvergleichlich.»[41] Für Camus ist Sisyphos derjenige, der gerade in der Vergeblichkeit seines Tuns seine Auflehnung und damit seine Freiheit mit größter Intensität empfindet. Und dementsprechend lautet Camus' berühmtes Resümee: «Wir müssen uns *Sisyphos* als einen glücklichen Menschen vorstellen.»[42]

Für Kant jedoch ging es nicht um Selbstbehauptung in einer absurden Welt, sondern um die Verankerung des aufklärerischen Projekts in der Geschichte der Menschheit. Deswegen erörtert er die dritte Hypothese, von ihm als «eudämonistische Vorstellungsart» bezeichnet, die von einem beständigen Fortschreiten der Menschheit zum Besseren ausgeht. Aber wenn das Quantum des Guten und des Bösen in der Anlage des Menschen sich immer gleichbleibt – wie sollte es dann einen kontinuierlichen Fortschritt zum Guten geben? «Der Eudämonism, mit seinen sanguinischen Hoffnungen, scheint also unhaltbar zu sein, und zugunsten einer weissagenden Menschengeschichte, in Ansehung des immerwährenden weitern Fortschreitens, auf der Bahn des Guten, wenig zu versprechen.»[43] Nach diesem resignativen Bescheid kommt Kant auf die Revolution in Frankreich zu sprechen, die er als Hinstreben zu einer republikanischen Verfassung begreift. «Ein solches Phänomen in der Menschengeschichte *vergißt sich nicht mehr*, weil es eine Anlage und ein Vermögen in der menschlichen Natur zum Besseren aufgedeckt hat, dergleichen kein Politiker aus dem bisherigen Laufe der Dinge herausgeklügelt hätte [...].»[44] Es sind die Revolution und die durch sie ausgelösten Reaktionen des Publikums, die in Kants Sichtweise der Auffassung vom moralischen Fortschritt des Menschengeschlechts Plausibilität verleihen.

Nicht bloß bei Kant und Hegel, sondern im gesamten politischen Denken des 19. Jahrhunderts avancierte die Französische Revolution zum zentralen Bezugspunkt des politischen Denkens: Während die einen in Auseinandersetzung mit diesem Ereignis zu Konservativen wurden, wie bspw. Edmund Burke in seinen *Reflections on the Revolution in France*,[45] sahen andere, wie Kant und Hegel, darin ein Geschichtszeichen bzw. eine tiefgreifende Zäsur der Geschichte, hofften gleichzeitig aber, dass dies ein einmaliger, unhinterschreitbarer, aber sich keineswegs wiederholender Vorgang sei, der allenfalls in Gestalt von Reformen in anderen Ländern nachgeholt werde. Schließlich gab es noch eine dritte Gruppierung, der zufolge die Revolution in Frankreich bloß der Startschuss für weitere Revolutionen war, die sich nicht bloß wellenförmig in Europa ausbreiten, sondern auch immer grundsätzlicher und radikaler werden würden. Paradigmatisch dafür ist Marx' Formel vom «Schmettern des gallischen Hahns»,[46] durch das die im Gefolge der Restauration unterbrochene revolutionäre Veränderung wieder aufgenommen und erneut in Gang gesetzt werde. Die Französische Revolution markiert insofern eine tiefe Zäsur in der Geschichte des politischen Denkens, als sie zu einem Reflexivwerden der politischen Präferenzen nötigt, in dessen Folge sich politische Theorien mit politischen Strömungen oder Bewegungen verbinden: auf der einen Seite ein liberaler Konservatismus, der das Projekt der Veränderung durch Umkehr der Beweislast[47] unter Rechtfertigungszwang setzt, und auf der anderen Seite eine Revolutionsbegeisterung, die vom Umsturz der bestehenden Verhältnisse deren nachhaltige Verbesserung erwartet.[48]

## Theorien der Revolution und der Kampf um Deutungshoheit

In der einschlägigen Literatur werden der amerikanische Unabhängigkeitskrieg und die Französische Revolution von 1789 häufig zur so genannten «Atlantischen Revolution»[49] zusammengefasst: Die Erklärung der Menschenrechte, die Bindung der Macht an das Recht sowie ein hohes Maß an politischer Partizipation der Bürger – wobei freilich umstritten ist, wem der Bürgerstatus zuerkannt werden soll – gelten als die gemeinsamen Merkmale dieser Revolutionen, durch die sich «der Westen» als politisch-kultureller Raum[50] vom Rest der Welt politisch abgesetzt habe. Gelegentlich wird dieser «Atlantischen Revolution» noch die Englische Revolution von 1688/89 (*glorious revolution*) hinzugefügt. Von zentraler Bedeutung für die Konstruktion dieses politischen Gründungsakts der westlichen Welt ist die Interpretation des amerikanischen Unabhängigkeitskriegs als politischer Revolution,[51] in der wesentliche Elemente einer zunächst räumlich begrenzten, seit dem 20. Jahrhundert jedoch mit universalem Geltungsanspruch auftretenden politischen Grundauffassung formuliert worden sind.

Das Konzept der «Atlantischen Revolution» bildet in gewisser Hinsicht das Gegenmodell sowohl zur «orientalischen Despotie» als auch zu der in aufsteigender Linie gedachten Abfolge von Revolutionen, die mit der «bürgerlichen» Revolution in Frankreich begann und in der sozialistischen Revolution in Russland[52] sowie den durch sie inspirierten Revolutionen in aller Welt ihren (vorläufigen) Abschluss finden sollte. Die Revolution wird in dem letztgenannten Modell der aufeinanderfolgenden Revolutionen als Instrument zur sukzessiven Beseitigung von Ausbeutung und Unterdrückung begriffen. Gesellschaftliche Struktur und politische Ordnung werden als aufs Engste miteinander verbunden gedacht; die politische Ordnung ist bloß der herrschaftstechnische Ausdruck der sozialstrukturellen Konstellationen und hat ihnen gegenüber weder Eigengewicht noch Eigenbedeutung. Genau diese Eigenbedeutung aber ist die Pointe der Vorstellung von der «Atlantischen Revolution»: dass die politische Ordnung des Rechts und der bürgerschaftlichen Partizipation das Entscheidende zu und die Vermögens- und Einkommensverteilung in der Gesellschaft einschließlich der Frage des Eigentums an den Produktionsmitteln eine nachgeordnete Rolle spielten, wie das auch Hannah Arendt gesehen hat. Demgegenüber war, so das Modell einer sukzessiven Abfolge der Revolutionen, die bürgerliche Revolution auf halbem Wege stehen geblieben, und das in ihr Begonnene sollte erst in der sozialistischen Revolution vollendet werden.

Man kann in diesen beiden normativ aufgeladenen Theorien über die historische Rolle der Revolution bei der Entstehung der modernen Welt[53] unschwer die Konstellationen des Kalten Krieges und die jeweiligen Legitimationsmuster der beiden Blöcke erkennen. Aber die in dieser Kontroverse keineswegs bloß politiktheoretischen Fragen haben sich mit dem Ende der Blockkonfrontation nicht erledigt; in ihr sind bloß zwei kontroverse Antworten auf die Frage nach der Rolle der Revolution bei der Genese der modernen Welt und der

Finalität des revolutionär begonnenen Weges politisch instrumentalisiert worden – die Beantwortung dieser Frage ist politisch nach wie vor offen.

In den jüngsten kapitalismuskritischen Theorien ist das Revolutionsthema bei der Suche nach Möglichkeiten zur Kontrolle des Finanzkapitals und der Macht der Banken wieder aufgetaucht. Das Scheitern des «real existierenden Sozialismus» hat indes die Vorstellung einer sozialistischen Revolution bis auf weiteres derart diskreditiert, dass in den kapitalismuskritischen Vorstellungen von Widerstand nicht die Vorstellung der Revolution, sondern die der Revolte zentral ist. Der Aufstand gegen den Finanzkapitalismus in Gestalt der Occupy-Bewegung soll keine andere Gesellschaft hervorbringen, sondern «Sand ins Getriebe des Kapitalismus» streuen.[54] Die Revolte wird zur Rückfallposition derer, die sich keine Revolution mehr zutrauen, wofür einmal mehr Hannah Arendt zitiert werden kann, die als entscheidende Grundvoraussetzung einer Revolution ausgemacht hat, dass es eine Gruppe von in politischer Organisation geschulter, machtbewusster und zur Übernahme politischer Verantwortung bereiter Revolutionäre geben muss. Bezogen auf die studentische Protestbewegung der 1960er Jahre, der Arendt zunächst mit großer Sympathie begegnete, urteilte sie in polemischer Zuspitzung: «Gerade das, was die linken Studenten am liebsten sein wollen: Revolutionäre – gerade das sind sie nicht. Sie sind auch nicht revolutionär organisiert; sie haben keine Ahnung, was Macht bedeutet; und sie sind sicherlich die letzten, die, wenn die Macht auf der Straße liegt und sie wissen würden, daß sie dort liegt, auch bereit wären, sich zu bücken und sie aufzuheben.»[55]

Auch die Debatte über das politische Selbstverständnis der Deutschen und die Rolle Deutschlands in Europa ist aufs Engste mit der politisch-historischen Bewertung des Revolutionären verbunden. So wurde unter dem Eindruck des Scheiterns der Weimarer Republik immer wieder beklagt, es sei den Deutschen – im Unterschied zu ihren westlichen Nachbarn – nicht gelungen, ihre politische Ordnung auf einen Akt der revolutionären Selbstkonstitution zu gründen, sondern das Unglück der deutschen Geschichte habe eine seiner Ursachen im Scheitern der Revolution von 1848.[56] Ihr folgte dann die Reichsgründung von oben durch Bismarck, den «weißen Revolutionär» (Lothar Gall) sowie die «halbherzige» Revolution von 1918/19, bei der unmittelbar nach Beginn der Revolution die «Ordnung» durch konterrevolutionäre Kräfte wiederhergestellt worden sei.[57] Das Verhängnis der deutschen Geschichte war danach eine Folge dessen, dass die Deutschen keine wirkliche Revolution zustande gebracht hatten. Daraus wurde schließlich in unterschiedlichen Varianten die für das politische Selbstverständnis der Bundesrepublik zeitweilig zentrale Sonderwegsthese entwickelt, in der die Distanz der Deutschen gegenüber dem politischen Entwicklungsweg des Westens die Hauptrolle spielt. Dem stand in Gestalt der DDR eine alternative Revolutionsgeschichte gegenüber, wonach die Kräfte der Konterrevolution die ausschlaggebende Rolle in der deutschen Geschichte gespielt hätten, insofern sie von dem als «frühbürgerliche Revolution» interpretierten Bauernkrieg von 1524/25 über die Revolution von 1848/49 bis zur Revolution von 1918/19 ein ums andere Mal die Revolution niedergeschlagen und eine reaktionäre Ordnung durchgesetzt hätten. Die deutsche Geschichte ist danach eine fortgesetzte «Misere» (Bertolt Brecht), aus der erst der Arbeiter-und-Bauern-Staat der DDR herausgeführt habe.[58] Beide Theorien, die des deutschen Sonderwegs ebenso wie die des in Gestalt der DDR gewonnenen Anschlusses an die Spitze der revolutionären Bewegung, haben mit dem Ende der deutschen Teilung ihre intellektuelle Attraktivität verloren. In diesen Zusammenhang gehört auch die Diskussion der Frage, ob die Wende vom November 1989 eine «deutsche Revolution» gewesen sei, mit der das Land Anschluss an die europäische «Normalität» gewonnen habe.[59] Insgesamt lässt sich beobachten, dass mit den «friedlichen Revolutionen» Mitteleuropas im Jahre 1989 der Revolutionsbegriff Anschluss an den Zivilgesellschaftsdiskurs gefunden hat, dadurch entdramatisiert worden ist und zu einem Neuverständnis von Hannah Arendts Revolutionsbuch geführt hat: Die von Arendt beschriebene Separation zwischen der politischen und der sozialen Revolution war die Voraussetzung für den friedlichen Verlauf dieser Revolution bzw. Arendts Theorie wurde im Nachhinein als Theorie dieser «friedlichen Revolutionen» begriffen. Die Revolutionen von 1989 schienen den praktischen Beweis für Arendts These zu liefern, dass kein Staat von Dauer ist, der nicht das Vertrauen und die aktive Unterstützung seiner Bürger besitzt.[60]

Zu den Beobachtungen der vergleichenden Revolutionsforschung gehört weiterhin, dass viele Revolutionen, zumal die «bürgerlichen», mit Widerstand gegen die Besteuerungspolitik des Herrschers bzw. der Regierung begonnen haben. Zwar haben in den Revolutionen des 16. und 17. Jahrhunderts auch Glaubensfragen eine wichtige Rolle gespielt; von der Revolution der Niederlande gegen Spanien über die Englische Revolution von 1640–1660 (*bloody revolution*, im Unterschied zur *glorious revolution* von 1688/89) bis zur Französischen Revolution ging es jedoch immer auch um die Frage, wer das Recht zur Erhebung (neuer) Steuern habe und ob den Besteuerten dabei ein Mitsprache- bzw. Steuerbewilligungsrecht zukomme. Man kann diese Form des Widerstands auch als politische Selbstbehauptung einer Gesellschaft der Eigentümer gegenüber den Ansprüchen der Regierung begreifen.[61] Die Formel der amerikanischen Siedler, wonach es keine Steuern ohne politische Vertretung geben dürfe (*no taxation without representation*) hat im Steuerbewilligungsrecht des Parlaments dann institutionellen Niederschlag gefunden. Das Budgetrecht ist nach wie vor das vornehmste und wichtigste Recht des Parlaments.

Dem korrespondiert die Beobachtung, dass die genannten Revolutionen mit eher konservativen Vorstellungen ihren Anfang genommen haben. Es ging zunächst darum, die Verhältnisse wiederherzustellen, wie sie *vor* den von der königlichen Gewalt vorgenommenen Veränderungen gewesen waren. Demgemäß beginnen diese Revolutionen mit der Inanspruchnahme des klassischen Widerstandsrechts gegen eine ungerechte Obrigkeit, aus der dann schnell eine weit über die anfänglichen Forderungen hinausgehende Dynamik erwächst.[62] Die Radikalisierung des Widerstands der Stände und des Parlaments, das «Eingreifen der Straße» und schließlich das Auftauchen von Vorstellungen einer neuen, gerechten und durch ein weitgehendes Maß an sozialer Egalität getragenen Gesellschaft[63] ist eine weitere zentrale Beobachtung der vergleichenden Revolutionsforschung. In seiner nach wie vor lesenswerten Studie *The Anatomy of Revolution* (1957) hat Crane Brinton diese Beobachtung zu einer Theorie der aufeinanderfolgenden Phasen der Revolution verdichtet,[64] in der in modifizierter Form die alte Vorstellung von der *revolutio* als Kreislauf der Verfassungsformen wieder aufgenommen wird: In der ersten Etappe sind die gemäßigt bürgerlichen Elemente vorherrschend; sie werden in der zweiten Etappe nach einer Periode der «Doppelherrschaft» durch immer radikalere Gruppen verdrängt, bis es schließlich in der dritten Phase zur Terrorherrschaft kommt; diese wiederum wird durch die thermidorianische Reaktion abgelöst (der Beendigung der revolutionären Dynamik im Monat Thermidor, wie im Revolutionskalender der Zeitraum vom 19. Juli bis 17. August hieß) (die vierte Phase), der es jedoch nicht gelingt, die Lage nachhaltig zu stabilisieren, weswegen ihr als fünfte Etappe die Errichtung einer starken Zentralgewalt folgt, in der Regel einer Militärherrschaft, in der es darum geht, die begrenzten Errungenschaften der Revolution zu festigen.

Was Brinton am Verlauf der Französischen Revolution als Modell entwickelt und an der Dynamik weiterer Revolutionen bestätigt gefunden hat, findet sich der Idee nach bereits in Jacob Burckhardts *Weltgeschichtlichen Betrachtungen*, in denen dieser Analogien zwischen Revolutionsverläufen und organischen Prozessen hergestellt und den Verlauf von Revolutionen mit dem von Krankheiten, Fieberkurven und Epidemien verglichen hat.[65] Auf erste Unruhen in einer Gesellschaft folge eine Phase der gemäßigten Reformen, die jedoch bald in Terror und Fanatismus münde, um dann in die Reaktion des Thermidor überzugehen, sowie schließlich das Eingreifen eines militärischen Retters und anschließend eine Politik der Restauration. Für Burckhardt waren Revolutionen nicht Schritte zu größerer Freiheit und Autonomie der Menschen, sondern solche zu einem Mehr an despotischer Herrschaft. Wie Edmund Burke war Burckhardt ein Gegner der Revolution, weil sie in seiner Sicht einen Verlust an Liberalität zur Folge hatte. Wer ein Interesse an Freiheit habe, so Burckhardt, achte auf die Verhinderung von Revolutionen, weil der mit ihnen verbundene Verlust an Freiheit größer sei als jeder diesbezügliche Gewinn. Das ist die liberal-konservative Gegenposition zu einer Sicht, in der die Revolution den politischen, sozialen und kulturellen Fortschritt ermöglichen und beschleunigen sollte.[66]

Aber wann und warum brachen Revolutionen überhaupt aus? Für Marx waren sie das Ergebnis einer sich krisenhaft zuspitzenden Entwicklung, auf die die herrschende Klasse keine Antwort wusste und in deren Folge die Lage der unterdrückten und ausgebeuteten Klassen immer unerträglicher wurde. Die Grundlage dessen ist der Umstand, dass die bestehenden Produktionsverhältnisse zur Fessel der Produktivkräfte werden und so den objektiv möglichen Fortschritt blockieren. Diese Annahme ist in der marxistischen Revolutionstheorie in unterschiedlichen Facetten ausgearbeitet worden.[67] Demgegenüber ist Alexis de Tocqueville in seiner Analyse der französischen Verhältnisse vor Ausbruch der Revolution zu dem Ergebnis gelangt, die Wahrscheinlichkeit einer Revolution sei dann am größten, wenn über längere Zeit ein relativer Wohlstand geherrscht habe, eine Politik der Reformen begonnen worden sei und – im Gegensatz zum marxistischen Polarisierungstheorem – die Zwischenschichten der Gesellschaft angewachsen seien. «Man gelangt nicht immer dann zur Revolution, wenn eine schlimme Lage zur schlimmsten wird. Sehr oft geschieht es, dass ein Volk, das die drückendsten Gesetze ohne Klage und gleichsam als fühle es sie nicht ertragen hatte, diese gewaltsam beseitigt, sobald ihre Last sich vermindert. Die Regierung, die durch eine Revolution vernichtet wird, ist fast immer besser als die unmittelbar vorangegangene. [...] Das Übel, das man als unvermeidlich in Geduld ertrug, erscheint unerträglich, sobald man auf den Gedanken kommt, sich ihm zu entziehen. Alles, was man alsdann an Missbräuchen beseitigt, scheint das noch Übrige nur umso deutlicher zu zeigen und läßt es schmerzlicher empfinden. Das Übel ist geringer geworden, aber die Empfindlichkeit ist lebhafter.»[68]

Indem Tocqueville weniger den objektiven Faktoren als vielmehr deren subjektiver Wahrnehmung das entscheidende Gewicht bei der Entstehung von Revolutionen beimisst, bekommen in seiner Sicht die Intellektuellen eine größere Bedeutung für die Entstehung des revolutionären Bewusstseins: Sie nämlich sind es, die den «Erwartungshorizont» (Koselleck) der Menschen ausgestalten, und an diesem Erwartungshorizont entscheidet sich, ob die Menschen glauben, es ließe sich eine grundlegend andere Gesellschaft errichten, in der es ihnen wesentlich besser gehe, oder ob sie die bestehenden Verhältnisse für erträglich bis gut halten. In diesem Sinn haben Tocqueville – und auch Koselleck – der Aufklärung in Frankreich eine wesentliche Rolle bei der Entstehung des revolutionären Bewusstseins zuerkannt.[69] In der jüngeren politischen Ideengeschichte hat Antonio Gramsci diese Vorstellung zu einer regelrechten Strategie im Kampf um die intellektuelle Hegemonie ausgearbeitet und dies anstelle der von ihm so bezeichneten Lenin'schen «Niederwerfungsstrategie» als eine «Ermattungsstrategie» entworfen, in der ein sich vor allem um Deutungsmuster drehender Kampf um die Ordnung der Gesellschaft geführt werde.[70] Wer in diesem zähen Ringen um die Deutungshegemonie die Oberhand behalte, habe entscheidenden Einfluss auf die gesellschaftliche und politische Entwicklung eines Landes gewonnen. In gewisser Hinsicht hat Gramsci damit die Revolution von der Straße in die Studierzimmer der Intellektuellen verlegt.

1 Ein Beispiel dafür ist der deutsche Bauernkrieg von 1525, in dem die Forderung nach Wiedereinführung des «alten Rechts» eine zentrale Rolle spielte. Vgl. dazu nach wie vor Günther Franz, *Der deutsche Bauernkrieg*, Darmstadt 1975 (10. Aufl.), S. 1–41, sowie als kritische Korrektur Peter Blickle, *Die Revolution von 1525*, München 1993 (3. Aufl.), insbes. S. 151 ff.
2 Hannah Arendt, *Über die Revolution*, München 1965, S. 41 f.
3 Marx, «Der achtzehnte Brumaire des Louis Bonaparte», in: *Marx-Engels-Werke*, Bd. 8, S. 116.
4 Ebd., S. 117.
5 Ebd., S. 116.
6 Ebd., S. 115.
7 Der Begriff der Entzauberung wird in der Regel mit Max Webers Rationalisierungstheorie der Moderne verbunden; zu Webers Entzauberungstheorem sowie seinem Verhältnis zu Marx vgl. Hans-Peter Müller, *Max Weber*, Köln/Weimar/Wien 2007, S. 208 und 23 ff.
8 Karl Marx/Friedrich Engels, *Das Kommunistische Manifest*, mit einem Editionsbericht von Thomas Kuczynski, Trier 1995, S. 5.
9 Ebd., S. 6.
10 Vgl. Peter Linebaugh/Marcus Rediker, *Die vielköpfige Hydra. Die verborgene Geschichte des revolutionären Atlantiks*, Berlin/Hamburg 2008; Eric Hobsbawm, *Sozialrebellen. Archaische Sozialbewegungen im 19. und 20. Jahrhundert*, Neuwied/Berlin 1962; ders., *Die Banditen. Räuber als Sozialrebellen*, München 2007.
11 Marx/Engels, *Kommunistisches Manifest*, S. 5.
12 Albert Camus, *Der Mensch in der Revolte* (1951), Hamburg 1969, S. 13.
13 Ebd., S. 15.
14 Ebd., S. 20.
15 Arendt, *Über die Revolution*, S. 73–146.
16 Camus, *Der Mensch in der Revolte*, S. 88.
17 Ebd., S. 202 f.

18 Frantz Fanon, *Die Verdammten dieser Erde* [1961], Reinbek b. Hamburg 1969, sowie ders., *Schwarze Haut, weiße Masken*, Frankfurt am Main 1980; vgl. Herfried Münkler, «Perspektiven der Befreiung. Die Philosophie der Gewalt in der Revolutionstheorie Frantz Fanons», in: *Kölner Zeitschrift für Soziologie und Sozialpsychologie*, 33. Jg., 1981, Heft 3, S. 436–468.

19 Für einen knappen Überblick zu den Elitetheorien vgl. Friedrich Eberle, «Die Ursprünge der ‹realistischen› Demokratietheorie: Mosca, Pareto, Michels und Schumpeter», in: Fetscher/Münkler (Hgg.), *Pipers Handbuch der politischen Ideen*, Bd. 5, München 1993, S. 156–163, sowie Harald Bluhm/Skadi Krause (Hgg.), *Robert Michels' Soziologie des Parteienwesens. Oligarchien und Eliten – die Kehrseiten moderner Demokratien*, Wiesbaden 2012.

20 Für einen Überblick zur Revolutionsgeschichte vgl. Peter Wende (Hg.), *Große Revolutionen in der Geschichte. Von der Frühzeit bis zur Gegenwart*, München 2000; weiterhin Charles Tilly, *Die europäischen Revolutionen*, München 1993, sowie John Dunn, *Moderne Revolutionen. Analyse eines politischen Phänomens*, Stuttgart 1974.

21 Vgl. Karl A. Wittfogel, *Die orientalische Despotie. Eine vergleichende Untersuchung totaler Macht*, Frankfurt/Berlin/Wien 1977.

22 Vgl. Curzio Malaparte, *Technik des Staatsstreichs* (1931), Berlin 1988, sowie Edward Luttwak, *Der Coup d'Etat oder Wie inszeniert man einen Staatsstreich*, Reinbek b. Hamburg 1969. Die Geschichte des Staatsstreichs ist eng mit der des Attentats bzw. des politischen Mords verbunden; vgl. Alexander Demandt (Hg.), *Das Attentat in der Geschichte*, Frankfurt am Main 1999, sowie Franklin L. Ford, *Der politische Mord. Von der Antike bis zur Gegenwart*, Hamburg 1990.

23 Marx, «Die britische Herrschaft in Indien», in: Marx-Engels-Werke, Bd. 9, S. 132f.

24 Dazu Reinhart Koselleck, *Preußen zwischen Reform und Revolution*, Stuttgart [3]1981; einen systematischen Vergleich der französischen, russischen und chinesischen Revolution mit Preußen und Japan als Reformalternativen bietet Theda Skocpol, *States and Social Revolutions. A Comparative Analysis of France, Russia, and China*, Cambridge 1979, S. 99ff. Als der theoretische Begründer einer komparativen Geschichtsbetrachtung, in der nicht einzelne Länder, sondern Zivilisationen/Kulturen im Hinblick auf ihre spezifischen «Modernisierungspfade» miteinander verglichen und Spezifika herausgearbeitet werden, kann Barrington Moore gelten; vgl. dessen große Studien *Soziale Ursprünge von Diktatur und Demokratie. Die Rolle der Grundbesitzer und Bauern bei der Entstehung der modernen Welt* (Frankfurt am Main 1969) und *Ungerechtigkeit. Die sozialen Ursachen von Unterordnung und Widerstand* (Frankfurt am Main 1982).

25 Dazu Hartmut Rosa, *Beschleunigung. Die Veränderung der Zeitstruktur in der Moderne*, Frankfurt am Main 2005.

26 Vgl. Karl Griewank, *Der neuzeitliche Revolutionsbegriff. Entstehung und Entwicklung* (1955), Frankfurt am Main 1969, S. 159ff., sowie Helmut Reinalter (Hg.), *Revolution und Gesellschaft. Zur Entwicklung des neuzeitlichen Revolutionsbegriffs*, Innsbruck 1980.

27 Thomas Hobbes, *Behemoth oder Das Lange Parlament*, hrsg. von Herfried Münkler, Frankfurt am Main 1991, S. 201.
28 Georg Wilhelm Friedrich Hegel, *Werke*, Frankfurt am Main 1970, Bd. 12, S. 529; zu Hegels Verhältnis zur Französischen Revolution vgl. Joachim Ritter, «Hegel und die französische Revolution», in: ders., *Metaphysik und Politik*, Frankfurt am Main 1969, S. 183–255.
29 Peter Weiss, *Ästhetik des Widerstands*, Frankfurt am Main 1985, S. 7–15; die griechische Mythologie weiß von einer langen Abfolge der Rebellionen gegen die Götterherrschaft zu berichten; vgl. Jean-Pierre Vernant, *Götter und Menschen*, Köln 2000, S. 45–53.
30 Karl Marx, «Ökonomisch-philosophische Manuskripte aus dem Jahre 1844», in: Marx-Engels-Werke, Erg.-Bd., 1. Teil, S. 537f.
31 Hegel, *Werke*, Bd. 12, S. 529.
32 Ebd., S. 528.
33 Arlette Farge/Michel Foucault, *Familiäre Konflikte. Die «Lettres de cachet». Aus den Archiven der Bastille im 18. Jahrhundert*, Frankfurt am Main 1989.
34 Immanuel Kant, «Über den Gemeinspruch», in: ders., *Werke*, hrsg. von Wilhelm Weischedel, Darmstadt 1970, Bd. 9, S. 145 f.
35 Immanuel Kant, «Der Streit der Fakultäten»; in: ders., *Werke*, Bd. 9, S. 358; zu Kants Verhältnis zur Französischen Revolution vgl. Iring Fetscher, «Immanuel Kants bürgerlicher Reformismus», in: ders., *Herrschaft und Emanzipation. Zur Philosophie des Bürgertums*, München 1976, S. 176–200, hier S. 178 ff.
36 Dazu Heinz Dieter Kittsteiner, «Kants Theorie des Geschichtszeichens. Vorläufer und Nachfahren», in: ders. (Hg.) *Geschichtszeichen*, Köln 1999, S. 81–115.
37 Kant, «Der Streit der Fakultäten», S. 352 f.
38 Ebd., S. 353.
39 Ebd., S. 354f.
40 Ebd., S. 354.
41 Albert Camus, *Der Mythos von Sisyphos. Ein Versuch über das Absurde* [1942], Hamburg 1959, S. 5.
42 Ebd. S. 101.
43 Kant, «Der Streit der Fakultäten», S. 354.
44 Ebd., S. 361. Es ist nicht ohne Interesse, dass Kant sich von einer besseren Erziehung der Jugend und einer entsprechenden «Besoldung tüchtiger und mit Lust ihrem Amt obliegender Lehrer» verspricht, «daß der Staat sich von Zeit zu Zeit auch selber reformiere, und, statt Revolution, Evolution versuchend, zum Bessern beständig fortschreite». Ebd., S. 366f.
45 Edmund Burke, *Betrachtungen über die Französische Revolution*, Frankfurt am Main 1967; zu einer wissenssoziologischen Betrachtung des Konservatismus vgl. Karl Mannheim, *Konservatismus. Ein Beitrag zur Soziologie des Wissens (1927)*, Frankfurt am Main 1984.
46 Karl Marx, «Zur Kritik der Hegelschen Rechtsphilosophie, Einleitung», in: *Marx-Engels-Studienausgabe*, hrsg. von Iring Fetscher, Berlin 2004, Bd. 1, S. 35.
47 Beweislastumkehr heißt hier, dass die Veränderung sich gegenüber dem Be-

stehenden zu rechtfertigen hat – und nicht umgekehrt; zur Entstehung des Konservatismus nach wie vor unverzichtbar Mannheim, *Konservatismus.*

48 Vgl. Herfried Münkler, «‹Ein herrlicher Sonnenaufgang›. Die Rhetorik der weltgeschichtlichen Zäsur am Beispiel der Französischen Revolution», in: Karsten Fischer (Hg.), *Neustart des Weltlaufs. Fiktion und Faszination der Zeitwende*, Frankfurt am Main 1999, S. 16–35.

49 So etwa R. R. Palmer, *The Age of the Democratic Revolution. A Political History of Europe and America. 1760–1800*, 2 Bde., Princeton 1959/64.

50 Vgl. Heinrich-August Winkler, *Geschichte des Westens,* 4 Bde., München 2009–2015.

51 Vgl. Horst Dippel, *Die Amerikanische Revolution 1763–1787*, Frankfurt am Main 1985; weiterhin Dick Howard, *Die Grundlegung der amerikanischen Demokratie*, Frankfurt am Main 2001.

52 Vgl. Manfred Hildermeier, *Die Russische Revolution 1905–1921*, Frankfurt am Main 1989.

53 Für einen strukturierten Überblick vgl. Kurt Lenk, *Theorien der Revolution*, München 1973, sowie Hans Wassmund, *Revolutionstheorien*, München 1978. Eine Sammlung einschlägiger Aufsätze und Textausschnitte bieten Urs Jaeggi/Sven Papcke (Hgg.), *Revolution und Theorie 1. Materialien zum bürgerlichen Revolutionsverständnis*, Frankfurt am Main 1974.

54 Emblematisch dafür ist der Bestseller von Stéphane Hessel, *Empört Euch!,* Berlin 2011; vgl. auch Unsichtbares Komitee, *Der kommende Aufstand*, Hamburg 2010.

55 Hannah Arendt, Interview mit Adelbert Reif, in: dies., *Macht und Gewalt*, München 1990, S. 110f.

56 Vgl. Wolfgang J. Mommsen, *1848. Die ungewollte Revolution*, Frankfurt am Main 1998, S. 104ff. und 261ff.

57 Dazu Alexander Gallus (Hg.), *Die vergessene Revolution von 1918/19*, Göttingen 2010.

58 Vgl. etwa Alexander Fleischhauer, *Die Enkel fechten's besser aus. Thomas Müntzer und die Frühbürgerliche Revolution – Geschichtspolitik und Erinnerungskultur in der DDR*, Münster 2010.

59 Dazu Klaus-Dietmar Henke, *Revolution und Vereinigung 1989/90*, München 2009, sowie Wolfgang Schuller, *Die deutsche Revolution 1989*, Berlin 2009.

60 Eine im Anschluss an Arendt entwickelte Deutung der ostmitteleuropäischen Revolutionen als Folge einer kommunikativen Rationalisierung des Politischen und als politische Modernisierung bietet Winfried Thaa, *Die Wiedergeburt des Politischen. Zivilgesellschaft und Legitimitätskonflikt in den Revolutionen von 1989*, Opladen 1996.

61 So Crawford B. Macpherson, *Theorie des Besitzindividualismus. Von Hobbes bis Locke*, Frankfurt am Main 1973.

62 Zur Theorie des Widerstandsrechts vgl. Udo Bermbach, «Widerstandsrecht, Souveränität, Kirche und Staat. Frankreich und Spanien im 16. Jahrhundert», in: Fetscher/Münkler (Hgg.), *Pipers Handbuch der politischen Ideen*, Bd. 3, München 1985, S. 101–162, weiterhin Richard Saage, *Herrschaft, Toleranz, Widerstand. Studien zur politischen Theorie der Niederländischen und der Englischen Revolution*, Frankfurt am Main 1981, sowie

Hans-Christoph Schröder, *Die Revolutionen Englands im 17. Jahrhundert*, Frankfurt am Main 1986, S. 49 ff. Mit der Theorie des Widerstandsrechts locker verbunden ist die Vorstellung vom bürgerschaftlichen Ungehorsam, in dem Regierungsentscheidungen der Gehorsam verweigert wird. Wie die Opposition will auch der Ungehorsam die bestehende Ordnung nicht revolutionieren, sondern agiert innerhalb ihrer; vgl. Heinz Kleger, *Der neue Ungehorsam*, Frankfurt am Main/New York 1993.

63 Dazu im Hinblick auf die Französische Revolution Horst Dippel, «Die politischen Ideen der Französischen Revolution», in: Fetscher/Münkler (Hgg.), *Pipers Handbuch der politischen Ideen*, Bd. 4, München 1986, S. 21–69, sowie Skadi Krause/Karsten Malowitz/Herfried Münkler, «Philosophie der Revolution», in: *Grundriss der Geschichte der Philosophie*, begründet von Friedrich Ueberweg, völlig neu bearb. Ausgabe hrsg. von Helmut Holzhey: *Philosophie des 18. Jahrhunderts*, Bd. 2: Frankreich, hrsg. von Johannes Rohbeck und Helmut Holzhey, Basel 2008, S. 897–970.

64 Crane Brinton, *Die Revolution und ihre Gesetze*, Frankfurt am Main 1959.

65 Jacob Burckhardt, *Weltgeschichtliche Betrachtungen*, Stuttgart 1963, Kap. 4.

66 Diese Sicht findet sich auch bei den Schülern Joachim Ritters – Hermann Lübbe, Odo Marquard und Robert Spaemann –, die bei der Formierung des politischen Selbstverständnisses der Bundesrepublik nach dem Zweiten Weltkrieg eine wichtige Rolle gespielt haben; vgl. Jens Hacke, *Philosophie der Bürgerlichkeit. Die liberalkonservative Begründung der Bundesrepublik*, Göttingen 2006.

67 Dazu Lenk, *Theorien der Revolution*, S. 56 ff.

68 Alexis de Tocqueville, *Der alte Staat und die Revolution*, Bremen 1959, S. 219.

69 Dazu Roger Chartier, *Die kulturellen Ursprünge der Französischen Revolution*, Frankfurt/New York 1995.

70 Antonio Gramsci, *Philosophie der Praxis. Eine Auswahl*, Frankfurt am Main 1967, S. 282–375.

**Weiterführende Literatur:**

Krause, Skadi/Karsten Malowitz/Herfried Münkler: «Philosophie der Revolution»; in: Ueberweg/Holzhey (Hg.): *Grundriss der Geschichte der Philosophie, Philosophie des 18. Jahrhunderts*, Bd. 2, Basel 2008, S. 897–970.

Lenk, Kurt: *Theorien der Revolution*, München 1973.

Reinalter, Helmut (Hg.): *Revolution und Gesellschaft. Zur Entwicklung des neuzeitlichen Revolutionsbegriffs*, Innsbruck 1980.

Skocpol, Theda: *States and Social Revolution. A Comparative Analysis of France, Russia and China*, Cambridge 1979.

Tilly, Charles: *Die europäischen Revolutionen*, München 1993.

## Kapitel 11

## STAATENKRIEG UND BÜRGERKRIEG

Mit der friedlichen Revolution in Mitteleuropa von 1989 und dem Ende des Kalten Krieges schien eine neue Ära stabilen Friedens angebrochen zu sein. Seitdem hat sich die Diagnose, wonach der klassische Staatenkrieg ein historisches Auslaufmodell sei, durchaus bestätigt. Aber die Kriegsgewalt ist damit aus der Austragung politischer Konflikte nicht verschwunden; vielmehr sind an die Stelle zwischenstaatlicher Kriege innergesellschaftliche Kriege getreten, die man auch, wenn sie die staatlichen Grenzen überschreiten, ohne darum von Staaten gegeneinander geführt zu werden, als transnationale Kriege bezeichnet. Diese Entwicklung begann mit den jugoslawischen Zerfallskriegen der 1990er Jahre, setzte sich fort in den russischen «Ordnungskriegen» im Kaukasus, im ruandischen Bürgerkrieg, der sich sehr bald mit dem schwelenden Krieg im Ostkongo verband, und schließlich im irakischen und im syrischen Bürgerkrieg – um nur die wichtigsten zu nennen. Der Krieg, so hat es den Anschein, ist nicht verschwunden, sondern hat nur seinen Charakter bzw. sein Erscheinungsbild geändert. Die politischen Diagnosen sind freilich unsicher, und die Zukunftsprognosen widersprechen sich: Mit welchen Kriegen haben wir in Zukunft zu rechnen, und wie sollen wir uns auf sie vorbereiten, um sie zu vermeiden oder doch zu lokalisieren und möglichst schnell zu beenden? Der in jüngster Zeit vermehrt verwandte Begriff «hyrider Krieg» steht für analytische Ratlosigkeit: Man verzichtet auf eine klassifizierende Begrifflichkeit (Staatenkrieg/Bürgerkrieg) und stellt die Verbindungen und Vermischungen heraus. Ein genauerer Blick in die Historiographie und Theorie des Krieges, seine kriegsrechtlichen Hegungen sowie die Varianten seiner Legitimation bietet wertvolle Einsichten, die bei der Erarbeitung aktueller Analysen unverzichtbar sind.

## Eine sehr kurze Geschichte von Krieg und Frieden

Der Gegenbegriff zu Krieg lautet Frieden.[1] Jedenfalls haben die politischen Theoretiker eine auf dieser begrifflichen Opposition begründete Ordnung entwickelt, und das Völkerrecht hat seit der Antike das Begriffspaar von Krieg und Frieden im Sinne einer binären Codierung der politischen Welt verbindlich gemacht. Binäre Codierung heißt, dass es kein Drittes außer Krieg und Frieden gibt und die politische Welt rechtlich so eingerichtet ist, dass ein Zwischenzustand, der weder Krieg noch Frieden ist, nicht gedacht werden kann bzw. gedacht werden soll.[2] Die Rechtsakte der Kriegserklärung und des Friedensschlusses sind so angelegt, dass sie unmittelbar von dem einen in den anderen Zustand hinüberführen. Eine so geordnete Welt hat freilich politische Voraussetzungen, die alles andere als selbstverständlich sind: Es bedarf dazu nämlich politischer Akteure, die verbindliche Entscheidungen treffen und diese gegenüber den zu ihrem Herrschaftsbereich gehörenden Personen auch durchzusetzen in der Lage sind. Am erfolgreichsten ist dies dem Ordnungsmodell des Territorialstaats und der mit ihm verbundenen Konzeption von Souveränität gelungen (→ Kap. *Souveränität und die Infrastruktur der Macht*).

Der Blick auf die Voraussetzungen einer solchen Ordnung von Krieg und Frieden bringt einen dritten Zustand ins Spiel, der in einer präzisen Begrifflichkeit nur schwer zu erfassen ist: den Bürgerkrieg bzw. innergesellschaftlichen Krieg, in dem die Ordnung des Staates zerfallen und der Platz des Souveräns unbesetzt oder zumindest umstritten ist.[3] In der heutigen politischen Sprache ist von *failed* bzw. *failing states* die Rede. Beide Begriffe, Bürgerkrieg wie innergesellschaftlicher Krieg, setzen freilich eine äußere Grenzziehung oder Rahmung des Gewaltgeschehens voraus, die davon ausgeht, dass es souveräne Staaten gibt, deren auf ein bestimmtes Gebiet begrenzte Ordnung sich aufgelöst hat. In diesem Sinne haben die Begriffe Bürgerkrieg bzw. innergesellschaftlicher Krieg die Existenz der Staatenwelt zur Voraussetzung. Das mag unter modernen Verhältnissen plausibel sein, kann aber keineswegs als allgemeingültige Annahme gelten. Der englische Politiktheoretiker Thomas Hobbes hat dem in seiner Konzeption des Naturzustands Rechnung zu tragen versucht: Im Naturzustand gibt es weder einen Souverän noch staatliche Grenzen, weswegen auch nicht durch souveräne Rechtsakte festgelegt ist, ob Krieg oder Frieden herrscht; vielmehr muss von einem Zwischenzustand ausgegangen werden, in dem die einander Begegnenden selbst über die Verkehrsform der Begegnung entscheiden: friedlich oder gewalttätig. Hobbes schreibt dazu: «Daraus ergibt sich klar, daß die Menschen während der Zeit, in der sie ohne eine allgemeine, sie alle in Zaum haltende Macht leben, sich in einem Zustand befinden, der Krieg genannt wird, und zwar in einem Krieg eines jeden gegen jeden (*bellum omnium contra omnes*). Denn *Krieg* besteht nicht nur in Schlachten oder Kampfhandlungen, sondern in einem Zeitraum, in dem der Wille zum Kampf genügend bekannt ist. Und deshalb gehört zum Wesen des Krieges der Begriff *Zeit*, wie zum Wesen des Wetters. Denn wie das Wesen des schlechten Wetters nicht in ein oder zwei Regenschauern liegt, sondern in einer Neigung hierzu während mehrerer Tage, so besteht das Wesen des Kriegs nicht in tatsächlichen Kampfhandlungen, sondern in der bekannten Bereitschaft dazu während der gesamten Zeit, in der man sich des Gegenteils nicht sicher sein kann. Jede andere Zeit ist *Frieden*.»[4]

Wenngleich Hobbes dies begrifflich nicht immer hinreichend deutlich macht, so ist doch klar, dass er der Sache nach mit zwei unterschiedlichen Konzeptionen des Krieges arbeitet: dem *bellum omnium contra omnes*, wie er vor dem souveränitätsstiftenden Vertrag besteht, und dem Krieg als Staatenkrieg, wie er von einem Souverän gegen einen anderen erklärt wird. Entgegen den Erzählungen vom Paradies oder Goldenen Zeitalter am Anfang der Menschheitsgeschichte, denen zufolge die Menschen ursprünglich in einem gewaltlosen Zustand miteinander lebten und der Krieg erst nach dessen Verlassen entstand, also historisch später ist als der Frieden,[5] wird Frieden hier als ein Zustand gedacht, der *politisch gestiftet* werden muss, während ursprünglich ein Zustand der Friedlosigkeit bzw. der latenten Gewalt herrscht. Die Debatte, ob der Mensch von Natur aus gut oder böse sei, hat in der politischen Ideengeschichte zeitweilig eine prominente Rolle gespielt, etwa in der Entgegensetzung von Rousseauisten und Hobbesianern. Diese Debatte geht letztlich auf die Frage zurück, ob es einen ursprünglichen Frieden des Menschengeschlechts gegeben habe, der infolge eines sozialmoralischen Niedergangs verloren gegangen sei, wie dies John Locke etwa infolge der Ausbreitung der Habsucht nach der Erfindung des Geldes beschreibt,[6] oder ob dieser Frieden grundsätzlich mit politischen Mitteln gestiftet werden müsse, also Menschenwerk und ein Ergebnis der politischen Vernunft sei, wie Hobbes und auch Kant meinen.

In seiner Schrift *Zum ewigen Frieden* ist Immanuel Kant von dem Erfordernis einer Friedensstiftung ausgegangen, wobei er gleichzeitig die Bedingungen beschrieben hat, unter denen dies möglich und erfolgversprechend sei. Dabei folgte er der Annahme, dass «aus so krummem Holze, als woraus der Mensch gemacht ist, [...] nichts ganz Gerades gezimmert werden» könne.[7] Ganz in Hobbes'schem Geist schreibt er: «Der Friedenszustand unter Menschen, die neben einander leben, ist kein Naturzustand (status naturalis), der vielmehr ein Zustand des Krieges ist, d.i. wenngleich nicht immer ein Ausbruch der Feindseligkeiten, doch immerwährende Bedrohung mit denselben. Er muß also gestiftet werden; denn die Unterlassung der letzteren [der Bedrohung mit Feindseligkeit] ist noch nicht Sicherheit dafür, und, ohne daß sie einem Nachbar von dem andern geleistet wird (welches aber nur in einem *gesetzlichen* Zustande geschehen kann), kann jeder diesen, welchen er dazu aufgefordert hat, als einen Feind behandeln.»[8] Auch für Kant ist also die Existenz politischer Akteure, die kollektiv verbindliche Entscheidungen zu treffen und durchzusetzen imstande sind, die Voraussetzung aller weitergehenden Überlegungen zur Stiftung eines verlässlichen Friedens.

Allerdings hat gerade die Existenz herrschaftlich verfasster Politikakteure zur Ausweitung des Kriegsgeschehens und zur Verdichtung der Gewalt in Gestalt eines Gefechts bzw. der Schlacht geführt. Erst die Formen von Herrschaft – unter ihnen insbesondere der neuzeitliche Staat –, die Gehorsam erzwingen konnten, waren in der Lage, die Gewaltbereitschaft bzw. das Gewalterfordernis im Zusammenleben der Menschen so zu organisieren, dass an die Stelle von Hinterhalten, Überfällen und Massakern, die im vorstaatlichen Naturzustand das Gewaltgeschehen bestimmten, eine organisierte Kriegführung trat, in der disziplinierte Kampfverbände agierten, die dem Gegner nicht auswichen und beim Zusammentreffen mit diesem nicht die erste Chance zur Flucht nutzten.[9] Im Hinblick auf diese «Verdichtung» der Gewalt nach der Entstehung von territorialer Herrschaft findet sich in der Literatur immer wieder die These, Krieg sei eine Folge der Entstehung von Staatlichkeit, und vor der Herausbildung des Staates habe es keinen Krieg gegeben.[10] Damit freilich wird die Bedeutung von Staat und Herrschaft überzeichnet und die eher sozio-ökonomischen Entwicklungen werden marginalisiert, wie etwa der Übergang von den Jäger- und Sammlergruppen zu Gesellschaften mit Ackerbau und Viehzucht, die dazu geführt haben, dass Krieg in Form organisierter Gewalt in die Menschheitsgeschichte Einzug gehalten hat.

Menschheitsgeschichtlich ist das Erfordernis zu einer klaren und verlässlichen Trennung von Krieg und Frieden, also zur Beendigung des Hobbes'schen *bellum omnium contra omnes*, mit der neolithischen Revolution verbunden. Als solche wird der Übergang von der Subsistenzform der Jäger und Sammler zu Ackerbau und Viehzucht bezeichnet, in deren Folge die Möglichkeiten, einander auszuweichen oder zu meiden, geringer wurden, weil die bestellten Äcker für Sesshaftigkeit sorgten und ihre Bewirtschafter dazu nötigten, die kultivierten Gegenden, deren Fruchtbarkeit häufig von Bewässerungssystemen abhängig war, gegen nomadische Beutezüge zu verteidigen.[11] Für die Jägernomaden war Gewaltanwendung ein Bestandteil ihrer Lebensform und Produktionsweise; für die Bauern hingegen war sie eine Bedrohung und Unterbrechung ihres Lebens, gegen die sie sich schützen mussten. Nicht der Staat, sondern die Entwicklung zur Sesshaftigkeit sorgte für die Transformation diffuser in organisierte Gewalt. Das wiederum heißt, dass der Krieg im Sinne der organisierten Anwendung von Gewalt aus einer Verbindung von Notwendigkeit und Fähigkeit zur Verteidigung erwachsen ist. Die Notwendigkeit der Verteidigung erwuchs aus der Produktionsweise; die Fähigkeit dazu aus der herrschaftlichen Organisation. Es kommt somit nicht von ungefähr, dass der dem bäuerlichen Leben verbundene griechische Dichter Hesiod als einer der ersten den Frieden gefeiert und den Krieg verurteilt hat. Die Verbindung des Friedens bzw. des Friedenswillens mit einer bestimmten gesellschaftlichen Schicht oder sozialen Formation taucht in der Geschichte der Friedensvorstellungen immer wieder auf: Was für Hesiod die Bauern und das bäuerliche Leben waren, sind im 19. Jahrhundert für die

Soziologen Auguste Comte und Herbert Spencer die industriellen Produzenten und der Industrialismus, von denen sie erwarten, dass mit ihnen die Ära der Kriege zu Ende geht.[12] Ähnliche Erwartungen sind in der marxistischen Theorie dann mit dem Proletariat und der sozialistischen Gesellschaft verbunden worden.[13]

Der preußische Kriegstheoretiker Carl von Clausewitz hat die Beobachtung, dass Widerstand anstelle von Ausweichen die Gewalt intensiviert, als ein allgemeines Prinzip formuliert. Über die «Wechselwirkung von Angriff und Verteidigung» schrieb er: «Wenn wir uns die Entstehung des Krieges philosophisch denken, so entsteht der eigentliche Begriff des Krieges nicht mit dem Angriff, weil dieser nicht sowohl den Kampf als die Besitznahme zum absoluten Zweck hat, sondern er entsteht erst mit der Verteidigung, denn diese hat den Kampf zum unmittelbaren Zweck, weil Abwehren und Kämpfen offenbar eins ist. Das Abwehren ist nur auf den Anfall gerichtet, setzt ihn also notwendig voraus, der Anfall aber nicht auf das Abwehren, sondern auf etwas anderes, nämlich die Besitznahme, setzt also das letztere nicht notwendig voraus. Es ist daher in der Natur der Sache, dass derjenige, welcher das Element des Krieges zuerst in die Handlung bringt, von dessen Standpunkt aus erst zwei Parteien gedacht werden, auch die ersten Gesetze für den Krieg aufstellt: nämlich *der Verteidiger*.»[14] Seitdem es etwas zu verteidigen gab, weil die Menschen Arbeit und Zeit darin «investiert» hatten – zum Beispiel bestellten Boden, Bewässerungssysteme, Vorräte, auf die sie angewiesen waren, Gerätschaften, die sich nicht so leicht ersetzen oder transportieren ließen –, trat an die Stelle der Flucht bzw. des Ausweichens und Zurückziehens die Verteidigung. Damit bekam die Gewaltanwendung eine neue Qualität.

Wie der Anfang des Krieges im Sinne einer herrschaftlich oder genossenschaftlich organisierten Gewalt mit der Entstehung von Bewässerungskulturen in den großen Stromtälern zusammenhängt, so ist seine Geschichte als Ausdehnung und Effektivierung der Gewalt eng mit dem zivilisatorischen und technologischen Fortschritt verbunden. Dazu gehört der Bau von Befestigungsanlagen sowie die Nutzung von Reit-, Last- und Zugtieren, im 19. Jahrhundert dann der Einsatz fossiler Energie (Eisenbahn und Automobil), schließlich der Rückgriff auf die Wissenschaft, namentlich Chemie, Physik und

Informatik, für Zwecke der Kriegführung.[15] Die Folge dessen war, dass das Führen eines Krieges, also der Versuch, politische Zwecke mit Hilfe militärischer Gewalt zur Geltung zu bringen, immer teurer wurde, so dass immer weniger politische Akteure imstande waren, selbständig Kriege zu führen. Die Anforderungen an einen selbständig kriegführungsfähigen Akteur wuchsen permanent, bis schließlich in der zweiten Hälfte des 20. Jahrhunderts nur noch die USA und die Sowjetunion bzw. die Militärbündnisse von Nato und Warschauer Pakt als solche einander gegenüberstanden.[16] Das schloss «Stellvertreterkriege» an der Peripherie der geopolitischen Großräume nicht aus, aber die Stellvertreter waren von der Unterstützung durch eine der beiden Seiten abhängig. Blieb sie aus, ging der Krieg sehr bald zu Ende.

Entgegen der zeitweilig verbreiteten Erwartung, dass mit dem Ende des Ost-West-Konflikts die Menschheit in eine Ära allgemeinen Friedens eintreten werde, weil der Krieg als Mittel der Politik zu teuer und zu ineffektiv geworden, kurzum antiquiert sei,[17] ist es inzwischen zu einem Gestaltwandel des Krieges gekommen, in dessen Verlauf sich die Kriegführung dramatisch verbilligt hat und der Krieg, um es pointiert zu formulieren, sich aus einem Instrument der Politik, wie er von Clausewitz definiert worden ist,[18] in eine Form der Subsistenzsicherung verwandelt hat. Die «Neuen Kriege» zeichnen sich u. a. dadurch aus, dass deren Akteure «vom Krieg leben», d. h. der Krieg ist für sie eine Form der Erwirtschaftung des Lebensunterhalts geworden.[19] Die Grenzziehungen zwischen Krieg und Frieden, Staatenkrieg und Bürgerkrieg, Kombattanten und Nonkombattanten, Kriminalität und Kriegsgewalt, wie sie für die politische Ordnung der Moderne charakteristisch waren, haben sich dabei zunehmend aufgelöst. Dementsprechend ist die Entstehung von «Gewaltmärkten» als ein wesentliches Charakteristikum der «Neuen Kriege» diagnostiziert worden.[20]

## Die Auflösung von Gemengelagen des Krieges mit politischen und juridischen Mitteln

Die Unterscheidung zwischen Staatenkrieg und Bürgerkrieg bzw. die definitorische Präzisierung dieses Unterschieds und seine politisch-juridische Verbindlichmachung geht auf den Frieden von Münster und Osnabrück (1648) zurück, mit dem der Dreißigjährige Krieg in Mitteleuropa beendet wurde. Nach jahrelangen Verhandlungen wurden nicht nur die unmittelbaren Kriegshandlungen eingestellt, sondern zugleich wurde eine politische Ordnung geschaffen, die nachfolgende Kriege räumlich wie zeitlich in Grenzen hielt. Bis zur Französischen Revolution, also für eineinhalb Jahrhunderte, hat die «Westfälische Ordnung»[21] gehalten, und in vieler Hinsicht hat der Wiener Kongress, der die zwei Jahrzehnte der napoleonischen Kriege beendete, diese Westfälische Ordnung wiederhergestellt. Sie hatte im Prinzip also bis 1914, bis zum Beginn des Ersten Weltkriegs, Bestand.

Die aus dem Ersten Weltkrieg hervorgegangene Ordnung war dagegen instabil. Mit dem revolutionären Internationalismus der Bolschewiki in der Sowjetunion sowie der Völkerbund-Konzeption des amerikanischen Präsidenten Woodrow Wilson folgte sie anderen Prinzipien als die Westfälische Ordnung. Hatte diese auf die formalrechtliche Hegung des Krieges gesetzt, also das *ius ad bellum* (Recht zum Krieg) eines jeden Souveräns durch die Verfeinerung des *ius in bello* (Recht im Krieg) zu kontrollieren versucht, so standen nun die Apologie des revolutionären Krieges als Befreiungskrieg und die völkerrechtliche Verurteilung des Angriffskrieges unvermittelt nebeneinander. Damit war das Fundament der Westfälischen Ordnung, die Trennung von Staaten- und Bürgerkrieg, in Frage gestellt.[22] Diese Ambivalenz gegenüber dem Krieg als unbedingt zu verhinderndes Übel und gleichzeitig als Instrument der revolutionären Befreiung dauerte nach 1945 fort: Während offiziell jede Form des Krieges verurteilt wurde, unterstützten Westen wie Osten die ihnen politisch je genehmen Kriegsakteure mit Waffen und Hilfslieferungen und zündelten im Hintergrund, um die Gegenseite an ihrer Peripherie militärisch zu schwächen. Nach einer kurzen Unterbrechung infolge des

Zusammenbruchs der Sowjetunion ist diese Praxis in modifizierter Form inzwischen wieder aufgelebt, ohne dass freilich die jeweiligen «Anlehnungsmächte» noch denselben Einfluss auf ihre Protegés hätten wie in der Zeit der Blockkonfrontation.

Im Zusammenhang mit dem Konzept der humanitären militärischen Intervention[23] und der neuen Völkerrechtsformel einer *responsibility to protect (r2p)* hat die Theorie des gerechten Krieges inzwischen eine bemerkenswerte Renaissance erfahren. Kernstück dieser Schutzverantwortung der Weltgemeinschaft ist die Relativierung des in der «Westfälischen Ordnung» zentralen Souveränitätskonzepts, das unter die Aufsicht der Weltgemeinschaft gestellt und normativ konditioniert wird: Kommt ein Staat seiner Verpflichtung zum Schutz der Bürger nicht nach bzw. macht er sich systematischer Menschenrechtsverletzungen schuldig, gibt es eine Verantwortung der Weltgemeinschaft, gegebenenfalls auch mit militärischen Mitteln einzugreifen und ein Mindestmaß von Ordnung in dem betreffenden Gebiet wieder herzustellen, ohne dass es sich dabei um einen Angriffskrieg im Sinne der UN-Charta handelt. Ausdrücklich ist dabei von einer *Verantwortung* und keiner *Verpflichtung* zum Intervenieren die Rede, d.h. es gelten gewisse Kriterien für Legitimität, Erfordernis und die Erfolgsaussichten einer solchen militärischen Intervention aus humanitären Gründen, die auch dazu führen können, dass man einen Bürgerkrieg «ausbrennen» lässt. Dabei wird auf die der Theorie des gerechten Krieges entstammenden Formeln der *causa iusta* (gerechter Kriegsgrund) und *intentio recta* (aufrechte Absicht) ebenso zurückgegriffen wie auf den in ihr entwickelten Maßstab der Angemessenheit. Im Hinblick auf das Interventionskonzept spricht man auch von einer «Konstabularisierung» des Militärs,[24] also der Auflösung der klassischen Unterscheidung zwischen polizeilichem und militärischem Handeln. Ob sich dieses Konzept angesichts der zahlreichen Fehlschläge solcher Interventionen durchsetzen wird, ist eine vorerst offene Frage. Die grundsätzliche Alternative dazu ist eine Rückkehr zum völkerrechtlichen Modell der «Westfälischen Ordnung».

Der in Münster und Osnabrück beendete Dreißigjährige Krieg stellte eine Gemengelage von Bürger- und Staatenkrieg dar, und in der Retrospektive ist es vor allem diese Gemengelage gewesen, die den Krieg so lange hat andauern und so verheerende Wirkung hat entfalten lassen. Der Widerstand der böhmischen Stände gegen das Wiener Kaiserhaus hatte sich 1618 mit den konfessionellen Spaltungslinien im Reich verbunden (Wahl des reformierten Kurfürsten Friedrich von der Pfalz zum böhmischen König), was wiederum von Kämpfen um Macht und Einfluss zwischen den Reichsfürsten (bayerische Intervention in den böhmischen Krieg) überlagert wurde. Konfessionelle Bindungen, aber auch das Interesse am Machtzuwachs der eigenen Herrschaft führten zur Intervention äußerer Mächte in den «deutschen Krieg» (Dänemark, Spanien, Schweden, Frankreich), so dass ein komplexes Geflecht von mit militärischen Mitteln verfolgten Werten und Interessen entstand, was einen baldigen Friedensschluss verhinderte. Eigentlich handelte es sich beim Dreißigjährigen Krieg um eine Abfolge, teilweise auch Überlagerung mehrerer Kriege, die infolge der unterschiedlichen Motive und Interessen der Beteiligten nicht beendet werden konnten. In der Folge fraß sich der Krieg immer tiefer in die gesellschaftliche Ordnung hinein, und schließlich kam es in der Gestalt von Kriegsunternehmern (*Condottieri*) zu einer Verselbständigung der Gewaltakteure gegenüber ihren politischen Auftraggebern. Der bekannteste von ihnen ist Albrecht von Wallenstein. Das Ergebnis war die Verwüstung Deutschlands mit sozialen und demographischen Folgen bis weit ins 18. Jahrhundert.[25] Der Westfälische Frieden sorgte nicht nur für die Beendigung des Krieges, sondern schuf auch Strukturen und Regeln, die eine derartige Eskalation der Gewalt hinfort verhindern sollten. Parallel dazu wurde der Dreißigjährige Krieg zum Paradigma eines Krieges, der politisch außer Kontrolle geraten war.

Die in Münster und Osnabrück gefundene Antwort auf diese Herausforderung war die Stärkung von Staatlichkeit und Souveränität. Innergesellschaftliche Kriege sollten konsequent verhindert werden. Zugleich aber wurde jedem Souverän das Recht eingeräumt, einem anderen Souverän den Krieg zu erklären, wenn strittige Fragen nicht mit den Mitteln der Diplomatie geklärt werden konnten. Der Krieg wurde so zur *ultima ratio regis*. Aber diese Wendung zum «nichtdiskriminierenden Kriegsbegriff»[26] war mit der Erwartung verbunden, dass die militärische Austragung des Konflikts möglichst wenig in das Wirtschaftsleben und die soziale Ordnung der kriegsbeteiligten

Staaten eingriff,[27] und so hat Clausewitz über diese Art der Kriegführung rückblickend bemerkt: «Auf diese Weise wurde der Krieg in eben dem Maße, wie sich die Regierung vom Volke trennte und sich als den Staat ansah, ein bloßes Geschäft der Regierungen, welches sie vermittelst der Taler in ihrem Koffer und der müßigen Herumtreiber in ihren und den benachbarten Provinzen zustande brachten.»[28] Bei aller Kritik an dieser Entwicklung konzedierte Clausewitz aber auch, dass sie «eine wohltätige Wirkung für die Völker» gehabt habe.[29]

Man kann die mit dem Westfälischen Frieden eingeleitete Entwicklung auch als einen Prozess der politisch-militärischen Symmetrierung beschreiben, in dessen Verlauf sich die Akteure bezüglich ihrer Fähigkeiten wie Verwundbarkeiten, ihrer Vulneranz wie Vulnerabilität, einander anglichen. Das war die Voraussetzung dafür, dass sich die Kriegsparteien als prinzipiell Gleiche anerkannten und sich Kriegsregeln (*ius in bello*) unterwarfen, ohne dabei befürchten zu müssen, dass ihnen daraus Nachteile erwachsen würden. Durch die fortschreitende Entwicklung von Regeln und Normen wurde der Krieg «gehegt». Das Kriegsrecht, das in vieler Hinsicht als juridische Kodifizierung des ritterlichen Ethos zu begreifen ist, war und ist in hohem Maße daran gebunden, dass die im Krieg notorisch auftretenden Asymmetrien in Grenzen gehalten werden.[30]

Die Geschichte des Kriegsvölkerrechts ist eng mit der Monopolisierung des Rechts der Kriegserklärung durch die Staaten und die Regularisierung der Kriegführung verbunden.[31] Hatten die Vertreter der spanischen Neuscholastik von Juan Gines de Sepúlveda über Francisco de Vitoria bis zu Francisco Suárez sich noch an dem Konzept des gerechten Krieges abgearbeitet, wie es von Cicero und Augustinus entwickelt und durch Thomas von Aquin ausgearbeitet worden war,[32] so trat diese Vorstellung seit Hugo Grotius' epochalem Werk *De iure belli ac pacis libri tres* (1625) zunehmend zurück, bis sie in der Formel vom *bellum iustum ex utraque parte*, vom beiderseits als gerechtfertigt angesehenen und demgemäß geführten Krieg, politisch entschärft wurde: Der gerechte Kriegsgrund (*causa iusta*) und die aufrechte Absicht (*intentio recta*) verloren mehr und mehr an Bedeutung bzw. wurden durch die beiden anderen Eckpunkte der Theorie des gerechten Krieges absorbiert: die Frage nach dem Recht zur Kriegserklärung (*auctoritas principis*) und der rechtlichen Form ihres Vollzugs (*forma iuris*). Politische Strukturen und juridische Regularien brachten den «gehegten Krieg» hervor,[33] und dessen Grundvoraussetzung war die strikte Trennung von zwischenstaatlichem und innergesellschaftlichem Krieg. Dazu gehörte u. a. der Verzicht, konfessionelle, ethnische oder soziale Spaltungslinien in der Gesellschaft des Gegners als strategischen Ansatzpunkt zu seiner Schwächung auszunutzen. Man kämpfte allein oder doch vorwiegend gegen das gegnerische Heer, und die Entscheidung über den Ausgang des Krieges fiel im Ringen dieser Heere.[34] Clausewitz bemerkt über die aus seiner Sicht ambivalenten Effekte dessen: «Der Krieg wurde [...] nicht bloß seinen Mitteln, sondern auch seinem Ziele nach immer mehr auf das Heer selbst beschränkt. Das Heer mit seinen Festungen und einigen eingerichteten Stellungen machte einen Staat im Staate aus, innerhalb dessen sich das kriegerische Element langsam verzehrte. Ganz Europa freute sich dieser Entwicklung und hielt sie für eine notwendige Folge des fortschreitenden Geistes.»[35] Mit «fortschreitendem Geist» meinte Clausewitz die Aufklärung.

Das änderte sich jedoch mit der Französischen Revolution, deren Folgen für das Kriegsgeschehen auch als «Entfesselung der Bellona» bezeichnet worden sind.[36] «Der Krieg», so noch einmal Clausewitz, «war urplötzlich wieder eine Sache des Volkes geworden, und zwar eines Volkes von 30 Millionen, die sich alle als Staatsbürger betrachteten. [...] Mit dieser Teilnahme des Volkes an dem Kriege trat statt eines Kabinetts und eines Heeres das ganze Volk mit seinem natürlichen Gewicht in die Waagschale.»[37] Von nun an griff der Krieg wieder tief in das Leben der Bevölkerung ein. Das begann mit der *levée en masse* im revolutionären Frankreich, und von hier aus verbreitete sich die Idee einer allgemeinen Wehrpflicht in Europa. Hinzu kam die Praxis des Requirierens in Feindesland, mit der sich Napoleon vom schwerfälligen Magazinsystem der alten Kriegführung unabhängig machte. Er konnte so seine Truppen nicht nur schneller bewegen als seine Gegner, sondern auch sehr viel weiter und tiefer ins gegnerische Gebiet vorstoßen. An die Stelle des langwierigen Belagerungs- und Manöverkriegs in den Grenzregionen trat der Angriff auf das Zentrum des Gegners: seine Hauptkräfte und seine Hauptstadt.[38] Die Folge waren ständige «Einquartierungen» und Plünderungen. Schließlich kam es zu einer Ideologisierung des Krieges durch den

Export revolutionärer Ideen sowie das Aufkommen antiimperialer Freiheitsvorstellungen. Der «Krieg der Waffen» wurde vom «Krieg der Federn» begleitet, in dem nicht Soldaten, sondern Intellektuelle und Schriftsteller die Hauptrolle spielten. Aus einem Akt der Zerstörung, der den gegnerischen Willen brechen oder beugen sollte, verwandelte sich der Krieg in einen Akt der Selbstvergewisserung der eigenen Werte.[39] Im Gefolge lösten sich die zuvor mühsam errichteten Trennlinien zwischen Staaten- und Bürgerkrieg auf:[40] Der napoleonische Export der revolutionären Errungenschaften mit Hilfe des Militärs spaltete die Gesellschaften in erklärte Anhänger und entschiedene Feinde Napoleons. Vor allem in Spanien, wo es nach der Niederschlagung des Madrider Aufstands gegen die französische Herrschaft zu einem mehrjährigen Kleinkrieg (*Guerilla*) kam, dessen die französischen Truppen nicht Herr zu werden vermochten, verbanden sich Elemente des Bürgerkriegs mit solchen des Staatenkrieges, und so nimmt es nicht Wunder, dass Spanien nach dem Sturz Napoleons und dem Wiener Kongress ein politisch instabiles Land blieb, in dem Aufstände und Militärputsche einander ablösten. Aber neben dem Balkan blieb Spanien mit dieser Guerillakriegführung die Ausnahme, und nicht zuletzt dadurch gerieten beide Regionen immer stärker an die politische und wirtschaftliche Peripherie Europas. Man kann diese Kausalität freilich auch umdrehen, was dann heißt: Guerillakriegführung findet wesentlich an der Peripherie von Wohlstandszonen statt, weil nur hier eine Bevölkerung anzutreffen ist, die diese Art des Krieges durchzuhalten vermag.

Im Allgemeinen gilt das 19. Jahrhundert in Europa als friedlich, freilich nicht deswegen, weil keine Kriege stattgefunden hätten, sondern weil diese Kriege (wie die deutschen und italienischen Einigungskriege) räumlich begrenzt blieben und schnell beendet wurden. Das war beim Ersten Weltkrieg nicht der Fall, und deswegen wuchs sich dieser Krieg – in der berühmten Formulierung George F. Kennans – zur «Urkatastrophe» des 20. Jahrhunderts aus. Der Erste Weltkrieg begann 1914 als ein klassischer Staatenkrieg und wurde 1918, als am 11. November im Westen die Waffen schwiegen, in Mittel- und Osteuropa sowie auf dem Balkan und im Nahen Osten als Bürgerkrieg fortgesetzt, in den verschiedentlich auch zwischenstaatliche

Kriege (Polen vs. Sowjetrussland, 1919/20; Griechenland vs. Türkei, 1922) eingelagert waren. Die Grenzziehung zwischen Staaten- und Bürgerkrieg war nunmehr endgültig aufgebrochen und konnte auch in den so genannten Pariser Vorortverträgen (Versailles, St. Germain, Trianon, Sévres) nicht wieder hergestellt werden. Nicht wenige Beobachter haben darum von einem europäischen Bürgerkrieg gesprochen, der 1914 begann und erst 1945 durch die Teilung Europas beendet wurde.[41]

Bei der Betrachtung des Ersten Weltkriegs fällt zunächst auf, dass hier nicht politische Veränderungen, wie im Fall der Französischen Revolution und ihrer Folgen, sondern technische und militärorganisatorische Innovationen die bisherigen Begrenzungen des Kriegsgeschehens aufgesprengt haben. Das beginnt bei der Nutzung der Eisenbahnen für die Verlegung und Versorgung der Truppen, setzt sich fort in der Umstellung des gesamten Wirtschaftslebens von Friedens- auf Kriegsproduktion und endet in der Nutzung von Wissenschaft und Technik für die Entwicklung neuer Waffen, vom U-Boot bis zum Flugzeug, vom Maschinengewehr bis zum Panzer (Tank), vom Gasangriff bis zur Ammoniakgewinnung aus der Luft (Haber-Bosch-Verfahren), durch die Deutschland nach seiner Abschneidung von chilenischem Salpeter überhaupt kriegführungsfähig blieb. Nicht nur die Intellektuellen und Schriftsteller als «Sinnbewirtschafter», sondern auch die Natur- und Technikwissenschaftler wurden damit zu zentralen Kriegsakteuren. Neben den politischen haben also auch technologische Revolutionen den Krieg verändert,[42] und dabei hat sich in der Regel jene Kriegspartei als erfolgreich erwiesen, die mit Hilfe einer effektiven staatlichen Organisation alle gesellschaftlichen Kräfte für die Zwecke des Krieges zu mobilisieren vermochte. In der einschlägigen Literatur ist darauf hingewiesen worden, dass sich mit der Totalisierung des Krieges auch die Vorstellung vom Kombattanten änderte, was u.a. in Begriffen wie «Heimat-Front» und «totaler Krieg» zum Ausdruck kam. Der amerikanische Sozialphilosoph Michael Walzer hat mit Blick auf die Kriege des 20. Jahrhunderts von «Semi-Kombattanten» gesprochen, als die er u.a. die Arbeiter in Rüstungsbetrieben identifizierte.[43]

Hintergrund der Frage nach dem Kombattantenstatus von Nicht-Soldaten waren neue Formen der Kriegführung, in denen sich die

*Den großen Schlachtengemälden, die den Ruhm der siegreichen Seite verkünden und dabei den Feldherrn herausstellen, wie er die entscheidenden Anweisungen erteilt oder an der Spitze seiner Kolonnen die Wendung des Kampfgeschehens herbeiführt, stehen die Bilder gegenüber, die das Grauen des Krieges, Leid, Elend und Grausamkeit zeigen. Neben Jacques Callots Bildern aus dem Dreißigjährigen Krieg sind hier vor allem Francisco Goyas* Desastres de la guerra *zu nennen, in denen Szenen aus dem antinapoleonischen Partisanenkrieg der Spanier zwischen 1808 und 1812 gezeigt werden. Die Bildüberschrift «Aber das ist noch schlimmer» bezieht sich auf das vorangegangene Bild, das die Strangulation eines Aufständischen durch französische Soldaten zeigt. Hier nun ist der Tod in eine lange und qualvolle Marter eingebettet: Die Soldaten haben den Partisanen entkleidet und auf dem abgestorbenen Ast eines Baumstumpfs «gepfählt», das heißt, sie haben den zugespitzten Ast vom After her durch dessen Körper getrieben, bis die Spitze unterhalb des Nackens wieder austrat. Zuvor haben sie den überwältigten Gegner noch verstümmelt. Während ein Soldat unter dem Baum liegt und das langsame Sterben betrachtet, vollzieht ein anderer Soldat Verstümmelungen an einem weiteren Gefangenen – womöglich die Vorbereitung für die nächste Pfählung.*

Strategie nicht wesentlich gegen die militärischen Kräfte des Gegners, sondern gegen dessen wirtschaftliche Durchhaltefähigkeit bzw. den Durchhaltewillen der Zivilbevölkerung richtete. Beispiele dafür sind die englische Seeblockade im Ersten Weltkrieg, durch die das Deutsche Reich nicht nur von kriegswichtigen Rohstoffen, sondern die Zivilbevölkerung auch von Lebensmitteln abgeschnitten wurde, ebenso der uneingeschränkte U-Bootkrieg der Deutschen als Reaktion darauf, durch den die britischen Inseln wirtschaftlich stranguliert werden sollten, schließlich, vor allem dann im Zweiten Weltkrieg, der strategische Bombenkrieg, durch den die Wirtschaftszentren des Gegners paralysiert und der Kriegswille der Bevölkerung gebrochen werden sollten. In diese Reihe gehört aber auch die Unterstützung national- oder sozialrevolutionärer Kräfte auf dem Territorium des Gegners, die diesen von innen heraus schwächen sollten. Am folgenreichsten war hier der 1917 erfolgte Transport Lenins aus seinem Schweizer Exil nach Russland, durch den das Deutsche Reich das Ausscheiden der Russen aus dem Krieg erreichen wollte – was dann auch gelang.[44]

All die Entwicklungen, die im Ersten Weltkrieg ihren Anfang nahmen, haben sich im Verlauf des 20. Jahrhunderts fortgesetzt. Das faschistische Italien, die totalitären Regime Deutschlands und der Sowjetunion sowie schließlich auch das autoritär regierte Japan sind wesentlich Kriegführungsregime gewesen, in denen jedwede Form von Politik im Modus des Krieges gedacht wurde. Sie sind aus Bürgerkriegen hervorgegangen und haben den Bürgerkrieg mit den Mitteln der Staatsmacht fortgesetzt. Die Arbeits- und Konzentrationslager im Innern dieser Regime waren eine Fortsetzung des Bürgerkriegs aus der Position der Macht und unter Abstreifung aller rechtlichen und ethischen Begrenzungen. Franz Neumann, ein an der Begrifflichkeit Carl Schmitts geschulter, der politischen Linken nahestehender Politikwissenschaftler, der rechtzeitig in die USA emigrierte, hat seine Analyse des NS-Staates unter dem Titel *Behemoth* veröffentlicht; er hat also nicht Hobbes' mythischen Begriff für den starken Staat, «Leviathan», gewählt, sondern dessen Benennung des Bürgerkriegs als «Behemoth».[45] Es kommt nicht von ungefähr, dass in Italien und den Ländern Mitteleuropas das Ende der faschistischen Regime in den Jahren 1944 und 1945 in Form eines Bürgerkriegs stattgefunden hat, der die vordringenden Truppen der Anti-Hitler-Koalition begleitete. In dieser Perspektive ist das unblutige Ende der kommunistischen Regime Ost- und Mitteleuropas in einer Reihe «friedlicher Revolutionen» eine nachhaltige Beendigung des europäischen Bürgerkriegs gewesen und nicht dessen Fortsetzung. Die einzige Ausnahme waren die mit großer Grausamkeit ausgetragenen jugoslawischen Zerfallskriege.[46] Sie folgten einem Typ von Krieg, in dem zwischenstaatliche und innergesellschaftliche Gewalt aufs engste ineinander verwoben sind.

## Ätiologien des Krieges: Frauenraub und Heldenruhm, politisch-kulturelle Selbstbehauptung und der Kampf um Macht und Größe

Nicht aus der Unmittelbarkeit ihres Tuns, sondern aus den rühmenden Erzählungen der Sänger und Dichter erwachsen die Helden, die in Lyrik und Epik eine herausgehobene Rolle spielen. In der europäischen Literatur steht am Anfang dessen Homers *Ilias*, an der sich die Späteren abgearbeitet haben. Homer ist nicht der Historiker des Trojanischen Krieges,[47] er berichtet weder von seinem Anfang noch von seinem Ende, sondern greift ein paar Tage im Kampfgeschehen heraus. Es geht um den Kampfstreik des Achill, die dadurch möglichen Siege der Trojaner unter der Führung Hektors, den Tod des Patroklos und die Rückkehr Achills in den Kampf, den Zweikampf zwischen Achill und Hektor, die grauenhafte Verstümmelung des toten Hektor durch Achill und schließlich den nächtlichen Bittgang des alten Königs Priamos. In ihm veranlasst Priamos den Achill, den Leib seines toten Sohnes zurückzugeben, damit dieser in Ehren bestattet werden kann. Die *Ilias* ist ein Gedicht über die im Krieg freigesetzten Emotionen, über die schnelle Wendung des Schicksals, über Ruhmbegehren und Todesangst, kurz: über die Innenseite des Heroentums. Die *Ilias* hat Vorbilder und Leitideen hervorgebracht, die geschichtsmächtig geworden sind. So soll sich der Makedonenkönig Alexander den Achill zum Vorbild gewählt haben, und das habe ihn, so seine Biographen, dazu gebracht, den Vorderen und Mittleren Orient zu erobern und bis zum Ufer des Indus vorzudringen. Der Römer Gaius Julius Caesar wiederum soll sich Alexander zum Vorbild genommen haben, und in seinem Eifer, es dem Makedonenkönig nachzutun, hat er die imperiale Expansion Roms vorangetrieben wie kein anderer vor und nach ihm. Die literarische Konstruktion des Helden, die Erzählung von seinen Taten wie von seinem Untergang war nie bloße Unterhaltung einer andächtigen

Hörer- und Leserschaft, sondern hat ein Muster von Leben und Sterben hervorgebracht, das im buchstäblichen Sinn zum Maßstab des Heldentums geworden ist.

Mit den politischen und strategischen Ursachen des Krieges hat sich Homer nicht weiter beschäftigt; es ist zwar klar, dass beim Trojanischen Krieg Frauenraub eine wichtige Rolle spielte (ebenso wie beim Streit zwischen Achill und Agamemnon, der in Achills Kampfstreik mündete), aber die Intensität des geschilderten Kampfgeschehens übertrifft diese Ursache; längst hat sich der Krieg gegenüber dem Raub der Helena verselbständigt und ist zu einer Bewährungsprobe der Helden geworden: Man kann, nachdem der Krieg erst einmal begonnen hat, nicht mehr zurück, ohne sein Prestige als Held zu verlieren; ein politischer Kompromiss ist angesichts dieser Ehrdominanz unmöglich. Die aufmerksame Lektüre von Homers *Ilias* vermag zu erklären, warum viele Kriege nicht endeten, wiewohl eine rationale Kosten-Nutzen-Analyse längst gegen ihre Fortsetzung sprach: die Poesie des Kampfes hat die Prosa der Kriegskosten überlagert.[48]

Der Historiker Herodot, der den Krieg zwischen dem expansiven Perserreich und den widerständigen Griechenstädten Athen und Sparta beschrieben hat,[49] hat sich nicht mehr für das Heroentum der Einzelkämpfer, sondern für den Zusammenhalt der Hoplitenphalanx (etwa in der Schlacht von Marathon 490 v. Chr.) interessiert und diesen aus der sozio-politischen Verfassung der kriegsbeteiligten Akteure erklärt. Herodot ist deswegen als der erste Historiker Europas gefeiert worden. Er interessiert sich neben den großen Entwicklungslinien des Krieges vor allem auch für dessen Ursache, die er im politisch-kulturellen Gegensatz zwischen Persern und Griechen, Osten und Westen sieht. Was Samuel Huntington in *The Clash of Civilizations*[50] als die Konfliktlinien des 21. Jahrhunderts angenommen hat, als er sie entlang religiös-kultureller Identitäten nachzeichnete, hat Herodot für den Krieg zwischen Persern und Griechen beschrieben: Nicht um Macht und Einfluss geht es demnach in diesem Konflikt, sondern um die Bewahrung der politisch-kulturellen Identität der Hellenen, die ihre Freiheit gegen die Despotie des Orients verteidigen. Die orientalische Despotie – ein Begriff, der noch im 19. und 20. Jahrhundert als politische Orientierungskategorie eine wichtige Rolle spielen sollte[51] – beruhte danach auf der Peitsche (*mástix*) und der Proskynese, dem unterwürfigen Kniefall vor dem Herrscher, während die athenische Demokratie die freie Rede der Bürger und ihre politische Teilhabe an allen wichtigen Entscheidungen zur Grundlage hatte. Herodot verortet den Krieg also im Rahmen eines großen weltgeschichtlichen Gegensatzes und verleiht ihm dadurch eine Bedeutung, die weit über die unmittelbaren Auswirkungen der Schlachten von Marathon und Salamis (490 bzw. 480 v. Chr.) hinausgeht: Es geht um die Verteidigung der Freiheit gegen die Knechtschaft – eine Vorstellung, die auch während des Kalten Krieges die Leitidee einiger Geschichtsdarstellungen bildete. Das ist nach den in der *Ilias* herausgestellten Kriegsursachen des Frauen- und Viehraubs sowie der Ehrbegier der Helden die zweite große Ätiologie des Krieges: der Kampf der politischen Kulturen.

Dagegen hat sich Thukydides, der Historiker des Peloponnesischen Krieges,[52] vor allem für eine dritte große Ätiologie des Krieges und daran anschließende Erklärungen interessiert: für den politischen Umgang mit Macht, für kluge Strategien, für die Enttäuschung von Erwartungen und für das Scheitern hochfliegender Pläne. Der Krieg, so seine Grundüberzeugung, ist eine Offenlegung der menschlichen Natur, die während des Friedens in ihrer Maßlosigkeit und Unersättlichkeit nicht sichtbar wird, weil Gewohnheiten und Übereinkünfte die Menschen bändigen und sie daran hindern, das auszuleben, was in ihnen steckt. Aber der Krieg, so Thukydides, ist «ein gewalttätiger Lehrer», der die tiefsten Gründe und Abgründe menschlichen Handelns offenlegt. Für die Menschen mag Krieg verheerend sein; für den Historiker hingegen öffnet er den Blick auf die eigentlichen Antriebe menschlichen Handelns. Insofern ist Thukydides' Werk nicht nur die Beschreibung eines lange währenden Krieges, sondern eine Offenlegung der menschlichen Natur für den Politikanalytiker. Darin ist Thukydides der intellektuelle Widerpart Platons, der in seiner *Politeia* den Krieg als Symptom einer Erkrankung des Menschengeschlechts begriffen hat: Aus dem Krieg, so Platon, ist nichts zu lernen, außer dass die politischen Konstellationen so einzurichten sind, dass die Attraktivität und damit Wahrscheinlichkeit eines Krieges so niedrig wie möglich gehalten werden. Für Thukydides hingegen zeigt sich erst im Krieg, wozu der Mensch fähig ist. Nicht die Ontologie, wie bei Platon, sondern die Anthropologie ist für Thukydides die Grundlage politischer Theorie.

Da der Krieg, und zwar sowohl der Krieg *zwischen* den Städten als auch die gewalttätigen Auseinandersetzungen *in* den Städten, für Thukydides die Grundlage politischer wie historischer Erkenntnis darstellt, war er bestrebt, diese Grundlage so breit wie möglich zu machen. Eigentlich bestand das, was wir heute den «Peloponnesischen Krieg» nennen, aus mehreren Kriegen, die durch Waffenstillstände und Friedenszeiten voneinander getrennt waren. Thukydides hat diese sich über einen Zeitraum von drei Jahrzehnten erstreckenden Kriege, die um die Vorherrschaft in der griechischsprachigen Welt geführt wurden, zu einem einzigen Krieg «zusammengeschrieben», weswegen sein Werk auch unter dem Titel *Xyngraphe* (Zusammenschreibung) überliefert ist. Soll heißen: Der Krieg, den er beschreibt, ist der größte Krieg, den es je gegeben hat, und darum können die aus ihm gewonnenen Erkenntnisse und Einsichten Gültigkeit «für alle Zeit» beanspruchen. Politikanalytisch setzt Thukydides auf das Gegenteil dessen, was in der «Westfälischen Ordnung» praktisch unternommen wurde: Während diese auf die Trennung von Staaten- und Bürgerkrieg setzte, hat Thukydides nicht nur von einander unabhängige Kriege zwischen den Städten, sondern auch Bürgerkriege innerhalb der Städte zu einem einzigen großen Gewaltexzess verbunden.

Thukydides' Zusammenschreibung mehrerer Kriege ist für die politische Historiographie vorbildlich geworden. Im Prinzip setzt sich nämlich auch der Dreißigjährige Krieg von 1618–1648 aus mehreren Kriegen zusammen, die in dichtem Abstand aufeinander folgten und in ursächlichem Zusammenhang miteinander standen. Analog dazu gab und gibt es bei einigen Historikern die Vorstellung, auch die Kriege zwischen 1914 und 1945, namentlich der Erste und der Zweite Weltkrieg, sollten als ein einziger großer Krieg, der sich über drei Jahrzehnte erstreckt habe, betrachtet werden.[53] Ebenso ist Thukydides' Unterscheidung zwischen «Anlass» und «Ursache» des Peloponnesischen Krieges in der politischen Historiographie des 20. Jahrhunderts fruchtbar gemacht worden: Wie es im Konflikt zwischen Athen und Sparta eine Reihe von Anlässen gab, die allesamt zum Krieg hätten führen können, aber dies wahrscheinlich nicht getan hätten, wenn es nicht die eigentliche Ursache (*alethéstate próphasis*) gegeben hätte, nämlich dass Athen im Frieden immer mächtiger wurde und Sparta im Vergleich dazu immer schwächer, so ist auch das Attentat von Sarajevo auf den österreichisch-ungarischen Thronfolger Erzherzog Franz Ferdinand am 28. Juni 1914 als *Anlass* des Ersten Weltkriegs begriffen worden, dessen tiefere *Ursache* aber im Militarismus der Deutschen, im Imperialismus der meisten europäischen Großmächte oder schließlich in deren Vormachtstreben und den Niedergangsängsten in Wien, St. Petersburg und London sowie den Einkreisungsobsessionen in Berlin gelegen habe.[54]

Auch in politisch-strategischer Hinsicht ist Thukydides' Analyse des großen Krieges zwischen Athen und Sparta für spätere Kriegsanalysen zum Vorbild geworden, und das vor allem im Hinblick auf den Gegensatz zwischen Land- und Seemächten. Danach setzte der athenische Kriegsplan auf die wirtschaftliche Erschöpfung der auf dem Schlachtfeld überlegenen Spartaner, so dass diese schließlich an ihren eigenen Anstrengungen zugrunde gehen mussten.[55] Dass am Schluss dann doch die Seemacht Athen den Krieg verlor und der Militärstaat Sparta siegte, ist von Thukydides damit erklärt worden, dass Athen die von dem bei Kriegsbeginn führenden Politiker Perikles vorgegebene strategische Defensive aufgegeben und sich unter Kleon und Alkibiades zunehmend einer offensiven Grundausrichtung zugewandt habe. Dieses Erklärungsmodell für eine Niederlage, die eskalierende Hybris der führenden Politiker nach Teilerfolgen, ist in der Politikgeschichte immer wieder aufgegriffen und eingesetzt worden, u. a. auch bei der Analyse des Ersten Weltkriegs.[56]

Nicht nur für die *grand strategy* der großen Mächte,[57] sondern auch für die selbstzerstörerische Dynamik innergesellschaftlicher Kriege hat Thukydides einen scharfen Blick gehabt. So beschreibt er, wie der Gegensatz zwischen aristokratischer und demokratischer Partei, den es in fast allen griechischen Städten gab, nach dem offenen Gewaltausbruch zu einer Verwirrung der politischen Semantik führte, die eine Verständigung zwischen den Konfliktparteien unmöglich machte: Die Auflösung der sozialen Strukturen wird von einer Bedeutungsverkehrung der zentralen Begriffe und der mit ihnen bezeichneten Werte und Normen begleitet. Damit tritt dann die «Wolfsnatur des Menschen» ungebändigt hervor. Nicht von ungefähr hat Thomas Hobbes, lange bevor er seine politisch-theoretischen Werke schrieb, Thukydides' Kriegsanalyse aus dem Griechischen ins Englische übersetzt. Beide verbindet die Überzeugung, nicht der Frieden, sondern der Krieg, und zwar vor allem der innergesellschaftliche Krieg, sei die zuverlässigere Grundlage der politischen Analyse.

1 Zur Komplexität eines normativ anspruchsvollen Friedensbegriffs und den Dilemmata im politiktheoretischen Umgang mit ihm vgl. Sven Chojnacki/ Verena Namberger, «Frieden – oder: Vom Elend, ein konstitutiver Begriff zu sein», in: *Leviathan*, 39. Jg., 2010, Heft 3, S. 333–359.

2 Vgl. als Überblick Herfried Münkler, «Krieg», in: Gerhard Göhler u. a. (Hgg.), *Politische Theorie. 22 umkämpfte Begriffe zur Einführung*, Wiesbaden 2004, S. 227–243.

3 Zu Theorie und Realität des Bürgerkriegs vgl. Heinrich-W. Krumwiede/ Peter Waldmann (Hgg.), *Bürgerkriege: Folgen und Regulierungsmöglichkeiten*, Baden-Baden 1998, sowie das dem Thema Bürgerkrieg gewidmete Heft der Zeitschrift *Leviathan*, 25. Jg., 1997, Heft 4.

4 Thomas Hobbes, *Leviathan*, I, 13, hrsg. und eingel. von Iring Fetscher, Frankfurt am Main 1984, S. 96

5 Die Annahme eines den Menschen wohlgesonnenen, gütigen Schöpfergotts läuft fast zwangsläufig auf eine solche Konzeption hinaus. Unglück und Elend, Gewalt und Zerstörung kommen erst durch menschliches Handeln («Sündenfall») ins Spiel. Der Mensch selbst trägt die Verantwortung dafür, dass ihm der Krieg zum Schicksal geworden ist, und er kommt von diesem Schicksal bis zu der «Schaffung eines neuen Himmels und einer neuen Erde» sowie, damit verbunden, der Überwindung des «alten Adam» nicht los. Zur Prophetie eines solchen apokalyptischen Friedens vgl. die Textauszüge in Marcus Llanque/Herfried Münkler (Hgg.), *Politische Theorie und Ideengeschichte*, Berlin 2007, S. 108.

6 John Locke, *Zwei Abhandlungen über die Regierung*, hrsg. und eingel. von Walter Euchner, Frankfurt/Wien 1967, S. 230 ff. (II, 5, §§ 46–51).

7 Immanuel Kant, «Idee zu einer allgemeinen Geschichte in weltbürgerlicher Absicht», in: ders., *Werke in zehn Bänden*, hrsg. von Wilhelm Weischedel, Darmstadt 1970, Bd. 9, S. 41.

8 Kant, «Zum ewigen Frieden», in: ders., *Werke*, Bd. 9, S. 203; dazu Volker Gerhardt, *Immanuel Kants Entwurf «Zum ewigen Frieden». Eine Theorie der Politik*, Darmstadt 1995, S. 74 ff.

9 Steven Pinker (*Gewalt. Eine neue Geschichte der Menschheit*, Frankfurt am Main 2011) bezweifelt allerdings, dass dies zu einer Erhöhung der Gewalt und Todesrate geführt hat. Nach seinen Berechnungen war die Gewaltanwendung im vorherrschaftlichen Naturzustand deutlich höher als danach (S. 92 ff.); ähnlich Ian Morris, *Krieg. Wozu er gut ist*, Frankfurt am Main 2013, S. 21 ff.

10 So etwa Ekkehart Krippendorff, *Staat und Krieg. Die historische Logik politischer Unvernunft*, Frankfurt//M. 1985; dazu als Entgegnung Münkler, «Staat, Krieg und Frieden. Die verwechselte Wechselbeziehung», in: Reiner Steinweg (Red.), *Kriegsursachen*, Frankfurt am Main 1987, S. 135–144.

11 Vgl. Karl Heinz Metz, *Geschichte der Gewalt. Krieg, Revolution, Terror*, Darmstadt 2010, S. 35 ff.

12 Auguste Comte, *Die Soziologie*, hrsg. von Friedrich Blaschke, Leipzig 1933, S. 384–388; Herbert Spencer, *Die Principien der Soziologie*, Stuttgart 1887, Bd. 2, S. 165–177.

13 Vgl. Iring Fetscher, *Modelle der Friedenssicherung*, München [2]1973, S. 59 ff. und 103 ff.

14 Carl von Clausewitz, *Vom Kriege*, VI, 7, 19. Aufl., hrsg. von Werner Hahlweg, Bonn 1980, S. 644.

15 Vgl. hierzu William H. McNeill, *Krieg und Macht. Militär, Wirtschaft und Gesellschaft vom Altertum bis heute*, München 1984.

16 So die Geschichte vom «Nutzen» des Krieges bei Morris, *Krieg*, passim, der darin besteht, dass die Anzahl der kriegführungsfähigen Akteure immer kleiner wird. Eine Bilanz des Kalten Krieges ziehen die von Bernd Greiner, Christian Th. Müller und Dierk Walter herausgegebenen Bände *Heiße Kriege im Kalten Krieg* (Hamburg 2006), *Krisen im Kalten Krieg* (Hamburg 2008) und *Angst im Kalten Krieg* (Hamburg 2009).

17 Das ist eine Umkehrung der von Günther Anders geprägten Formel von der *Antiquiertheit des Menschen* (München 1956), in der Anders im Begriff des «prometheischen Gefälles» eine unschließbare Lücke zwischen der kognitiven und emotionalen Ausstattung des Menschen und seinen Fähigkeiten zu töten diagnostiziert und daraus gefolgert hatte, dass die Menschheit in ihre «Endzeit» eingetreten sei.

18 «So sehen wir also», heißt es bei Clausewitz (*Vom Kriege*, I, 1, S. 210), «daß der Krieg nicht bloß ein politischer Akt, sondern ein wahres politisches Instrument ist, eine Fortsetzung des politischen Verkehrs, ein Durchführen desselben mit anderen Mitteln».

19 Zu Begriff und Phänomenologie der neuen Kriege vgl. Mary Kaldor, *Neue und alte Kriege. Organisierte Gewalt im Zeitalter der Globalisierung*, Frankfurt am Main 2000, sowie Herfried Münkler, *Die neuen Kriege*, Reinbek b. Hamburg 2002 u. ö.; für eine kritische Diskussion des Konzepts vgl. Anna Geis (Hg.), *Den Krieg überdenken. Kriegsbegriffe und Kriegstheorien in der Kontroverse*, Baden-Baden 2006.

20 Zum Begriff des Gewaltmarkts vgl. Georg Elwert «Gewaltmärkte. Beobachtungen zur Zweckrationalität der Gewalt», in: Trutz von Trotha (Hg.), *Soziologie der Gewalt*, Opladen/Wiesbaden 1997 (= Sonderheft 37 der *Kölner Zeitschrift für Soziologie und Sozialpsychologie*), S. 86–101.

21 Der Begriff der «Westfälischen Ordnung» bzw. des «Westfälischen Systems» entstammt der amerikanischen Politikwissenschaft; er ist in der deutschen Historiographie mit Zurückhaltung aufgenommen worden.

22 Vgl. Peter Krüger, «Der Erste Weltkrieg als Epochenschwelle», in: Hans Maier (Hg.), *Wege in die Gewalt*, Frankfurt am Main 2000, S. 70–91.

23 Vgl. Herfried Münkler, «Humanitäre Intervention», in: Birgit Enzmann (Hg.), *Handbuch politische Gewalt*, Wiesbaden 2013, S. 293–318.

24 Der Begriff geht zurück auf Morris Janowitz, *The Professional Soldier. A Social and Political Portrait*, New York 1966, S. 420.

25 Zur politischen Geschichte des Krieges und den militärischen Entwicklungen vgl. Geoffrey Parker, *Der Dreißigjährige Krieg*, Frankfurt/New York 1987; zu den sozialen und wirtschaftlichen Folgen vgl. Peter Englund, *Die Verwüstung Deutschlands. Eine Geschichte des Dreißigjährigen Krieges*, Stuttgart 1998, sowie Bernd Roeck, *Als wollt die Welt schier brechen. Eine Stadt im Zeitalter des Dreißigjährigen Krieges*, München 1991.

26 Das ist eine Variation zu Carl Schmitts kleiner Schrift *Die Wendung zum diskriminierenden Kriegsbegriff* (1938), Berlin 1988.

27 Dazu Jürgen Luh, *Kriegskunst in Europa 1650–1800*, Köln/Weimar/Wien 2004.

28 Clausewitz, *Vom Kriege*, S. 967 (8. Buch, 3. Kap. B).

29 Ebd., S. 969.

30 Dazu ausführlich Herfried Münkler, *Der Wandel des Krieges. Von der Symmetrie zur Asymmetrie*, Weilerswist 2006, S. 25–134.

31 Zur Geschichte des Völkerrechts und insbes. des Kriegsvölkerrechts in dieser Zeit vgl. Otto Kimminich, «Die Entstehung des neuzeitlichen Völkerrechts», in: Fetscher/Münkler (Hgg.), *Pipers Handbuch der politischen Ideen*, Bd. 3, München 1985, S. 73–100, sowie ausführlich Wilhelm Grewe, *Epochen der Völkerrechtsgeschichte*, Baden-Baden 1984, S. 163 ff.

32 Zur Theorie des gerechten Krieges vgl. Anne Peters und Simone Peter, «Die Lehre vom ‹gerechten Krieg› aus völkerrechtlicher Sicht», in: Georg Kreis (Hg.), *Der «gerechte Krieg». Zur Geschichte einer aktuellen Denkfigur*, Basel 2006, S. 43–96, sowie Skadi Krause, «Gerechte Kriege, ungerechte Feinde – Die gerechten Kriege und ihre moralischen Implikationen», in: Herfried Münkler/Karsten Malowitz (Hgg.), *Humanitäre Intervention*, Wiesbaden 2008, S. 89–112.

33 Carl Schmitt, *Der Nomos der Erde im Völkerrecht des Ius Publicum Europaeum*, Köln 1950, S. 112 ff.

34 Das gilt in dieser Eindeutigkeit freilich nur für die europäischen Kriegsschauplätze; in der «neuen Welt» wurden im Kampf zwischen Briten und Franzosen auch indianische Stämme in die Kriegführung einbezogen, was dann zu deren Vertreibung und Auslöschung führte.

35 Clausewitz, *Vom Kriege*, S. 969.

36 Dazu Johannes Kunisch, «Von der gezähmten zur entfesselten Bellona. Die Umwertung des Krieges im Zeitalter der Revolutions- und Freiheitskriege», in: ders., *Fürst-Gesellschaft-Krieg*, Köln/Weimar/Wien 1992, S. 203–226, sowie Johannes Kunisch/Herfried Münkler (Hgg.), *Die Wiedergeburt des Krieges aus dem Geist der Revolution*, Berlin 1999.

37 Clausewitz, *Vom Kriege*, S. 970 f.

38 Zur Geschichte der Kriegstheorien und der ihnen verbundenen Strategien vgl. Peter Paret (Hg.), *Makers of Modern Strategy from Machiavelli to the Nuclear Age*, Princeton, N.J. 1986; Thomas Jäger/Rasmus Beckmann (Hgg.), *Handbuch Kriegstheorien*, Wiesbaden 2011, sowie Beatrice Heuser, *Den Krieg denken. Die Entwicklung der Strategie seit der Antike*, Paderborn u. a. 2010; dies., *Rebellen, Partisanen, Guerilleros. Asymmetrische Kriege von der Antike bis heute*, Paderborn 2013.

39 Vgl. Herfried Münkler, *Über den Krieg. Stationen der Kriegsgeschichte im Spiegel ihrer theoretischen Reflexion*, Weilerswist 2002, S. 53 ff.; für eine Reflexion des Krieges im Rahmen der Gesellschaftstheorie vgl. Hans Joas/ Wolfgang Knöbl, *Kriegsverdrängung. Ein Problem in der Geschichte der Sozialtheorie*, Frankfurt am Main 2008.

40 Dazu Roman Schnur, «Weltfriedensidee und Weltbürgerkrieg 1791/92», in: ders., *Revolution und Weltbürgerkrieg*, Berlin 1983, S. 11–32.

41 Die Vorstellung eines Dreißigjährigen Krieges von 1914 bis 1945 geht auf den emigrierten deutschen Politikwissenschaftler Sigmund Neumann zurück und findet sich u.a. in Hannah Arendts Buch *Elemente und Ursprünge totaler Herrschaft*. Sie ist zentral für die Darstellung des 20. Jahrhunderts bei dem marxistischen Historiker Eric Hobsbawm (*Das Zeitalter der Extreme*) sowie dem liberalen Historiker François Furet (*Das Ende der Illusion*); vgl. dazu Enzo Traverso, *Im Bann der Gewalt. Der europäische Bürgerkrieg von 1914–1945*, München 2008, S. 33–52. Ernst Noltes Buch *Der europäische Bürgerkrieg 1917–1945* schließt an diese Vorstellung an, setzt sich gleichzeitig aber davon ab, insofern Nolte nicht den Kriegsbeginn von 1914, sondern die Oktoberrevolution in Russland (1917) zum Ausgangspunkt wählt.

42 Eine exemplarische Studie zum Einfluss technischer Innovation auf die Kriegführung ist Geoffrey Parker, *Die militärische Revolution. Die Kriegskunst und der Aufstieg des Westens 1500–1800*, Frankfurt/New York 1990; die Debatte über militärische Revolutionen geht zurück auf Michael Roberts *The Military Revolution 1560–1660*, Belfast 1956; vgl. Clifford J. Rogers, *The Military Revolution Debatte. Readings on the Military Transformation of Early Modern Europe*, Boulder u.a. 1995.

43 Michael Walzer, *Gibt es den gerechten Krieg?*, Stuttgart 1982, S. 252 ff.

44 Dazu ausführlich Herfried Münkler, *Der Große Krieg. Die Welt von 1914–1918*, Berlin 2013, S. 661 ff.

45 Franz L. Neumann, *Behemoth. Struktur und Praxis des Nationalsozialismus 1933–1944* [1942], Köln/Frankfurt am Main 1977.

46 Zum längsten und grausamsten dieser Zerfallskriege, dem in Bosnien, vgl. David Rieff, *Schlachthaus. Bosnien und das Versagen des Westens*, München 1995; zur Analyse von europäischen Bürgerkriegen nach 1945 und den Möglichkeiten ihrer Beendigung vgl. Ulrich Schneckener, *Auswege aus dem Bürgerkrieg. Modelle zur Regulierung ethno-nationalistischer Konflikte in Europa*, Frankfurt am Main 2002.

47 Dazu Georg Peter Landmann, *Das Gedicht vom Krieg. Homers Ilias*, Heidelberg 1992, und Caroline Alexander, *Der Krieg des Achill. Die Ilias und ihre Geschichte*, Berlin 2009.

48 Bei dieser Formulierung handelt es sich um eine Variation des Aufsatztitels von Matthias Bohlender, «Die Poetik der Schlacht und die Prosa des Krieges. Nationalverteidigung und Bürgermiliz im moralphilosophischen Diskurs der schottischen Aufklärung», in: Kunisch/Münkler (Hgg.), *Die Wiedergeburt des Krieges*, S. 17–41.

49 Herodot, *Historien. Die Bücher der Geschichte*, hrsg. von Walter Sontheimer, Stuttgart 1957 u.ö., 3 Bde.

50 Samuel Huntington, *Der Kampf der Kulturen. Die Neugestaltung der Weltpolitik im 21. Jahrhundert*, München/Wien 1996.

51 Vgl. Karl A. Wittfogel, *Die orientalische Despotie. Eine vergleichende Untersuchung totaler Macht* [1957], Frankfurt am Main u. a. 1977.

52 Thukydides, *Geschichte des Peloponnesischen Krieges*, hrsg. von Georg Peter Landmann, München 1973; zur analytischen Relevanz des Thukydides für heutige Studien vgl. Nicolas Stockhammer, *Das Prinzip Macht. Die Rationalität politischer Macht bei Thukydides, Machiavelli und Michel Foucault*, Baden-Baden 2009.

53 Enzo Traverso, *Im Bann der Gewalt. Der europäische Bürgerkrieg 1914–1945*, München 2008, S. 33 ff.

54 Dazu Münkler, *Der Große Krieg*, S. 71 ff.

55 Thukydides, *Peloponnesischer Krieg*, I, 140ff., S. 110ff. Vgl. Herfried Münkler, «Zum Verhältnis von politischer und militärischer Strategie», in: Joachim Raschke/Ralf Tils (Hgg.), *Strategie in der Politikwissenschaft, Konturen eines neuen Forschungsfelds*, Wiesbaden 2010, S. 45–73, hier S. 56 ff.

56 Vgl. Herfried Münkler, «Die Antike im Krieg»; in: *Zeitschrift für Ideengeschichte*, VIII/2, 2014, S. 55–70.

57 Zu dem auf Henry Basil Liddell Hart zurückgehenden Begriff der *grand strategy* vgl. Edward Luttwak, *Strategie. Die Logik von Krieg und Frieden*, Lüneburg 2003, S. 279 ff.

**Weiterführende Literatur:**

Buc, Philippe: *Heiliger Krieg. Gewalt im Namen des Christentums*, Darmstadt 2015.

Delbrück, Hans: *Geschichte der Kriegskunst im Rahmen der politischen Geschichte*, 4 Bde., Berlin/New York 2000 (Erstaufl. 1900–1920).

Enzmann, Birgit (Hg.): *Handbuch Politische Gewalt. Formen, Ursachen, Legitimation, Begrenzung*, Wiesbaden 2013.

Jäger, Thomas/Rasmus Beckmann (Hgg.): *Handbuch Kriegstheorien*, Wiesbaden 2011.

Münkler, Herfried: *Über den Krieg. Stationen der Kriegsgeschichte im Spiegel ihrer theoretischen Reflexion*, Weilerswist 2002 u. ö.

Münkler, Herfried: *Kriegssplitter. Die Evolution der Gewalt im 20. und 21. Jahrhundert*, Berlin 2015.

Schneider, Wolf: *Der Soldat – ein Nachruf. Eine Weltgeschichte von Helden, Opfern und Bestien*, Reinbek b. Hamburg 2014.

## Kapitel 12

## IMPERIUM UND STAATENSYSTEM

Die Debatte über den Aufstieg Chinas zur Weltmacht und die damit verbundene Herausforderung der USA, das womöglich neoimperiale Agieren Russlands in früher der Sowjetunion bzw. Russland zugehörigen Räumen, das tastende Suchen der Europäischen Union als Ordnungsmacht West- und Mitteleuropas in Sorge um die Stabilität der Ränder und Peripherien, die Auseinandersetzung um die aufgrund seiner wirtschaftlichen Macht semi-hegemoniale Rolle Deutschlands innerhalb der EU, schließlich die Debatte über den langsamen Abstieg der USA und ihre erkennbare Überlastung mit der Rolle eines globalen «Weltpolizisten» (*globocop*) – dies alles hat den Blick auf zwei miteinander konkurrierende Ordnungsmodelle großer Räume gelenkt: das Imperium als politisch-ökonomische Ordnung von Zentrum und Peripherie und das Staatensystem als Ordnung prinzipiell gleichberechtigter Akteure, die wabenförmig nebeneinander liegen und nach den Grundsätzen wechselseitig symmetrischer Anerkennung zueinander in Beziehung stehen. Diese Debatte durchzieht die politische Ideengeschichte wie ein roter Faden, und in ihr sind nahezu alle Argumente entwickelt worden, die zuletzt für oder gegen die globale Führungsrolle der USA oder einer anderen Macht ins Feld geführt worden sind. Friedenssicherung und wirtschaftliche Prosperität stehen dabei gegen die Anerkennung von Diversität und das Recht auf selbständige Entwicklung ohne Ausbeutung und Unterdrückung durch große Mächte. Damit verbunden ist die Frage, ob wir modelltheoretisch eher, wie das die realistische Schule der Internationalen Beziehungen tut, von einer Anarchie der Staatenwelt ausgehen sollen oder ob es vielmehr angezeigt ist, die Hierarchie der Staatenwelt und deren spezifische Formen zu analysieren, oder ob wir von diesen Realia zunächst ganz absehen und uns auf die normativen Bindungen und Begrenzungen in den internationalen Beziehungen konzentrieren sollen.

Die politische Ideengeschichte hat einen anderen Blick auf das Verhältnis zwischen den großen politischen Akteuren als die Theorien der internationalen Politik. Letztere sind zumeist erst nach dem Zweiten Weltkrieg entstanden und stellen analytische und/oder normative Reflexionen auf machtpolitische oder vertragsbasierte Konstellationen dar. Die Politische Theorie und Ideengeschichte interessiert sich dagegen weniger für die feinen theoretischen Ziselierungen und doktrinären Auseinandersetzungen zwischen den unterschiedlichen Schulen und ihrer Anhängerschaft, sondern beschäftigt sich mit Entstehung und Verfall politischer Ordnungssysteme im Verlauf der Jahrhunderte sowie dem Aufstieg und Fall der großen Mächte in der Sicht von Historikern, Theologen und Juristen sowie Philosophen und Dichtern.[1] Auch und gerade bei den Dichtern finden sich intensive Auseinandersetzungen mit den Antrieben und Absichten derer, die im Verhältnis der Staaten zueinander die entscheidende Rolle spielen: den Draufgängern und Ehrgeizigen, Skrupellosen und Machtversessenen, aber auch den Zauderern und Unentschlossenen. Die politischen Dramen, wie Aischylos' *Perser*, Shakespeares *Heinrich V.*, Schillers *Wallenstein* und Brechts *Mutter Courage*, dazu Romane wie Grimmelshausens *Simplicissimus* oder Tolstois *Krieg und Frieden*, sind immer auch Auseinandersetzungen mit dem Verhältnis zwischen den großen Mächten und denen, die deren Geschicke lenken.

## Eine Florentiner Debatte über die politische Ordnung Europas und die venezianischen Ursprünge der Diplomatie

Unter den Dichtern und Literaten stellt der Florentiner Dante Alighieri insofern eine Ausnahme dar, als er nicht nur die Folgen politischen Handelns aufgezeigt, sondern sich in seiner Schrift *De monarchia*[2] auch in Form eines politischen Traktats mit den negativen Effekten beschäftigt hat, die der Niedergang der kaiserlichen Macht als höchste politische Entscheidungsinstanz für die lateinische Christenheit gehabt hat. Dante hat die notorischen Auseinandersetzungen zwischen Kaisertum (*imperium*) und Papsttum (*sacerdotium*) scharf kritisiert und in einer Kombination von aristotelischer Logik und biblischer Lehre dafür optiert, den Kaiser als höchste Entscheidungsinstanz in weltlichen Angelegenheiten zu akzeptieren. Das hieß für Dante freilich nicht, dass sich der Kaiser in alle Fragen der Städte und Länder einmischen sollte. Ihm ging es nicht um die Errichtung eines zentralisierten Einheitsstaates. Ganz im Gegenteil: Fast alle rechtlichen und (im aristotelischen Sinn) politischen Fragen sollten auf der unteren und mittleren Ebene geklärt und festgelegt werden, und nur wenn es zum Streit innerhalb der Fürstentümer und Städte oder zwischen ihnen kam, sollte der Kaiser als letzte und höchste Entscheidungsinstanz angerufen werden. Man kann Dante darum auch als einen Subsidiaritätstheoretiker begreifen.[3] Die Entscheidungen des Kaisers freilich waren verbindlich, ihnen musste unbedingter Gehorsam geleistet werden.

Die Option für den Kaiser als höchste politische Entscheidungs- und Rechtsprechungsinstanz der lateinischen Christenheit – die Reste des oströmischen Reiches bleiben ebenso außer Betracht wie die islamische Welt – hatte für Dante also den Zweck, Krieg und Bürgerkrieg zu vermeiden bzw. zu verhindern, dass die Parteien bei Konflikten zum Krieg als Entscheidungsmodus griffen. Die Sicherung und Wahrung des Friedens war Dantes höchstes Ziel, zugleich die in seiner Sicht wichtigste Aufgabe der Politik, und dazu bedurfte es einer höchsten Entscheidungsinstanz in der lateinischen Christenheit. Diese konnte für Dante nur der Kaiser sein. Die Kämpfe zwischen den Kaisertreuen und den Anhängern des Papstes, zwischen Ghibellinen und Guelfen, dauerten zu der Zeit, als Dante seine Schrift verfasste, bereits mehr als zwei Jahrhunderte an, und es war für ihn nicht erkennbar, wie je wieder Frieden herrschen sollte, solange sich der Papst nicht in weltlichen Fragen der kaiserlichen Macht unterwarf. Gänzlich abwegig war für Dante die Vorstellung, dass man ohne höchste Entscheidungsinstanz auskommen könne und die politische Letztentscheidung bei den Fürsten und Stadtregierungen lag – eine Perspektive, wie sie de facto von den Guelfen verfochten wurde. Für Dante hieß das, den Krieg zum Dauerzustand zu machen und den Sieg im gewaltsam ausgetragenen Konflikt als Entscheidung zu akzeptieren.

Genau diese Konsequenz hat Dantes Florentiner Landsmann Niccolò Machiavelli zwei Jahrhunderte später gezogen, als er die Kriegführungsfähigkeit der Fürstentümer und Republiken ins Zentrum seiner Überlegungen rückte.[4] Ein tüchtiger Politiker, so Machiavelli, hatte nicht nur darauf zu achten, dass der Staat, an dessen Spitze er stand, über ein schlagkräftiges Heer verfügte, sondern er hatte dieses

Heer auch einzusetzen, wenn sich in den angrenzenden Gebieten die Chance zur Eroberung bot. Ein Staat, der nicht auf (militärische) Expansion aus war, ging das Risiko ein, in der Konkurrenz der Mächte zurückzufallen, um dann von einem Mächtigeren erobert und politisch einverleibt zu werden. Als einer der ersten politischen Theoretiker hat Machiavelli die internationale Politik als einen Überlebenskampf in der «Anarchie der Staatenwelt» dargestellt und insofern kann man ihn als einen der «Urväter» der «realistischen Schule» in der internationalen Politik ansehen.[5] Dementsprechend stehen die zwischenstaatlichen Verhältnisse bei ihm auch nicht unter dem Imperativ der Friedenswahrung und Friedenssicherung, wie bei Dante, sondern Krieg und Frieden sind für Machiavelli normativ gleichrangig, und die diesbezüglichen Entscheidungen eines Politikers haben sich allein an den Vorgaben der Staatsräson und der Staateninteressen zu orientieren. Zwischen diesen entgegengesetzten Positionen von Imperium und Staatenkonkurrenz ist die Ordnung der Staaten in der Geschichte des politischen Denkens entworfen und ausformuliert worden.

Die imperiale Ordnung ist jedoch keineswegs immer als stabiler Friedensgarant und das Staatensystem nicht durchweg als belligerente Staatenanarchie begriffen worden. So wurde die lange Zeit unter dem Begriff «Universalmonarchie» behandelte imperiale Ordnung[6] als ein System von Unterdrückung und Ausbeutung kritisiert und der antiimperialistische Kampf als ein Streben nach Freiheit gefeiert. Außerdem finden sich vom Abbé de Saint-Pierre über Jean-Jacques Rousseau bis zu Immanuel Kant theoretische Entwürfe, wie das System der sich gegenseitig als Gleiche anerkennenden Staaten in eine stabile Ordnung des Friedens verwandelt werden kann.[7] In der Regel haben sich Imperien freilich durch die von ihnen hergestellte und garantierte Friedensordnung (etwa *pax Romana*, *pax Britannica*) legitimiert, während sich die Geschichte des Kriegsvölkerrechts von Hugo Grotius bis ins frühe 20. Jahrhundert hinein um die Frage drehte, wie der in seiner Faktizität hingenommene Krieg zwischen den Staaten formalisiert, juridifiziert und auf diese Weise gezähmt werden könne.[8]

Aber der Krieg war nicht die einzige Form, in der die Souveränität, also die Inappellabilität ihrer Entscheidungen, beanspruchenden Staaten miteinander in Kontakt traten (→ Kap. *Souveränität und die*

*Infrastruktur der Macht*). Komplementär zum gewaltsam ausgetragenen Konflikt entwickelte sich die diplomatische Unterhandlung, in deren Verlauf nicht nur die jeweiligen Interessensphären abgesteckt, sondern auch Informationen über «die andere Seite» beschafft und zusammengetragen wurden: Wie groß waren die verfügbaren Ressourcen eines Landes, wie hoch seine Steuereinnahmen, welche Interessengruppen gab es, und welchen Einfluss hatten sie auf die politischen Entscheidungen? Diese Informationsbeschaffung stand häufig in der Nähe zur Spionage, und dementsprechend misstrauisch wurden die Botschafter und Gesandten der Nachbarn im Gastland beobachtet und behandelt. Diese wiederum verfassten Berichte und Denkschriften, in denen sie die gesammelten Informationen zusammenstellten. Diese Texte wurden archiviert und stellten den aktenmäßigen Wissensfundus einer Regierung über ihre Nachbarn sowie hinsichtlich der internationalen Beziehungen dar.

Mit dieser Praxis der systematischen Informationsbeschaffung und Informationsspeicherung haben die Venezianer begonnen.[9] Sowohl im Hinblick auf ihre politischen als auch auf ihre kommerziellen Interessen war die Seerepublik darauf angewiesen, dass sie über die Absichten der Mächte im östlichen Mittelmeer und im Schwarzen Meer frühzeitig Bescheid wusste; dieses Wissen aktenmäßig zu erfassen und bürokratisch zu verwalten, entsprach den Gepflogenheiten der Großkaufleute und Bankiers. Neben dem Vorbild der Kurie hat die Praxis im Handelskontor bei der Entstehung des staatlichen Wissens über die Nachbarstaaten eine zentrale Rolle gespielt.[10] Nicht zufällig liegen die Anfänge der europäischen Diplomatie in den italienischen Handelsstädten, bevor sie im französischen Staat unter den Kardinälen Mazarin und Richelieu zu einem regelrechten System der politischen Informationsbeschaffung und Einflussnahme ausgebaut worden ist.

## Gleichgewicht und Hegemonie in der Geschichte Europas

Dass die Italiener bei der Entstehung der Diplomatie und der Archivierung des mit deren Möglichkeiten gewonnenen Wissens eine derartige Vorreiterrolle in Europa gespielt haben, ist nicht nur eine Folge ihrer Spitzenstellung im europäischen Handel und Geldwesen und der dichten Kontakte mit der damals fortgeschritteneren arabischen Welt, sondern hat auch mit den politischen Konstellationen auf der italienischen Halbinsel zu tun: In den Kämpfen der Fürstentümer und Republiken hatte sich im 14. und 15. Jahrhundert eine Gruppe von fünf Mächten herausgebildet, die das Geschehen beherrschte. Es handelte sich um das Herzogtum Mailand, die Republiken Venedig und Florenz, den Kirchenstaat und das Königreich Neapel. Im Frieden von Lodi (1454) wurde diese Pentarchie (Herrschaft der Fünf) auch formal bestätigt.[11] Von Italien wurde das Ordnungsmodell der fünf sich gegenseitig in Schach haltenden und ausbalancierenden Mächten auf die politischen Konstellationen Europas übertragen. Es bildete die Grundstruktur des europäischen Staatensystems, wie es sich in den Kriegen des 16. und 17. Jahrhunderts herausgebildet hatte und im Westfälischen Frieden (1648) «festgeschrieben» worden ist. Von der amerikanischen Politikwissenschaft ist der Begriff des «Westfälischen Systems» geprägt worden, der den paradigmatischen Charakter der damals installierten Ordnung für die politische Theorie unterstreicht. Um die fünf Großmächte scharte sich eine Fülle kleinerer Akteure, während die großen Mächte ihren Interessen entsprechend Bündnisse miteinander schlossen, die in der Regel auf eine Drei-zu-Zwei-Konstellation herausliefen. Bei den europäischen Großmächten handelte es sich zunächst um Großbritannien, Frankreich, Spanien, das Habsburgische Kaiserhaus und die nordische Großmacht Schweden;[12] im 18. Jahrhundert schieden dann Spanien und Schweden aus der ersten Reihe der europäischen Mächte aus und an ihre Stelle traten Russland (seit Peter dem Großen) und Preußen (seit Friedrich dem Großen).[13] Der Ehrentitel «der Große» wird offenbar bevorzugt Herrschern zugesprochen, die ihren Staat im internationalen Gefüge eine bedeutendere Position oder größeres Prestige verschafft haben.

Aber nicht nur die Akteure des europäischen Staatensystems wechselten, sondern es änderte sich auch dessen Struktur und die zugehörigen Stabilisierungs- und Ausgleichsmechanismen. Mit der Idee des Gleichgewichts war die Vorstellung vom «Zünglein an der Waage» verbunden – eine Rolle, die in der Regel Großbritannien für sich in Anspruch nahm und die es aufgrund seiner geografischen Insellage von allen Großmächten am Leichtesten besetzen konnte.[14] London achtete danach darauf, dass die mächtepolitischen Zwei-zu-Zwei-Konstellationen auf dem Festland einander gleichgewichtig gegenüberstanden, dass die Großmächte sich – je nach den britischen Interessen – durch Kriege gegenseitig schwächten oder friedlich koexistierten, und wenn bedrohliche Ungleichgewichte entstanden, intervenierte Großbritannien mit Geld (Subsidien) oder es entsandte Truppen, um das Gleichgewicht der großen Mächte auf dem Kontinent wiederherzustellen. Dementsprechend wurden die Engländer von den einen als Garant der kontinentalen Ordnung und von den anderen als Händlervolk angesehen, bei dem man gegen Geld alles bekommen könne.

Eine alternative Konstellation zu der eines Gleichgewichts mit Zünglein an der Waage stellte die Herausbildung hegemonialer Konstellationen auf dem Kontinent dar. Im Unterschied zum Imperium, das ein stark hierarchisches Machtgefälle zwischen Zentralmacht und den anderen Angehörigen der politischen Ordnung installiert, kollidiert der Hegemon nicht mit dem formalen Gleichheitsanspruch der anderen Staaten, besteht aber darauf, dass er *primus inter pares* sei, gegen dessen erklärten Willen nichts geschehe.[15] Diese Konstellation hat sich als Vorherrschaftsanspruch einer Großmacht über Europa konkretisiert, wie er unter Ludwig XIV. und Napoleon I. für Frankreich und seit der Gründung des Deutschen Reichs Anfang 1871 zunächst de facto und im Wilhelminismus nach 1890 auch öffentlich für Deutschland reklamiert wurde. In gewisser Hinsicht war eine solche Hegemonie das kontinentale Spiegelbild zur maritimen «Zünglein-an-der-Waage»-Rolle Großbritanniens, insofern in beiden Fällen eine der fünf Mächte für sich eine ausschlaggebende Position beanspruchte. Dass die Briten dies in der zurückhaltenderen und bescheideneren Rolle der ausgleichenden Macht konnten, während die vergleichbaren Einfluss auf die europäischen Verhältnisse anstrebende kontinentale Macht die Position eines Hegemon einnehmen musste, war eine Folge der geostrategischen Lage Großbritanniens und der geopolitischen Konstellationen auf dem europäischen Kontinent.[16] Eine Alternative zum Gleichgewicht der Mächte war also der Kampf um die Hegemonie, bei der sich das System der fünf Mächte auf die Konfrontation zweier Blöcke zuspitzte. Ein Beispiel hierfür ist das Ringen um die europäische Hegemonie zwischen Frankreich und dem Haus Habsburg (Spanien, habsburgische Erblande, Deutsches Reich), das vom Einfall französischer Truppen in Italien (1494) bis zum Frieden von Cateau-Cambrésis (1559) dauerte und in der zweiten Hälfte des Dreißigjährigen Krieges wieder aufgenommen wurde.

Schließlich gibt es noch die Vorstellung, der zufolge West- und Mitteleuropa ob der politischen Zersplitterung in viele Staaten selbst zum Gegenstand hegemonialer Absichten geworden sei, wobei die «Flügelmächte» Russland und Großbritannien bzw. die UdSSR und die USA von Osten und Westen her den «alten Kontinent» politisch marginalisierten.[17] Die Antwort darauf besteht in der Einigung des Kontinents als Rückgewinnung einer politisch starken «Mitte», in deren Folge die inneren Grenzen des europäische Staatensystems aufgehoben und statt dessen die Außengrenzen des als «Europa» geadelten wirtschaftlichen und politischen Gebildes erhöht und verstärkt werden. Dieser Prozess konnte, wie unter Napoleon, militärisch-expansiv erfolgen, kann aber auch, wie in der zweiten Hälfte des 20. Jahrhunderts, auf der Grundlage von Verträgen als politische Einung des Kontinents zwecks Verhinderung weiterer Kriege begriffen werden. Die politiktheoretisch spannende Frage ist dabei, ob ein solcher Prozess der Relativierung oder gar Überwindung des Staatensystems auf Dauer ohne die Herausbildung eines hegemonialen Zentrums auskommt. So könnte man die Bedeutung der «deutsch-französischen Achse» für die Stabilität der Europäischen Union als Bestätigung der Hegemonietheorien begreifen, wonach die Alternative zu einem System des Gleichgewichts eine verschleierte oder offene Hegemonie ist.[18]

In wirtschaftsgeschichtlichen Untersuchungen ist die politische Zersplitterung Europas, d.h. die Ausbildung eines kleinräumlichen Staatensystems anstelle einer großräumlich angelegten imperialen Ordnung, als Ursache für den Aufstieg des Kontinents zur weltbeherrschenden Macht begriffen worden. Dieser Erklärungsansatz reicht von der Konkurrenz der europäischen Mächte, die zu einem permanenten Wettlauf der technischen, politischen und ökonomischen Modernisierung geführt habe,[19] bis zu den Anreizen, die das machtpolitische Gedränge in Europa für die außereuropäische Expansion einiger Staaten dargestellt habe; dabei konnte man mit geringeren Mitteln sehr viel größere Gewinne einstreichen. Die Gegenposition dazu stellt die hohen Kosten der politischen Zersplitterung Europas in Gestalt permanenter Kriege heraus und verweist als Gegenbeispiel auf die Geschichte Nordamerikas, wo es nach dem Unabhängigkeitskrieg gegen Großbritannien gelungen ist, durch die Bildung eines Bundesstaates (statt eines lockeren Staatenbundes) einen politisch geschlossenen Raum herzustellen, der – vom Sezessionskrieg der Südstaaten abgesehen – den Krieg aus dem Binnenraum der politischen Ordnung Nordamerikas verdrängt hat. Die politiktheoretische Debatte über das Problem von Staatenbund oder Bundesstaat ist im Verfassungsgebungsprozess der Vereinigten Staaten von Amerika Ende des 18. Jahrhunderts in der Kontroverse zwischen Anti-Federalists und Federalists geführt worden, und so kommt es nicht von ungefähr, dass bei den Debatten über die zukünftige politische Verfasstheit Europas immer wieder auf die in den *Federalist Papers*[20] dokumentierten Argumente verwiesen und die darin bezogene Position als vorbildlich herausgestellt wird.

## Imperien und Imperialismustheorien

Mit dem Zusammenbruch des Römischen Reichs im Westen hat sich Europa Mitte des 5. Jahrhunderts von einer imperialen Ordnung verabschiedet und sie durch eine Fülle germanischer *regna* ersetzt. Der mit der karolingischen Erneuerung des Römischen Reichs und der Kaiserkrönung Karls des Großen unternommene Versuch der Wiederherstellung einer gesamteuropäischen Ordnung endete mit der Teilung des karolingischen Reichs in ein west- und ein ostfränkisches Reich (Vertrag von Verdun). Den von den sächsischen, salischen und staufischen Kaisern unternommenen Anstrengungen zur Errichtung einer imperialen Oberhoheit in Westeuropa[21] war im Ergebnis kein Erfolg beschieden. Vergleicht man die europäische Geschichte nicht nur mit der Nordamerikas, sondern auch mit der Zentralasiens, des Mittleren Ostens und Ostasiens, so kann man von einem «europäischen Sonderweg» sprechen. Während es in Europa zur Ausbildung des für das Staatensystem typischen Modells der aneinander gelagerten Waben kam, bildeten sich ansonsten Großreiche heraus, die nach dem Modell von Zentrum und Peripherie organisiert waren. Die politische und rechtliche, wirtschaftliche und kulturelle Ordnung verdünnt sich im imperialen Modell zu den Rändern hin und verliert sich, idealtypisch betrachtet, schließlich in der Weite des «nichtzivilisierten» Raumes. Während die Staaten innerhalb ihres Systems klar markierte Grenzen haben, die nach beiden Seiten dasselbe Aussehen besitzen, weisen Imperien Grenzräume auf, gegen die sie sich, wie das Römische Reich mit dem Limes oder das Chinesische Reich mit der Großen Mauer, abgrenzen, oder aber in die hinein sie immer weiter expandieren, wie die USA an ihrer *Frontier* in Richtung Pazifik und das zarische Russland in den sibirischen Raum. Unterliegen zwischenstaatliche Grenzen den Imperativen der Reziprozität, so sind imperiale Grenzen semipermeabel, d. h., Imperien überschreiten sie ganz selbstverständlich in ihre Umgebung hinein, während sie vergleichbare Interventionen in den von ihnen beherrschten imperialen Raum mit aller Entschiedenheit zurückweisen.[22]

Imperien entstehen bevorzugt dort, wo ein politisch und ökonomisch fortgeschrittener Akteur nicht auf gleichartige Politikakteure trifft, sondern auf relativ rückständige Völkerschaften, oder wenn er sich zum Beherrscher eines Meeres macht und dadurch die Handelsbeziehungen zwischen den Anrainern des Meeres unter seine Kontrolle bringt. Im ersten Fall wird die imperiale Expansion durch das Geltendmachen von «Zivilisierungsmissionen» gerechtfertigt, im zweiten Fall wird auf die durch das Imperium gesicherte Prosperität des imperialen Raumes verwiesen, wobei der Bekämpfung der Piraterie als einer Prosperitätseinbuße eine wichtige legitimatorische Funktion zukommt.[23] Imperien sorgen dafür, dass Piraterie als Mischform von Handel und Raub, Tausch und Gewalt in alleinigen Handel überführt wird, wodurch sich die Intensität des Handelsverkehrs steigert und der allgemeine Lebensstandard innerhalb des imperialen Raumes erhöht wird. Daneben gibt es freilich auch Imperienbildungen, die sich überwiegend auf kriegerische Gewalt, Eroberung und Ausplünderung der eroberten Gebiete stützen. Die mongolischen Großreichsbildungen sind dafür ebenso ein Beispiel wie der Versuch einer Imperiumsbildung durch das nationalsozialistische Deutschland, und in mancher Hinsicht sind hier auch der europäische sowie der japanische Kolonialimperialismus zu nennen.[24] An den letztgenannten Formen der Großreichsbildung setzten die Imperialismustheorien des 19. und 20. Jahrhunderts und die symmetrische Gegenbegrifflichkeit von Imperialismus und Antiimperialismus an.

Die Imperialismustheorien liberaler, vor allem aber sozialistischer Provenienz entstanden Ende des 19./Anfang des 20. Jahrhunderts, als die vor allem von Großbritannien getragene Ära des Freihandels ihrem Ende entgegenging. Dies zeigte sich etwa bei der Jagd auf die noch nicht vergebenen Gebiete auf dem südlichen Nachbarkontinent, dem *Scramble for Africa*, der zu Spannungen unter den europäischen Kolonialmächten führte, und in der sich zuspitzenden Konkurrenz der großen europäischen Mächte um wirtschaftliche Einflusszonen sowie den Zugriff auf die im Gefolge der Industrialisierung begehrten Rohstoffe.[25] Für John A. Hobson, einen britischen Sozialliberalen, war der Imperialismus die Folge des Kapitalexports aus den europäischen Wirtschaftszentren in die Peripherie, denn sobald die dortigen Gläubiger infolge eines Machtwechsels oder nach Aufständen den Schuldendienst einstellten, wurde Militär in Marsch gesetzt, um ein Regime zu installieren, das die regelmäßige Bedienung der Schulden garantierte. Hobson stellte die Kosten dieser Militärinterventionen, die von der Masse der britischen Steuerzahler aufzubringen waren, deren Nutzen gegenüber, den eine schmale Finanzoligarchie allein einstrich. Imperialismus war für ihn die Folge einer Überakkumulation des Kapitals in Verbindung mit einem Nationalismus, der dafür sorgte, dass sich die kleinbürgerlichen Schichten für die Interessen des Großbürgertums einspannen ließen. In Vorwegnahme der Theorie von John Maynard Keynes plädierte Hobson für eine Stärkung der Massenkaufkraft, um Akkumulation und Konsumtion der Gesellschaft ins Gleichgewicht zu bringen und auf diese Weise einen massiven Kapitalexport zu unterbinden.[26] Imperialistische Expansion sollte durch die Hebung des Lebensstandards der breiten Massen ersetzt werden.

Den liberalen Imperialismustheorien sind auch die Überlegungen Joseph Schumpeters zuzurechnen, der den Imperialismus als eine mit der Rationalität kapitalistischen Wirtschaftens unvereinbare Form der Macht- und Prestigeakkumulation begriffen hat, die wesentlich von den alten aristokratischen Schichten der Gesellschaft getragen und mit dem Fortschritt des Kapitalismus allmählich verschwinden werde.[27] Von Rudolf Hilferding über Rosa Luxemburg bis Karl Kautsky sahen das die führenden Köpfe der deutschen Sozialdemokratie anders. Luxemburg führte den Imperialismus auf den grenzenlosen Expansionsdrang des Kapitals zurück und begriff diesen als Lebensnotwendigkeit des Kapitalismus, weswegen dieser zusammenbrechen müsse, sobald er globale Ausmaße erreicht habe. Kautsky hingegen war davon überzeugt, dass die imperialistischen Mächte die Welt unter sich aufteilen würden und auf dieser Grundlage friedlich koexistieren könnten. Er bezeichnete das als «Ultraimperialismus».[28] Dagegen setzte Lenin in seiner Schrift *Der Imperialismus als höchstes Stadium des Kapitalismus* weder auf einen aus ökonomischen Gründen erfolgenden Zusammenbruch noch auf die friedliche Koexistenz der imperialistischen Mächte, sondern begriff den Ersten Weltkrieg als imperialistischen Krieg und sagte das Zerreißen der imperialistischen Kette an ihrem schwächsten Glied voraus; in Lenins Augen war das Russland. Lenin begriff den Krieg also als Chance zum revolutionären Sturz des Zarenregimes und zu einer sozialistischen Revolution in Russland, die für ihn freilich nur der Anfang einer Welle sozialistischer Revolutionen war, die auf die Zentren der kapitalistischen Welt übergreifen werde.[29] Eine in der jüngeren Literatur selten thematisierte Besonderheit der Lenin'schen Imperialismustheorie war, dass sie nicht nur nach dem schwächsten Glied in der Kette der imperialistischen Länder suchte, sondern auch zwischen alten, im Niedergang befindlichen und jungen, aufsteigenden Imperialismen unterschied. Frankreich und England befanden sich danach im Niedergang, während Japan, Deutschland und die USA im Aufstieg begriffen waren. Stellte die Suche nach dem schwächsten Glied die revolutionäre Seite der Lenin'schen Theorie dar, so kamen in der Unterscheidung zwischen alten und jungen Imperialismen seine Vorstellungen von den gestaltenden Kräften der Weltpolitik zum Vorschein.

## Steppenimperien, Großreiche und langlebige Hybridbildungen

Keine Rolle spielt in den Imperialismustheorien die geopolitische Unterscheidung zwischen Land und Meer, die in der zu Beginn des 20. Jahrhunderts ausgetragenen Kontroverse zwischen dem amerikanischen Admiral Alfred Thayer Mahan und dem britischen Geopolitiker Halford J. Mackinder zentral wurde.[30] Mahan vertrat die Auffassung, wer die Meere beherrsche, habe auch die Weltherrschaft inne. Auf der Grundlage dieser geopolitisch-geoökonomischen Annahmen drängte Mahan die USA als aufstrebende Macht zum Bau einer Flotte und zur Errichtung von Stützpunkten im atlantischen und pazifischen Raum. Demgegenüber sah Mackinder mit der Eisenbahn das Ende des «Kolumbianischen Zeitalters» kommen, der Epoche eines Übergewichts der See gegenüber dem Land, die mit den Entdeckungen des Kolumbus begonnen hatte, und prognostizierte eine weltpolitische Schwerpunktverlagerung nach Nordasien, von ihm als Herzland bezeichnet, von wo aus nach der Ersetzung von Muskelkraft durch fossile Energie, also dem Bau von Eisenbahnlinien und einer auf ihnen beruhenden Massentransportkapazität, sich die gesamte euroasiatische Landmasse beherrschen lasse. Die Mahan-Mackinder-Kontroverse war die theoretische Antizipation der konkurrierenden Dominanzansprüche von USA und Nato auf der einen und Sowjetunion und Warschauer Pakt auf der anderen Seite, die von den späten 1940er bis in die späten 1980er Jahre die Weltpolitik bestimmten. Ein wichtiger Eckpfeiler der westlichen Strategie bestand darin, der Sowjetunion den freien Zugang zu den Weltmeeren zu verwehren und den Aktionsradius ihrer Überwasserstreitkräfte auf leicht zu blockierende Küstengewässer, wie die Ostsee oder das Schwarze Meer, zu begrenzen.

Carl Schmitt hat die Unterscheidung von Land und Meer zur Grundlage für den Entwurf völkerrechtlich begründeter Großraumordnungen gemacht, die nicht an universal bzw. global geltenden Normen, sondern an konkreten «Ortungen», also Bezügen auf Geografie, Geschichte und Kultur dieser Räume, orientiert waren.[31] Schmitts Überlegungen standen zeitweilig in einem engen Zusammenhang mit der nationalsozialistischen Großreichsbildung,[32] lassen sich jedoch nicht auf diese reduzieren. In seinem Essay *Land und Meer* hat er der klassischen Geopolitik Geomentalitäten bzw. eine geospezifische Episteme zur Seite gestellt, wenn er «Landtreter» und «Seeschäumer» nicht nur hinsichtlich ihres politischen Agierens, sondern auch im Hinblick auf Habitus und Denkhorizonte unterscheidet. So habe der Zerfall des Römischen Reichs und der islamische Vorstoß in den mittelmeerischen Raum «zu einer jahrhundertelangen Raumverdunklung und Verlandung Europas» geführt,[33] die erst mit der atlantischen Expansion wieder aufgebrochen worden sei. Gleichzeitig hat Schmitt die großen Konfliktlinien des 16.–18. Jahrhunderts zwischen «Weltkatholizismus» und «Weltprotestantismus» als Konflikt zwischen den Prinzipien von Land und Meer gedeutet.[34]

Imperiumstheorien, denen es nicht, wie den Imperialismustheorien, um eine Erklärung für die Funktionsweise des Kapitalismus, sondern um die Analyse weltpolitischer und weltwirtschaftlicher Ordnungen geht, setzen in der Regel an dieser Gegenüberstellung von Land und Meer an, indem sie Seeimperien (*seaborn empires*) und Steppenimperien einander gegenüberstellen.[35] Seeimperien haben allenfalls Handelsstützpunkte an Land und gründen sich ansonsten auf die Kontrolle von Seeverbindungen und entsprechende maritime Fähigkeiten, wobei das «Mutterland» dieser Imperien als Landmacht keine Rolle spielt, sondern sich in einem schmalen Streifen an die Küste schmiegt. Steppenimperien dagegen sind ausschließlich landgestützt und halten Abstand zu den Küstenregionen. Seeimperien beruhen auf Handel und entwickeln militärische Fähigkeiten nur in Abhängigkeit von den Erfordernissen zum Schutz des Handels; Steppenimperien hingegen beruhen auf den kriegerischen Fähigkeiten nomadischer Steppenvölker und sind am Handel nur insofern beteiligt, als dieser von unterworfenen Völkern durchgeführt wird und entsprechend besteuert werden kann. Beide Typen der auf nur *einen* der beiden Räume gestützten Großreichsbildungen sind jedoch von kurzer Dauer und hinterlassen zivilisatorisch und kulturell wenig Spuren.

Das ist anders bei Imperien, die sich als Landimperien um Flusszivilisationen entwickeln, wie in China, Mesopotamien, Ägypten und den Mogulreichen, oder die den Schritt vom Land auf das Meer gewagt und hybride Großräume entwickelt haben, wie dies bei Rom, den Spaniern und den Briten der Fall war und bei den USA nach wie vor ist. Auch das Osmanische Reich ist in der Nachfolge des Oströmischen Reichs als eine geopolitische Hybridform zu begreifen.[36] Im Anschluss an Carl Schmitts (auf Ernst Kapp zurückgehende) Unterscheidung zwischen tellurischen, thalassischen und ozeanischen Räumen lassen sich Steppenimperien, um ein Binnenmeer gelagerte oder aus Flusszivilisationen hervorgegangene Landimperien und reine Seeimperien unterscheiden. Diese Typologie der Imperien ist für die Beurteilung von Großreichsbildungen als wesentlich ausbeutende und unterdrückende oder zivilisierende und pazifizierende Politikformationen bedeutsam. Steppenimperien vernichten benachbarte Zivilisationen oder plündern sie bis zum Ruin aus. Seeimperien beschränken sich auf den Austausch von Gütern, aus dessen Erträgen sie sich finanzieren, und mischen sich in der Regel nicht in der Erzeugung dieser Güter ein. Wie die Produzenten der Handelsware leben, wie sie politisch organisiert sind und welchen religiösen Überzeugungen sie anhängen, interessiert sie nicht, solange sie nur die in anderen Erdteilen begehrten Güter bereitstellen.

Mit Blick auf die Geschichte der Großreichsbildung lassen sich eine chinesische und eine mesopotamisch-europäisch-atlantische Variante unterscheiden. Dabei hat sich die chinesische Reichsbildung über drei Jahrtausende mit unterschiedlicher Schwerpunktbildung in demselben geografischen Großraum vollzogen, während die um Europa zentrierte Imperienbildung in Mesopotamien ihren Anfang nahm, seit dem Makedonenreich Alexanders jedoch immer weiter nach Westen wanderte und schließlich in London und Washington bzw. New York ihr Zentrum fand. Die stationäre Großreichsbildung in Ostasien hat zur Folge, dass es hier nicht zur Entwicklung eines Staatensystems im westeuropäischen Sinn kam, sondern die chinesische Reichsgeschichte als eine Abfolge von Ordnung und Unordnung, Aufstieg und Zerfall begriffen wird, wobei sich um dieses Reichszentrum eine Reihe von Satellitenstaaten (Korea, Birma, Indochina) bildete, die in einem mehr oder weniger ausgeprägten Gefolgschaftsverhältnis zu China standen. Diese historische Konstante bestimmt auch die gegenwärtige chinesische Politik. Dagegen hat die heliotrope (dem Sonnenlauf folgende) Abfolge der imperialen Zentren im Westen neben dem europäischen Staatensystem eine breite Spur postimperialer Räume hinterlassen, in denen sich eine starke Tradition antiimperialen Denkens herausgebildet hat, in der polyzentrische und pluriverse politische Strukturen gegenüber politischen Großräumen präferiert werden. Daneben gibt es einen starken normativen Bezug auf das *Imperium Romanum* als Modell und Vorbild aller späteren Imperienbildungen. Auch das *American Empire* unserer Tage wird immer wieder mit Rom verglichen,[37] wobei der Hinweis auf dessen Ende in Konkurrenz zum Blick auf die lange Dauer dieser Reichsbildung selbst eine Stellungnahme im Sinne kritischer Distanzierung (Ende und Untergang) bzw. politischer Affirmation (lange Dauer) darstellt.

Die imperialen Großreichsbildungen haben einen gegenüber dem Staatensystem erhöhten Legitimationsbedarf, und deswegen sind sie in der politischen Ideengeschichte auch sehr viel stärker präsent als die Staatensysteme, bei denen allenfalls die Legitimation nationaler Selbständigkeit (→ Kap. *Staat und Nation*) eine vergleichbare Rolle gespielt hat. Bei der Legitimation imperialer Vormacht, die immer auch eine Form politischer Selbstvergewisserung darstellt, spielt der Rombezug eine zentrale Rolle; das beginnt bei der Herstellung einer Ordnung politischer Stabilität und wirtschaftlicher Prosperität (*pax Romana*), erfasst die Orientierung am römischen Militärapparat und dessen kriegerischen Glanz (Napoleon) und endet bei der Frage, ob der Niedergang schon begonnen habe und wie man diesen aufhalten oder doch verlangsamen könne, um eine dem Imperium Romanum vergleichbare Dauer des eigenen Großreichs sicherzustellen.[38]

1 Für eine ideengeschichtlich angelegte Darstellung des macht- und geopolitischen Denkens vgl. Heinz Gollwitzer, *Geschichte des weltpolitischen Denkens*, 2 Bde., Göttingen 1972 und 1982; für eine komparative Darstellung des weltpolitischen Denkens im späten 19./frühen 20. Jahrhunderts vgl. Sönke Neitzel, *Weltmacht oder Untergang. Die Weltreichslehre im Zeitalter des Imperialismus*, Paderborn u. a. 2000; epochenübergreifend Jürgen Bellers (Hg.), *Klassische Staatsentwürfe. Außenpolitisches Denken von Aristoteles bis heute*, Darmstadt 1996.

2 Dante Alighieri, *Monarchie* (*De monarchia*), übersetzt und erklärt mit einer Einführung von Constantin Sautter (1913), Aalen 1974. Zur politischen

Theorie Dantes vgl. Hans Kelsen, *Die Staatslehre des Dante Alighieri*, Wien/Leipzig 1905, Etienne Gilson, *Dante und die Philosophie*, Freiburg/Br. 1953, S. 190–262 sowie Alois Dempf, *Sacrum Imperium. Geschichts- und Staatsphilosophie des Mittelalters und der politischen Renaissance*, (1929), München/Wien 1973, S. 472–481.

3 Zur Ideengeschichte der Subsidiarität vgl. Alois Riklin/Gerard Batliner (Hgg.), *Subsidiarität*, Baden-Baden 1994.

4 Neben dem *Principe* (insbes. Kap. 12–14 und 20) und den *Discorsi* (Buch I, Kap. 21, 26, II, 2–4, 9–12, 25, 30–33) ist die *Arte della Guerra* zu nennen, in der Machiavelli seine Vorschläge für eine Reform des Kriegswesens entwickelt hat; dazu Herfried Münkler, «Machiavellis Theorie des Krieges»; in: Thomas Jäger/Rasmus Beckmann (Hgg.), *Handbuch Kriegstheorien*, Wiesbaden 2011, S. 169–177.

5 Zur «Anarchie der Staatenwelt» und deren Folgen für die Bereitschaft zum Krieg vgl. Robert Gilpin, *War and Change in World Politics*, Cambridge 1981, sowie John J. Mearsheimer, *The Tragedy of Great Power Politics*, New York/London 2001, S. 29–54.

6 Franz Bosbach, *Monarchia Universalis. Ein politischer Leitbegriff der frühen Neuzeit*, Göttingen 1988.

7 Dazu Olaf Asbach, *Die Zähmung der Leviathane. Die Idee einer Rechtsordnung zwischen den Staaten bei Abbé de Saint-Pierre und Jean-Jacques Rousseau*, Berlin 2002; zu Kant vgl. Volker Gerhardt, *Immanuel Kants Entwurf «Zum Ewigen Frieden». Eine Theorie der Politik*, Darmstadt 1995.

8 Dazu Wilhelm G. Grewe, *Epochen der Völkerrechtsgeschichte*, Baden-Baden 1984; für einen knappen und prägnanten Überblick vgl. Otto Kimminich, «Die Entstehung des neuzeitlichen Völkerrechts», in: Fetscher/Münkler (Hgg.), *Pipers Handbuch der politischen Ideen*, Bd. 3, München 1985, S. 73–100.

9 Dazu Peter Feldbauer/Gottfried Liedl/John Morisey, *Venedig 800–1600. Die Serenissima als Weltmacht*, Wien 2010; zu vergleichbaren Entwicklungen in Florenz vgl. Heinrich Lang, *Cosimo de'Medici. Die Gesandten und die Condottieri. Diplomatie und Krieg der Republik Florenz im 15. Jahrhundert*, Paderborn u. a. 2009.

10 Zur Geschichte der europäischen Diplomatie vgl. Garrett Mattingly, *Renaissance Diplomacy*, Harmondsworth 1973.

11 Vgl. hierzu Alfred Kohler, *Die spätmittelalterliche Res publica christiana und ihr Zerfall. Internationale Beziehungen 1450–1559*, Paderborn u. a. 1997, sowie Eduard Fueter, *Geschichte des europäischen Staatensystems von 1492 bis 1559*, München/Berlin 1919.

12 Zur Rolle Schwedens als europäische Großmacht mit imperialem Anspruch vgl. Klaus von Beyme, «Schwedisches Imperium im Deutschen Reich. Ein vergessenes Kapitel der Imperien- und Mythenbildung», in: Harald Bluhm/Karsten Fischer/Marcus Llanque (Hgg.), *Ideenpolitik. Geschichtliche Konstellationen und gegenwärtige Konflikte*, Berlin 2011, S. 71–88.

13 Grundlegend hierzu sind die ersten sieben des insgesamt auf neun Bände angelegten *Handbuchs der Geschichte der Internationalen Bezie-*

*hungen*, hrsg. von Heinz Duchhardt und Franz Knipping, Paderborn u. a. 1997 ff.; vgl. auch Wolfgang Windelband, *Die auswärtige Politik der Großmächte in der Neuzeit von 1494 bis Versailles*, Darmstadt 1964, sowie Wladimir Petrowitsch Potjomkin (Hg.), *Geschichte der Diplomatie*, 3 Bde., Berlin 1948.

14 Alfred Vagts hat sich in machtpolitischer wie ideengeschichtlicher Perspektive kritisch mit dem Konzept des Gleichgewichts als Modell der internationalen Ordnung auseinandergesetzt; vgl. «Die Chimäre des europäischen Gleichgewichts» sowie «Die Vereinigten Staaten und das Gleichgewicht der Mächte», beide in: Alfred Vagts, *Bilanzen und Balancen. Aufsätze zur internationalen Finanz und internationalen Politik*, hrsg. von Hans-Ulrich Wehler, Frankfurt am Main 1979.

15 Dazu Heinrich Triepel, *Die Hegemonie. Ein Buch von den führenden Staaten*, Stuttgart/Berlin 1938.

16 Die Tradition geopolitischen Denkens, in Deutschland früher stark ausgebildet (Friedrich Ratzel, Karl Haushofer), ist wegen der Verstrickung in die nationalsozialistischen Eroberungsprojekte abgebrochen. In jüngerer Zeit hat das geopolitische Denken jedoch, von Frankreich kommend, neues Interesse gefunden; vgl. Yves Lacoste, *Geographie und politisches Handeln. Perspektiven einer neuen Geopolitik*, Berlin 1990; zu deutschen Diskussion Rainer Sprengel, *Kritik der Geopolitik. Ein deutscher Diskurs 1914–1944*, Berlin 1996, sowie zur kulturwissenschaftlichen Auseinandersetzung mit geopolitischer Literatur Niels Werber, *Die Geopolitik der Literatur. Eine Vermessung der medialen Weltraumordnung*, München 2007.

17 Die Vorstellung von den «Flügelmächten» und der Marginalisierung Europas gehören in den weltpolitischen Konzeptionen vom späten 18. bis ins 20. Jahrhundert eng zusammen; vgl. Gollwitzer, Geschichte des *weltpolitischen Denken*, Bd. 1, S. 377–403, und Neitzel, *Weltmacht oder Untergang*, S. 87 ff. und 193 ff.; vgl. auch Herfried Münkler, *Mitte und Maß. Der Kampf um die richtige Ordnung*, Berlin 2010, S. 163–174.

18 Zu dieser Alternative als «europäisches Schicksal» vgl. Ludwig Dehio, *Gleichgewicht oder Hegemonie. Betrachtungen über ein Grundproblem der neueren Staatengeschichte*, Krefeld 1957.

19 So etwa Eric Lionel Jones, *Das Wunder Europa. Umwelt, Wirtschaft und Geopolitik in der Geschichte Europas und Asiens*, Tübingen 1991. Der Verweis auf das Staatensystem ist die genuin *politische* Erklärung für den Aufstieg Europas, die sich neben technologischen, ökonomischen und militärischen Ansätzen zu behaupten hat. Zu dieser zuletzt mit großer Intensität geführten Debatte vgl. David Landes, *Wohlstand und Armut der Nationen. Warum die einen reich und die anderen arm sind*, Berlin 1999; Christopher A. Baily, *Die Geburt der modernen Welt. Eine Globalgeschichte 1780–1914*, Frankfurt/New York 2006; Niall Ferguson, *Der Westen und der Rest der Welt. Die Geschichte vom Wettstreit der Kulturen*, Berlin 2011.

20 Einschlägig sind hier Federalist Nr. 2 und Nr. 18; Alexander Hamilton/James Madison/John Jay, *Die Federalist-Artikel*, hrsg., übersetzt, eingeleitet und kommentiert von Angela und Willi Paul Adams, Paderborn u. a. 1994.

21 Dazu Stefan Weinfurter, *Das Reich im Mittelalter*, München 2008.

22 Dazu Herfried Münkler, *Imperien. Die Logik der Weltherrschaft*, Berlin 2005, S. 16ff. und 41ff.; vgl. auch Ulrich Leitner, *Imperium. Geschichte und Theorie eines politischen Systems*, Frankfurt/New York 2011, S. 88ff. und S. 212ff.

23 Dazu Boris Barth/Jürgen Osterhammel (Hgg.), *Zivilisierungsmissionen. Imperiale Weltverbesserung seit dem 18. Jahrhundert*, Konstanz 2005, und Michael Kempe, *Fluch der Weltmeere. Piraterie, Völkerrecht und internationale Beziehungen 1500–1900*, Frankfurt am Main 2010; ergänzend Andreas Obenaus u. a. (Hgg.), *Schrecken der Händler und Herrscher. Piratengemeinschaften in der Geschichte*, Wien 2012.

24 Zur nationalsozialistischen Großreichsbildung Mark Mazower, *Hitlers Imperium. Europa unter der Herrschaft des Nationalsozialismus*, München 2009; zur Geschichte des europäischen Kolonialismus vgl. Rudolf von Albertini, *Europäische Kolonialherrschaft. Die Expansion in Übersee von 1880–1940*, Zürich/Freiburg i. Br. 1976, sowie Jürgen Osterhammel, *Kolonialismus. Geschichte, Formen, Folgen*, München 1995.

25 Dazu Eric J. Hobsbawm, *Das imperiale Zeitalter. 1875–1914*, Frankfurt/New York 1989.

26 Die wesentlichen Passagen aus Hobsons Schrift sind leicht zugänglich in: Stefan Bollinger (Hg.), *Imperialismustheorien*, Wien 2004, S. 47–67; zu Hobson auch Wolfgang J. Mommsen, *Imperialismustheorien*, Göttingen 1977, S. 12–18.

27 Joseph Schumpeter, «Zur Soziologie des Imperialismus», in: *Archiv für Sozialwissenschaften und Sozialpolitik*, Bd. 467, 1918/19, S. 1–39 sowie 275–310.

28 Textauszüge der einschlägigen Schriften Hilferdings, Luxemburgs und Kautskys in Bollinger (Hg.), *Imperialismustheorien*, S. 69–128; dazu Hans-Christoph Schröder, *Sozialistische Imperialismusdeutung*, Göttingen 1973, S. 15–45.

29 Auszüge in Bollinger (Hg.), *Imperialismustheorien*, S. 148–170; dazu Schröder, Sozialistische *Imperialismusdeutung*, S. 45–77.

30 Alfred Thayer Mahan, *Der Einfluss der Seemacht auf die Geschichte 1660–1812*, überarbeitet und herausgegeben von Gustav-Adolf Wolter, Herford 1967; Halford J. Mackinder, «The Geographical Pivot of History», in: *Geographical Journal*, Bd. 23, 1904, S. 421–437; dazu Münkler, *Mitte und Maß*, S. 166ff.

31 Vgl. Felix Blindow, *Carl Schmitts Reichsordnung. Strategie für einen europäischen Großraum*, Berlin 1999, sowie Reinhard Mehring, *Carl Schmitt. Aufstieg und Fall. Eine Biographie*, München 2009, S. 389ff.

32 Das gilt vor allem für die völkerrechtlichen Aufsätze in Carl Schmitt, *Positionen und Begriffe im Kampf mit Weimar-Genf-Versailles. 1923–1939* [1940], Berlin 1988.

33 Carl Schmitt, *Land und Meer. Eine weltgeschichtliche Betrachtung* [1942], Köln-Lövenich 1981, S. 61.

34 Ebd., S. 44. Schmitt hat diese Überlegungen in seiner Schrift *Der Nomos der Erde im Völkerrecht des Ius Publicum Europaeum* (Köln 1956) fortgeführt und in den «Amity Lines», die europäische von überseeischen Konstellationen trennten, eine Form politischer Klugheit gesehen, die da-

für sorgte, dass kriegerische Konflikte in einer Region nicht global eskalierten.

35 Als Beispiele für *seaborn empires* sind Portugal (16. Jh.) und die Niederlande (17. Jh.) zu nennen; Beispiele für Steppenimperien sind die Reiche der Hunnen und der Mongolen. Über Jahrhunderte standen Mitteleuropa und der Mittlere Osten in der Gefahr, von expansiven Steppenvölkern überrannt und verwüstet zu werden. Mit dem Ende des Reichs Timur Lenks kam es zu keiner zentralasiatischen Reichsbildung mehr; die Zentren der Großreichsbildung waren nunmehr ausschließlich Ostasien sowie Europa und der atlantische Raum; vgl. John Darwin, *Der imperiale Traum. Die Globalgeschichte großer Reiche 1400–2000*, Frankfurt/New York 2010.

36 Hierzu und zum Folgenden Münkler, *Imperien*, S. 79–166.

37 Vgl. Peter Bender, *Weltmacht Amerika. Das neue Rom*, Stuttgart 2003; Charles S. Maier, *Among Empires. American Ascendency and its Predecessors*, Cambridge/Mass. 2006; Harold James, *The Roman Predicament. How the Rules of International order create the Politics of Empire*, Princeton 2006.

38 Vgl. Sebastian Huhnholz, *Krisenimperialität. Romreferenz im US-amerikanischen Empire-Diskurs*, Frankfurt/New York 2014, und Eva Hausteiner, *Greater than Rome. Neubestimmungen britischer Imperialität 1870–1914*, Frankfurt/New York 2015.

**Weiterführende Literatur:**

Leonhard, Jörn/Ulrike von Hirschhausen (Hgg.): *Comparing Empires. Encounters and Transfers in the Long Nineteenth Century*, Göttingen 2011.

Mearsheimer, John J.: *The Tragedy of Great Power Politics*, New York/London 2001.

Menzel, Ulrich: *Imperium und Hegemonie in der Hierarchie der Staatenwelt*, Berlin 2015.

Münkler, Herfried: *Imperien. Die Logik der Weltherrschaft – vom alten Rom bis zu den Vereinigten Staaten*, Berlin 2005.

Mommsen, Wolfgang J.: *Imperialismustheorien*, Göttingen 1977.

## Kapitel 13
## RELIGION UND POLITIK

Nachdem es lange Zeit den Anschein hatte, als ob im Gefolge der Säkularisierung die Religion ihren früheren Einfluss auf die Politik bzw. das Politische verloren hätte – eine Entwicklung, die von den einen (in der Regel Liberalen) als Fortschritt im Geiste der Aufklärung begrüßt und von den anderen (zumeist Konservativen) als Werteverfall und Verlust sittlicher Bindungen beklagt wurde –, hat der islamische Dschihadismus der letzten zwei Jahrzehnte die Wahrnehmung des Verhältnisses von Religion und Politik radikal verändert: Säkularisierung wird von den Liberalen nicht länger als ein selbstläufiger Prozess angesehen, sondern als politischer Imperativ begriffen, der in den «rückständigen» Regionen der Welt und gegen «rückständige» Geister durchgesetzt werden muss, und aus konservativer Sichtweise wird gefordert, der «Westen» müsse sich auf seine eigenen christlichen Werte zurückbesinnen, um der Herausforderung durch den Islam standzuhalten und nicht unterzugehen. Eine verschärfte Variante der letztgenannten Sicht ist die aus den USA kommende Evangelikalenbewegung. Nimmt man Teile der jüdischen Orthodoxie hinzu, so kann man von einem Fundamentalismus innerhalb der drei abrahamitischen Offenbarungsreligionen (Judentum, Christentum, Islam) sprechen, der zum politischen Widerpart der Säkularisation avanciert ist. Die mit der Säkularisationsdiagnose ins Private abgewanderte und somit entpolitisierte Religion ist wieder zu einem politischen Faktor geworden. Inzwischen kommt der Religion – und nicht länger politischen Ideologien – wieder die Kraft zur grundstürzenden Umgestaltung der politischen und sozialen Welt zu, die sie bis ins 17. Jahrhundert innegehabt hat.

Die zuletzt über diese Herausforderung geführten Debatten sind freilich weder in theologischer noch in philosophischer Hinsicht sonderlich anspruchsvoll. Fast immer kommen sie zu dem Ergebnis, eigentlich sei alles bereits gesagt und es komme nur noch darauf an, das, was sich aus früheren Debatten ergeben habe, politisch-praktisch umzusetzen. Diese Kontroversen sind in der europäischen Ideengeschichte vor allem am Beginn der Neuzeit ausgetragen worden, weswegen sie nachfolgend im Zentrum der Darstellung stehen. Viele Fragen, die heute zwischen Dschihadismus, Salafismus und Euroislam hin und her bewegt werden, sind in ähnlicher Form bereits in diesen innerchristlichen Debatten verhandelt worden. Sie sind ein von der politischen Ideengeschichte bereitgestellter Spiegel für die politisch-intellektuellen Herausforderungen der Gegenwart.

## Martin Luther und Thomas Müntzer über Widerstand und revolutionären Umsturz

Thomas Müntzer hat sich bei seinen Angriffen auf den Wittenberger Reformator Martin Luther keine Zurückhaltung auferlegt: In seiner «Fürstenpredigt» (1524) nennt er ihn «Bruder Mastschwein» und «Bruder Sanftleben», und in der «Hochverursachten Schutzrede» (1524) tituliert er ihn als «das geistlose, sanftlebende Fleisch zu Wittenberg» sowie als «Doktor Lügner».[1] Luther wiederum hat seinen Widersacher als ein Werkzeug des Satans bezeichnet, nachdem dieser zur Zerstörung einer Reihe von Kapellen als Zentren christlicher Heiligenverehrung aufgefordert und sich dabei auf jene Stellen des Alten Testaments berufen hatte, wo Gott durch den Mund Moses die Juden zur Ausrottung ihrer Feinde und zur Zerstörung von deren Heiligtümern aufforderte. In seinem «Brief an die Fürsten zu Sachsen von dem aufrührerischen Geist» (1524) stellte Luther diese Bibelstellen nicht in Frage, verwies aber darauf, dass Gott damals unmittelbar zu seinem Volk gesprochen und seine Aufforderungen entsprechend beglaubigt habe. Darum seien diese Befehle nicht bedingungslos, sondern kontextabhängig zu verstehen: «Denn als Abraham seinen Sohn opferte, hatte er Gottes eindeutiges Gebot dafür (1. Mose 22,2); und dennoch taten darnach alle unrecht, die dem Werk nach ihre Kinder opferten. Es gilt nicht nachzuahmen in den Werken; denn sonst müßten wir uns alle lassen beschneiden und alle jüdischen Werke tun.»[2]

Das ist eine Argumentation, die eineinhalb Jahrhunderte später von Thomas Hobbes und Baruch de Spinoza weiterentwickelt wurde: Um den unmittelbaren Vorschriftscharakter der Bibel zu relativieren, stellten sie die Historizität einiger Passagen heraus. Die

Bibel sei kein Text, so der Tenor ihrer Argumentation, aus dem unmittelbare politische Handlungsanweisungen herauszulesen seien. Was bei Hobbes ein Bestandteil seines Kampfes gegen die sich auf das Alte Testament berufenden Gruppen unter den englischen Revolutionären war, und bei Spinoza eine Parteinahme für die liberalen Politiker der Niederlande und gegen die politischen Scharfmacher aus den Reihen der Calvinisten, war für Luther ein Kampf gegen die Vertreter des später so bezeichneten «linken Flügels» der Reformation. Diese wollten es nicht bei einer geistlichen Erneuerung der Christenheit, wie von Luther gefordert, belassen, sondern hingen der mittelalterlichen Reformationsvorstellung an, wonach es um eine Erneuerung «an Haupt und Gliedern» gehen sollte, also auch die Obrigkeit und alle weltlichen Fragen einer grundlegenden Reformation zu unterziehen seien (→ Kap. *Revolution und Revolte*). Im konkreten Fall ging es Luther darum, den ikonoklastischen Bestrebungen[3] entgegenzutreten, die er bereits bei den Wittenberger «Schwarmgeistern» bekämpft hatte und mit denen er sich durch Müntzers Aufrufe erneut konfrontiert sah: «Ja, wenn das recht wäre, daß wir Christen sollten Kirchen zerbrechen und so stürmen wie die Juden, so würde hieraus auch folgen, daß wir müßten leiblich töten alle Unchristen, wie den Juden geboten war, die Kanaaniter und Amoriter zu töten, und zwar ebenso streng, wie die Bilder zu zerbrechen. Hiermit würde der allstedtische Geist [= Müntzer] nicht mehr und nicht weniger zu tun bekommen, als Blut zu vergießen; und diejenigen, die nicht seine himmlische Stimme hörten, müßten alle von ihm getötet werden, damit nicht die Ärgernisse blieben im Volk Gottes, welche viel größer sind an den lebendigen Unchristen als an den hölzernen und steinernen Bildern.»[4] Heinrich Heines vielzitierte Formel variierend, wonach dort, wo man Bücher verbrenne, bald auch Menschen verbrannt würden, kann man sagen, Luther warne hier vor der Zerstörung von Kulturgütern, weil man dann auch zur massenhaften Gewalt gegen Andersgläubige greifen werde.

Müntzers Antwort darauf lautete, Luther, den er als einen Fuchs apostrophiert, der die Gerechten betrübe und den Mächtigen in die Hand arbeite, habe mit seiner Stellungnahme die Welt den Bösewichtern ausgeliefert, denn wenn erst beim Jüngsten Gericht über sie geurteilt werde, seien ihnen bis dahin die Guten und Gerechten hilflos ausgeliefert. Hatte Müntzer zunächst noch darauf vertraut, dass die Herrschenden ein Einsehen hätten und die Lage der Bauern und Bergknappen bessern würden, so setzte er am Schluss seiner «Hochverursachten Schutzrede» auf das Volk, das die bestehenden Verhältnisse umstürzen und eine bessere Welt schaffen werde: «O Doktor Lügner, du tückischer Fuchs, du hast durch deine Lügen das Herz des Gerechten traurig gemacht [...]. Damit hast du die Gewalt der gottlosen Bösewichter gestärkt, auf daß sie ja auf ihrem alten Wege bleiben. Darum wird es dir gehen wie einem gefangenen Fuchs. Das Volk wird frei werden, und Gott wird allein der Herr darüber sein.»[5] Im Frühjahr 1525, der Bauernkrieg hatte inzwischen große Teile Deutschlands erfasst, sah Müntzer seine eschatologischen Erwartungen vom Eingreifen Gottes in Erfüllung gehen, und so stellte er in einem Brief an die Bürger von Allstedt diese vor die Alternative, entweder Märtyrer Gottes zu werden und sich dem Aufstand anzuschließen oder durch Zögern und Zuwarten als Märtyrer des Teufels zu enden: «Wollt ihr nicht um Gottes willen leiden, so müßt ihr des Teufels Märtyrer sein. Darum hütet euch, seid nicht so verzagt, nachlässig [...], fanget an und streitet den Streit des Herren! [...] Wenn euer nur drei sind, die in Gott gelassen allein seinen Namen und Ehre suchen, werdet ihr hunderttausend nicht fürchten. Nun dran, dran, dran, es ist Zeit, die Bösewichter sind frei verzagt wie die Hund. [...] Dran, dran, solang das Feuer heiß ist. Lasset euer Schwert nicht kalt werden, laßt es nicht erlahmen! Schmiedet pinkepanke auf den Ambossen Nimrods, werfet ihnen den Turm zu Boden. Es ist nicht möglich, solang sie leben, daß ihr der menschlichen Furcht solltet leer werden. Man kann euch von Gott nicht sagen, solang sie über euch regieren. Dran, dran, solang ihr Tag habt! Gott geht euch vor, folget, folget!»[6]

Thomas Müntzer hat dem Widerstand der Bauern gegen die Landes- und Grundherrn eine eschatologische Perspektive verliehen und ihn damit aus einem zunächst Veränderungen abwehrenden (Orientierung am «alten Recht») in einen die gesellschaftliche Ordnung fundamental umstürzenden Aufstand (das Evangelium als Maßstab) verwandelt. Das aber war nur durch die Verbindung des Religiösen mit dem Politischen möglich; dem Religiösen kam dabei die Aufgabe einer Leitorientierung zu, während das Politische (Unterdrückung) und das Soziale (Ausbeutung) eine davon abhängige Rolle spielten. Es war vor allem diese Verbindung zwischen dem – in der Sprache Luthers – «Reich Gottes» und dem «Reich der Welt», die den Wittenberger Reformator gegen Müntzer aufbrachte. In Luthers Theologie war die Trennung beider Reiche nämlich ein zentraler Bestandteil der göttlichen Weltordnung, und wer sie in Frage stellte, galt Luther als ein Parteigänger des Teufels. So war es nur konsequent, wenn er, nachdem er in einer Stellungnahme die aufständischen Bauern in Schwaben zum Frieden gemahnt hatte, in seinem Schreiben «Wider die räuberischen und mörderischen Rotten der andern Bauern» (1525) sich eindeutig auf Seiten der Obrigkeit positionierte und entschieden bestritt, dass sich die aufständischen Bauern auf das Evangelium berufen könnten. Es sei «bloß verlogen [...] gewesen, was sie unter dem Namen des Evangeliums in den Zwölf Artikeln vorgeschützt haben. Kurzum, nur Teufelswerk treiben sie, und insbesondere ist's der Erzteufel, der zu Mühlhausen regiert [= Müntzer], und nichts als Raub, Mord, Blutvergießen anzettelt, wie denn Christus Joh. 8, 44 von ihm sagt, daß er sei ‹ein Mörder von Anbeginn›.»[7]

Der Konflikt mit Müntzer war für Luther zunächst eine theologische Auseinandersetzung. Er hat den Bauernaufstand aber auch politisch ernst genommen, weil er darin den Anfang einer endlosen Kette der Gewalt gesehen hat: «Denn Aufruhr ist nicht ein gewöhnlicher Mord. Sondern wie ein großes Feuer, das ein Land anzündet und verwüstet, so zieht Aufruhr nach sich ein Land voll Mord, Blutvergießen und macht Witwen und Waisen und zerstört alles wie das allergrößte Unglück.»[8] Darum müsse man den aufrührerischen Bauern von Anfang an entschieden – und das heißt für Luther: mit Gewalt – entgegentreten, denn es gebe «nichts Giftigeres, Schädlicheres, Teuflischeres [...] als ein aufrührerischer Mensch».[9] Dementsprechend endet auch seine Schrift mit einem Aufruf zur Gewalt: «Steche, schlage, würge hier, wer da kann. Bleibst du drüber tot – wohl dir! Einen seligeren Tod kannst du niemals erreichen; denn du stirbst im Gehorsam gegen das göttliche Wort und den göttlichen Befehl Röm. 13 und im Dienst der Liebe, um deinen nächsten zu erretten aus der Hölle und aus den Fesseln des Teufels.»[10] Das war freilich mehr als eine bloße Parteinahme für die Obrigkeit, nämlich ein zu

Müntzers Aufrufen spiegelbildlicher Appell zum Kampf um das Heil der Seele und die Rettung der Welt. Die Niederschlagung des Bauernaufstands war für Luther ein Kampf gegen den Teufel sowie dessen Spiel in der Welt und somit eine Verteidigung der göttlichen Ordnung.

## Martin Luthers Vorstellung von der Obrigkeit als Instrument Gottes

Das lässt sich kaum verstehen ohne einen Blick auf Luthers Vorstellung von der göttlichen Weltordnung zu werfen und die Rolle, die der Obrigkeit darin zukommt. Luther nimmt dabei die augustinische Unterscheidung zwischen *civitas Dei* und *civitas terrena* wieder auf und spricht in seiner Schrift «Von weltlicher Obrigkeit» (1523) davon, man müsse «Adams Kinder und alle Menschen teilen in zwei Teile: die ersten zum Reich Gottes, die andern zum Reich der Welt».[11] Das war eine Absage an die mittelalterliche Vorstellung, die zwischen vollkommenen und unvollkommenen Christen unterschieden hatte, um für Erstere (Mönche, Priester usw.) einen höheren Grad an Gottgefälligkeit im Sinne einer aktiven Gerechtigkeit gegenüber Gott zu reklamieren, weswegen Letztere der Ersteren bedurften, um ein gottgefälliges Leben zu führen. Der zeitweilige Mönch Luther war an dieser Zweiteilung verzweifelt: Er nahm die Forderung der Vollkommenheit ernst und konnte nicht erkennen, wie er unter diesen Umständen einen gerechten Gott zu finden vermochte. Die Vorstellung, dass man sich diesen durch gute Werke und Geldspenden (Ablasshandel) erkaufen könne, stieß ihn ab und wurde zum Anstoß für seine reformatorische Wende.[12] Deren theologischer Durchbruch war die Einsicht, dass die Menschen von Natur aus infolge der «Erbsünde» zur Selbstheiligung nicht fähig und darum auf die Gnade Gottes (*sola gratia*) angewiesen seien. An die Stelle der aktiven Gerechtigkeit (Selbstheiligung) trat die passive Gerechtigkeit, die im Glauben an die Gnade Gottes bestand. Die aber konnte jedem unabhängig von Stand und Stellung zuteil werden.

Weltliche und geistliche Ordnung waren damit voneinander entkoppelt; beides, Gesetz und Evangelium, in einen unmittelbaren Zusammenhang miteinander zu bringen, wurde von Luther als Angriff auf die Ordnung Gottes verstanden. Das richtete sich ebenso gegen die überkommene Ordnung der Kirche mitsamt den Herrschaftsansprüchen des Papstes wie gegen die Revolutionstheologie Müntzers und die Forderungen der aufständischen Bauern. Luthers Unterscheidung zwischen dem Reich Gottes und dem Reich der Welt ist nicht dahingehend zu verstehen, dass in der Welt eine dem Reich Gottes verwandte Ordnung, etwa durch deren Ausrichtung an den Forderungen des Evangeliums, errichtet werden könnte: «Da aber kein Mensch von Natur Christ oder fromm ist, sondern sie alle Sünder und böse sind, wehrt ihnen Gott allen durch Gesetz, daß sie äußerlich ihre Bosheit mit Werken nicht dürfen nach ihrem Mutwillen üben.»[13] Nur wenn, so Luthers hypothetische Erwägung, «alle Welt rechte Christen, das ist rechte Gläubige, wäre, so wäre kein Fürst, König, Herr, Schwert noch Recht notwendig oder nützlich. Denn wozu sollte es ihnen dienen, da sie den heiligen Geist im Herzen haben, der sie lehrt und macht, daß sie niemandem Unrecht tun, jedermann lieben, von jedermann gern und fröhlich Unrecht leiden, auch den Tod? Wo lauter Unrechtleiden und lauter Rechttun ist, da ist kein Zank, Hader, Gericht, Richter, Strafe, Recht noch Schwert nötig.»[14] Luther will bei aller Skepsis nicht ausschließen, dass es solche rechtschaffenen Menschen in der Welt gibt, bestreitet aber, dass sie eine eigene Gesellschaft bilden können. Gerade weil sie der weltlichen Obrigkeit nicht bedürfen, sieht er in ihnen besonders fleißige und aufrichtige Diener dieser Obrigkeit. Ein rechter Christ tut, was «seinem Nächsten von Nutzen und nötig ist. Nun aber das Schwert aller Welt ein großer nötiger Nutzen ist, damit Friede erhalten, Sünde bestraft und den Bösen gewehrt werde, so ergibt er sich aufs allerwilligste unter des Schwertes Regiment, zahlt Steuern, ehrt die Obrigkeit, dient, hilft und tut alles, was er kann, das der Gewalt förderlich ist, damit sie im Schwang und in Ehren und Furcht erhalten werde; obwohl er davon für sich nichts bedarf, noch es ihm nötig ist.»[15]

Es sind diese und ähnliche Aussagen, die Luther und der sich auf ihn berufenden Evangelischen Kirche in Deutschland den Vorwurf der Staatsgläubigkeit und Obrigkeitshörigkeit eingetragen haben, ja, man hat mit Luthers Staatsverständnis die Vorstellung von einem «deutschen Sonderweg» in der europäischen Neuzeit verbunden, bei dem weniger die historische «Verspätung», wie bei Helmuth Plessner (→ Kap. *Staat und Nation*), sondern Gehorsamsdisposition und Revolutionsaversion dazu geführt hätten, dass die Deutschen nicht den von den Niederländern, Engländern und Franzosen eingeschlagenen revolutionären Weg in die Moderne gegangen seien.[16] Diese Theorie beruht auf der Annahme, dass die konfessionelle Ausrichtung eines Landes der Ausgangspunkt von Entwicklungspfaden mitsamt anschließender Pfadabhängigkeit darstellt. Wie Max Weber in seiner Schrift *Die protestantische Ethik und der Geist des Kapitalismus* eine Verbindung zwischen Arbeitsethos und Konfession behauptet hat,[17] so wird hier eine Verbindung zwischen Konfession und Verfassungsordnung angenommen, die – ähnlich wie von Weber unterstellt – auch dann noch prägende Kraft besitzt, wenn die Glaubensinhalte bereits gleichgültig geworden sind. Diese akademische Debatte hat in der Beantwortung der Frage, ob Widerstand gegen Hitler und das NS-Regime zulässig sei und ob dieser Widerstand bis zum Tyrannenmord gehen dürfe (→ Kap. *Tyrannis und Diktatur*) selbst politische Qualität erlangt. Die ideengeschichtliche Perspektive legt freilich eine andere Deutung nahe: Danach wäre für Luther Widerstand gegen Hitler nicht nur zulässig, sondern sogar geboten gewesen, sofern sich der Nationalsozialismus als «politische Religion» (Eric Voegelin) inszenierte und Hitler messianische Eigenschaften für sich in Anspruch nahm. Schon die zeitweilige Selbstapostrophierung des NS-Regimes als «Tausendjähriges Reich» (ein Begriff aus der Johannesapokalypse) hätte für Luther, der vehement gegen die Vermischung von Reich Gottes und Reich der Welt argumentiert hat, wohl genügt, um dieses Regime als die größte und gefährlichste Form der Tyrannis zu identifizieren. Dass viele sich auf Luther berufende Theologen das zwischen 1933 und 1945 anders gesehen haben, hatte weniger mit Luthers Theologie als mit ihrer politischen Grundeinstellung zu tun.

Komplementär zu der Unterscheidung zwischen den beiden Reichen hat Luther zwei Regimente gegeneinander abgegrenzt, von denen das eine für die geistliche und das andere für die weltliche Ordnung zuständig ist. «Darum hat Gott zwei Regimente verordnet: das geistliche, welches Christen und fromme Leute macht durch den heiligen Geist, unter Christus, und das weltliche, das den Unchristen und Bösen wehrt, daß sie äußerlich Frieden halten und still sein müssen, ob sie wollen oder nicht.»[18] Luther hatte keinerlei Sympathie für Projekte, wie sie im Gefolge der Reformation von kleinen Gruppen in Form evangelischen Zusammenlebens jenseits staatlicher Ordnung durchgeführt wurden.[19] Was in kleinen Gruppen vielleicht möglich war – tatsächlich weisen die religiös motivierten sozialutopischen Projekte die größte Kontinuität auf –, war nach Luthers Auffassung nicht auf die politische Ordnung insgesamt übertragbar, «denn die Welt und die Menge sind und bleiben Unchristen, obgleich sie alle getauft sind und Christen heißen». «Darum verträgt sich's nicht in der Welt, daß ein christliches Regiment allgemein gesetzt werde über alle Welt, ja, nicht einmal über ein Land oder eine große Menge. Denn Böse gibt es immer viel mehr als Fromme. Ein ganzes Land oder die Welt mit dem Evangelium zu regieren sich unterwinden, das ist ebenso, als wenn ein Hirt in einem Stall Wölfe, Löwen, Adler, Schafe zusammentäte und jedes frei neben dem andern laufen ließe und sagte: Da weidet euch und seid rechtschaffen und friedlich untereinander, der Stall steht offen, Weide habt ihr genug, Hunde und Keulen braucht ihr nicht zu fürchten. Hier werden die Schafe wohl Frieden halten und sich friedlich so weiden und regieren lassen, aber sie würden nicht lange leben noch ein Tier von dem andern bleiben.»[20]

Deutlicher als sonst ist hier das theologische Fundament politischer Ordnungsvorstellungen erkennbar, denn zunächst lässt sich gegen Luthers Bild der tödlichen Anarchie in einem Stall mit unterschiedlichen Tieren geltend machen, es sei eine wesentlich empirische Frage, ob das menschliche Zusammenleben diesem Bild entspreche, und selbst wenn das hier und jetzt nicht der Fall sei, so könne doch nicht ausgeschlossen werden, dass es andernorts oder zukünftig möglich sei (→ Kap. *Utopie und Idealstaat*). Gegen eine solche Möglichkeit steht bei Luther jedoch das Dogma der Erbsünde, durch die der Mensch («der alte Adam») ein für allemal auf Herrschaft zur Unterdrückung seiner bösen Neigungen angewiesen ist. Erst ein neuer Mensch, den zu erschaffen allein Gott möglich sei, werde zu einem Zusammenleben ohne Obrigkeit fähig sein. Eine herrschaftsfreie Ordnung werde es darum nicht in dieser Welt, sondern erst im jenseitigen Reich Gottes geben. In der Idee eines neuen Menschen, die in zahlreiche utopische und revolutionäre Projekte Eingang gefunden hat und an deren Verwirklichung die Bolschewiki in Russland während ihrer revolutionären Phase gearbeitet haben, stoßen wir somit auf eine Übertragung theologischer Vorstellungen in die Politik, in deren Folge dem Menschen möglich sein soll, was zunächst allein Gott zugedacht war: die Revision der Schöpfung. Dieser Gedanke findet sich bereits in der Revolutionstheologie Thomas Müntzers, der zufolge aus der *crucificatio* des alten Adam durch Aufstand und Martyrium der neue Mensch hervorgehen soll. In der revolutionären Perspektive ist dann das, was Gott zugedacht war, zu einer Aufgabe des Menschen geworden: seine Transformation zum «neuen Menschen», mit dem erst die Errichtung einer kommunistischen Gesellschaft möglich sein werde. Insofern ist die Kontroverse zwischen Luther und Müntzer um die göttliche Weltordnung und die darin dem Menschen zukommende Rolle paradigmatisch für die politisch konträren Vorstellungen vom Einwirken der Religion auf die Politik.

## Die Religion als Konfliktverschärfer oder Konfliktbegrenzer

In der jüngeren Debatte über den Dschihad, die islamische Vorstellung von einer besonderen Indienstnahme der Menschen durch die Religion bis hin zum Heiligen Krieg, ist die Frage wieder verstärkt diskutiert worden, ob und inwieweit die Religion ein konfliktgenerierender, zumindest konfliktverschärfender Faktor sei.[21] Wenn wir die Religion als einen Modus des Denkens und Empfindens begreifen, in dem die Vorstellung des Opfers eine zentrale Rolle spielt, wobei das *Opfer* als prinzipielle Alternative zum *Tausch* zu denken ist, so stellen Religionen zwei Umgangsweisen mit Konflikten bereit: Sie können auf bestehende gesellschaftliche oder politische Konflikte dämpfend und entschärfend einwirken, indem sie den Opfergedanken als Aufforderung zur Hinnahme von Unrecht und zum Verzicht auf Rache auslegen, oder konfliktverschärfend, indem sie eine sakrifizielle Bereitschaft zum Selbstopfer für unbedingte Werte einfordern und damit die auf Tausch und Ausgleich (*iustitia commutativa*) abzielenden Konfliktbearbeitungsmechanismen einer Gesellschaft außer Kraft setzen. In der Religionstheorie ist eine breite Debatte über die Frage geführt worden, als was das im Zentrum jeder Religion stehende Opfer zu verstehen sei: als eine Form unverstandenen Tauschs, durch den der Gottheit Wohlwollen abverlangt werden soll, wie Marcel Mauss sowie Max Horkheimer und Theodor W. Adorno argumentiert haben, oder als Hingabe ohne Erwartung einer wie auch immer gearteten Rückerstattung, als ein Akt bedingungsloser Selbstpreisgabe an das Göttliche, wie dies von Georges Bataille, Roger Caillois und René Girard beschrieben worden ist.[22]

In dieser alternativen Interpretation des Opfergedankens kulminiert die seit dem frühen 19. Jahrhundert geführte Religionsdebatte der Soziologie: Haben wir Religion als ein bestimmtes Regulationsmodell des Sozialen und Politischen zu verstehen, in dem das Außergewöhnliche erklärt und das Außeralltägliche gesellschaftlich praktikabel gemacht wird, oder ist Religion etwas gegenüber Gesellschaft und Politik Transzendentes, das den innergesellschaftlichen Wissensordnungen unzugänglich bleibt und mit ihnen auch nicht erklärt werden kann? In der Beantwortung dieser Frage trennen sich Religionssoziologie und Theologie voneinander: Während für die Religionssoziologie das Religiöse und die ihm zugehörigen Denksysteme ein Bestandteil der Gesellschaft sind, die im Hinblick auf ihre sozialen und politischen Effekte dechiffriert werden können, für die somit Transzendenz eine aus der gesellschaftlichen und politischen Ordnung heraus zu erklärende Episteme ist, besteht die Theologie als Wissenschaft vom Göttlichen darauf, dass ihr Wissen sich nicht in funktionalen Effekten für die Ordnung von Politik und Gesellschaft erschöpft, sondern Bereiche und Quellen umfasst, die der Sozial- oder Politiktheorie entweder prinzipiell unzugänglich oder ihr systematisch vorgängig sind.[23] Die Aufforderung zur Evaluation religiöser Grundüberzeugungen gemäß den Vorgaben von Konfliktverminderung kann den Wahrheitsanspruch der Theologie im Kern nicht tangieren, denn er beansprucht eine Geltung, die unabhängig ist von den durch die Religion bewirkten oder zumindest in Kauf genommenen Folgen.

Für eine politiktheoretische Betrachtung stehen hingegen diese

Folgen im Mittelpunkt der Analyse, wie sich dies bei einigen frühneuzeitlichen Politiktheoretikern, namentlich Thomas Hobbes und Baruch de Spinoza, beobachten lässt, die den Wahrheitsgehalt theologischer Aussagen von deren funktionalen Effekten her in Augenschein genommen und gemäß den sozio-politischen Erfordernissen relativiert haben. Dabei geht es im Wesentlichen um das polemogene Potenzial religiöser Überzeugungen und theologischer Aussagen, zugleich aber auch um deren Status in der allgemeinen Ordnung des Wissens: Ist religiöses Wissen das Leitwissen einer Gesellschaft und steht die Theologie an der Spitze aller Wissenschaften – eine Debatte, die sich bis zu Kants Schrift *Der Streit der Fakultäten* fortgesetzt hat –, oder gibt es eine Methode der Wissensevaluation, der auch Religion und Theologie unterworfen sind und mit deren Hilfe die Gesellschafts- und Politiktheoretiker der religiösen Wahrheitsansprüche Herr zu werden vermögen? Der Streit um die «Ordnung des Wissens» (Michel Foucault) ist immer auch ein Streit um Macht und Herrschaft, konkret um die Unterordnung weltlicher Herrschaft unter die geistliche Macht (Papsttum) oder um die Nachordnung religiöser Gehorsamserwartung gegenüber der weltlicher Souveräne. Diese Frage bzw. ihre unterschiedliche Beantwortung hat den mittelalterlichen Konflikt zwischen Kaisertum und Papsttum (*imperum* und *sacerdotium*) geprägt:[24] Sie steht im Zentrum der eingangs dargestellten Kontroverse zwischen Martin Luther und Thomas Müntzer und bildet den Kern der Religions- bzw. Konfessionskriege, die Europa im 16. und 17. Jahrhundert erschütterten. Sie ist mit der definitiven Durchsetzung der Souveränitätsvorstellung im Frieden von Münster und Osnabrück (1648) keineswegs verschwunden, wenngleich sie seitdem nicht mehr eine derart zentrale Stellung innehat wie zuvor. In den Fragen des Kirchenasyls als Ort begrenzter Exemption von staatlichem Recht, etwa in der Frage der Abschiebung von abgelehnten Asylbewerbern, und des zivilen Ungehorsams, etwa gegen die Nato-Nachrüstung oder die Nutzung der Atomenergie, ist diese Frage zuletzt in der deutschen Debatte wieder aufgetaucht.

Am Anfang der Beschäftigung mit der konfliktiven Rolle der Religion steht die Idee des Heiligen Krieges, also des Krieges, der seinem Selbstverständnis nach nicht um weltliche Ziele, sondern gemäß göttlichem Geheiß geführt wird. Es ist in der Forschungsliteratur umstritten, ob sich die Vorstellung vom «Heiligen Krieg» im Alten Testament, etwa bei der Eroberung Palästinas durch die Israeliten oder in den Kriegen König Sauls, finden lässt oder ob nicht besser von den «Kriegen Jahwes» gesprochen werden muss.[25] Wie auch immer man diese auf göttliche Anweisung geführten Kriege nennt: Sie unterscheiden sich von allen anderen Kriegen durch das Verbot des Beutemachens und das Gebot der Gnadenlosigkeit gegenüber dem Feind: Keinerlei «niederes» Motiv persönlicher Bereicherung oder kollektiver Reichtumsvermehrung soll mit dem göttlichen Gebot zur Vernichtung der Feinde kollidieren. In diesem Sinn ist der Heilige Krieg ein besonders grausamer Krieg, weil in ihm die Gewalt weder durch rituelle Gepflogenheiten noch durch Kriegsrecht, weder durch Beutegier noch durch Mitleid eingeschränkt ist. Er ist darin das Gegenmodell zur homerischen Kriegsätiologie, in der weltliche Motive, namlich Beutegier und Ehrgeiz das Handeln der Helden bestimmen (→ Kap. *Krieg und Bürgerkrieg*). In diesem Sinn ist der Heilige Krieg nicht im deskriptiven Sinn, sondern als ein präskriptives Verhaltensmodell zu begreifen, mit dem die gewöhnlichen Kriege einer moralischen Kritik unterzogen werden.

Politische Relevanz erlangte die Idee des Heiligen Krieges in Europa mit den Kreuzzügen, wenngleich der Begriff im Deutschen erst im 17. Jahrhundert auftaucht. Bei diesen «bewaffneten Wallfahrten» zur (Rück)Eroberung des Heiligen Landes wurde den Teilnehmern ein begrenzter oder auch vollständiger Ablass, das heißt Nachlass der von Gott verhängten Sündenstrafen, in Aussicht gestellt. Am 27. November 1095 rief Papst Urban II. in Clermont zum Kreuzzug auf und verband dies mit der Zusage eines Ablasses. Spätere Päpste sind ihm darin mehrfach gefolgt. Es hatte freilich bereits zuvor innereuropäische Kreuzzüge gegen «Ketzer» (Katharer, Albigenser) gegeben, und die Idee des Kreuzzugs endete auch nicht mit der Vertreibung der europäischen Ritter aus dem Heiligen Land, sondern wurde in den Kriegen gegen die Hussiten, Osmanen usw. wieder aufgenommen.[26] Erneute Verwendung fand der Begriff im Zweiten Weltkrieg, als die USA ihr Eingreifen in den Krieg in Europa als «Kreuzzug» bezeichneten und auch danach massive Interventionen in Staaten auf anderen Kontinenten mit dieser Bezeichnung ver-

*Der Holzschnitt Albrecht Dürers, der die vier apokalyptischen Reiter aus der Offenbarung des Johannes zeigt, ist zur Versinnbildlichung von Naturkatastrophen und Seuchen, vor allem aber von politisch und gesellschaftlich verhängnisvollen Entwicklungen geworden. Die Verbindung der vier Reiter steht für den zumeist ursächlichen Zusammenhang sozio-politischer Erschütterungen, wie äußerem und innerem Krieg, mit wirtschaftlichen Folgen, wie Inflation, und schließlich massenhaftem Sterben infolge von Seuchen und Epidemien. Im Bild der vier Reiter aus der Offenbarung des Johannes kommt eine frühere Erfahrung der Menschheit zum Ausdruck, wonach die eine Katastrophe die anderen nach sich zieht. Der erste Reiter (ganz rechts), von dem es heißt, er reite auf einem weißen Pferd, spanne den Bogen und trage eine Krone, symbolisiert den äußeren Krieg. Der zweite Reiter, der auf einem feuerroten Pferd daherkommt und den Frieden von der Erde nimmt, auf dass sich alle gegenseitig umbringen, steht für den inneren Krieg, der dritte, der eine Waage mit sich führt, repräsentiert schnell steigende Nahrungsmittelpreise («Teuerung»), und der vierte Reiter, der Tod selbst, sitzt auf einem fahlen Pferd und bringt Pest und Hungersnot. Immer wieder ist die Aufeinanderfolge von Krieg, Not und Massensterben als Zeichen für das nahe Ende der Menschheitsgeschichte verstanden worden.*

sahen. Darin zeigt sich das zivilreligiöse Selbstverständnis vieler US-Amerikaner, das sich in der Annahme eines bewaffneten Eingreifens zum Vorteil anderer mit der Vorstellung verbindet, die USA seien dazu berufen, den Zustand der Welt zum Besseren zu wenden.

Die Zivilreligion ist das, was den weltpolitischen Anspruch der

USA und ihre welthistorische Mission begründet. Das ist aber nur eine, wenn auch entscheidende Dimension der Kontroverse um die zivilreligiöse Fundierung politischer Ordnung. Zuvorderst geht es hier um die integrativen und stabilisierenden Effekte der Religion. Als Begründer des Begriffs Zivilreligion gilt der in der Tradition des Kontraktualismus stehende republikanische Denker Jean-Jacques Rousseau. Im *Contrat Social* bezweifelt er, dass die Bindekraft des Gesellschaftsvertrages und das in ihm zur Geltung gebrachte individuelle Nutzenkalkül der Menschen allein ausreicht, um eine Republik auf Dauer stabil zu halten (→ Kap. *Der Vertrag und die Erzählung*). Die Republik war seiner Auffassung nach auf Bürgertugend angewiesen und diese wiederum bedurfte der Bürgerreligion. Diese *religion civile* hat Rousseau von der «Religion des Menschen» und der «Religion des Priesters» sowie im Weiteren von der «Religion des Citoyen» abgegrenzt, die er allesamt für die Erhaltung einer Republik als ungeeignet ansieht: Während die christliche Nächstenliebe der auf Vaterlandsliebe begründeten Opferbereitschaft widerstrebe und der von den Priestern betriebene universalistische Katholizismus die Bürger in Gewissenskonflikte stürze und zu gegen den Staat gerichteten Handlungen motiviere, eigne sich die «Religion des Citoyen» zwar ausgezeichnet für Republiken, weil sie tapfere Kämpfer für die Sache des Gemeinwesens hervorbringe, aber sie sei unwahr und führe zudem zu Grausamkeiten gegenüber den Feinden. Die *religion civile* wird von Rousseau als eine Art Kompromiss zwischen der Religion des Menschen und der Religion des Citoyen eingeführt. Es handelt sich hier um eine «Mindestreligiosität», die den Einzelnen freistellt, an Zusätzliches zu glauben – vorausgesetzt, dass dies nicht mit Ausschließlichkeitsansprüchen verbunden ist und zu Intoleranz führt.[27] Zugleich aber wird verlangt, dieses zivilreligiöse Glaubensbekenntnis öffentlich abzulegen, einschließlich der Forderung, sich dem öffentlichen Gelöbnis entsprechend zu verhalten, also dem republikanischen Vaterland treu und – insofern erforderlich – auch mit dem Einsatz seines Lebens zu dienen. Wer dazu nicht bereit sei, solle mit dem Tod bestraft werden.[28]

Weitaus ziviler nimmt sich demgegenüber der Begriff der Zivilreligion aus, wie ihn Alexis de Tocqueville in seiner zweibändigen, 1835 und 1840 publizierten Studie *Über die Demokratie in Amerika* entwickelt hat: Bei aller Verschiedenheit der Religionen gebe es in den USA doch ein gemeinsames Bekenntnis zum demokratischen und republikanischen Christentum, das integrative wie mäßigende Effekte für die Politik habe: «In den Vereinigten Staaten hat sich bisher niemand gefunden, der als Richtschnur vorzuschlagen gewagt hätte, zum Besten der Gesellschaft sei alles erlaubt. Ein ruchloser Leitgedanke, der in einem Jahrhundert der Freiheit erfunden zu sein scheint, um alle künftigen Tyrannen zu rechtfertigen. Erlaubt also das Gesetz dem amerikanischen Volk, alles zu tun, so hindert die Religion es, alles auszudenken, und verbietet ihnen, alles zu wagen.»[29] Insbesondere im Katholizismus hat Tocqueville eine entscheidende externe, der politischen Ordnung äußerliche Begrenzung der an sich maßlosen demokratischen Bewegung gesehen. Gegen den falschen Glauben an Ersatzreligionen wie den Sozialismus oder die politische Instrumentalisierung des Religiösen in der *religion civile*, aber eben auch in Kritik an dem Materialismus und Gewinnstreben präferierenden Protestantismus hat Tocqueville eine spezifisch religiöse Fundierung der Demokratie gefordert, die dem universalen demokratischen Prinzip gleicher Menschenrechte ebenso Rechnung trägt, wie es die negativen Tendenzen des Demokratisierungsprozesses – entfesselter demokratischer Individualismus und gesellschaftliche Desintegration – zu bändigen imstande ist.[30]

Die zentrale Einsicht der Tocquevilleschen Analyse, dass die Gefahren der Demokratie, nämlich ihr mögliches Umschlagen in neue Formen politischer oder sozialer Tyrannei, aus ihrem Kern selbst erwachsen und es daher kompensatorischer Gegenmittel bedarf, die in demokratischen Gesellschaften künstlich geschaffen bzw. reproduziert werden müssen, hat die liberalkonservative Rezeption Tocquevilles dahingehend pointiert, dass der freiheitlich säkulare Staat von Voraussetzungen lebt, die er selbst nicht garantieren kann.[31] Die auch als «Böckenförde-Doktrin» in die deutsche Diskussion über das Verhältnis von Politik und Religion eingegangene Einsicht verweist auf die vorpolitischen Ressourcen des demokratischen Verfassungsstaates, wie Tradition und Religion, ohne jedoch die zivilreligiöse Legitimationsquelle des Staates gegen die institutionellen demokratischen Formen der Legitimation auszuspielen.[32] Aus der Perspektive eines dem aufklärerischen Projekt verpflichteten rationalistischen und universalistischen Liberalismus handelt es sich hier freilich um ein traditionalistisches, rückwärtsgewandtes Programm. Als jüngere Vertreter des Projekts, wonach auch aufgeklärte westliche Gesellschaften zivilreligiöser Grundlagen bedürfen, können Robert Bellah und Charles Taylor gelten.[33] Die Kritik der Religion reicht jedoch sehr viel weiter zurück und ist weitaus differenzierter als der gängige liberale Einspruch, religiöse Überzeugungen seien der rationalen Diskussion im öffentlichen Raum nicht zugänglich.

## Etappen der Religionskritik in der europäischen Ideengeschichte

Am Anfang einer systematischen Reflexion auf die politischen Effekte der Religion steht einmal mehr Niccolò Machiavelli: In seinen *Discorsi* kommt er zu dem Ergebnis, wer ein Volk «mit friedlichen Mitteln zu bürgerlichem Gehorsam erziehen» wolle, müsse «seine Zuflucht zur Religion [...] als die unentbehrlichste Stütze der Zivilisation» nehmen. «Aus zahllosen Handlungen des gesamten römischen Volks und einzelner Römer sieht man, daß die Bürger sich mehr scheuten, einen Schwur zu brechen als die Gesetze zu verletzen, da sie die göttliche Macht höher achteten als die der Menschen.»[34] Machiavelli betrachtet die Religion also nicht im Hinblick auf die von ihr beanspruchte Wahrheit, sondern analysiert sie als Stütze der politischen Ordnung und als ein unentbehrliches Instrument politscher Reformer. Am Beispiel des Numa Pompilius, der behauptete, Umgang mit einer Nymphe zu pflegen und deswegen Einblick ins göttliche Wollen zu haben, entwickelt er den politischen Imperativ, dass «die Häupter eines Freistaats [einer Republik] oder eines Königreichs [...] alles, was für die Religion spricht, unterstützen und fördern [müssen], auch wenn sie es für falsch halten. Sie müssen dies umso mehr tun, je klüger sie sind und je klarer sie die natürlichen Dinge durchschauen.»[35] Ganz selbstverständlich geht Machiavelli davon aus, dass es sich bei den Erzählungen vom Umgang mit Göttern und von Wundern um Erfindungen handele und derlei in Wirklichkeit nie stattgefunden habe. Diese Einsicht sei aber ein Elitewissen, das im *palazzo* verbleiben müsse und nicht auf der *piazza* herumerzählt werden dürfe.

Machiavelli ist darin der Begründer der Priestertrugstheorie, die im 18. Jahrhundert vor allem in der französischen Aufklärung ausgearbeitet worden ist: Danach ist die Religion eine Erfindung von Priestern, mit der diese das Volk in Angst und Schrecken versetzten, um Macht über es zu gewinnen und Zuwendungen zu erhalten, die ein komfortables Leben ermöglichten. Als Beleg dafür macht der dem französischen Materialismus des 18. Jahrhunderts zugehörige Claude-Adrien Helvétius geltend, dass jede Religion nur in einem bestimmten Gebiet gelte und in dem angrenzenden schon als Aberglaube angesehen werde. Es handele sich also bestenfalls um eine räumlich begrenzte Wahrheit. «Es gibt keine Religion, die mehr als die Religion einiger Gegenden wäre.»[36] Es geht Helvétius jedoch nicht um die Abschaffung der Religion, sondern um ihre Indienstnahme für die Optimierung des menschlichen Zusammenlebens. Darin schließt er an Machiavelli an, veredelt dessen politische Position aber, indem er von der Stiftung einer Leben, Eigentum und Freiheit sichernden Weltreligion spricht.[37] «Die Geschichte des Numa, des Zarathustra, des Mohammed und all der anderen neueren Religionsstifter lehrt uns, daß alle Religionen als politische Institutionen betrachtet werden können, die einen großen Einfluß auf das Glück der Völker haben. Da der menschliche Geist immer noch von Zeit zu Zeit neue Religionen erfindet, halte ich es für wichtig, sie so unschädlich wie möglich zu machen, indem man einen Plan entwickelt, der bei ihrer Erfindung zu befolgen wäre.»[38] Das ist Sozialtechnologie in Reinkultur. Die Revolutionäre von 1789 sind dieser Idee gefolgt, als sie den «Kult des Höchsten Wesens» einführten.

Ganz ähnlich waren die Überlegungen des Paul Thiry d'Holbach angelegt: «Stets sind die ersten Begriffe der Menschen von der Gottheit im Schoße der Unwissenheit, der Unruhe und der Not entstanden. Daraus ersieht man, daß diese Begriffe entweder zweifelhaft oder falsch und auf jeden Fall furchteinflößend sein mußten.»[39] Die Fabeln, Rätsel und Allegorien, die dabei in Umlauf gebracht wurden, seien fast immer von Interesse und Betrug geprägt gewesen.[40] D'Holbach fasst seine Überlegungen dahingehend zusammen, dass es in den theologischen Konstruktionen zwischen Menschen und

Gottheiten genauso wenig reziproke Verpflichtung gebe wie in den absolutistischen Regimen: «Auf solche unvernünftigen Begriffe haben die Theologen überall in der Welt die Kulte gegründet, die die Menschen der Gottheit zu Ehren veranstalten mußten, wobei die Gottheit, die den Menschen nicht verpflichtet war, das Recht hatte, diese zu verpflichten: ihre höchste Macht enthob sie jeglicher Verbindlichkeiten gegen ihre Geschöpfe; und diese beharrten darauf, sich immer dann für schuldig zu halten, wenn ihnen ein Unglück zustieß.»[41] Religiöse Vorstellungen und politische Ordnung korrespondieren also miteinander. Im Unterschied zu Machiavelli sieht d'Holbach jedoch nicht die positiven Effekte der Religion für Politik und Gesellschaft, sondern begreift das Verschwinden der Religion als Perspektive menschlichen Glücks: «Diese für sie selbst [die Menschen] so verderblichen Absonderlichkeiten haben in der Welt ihren Anfang genommen, als der unheimliche Begriff eines Gottes entstand; sie werden so lange dauern und sich wiederholen, bis dieser unverständliche Begriff für das Glück unserer Gesellschaften nicht mehr so wichtig und notwendig betrachtet werden wird. Derjenige, dem es gelingen würde, diesen unheilvollen Begriff zu zerstören oder zumindest seine schrecklichen Einflüsse zu mildern, würde sicherlich ein Wohltäter des Menschengeschlechts sein.»[42] Julien Offray de La Mettrie hat in *L'Homme Machine* (1748) als erster eine Gesellschaft ohne Religion entworfen, die allein auf der Kenntnis der aus der Anatomie des menschlichen Körpers resultierenden Erfordernisse begründet war.[43] Eine in diesem Sinn wohlgeordnete Gesellschaft bedurfte der Religion nicht. La Mettries Entwurf steht damit im strikten Gegensatz zu den zivilreligiösen Überlegungen bei Rousseau und Tocqueville.

Machiavelli wäre diese Konsequenz La Mettries nicht mitgegangen; es gebe, schreibt er, «kein schlimmeres Zeichen für den Verfall eines Landes als die Mißachtung des religiösen Kults»,[44] und er konkretisiert diesen Gedanken am Zustand der Christenheit im Italien seiner Gegenwart: «Nichts spricht mehr für den Verfall des christlichen Glaubens als die Tatsache, daß die Völker, die der römischen Kurie, dem Haupt unseres Bekenntnisses, am nächsten sind, am wenigsten Religion haben.»[45] Einige Jahre vor Beginn der Reformation ist Machiavelli bereits zu dem Ergebnis gelangt, dass der «Untergang oder die Bestrafung» der Papstkirche unmittelbar bevorstehe. Aber das interessierte ihn nur insofern, als der Zustand der Kurie Auswirkungen auf die Verhältnisse Italiens hatte: «Durch das böse Beispiel des päpstlichen Hofes», so sein Vorwurf, seien in Italien «alle Gottesfurcht und Religion verloren» gegangen, und das sei die Ursache für «zahllose Übelstände und endlose Unordnung».[46] Noch viel wichtiger ist für ihn aber, «daß die Kirche unser Land immer in Zersplitterung gehalten hat und immer noch in Zersplitterung hält»: Zu schwach, um die Herrschaft über ganz Italien an sich zu reißen, sei sie darauf bedacht gewesen, alle politischen Konkurrenten innerhalb Italiens so weit zu schwächen, dass auch sie dies nicht erreichen konnten, und zu diesem Zweck habe die Kurie seit Karl dem Großen immer wieder fremde Mächte ins Land gerufen. «Dies hatte solche Uneinigkeit und Machtlosigkeit zur Folge, daß Italien nicht nur Beute mächtiger Barbaren, sondern überhaupt eines jeden wurde, der es angriff.»[47]

Machiavelli steht am Anfang einer langen Reihe von Gegnern des Papsttums, die ihm seine Einmischung in politischen Fragen vorwarfen und kritisierten, dass es sich nicht auf rein geistliche Angelegenheiten beschränkte. In dieser Frage stehen Machiavellis und Luthers etwa zur gleichen Zeit entstandenen Schriften komplementär zueinander: Luther kritisierte (insbesondere in der Schrift *Von der Freiheit eines Christenmenschen*) die Vermengung beider Bereiche um des Seelenheils der Menschen willen, Machiavelli hingegen kritisierte sie wegen ihrer politischen Folgen für Italien. Im IV. Buch seines *Leviathan* hat dann Thomas Hobbes sich mit den päpstlichen Machtansprüchen auseinandergesetzt und als deren Grundlage den «Irrtum» identifiziert, «daß die gegenwärtig auf Erden streitende Kirche das Reich Gottes sei». Aus diesem Irrtum sei der Anspruch erwachsen, «die Kirche zu regieren und folglich Lenker und Herrscher des Staates zu sein, da Kirche und Staat dieselben Personen sind».[48] Da die Päpste die Nutznießer dieser Irrlehre seien, könne man davon ausgehen, dass sie auch deren Urheber seien. Als im Gefolge der Reformation, so Hobbes weiter, sich in England calvinistische Gemeinden bildeten, hätten freilich auch sie an der Lehre festgehalten, «daß das Reich Christi bereits gekommen sei und daß es mit der Auferstehung unseres Heilands begann», und daran hätten sie festgehalten, «obwohl die Verbreitung vieler anderer Lehren der römischen Kirche verboten wurde». Hobbes fragt nach dem Vorteil, den sich die Presbyter davon erwarteten und kommt zu dem Schluss: «Denselben, den der Papst erhoffte: souveräne Gewalt über das Volk innezuhaben.»[49] Was Hobbes hier kritisiert, ist der immer wieder auch in der christlichen Religion zu beobachtende Versuch, gestützt auf heilige Texte, theologische Formeln und religiöse Erwartungen ein weltliches Regime der «frommen Männer» zu errichten.

Theologische Formeln, so Hobbes, sind vor allem unter dem Aspekt zu analysieren, ob und inwieweit sie Ansprüche auf weltliche Macht begründen. Ebenso können sie aber auch Pejorisierungen der weltlichen Macht und der Souveränitätsansprüche der Herrscher darstellen, und hier stößt er im Neuen Testament auf eine Reihe von Begriffen, in denen weltliche Herrschaft in die Nähe des Dämonischen und Satanischen gerückt wird – etwa, wenn vom «Herrscher der Finsternis», vom «Reich des Satans» oder vom Satan als «Fürst dieser Welt» sowie schließlich vom Kampf der «Kinder des Lichts» mit den «Kindern der Finsternis» die Rede ist.[50] Für Hobbes ist das nichts anderes als eine von Theologen ersonnene Verschwörung, um die Menschen zu ängstigen und die politische Ordnung der Welt in Frage zu stellen. Dahinter steht nach seiner Auffassung das Interesse des Papstes und der Priester an Macht und Einfluss. Ansonsten hat Hobbes im III. Buch seines *Leviathan* ebenso wie Spinoza in seinem *Theologisch-Politischen Traktat*[51] die von den Zeitgenossen als Bestätigung bestimmter politischer Positionen herangezogenen Stellen der Bibel systematisch durchgearbeitet und sie durch den Aufweis ihrer Historizität relativiert.[52]

Die Gegenposition zu Hobbes hat Joseph de Maistre in seinem Buch *Du pape* vertreten. Dort heißt es: «Die Unfehlbarkeit in der geistlichen und die Souveränität in der weltlichen Ordnung sind zwei ganz gleich bedeutende Wörter. Eines wie das andere bezeichnen jene hohe Gewalt, die alles beherrscht, und von der alle anderen hergeleitet sind; die regiert und nicht regiert wird;[53] die richtet und nicht gerichtet wird.» De Maistre verweigert sich damit der von Hobbes vorgenommenen Subordination der Theologie unter die politische Theorie und der geistlichen unter die weltliche Macht, indem er neben die souveräne Letztentscheidung den päpstlichen Anspruch auf letztinstanzliche Wahrheitssetzung stellt: «Jeder wahre Staatsmann wird mich wohl verstehen, wenn ich sage, dass es sich nicht bloß darum handelt, zu wissen, ob der Papst unfehlbar sei, sondern ob er es sein muss.»[54] De Maistres schon nicht mehr konservative, sondern reaktionäre Position ist eine Antwort auf die Französische Revolution, die er als Angriff auf die Vernunft und als Zerstörung jeglicher politischer Ordnung begriffen hat.[55] Ohne das Unfehlbarkeitsdogma des Papstes ist seiner Überzeugung nach die Souveränität der Könige nicht wieder herzustellen, aber selbst dies genügt nicht, sondern königliche Souveränität und päpstliche Unfehlbarkeit müssen durch den Henker als Dritten im Bunde komplettiert werden. «Und dennoch ruht alle Größe, alle Macht und alle Unterordnung auf dem Henker: er ist der Schrecken und das Band der menschlichen Vereinigung. Entfernt diesen unfassbaren Funktionär aus der Welt, und ihr werdet erleben, daß sie augenblicklich dem Chaos anheimfällt, daß die Throne stürzen und die Gesellschaft verschwindet.»[56]

Der Spanier Juan Donoso Cortés hat diese Überlegungen weitergeführt, als er dem, was er als die drei Negationen bezeichnet, drei Affirmationen gegenübergestellt hat: Die Trias der Negationen besteht aus der deistischen Negation («Der König existiert, der König herrscht, aber er regiert nicht»), der pantheistischen Negation («die Macht existiert, aber sie ist nicht eine Person, noch herrscht, noch existiert sie») und der atheistischen Negation («es gibt keine Regierung»). Diese Negationen sind nach Donoso für den Verlust des Friedens in Europa verantwortlich.[57] Der daraus hervorgegangenen revolutionären Phase stellt Donoso die katholische Phase gegenüber, die durch drei Affirmationen gekennzeichnet ist: «die Unverletzlichkeit der Autorität, die Heiligkeit des Gehorsams und die Göttlichkeit des Opfers».[58] Donoso zufolge ist allein der Katholizismus eine zuverlässige Grundlage für eine stabile und dauerhafte politische Ordnung.

Dagegen ist das Hauptcharakteristikum des Liberalismus, den Donoso mit der Aufklärung identifiziert, die Verachtung der Theologie und das Vertrauen in die Diskussion als politisches Entscheidungsprinzip. Mit Hilfe dieses Prinzips habe der Liberalismus alle Begriffe verwirrt und dem Skeptizismus Vorschub geleistet: «Die

Diskussion ist die Visitenkarte, mit der der Tod reist, wenn er inkognito geht und unerkannt bleiben will.»[59] Im Unterschied zum Liberalismus ist der Sozialismus als dritte Denk- und Gesellschaftsform für Donoso selbst eine Theologie und zwar eine «satanische Theologie».[60] Die sozialistischen Grundideen Freiheit, Gleichheit, Brüderlichkeit und Solidarität seien im Prinzip aus der christlichen Offenbarung gewonnen, freilich erweitert um die Vorstellung, der Mensch sei von Natur aus gut und die Vernunft sei souverän und allmächtig. Das sei ein satanischer Gedanke, denn es sei der Satan, der dem Menschen immer wieder schmeichle, wie er dies bereits im Paradies getan habe. Die Folge dessen sei ein Klima, in dem Leidenschaften und Gelüste frei ausgelebt würden und in dem mit der Zerstörung der Tugend der Despotismus heraufziehe. Donoso kommt zu dem Ergebnis, man müsse sich unter diesen Umständen zwischen zwei Formen der Diktatur entscheiden: der des Dolches oder der des Säbels, der des Sozialismus oder der des Katholizismus (→ Kap. *Tyrannis und Diktatur*). In diesem säkularen Kampf, den Donoso in der Sprache der Apokalypse als Kampf zwischen Gott und Satan beschreibt, spielt der Liberalismus mit seinem unbegrenzten Vertrauen in die Diskussion keine Rolle. Die europäische Geschichte entscheidet sich Donoso zufolge im Kampf zweier Theologien, der Gottes und der des Satans.

Das bis heute Bemerkenswerte an der politischen Theologie des Donoso Cortés ist ihr Vertrauen in die Geschichtsmächtigkeit intellektueller Prinzipien, während die materiellen Strukturen, von naturräumlichen Gegebenheiten bis zu sozio-ökonomischen Faktoren, in seiner Theorie so gut wie keine Rolle spielen. Der Gang der Geschichte hängt vom Kampf der Denksysteme ab, und deswegen ist die Beteiligung an diesem Kampf von herausragender Bedeutung. Die Intellektuellen – die Donoso nicht so nennt – sind damit die eigentlichen Weichensteller der Geschichte, und die Kämpfe der Klassen und Nationen sind nur nachgeordnete Auseinandersetzungen im Kampf der politischen Theologien. Carl Schmitt hat im Anschluss an diese Thesen Donosos die Ausarbeitung einer «Soziologie von Begriffen» vorgeschlagen, in denen «die letzte, radikal systematische Struktur gefunden und diese begriffliche Struktur mit der begrifflichen Verarbeitung der sozialen Struktur einer bestimmten Epoche verglichen wird».[61] Man kann darin den Kern des von Reinhart Koselleck später ausgearbeiteten Projekts der Begriffsgeschichte sehen,[62] auch wenn für Koselleck nicht mehr die Theologie die Schlüsselbegriffe prägt, wie Schmitt dies angenommen hat, sondern diese Kraft der Philosophie und der ihr eng verbundenen Historiographie zugedacht wird. Das von Schmitt inaugurierte Projekt einer politischen Theologie ist von Koselleck zu einer Analytik der politisch-sozialen Leitbegriffe «säkularisiert» worden, in der nicht mehr, wie bei Schmitt, die Gegenüberstellung von Transzendenz und Immanenz die entscheidende Rolle spielt,[63] sondern an deren Stelle die Analyse von Begriffen getreten ist, in denen der Einbezug des zuvor als transzendent Gedachten in die Immanenz der Welt nachvollzogen werden kann.

## Apokalyptische Bilder und kosmoskonservative Grundhaltung

Das Problem der frühchristlichen Gemeinde war die ausbleibende Parusie Christi, die zunächst noch für die Lebenszeit einiger Christus-Anhänger aus der ersten Generation erwartet worden war. Aber statt der Wiederkehr des Herrn triumphierte das Römische Reich im Jüdischen Krieg, und dieser Triumph endete in der zweiten Zerstörung des Jerusalemer Tempels durch Kaiser Titus. Dem folgten die ersten Christenverfolgungen, die bis ins 4. Jahrhundert n. Chr. immer wieder anschwollen und abebbten, bis schließlich Kaiser Konstantin zum Christentum übertrat und es zu einer schrittweisen Vermählung von Erlösungshoffnung und bestehenden Machtverhältnissen kam. Innerhalb dieser Zeit bildeten sich vier Grundhaltungen heraus, die zu Paradigmen für das Verhältnis zwischen Religion und Politik im Christentum wurden und die sich in ähnlicher Weise auch im Judentum und im Islam finden lassen. Es sind dies – erstens – die Verschmelzung der religiösen Erwartungshaltung mit der bestehenden politischen und sozialen Ordnung, die als Verwirklichung des mit der Wiederkehr Christi Erwarteten und Verheißenen angesehen wird. Der intellektuelle Repräsentant dessen ist der Biograph Kaiser Konstantins, Eusebius von Caesarea. In seiner *Kirchen-*

*geschichte* und in seiner Schrift *De vita Constantini* hat Eusebius eine Verbindung zwischen Heilsgeschichte und irdischen Weltreichsvorstellungen hergestellt, die vor allem das byzantinische (und im Anschluss daran russisch-orthodoxe) Christentum geprägt hat. Danach ist das Imperium ein fester Damm gegen das von außen herandrängende Chaos, und zugleich ermöglicht es die Ausbreitung des Christentums gemäß göttlichem Heilsplan. Eusebius bringt darum auch die Geburt Christi und die Gründung des *Imperium Romanum* durch Kaiser Augustus in einen engen Zusammenhang. Mit Konstantins Übertritt zum Christentum habe dann endgültig die dritte Phase der Geschichte begonnen: die erste Phase reichte vom Sündenfall bis zur Erwählung Abrahams durch Gott und dessen Berufung zum Stammvater seines Volkes; die zweite Phase habe sich von Abraham bis zur Geburt Jesu erstreckt, die in demselben Zeitraum fällt, wie die Gründung des Römischen Reichs durch Augustus – eine für Eusebius geschichtstheologisch hochbedeutsame Koinzidenz –, und mit der Regierungszeit Konstantins habe für Kirche und Welt nach einer Zwischenphase der Christenverfolgung die Zeit des Heils begonnen.[64] Die eusebianische Vorstellung von einer in der politischen Ordnung vollzogenen Verschmelzung von Göttlichem und Weltlichem hat im oströmischen bzw. byzantinischen Reich seinen stärksten Ausdruck gefunden, wobei der Kaiser als Repräsentant des Politischen dem Patriarchen als Vertreter des Religiösen übergeordnet war und letzten Endes die Einheit von Politik und Religion verkörperte (Caesaropapismus). Diese Vorstellung ist nach dem Untergang von Byzanz nicht nur seit Iwan IV. im Reich der russischen Zaren (Moskau als «drittes Rom») weitergeführt worden, sondern hat auch in die politische Struktur des Osmanischen Reichs und die Stellung des Sultans Eingang gefunden. Eine Spiegelverkehrung dessen ist die Ausübung der politischen Herrschaft durch Geistliche, wie sie seit 1979 im Mullahregime des Iran und in der Politik der Taliban in Afghanistan sowie in der Vorstellungswelt des *Islamischen Staats* in Syrien und im Nordirak ausgeübt wird.

Dem steht eine zweite Disposition gegenüber, die durch das Festhalten an dem Jesus-Satz gekennzeichnet ist, wonach sein Reich nicht von dieser Welt sei. Dieser Satz wird als ein Nebeneinander von *civitas Dei* (Gottesreich) und *civitas terrena* (weltliches Reich) verstanden, wobei es freilich so etwas wie einen Vorschein des Göttlichen im Weltlichen gibt, weswegen beide Reiche nicht durch einen tiefen Graben voneinander getrennt gegenüberstehen. Der intellektuelle Repräsentant dieser Sichtweise ist Aurelius Augustinus, der Verfasser von *De civitate Dei*, dessen Überlegungen Luther wesentlich beeinflusst haben. Augustinus' Schrift ist eine umfassende Verteidigung des Christentums gegen den Vorwurf, mit seiner Offizialisierung zur Reichsreligion habe der Niedergang des Imperiums begonnen, ja, das Christentum sei die Ursache dieses Niedergangs, weil es zu einem Schwinden des politischen Engagements und zu einer Konzentration auf das Seelenheil geführt habe. Augustinus stellt das himmlische Gemeinwesen der Gottesliebe und Demut der *civitas terrena* gegenüber, in der sich die Stolzen und Selbstgerechten versammeln. Was Eusebius zusammengeführt hat, Heilsgeschichte und politische Geschichte, wird von Augustinus wieder getrennt. Augustinus polemisiert dabei gegen die Behauptung Ciceros, ein auf gerechten Grundlagen errichteter Staat werde ewig dauern, und weist auch Vergils Formel vom *imperium sine fine*, vom ewigen Rom, zurück. Beide *civitates* laufen in der Geschichte nebeneinander her, bis Gott im Jüngsten Gericht dem weltlichen Reich ein Ende setzen wird.[65]

Dagegen begreifen – so die dritte Disposition – die Gnostiker die bestehende Welt als das Werk eines den Menschen übel gesonnenen Schöpfergotts, dem ein den Menschen zugewandter Erlösergott gegenübersteht, und zwischen beiden findet ein kosmisches Ringen statt, in dem die Menschen Partei zu ergreifen haben, um die Entscheidung zum Guten herbeizuführen. Der wichtigste intellektuelle Vertreter der Gnosis, die den Gegensatz zwischen Gott und Satan zu einem Kampf zweier Gottheiten steigert, ist Marcion.[66] Auch wenn in den dogmatischen Auseinandersetzungen des frühen Christentums diese gnostische Geschichtsperspektive als häretisch verurteilt worden ist, so dringt sie doch immer wieder in den Raum des Politischen ein und führt zu einer Dramatisierung politischer Konflikte zu Kämpfen zwischen dem Guten und dem Bösen, den «Kindern des Lichts» und den «Kindern der Finsternis», wie sie vor allem in der US-amerikanischen Politikrhetorik immer wieder zu beobachten ist.[67]

Und schließlich ist da noch in einer nicht immer klaren Abgrenzung gegen eine gnostische Geschichtstheologie die vierte Grunddisposition, die apokalyptische Sicht, in der es um den Endkampf zwischen Christus und seinen Widersachern geht und beschrieben wird, welche schrecklichen Gestalten dem Satan dabei zur Hilfe kommen (die apokalyptischen Reiter, die große Hure Babylon, das Tier mit sieben Köpfen und zehn Hörnern) und wie Christus zuletzt triumphiert.[68] Dieser in wirkmächtigen Bildern ausgemalte Kampf in der Offenbarung des Johannes, bei dem das Römische Reich als einer der Widersacher Christi begriffen wird, wird bis heute von einigen als eine verrätselte Beschreibung der Zukunft gelesen, und demensprechend sind sie bemüht, Ereignisse der eigenen Gegenwart im Lichte der apokalyptischen Verheißungen zu entziffern. Die dritte und die vierte der hier aufgeführten Grunddispositionen lassen sich als politisches Handeln anleitende Wahrnehmungen der Geschichte in den letzten Jahrzehnten auch in den beiden anderen abrahamitischen Religionen, im Judentum und im Islam, beobachten. Vor allem im islamischen Dschihadismus ist die Vorstellung von einem Kampf zwischen Gut und Böse handlungsleitend geworden.[69]

Betrachtet man diese vier Paradigmen für die Erklärung des Widerspruchs zwischen dem Fortbestehen der Welt und der mit dem Untergang der bestehenden Welt verbundenen Erlösungsverheißung, so lassen sich eine dezidiert konservative und eine dezidiert revolutionäre Disposition voneinander unterscheiden, zwischen denen wiederum eine mittlere Einstellung enthalten ist, in der sich die Verbesserung des Bestehenden mit der Hinnahme des Wartens verbindet. Das theologisch begründete Weltverhältnis ist hier die Grundlage politischer Präferenzbildung. In den Debatten der politischen Theologie wie in den Theorien über die zivilreligiösen Grundlagen der Gesellschaft wird das Verhältnis von Religion und Politik immer wieder neu durchdacht und geordnet.

1 Thomas Müntzer, *Schriften, Liturgische Texte, Briefe*, ausgewählt und in neuhochdeutscher Übertragung hrsg. von Rudolf Bentzinger und Siegfried Hoyer, Berlin 1990, S. 77 und S. 120f.; zu Müntzer vgl. Klaus Ebert, *Thomas Müntzer. Von Eigensinn und Widerspruch*, Frankfurt am Main 1987;

Walter Elliger, *Außenseiter der Reformation: Thomas Müntzer. Ein Knecht Gottes*, Göttingen 1975; Uwe Arndt, *Theologie als Weltordnung. Zur Frage des Gesellschaftsentwurfs in der Theologie Thomas Müntzers*, Frankfurt am Main u. a. 1997.

2 Martin Luther, *Ausgewählte Schriften*, hrsg. von Karin Bornkamm und Gerhard Ebeling, Frankfurt am Main 1982, Bd. 4, S. 98.

3 Zum politischen Ikonoklasmus, der sich häufig mit religiösen Erneuerungsbewegungen verbindet, vgl. Martin Warnke (Hg.), *Bildersturm. Die Zerstörung des Kunstwerks*, München 1973, und Norbert Schnitzler, *Ikonoklasmus – Bildersturm. Theologischer Bilderstreit und ikonoklastisches Handeln während des 15. und 16. Jahrhunderts*, München 1996.

4 Luther, *Ausgewählte Schriften*, Bd. 4, S. 98.

5 Müntzer, *Schriften*, S. 141.

6 Ebd., S. 213 f.

7 Luther, *Ausgewählte Schriften*, Bd. 4, S. 133; zu Luthers Haltung und Agieren im Bauernkrieg vgl. Martin Brecht, *Martin Luther*, Bd. 2: *Ordnung und Abgrenzung der Reformation*, Berlin 1989, S. 172–93. In einer vor allem in der frühen DDR-Historiographie vertretenen Sichtweise erfolgte damit die Trennung zwischen der «Fürstenreformation» Luthers und der «Volksreformation» Müntzers; vgl. dazu als Grundtext M. M. Smirin, *Die Volksreformation des Thomas Müntzer und der große Bauernkrieg*, 3 Bde., Frankfurt am Main 1976.

8 Luther, *Ausgewählte Schriften*, Bd. 4, S. 134.

9 Ebd.

10 Ebd., S. 139.

11 Ebd., S. 42.

12 Zu Luthers theologischem Durchbruch vgl. Gerhard Ebeling, *Luther. Einführung in sein Denken*, Tübingen 1964, S. 58 ff.; Martin Brecht, *Martin Luther*, Bd. 1: *Sein Weg zur Reformation*, Stuttgart 1981, S. 173 ff.; Heiko A. Oberman, *Luther. Mensch zwischen Gott und Teufel*, Berlin 1981, S. 159 ff., und Oswald Bayer, *Martin Luthers Theologie. Eine Vergegenwärtigung*, Tübingen [3]2007, S. 41 ff.

13 Luther, *Ausgewählte Schriften*, Bd. 4, S. 44.

14 Ebd., S. 43.

15 Ebd., S. 48; auf dieser Grundlage konnte Luther die an ihn gerichtete Frage, «ob Kriegsleute auch in seligem Stande sein können», umstandslos bejahen.

16 Typisch für diese Sicht sind Publikationen, die im Titel eine Kontinuitätslinie «von Luther zu Hitler» ziehen.

17 Die drei von Marianne Weber herausgegebenen Bände zur Wirtschaftsethik der Weltreligionen, in denen auch die Schrift über die protestantische Wirtschaftsethik enthalten ist, sind leicht greifbar in: Max Weber, *Religion und Gesellschaft. Gesammelte Aufsätze zur Religionssoziologie*, Neu-Isenburg 2006.

18 Luther, *Ausgewählte Schriften*, Bd. 4, S. 45.

19 Vgl. hierzu Hans-Jürgen Goertz (Hg.), *Radikale Reformatoren. 21 biographische Skizzen von Thomas Müntzer bis Paracelsus*, München 1978, sowie Richard von Dülmen, *Reformation als Revolution. Soziale Bewegung und religiöser Radikalismus in der deutschen Reformation*, München 1977.

20 Luther, *Ausgewählte Schriften*, Bd. 4, S. 46.

21 Vgl. Rolf Schieder, *Wieviel Religion verträgt Deutschland?*, Frankfurt am Main 2001, sowie Ulrich Beck, *Der eigene Gott. Friedensfähigkeit und Gewaltpotential der Religionen*, Frankfurt am Main/Leipzig 2008.

22 Zum Opfer als Tausch vgl. Marcel Mauss, «Die Gabe. Form und Funktion des Austausch in archaischen Gesellschaften», in: ders., *Soziologie und Anthropologie*, Bd. 2, Frankfurt am Main u. a. 1978, S. 10–144, sowie Max Horkheimer/Theodor W. Adorno, *Dialektik der Aufklärung*, Frankfurt am Main 1969, S. 57 ff. zum Opfer als Hingabe vgl. Georges Bataille, *Theorie der Religion*, hrsg. und mit einem Nachwort von Gerd Bergfleth, München 1997, S. 39 ff.; Roger Caillois, *Der Mensch und das Heilige*, mit einem Nachwort von Peter Geble, München 1988, S. 129 ff., René Girard, *Das Heilige und die Gewalt*, Frankfurt am Main 1992, S. 9–61; für eine zusammenfassende Darstellung vgl. Iris Därmann, *Theorien der Gabe zur Einführung*, Hamburg 2010.

23 Im Sinn dieser religionssoziologischen Dechiffrierung der Theologie hat Niklas Luhmann (*Die Religion der Gesellschaft*, hrsg. von André Kieserling, Frankfurt am Main, S. 150 ff.) «Gott» als eine Kontingenzformel der Gesellschaft bezeichnet. Die entgegengesetzte Sichtweise, wonach die Grundordnung von Gesellschaft und Politik in theologischen Begriffen festgelegt sei, findet sich in den drei von Jacob Taubes herausgegebenen Bänden *Religionstheorie und politische Theologie*, München, Paderborn u. a. 1983–1987.

24 Als ideengeschichtliche Darstellung dieses Konflikts vgl. nach wie vor Alois Dempf, *Sacrum Imperium. Geschichts- und Staatsphilosophie des Mittelalters und der politischen Renaissance*, München/Wien [4]1973, weiterhin Karl August Fink, *Papsttum und Kirche im abendländischen Mittelalter*, München 1994, S. 13–91.

25 Vgl. Carsten Colpe, *Der «Heilige Krieg». Benennung und Wirklichkeit, Begründung und Widerstreit*, Bodenheim 1994, S. 48 ff., sowie Hartmut Zinser, *Religion und Krieg*, Paderborn 2015, S. 19–31.

26 Vgl. Jonathan Riley-Smith, *Wozu heilige Kriege?*, Berlin 2005; weiterhin Ludwig Schmugge, «Deus lo vult. Zu den Wandlungen der Kreuzzugsidee im Mittelalter», in: Klaus Schreiner (Hg.), *Heilige Kriege*, München 2008, S. S. 93–108.

27 Iring Fetscher, «Politisches Denken im Frankreich des 18. Jahrhunderts vor der Revolution», in: Fetscher/Münkler (Hgg.), *Pipers Handbuch der politischen Ideen*, Band 3, München 1985, S. 423–528, hier S. 490.

28 Jean-Jacques Rousseau, *Politische Schriften*, hrsg. von Ludwig Schmidts, Paderborn 1993, S. 206.

29 Alexis de Tocqueville, *Über die Demokratie in Amerika*, Bd. 1, Zürich 1987, S. 441 f.

30 Oliver Hidalgo, *Unbehagliche Moderne. Tocqueville und die Frage der Religion in der Politik*, Frankfurt/New York 2005, S. 334 ff. – Innerhalb der Liberalismus-Kommunitarismus-Debatte hat prominent Robert Bellah das Tocqueville-Theorem über die Religion als moralisches, auf das öffentliche Leben gerichtetes Korrektiv gegenüber egoistischen und utilitaristischen Geisteshaltungen aufgegriffen und für eine Wiederbelebung des religiösen

und republikanischen Individualismus plädiert, da es die Bindekraft des Religiösen sei, welche die Amerikaner daran hindere, ihre Freiheit mutwillig zu zerstören; Robert Bellah, *Gewohnheiten des Herzens. Individualismus und Gemeinsinn in der amerikanischen Gesellschaft*, Köln 1987.

31 Ernst-Wolfgang Böckenförde, *Staat, Gesellschaft, Freiheit. Studien zur Staatstheorie und zum Verfassungsrecht*, Frankfurt am Main 1976, S. 60.

32 Jens Hacke, *Philosophie der Bürgerlichkeit. Die liberalkonservative Begründung der Bundesrepublik*, Göttingen 2006, S. 255.

33 Bellah, *Gewohnheiten des Herzens*; Charles Taylor, *Ein säkulares Zeitalter*, Frankfurt am Main 2009, insbes. S. 51 ff. und 843 ff.

34 Niccolò Machiavelli, *Discorsi. Gedanken über Politik und Staatsführung*, hrsg. von Rudolf Zorn, Stuttgart 1966, S. 43.

35 Ebd., S. 47.

36 Claude-Adrien Helvétius, *Vom Menschen, seinen geistigen Fähigkeiten und seiner Erziehung*, hrsg. von Günther Mensching, Frankfurt am Main 1972, S. 73.

37 Ebd., S. 75.

38 Ebd., S. 73.

39 Paul Thiry d'Holbach, *System der Natur oder von den Gesetzen der physischen und moralischen Welt*, Frankfurt am Main 1978, S. 305.

40 Ebd., S. 323 f.

41 Ebd., S. 335.

42 Ebd., S. 363 f.

43 Julien Offray de La Mettrie, *Der Mensch als Maschine*, mit einem Essay von Bernd A. Laska, Nürnberg [2]1988.

44 Machiavelli, *Discorsi*, S. 47.

45 Ebd., S. 48.

46 Ebd., S. 48 f.

47 Ebd., S. 49.

48 Thomas Hobbes, *Leviathan oder Stoff, Form und Gewalt eines kirchlichen und bürgerlichen Staates*, hrsg. von Iring Fetscher, Frankfurt am Main 1984, S. 525.

49 Ebd., S. 526.

50 Ebd., S. 463.

51 Baruch de Spinoza, *Theologisch-politischer Traktat*, hrsg. von Günter Gawlick, Hamburg 1976; vgl. dazu Susan James, *Spinoza on Philosophy, Religion, and Politics. The Theologico-Political Treatise*, Oxford 2012, sowie Martin Saar, *Die Immanenz der Macht. Politische Theorie nach Spinoza*, Berlin 2013. Für die spätere Debatte über die Trennung von Politik und Religion in der Geschichte des europäischen politischen Denkens vgl. Ahmet Cavuldak, *Gemeinwohl und Seelenheil. Die Legitimität der Trennung von Religion und Politik in der Demokratie*, Bielefeld 2015.

52 Vgl. Herfried Münkler, «Moses, David und Ahab. Biblische Gestalten in der politischen Theorie der frühen Neuzeit», in: Jürgen Ebach/Richard Faber (Hgg.), *Bibel und Literatur*, München 1995, S. 113–136.

53 Joseph de Maistre, *Vom Papst. Ausgewählte Texte*, Berlin 2007, S. 194; es spricht manches dafür, dass Carl Schmitt hier die Anregung für seine These gefunden hat, wonach «alle prägnanten Begriffe der modernen Staatslehre

[...] säkularisierte theologische Begriffe» sind; Carl Schmitt, *Politische Theologie. Vier Kapitel zur Lehre von der Souveränität*, Berlin [4]1985, S. 49.
54 Ebd., S. 196.
55 Vgl. Rainer Eisfeld, «Joseph de Maistre und L.-G. A. de Bonald», in: Fetscher/Münkler (Hgg.), *Pipers Handbuch der politischen Ideen*, Bd. 4, München 1986, S. 103–114.
56 de Maistre, *Vom Papst*, S. 42 f.
57 Juan Donoso Cortés, *Drei Reden. Über die Diktatur. Über Europa. Über die Lage Spaniens*, Zürich 1948, S. 67 f.
58 Ebd., S. 77.
59 Juan Donoso Cortés, *Der Staat Gottes. Eine katholische Geschichtsphilosophie*, hrsg. von Ludwig Fischer, Karlsruhe 1933, S. 196.
60 Ebd., S. 205.
61 Schmitt, *Politische Theologie*, S. 59; vgl. dazu vor allem Heinrich Meier, *Die Lehre Carl Schmitts. Vier Kapitel zur Unterscheidung Politischer Theologie und Politischer Philosophie*, Stuttgart/Weimar [3]2009, insbes. S. 269 ff.
62 Das Hauptwerk dieses begriffsgeschichtlichen Projekts, das als deutsches Pendant zur britischen Cambridge-School und zu den vorwiegend am französischen Material orientierten Arbeiten Michel Foucaults angesehen werden kann, ist das von Otto Brunner, Werner Conze und Reinhart Koselleck herausgegebene Lexikon *Geschichtliche Grundbegriffe*, das den Akzent auf die zweite Hälfte des 18. und die erste Hälfte des 19. Jahrhunderts setzt und während dieser «Achsenzeit» in der Ausbildung von Kollektivsinglaren eine grundlegende Veränderung der sprachlichen Erfassung der politisch-sozialen Welt sieht. Vgl. hierzu auch Reinhart Koselleck, *Vergangene Zukunft. Zur Semantik geschichtlicher Zeiten*, Frankfurt am Main 1979; ders., *Zeitschichten. Studien zur Historik*, Frankfurt am Main 2000; ders., *Begriffsgeschichten. Zur Semantik und Pragmatik der politischen und sozialen Sprache*, Frankfurt am Main 2006.
63 Schmitt, *Politische Theologie*, S. 63 ff.
64 Eusebius von Caesarea, *Kirchengeschichte*, hrsg. von Heinrich Kraft, Darmstadt 1984.
65 Arelius Augustinus, *Vom Gottesstaat*, eingel. und kommentiert von Carl Andresen, 2 Bde., München 1977.
66 Vgl. Hans Jonas, *Gnosis. Die Botschaft des fremden Gottes*, hrsg. von Christian Wiese, Frankfurt am Main/Leipzig 1999.
67 Dazu mit reichhaltigem Material Victor und Victoria Trimondi, *Krieg der Religionen. Politik, Glaube und Terror im Zeichen der Apokalypse*, München 2006, S. 87–189.
68 Dazu Elaine Pagels, *Apokalypse. Das letzte Buch der Bibel wird entschlüsselt*, München 2013; Otto Böcher, *Die Johannesapokalypse*, Darmstadt [3]1988; zu deren politischer Ausdeutung in der Gegenwart vgl. Trimondi, *Krieg der Religionen*, S. 47–86.
69 Trimondi, *Krieg der Religionen*, S. 281–461; zur Frage der Demokratiekompatibilität des Islam vgl. Ahmet Cavuldak/Oliver Hidalgo/Philipp W. Hildmann/Holger Zapf (Hgg.), *Demokratie und Islam. Theoretische und empirische Studien*, Wiesbaden 2014.

**Weiterführende Literatur:**

Assmann, Jan: *Herrschaft und Heil. Politische Theologie in Altägypten, Israel und Europa*, München/Wien 2000.

Cavuldak, Ahmet: *Gemeinwohl und Seelenheil. Die Legitimität der Trennung von Religion und Politik in der Demokratie*, Bielefeld 2015.

Lefort, Claude: *Fortdauer des Theologisch-Politischen?*, Wien 1999.

Maier, Hans (Hg.): *Totalitarismus und Politische Religionen. Konzepte des Diktaturvergleichs*, 2 Bde., Paderborn u.a. 1996 und 1997.

Marty, Martin E./Appleby, A. Scott: *Herausforderung Fundamentalismus. Radikale Christen, Moslems und Juden im Kampf gegen die Moderne*, Frankfurt/New York 1996.

Voegelin, Eric: *Die politischen Religionen*, hrsg. von Peter J. Opitz, München $^{2}$1996.

## PERSONENREGISTER

*Aus dem Verlagsprogramm*